Bywgraffiadau O Adar Ac Anifeiliaid

Hseham Amrahs

Published by mds0, 2024.

BYWGRAFFIADAU O ADAR AC ANIFEILIAID

First edition. March 31, 2024.

Copyright © 2024 Hseham Amrahs.

ISBN: 979-8224197576

Written by Hseham Amrahs.

Tabl Cynnwys

Rhagymadrodd

Mae adar ac anifeiliaid bob amser wedi bod yn lle arbennig yn ein bywydau. O'r straeon a glywsom yn blant i'r anifeiliaid anwes rydym yn eu cadw yn ein cartrefi, mae'r creaduriaid hyn wedi cydio yn ein calonnau a'n dychymyg. Maent yn hynod ddiddorol, yn hardd, ac weithiau hyd yn oed yn ddirgel. Mae ganddyn nhw nodweddion, ymddygiadau a phersonoliaethau unigryw sy'n eu gwneud nhw'n fwy diddorol fyth.

Mae'r cofiant hwn o adar ac anifeiliaid poblogaidd yn gasgliad o straeon am rai o greaduriaid mwyaf annwyl y deyrnas anifeiliaid. Yn y llyfr hwn, byddwn yn ymchwilio i fywydau'r creaduriaid hyn, gan archwilio eu hanes, eu cynefin, eu hymddygiad, a'u rhyngweithio â bodau dynol. Byddwn hefyd yn archwilio'r effaith y mae bodau dynol wedi'i chael ar eu poblogaethau a'r amgylchedd, ac yn trafod pwysigrwydd ymdrechion cadwraeth.

Mae'r llyfr wedi'i rannu'n benodau, pob un yn canolbwyntio ar rywogaeth anifail neu aderyn gwahanol. Gan symud ymlaen, byddwn yn treiddio i fyd cathod mawr, gan gynnwys y llew Affricanaidd, y teigr Siberia, a'r llewpard. Byddwn yn darganfod eu strategaethau hela, eu hymddygiad cymdeithasol, a'r bygythiadau y maent yn eu hwynebu yn y gwyllt. Byddwn hefyd yn archwilio rôl y creaduriaid godidog hyn mewn diwylliant a mytholeg ddynol.

Nesaf, byddwn yn archwilio byd tanddwr dolffiniaid, morfilod a siarcod. Mae'r creaduriaid hyn wedi dal ein dychymyg ers canrifoedd, a byddwn yn dysgu am eu deallusrwydd, cyfathrebu, a strwythurau cymdeithasol. Byddwn hefyd yn trafod effaith gweithgareddau dynol ar eu poblogaethau a'r angen am ymdrechion cadwraeth i warchod y creaduriaid hynod ddiddorol hyn.

Byddwn hefyd yn edrych ar rai o'r anifeiliaid dof mwyaf annwyl, gan gynnwys cŵn, cathod, a cheffylau. Byddwn yn archwilio'r cysylltiadau unigryw rhwng yr anifeiliaid hyn a bodau dynol, ac yn archwilio'r rolau y maent wedi'u chwarae yn ein bywydau trwy gydol hanes. Byddwn hefyd yn trafod yr heriau sy'n wynebu'r anifeiliaid hyn, gan gynnwys gor-fridio a cham-drin, ac yn archwilio'r ymdrechion sy'n cael eu gwneud i ddiogelu eu lles.

Yn olaf, byddwn yn troi ein sylw at rai o greaduriaid mwyaf egsotig y byd, gan gynnwys y ddraig Komodo, y panda enfawr, a'r sloth. Gall yr anifeiliaid hyn fod yn brin, ond nid ydynt yn llai diddorol. Byddwn yn dysgu am eu haddasiadau, ymddygiadau, a chynefinoedd unigryw, ac yn archwilio'r heriau y maent yn eu hwynebu yn y gwyllt.

Drwy gydol y llyfr, byddwn yn dod ar draws straeon am oroesiad, addasu, a'r cwlwm parhaus rhwng bodau dynol ac anifeiliaid. Byddwn hefyd yn dod wyneb yn wyneb â'r heriau a'r bygythiadau sy'n wynebu'r creaduriaid hyn a'r angen dybryd i warchod eu cynefinoedd a'u poblogaethau.

Mae'r llyfr hwn yn ddathliad o amrywiaeth a rhyfeddod y deyrnas anifeiliaid. Mae hefyd yn alwad i weithredu, gan ein hannog i gydnabod pwysigrwydd ymdrechion cadwraeth a'r angen i warchod y creaduriaid hyn am genedlaethau i ddod. Gobeithiwn y bydd y llyfr hwn yn ysbrydoli darllenwyr i ddysgu mwy am y creaduriaid hynod ddiddorol hyn ac i gymryd camau i'w hamddiffyn nhw a'u cynefinoedd.

—Awdwr

1. Albatros

Aderyn môr mawreddog sy'n perthyn i'r teulu Diomedeidae yw'r albatros . Mae'r adar hyn wedi cael eu hedmygu ers amser maith am eu gras, eu harddwch, a'u galluoedd hedfan rhyfeddol. Mae albatrosiaid yn rhywogaeth fawr o adar sy'n byw yn y Cefnfor Deheuol a Gogledd y Môr Tawel. Mae'r adar hyn yn adnabyddus am eu hamrywiaeth anhygoel, gan eu bod yn gallu hedfan pellteroedd mawr heb fod angen glanio byth.

Tarddiad

Mae gan yr albatros hanes hir a hynod ddiddorol sy'n dyddio'n ôl i amser y deinosoriaid. Mae'r ffosil hynaf hysbys o albatros yn dyddio'n ôl i'r cyfnod Eocene Diweddar, tua 35 miliwn o flynyddoedd yn ôl. Ymddangosodd rhywogaeth gyntaf yr albatros tua 26 miliwn o flynyddoedd yn ôl, yn ystod yr epoc Oligocene. Mae tarddiad yr enw "albatros" yn ansicr, ond credir ei fod yn dod o'r gair Portiwgaleg "alcatraz," sy'n golygu "pelican."

Nodweddion

Mae'r albatros yn aderyn mawr gyda lled adenydd sy'n gallu cyrraedd hyd at 11 troedfedd. Maent fel arfer yn lliw llwyd, brown, neu wyn, gydag adenydd hir, cul sy'n caniatáu iddynt esgyn yn ddiymdrech dros y cefnfor am gyfnodau estynedig. Mae gan albatrosiaid big bachog, y maent yn ei ddefnyddio i ddal eu hysglyfaeth. Mae ganddyn nhw hefyd draed gweog sy'n eu galluogi i nofio a cherdded ar dir.

Un o nodweddion mwyaf rhyfeddol yr albatros yw eu gallu hedfan anhygoel. Maent yn gallu hedfan pellteroedd mawr heb fod angen glanio byth. Gwyddys eu bod yn hedfan dros 10,000 o filltiroedd mewn un daith, gan groesi cefnforoedd cyfan yn y broses. I gyflawni hyn, maen nhw'n defnyddio techneg a elwir yn esgyn deinamig, lle maen nhw'n defnyddio'r gwynt a'r cerrynt aer i aros yn uchel am gyfnodau hir.

Ymddygiad

Mae albatrosiaid yn adar cymdeithasol sydd fel arfer yn bridio mewn cytrefi mawr ar ynysoedd anghysbell. Maent yn unweddog ac yn ffurfio bondiau pâr gydol oes gyda'u ffrindiau. Yn ystod y tymor bridio, maent yn perfformio defodau carwriaeth gywrain, sy'n cynnwys clapio biliau, nodio pen, a chyfres o alwadau ac arddangosiadau.

Mae Albatrosses yn bwydo ar amrywiaeth o organebau morol, gan gynnwys pysgod, sgwid, a chril. Gwyddys hefyd eu bod yn chwilota ar garcasau anifeiliaid marw, gan gynnwys morfilod a morloi. Mae albatrosau yn sborionwyr pwysig yn ecosystem y cefnfor, gan helpu i lanhau'r cefnfor ac atal lledaeniad afiechyd.

Statws Cadwraeth

Er gwaethaf eu hystod anhygoel a'u galluoedd unigryw, mae albatrosiaid yn wynebu nifer o fygythiadau i'w goroesiad. Un o'r bygythiadau mwyaf arwyddocaol yw pysgota masnachol, sy'n gallu arwain at ddal albatrosau mewn offer pysgota yn ddamweiniol neu'n cael eu dal yn gaeth. Mae bygythiadau eraill yn cynnwys llygredd, colli cynefinoedd, a newid hinsawdd.

Er mwyn helpu i amddiffyn albatrosiaid ac adar môr eraill, mae nifer o ymdrechion cadwraeth wedi'u lansio yn ystod y blynyddoedd diwethaf. Mae'r rhain yn cynnwys creu ardaloedd gwarchodedig ar gyfer nythfeydd bridio, gweithredu rheoliadau pysgota i leihau sgil-ddalfa, a datblygu technolegau pysgota newydd sy'n llai niweidiol i adar môr.

I gloi, mae'r albatros yn aderyn rhyfeddol sydd wedi swyno bodau dynol ers canrifoedd. Mae eu gallu hedfan anhygoel, eu hymddangosiad nodedig, a'u rôl bwysig yn ecosystem y cefnfor yn eu gwneud yn rhywogaeth wirioneddol unigryw a hynod ddiddorol. Fodd bynnag, maent yn wynebu bygythiadau niferus i'w goroesiad, a mater i ni yw gweithredu i warchod yr adar godidog hyn ar gyfer cenedlaethau'r dyfodol. Trwy roi ymdrechion cadwraeth ar waith a gweithio i leihau ein heffaith ar amgylchedd y cefnfor, gallwn helpu i sicrhau bod yr albatros ac adar môr eraill yn goroesi am flynyddoedd i ddod.

2. Aardvark

Mae'r aardvark yn famal nosol sy'n frodorol o Affrica. Mae'r anifeiliaid hyn yn adnabyddus am eu trwynau hir, y maent yn eu defnyddio i arogli eu hoff fwyd - morgrug a termites. Mae'r enw "aardvark" yn golygu "mochyn daear" yn Afrikaans, iaith a siaredir yn Ne Affrica, ac mae'n enw teilwng ar yr anifail tyrchu hwn sy'n treulio'r rhan fwyaf o'i oes dan ddaear.

Tarddiad

Mae'r aardvark yn anifail unigryw heb unrhyw berthnasau byw agos. Mae wedi'i ddosbarthu yn ei drefn ei hun, Tubulidentata, a dyma'r unig aelod o'r urdd honno sydd wedi goroesi. Mae gan yr aardvark hanes hir, gyda'r ffosilau hynaf y gwyddys amdanynt yn dyddio'n ôl dros bum miliwn o flynyddoedd. Credir bod Aardvarks wedi esblygu yn Affrica, lle maent wedi aros ers hynny.

Nodweddion

Mae'r aardvark yn famal maint canolig sy'n gallu tyfu hyd at 6 troedfedd o hyd, gan gynnwys ei gynffon. Mae iddynt ymddangosiad nodedig, gyda thrwyn hir, clustiau tebyg i gwningen, a chorff trwchus, cadarn wedi'i orchuddio â ffwr llwyd-frown. Mae eu trwynau yn sensitif ac yn symudol, gan ganiatáu iddynt ganfod arogl morgrug a termites o sawl troedfedd i ffwrdd. Mae ganddyn nhw hefyd dafod hir, gludiog y maen nhw'n ei ddefnyddio i lapio eu hysglyfaeth.

Mae gan Aardvarks grafangau cryf, miniog ar eu traed blaen y maent yn eu defnyddio i gloddio tyllau yn y ddaear. Gall y tyllau hyn fod hyd at 30 troedfedd o hyd ac mae ganddyn nhw sawl mynedfa, sy'n ei gwneud hi'n haws i'r môr-ddrwg ddianc rhag ysglyfaethwyr. Mae Aardvarks yn anifeiliaid unig ac yn treulio'r rhan fwyaf o'u hamser ar eu pen eu hunain, ac eithrio yn ystod y tymor paru.

Ymddygiad

Anifeiliaid nosol yn bennaf yw Aardvarks ac maent yn treulio'r rhan fwyaf o'u hamser o dan y ddaear yn ystod y dydd. Maent yn gloddwyr medrus ac yn defnyddio eu crafangau blaen pwerus i greu tyllau yn y ddaear. Mae Aardvarks hefyd yn nofwyr rhagorol a gallant ddal eu gwynt am hyd at ddau funud.

Llysysyddion yn bennaf yw Aardvarks, ac mae eu diet yn cynnwys morgrug a thermitiaid yn bennaf. Gallant fwyta hyd at 50,000 o bryfed mewn un noson, gan ddefnyddio eu tafod hir, gludiog i gasglu'r pryfed o'u nythod. Yn ogystal â phryfed, gall aardvarks hefyd fwyta rhai ffrwythau a llysiau.

Statws Cadwraeth

Mae'r aardvark yn cael ei ddosbarthu fel rhywogaeth o "y pryder lleiaf" gan yr Undeb Rhyngwladol dros Gadwraeth Natur (IUCN), sy'n golygu nad yw mewn perygl o ddiflannu ar hyn o bryd. Fodd bynnag, mae rhai pryderon am ddyfodol y rhywogaeth, gan fod eu cynefin yn cael ei fygwth gan weithgareddau dynol megis amaethyddiaeth a mwyngloddio. Mae Aardvarks hefyd yn cael eu hela am eu cig ac i'w ddefnyddio mewn meddygaeth draddodiadol mewn rhai rhannau o Affrica. Mae'r galw am gig a chynhyrchion aardvark yn isel, ond mae potsio a masnach anghyfreithlon yn dal i ddigwydd mewn rhai ardaloedd.

I gloi, mae'r aardvark yn anifail hynod ddiddorol sydd wedi addasu'n dda i'w amgylchedd. Mae eu trwynau hir a thafodau gludiog yn berffaith ar gyfer casglu morgrug a termites, ac mae eu crafangau cryf yn caniatáu iddynt greu tyllau yn y ddaear fel lloches. Er nad yw mewn perygl uniongyrchol o ddiflannu, mae'r aardvark yn dal i wynebu bygythiadau i'w chynefin a'i oroesiad. Trwy gymryd camau i warchod cynefinoedd naturiol y morfilod a bywyd gwyllt arall, gallwn helpu i sicrhau eu bod yn goroesi am genedlaethau i ddod.

3. Anaconda

Mae'r anaconda yn un o'r nadroedd mwyaf a mwyaf pwerus yn y byd. Mae'r ymlusgiad trawiadol hwn i'w ganfod yn bennaf yng nghoedwigoedd glaw trofannol De America, lle mae'n adnabyddus am ei allu i falu a mygu ysglyfaeth gyda'i gorff cyhyrol.

Tarddiad

Mae'r anaconda yn aelod o'r teulu boa o nadroedd ac mae'n frodorol i Dde America. Mae pedair rhywogaeth wahanol o anaconda, ac mae pob un ohonynt i'w cael ym masn yr Amazon a'r ardaloedd cyfagos. Mae'r nadroedd hyn wedi bod o gwmpas ers miliynau o flynyddoedd, a chredir eu bod wedi esblygu yng nghoedwigoedd glaw De America.

Nodweddion

Mae'r anaconda yn neidr enfawr sy'n gallu tyfu i fod dros 30 troedfedd o hyd ac yn pwyso hyd at 550 pwys. Mae gan y nadroedd hyn gorff trwchus, cyhyrog sydd wedi'i orchuddio â graddfeydd sgleiniog, sy'n helpu i'w hamddiffyn rhag ysglyfaethwyr. Mae gan Anacondas hefyd ben hir, pigfain gyda safnau pwerus sy'n gallu agor yn eang iawn, gan ganiatáu iddynt lyncu ysglyfaeth yn gyfan.

Mae'r anaconda yn neidr nad yw'n wenwynig, ac mae'n lladd ei hysglyfaeth trwy gyfyngiad. Maent yn lapio eu corff o amgylch eu hysglyfaeth, gan wasgu'n dynnach ac yn dynnach nes bod yr anifail yn mygu. Yna mae'r anaconda yn llyncu ei ysglyfaeth yn gyfan, a all gymryd sawl awr.

Mae Anacondas hefyd yn nofwyr ardderchog a gallant dreulio cyfnodau hir o amser yn y dŵr. Gallant ddal eu gwynt am hyd at 10 munud, gan ganiatáu iddynt hela a symud trwy ddŵr yn rhwydd. Mae ganddyn nhw hefyd addasiadau arbennig, fel falfiau yn eu hysgyfaint, sy'n caniatáu iddyn nhw hela o dan y dŵr.

Ymddygiad

Mae anacondas yn nosol yn bennaf ac yn treulio'r rhan fwyaf o'u hamser mewn dŵr neu'n agos ato. Maent hefyd yn anifeiliaid unig, ac eithrio yn ystod y tymor paru. Mae anacondas yn gigysyddion, ac mae eu diet yn cynnwys amrywiaeth o ysglyfaeth, gan gynnwys pysgod, adar, mamaliaid ac ymlusgiaid.

Mae Anacondas hefyd yn adnabyddus am eu maint a'u cryfder trawiadol. Maent yn gallu tynnu ysglyfaeth sy'n llawer mwy na nhw eu hunain, gan gynnwys ceirw, baedd gwyllt, a hyd yn oed jagwariaid. Mae hyn yn eu gwneud yn ysglyfaethwr aruthrol ac yn un o brif ysglyfaethwyr eu hamgylchedd.

Statws Cadwraeth

Nid yw'r anaconda wedi'i restru fel rhywogaeth sydd mewn perygl ar hyn o bryd, ond ystyrir ei fod mewn perygl oherwydd dinistrio cynefinoedd a hela. Mae datgoedwigo a datblygiad yng nghoedwig law'r Amazon yn achosi dirywiad yng nghynefin naturiol yr anaconda, ac mae hela am eu crwyn a'u cig hefyd yn broblem mewn rhai ardaloedd.

Er gwaethaf y bygythiadau hyn, mae anacondas i'w cael o hyd mewn sawl rhan o Dde America, ac maen nhw'n chwarae rhan bwysig yn eu hecosystemau fel ysglyfaethwyr pennaf. Mae ymdrechion yn cael eu gwneud i warchod eu cynefinoedd a rheoleiddio hela i helpu i sicrhau eu bod yn parhau i oroesi.

I gloi, mae'r anaconda yn neidr hynod ddiddorol a thrawiadol sydd wedi addasu'n dda i'w hamgylchedd. Mae ei faint a'i gryfder enfawr yn ei wneud yn ysglyfaethwr aruthrol, ac mae ei allu i hela a symud trwy ddŵr yn ei wneud yn greadur unigryw a phwerus. Trwy gymryd camau i warchod cynefin yr anaconda a rheoleiddio hela, gallwn helpu i sicrhau bod yr ymlusgiad anhygoel hwn yn parhau i ffynnu yn y gwyllt.

4. Ant

Mae morgrug yn bryfed cymdeithasol sy'n perthyn i'r teulu Formicidae. Maent i'w cael ledled y byd, ac mae dros 12,000 o rywogaethau hysbys o forgrug. Mae morgrug yn chwarae rhan arwyddocaol yn yr ecosystem, gan helpu i awyru pridd, peillio planhigion, a chwalu deunydd organig.

Tarddiad

Credir bod morgrug wedi esblygu o gyndeidiau tebyg i gacwn yn ystod y cyfnod Cretasaidd cynnar, tua 110-130 miliwn o flynyddoedd yn ôl. Credir eu bod wedi tarddu o goedwigoedd trofannol De America ac wedi ymledu i rannau eraill o'r byd trwy bontydd tir a oedd yn cysylltu cyfandiroedd yn yr hen amser.

Nodweddion

Mae morgrug yn bryfed bach sy'n amrywio o ran maint o lai nag 1 milimetr i dros 2 centimetr o hyd. Mae ganddyn nhw dri segment corff gwahanol, gan gynnwys y pen, y thoracs a'r abdomen. Mae gan forgrug hefyd chwe choes, pâr o antena, a mandibles, neu enau, a ddefnyddir ar gyfer brathu a chario bwyd.

Un o nodweddion mwyaf nodedig morgrug yw eu gallu i ffurfio cymdeithasau hynod drefnus. Mae morgrug yn byw mewn cytrefi a all gynnwys rhwng ychydig ddwsinau i sawl miliwn o unigolion. Arweinir pob nythfa gan frenhines, a'i hunig bwrpas yw dodwy wyau. Mae gweddill y nythfa yn cynnwys morgrug gweithwyr, sy'n cyflawni amrywiaeth o dasgau, gan gynnwys chwilota am fwyd, gofalu am yr ifanc, ac amddiffyn y nythfa.

Mae morgrug hefyd yn adnabyddus am eu gallu i gyfathrebu â'i gilydd gan ddefnyddio cemegau o'r enw fferomonau. Defnyddir y cemegau hyn i nodi lleoliad bwyd, presenoldeb perygl, a hyd yn oed i nodi llwybrau sy'n arwain i'r nythfa ac oddi yno.

Ymddygiad

Mae morgrug yn bryfed cymdeithasol iawn, a nodweddir eu hymddygiad gan gydweithrediad a rhaniad llafur. O fewn nythfa, mae morgrug unigol yn arbenigo mewn cyflawni tasgau penodol, megis chwilota am fwyd, gofalu am yr ifanc, ac amddiffyn y nythfa.

Mae morgrug hefyd yn adnabyddus am eu cryfder trawiadol a gallant gario gwrthrychau sydd lawer gwaith eu pwysau corff eu hunain. Mae hyn oherwydd strwythur unigryw eu cyrff, sy'n caniatáu iddynt ddosbarthu pwysau'r gwrthrych yn gyfartal ar draws eu corff.

Mae morgrug yn hollysyddion a byddant yn bwydo ar amrywiaeth o fwydydd, gan gynnwys pryfed eraill, neithdar a sylwedd planhigion. Mae gan rai rhywogaethau o forgrug hefyd berthynas gydfuddiannol â phryfed eraill, megis pryfed gleision, sy'n secretu hylif melys y mae'r morgrug yn bwydo arno.

Statws Cadwraeth

Nid yw morgrug wedi'u rhestru fel rhywogaethau mewn perygl ar hyn o bryd, ond maent yn wynebu bygythiadau o ddinistrio cynefinoedd, defnyddio plaladdwyr a newid yn yr hinsawdd. Fel aelodau pwysig o'r ecosystem, mae morgrug yn chwarae rhan hanfodol mewn peillio, awyru pridd, a chylchu maetholion. Mae ymdrechion yn cael eu gwneud i warchod eu cynefinoedd a lleihau'r defnydd o blaladdwyr niweidiol i helpu i sicrhau eu bod yn parhau i oroesi.

I gloi, mae morgrug yn bryfed hynod ddiddorol sy'n chwarae rhan bwysig yn yr ecosystem. Mae eu gallu i ffurfio cymdeithasau hynod drefnus a chyfathrebu â'i gilydd gan ddefnyddio fferomonau yn dyst i'w deallusrwydd rhyfeddol a'u gallu i addasu. Trwy gymryd camau i warchod eu cynefinoedd a lleihau'r defnydd o blaladdwyr niweidiol, gallwn helpu i sicrhau bod morgrug yn parhau i ffynnu yn y gwyllt ac yn cyfrannu at iechyd ein planed.

5. Anteater

Mae anteaters yn grŵp o famaliaid sy'n perthyn i'r teulu Myrmecophagidae. Fe'u canfyddir yn bennaf yng Nghanolbarth a De America, ac mae pedwar rhywogaeth hysbys o anteaters: y anteater anferth, yr anteater sidanaidd, y tamandua gogleddol, a'r tamandua deheuol.

Tarddiad

Credir i anteaters esblygu o fod yn hynafiad cyffredin i armadillos a sloths yn ystod y cyfnod Cenozoig cynnar, tua 60 miliwn o flynyddoedd yn ôl. Mae'r ffosilau anteater cynharaf y gwyddys amdanynt yn dyddio'n ôl i'r cyfnod Oligosen cynnar, tua 30 miliwn o flynyddoedd yn ôl. Credir bod anteaters wedi tarddu o Dde America ac wedi lledaenu'n ddiweddarach i rannau eraill o'r cyfandir.

Nodweddion

Mae anteaters yn cael eu nodweddu gan eu trwynau hir, sy'n arbenigo ar gyfer bwydo ar forgrug a termites. Nid oes ganddynt ddannedd ac yn lle hynny maent yn defnyddio eu tafodau hir, gludiog i dynnu pryfed o'u nythod. Mae gan anteaters grafangau hir, miniog ar eu traed blaen, y maent yn eu defnyddio i rwygo twmpathau termite agored a nythod morgrug.

Yr anteater enfawr yw'r mwyaf o'r pedair rhywogaeth, yn mesur hyd at 7 troedfedd o hyd ac yn pwyso hyd at 140 pwys. Yr anteater sidanaidd, ar y llaw arall, yw'r lleiaf o'r pedwar, yn mesur dim ond 6-8 modfedd o hyd ac yn pwyso llai na phunt.

Mae gan anteaters gynffonau hir, trwchus y maent yn eu defnyddio i gadw cydbwysedd wrth ddringo coed. Mae eu golwg yn wael ond mae ganddynt ymdeimlad craff o arogl, y maent yn ei ddefnyddio i ddod o hyd i'w hysglyfaeth.

Ymddygiad

Mae anteaters yn anifeiliaid unigol sy'n actif yn bennaf gyda'r nos. Maent yn treulio'r rhan fwyaf o'u hamser ar y ddaear ond maent hefyd yn ddringwyr medrus a gallant ddringo coed i gyrraedd nythod termite.

Mae anteaters yn adnabyddus am eu symudiadau araf, sy'n eu helpu i arbed ynni. Mae ganddynt gyfradd metabolig isel a gallant fynd am gyfnodau hir heb fwyta. Yn wir, gall y anteater enfawr fwyta hyd at 30,000 o forgrug a termites mewn un diwrnod.

Mae anteaters yn anifeiliaid dof yn gyffredinol ond gallant fynd yn ymosodol os ydynt dan fygythiad. Mae ganddynt grafangau miniog ar eu traed blaen, y gallant eu defnyddio i amddiffyn eu hunain rhag ysglyfaethwyr.

Statws Cadwraeth

Mae'r pedair rhywogaeth o anteaters wedi'u rhestru ar hyn o bryd fel rhai sydd dan fygythiad neu'n agored i niwed gan yr Undeb Rhyngwladol dros Gadwraeth Natur (IUCN). Colli cynefinoedd, darnio, a hela am eu cig a'u croen yw'r prif fygythiadau i'w goroesiad. Y anteater enfawr yw'r un sydd fwyaf mewn perygl o'r pedair rhywogaeth, gydag amcangyfrif o ddim ond 5,000 o unigolion ar ôl yn y gwyllt.

Mae ymdrechion yn cael eu gwneud i warchod cynefinoedd anteater a lleihau pwysau hela er mwyn helpu i sicrhau eu bod yn parhau i oroesi. Mae'r fasnach bywyd gwyllt anghyfreithlon hefyd yn fygythiad sylweddol, ac mae deddfau yn eu lle i wahardd masnachu anifeiliaid byw a'u rhannau.

I gloi, mae anteaters yn anifeiliaid unigryw a hynod ddiddorol sy'n chwarae rhan bwysig yn eu hecosystem. Mae eu haddasiadau arbenigol ar gyfer bwydo ar forgrug a termites wedi caniatáu iddynt naddu cilfach yn y deyrnas anifeiliaid. Fodd bynnag, mae pob un o'r pedair rhywogaeth o anteaters mewn perygl ar hyn o bryd oherwydd colli cynefinoedd, darnio, a hela. Trwy gymryd camau i warchod eu cynefinoedd a lleihau pwysau hela, gallwn helpu i sicrhau bod yr anifeiliaid hynod hyn yn parhau i ffynnu yn y gwyllt.

6. Armadillo

Mae Armadillos yn grŵp o famaliaid sy'n perthyn i'r teulu Dasypodidae. Maent yn adnabyddus am eu cregyn arfog unigryw, sy'n amddiffyn rhag ysglyfaethwyr. Mae Armadillos i'w cael yn bennaf yng Nghanolbarth a De America, er bod un rhywogaeth, yr armadillo â naw band, i'w gael yn ne'r Unol Daleithiau.

Tarddiad

Credir bod Armadillos wedi esblygu o fod yn hynafiad cyffredin gyda anteaters a sloths yn ystod y cyfnod Cenozoig cynnar, tua 60 miliwn o flynyddoedd yn ôl. Mae'r ffosilau armadillo cynharaf y gwyddys amdanynt yn dyddio'n ôl i'r cyfnod Paleosenaidd hwyr, tua 58 miliwn o flynyddoedd yn ôl. Credir bod Armadillos wedi tarddu o Dde America ac wedi lledaenu'n ddiweddarach i rannau eraill o'r cyfandir.

Nodweddion

Mae armadillos yn cael eu nodweddu gan eu cregyn arfog unigryw, sy'n cynnwys platiau esgyrnog wedi'u gorchuddio â chroen caled, keratinized. Mae'r platiau wedi'u cysylltu gan fandiau hyblyg, gan ganiatáu i'r armadillo symud yn rhydd. Mae Armadillos yn gallu rholio i fyny i bêl i amddiffyn eu hunain rhag ysglyfaethwyr.

Mae gan Armadillos lygaid bach a golwg gwael, ond mae ganddyn nhw synnwyr arogli rhagorol. Defnyddiant eu tafodau hir, gludiog i dynnu pryfetach, megis morgrug a termitau, o'u nythod. Mae Armadillos hefyd yn bwyta infertebratau bach eraill, yn ogystal â ffrwythau a llystyfiant.

Yr armadillo naw band yw'r rhywogaeth fwyaf adnabyddus ac mae wedi'i henwi am ei naw band symudol. Mae gan rywogaethau eraill, fel yr armadillo chwe band, lai o fandiau. Mae gan Armadillos grafangau cryf, miniog ar eu traed blaen, y maent yn eu defnyddio i gloddio a dod o hyd i fwyd.

Ymddygiad

Anifeiliaid nosol yw Armadillos yn bennaf, er y gallant fod yn actif yn ystod y dydd mewn tywydd oerach. Maent yn anifeiliaid unigol ac yn gyffredinol nid ydynt yn ymosodol tuag at anifeiliaid eraill, er y gallant amddiffyn eu hunain os ydynt dan fygythiad.

Mae Armadillos yn gloddwyr ardderchog ac yn adnabyddus am eu gallu i dyllu i'r ddaear. Defnyddiant eu crafangau blaen cryf i gloddio tyllau ar gyfer cysgodi a chwilota am fwyd. Gall Armadillos hefyd ddefnyddio tyllau anifeiliaid eraill, fel cwningod neu grwbanod.

Statws Cadwraeth

Nid yw'r rhan fwyaf o rywogaethau o armadillos yn cael eu hystyried fel rhai dan fygythiad, er bod colli a darnio cynefinoedd yn bryder i rai poblogaethau. Yr armadillo naw band yw'r unig rywogaeth a geir yn yr Unol Daleithiau ac fe'i hystyrir yn rhywogaeth sy'n peri'r pryder lleiaf. Fodd bynnag, mae armadillos weithiau'n cael eu hela am eu cig a'u cregyn, a ddefnyddir ar gyfer crefftau a gemwaith.

I gloi, mae armadillos yn anifeiliaid unigryw a hynod ddiddorol sy'n chwarae rhan bwysig yn eu hecosystem. Mae eu cregyn arfog yn amddiffyn rhag ysglyfaethwyr, ac mae eu galluoedd cloddio rhagorol yn caniatáu iddynt greu tyllau ar gyfer lloches a chwilota. Er nad ystyrir bod y rhan fwyaf o rywogaethau o armadillos dan fygythiad, mae colli cynefinoedd a hela yn bryder i rai poblogaethau. Trwy gymryd camau i warchod eu cynefinoedd a lleihau pwysau hela, gallwn helpu i sicrhau bod yr anifeiliaid hynod hyn yn parhau i ffynnu yn y gwyllt.

7. Babŵn

Math o fwnci Hen Fyd yw babŵns sy'n perthyn i'r genws Papio . Fe'u darganfyddir mewn cynefinoedd amrywiol ledled Affrica ac maent yn adnabyddus am eu hymddangosiad nodedig, eu hymddygiad cymdeithasol, a'u deallusrwydd.

Tarddiad

Credir bod Babŵns wedi esblygu yn Affrica tua dwy filiwn o flynyddoedd yn ôl. Maent yn perthyn yn agos i primatiaid eraill, megis macaques a mandrilau. Mae'n debyg bod hynafiaid babŵns wedi ymwahanu oddi wrth hynafiaid bodau dynol modern tua chwe miliwn o flynyddoedd yn ôl.

Nodweddion

Archesgobion canolig i fawr yw babŵns, gyda gwrywod yn fwy na benywod. Mae ganddyn nhw drwyn nodweddiadol, tebyg i gŵn, sy'n un o'u nodweddion mwyaf adnabyddus. Mae gan fabŵns freichiau a choesau hir a phwerus, y maen nhw'n eu defnyddio i symud o gwmpas eu hamgylchedd.

Mae gan Babŵns hierarchaeth gymdeithasol aml-haenog unigryw. Mae gwrywod fel arfer yn dominyddu'r grŵp ac yn gyfrifol am amddiffyn y grŵp rhag ysglyfaethwyr. Mae merched yn ffurfio cysylltiadau agos â merched eraill ac yn gyfrifol am ofalu am yr ifanc. Mae Babŵns yn cyfathrebu â'i gilydd trwy amrywiaeth o leisio, mynegiant wyneb, ac iaith y corff.

Mae babŵns yn hollysyddion ac yn bwydo ar amrywiaeth o fwydydd, gan gynnwys ffrwythau, cnau, hadau, pryfed a mamaliaid bach. Maent yn adnabyddus am eu safnau a'u dannedd cryf, sy'n caniatáu iddynt gracio cnau a hadau caled agored.

Ymddygiad

Mae babŵns yn anifeiliaid cymdeithasol iawn ac yn byw mewn grwpiau mawr, a elwir yn filwyr. Gall milwyr nodweddiadol gynnwys 50 i 100 o unigolion, er y gall rhai grwpiau fod mor fawr â 200 o aelodau. O fewn y milwyr, mae hierarchaeth gymdeithasol gymhleth, gyda gwrywod yn nodweddiadol yn drech na benywod a gwrywod iau.

Mae babŵns yn anifciliaid dyddiol, sy'n golygu eu bod yn actif yn ystod y dydd ac yn gorffwys gyda'r nos. Maent yn treulio llawer o'u diwrnod yn chwilota am fwyd, yn cymdeithasu, ac yn ymbincio â'i gilydd. Gwelwyd babŵns yn defnyddio offer, megis ffyn, i'w helpu i chwilota am fwyd.

Statws Cadwraeth

Mae sawl rhywogaeth o babŵns wedi'u rhestru fel rhai sydd dan fygythiad neu mewn perygl oherwydd colli cynefinoedd, hela a chlefyd. Mae'r babŵn Gini, er enghraifft, wedi'i restru fel un sydd mewn perygl difrifol, gyda dim ond ychydig gannoedd o unigolion ar ôl yn y gwyllt. Mae'r babŵn chacma wedi'i restru fel rhywogaeth sy'n peri'r pryder lleiaf, er bod rhai poblogaethau'n prinhau oherwydd colli cynefinoedd a hela.

I gloi, mae babŵns yn anifeiliaid hynod ddiddorol sy'n chwarae rhan bwysig yn eu hecosystem. Mae eu hymddangosiad nodedig, eu hymddygiad cymdeithasol, a'u deallusrwydd yn eu gwneud yn ffefryn gan lawer o gariadon anifeiliaid. Er bod rhai rhywogaethau o babŵns dan fygythiad neu dan fygythiad, gall ymdrechion cadwraeth helpu i amddiffyn yr anifeiliaid hynod hyn ar gyfer cenedlaethau'r dyfodol. Drwy weithio i warchod eu cynefinoedd a lleihau pwysau hela, gallwn helpu i sicrhau bod babŵns yn parhau i ffynnu yn y gwyllt.

8. Moch Daear

Mamal bach sy'n perthyn i'r teulu Mustelidae yw'r mochyn daear, sy'n cynnwys anifeiliaid cigysol eraill fel dyfrgwn, gwencïod a ffuredau. Mae yna sawl rhywogaeth o foch daear, gan gynnwys y mochyn daear Ewrasiaidd, mochyn daear Americanaidd, mochyn daear mêl, ac eraill.

Tarddiad

Credir bod y mochyn daear wedi esblygu yn Ewrop, Asia, a Gogledd America, ac mae eu cofnodion ffosil yn dyddio'n ôl i'r cyfnod Pleistosenaidd cynnar, tua 1.8 miliwn o flynyddoedd yn ôl. Mae moch daear wedi addasu i gynefinoedd amrywiol, gan gynnwys coedwigoedd, glaswelltiroedd, anialwch, a mynyddoedd.

Nodweddion

Mae gan foch daear strwythur stociog a chyhyrol gyda chorff gwastad, coesau byr, a phen llydan. Mae eu cot yn drwchus ac yn fras, ac mae ganddyn nhw farciau wyneb nodedig, fel streipiau du neu glytiau o amgylch eu llygaid. Mae eu ffwr fel arfer yn llwyd, du, neu frown, yn dibynnu ar y rhywogaeth a'r lleoliad.

Mae gan foch daear ymdeimlad cryf o arogl, y maent yn ei ddefnyddio i leoli ysglyfaeth, fel cnofilod, pryfed a mamaliaid bach. Maent yn gloddwyr ardderchog ac yn defnyddio eu crafangau miniog i gloddio tyllau a thwneli lle maent yn byw ac yn magu eu cywion. Mae gan foch daear grafangau hir, crwm, sy'n ddelfrydol ar gyfer cloddio mewn pridd caled a chryno.

Ymddygiad

Anifeiliaid nosol yw moch daear yn bennaf, ac maent yn treulio'r rhan fwyaf o'u hamser o dan y ddaear yn eu tyllau, a all fod yn eithaf helaeth. Anifeiliaid unigol ydyn nhw, ac eithrio yn ystod y tymor bridio, pan fyddan nhw'n gallu ffurfio grwpiau bach. Mae moch daear yn diriogaethol a byddant yn amddiffyn eu tiriogaeth rhag tresmaswyr.

Mae moch daear yn anifeiliaid cigysol ac yn bwydo ar amrywiaeth o ysglyfaeth, fel mamaliaid bach, pryfed a mwydod. Mae ganddynt ymdeimlad craff o arogl, y maent yn ei ddefnyddio i leoli ysglyfaeth yn y ddaear. Gall moch daear hefyd fwydo ar ddeunydd planhigion, fel ffrwythau a chnau, yn enwedig yn ystod misoedd y gaeaf pan fo ysglyfaeth yn brin.

Statws Cadwraeth

Mae sawl rhywogaeth o foch daear dan fygythiad neu dan fygythiad oherwydd colli cynefinoedd, hela, ac afiechyd. Mae'r mochyn daear Americanaidd yn cael ei ystyried yn rhywogaeth sy'n peri pryder, tra bod y mochyn daear Ewropeaidd wedi'i restru fel rhywogaeth sy'n peri'r pryder lleiaf. Nid yw'r mochyn daear mêl, a geir yn Affrica Is-Sahara ac Asia, yn cael ei ystyried o dan fygythiad, er bod poblogaethau wedi lleihau mewn rhai ardaloedd oherwydd colli cynefinoedd a hela.

I gloi, mae moch daear yn anifeiliaid hynod ddiddorol gyda nodweddion ac ymddygiad unigryw. Mae eu synnwyr arogli cryf, sgiliau cloddio rhagorol, a chrafangau miniog yn eu gwneud yn helwyr a chloddwyr effeithlon. Er bod rhai rhywogaethau o foch daear dan fygythiad neu dan fygythiad, gall ymdrechion cadwraeth helpu i warchod yr anifeiliaid hynod hyn ar gyfer cenedlaethau'r dyfodol. Trwy weithio i warchod eu cynefinoedd a lleihau pwysau hela, gallwn helpu i sicrhau bod moch daear yn parhau i ffynnu yn y gwyllt.

9. Barracuda

Pysgodyn rheibus sy'n perthyn i deulu'r Sphyraenidae yw'r barracuda . Maent i'w cael mewn dyfroedd cynnes a throfannol ledled y byd, ac maent yn adnabyddus am eu hymddygiad hela ymosodol a'u dannedd miniog.

Tarddiad

Mae Barracudas i'w gael yng Nghefnforoedd yr Iwerydd, y Môr Tawel, a Chefnforoedd India, yn ogystal â Môr y Caribî a Môr y Canoldir. Credir eu bod wedi tarddu o ranbarth y Caribî ac wedi lledaenu'n ddiweddarach i rannau eraill o'r byd. Mae yna sawl rhywogaeth o barracuda, gan gynnwys y barracuda mawr, barracuda'r Môr Tawel, a barracuda cynffon felen.

Nodweddion

Mae gan Barracudas gorff hir, main gyda phen pigfain a chynffon bwerus. Maent fel arfer yn lliw arian neu lwyd gyda smotiau du neu fariau ar eu corff. Mae eu corff wedi'i orchuddio â graddfeydd bach, llyfn sy'n helpu i leihau llusgo yn y dŵr. Y barracuda gwych yw'r rhywogaeth fwyaf a gall dyfu hyd at chwe throedfedd o hyd a phwyso dros 100 pwys. Un o nodweddion mwyaf nodedig y barracuda yw eu dannedd mawr a miniog. Mae eu ceg wedi'i llenwi â dannedd hir, pigfain sydd wedi'u cynllunio ar gyfer gafael yn eu hysglyfaeth a'i rwygo. Mae gan Barracudas ddwy set o ddannedd: un set o ddannedd llai yn y blaen ac ail set o ddannedd mwy yn y cefn.

Ymddygiad

Mae Barracudas yn ysglyfaethwyr ffyrnig ac yn adnabyddus am eu hymddygiad hela ymosodol. Maent yn fwydwyr manteisgar a byddant yn ysglyfaethu ar unrhyw beth y gallant ei ddal, gan gynnwys pysgod, cramenogion, a mamaliaid morol bach. Mae'n hysbys hefyd bod Barracudas yn dilyn ysgolion o bysgod llai, fel brwyniaid neu sardinau, yn aros am gyfle i streicio.

Mae Barracudas yn nofwyr cyflym a gallant gyrraedd cyflymder o hyd at 35 milltir yr awr. Maent hefyd yn gallu pyliau sydyn o gyflymdra, y maent yn eu defnyddio i ddal eu hysglyfaeth. Wrth hela, mae barracudas yn aml yn nesáu at eu hysglyfaeth o'r tu ôl ac yn defnyddio eu dannedd miniog i frathu darnau o gnawd.

Statws Cadwraeth

Nid yw Barracudas yn cael ei ystyried mewn perygl nac o dan fygythiad, er bod rhai poblogaethau wedi dirywio oherwydd gorbysgota a dinistrio cynefinoedd. Mae Barracudas yn bysgodyn helwriaeth poblogaidd ac mae pysgotwyr yn chwilio amdanynt oherwydd eu gallu i ymladd a'u natur ymosodol. Fodd bynnag, mae rheoliadau pysgota ac ymdrechion cadwraeth wedi helpu i amddiffyn poblogaethau barracuda mewn rhai ardaloedd.

I gloi, mae barracudas yn ysglyfaethwyr hynod ddiddorol a phwerus sy'n chwarae rhan bwysig mewn ecosystemau morol. Mae eu dannedd miniog a'u hymddygiad hela ymosodol yn eu gwneud yn wrthwynebydd aruthrol i greaduriaid morol eraill. Er bod rhai poblogaethau wedi dirywio oherwydd gorbysgota a dinistrio cynefinoedd, gall ymdrechion cadwraeth helpu i amddiffyn yr anifeiliaid rhyfeddol hyn ar gyfer cenedlaethau'r dyfodol. Trwy hyrwyddo arferion pysgota cynaliadwy a diogelu eu cynefinoedd, gallwn sicrhau bod barracuda yn parhau i ffynnu yn ein cefnforoedd.

10. Llwynog Ystlumod

Mamal bach, pryfysol sy'n perthyn i'r teulu canid yw'r llwynog clustiog. Fe'u ceir mewn rhannau o Affrica ac maent yn adnabyddus am eu clustiau mawr nodedig a'u harferion bwydo unigryw.

Tarddiad

Mae'r llwynog clustiog i'w ganfod mewn rhannau o Affrica, gan gynnwys glaswelltiroedd a safana de a dwyrain Affrica. Fe'u ceir yn gyffredin mewn gwledydd fel De Affrica, Namibia, Botswana, a Tanzania. Ni wyddys union darddiad y llwynog clustiog, ond credir eu bod wedi esblygu yn Affrica dros 800,000 o flynyddoedd yn ôl.

Nodweddion

Canid bach yw'r llwynog clustiog, sy'n mesur tua 40-50 cm (15-20 modfedd) o hyd ac yn pwyso rhwng 3-5 kg (6.6-11 pwys). Mae ganddyn nhw ymddangosiad nodedig, gyda chlustiau mawr, crwn sydd tua 13-15 cm (5-6 modfedd) o hyd. Mae eu ffwr yn lliw melyn-frown, gyda underbol gwyn a choesau du. Mae gan y llwynog clustiog gorff main, llyfn gyda thrwyn pigfain a choesau hir, tenau.

Un o nodweddion mwyaf nodedig y llwynog clustiog yw eu clustiau mawr. Defnyddir y clustiau ar gyfer amrywiaeth o ddibenion, gan gynnwys thermoregulation, cyfathrebu, a chanfod ysglyfaeth. Mae arwynebedd mawr y clustiau yn helpu i wasgaru gwres, gan gadw'r llwynog yn oer mewn amgylcheddau poeth. Mae gan y llwynog clustiog hefyd glyw rhagorol, y maent yn ei ddefnyddio i ddod o hyd i bryfed ac ysglyfaeth fach arall.

Ymddygiad

Mae'r llwynog clustiog yn nosol yn bennaf, er eu bod weithiau'n actif yn ystod y dydd. Maen nhw'n anifeiliaid cymdeithasol ac i'w cael yn aml mewn parau neu grwpiau teuluol bach. Pryfysydd yw'r llwynog clustiog, sy'n bwydo'n bennaf ar dermau a phryfed bach eraill. Mae ganddyn nhw ddannedd arbenigol a genau cryf sydd wedi'u haddasu'n dda ar gyfer malu a malu ecsgerbydau caled pryfed.

Mae gan y llwynog ystlum-glust ymddygiad bwydo unigryw o'r enw "termite-fishing." Maent yn lleoli twmpathau termite trwy arogl ac yna'n defnyddio eu clustiau mawr i wrando am synau'r termitau yn symud i mewn. Yna mae'r llwynog yn defnyddio ei bawennau blaen i gloddio i mewn i'r twmpath termite ac yn defnyddio ei dafod hir i lyfu'r termitau. Gall llwynog ystlum-glust fwyta hyd at 1.5 miliwn o derminau mewn un noson!

Statws Cadwraeth

Mae'r llwynog clustiog wedi'i restru fel rhywogaeth o "Bryder Lleiaf" gan yr Undeb Rhyngwladol dros Gadwraeth Natur (IUCN). Nid ydynt yn cael eu hystyried dan fygythiad neu dan fygythiad, er eu bod yn cael eu hela am eu ffwr yn achlysurol ac fel ffynhonnell fwyd mewn rhai rhannau o Affrica. Y bygythiadau mwyaf i'r llwynog clustiog yw colli a darnio cynefinoedd oherwydd gweithgareddau dynol fel amaethyddiaeth a threfoli.

I gloi, mae'r llwynog clustiog yn anifail hynod ddiddorol ac unigryw sydd wedi addasu i'w amgylchedd mewn amrywiaeth o ffyrdd. Mae eu clustiau mawr a'u dannedd arbenigol yn eu gwneud yn addas iawn ar gyfer eu diet pryfysol, ac mae eu hymddygiad cymdeithasol a'u harferion bwydo unigryw yn eu gwneud yn bwnc astudio diddorol. Er nad yw'r llwynog clustiog mewn perygl ar hyn o bryd, mae ymdrechion cadwraeth yn bwysig i ddiogelu eu cynefinoedd a sicrhau eu bod yn parhau i oroesi. Trwy hyrwyddo arferion defnydd tir cynaliadwy a diogelu cynefinoedd pwysig, gallwn helpu i sicrhau bod yr anifail hynod hwn yn parhau i fod yn rhan o fioamrywiaeth gyfoethog Affrica.

11. afanc

Mae'r afanc yn famal lled-ddyfrol a geir yng Ngogledd America, Ewrop ac Asia. Maent yn fwyaf adnabyddus am eu gallu i adeiladu argaeau a phorthdai cywrain, sy'n helpu i greu cynefinoedd gwlyptir ac amddiffyn yr afanc rhag ysglyfaethwyr.

Tarddiad

Credir bod yr afanc wedi esblygu yn Ewrasia yn ystod yr epoc Eocene, tua 35 miliwn o flynyddoedd yn ôl. Mae tystiolaeth ffosil yn dangos bod afancod unwaith yn gyffredin ledled Ewrop, Asia a Gogledd America. Fodd bynnag, mae gor-hela a cholli cynefinoedd wedi achosi dirywiad ym mhoblogaethau afancod mewn llawer o ardaloedd.

Nodweddion

Yr afanc yw'r cnofil mwyaf yng Ngogledd America, gydag oedolion yn pwyso rhwng 16-32 kg (35-70 pwys) ac yn mesur hyd at 1.3 metr (4.3 troedfedd) o hyd, gan gynnwys eu cynffon lydan, fflat. Mae ganddynt goesau byr, stociog gyda thraed gweog, sy'n eu gwneud yn nofwyr rhagorol. Mae gan afancod ffwr brown trwchus sy'n gallu gwrthsefyll dŵr ac sy'n helpu i'w cadw'n gynnes mewn dŵr oer.

Un o nodweddion mwyaf nodedig yr afanc yw ei gynffon fawr, wastad. Mae'r gynffon wedi'i gorchuddio â graddfeydd ac fe'i defnyddir at amrywiaeth o ddibenion, gan gynnwys cyfathrebu, cydbwysedd, ac fel padl ar gyfer nofio. Mae gan afancod hefyd ddannedd blaen mawr, miniog sy'n tyfu'n barhaus trwy gydol eu hoes. Defnyddir y dannedd hyn i dorri coed a changhennau, y maent yn eu defnyddio i adeiladu eu hargaeau a'u porthdai.

Ymddygiad

Mae'r afanc yn nosol yn bennaf, er eu bod weithiau'n actif yn ystod y dydd. Maent yn anifeiliaid cymdeithasol ac yn byw mewn grwpiau teuluol o'r enw "lodges." Mae porthdai wedi'u hadeiladu o ganghennau a llaid ac yn nodweddiadol mae ganddynt fynedfeydd tanddwr i amddiffyn yr afanc rhag ysglyfaethwyr. Mae afancod hefyd yn adeiladu argaeau i greu pyllau dwfn o ddŵr sy'n darparu cynefin diogel i'r afanc a rhywogaethau dyfrol eraill.

Mae'r afanc yn llysysol ac yn bwydo'n bennaf ar risgl a dail coed a llwyni. Defnyddiant eu dannedd blaen i dorri coed a changhennau, y maent yn eu llusgo i'r dŵr a'u storio ger eu porthdy. Mae'n hysbys hefyd bod afancod yn adeiladu "llwyfanau bwydo" yn y dŵr, lle gallant fwyta'n ddiogel heb adael eu porthdy.

Statws Cadwraeth

Mae'r afanc wedi'i restru fel rhywogaeth o "Bryder Lleiaf" gan yr Undeb Rhyngwladol dros Gadwraeth Natur (IUCN). Fodd bynnag, roedden nhw unwaith yn cael eu hela'n helaeth am eu ffwr ac fel ffynhonnell o gig. Ers hynny mae'r afanc wedi gwella mewn llawer o ardaloedd, yn rhannol oherwydd ymdrechion cadwraeth ac ailgyflwyno afancod i ardaloedd lle'r oeddent unwaith wedi diflannu.

Mae'r afanc yn chwarae rhan bwysig wrth greu cynefinoedd gwlyptir a chynnal ansawdd dŵr. Trwy adeiladu argaeau a phorthdai, maent yn creu pyllau dwfn o ddŵr sy'n darparu cynefin ar gyfer amrywiaeth o rywogaethau dyfrol. Mae eu gweithgareddau hefyd yn helpu i hidlo gwaddod a llygryddion o'r dŵr, a all wella ansawdd dŵr i lawr yr afon.

I gloi, mae'r afanc yn anifail hynod ddiddorol a phwysig sydd wedi chwarae rhan hanfodol wrth lunio tirwedd Gogledd America. Mae eu gallu i adeiladu argaeau a phorthdai cywrain wedi helpu i greu cynefinoedd gwlyptir ac amddiffyn yr afanc rhag ysglyfaethwyr. Er nad yw'r afanc mewn perygl ar hyn o bryd, mae ymdrechion cadwraeth parhaus yn bwysig i warchod eu cynefinoedd a sicrhau eu bod yn parhau i oroesi. Trwy hyrwyddo arferion defnydd tir cynaliadwy a gwarchod cynefinoedd gwlyptir pwysig, gallwn helpu i sicrhau bod yr afanc yn parhau i fod yn rhan hanfodol o ecosystem Gogledd America.

12. Binturong

Mae'r Binturong, a elwir hefyd yn farchat, yn anifail hynod ddiddorol sy'n byw yng nghoedwigoedd De-ddwyrain Asia. Mae'n rhywogaeth unigryw sy'n meddu ar nifer o nodweddion diddorol sy'n ei gosod ar wahân i anifeiliaid eraill.

Tarddiad

Mae'r Binturong yn perthyn i'r teulu Viverridae, sy'n cynnwys civets, genetiaid, a rhywogaethau cysylltiedig eraill. Mae'n frodorol i goedwigoedd De-ddwyrain Asia, gan gynnwys rhannau o India, Myanmar, Gwlad Thai, Malaysia, Indonesia, a Philippines. Mae'r Binturong wedi bod yn bresennol yn y rhanbarth hwn ers miliynau o flynyddoedd, gyda thystiolaeth ffosil yn awgrymu ei fod yn bodoli yn ystod y cyfnod Miocene hwyr, tua 10 miliwn o flynyddoedd yn ôl.

Nodweddion

Mae'r Binturong yn famal coediog mawr sydd tua maint arth fach. Gall oedolion bwyso rhwng 9-27 kg (20-60 pwys) a mesur hyd at 1.4 metr (4.5 troedfedd) o hyd, gan gynnwys eu cynffon lwynog. Mae ganddyn nhw ffwr trwchus, shaggy sy'n amrywio o ran lliw o ddu i frown-goch, a streipen wen nodedig sy'n rhedeg ar hyd eu cefn.

Un o nodweddion mwyaf unigryw y Binturong yw ei chwarennau arogl, sydd wedi'u lleoli ger ei anws. Mae'r chwarennau hyn yn cynhyrchu arogl musky sydd wedi'i gymharu ag arogl popcorn â menyn neu sglodion tortilla wedi'u llosgi. Defnyddir yr arogl gan y Binturong i nodi ei diriogaeth a chyfathrebu â Binturongs eraill.

Ymddygiad

Coed coed yw'r Binturong yn bennaf, gan dreulio llawer o'i amser yn y coed. Mae ganddo gynffon cynhenadwy y mae'n ei defnyddio i helpu i gydbwyso a llywio trwy ganopi'r goedwig. Mae binturongs hefyd yn ddringwyr ardderchog a gallant symud yn gyflym trwy'r coed.

Mae binturongs yn hollysyddion, yn bwydo ar amrywiaeth o fwydydd gan gynnwys ffrwythau, dail, mamaliaid bach, adar a phryfed. Gwyddys hefyd eu bod yn bwyta celanedd ac fe'u gwelwyd yn bwydo ar weddillion anifeiliaid eraill.

Statws Cadwraeth

Mae'r Binturong wedi'i restru fel rhywogaeth o "Pryder Lleiaf" gan yr Undeb Rhyngwladol dros Gadwraeth Natur (IUCN). Fodd bynnag, mae'r Binturong dan fygythiad oherwydd colli cynefinoedd a photsio. Mae datgoedwigo a throsi coedwigoedd yn dir amaethyddol wedi lleihau cynefin a phoblogaethau darniog y Binturong. Yn ogystal, mae chwarennau arogl a ffwr y Binturong yn cael eu gwerthfawrogi'n fawr mewn meddygaeth draddodiadol a'r fasnach bywyd gwyllt anghyfreithlon.

Mae ymdrechion yn cael eu gwneud i warchod y Binturong a gwarchod ei gynefin. Mewn rhai ardaloedd, mae Binturongs yn cael eu hailgyflwyno i goedwigoedd gwarchodedig lle maent wedi cael eu halltudio. Yn ogystal, mae sefydliadau cadwraeth yn gweithio i godi ymwybyddiaeth o bwysigrwydd gwarchod y Binturong a'i gynefin.

I gloi, mae'r Binturong yn anifail hynod ddiddorol ac unigryw sy'n chwarae rhan bwysig yn ecosystemau De-ddwyrain Asia. Mae ei gynffon gynhenid, arogl mwsgaidd, a galluoedd dringo rhagorol yn ei gwneud yn rhywogaeth wirioneddol nodedig. Er nad yw'r Binturong mewn perygl ar hyn o bryd, mae colli cynefinoedd a sathru yn fygythiadau mawr i'w goroesiad. Trwy hyrwyddo arferion defnydd tir cynaliadwy a diogelu cynefinoedd coedwigoedd pwysig, gallwn helpu i sicrhau bod y Binturong yn parhau i fod yn rhan hanfodol o fioamrywiaeth De-ddwyrain Asia.

13. sgrech y coed

Rhywogaeth o adar sy'n perthyn i deulu'r Corvidae , sy'n cynnwys brain , cigfrain , a phiod yw Y Sgrech Las . Mae'n rhywogaeth adar brodorol o Ogledd America, ac mae'n adnabyddus am ei blu glas syfrdanol, ei lais unigryw, a'i ymddygiad beiddgar.

Tarddiad

Mae'r Blue Jay yn frodorol i Ogledd America, ac mae i'w ganfod ledled llawer o'r cyfandir, o dde Canada i Fflorida a gorllewin i Texas. Mae'n rhywogaeth fudol, ac mae rhai poblogaethau'n symud tua'r de yn ystod misoedd y gaeaf.

Mae Blue Jay wedi bod yn bresennol yng Ngogledd America ers miliynau o flynyddoedd, gyda thystiolaeth ffosil yn awgrymu bod y rhywogaeth wedi bodoli ar y cyfandir ers o leiaf 5 miliwn o flynyddoedd. Credir bod y Blue Jay yn tarddu o ran orllewinol Gogledd America, ac yna'n lledu tua'r dwyrain.

Nodweddion

Aderyn canolig ei faint yw'r Sgrech Glas, sy'n mesur tua 25 cm (10 modfedd) o hyd ac yn pwyso rhwng 70-100 gram (2.5-3.5 owns). Mae ganddo blu glas a gwyn nodedig, gyda chrib las ar ei ben, adenydd glas, a chynffon las. Mae ei rannau isaf yn wyn, ac mae ganddo goler ddu o amgylch ei wddf.

Mae gan y Blue Jay big cryf, miniog, y mae'n ei ddefnyddio i gracio cnau agored a hadau. Mae ganddo hefyd goesau a thraed cryf, sy'n ei alluogi i lynu wrth ganghennau coed a neidio ar hyd y ddaear. Mae lleisiau Blue Jay yn nodwedd nodedig arall, ac mae'n adnabyddus am ei galwadau uchel, aflafar, yn ogystal â'i ganeuon meddalach, mwy swynol.

Ymddygiad

Mae Blue Jay yn rhywogaeth adar hynod ddeallus a chymdeithasol. Mae'n hysbys ei fod yn ffurfio bondiau pâr cryf, a bydd parau yn aros gyda'i gilydd am flynyddoedd lawer. Mae Blue Jays hefyd yn uchel eu llais, ac yn defnyddio amrywiaeth o alwadau a chaneuon i gyfathrebu â'i gilydd.

Mae Sgrech y Coed yn hollysyddion, sy'n bwydo ar amrywiaeth eang o fwydydd gan gynnwys cnau, hadau, ffrwythau, pryfed, a fertebratau bach fel llyffantod a madfallod. Gwyddys hefyd eu bod yn storio bwyd, yn storio cnau a hadau yn y ddaear neu mewn holltau rhisgl coed i'w bwyta'n ddiweddarach.

Mae Sgrech y Coed hefyd yn diriogaethol iawn, a byddant yn amddiffyn eu safleoedd nythu a'u ffynonellau bwyd yn ymosodol. Mae'n hysbys eu bod yn cymryd rhan mewn ymddygiad mobbing, gan ymgynnull mewn grwpiau i aflonyddu a gyrru i ffwrdd ysglyfaethwyr fel hebogiaid a thylluanod.

Statws Cadwraeth

Ar hyn o bryd nid yw'r Sgrech Las yn cael ei hystyried yn rhywogaeth sydd mewn perygl. Fodd bynnag, fel llawer o rywogaethau adar, mae colli cynefinoedd, newid yn yr hinsawdd a ffactorau amgylcheddol eraill dan fygythiad. Mae amrediad y Blue Jay wedi'i leihau mewn rhai ardaloedd oherwydd datgoedwigo a threfoli, ac mae hefyd yn agored i wrthdrawiadau ag adeiladau a strwythurau eraill.

Mae ymdrechion yn cael eu gwneud i warchod y Sgrech Las a gwarchod ei chynefin. Mae sefydliadau cadwraeth yn gweithio i hyrwyddo arferion defnydd tir cynaliadwy a diogelu cynefinoedd coedwigoedd pwysig. Yn ogystal, mae ymgyrchoedd addysg ac ymwybyddiaeth yn cael eu cynnal i godi ymwybyddiaeth o bwysigrwydd gwarchod rhywogaethau adar fel y Sgrech y Coed.

I gloi, mae Blue Jay yn rhywogaeth adar trawiadol a deallus sy'n rhan bwysig o fioamrywiaeth Gogledd America. Mae ei blu glas nodedig, ei big cryf, a'i lais yn ei wneud yn rhywogaeth wirioneddol unigryw a hynod ddiddorol. Er nad yw Sgrech y Coed mewn perygl ar hyn o bryd, mae'n bwysig ein bod yn cymryd camau i warchod ei chynefin a sicrhau ei fod yn goroesi ar gyfer cenedlaethau'r dyfodol. Trwy hyrwyddo arferion defnydd tir cynaliadwy a diogelu cynefinoedd coedwigoedd pwysig, gallwn helpu i sicrhau bod y Blue Jay a rhywogaethau adar eraill yn parhau i ffynnu yng Ngogledd America.

14. Bobcat

Mae'r Bobcat, a elwir hefyd yn Lynx rufus, yn rhywogaeth cathod gwyllt bach a geir yng Ngogledd America. Mae'n ysglyfaethwr hynod hyblyg gydag ystod sy'n ymestyn o dde Canada i ganol Mecsico. Mae'r Bobcat yn adnabyddus am ei chlustiau pigog nodedig, ei chynffon fer, a'i chôt fraith.

Tarddiad

Mae'r Bobcat yn frodorol i Ogledd America, ac wedi bod yn bresennol ar y cyfandir ers miliynau o flynyddoedd. Mae tystiolaeth ffosil yn awgrymu i hynafiaid y Bobcat ymddangos gyntaf yng Ngogledd America tua 2.5 miliwn o flynyddoedd yn ôl. Mae ystod y Bobcat wedi ehangu a chrebachu dros amser, ond mae wedi parhau i fod yn ysglyfaethwr eang a hyblyg trwy gydol llawer o'i hanes.

Nodweddion

Rhywogaeth cathod gwyllt canolig ei maint yw'r Bobcat, gyda golwg nodedig sy'n ei gosod ar wahân i gathod eraill Gogledd America. Mae'n mesur tua 60-100 cm (24-40 modfedd) o hyd ac yn pwyso rhwng 5-15 kg (11-33 pwys). Fel arfer mae cot y Bobcat yn goch-frown, gyda smotiau du a streipiau sy'n helpu i'w guddliwio yn ei gynefin coetir.

Un o nodweddion amlycaf y Bobcat yw ei chlustiau copog, sydd â blaenau du ac yn fodd o gyfathrebu. Mae gan y Bobcat hefyd gynffon fer, sownd sydd yn aml ond ychydig fodfeddi o hyd. Mae ei goesau'n gyhyrog ac mae ei bawennau'n cynnwys crafangau ôl-dynadwy, y mae'n eu defnyddio i ddringo a dal ysglyfaeth.

Ymddygiad

Mae'r Bobcat yn ysglyfaethwr unigol, yn treulio llawer o'i amser ar ei ben ei hun yn ei gynefin coetir. Mae'n hynod hyblyg a gall ffynnu mewn amrywiaeth o amgylcheddau gwahanol, o anialwch i goedwigoedd i ardaloedd maestrefol. Mae Bobcats yn helwyr manteisgar, yn bwydo ar amrywiaeth eang o ysglyfaeth gan gynnwys cwningod, gwiwerod, adar, a chnofilod bach. Gwyddys hefyd eu bod yn cymryd ysglyfaeth mwy fel ceirw, ond mae hyn yn llai cyffredin.

Mae Bobcats fel arfer yn actif yn y nos, ond gallant hefyd fod yn actif yn ystod y dydd. Maent yn anifeiliaid tiriogaethol iawn, a byddant yn amddiffyn eu tiriogaeth yn erbyn Bobcats eraill. Maen nhw'n cyfathrebu â'i gilydd trwy amrywiaeth o leisio, gan gynnwys crychau, hisses, a iwylanod.

Statws Cadwraeth

Nid yw'r Bobcat yn cael ei ystyried yn rhywogaeth sydd mewn perygl ar hyn o bryd, ond mae ei statws yn amrywio ar draws ei ystod. Mewn rhai ardaloedd, megis de Canada a gogledd-ddwyrain yr Unol Daleithiau, mae poblogaeth y Bobcat yn sefydlog ac yn iach. Mewn ardaloedd eraill, fel de-ddwyrain yr Unol Daleithiau a Mecsico, mae'r Bobcat yn cael ei fygwth gan golli cynefinoedd a hela.

Mewn rhai taleithiau, mae'r Bobcat yn cael ei hela am ei ffwr neu ar gyfer chwaraeon. Fodd bynnag, mae llawer o daleithiau wedi gweithredu rheoliadau i amddiffyn y Bobcat rhag gor-hela. Yn ogystal, mae colli cynefinoedd oherwydd trefoli a datgoedwigo yn fygythiad mawr i'r Bobcat. Mae ymdrechion cadwraeth yn canolbwyntio ar gadw a gwarchod cynefin y Bobcat a hyrwyddo arferion defnydd tir cynaliadwy. I gloi, mae'r Bobcat yn ysglyfaethwr hynod hyblyg sy'n rhan bwysig o amrywiaeth bywyd gwyllt Gogledd America. Mae ei glustiau copog nodedig, ei gynffon fer, a'i chôt fraith yn ei gwneud yn rhywogaeth unigryw a hynod ddiddorol. Er nad yw'r Bobcat mewn perygl ar hyn o bryd, mae'n bwysig inni gymryd camau i warchod ei chynefin a sicrhau ei fod yn goroesi ar gyfer cenedlaethau'r dyfodol. Trwy hyrwyddo arferion defnydd tir cynaliadwy a gweithredu rheoliadau i amddiffyn y Bobcat rhag hela gormod, gallwn helpu i sicrhau bod yr ysglyfaethwr eiconig hwn o Ogledd America yn parhau i ffynnu.

15. Chickadee

Adar bach sy'n perthyn i'r genws Poecile , sy'n frodorol i Ogledd America yw Chickadees . Mae'r adar hyn yn adnabyddus am eu capiau du nodedig, sy'n cyferbynnu â'u bochau gwyn a'u cefnau brown-lwyd. Mae yna nifer o wahanol rywogaethau o gywion, gan gynnwys y cyw â chap du, cyw Carolina, chickadee mynydd, a chickadee boreal.

Nodweddion

Aderyn bach yw'r cyw â chap du, sy'n mesur tua 4 i 5 modfedd o hyd ac yn pwyso rhwng 0.3 a 0.4 owns. Mae gan yr adar hyn gap du nodedig ar eu pennau sy'n cyferbynnu â'u bochau gwyn a'u cefnau brown-lwyd. Mae ganddyn nhw hefyd big bach, du ac adenydd byr sy'n eu gwneud yn hedfanwyr cyflym ac ystwyth.

Mae cywion yn adnabyddus am eu galluoedd acrobatig, yn aml yn hongian wyneb i waered o ganghennau i chwilio am fwyd. Maen nhw'n hedfan yn gyflym ac yn llyfn a gallant newid cyfeiriad yn gyflym i osgoi ysglyfaethwyr. Mae cywion yn adnabyddus hefyd am eu lleisiau nodedig, sy'n cynnwys galwad "ffi-gwenynen" glir, wedi'i chwibanu a sain meddal, sgwrsio.

Mae cywion yn hollysol ac yn bwydo ar amrywiaeth o fwydydd, gan gynnwys pryfed, hadau ac aeron. Gwyddys hefyd eu bod yn storio bwyd yn ddiweddarach, gan guddio hadau a chnau mewn holltau coed a mannau cuddio eraill i'w bwyta'n ddiweddarach pan fo bwyd yn brin.

Tarddiad

Mae'r cyw â chap du yn frodorol i Ogledd America ac mae i'w gael ledled llawer o'r cyfandir. Mae'r adar hyn i'w cael mewn amrywiaeth o gynefinoedd, gan gynnwys coedwigoedd collddail a chonifferaidd, parciau, ac ardaloedd maestrefol. Maent yn arbennig o gyffredin yn rhanbarthau gogleddol Gogledd America, lle gellir eu canfod trwy gydol y flwyddyn.

Disgrifiwyd y cyw â chap du am y tro cyntaf gan Carl Linnaeus ym 1766. Enwodd Linnaeus yr aderyn Parus atricapillus, sy'n golygu "titmouse â chap du". Fodd bynnag, ym 1997, cafodd yr aderyn ei ailddosbarthu fel aelod o'r genws Poecile, sef grŵp o adar bach, anfudol a ddarganfuwyd yng Ngogledd America ac Ewrasia.

Ymddygiad

Mae cywion yn adar cymdeithasol ac yn aml yn ffurfio heidiau bach o hyd at ddwsin o adar yn ystod misoedd y gaeaf. Mae'r heidiau hyn fel arfer yn cynnwys aelodau o'r teulu neu adar sydd wedi sefydlu hierarchaeth gymdeithasol. Mae cywion yn cyfathrebu â'i gilydd gan ddefnyddio amrywiaeth o leisio ac iaith y corff, gan gynnwys galwadau, caneuon, a ffliciau adenydd.

Mae Chickadees hefyd yn adnabyddus am eu gallu i gofio lleoliadau celciau bwyd. Mae astudiaethau wedi dangos bod gan yr adar hyn atgof gofodol anhygoel ac yn gallu cofio lleoliad miloedd o gelciau bwyd dros ardal o sawl milltir sgwâr. Mae'r gallu hwn i gofio lleoliadau celc yn helpu cywion i oroesi yn ystod misoedd y gaeaf pan fo bwyd yn brin.

Bridio

Mae cywion yn bridio yn ystod misoedd y gwanwyn a'r haf, gyda pharau paru yn sefydlu tiriogaethau ac yn adeiladu nythod mewn ceudodau coed neu dai adar. Gwneir y nythod hyn o amrywiaeth o ddeunyddiau, gan gynnwys mwsogl, glaswellt a blew anifeiliaid. Mae'r cyw benywaidd yn dodwy 6 i 8 wy, y mae'n ei ddeor am tua phythefnos. Mae'r ddau riant yn gofalu am y cywion, gan fwydo pryfed ac ysglyfaeth bach arall iddynt. Mae'r cywion yn prancio ar ôl tua dwy i dair wythnos ac yn aros gyda'u rhieni am sawl wythnos arall wrth iddynt ddysgu dod o hyd i fwyd ac osgoi ysglyfaethwyr.

Cadwraeth

Nid yw cywion yn cael eu hystyried yn rhywogaeth dan fygythiad neu mewn perygl, ac mae eu poblogaethau i'w gweld yn sefydlog. Fodd bynnag, fel llawer o rywogaethau adar, mae cywion yn wynebu bygythiadau megis colli a darnio cynefinoedd, newid yn yr hinsawdd, ac ysglyfaethu gan gathod domestig a gwyllt. Gall defnyddio plaladdwyr a chwynladdwyr mewn ardaloedd amaethyddol a threfol hefyd gael effeithiau negyddol ar boblogaethau cywion trwy leihau argaeledd bwyd a chynefin.

Er mwyn helpu i amddiffyn cywion a rhywogaethau adar eraill, gall unigolion gymryd amrywiaeth o gamau gweithredu. Gall darparu tai adar a deunyddiau nythu helpu i gynnal poblogaethau bridio, tra gall plannu planhigion brodorol ac osgoi'r defnydd o gemegau niweidiol ddarparu cynefinoedd a ffynonellau bwyd pwysig. Gall cadw cathod domestig dan do a chefnogi sefydliadau cadwraeth lleol hefyd helpu i amddiffyn cywion a'u cynefinoedd.

I gloi, mae cywion yn adar cymdeithasol bach sy'n frodorol i Ogledd America sy'n adnabyddus am eu capiau du nodedig, eu lleisiau a'u galluoedd acrobatig. Mae gan yr adar hyn rôl bwysig yn eu hecosystemau, gan wasanaethu fel gwasgarwyr hadau, ysglyfaethwyr pryfed, a dangosyddion ansawdd cynefinoedd. Er nad yw cywion yn cael eu bygwth ar hyn o bryd, mae angen ymdrechion cadwraeth parhaus i amddiffyn eu poblogaethau a sicrhau eu bod yn parhau i oroesi yn wyneb bygythiadau amgylcheddol.

16. Chinchilla

Mae Chinchillas yn famaliaid bach blewog sy'n frodorol i fynyddoedd yr Andes yn Ne America. Mae'r anifeiliaid hyn yn adnabyddus am eu ffwr meddal, trwchus, sy'n eu gwneud yn anifeiliaid anwes poblogaidd ac yn dargedau ar gyfer ffermio ffwr.

Nodweddion

Mae chinchillas yn gnofilod bach sy'n pwyso rhwng 1 a 1.5 pwys ac yn mesur tua 9 i 14 modfedd o hyd, gan gynnwys eu cynffonau trwchus. Mae gan yr anifeiliaid hyn glustiau a llygaid mawr, coesau byr, a wisgers hir. Mae eu ffwr yn drwchus a meddal, gydag amrywiaeth o liwiau gan gynnwys llwyd, llwydfelyn, gwyn a du.

Mae gan chinchillas nifer o nodweddion ffisegol unigryw sy'n eu helpu i oroesi yn eu cynefinoedd brodorol. Er enghraifft, mae ganddyn nhw haenen drwchus o ffwr sy'n darparu inswleiddio yn erbyn tymheredd oer mynyddoedd yr Andes. Mae ganddyn nhw hefyd goesau ôl hir sy'n caniatáu iddyn nhw neidio a dringo'n rhwydd, yn ogystal â chynffonau hir sy'n eu helpu i gydbwyso a chyfathrebu â chinchillas eraill.

Yn ogystal â'u nodweddion corfforol, mae chinchillas hefyd yn adnabyddus am eu hymddygiad. Mae'r anifeiliaid hyn yn weithgar ac yn gymdeithasol, ac maent yn mwynhau chwarae a rhyngweithio â chinchillas eraill. Maent hefyd yn nosol, sy'n golygu eu bod yn fwyaf gweithgar yn y nos, ac maent yn llysysyddion, yn bwydo ar laswellt, hadau a deunyddiau planhigion eraill.

Tarddiad

Mae Chinchillas yn frodorol i fynyddoedd yr Andes yn Ne America, lle maent yn byw mewn holltau a thyllau creigiog. Cafodd yr anifeiliaid hyn eu dofi gyntaf gan yr Incas, a ddefnyddiodd eu ffwr ar gyfer dillad a dibenion eraill. Ar ôl concwest Sbaen yn Ne America, cafodd chinchillas eu hela'n helaeth am eu ffwr, a oedd yn werthfawr yn Ewrop a Gogledd America.

O ganlyniad i'r hela hwn, gostyngodd poblogaethau chinchilla yn gyflym, ac erbyn dechrau'r 20fed ganrif, roedd yr anifeiliaid bron â diflannu yn y gwyllt. Er mwyn helpu i warchod y rhywogaeth, cafodd chinchillas eu bridio mewn caethiwed ac yn y pen draw eu hailgyflwyno i'w cynefinoedd brodorol ym mynyddoedd yr Andes.

Heddiw, mae chinchillas yn dal i fod yn y gwyllt yn yr Andes, er bod eu poblogaethau yn parhau i fod dan fygythiad oherwydd colli cynefinoedd a hela. Yn ogystal, mae chinchillas yn boblogaidd fel anifeiliaid anwes ac maent hefyd yn cael eu magu ar ffermydd ffwr am eu ffwr.

Bridio

Mae chinchillas yn rhywiol aeddfed pan fyddant tua 8 mis oed, a gall benywod roi genedigaeth i 1-6 cit ar y tro. Mae'r cyfnod beichiogrwydd yn para tua 111 diwrnod, ac mae'r rhai ifanc yn cael eu geni'n llawn ffwr ac yn gallu symud o gwmpas yn fuan ar ôl eu geni. Gall chinchillas benywaidd roi genedigaeth hyd at ddwywaith y flwyddyn, ac mae'r ddau riant yn gofalu am yr ifanc.

Mae Chinchillas yn anifeiliaid cymdeithasol ac yn byw mewn grwpiau yn y gwyllt. Mewn caethiwed, mae'n bwysig darparu cwmnïaeth i chinchillas a digon o le i symud a chwarae.

Cadwraeth

Mae Chinchillas wedi'u rhestru fel rhai sydd mewn perygl ar Restr Goch yr Undeb Rhyngwladol dros Gadwraeth Natur (IUCN). Mae'r prif fygythiadau i boblogaethau chinchilla yn cynnwys colli cynefinoedd, hela a ffermio ffwr.

Er mwyn helpu i warchod chinchillas a'u cynefinoedd, mae angen ymdrechion cadwraeth. Gall yr ymdrechion hyn gynnwys cadwraeth cynefinoedd, deddfwriaeth i reoleiddio'r fasnach a'r defnydd o ffwr chinchilla, a rhaglenni bridio caeth i gefnogi poblogaethau gwyllt. Yn ogystal, gall unigolion gefnogi ymdrechion cadwraeth trwy osgoi prynu ffwr chinchilla a dewis deunyddiau amgen ar gyfer dillad a chynhyrchion eraill.

I gloi, mae chinchillas yn famaliaid bach blewog sy'n frodorol i fynyddoedd yr Andes yn Ne America. Mae'r anifeiliaid hyn yn adnabyddus am eu ffwr meddal, trwchus a'u nodweddion corfforol ac ymddygiadol unigryw. Er gwaethaf eu poblogrwydd fel anifeiliaid anwes a thargedau ar gyfer ffermio ffwr, mae chinchillas mewn perygl yn y gwyllt ac mae angen ymdrechion cadwraeth parhaus i sicrhau eu bod yn goroesi.

17. Chipmunk

Mae Chipmunks yn gnofilod bach sy'n byw ar y ddaear ac sy'n frodorol i Ogledd America. Mae'r anifeiliaid hyn yn adnabyddus am eu streipiau nodedig a'u hymddygiad bywiog, ac maent yn chwarae rhan bwysig yn eu hecosystemau fel gwasgarwyr hadau ac ysglyfaeth i ysglyfaethwyr.

Nodweddion

Cnofilod bach sy'n perthyn i deulu'r wiwer, Sciuridae yw Chipmunks . Maent fel arfer rhwng 5 a 7 modfedd o hyd, gyda chynffonau trwchus sydd tua cyhyd â'u cyrff. Mae gan Chipmunks liw nodedig, gyda streipiau'n rhedeg i lawr eu cefnau ac ar draws eu bochau. Gall y streipiau hyn amrywio mewn lliw o lwyd i frown coch i ddu.

Yn ogystal â'u hymddangosiad nodedig, mae gan chipmunks sawl nodwedd ffisegol unigryw sy'n eu helpu i oroesi yn eu cynefinoedd brodorol. Er enghraifft, mae ganddynt grafangau cryf, miniog sy'n caniatáu iddynt gloddio tyllau a dringo coed. Mae ganddyn nhw hefyd godenni yn eu bochau y maen nhw'n eu defnyddio i gludo bwyd yn ôl i'w tyllau.

Mae Chipmunks yn weithgar yn ystod y dydd ac yn adnabyddus am eu hymddygiad bywiog. Maent yn rhedwyr cyflym ac yn ddringwyr, ac maent yn cyfathrebu â'i gilydd gan ddefnyddio ystod o leisio, gan gynnwys chirps, chwibanau, a thriliau.

Tarddiad

Mae Chipmunks yn frodorol i Ogledd America, lle maent i'w cael mewn amrywiaeth o gynefinoedd, gan gynnwys coedwigoedd, dolydd, ac ardaloedd maestrefol. Mae 25 o wahanol rywogaethau o chipmunks, ac maent i'w cael ledled Gogledd America, o'r Cylch Arctig i Fecsico.

Mae'r ffosilau chipmunk cynharaf y gwyddys amdanynt yn dyddio'n ôl i'r cyfnod Oligocene, tua 30 miliwn o flynyddoedd yn ôl. Esblygodd hynafiaid chipmunks modern yng Ngogledd America ac arallgyfeirio i'r gwahanol rywogaethau a welwn heddiw dros filiynau o flynyddoedd.

Bridio

Mae chipmunks yn bridio unwaith neu ddwywaith y flwyddyn, yn dibynnu ar y rhywogaeth a'r hinsawdd. Mae merched yn rhoi genedigaeth i dorllwythi o 2 i 8 ifanc, sy'n cael eu geni'n ddall a heb wallt. Mae'r rhai ifanc yn cael eu diddyfnu ar ôl tua 6 wythnos ac yn gwbl annibynnol ar ôl tua 8 wythnos.

Yn ogystal â'u hymddygiad atgenhedlu, mae gan chipmunks hefyd ymddygiadau bwydo unigryw. Mae'r anifeiliaid hyn yn hollysyddion ac yn bwydo ar amrywiaeth o fwydydd, gan gynnwys hadau, cnau, ffrwythau, pryfed, ac infertebratau bach. Mae gan Chipmunks synnwyr arogli brwd, ac maen nhw'n defnyddio'r synnwyr hwn i leoli a storio bwyd yn eu tyllau ar gyfer misoedd y gaeaf.

Cadwraeth

Ar hyn o bryd nid yw chipmunks yn cael eu hystyried dan fygythiad neu dan fygythiad, ond gallant wynebu amrywiaeth o fygythiadau yn eu cynefinoedd. Gall colli a darnio cynefinoedd, newid yn yr hinsawdd, ac ysglyfaethu gan gathod domestig ac ysglyfaethwyr eraill i gyd gael effeithiau negyddol ar boblogaethau naddion myglyd.

Er mwyn helpu i amddiffyn chipmunks a rhywogaethau eraill o gnofilod, gall unigolion gymryd amrywiaeth o gamau. Gall darparu cynefin trwy blannu planhigion brodorol, osgoi'r defnydd o gemegau niweidiol, a chadw cathod domestig y tu mewn i gyd helpu i gynnal poblogaethau sglodion-y-munc. Yn ogystal, gall cefnogi sefydliadau cadwraeth lleol helpu i amddiffyn chipmunks a'u cynefinoedd.

I gloi, mae chipmunks yn gnofilod bach, bywiog sy'n frodorol i Ogledd America sy'n adnabyddus am eu streipiau a'u hymddygiad nodedig. Mae gan yr anifeiliaid hyn rolau pwysig yn eu hecosystemau fel gwasgarwyr hadau ac ysglyfaeth i ysglyfaethwyr, ac maent wedi datblygu addasiadau corfforol ac ymddygiadol unigryw i'w helpu i oroesi yn eu cynefinoedd. Er nad yw chipmunks dan fygythiad ar hyn o bryd, mae angen ymdrechion cadwraeth parhaus i amddiffyn eu poblogaethau a sicrhau eu bod yn parhau i oroesi yn wyneb bygythiadau amgylcheddol.

18. Clam

Molysgiaid dwygragennog yw cregyn bylchog sydd i'w cael mewn cefnforoedd, llynnoedd, afonydd, a chyrff dŵr eraill ledled y byd. Mae'r anifeiliaid hyn yn adnabyddus am eu cregyn caled, dwy ran sy'n amddiffyn eu cyrff meddal a'u horganau mewnol.

Nodweddion

Nodweddir cregyn bylchog gan eu cregyn caled, dwy ran sydd wedi'u colfachu gyda'i gilydd. Mae'r cregyn hyn wedi'u gwneud o galsiwm carbonad ac yn cael eu secretu gan fantell y cregyn bylchog, meinwe arbenigol sy'n leinio tu mewn i'r gragen. Mae'r cregyn yn cael eu dal at ei gilydd gan gyhyr cryf, y mae'r cregyn bylchog yn ei ddefnyddio i agor a chau ei chragen.

Y tu mewn i'r gragen, mae gan y clam gorff meddal sy'n cael ei warchod gan y gragen galed. Rhennir y corff yn dair prif ran: y droed, y mae'r clam yn ei ddefnyddio i symud o gwmpas ac angori ei hun yn y gwaddod; y fantell, sy'n cyfrinachu'r gragen ac yn hidlo dŵr; a'r màs visceral, sy'n cynnwys organau mewnol y cregyn bylchog.

Mae cregyn bylchog yn borthwyr hidlo, sy'n golygu eu bod yn bwydo trwy hidlo gronynnau bach o fwyd o'r dŵr. Mae mantell y cregyn bylchog yn cynnwys meinweoedd arbenigol a elwir yn dagellau, sydd wedi'u gorchuddio â strwythurau bach tebyg i flew o'r enw cilia. Mae'r cilia yn symud yn ôl ac ymlaen, gan greu cerrynt o ddŵr sy'n dod â gronynnau bwyd i geg y cregyn bylchog.

Daw cregyn bylchog mewn amrywiaeth o feintiau a siapiau, o gregyn bylchog bach iawn sydd ond ychydig filimetrau o hyd i gregyn bylchog anferth sy'n gallu pwyso cannoedd o bunnoedd. Mae rhai rhywogaethau o gregyn bylchog yn fwytadwy ac yn cael eu hystyried yn danteithfwyd mewn sawl rhan o'r byd.

Tarddiad

Mae cregyn bylchog yn anifeiliaid hynafol sydd wedi bod o gwmpas ers miliynau o flynyddoedd. Mae tystiolaeth ffosil yn dangos bod cregyn bylchog wedi ymddangos gyntaf yn ystod y cyfnod Cambriaidd, dros

500 miliwn o flynyddoedd yn ôl. Creaduriaid syml, un gragen a drigai mewn moroedd bas oedd y cregyn bylchog cynharaf.

Dros amser, datblygodd cregyn bylchog strwythurau cregyn mwy cymhleth a datblygu organau arbenigol ar gyfer bwydo ac atgenhedlu. Heddiw, mae dros 15,000 o rywogaethau o gregyn bylchog hysbys, ac maent i'w cael mewn amrywiaeth eang o gynefinoedd ledled y byd.

Bridio

Mae cregyn bylchog yn atgenhedlu'n rhywiol, gyda gwrywod a benywod yn rhyddhau eu gametau i'r dŵr lle maent yn ffrwythloni ei gilydd. Mae'r wyau wedi'u ffrwythloni yn deor yn larfâu nofio'n rhydd sy'n setlo maes o law ar wely'r môr neu swbstrad arall ac yn datblygu'n gregyn bylchog llawndwf.

Mae gan rai rhywogaethau o gregyn bylchog ymddygiad paru cymhleth sy'n golygu rhyddhau fferomonau a defnyddio rhannau arbenigol o'r corff i ddenu ffrindiau. Er enghraifft, mae gan y cregyn bylchog enfawr feinweoedd lliw llachar y mae'n eu defnyddio i roi arwydd o gymar posibl.

Cadwraeth

Mae llawer o rywogaethau o gregyn bylchog yn ffynonellau bwyd pwysig i bobl ac anifeiliaid eraill. Fodd bynnag, mae gorbysgota, llygredd, a dinistrio cynefinoedd i gyd wedi cael effeithiau negyddol ar boblogaethau cregyn bylchog. Yn ogystal, mae rhai rhywogaethau o gregyn bylchog dan fygythiad neu dan fygythiad oherwydd ffactorau fel newid yn yr hinsawdd ac asideiddio cefnforoedd.

Er mwyn helpu i amddiffyn poblogaethau cregyn bylchog, gall unigolion gymryd amrywiaeth o gamau gweithredu. Gall cefnogi arferion pysgota cynaliadwy, lleihau llygredd, ac eiriol dros warchod cynefinoedd i gyd helpu i gynnal poblogaethau cregyn bylchog iach. Yn ogystal, gall cefnogi sefydliadau cadwraeth lleol ac ymdrechion ymchwil ein helpu i ddeall bioleg ac ecoleg cregyn bylchog yn well a'u rolau mewn ecosystemau morol.

I gloi, molysgiaid dwygragennog yw cregyn bylchog a nodweddir gan eu cregyn caled, dwy ran a'u hymddygiad bwydo â ffilter. Mae'r anifeiliaid hyn wedi bod o gwmpas ers miliynau o flynyddoedd ac wedi datblygu amrywiaeth o addasiadau i'w helpu i oroesi yn eu cynefinoedd. Er bod llawer o rywogaethau cregyn bylchog yn ffynonellau bwyd pwysig, mae angen ymdrechion cadwraeth parhaus i ddiogelu poblogaethau cregyn bylchog a sicrhau eu bod yn parhau i oroesi yn wyneb bygythiadau amgylcheddol.

19. Cobra

Mae cobras yn nadroedd gwenwynig sy'n perthyn i'r teulu Elapidae, sydd hefyd yn cynnwys nadroedd gwenwynig eraill fel nadroedd cwrel a nadroedd y môr. Maent i'w cael ledled y byd mewn amrywiaeth o gynefinoedd, gan gynnwys coedwigoedd, anialwch, a glaswelltiroedd.

Nodweddion

Nodweddir cobras gan eu cwfl nodweddiadol, sy'n cael ei ffurfio trwy wasgaru eu hasennau a'u cysylltu â chroen eu gwddf. Pan fydd cobra yn teimlo dan fygythiad neu'n paratoi i daro, bydd yn lledaenu ei gwfl i wneud ei hun yn edrych yn fwy ac yn fwy bygythiol.

Mae cobras yn nadroedd gwenwynig, ac mae eu gwenwyn yn cael ei gynhyrchu mewn chwarennau sydd wedi'u lleoli y tu ôl i'w llygaid. Mae ganddynt gyrff hir, main a all amrywio o ran hyd o ychydig droedfeddi i dros 10 troedfedd. Mae gan Cobras gynffon gymharol fyr o'i gymharu â nadroedd eraill, ac maen nhw'n ddringwyr rhagorol.

Mae cobras yn gigysyddion, ac maen nhw'n bwydo'n bennaf ar famaliaid bach, adar a nadroedd eraill. Maent yn defnyddio eu gwenwyn i atal eu hysglyfaeth rhag symud, ac yna'n ei lyncu'n gyfan.

Mae yna lawer o rywogaethau o gobras, gan gynnwys y cobra Indiaidd, y cobra brenin, a'r cobra poeri. Mae gan bob rhywogaeth ei nodweddion a'i hymddygiad unigryw ei hun.

Tarddiad

Mae Cobras wedi bod o gwmpas ers miliynau o flynyddoedd a chredir eu bod wedi tarddu o Affrica neu Asia. Mae tystiolaeth ffosil yn dangos bod cobras wedi bod o gwmpas ers diwedd y cyfnod Miocene, a oedd dros 5 miliwn o flynyddoedd yn ôl.

Dros amser, mae cobras wedi datblygu amrywiaeth o addasiadau sy'n eu helpu i oroesi yn eu hamgylcheddau. Er enghraifft, mae'r brenin cobra wedi datblygu imiwnedd i'w wenwyn ei hun, sy'n caniatáu iddo fwyta nadroedd gwenwynig eraill heb gael eu heffeithio gan eu gwenwyn.

Bridio

Mae Cobras yn atgenhedlu'n rhywiol, gyda gwrywod a benywod yn dod at ei gilydd i baru. Bydd y cobra benywaidd yn dodwy cydiwr o wyau, a bydd hi wedyn yn deor nes iddynt ddeor. Gall nifer yr wyau dodwy amrywio yn dibynnu ar y rhywogaeth, gyda rhai cobras yn dodwy dim ond ychydig o wyau ac eraill yn dodwy hyd at 50.

Pan fydd yr wyau yn deor, mae'r cobras babanod yn gwbl annibynnol a rhaid iddynt ofalu amdanynt eu hunain. Cânt eu geni â gwenwyn a gallant hela a lladd ysglyfaeth o fewn ychydig ddyddiau i ddeor.

Cadwraeth

Mae pobl yn aml yn ofni ac yn erlid cobras, ac mae eu poblogaethau dan fygythiad oherwydd colli cynefinoedd, hela a gweithgareddau dynol eraill. Yn ogystal, mae'r fasnach bywyd gwyllt anghyfreithlon wedi arwain at ddal a gwerthu cobras ar gyfer eu crwyn, eu cig a'u gwenwyn.

Er mwyn helpu i amddiffyn poblogaethau cobra, mae cadwraethwyr yn gweithio i godi ymwybyddiaeth o bwysigrwydd yr anifeiliaid hyn a'u rolau yn eu hecosystemau. Mae ymdrechion hefyd ar y gweill i warchod cynefinoedd cobra a lleihau gwrthdaro rhwng pobl a chobra.

Yn ogystal, mae ymchwilwyr yn astudio cobras i ddysgu mwy am eu bioleg a'u hymddygiad, a all helpu i lywio ymdrechion cadwraeth a gwella ein dealltwriaeth o'r anifeiliaid hynod ddiddorol hyn.

I gloi, mae cobras yn nadroedd gwenwynig sy'n adnabyddus am eu cwfl nodweddiadol a'u brathiad gwenwynig. Maent wedi bod o gwmpas ers miliynau o flynyddoedd ac wedi datblygu amrywiaeth o addasiadau i'w helpu i oroesi yn eu hamgylcheddau. Er eu bod yn aml yn cael eu hofni a'u herlid gan fodau dynol, mae ymdrechion cadwraeth parhaus yn helpu i amddiffyn poblogaethau cobra a sicrhau eu bod yn parhau i oroesi yn y gwyllt.

20. Colugo

Mamaliaid coed sy'n perthyn i'r teulu Cynocephalidae yw colugos, a elwir hefyd yn lemyriaid sy'n hedfan neu gleidwyr coed. Maent i'w cael yn Ne-ddwyrain Asia, gan gynnwys Malaysia, Indonesia, Ynysoedd y Philipinau, a Gwlad Thai.

Nodweddion

Mae Colugos yn anifeiliaid unigryw gyda nifer o nodweddion arbennig. Maent yn famaliaid bach, nosol sydd â hyd corff o tua 14-16 modfedd a phwysau o 2-4 pwys. Mae eu cyrff wedi'u gorchuddio â ffwr trwchus, gwlanog sydd fel arfer yn frown neu'n llwyd ei liw.

Un o nodweddion mwyaf nodedig colugos yw eu gallu i gleidio drwy'r awyr. Mae ganddyn nhw bilen o groen sy'n ymestyn o'u coesau i'w cynffon, a elwir yn batagium. Pan fyddant yn neidio o goeden neu bwynt uchel arall, maent yn lledaenu eu coesau ac mae'r patagium yn ymestyn allan i greu strwythur tebyg i barasiwt sy'n caniatáu iddynt gleidio trwy'r aer am bellteroedd o hyd at 200 troedfedd.

Mae gan Colugos hefyd lygaid mawr, tywyll a gweledigaeth nos ardderchog. Mae eu diet yn cynnwys dail, egin a ffrwythau yn bennaf, ac mae ganddyn nhw stumog arbenigol sy'n caniatáu iddyn nhw dreulio deunydd planhigion caled.

Tarddiad

Mae gan Colugos hanes esblygiadol hir a chredir ei fod yn un o'r mamaliaid cynharaf sydd wedi datblygu'r gallu i gleidio. Mae tystiolaeth ffosil yn awgrymu bod colugos wedi bod o gwmpas ers dros 60 miliwn o flynyddoedd.

Dim ond yn Ne-ddwyrain Asia y ceir Colugos, lle maent wedi addasu i goedwigoedd glaw trofannol y rhanbarth. Maent yn ddringwyr ardderchog ac yn gallu symud yn gyflym trwy ganopi'r goedwig gan ddefnyddio eu crafangau hir, miniog.

Bridio

Anifeiliaid unigol yw colugos ac nid ydynt yn ffurfio bondiau pâr parhaol. Maent yn bridio trwy gydol y flwyddyn, ac mae benywod fel arfer yn rhoi genedigaeth i epil sengl ar ôl cyfnod beichiogrwydd o tua 60 diwrnod.

Mae'r colugo ifanc, a elwir yn gi bach, yn cael ei eni'n llawn ffwr a'i lygaid ar agor. Mae'n glynu wrth fol ei fam am ychydig wythnosau cyntaf ei fywyd ac yn cael ei ddiddyfnu tua 6 mis oed. Bydd y fam yn gofalu am y ci am hyd at flwyddyn cyn iddo ddod yn gwbl annibynnol.

Cadwraeth

Mae Colugos yn cael eu bygwth gan golli cynefinoedd oherwydd datgoedwigo a gweithgareddau dynol eraill. Yn ogystal, cânt eu hela am eu cig a'u crwyn, a ddefnyddir mewn meddyginiaethau a dillad traddodiadol.

Er mwyn helpu i warchod poblogaethau colugo, mae cadwraethwyr yn gweithio i godi ymwybyddiaeth o bwysigrwydd yr anifeiliaid hyn a'u rolau yn eu hecosystemau. Mae ymdrechion hefyd ar y gweill i warchod cynefinoedd colugo a lleihau gwrthdaro rhwng pobl a colugo.

Yn ogystal, mae ymchwilwyr yn astudio colugos i ddysgu mwy am eu bioleg a'u hymddygiad, a all helpu i lywio ymdrechion cadwraeth a gwella ein dealltwriaeth o'r anifeiliaid unigryw a hynod ddiddorol hyn.

I gloi, mae colugos yn famaliaid goed sy'n adnabyddus am eu gallu i gleidio drwy'r aer gan ddefnyddio strwythur tebyg i barasiwt o'r enw patagium. Maent wedi bod o gwmpas ers dros 60 miliwn o flynyddoedd ac maent i'w cael yn Ne-ddwyrain Asia yn unig. Er eu bod yn cael eu bygwth gan golli cynefinoedd a hela, mae ymdrechion cadwraeth parhaus yn helpu i amddiffyn poblogaethau colugo a sicrhau eu bod yn parhau i oroesi yn y gwyllt.

Mae'r condor yn aderyn mawr, mawreddog sy'n perthyn i'r teulu Cathartidae, sydd hefyd yn cynnwys fwlturiaid. Mae dwy rywogaeth o gondoriaid: condor yr Andes a condor California.

Nodweddion

Mae condors yn adar mawr gyda lled adenydd hyd at 10 troedfedd a phwysau o hyd at 33 pwys. Mae iddynt olwg nodedig, gyda phlu du a rhisgl gwyn o blu o amgylch eu gyddfau. Mae eu pennau'n foel ac mae ganddyn nhw liw coch-binc.

Mae gan gondorau olwg ardderchog, sy'n eu galluogi i weld celanedd o bellteroedd mawr. Maent yn sborionwyr ac yn bwydo ar garcasau anifeiliaid mawr, fel ceirw, gwartheg, ac elc. Defnyddiant eu pigau pwerus i rwygo'r cig yn ddarnau a'i fwyta.

Mae condors hefyd yn daflenni gwych ac yn gallu esgyn am gyfnodau hir heb fflapio eu hadenydd. Gallant gyrraedd cyflymder o hyd at 55 milltir yr awr a gallant hedfan ar uchder o hyd at 15,000 troedfedd.

Tarddiad

Mae condors yn frodorol i'r Americas ac mae ganddynt hanes esblygiadol hir. Mae tystiolaeth ffosil yn awgrymu bod condorau wedi bod o gwmpas ers o leiaf 40 miliwn o flynyddoedd. Mae'r condor Andes i'w gael ym mynyddoedd yr Andes yn Ne America, tra bod condor California i'w gael yng ngorllewin yr Unol Daleithiau a Mecsico.

Mae'r ddwy rywogaeth o gondoriaid wedi profi gostyngiad sylweddol yn y boblogaeth oherwydd colli cynefinoedd, hela, a gwenwyno gan ffrwydron plwm. Mae ymdrechion cadwraeth ar y gweill i amddiffyn ac adfer poblogaethau condor, gan gynnwys rhaglenni bridio caethiwed a mentrau lleihau plwm.

Bridio

Mae condorau yn unweddog ac yn ffurfio bondiau pâr hirdymor. Maent yn bridio'n araf, gyda benywod yn dodwy dim ond un wy bob dwy flynedd. Mae'r wyau'n cael eu deor am tua dau fis, ac mae'r cywion yn dibynnu ar eu rhieni am hyd at flwyddyn.

Cadwraeth

Mae'r ddwy rywogaeth o gondoriaid wedi'u rhestru fel rhai sydd mewn perygl difrifol gan yr Undeb Rhyngwladol dros Gadwraeth Natur (IUCN). Amcangyfrifir bod gan gondor yr Andes boblogaeth o tua 6,700 o unigolion, tra bod gan gondor California boblogaeth o tua 500 o unigolion.

Mae ymdrechion cadwraeth ar gyfer condoriaid yn cynnwys rhaglenni bridio caeth, diogelu cynefinoedd, a mentrau lleihau plwm. Yn yr Unol Daleithiau, mae Rhaglen Adfer Condorau California wedi llwyddo i gynyddu poblogaeth condorau California o ddim ond 22 o unigolion yn 1982 i dros 500 o unigolion heddiw.

Yn ogystal ag ymdrechion cadwraeth, mae ymchwilwyr yn astudio condors i ddysgu mwy am eu hymddygiad a'u bioleg. Gellir defnyddio'r wybodaeth hon i lywio strategaethau cadwraeth a gwella ein dealltwriaeth o'r adar godidog hyn.

I gloi, mae'r condor yn aderyn rhyfeddol gyda maint trawiadol a galluoedd hedfan. Er eu bod yn sborionwyr ac yn chwarae rhan hanfodol wrth gynnal ecosystemau iach, mae condoriaid wedi wynebu gostyngiadau sylweddol yn y boblogaeth oherwydd gweithgareddau dynol. Mae ymdrechion cadwraeth yn hanfodol i ddiogelu ac adfer poblogaethau condor a sicrhau eu bod yn parhau i oroesi ar gyfer cenedlaethau'r dyfodol.

Mae crancod yn grŵp amrywiol o gramenogion decapod a geir mewn amgylcheddau morol a dŵr croyw. Mae yna filoedd o wahanol rywogaethau o grancod, pob un â'i nodweddion a'i addasiadau unigryw ei hun.

Nodweddion

Mae golwg nodedig i grancod, gydag allsgerbwd caled, tebyg i gregyn, wyth coes, a dwy grafangau. Mae ganddyn nhw gorff gwastad sy'n cael ei rannu'n cephalothorax (cyfuniad y pen a'r thoracs) ac abdomen. Defnyddir y crafangau ar gyfer amddiffyn, bwydo a chyfathrebu.

Mae gan grancod systemau anadlol hynod arbenigol sy'n caniatáu iddynt anadlu o dan y dŵr. Mae ganddyn nhw dagellau yn y cephalothorax sy'n tynnu ocsigen o'r dŵr. Gall rhai rhywogaethau o grancod hefyd anadlu aer, gan ddefnyddio tagellau wedi'u haddasu a all weithredu fel ysgyfaint. Mae'r rhan fwyaf o grancod yn hollysol, gan fwydo ar amrywiaeth eang o ddeunydd planhigion ac anifeiliaid. Mae rhai rhywogaethau'n llysysol, tra bod eraill yn gigysol neu'n sborionwyr.

Mae gan grancod ystod eang o addasiadau sy'n caniatáu iddynt ffynnu mewn gwahanol amgylcheddau. Mae rhai rhywogaethau, fel crancod tir, wedi addasu i fyw ar dir ac mae ganddynt strwythurau arbenigol sy'n caniatáu iddynt anadlu aer. Mae eraill, fel crancod môr dwfn, wedi addasu i oroesi mewn amgylcheddau eithafol, megis pwysedd uchel a chyflyrau ysgafn isel.

Tarddiad

Credir bod crancod wedi tarddu tua 200 miliwn o flynyddoedd yn ôl, yn ystod y cyfnod Jwrasig cynnar. Mae tystiolaeth ffosil yn awgrymu bod crancod cynnar yn ymdebygu i grancod pedol cyfoes ac yn organebau morol yn bennaf.

Dros amser, datblygodd crancod i feddiannu ystod eang o gynefinoedd, o'r môr dwfn i nentydd dŵr croyw a hyd yn oed amgylcheddau daearol. Heddiw, mae crancod i'w cael ym mron pob amgylchedd dyfrol a lled-ddyfrol ar y Ddaear.

Ecoleg

Mae crancod yn chwarae rhan ecolegol bwysig mewn llawer o ecosystemau morol a dŵr croyw. Maent yn aml yn rhywogaethau allweddol, sy'n golygu eu bod yn chwarae rhan hanfodol wrth gynnal iechyd a chydbwysedd yr ecosystem.

Mewn amgylcheddau morol, mae crancod yn ysglyfaethwyr, sborionwyr ac ysglyfaeth bwysig. Maent yn bwydo ar ystod eang o organebau, gan gynnwys plancton, algâu, pysgod bach, ac infertebratau eraill. Yn eu tro, mae ysglyfaethwyr mwy, fel pysgod, adar a mamaliaid yn ysglyfaethu arnynt.

Mewn amgylcheddau dŵr croyw, mae crancod yn aml yn llysysol, gan fwydo ar blanhigion dyfrol ac algâu. Maent hefyd yn bwysig mewn cylchredeg maetholion, gan eu bod yn bwyta deunydd planhigion ac anifeiliaid marw ac yn helpu i'w dorri'n ronynnau llai y gellir eu defnyddio gan organebau eraill.

Cadwraeth

Mae llawer o rywogaethau o grancod dan fygythiad neu dan fygythiad oherwydd colli cynefinoedd, gorbysgota a llygredd. Yn benodol, mae crancod mangrof a rhywogaethau eraill sy'n dibynnu ar goedwigoedd mangrof mewn perygl oherwydd datgoedwigo a diraddio cynefinoedd.

Yn ogystal â chadwraeth cynefinoedd, mae ymdrechion hefyd i hyrwyddo arferion pysgota cynaliadwy a lleihau llygredd mewn cynefinoedd cranc. Mae rhai rhywogaethau o grancod, fel y cranc pedol, hefyd yn cael eu defnyddio mewn ymchwil biofeddygol ac mae ymdrechion yn cael eu gwneud i ddatblygu dulliau amgen ar gyfer ymchwil nad ydynt yn dibynnu ar anifeiliaid byw.

I gloi, mae crancod yn organebau hynod ddiddorol a phwysig sy'n chwarae rhan hanfodol wrth gynnal iechyd a chydbwysedd llawer o ecosystemau morol a dŵr croyw. Mae ganddynt ystod eang o addasiadau sy'n caniatáu iddynt ffynnu mewn gwahanol amgylcheddau, o'r môr dwfn i gynefinoedd daearol. Fodd bynnag, mae llawer o rywogaethau o grancod dan fygythiad neu dan fygythiad oherwydd gweithgareddau dynol, ac mae angen ymdrechion cadwraeth i sicrhau eu bod yn parhau i oroesi.

23. Criced

Mae criced yn bryfyn hynod ddiddorol ac unigryw sydd i'w gael ym mron pob cornel o'r byd. Maent yn perthyn i'r urdd Orthoptera ac yn perthyn i geiliog rhedyn a locustiaid.

Nodweddion

Mae gan griced ymddangosiad amlwg sy'n hawdd ei adnabod. Mae ganddynt antena hir, tenau y maent yn eu defnyddio i synhwyro eu hamgylchedd. Mae eu coesau wedi'u haddasu ar gyfer neidio, gyda choesau ôl mawr sy'n gallu eu gyrru trwy'r awyr.

Mae gan gricedwyr adenydd sy'n cael eu gwastadu yn erbyn eu corff pan nad ydyn nhw'n cael eu defnyddio. Defnyddiant eu hadenydd i wneud y sŵn canu nodweddiadol sy'n aml yn gysylltiedig â chriced. Mae cricedi gwrywaidd yn cynhyrchu'r sain trwy rwbio eu hadenydd at ei gilydd, sy'n creu dirgryniad sy'n cael ei chwyddo gan eu corff.

Mae criced fel arfer yn nosol ac yn fwyaf egnïol gyda'r nos. Maent yn hollysol a byddant yn bwyta amrywiaeth eang o blanhigion ac anifeiliaid. Maent yn aml yn cael eu hystyried yn blâu, gan y gallant niweidio cnydau a gerddi.

Tarddiad

Mae criced wedi bod o gwmpas ers amser maith, gyda thystiolaeth ffosil yn awgrymu eu bod yn bodoli dros 300 miliwn o flynyddoedd yn ôl yn ystod y cyfnod Carbonifferaidd. Yn ystod y cyfnod hwn, roedd cricedi yn llawer mwy na'u cymhciriaid heddiw, gyda rhai rhywogaethau'n cyrraedd hyd at 30 cm o hyd.

Dros amser, datblygodd criced i feddiannu ystod eang o gynefinoedd, o laswelltiroedd a choedwigoedd i anialwch a hyd yn oed ogofâu. Heddiw, mae dros 900 o rywogaethau o gricedi i'w cael ledled y byd.

Ecoleg

Mae criced yn chwarae rhan ecolegol bwysig mewn llawer o ecosystemau. Maent yn ysglyfaeth bwysig i ystod eang o ysglyfaethwyr, gan gynnwys adar, mamaliaid, ymlusgiaid, a phryfed eraill. Maent hefyd yn helpu i dorri i lawr sylwedd planhigion ac ailgylchu maetholion yn ôl i'r ecosystem.

Defnyddir criced hefyd fel bioddangosyddion, sy'n golygu y gall newidiadau yn eu poblogaethau ddangos newidiadau yn iechyd yr ecosystem. Er enghraifft, gall gostyngiadau mewn poblogaethau criced fod yn arwydd o lygredd neu golli cynefinoedd.

Cadwraeth

Er nad yw criced fel arfer yn cael ei ystyried mewn perygl, mae rhai rhywogaethau sydd dan fygythiad neu dan fygythiad oherwydd colli cynefinoedd a gweithgareddau dynol eraill. Yn benodol, mae cricedi sy'n dibynnu ar gynefinoedd penodol, megis ogofâu neu laswelltiroedd, mewn perygl oherwydd dinistrio a darnio cynefinoedd.

Mae ymdrechion hefyd i hybu'r defnydd o arferion amaethyddiaeth gynaliadwy a all helpu i leihau effaith negyddol criced ar gnydau a gerddi. Er enghraifft, mae rhai ffermwyr yn defnyddio cnydau gorchudd a chylchdroadau cnydau i helpu i leihau nifer y cricedi sy'n bwydo ar eu cnydau.

I gloi, mae criced yn bryfed hynod ddiddorol sydd wedi bod o gwmpas ers miliynau o flynyddoedd. Maent yn chwarae rhan bwysig mewn llawer o ecosystemau, gan wasanaethu fel ysglyfaeth i ystod eang o ysglyfaethwyr a helpu i dorri i lawr deunydd planhigion. Er nad ydynt fel arfer yn cael eu hystyried mewn perygl, mae rhai rhywogaethau dan fygythiad oherwydd colli cynefinoedd a gweithgareddau dynol eraill. Drwy hyrwyddo arferion amaethyddiaeth cynaliadwy a diogelu cynefinoedd pwysig, gallwn helpu i sicrhau parhad parhaus cricedi a'r rôl bwysig y maent yn ei chwarae yn ein hecosystemau.

24. Ceirw

Mae ceirw yn famaliaid gosgeiddig, mawreddog sydd i'w cael ledled y byd. Maent yn perthyn i'r teulu Cervidae ac yn perthyn yn agos i elc, elc, a charibou.

Nodweddion

Mae gan geirw olwg nodedig sy'n hawdd ei adnabod. Mae ganddyn nhw gyrff main, hirgul gyda choesau hir sydd wedi'u haddasu ar gyfer rhedeg a neidio. Mae eu cotiau fel arfer yn goch-frown neu'n llwyd, ac mae ganddyn nhw fol isa gwyn.

Mae ceirw yn llysysyddion ac yn bwydo ar ystod eang o ddeunydd planhigion, gan gynnwys dail, brigau a gweiriau. Mae ganddyn nhw stumogau pedair siambr sy'n caniatáu iddyn nhw dreulio eu bwyd yn effeithlon.

Mae gan geirw gwrywaidd, a elwir yn bychod, gyrn y maent yn eu defnyddio i amddiffyn a denu cymar. Mae cyrn cyrn yn cael eu siedio a'u haildyfu bob blwyddyn, ac mae cyrn mwy a mwy cymhleth yn nodweddiadol yn dynodi cymar mwy trechol a dymunol.

Mae ceirw fel arfer yn anifeiliaid cymdeithasol ac yn byw mewn buchesi. Maent yn cyfathrebu â'i gilydd gan ddefnyddio amrywiaeth o leisio, megis grunts a snorts, ac iaith y corff.

Tarddiad

Mae gan geirw hanes hir a hynod ddiddorol sy'n dyddio'n ôl filiynau o flynyddoedd. Mae tystiolaeth ffosil yn awgrymu bod anifeiliaid tebyg i geirw wedi ymddangos gyntaf dros 20 miliwn o flynyddoedd yn ôl yn ystod y cyfnod Miocene. Roedd y ceirw cynnar hyn yn llawer llai na cheirw heddiw ac roedd ganddynt gyrn syml.

Dros amser, datblygodd ceirw i feddiannu ystod eang o gynefinoedd, o goedwigoedd a glaswelltiroedd i dwndra a hyd yn oed anialwch. Heddiw, mae dros 90 o rywogaethau o geirw i'w cael ledled y byd.

Ecoleg

Mae ceirw yn chwarae rhan ecolegol bwysig mewn llawer o ecosystemau. Maent yn ysglyfaeth bwysig i ystod eang o ysglyfaethwyr, gan gynnwys bleiddiaid, coyotes, a llewod mynydd. Maent hefyd yn helpu i wasgaru hadau planhigion ac yn hybu twf newydd mewn coedwigoedd a chynefinoedd eraill.

Mewn rhai ardaloedd, mae poblogaethau ceirw mor uchel nes eu bod yn achosi difrod i goedwigoedd a chynefinoedd eraill. Gall hyn arwain at ddirywiad mewn bioamrywiaeth a hyd yn oed newidiadau yn strwythur yr ecosystem.

Cadwraeth

Nid yw ceirw fel arfer yn cael eu hystyried mewn perygl, ond mae rhai rhywogaethau sydd dan fygythiad neu dan fygythiad oherwydd colli cynefinoedd a gweithgareddau dynol eraill. Er enghraifft, ystyrir bod y ceirw allweddol, isrywogaeth o geirw cynffon wen a geir yn Florida Keys, mewn perygl oherwydd colli cynefinoedd ac ysglyfaethu gan rywogaethau anfrodorol.

Mae ymdrechion hefyd i hyrwyddo hela cyfrifol a rheoli poblogaethau ceirw mewn ardaloedd lle maent yn achosi difrod i gynefinoedd neu gnydau. Gall hyn helpu i sicrhau bod poblogaethau ceirw yn aros yn iach a chytbwys tra'n lleihau effeithiau negyddol ar rywogaethau ac ecosystemau eraill.

I gloi, mae ceirw yn famaliaid hynod ddiddorol sydd wedi bod o gwmpas ers miliynau o flynyddoedd. Maent yn chwarae rhan bwysig mewn llawer o ecosystemau, gan wasanaethu fel ysglyfaeth i ystod eang o ysglyfaethwyr a helpu i wasgaru hadau planhigion. Er nad ydynt fel arfer yn cael eu hystyried mewn perygl, mae rhai rhywogaethau sydd dan fygythiad neu dan fygythiad oherwydd colli cynefinoedd a gweithgareddau dynol eraill. Drwy hybu hela a rheolaeth gyfrifol ar boblogaethau ceirw a diogelu cynefinoedd pwysig, gallwn helpu i sicrhau parhad y ceirw a'r rôl bwysig y maent yn ei chwarae yn ein hecosystemau.

25. Dolffin

Mae dolffiniaid yn famaliaid morol sy'n adnabyddus am eu deallusrwydd, ymddygiad cymdeithasol, ac arddangosiadau acrobatig. Maen nhw'n rhan o'r teulu Delphinidae ac i'w cael mewn cefnforoedd a moroedd o amgylch y byd.

Nodweddion

Mae gan ddolffiniaid olwg nodedig sy'n hawdd ei adnabod. Mae ganddyn nhw gyrff llyfn gyda thrwyn hir neu rostrwm, ac asgell ddorsal ar eu cefn. Mae eu croen yn llyfn ac yn rwber, ac maent fel arfer yn llwyd eu lliw gyda rhai amrywiadau fel gwyn neu ddu.

Mae dolffiniaid yn hynod ddeallus ac yn adnabyddus am eu gallu i gyfathrebu â'i gilydd gan ddefnyddio amrywiaeth o leisio, gan gynnwys chwibanau a chliciau. Mae ganddynt hefyd strwythur cymdeithasol soffistigedig ac fe'u gwelir yn aml yn nofio ac yn chwarae gyda'i gilydd mewn grwpiau o'r enw codennau.

Mae dolffiniaid yn gigysyddion ac yn bwydo ar amrywiaeth o ysglyfaeth, gan gynnwys pysgod, sgwid, a chramenogion. Gallant blymio i ddyfnderoedd mawr ac aros o dan y dŵr am rai munudau ar y tro.

Tarddiad

Mae gan ddolffiniaid hanes esblygiadol hir sy'n dyddio'n ôl filiynau o flynyddoedd. Mae tystiolaeth ffosil yn awgrymu bod creaduriaid cynnar tebyg i ddolffiniaid wedi ymddangos gyntaf dros 50 miliwn o flynyddoedd yn ôl yn ystod yr epoc Eocene.

Dros amser, datblygodd dolffiniaid i ddod yn hynod arbenigol ar gyfer bywyd yn y dŵr. Datblygon nhw gyrff symlach, cynffonnau pwerus ar gyfer gyrru, a'r gallu i ddal eu gwynt am gyfnodau hir o amser.

Heddiw, mae dros 40 rhywogaeth o ddolffiniaid i'w cael ledled y byd, yn amrywio o ran maint o ddolffin bychan Hector, sy'n tyfu i ddim ond 4 troedfedd o hyd, i'r orca anferth, neu'r morfil lladd, sy'n gallu cyrraedd hyd at 30 troedfedd o hyd. .

Ecoleg

Mae dolffiniaid yn chwarae rhan ecolegol bwysig yn yr amgylchedd morol. Maent yn ysglyfaethwyr pig ac yn helpu i reoli poblogaethau eu hysglyfaeth, fel pysgod a sgwid.

Mae dolffiniaid hefyd yn ddangosyddion pwysig o iechyd ecosystem y cefnor. Mae eu sensitifrwydd i newidiadau mewn ansawdd dŵr a lefelau llygredd yn eu gwneud yn werthfawr ar gyfer monitro iechyd yr amgylchedd morol.

Cadwraeth

Mae llawer o rywogaethau o ddolffiniaid dan fygythiad neu dan fygythiad oherwydd amrywiaeth o weithgareddau dynol, gan gynnwys colli cynefinoedd, llygredd, a gorbysgota. Mae nifer o ymdrechion cadwraeth ar y gweill i warchod dolffiniaid a'u cynefinoedd.

Un o'r bygythiadau mwyaf i ddolffiniaid yw maglu damweiniol mewn offer pysgota, fel rhwydi a llinellau. Sgil-ddalfa yw'r enw ar hyn, ac amcangyfrifir bod miliynau o ddolffiniaid a mamaliaid morol eraill yn marw bob blwyddyn o ganlyniad. Mae ymdrechion ar y gweill i ddatblygu arferion pysgota sy'n lleihau sgil-ddalfa, megis defnyddio offer pysgota amgen a physgota ar wahanol adegau o'r dydd.

Yn ogystal, mae ymdrechion i leihau llygredd yn y cefnor a diogelu cynefinoedd pwysig ar gyfer dolffiniaid a rhywogaethau morol eraill. Mae'r ymdrechion hyn yn cynnwys lleihau'r defnydd o blastigau untro, diogelu riffiau cwrel, a hyrwyddo arferion pysgota cynaliadwy.

I gloi, mae dolffiniaid yn famaliaid morol hynod ddiddorol sydd wedi dal dychymyg pobl ledled y byd. Maent yn adnabyddus am eu deallusrwydd, ymddygiad cymdeithasol, ac arddangosiadau acrobatig, ac maent yn chwarae rhan bwysig yn yr ecosystem forol. Tra bod llawer o rywogaethau o ddolffiniaid dan fygythiad neu dan fygythiad, mae ymdrechion ar y gweill i'w hamddiffyn nhw a'u cynefinoedd. Trwy leihau llygredd, gwarchod cynefinoedd pwysig, a hyrwyddo arferion pysgota cynaliadwy, gallwn helpu i sicrhau parhad y creaduriaid rhyfeddol hyn.

26. Draig

Mae'r ddraig yn greadur mytholegol sydd wedi bod yn rhan o chwedloniaeth a chwedloniaeth ddynol ers miloedd o flynyddoedd. Mae yn greadur nerthol ac ofnus a ddarlunir yn fynych fel un yn anadlu tân ac yn meddu galluoedd goruwchnaturiol.

Nodweddion

Mae dreigiau fel arfer yn cael eu portreadu fel creaduriaid mawr, asgellog gyda nodweddion ymlusgiaid. Mae ganddyn nhw glorian, crafangau miniog, a genau pwerus. Mae eu llygaid yn aml yn cael eu darlunio fel rhai dwys a disglair, ac maent yn gallu anadlu tân neu fathau eraill o ymosodiadau elfennol.

Mae union ymddangosiad dreigiau yn amrywio yn dibynnu ar y diwylliant a'r cyfnod amser y cânt eu darlunio. Er enghraifft, mae dreigiau Tsieineaidd yn aml yn cael eu darlunio heb adenydd ac yn cael eu hystyried yn greaduriaid caredig, tra bod dreigiau Gorllewinol yn cael eu portreadu fel rhai ffyrnig ac ymosodol.

Mewn llawer o fytholegau, gwelir dreigiau fel symbolau o bŵer a doethineb. Maent yn aml yn gysylltiedig â breindal ac fe'u darlunnir yn gwarchod trysor neu wrthrychau gwerthfawr eraill.

Tarddiad

Nid yw tarddiad myth y ddraig yn glir, ond mae dreigiau yn ymddangos yn llên gwerin a mytholeg llawer o wahanol ddiwylliannau ledled y byd. Mae'r darlun cynharaf y gwyddys amdano o ddraig yn dyddio'n ôl i tua 4000 CC yn Mesopotamia hynafol.

Ym mytholeg Tsieineaidd, gwelwyd dreigiau fel symbolau o lwc dda a ffyniant. Roeddent hefyd yn gysylltiedig â'r ymerawdwr ac yn cael eu hystyried yn amddiffynwyr y deyrnas.

Ym mytholeg Ewropeaidd, roedd dreigiau yn aml yn cael eu darlunio fel bwystfilod ffyrnig a oedd yn dychryn trefi a phentrefi. Roeddent weithiau'n gysylltiedig â'r diafol ac yn cael eu hystyried yn greaduriaid drwg.

Ecoleg

Gan fod dreigiau yn greaduriaid mytholegol, nid ydynt yn bodoli yn y byd naturiol. Fodd bynnag, maent wedi ysbrydoli llawer o weithiau celf, llenyddiaeth, a ffilm, ac maent yn parhau i ddal dychymyg pobl ledled y byd.

Mewn rhai diwylliannau, ystyrir bod gan ddreigiau gysylltiadau elfennol. Er enghraifft, ym mytholeg y Gorllewin, mae dreigiau yn aml yn gysylltiedig â thân, tra ym mytholeg Tsieineaidd, mae dreigiau'n gysylltiedig â dŵr.

Cadwraeth

Gan nad yw dreigiau yn bodoli yn y byd naturiol, nid yw ymdrechion cadwraeth yn berthnasol iddynt. Fodd bynnag, mae arwyddocâd diwylliannol dreigiau yn golygu eu bod yn aml yn cael eu hamddiffyn mewn amrywiol ffyrdd. Er enghraifft, mae rhai rhywogaethau o fadfallod sy'n debyg i ddreigiau, fel y ddraig farfog, yn cael eu gwarchod gan y gyfraith mewn rhai ardaloedd.

I gloi, mae dreigiau yn greaduriaid pwerus a hynod ddiddorol sydd wedi dal dychymyg pobl ledled y byd ers miloedd o flynyddoedd. Er nad ydynt yn bodoli yn y byd naturiol, maent yn parhau i ysbrydoli gweithiau celf, llenyddiaeth, a ffilm, ac maent yn rhan bwysig o lên gwerin a mytholeg ddynol.

27. Hwyaden

Mae hwyaid yn grŵp o adar dyfrol a geir yn gyffredin mewn cynefinoedd dŵr croyw a dŵr hallt. Maent yn adnabyddus am eu nodweddion ffisegol unigryw, gan gynnwys eu plu diddos, traed gweog, a philiau llydan.

Nodweddion

Nodweddion Corfforol Mae hwyaid yn adar canolig eu maint sy'n amrywio o ran maint o'r gorhwyaden fach i'r hwyaden wyllt fawr. Mae ganddynt filiau eang a ddefnyddir ar gyfer bwydo ar amrywiaeth o fwydydd, gan gynnwys hadau, pryfed, a phlanhigion dyfrol. Mae eu biliau hefyd yn cael eu defnyddio i drin a thrin eu plu diddos.

Un o nodweddion mwyaf nodedig hwyaid yw eu traed gweog, sy'n eu helpu i nofio'n effeithlon mewn dŵr. Mae'r traed hyn hefyd yn caniatáu iddynt gerdded ar fwd meddal ac arwynebau ansefydlog eraill heb suddo. Mae gan hwyaid blu diddos sydd wedi'u gorchuddio â sylwedd olewog sy'n gwrthyrru dŵr. Mae hyn yn caniatáu iddynt aros yn sych wrth nofio a deifio am fwyd.

Nodweddion Ymddygiad Mae hwyaid yn anifeiliaid cymdeithasol sy'n byw mewn grwpiau a elwir yn heidiau. Gall yr heidiau hyn gynnwys un rhywogaeth o hwyaid neu rywogaethau lluosog. O fewn yr heidiau hyn, mae hwyaid yn sefydlu hierarchaethau cymdeithasol ac yn cymryd rhan mewn amrywiol ymddygiadau, megis arddangosiadau magu, meithrin perthynas amhriodol a pharu.

Mae hwyaid hefyd yn anifeiliaid mudol sy'n teithio'n bell i fridio a bwydo. Gallant fudo o un rhanbarth i'r llall yn dibynnu ar argaeledd bwyd a dŵr.

Tarddiad

Mae hwyaid yn perthyn i'r teulu Anatidae, sydd hefyd yn cynnwys elyrch a gwyddau. Mae'r ffosiliau hwyaid cynharaf y gwyddys amdanynt yn dyddio'n ôl i ddiwedd y cyfnod Cretasaidd, tua 70 miliwn o flynyddoedd yn ôl.

Mae hwyaid yn frodorol i bob cyfandir ac eithrio'r Antarctica, ac maent wedi'u dofi ers miloedd o flynyddoedd am eu cig, wyau a phlu. Cafodd hwyaid domestig eu bridio gyntaf gan y Tsieineaid hynafol, ac fe'u cyflwynwyd yn ddiweddarach i Ewrop a rhannau eraill o'r byd.

Ecoleg

CynefinMae hwyaid i'w cael mewn amrywiaeth eang o gynefinoedd, gan gynnwys llynnoedd dŵr croyw, afonydd a gwlyptiroedd, yn ogystal ag aberoedd dŵr halen a rhanbarthau arfordirol. Mae rhai rhywogaethau o hwyaid hefyd yn byw mewn caeau amaethyddol a chynefinoedd eraill o waith dyn.

Arferion Bwyd a Bwydo: Mae hwyaid yn hollysol ac yn bwyta amrywiaeth o fwydydd, gan gynnwys hadau, pryfed, pysgod bach a phlanhigion dyfrol. Maen nhw'n defnyddio eu biliau i hidlo bwyd o'r dŵr neu i gloddio bwyd o'r ddaear.

Gall hwyaid hefyd gymryd rhan mewn perthnasoedd symbiotig ag anifeiliaid eraill, fel pysgod a mamaliaid, lle maent yn helpu ei gilydd i ddod o hyd i fwyd.

Ysglyfaethwyr a Bygythiadau: Mae hwyaid yn wynebu amrywiaeth o fygythiadau yn y gwyllt, gan gynnwys ysglyfaethu gan anifeiliaid fel llwynogod, coyotes, ac adar ysglyfaethus. Gallant hefyd gael eu heffeithio gan golli cynefin, llygredd, a hela gan fodau dynol.

Cadwraeth

Mae llawer o rywogaethau o hwyaid yn cael eu hamddiffyn gan y gyfraith ac yn destun ymdrechion cadwraeth. Gall yr ymdrechion hyn gynnwys cadw cynefinoedd, rhaglenni bridio caeth, a rheoliadau hela.

I gloi, mae hwyaid yn adar hynod ddiddorol sy'n adnabyddus am eu nodweddion corfforol ac ymddygiadol unigryw. Maent i'w cael mewn amrywiaeth eang o gynefinoedd ac yn chwarae rhan bwysig yn eu hecosystemau. Er bod rhai rhywogaethau o hwyaid yn cael eu bygwth gan weithgareddau dynol, mae llawer yn cael eu hamddiffyn gan ymdrechion cadwraeth ac yn parhau i ffynnu yn y gwyllt.

Mae eryrod yn adar ysglyfaethus mawreddog sy'n adnabyddus am eu crafanau pwerus, eu pigau miniog, a'u rhychwantau adenydd trawiadol. Maent yn symbolau o gryfder, rhyddid, a gwladgarwch ac wedi cael eu parchu gan ddiwylliannau ledled y byd ers miloedd o flynyddoedd.

Nodweddion Corfforol

Mae eryrod yn adar mawr sy'n amrywio o ran maint o'r eryr hebog bach i'r eryr telynor enfawr. Mae ganddyn nhw adenydd pwerus a chynffonnau hir sy'n eu helpu i symud trwy'r awyr a dal eu hysglyfaeth.

Un o nodweddion amlycaf eryrod yw eu pigau miniog, bachog, a ddefnyddir i rwygo eu bwyd yn ddarnau. Mae ganddyn nhw hefyd grehyrod pwerus gyda chrafangau miniog sy'n cael eu defnyddio i ddal a lladd eu hysglyfaeth.

Mae gan eryrod olwg ardderchog, sy'n caniatáu iddynt weld ysglyfaeth o bellteroedd mawr. Mae ganddynt hefyd ymdeimlad craff o glyw, sy'n eu helpu i ddod o hyd i ysglyfaeth sydd wedi'i guddio o'r golwg.

Nodweddion Ymddygiadol

Mae eryrod yn adar unig sy'n paru am oes. Maen nhw'n adeiladu nythod mawr, a elwir yn awyrfeydd, mewn mannau uchel fel clogwyni neu goed uchel. Bydd eryrod yn aml yn defnyddio'r un aerie flwyddyn ar ôl blwyddyn, gan ychwanegu ato bob tymor.

Mae eryrod yn ysglyfaethwyr eigion, sy'n golygu eu bod ar frig eu cadwyn fwyd. Maent yn bwydo ar amrywiaeth o ysglyfaeth, gan gynnwys pysgod, mamaliaid bach, ymlusgiaid, ac adar eraill.

Mae eryrod yn adar tiriogaethol a byddant yn amddiffyn eu tiriogaeth yn ffyrnig yn erbyn tresmaswyr. Defnyddiant arddangosiadau amrywiol, megis cylchu, esgyn, a galw, i gyfathrebu ag eryrod eraill a sefydlu eu goruchafiaeth.

Tarddiad

Mae eryrod yn perthyn i'r teulu Accipitridae, sy'n cynnwys hebogiaid, barcutiaid, ac adar ysglyfaethus eraill. Mae'r ffosilau eryr cynharaf y gwyddys amdanynt yn dyddio'n ôl i'r cyfnod Eocene, tua 50 miliwn o flynyddoedd yn ôl.

Mae eryrod i'w cael ledled y byd, ac cithrio'r Antarctica. Maent wedi chwarae rhan bwysig ym mytholeg a diwylliant llawer o wareiddiadau, gan gynnwys yr hen Roegiaid, Rhufeiniaid, a llwythau Brodorol America.

Cynefin

Mae eryrod i'w cael mewn amrywiaeth eang o gynefinoedd, gan gynnwys coedwigoedd, glaswelltiroedd, gwlyptiroedd, a rhanbarthau arfordirol. Mae rhai rhywogaethau o eryrod yn fudol ac yn teithio'n bell i fridio a bwydo.

Arferion Bwyd a Bwydo:

Mae eryrod yn gigysol ac yn bwydo'n bennaf ar ysglyfaeth byw. Maen nhw'n hela trwy ddisgyn i lawr o'r awyr ac yn gafael yn eu hysglyfaeth gyda'u crafanau miniog. Gallant hefyd ddal pysgod trwy blymio i'r dŵr o'r uchelfannau.

Mae eryrod yn helwyr manteisgar a byddant yn bwyta pa bynnag ysglyfaeth sydd ar gael. Gwyddys bod rhai rhywogaethau o eryrod yn chwilota ar ffenni.

Ysglyfaethwyr a Bygythiadau

Fel ysglyfaethwyr brig, ychydig o ysglyfaethwyr naturiol sydd gan eryrod. Fodd bynnag, gallant gael eu bygwth gan fodau dynol sy'n eu hela am chwaraeon neu'n eu lladd am eu plu neu rannau eraill o'r corff.

Gall colli cynefinoedd, llygredd a newid hinsawdd effeithio ar eryrod hefyd. Mae rhai rhywogaethau o eryrod, fel yr eryr Philippine a'r eryr telynog, yn cael eu hystyried mewn perygl oherwydd dinistrio cynefinoedd a hela.

Cadwraeth

Mae llawer o rywogaethau o eryrod yn cael eu hamddiffyn gan y gyfraith ac yn destun ymdrechion cadwraeth. Gall yr ymdrechion hyn gynnwys cadw cynefinoedd, rhaglenni bridio caeth, a rheoliadau hela.

I gloi, mae eryrod yn adar ysglyfaethus pwerus a mawreddog sy'n adnabyddus am eu nodweddion corfforol ac ymddygiadol trawiadol. Maent wedi chwarae rhan bwysig ym mytholeg a diwylliant llawer o wareiddiadau ac maent yn symbolau o gryfder a rhyddid. Er bod rhai rhywogaethau o eryrod dan fygythiad gan weithgareddau dynol, mae llawer yn cael eu hamddiffyn gan ymdrechion cadwraeth ac yn parhau i ffynnu yn y gwyllt.

29. Eliffant

Eliffantod yw'r anifeiliaid tir mwyaf yn y byd, sy'n adnabyddus am eu maint aruthrol, eu deallusrwydd, a'u cof rhyfeddol. Mae'r anifeiliaid mawreddog hyn i'w cael yn bennaf yn Affrica ac Asia, ac maent yn cael eu parchu gan lawer o ddiwylliannau am eu symbolaeth, eu deallusrwydd, a'u nodweddion corfforol unigryw. Mae gan eliffantod strwythur cymdeithasol cymhleth ac maent yn cyfathrebu â'i gilydd trwy amrywiaeth o synau, ystumiau ac iaith y corff.

Tarddiad

Credir bod eliffantod wedi esblygu dros 60 miliwn o flynyddoedd yn ôl yn ystod yr epoc Eocene, a'r Moeritherium yw enw eu hynafiad cynharaf y gwyddys amdano. Ymddangosodd y gwir eliffantod cyntaf, a elwir yn Probascoidea, tua 40 miliwn o flynyddoedd yn ôl, ac roeddent yn greaduriaid bach tebyg i foch a oedd yn byw yn Ewrop ac Asia. Dros filiynau o flynyddoedd, esblygodd eliffantod yn anifeiliaid rydyn ni'n eu hadnabod heddiw, gyda'r eliffant Affricanaidd a'r eliffant Asiaidd y ddwy rywogaeth fwyaf adnabyddus.

Nodweddion

Mae eliffantod yn adnabyddus am eu maint enfawr, a'r eliffant Affricanaidd yw'r anifail tir mwyaf yn y byd. Gallant dyfu hyd at 11 troedfedd o daldra wrth yr ysgwydd a phwyso cymaint â 14,000 o bunnoedd. Mae'r eliffant Asiaidd ychydig yn llai, yn sefyll ar 10 troedfedd o daldra ac yn pwyso hyd at 11,000 o bunnoedd. Mae eliffantod hefyd yn cael eu nodweddu gan eu ysgithrau hir, crwm, sydd mewn gwirionedd yn ddannedd blaenddannedd hirgul sy'n ymwthio allan o'r geg.

Mae gan eliffantod proboscis unigryw, sef boncyff cyhyrol sy'n ymestyn o'r wefus uchaf. Mae'r boncyff yn cynnwys dros 100,000 o gyhyrau ac fe'i defnyddir at amrywiaeth o ddibenion, gan gynnwys anadlu, arogli, gafael, a chyfathrebu. Mae gan eliffantod hefyd glustiau mawr, llipa a ddefnyddir i reoleiddio tymheredd y corff a chyfathrebu ag eliffantod eraill trwy amrywiaeth o leisio.

Nodwedd nodedig arall o eliffantod yw eu deallusrwydd uchel a'u cof rhyfeddol. Mae'n hysbys bod ganddyn nhw sgiliau datrys problemau rhagorol, maen nhw'n gallu empathi, ac maen nhw'n gallu cofio eliffantod a bodau dynol eraill am flynyddoedd lawer.

Ymddygiad

Mae gan eliffantod strwythur cymdeithasol cymhleth ac maent yn byw mewn buchesi clos dan arweiniad matriarch. Gall y buchesi hyn amrywio o ran maint o ychydig o unigolion i dros 100 o eliffantod, ac maent yn cynnwys benywod a'u hepil. Yn gyffredinol, mae oedolion gwrywaidd yn byw ar eu pen eu hunain neu mewn grwpiau baglor bach.

Mae eliffantod yn adnabyddus am eu cysylltiadau cryf â'i gilydd, a byddant yn aml yn cyffwrdd â boncyffion mewn cyfarchiad neu'n lapio eu boncyffion o amgylch ei gilydd mewn cwtsh. Maent hefyd yn cymryd rhan mewn amrywiaeth o ymddygiadau, megis chwarae-ymladd, llwch ymdrochi, a rholio o gwmpas mewn mwd i amddiffyn eu croen rhag yr haul.

Llysysyddion yw eliffantod a gallant fwyta hyd at 300 pwys o lystyfiant mewn un diwrnod. Gwyddys eu bod yn bwyta amrywiaeth o blanhigion, gan gynnwys glaswellt, dail, rhisgl a ffrwythau. Mae angen llawer iawn o ddŵr ar eliffantod hefyd, a byddant yn teithio'n bell i ddod o hyd i ffynhonnell addas.

Cadwraeth

Ystyrir bod eliffantod yn agored i ddifodiant oherwydd colli cynefinoedd, potsio, a gwrthdaro rhwng bywyd gwyllt a dynol. Mae eliffantod Affricanaidd wedi'u rhestru fel rhai sy'n agored i niwed gan yr Undeb Rhyngwladol dros Gadwraeth Natur (IUCN), tra bod eliffantod Asiaidd yn cael eu dosbarthu fel rhai sydd mewn perygl.

Mae ymdrechion cadwraeth ar y gweill i amddiffyn poblogaethau eliffantod, gan gynnwys adfer cynefinoedd, mesurau gwrth-botsio, ac ymgyrchoedd addysg gyhoeddus. Mae llawer o wledydd hefyd wedi gweithredu cyfreithiau a rheoliadau i amddiffyn eliffantod a'u cynefin.

I gloi, mae eliffantod yn anifeiliaid rhyfeddol gyda nodweddion corfforol ac ymddygiadol unigryw. Maent yn ddeallus iawn, mae ganddynt strwythur cymdeithasol cryf, ac maent yn aelodau pwysig o lawer o ecosystemau. Fodd bynnag, maent hefyd yn wynebu bygythiadau sylweddol i'w goroesiad, ac mae'n hollbwysig bod ymdrechion cadwraeth yn parhau i warchod yr anifeiliaid godidog hyn ar gyfer cenedlaethau'r dyfodol.

30. Cheetah

Mae Cheetahs yn un o'r anifeiliaid mwyaf cyfareddol yn y byd, sy'n adnabyddus am eu cyflymder, ystwythder a gras heb ei ail. Maent yn greaduriaid mawreddog sydd wedi cael eu hedmygu ers amser maith am eu harddwch unigryw a'u galluoedd hela trawiadol.

Tarddiad a Dosbarthiad

Credir bod Cheetahs wedi tarddu o Affrica, gyda ffosilau yn dyddio'n ôl i dros 3 miliwn o flynyddoedd yn ôl i'w canfod yn Tanzania. Ar hyn o bryd maent i'w cael ledled cyfandir Affrica, gyda phoblogaeth fechan yn Iran. Yn hanesyddol, canfuwyd cheetahs mewn sawl rhan o'r byd, gan gynnwys Gogledd America, Ewrop ac Asia. Fodd bynnag, oherwydd colli cynefinoedd a hela, mae eu dosbarthiad wedi dirywio'n sylweddol, gan arwain at eu dosbarthu fel rhywogaeth sy'n agored i niwed.

Nodweddion

Mae Cheetahs yn adnabyddus am eu gwneuthuriad main, cyhyrog, sy'n eu galluogi i gyrraedd cyflymder anhygoel o hyd at 70 milltir yr awr. Mae ganddyn nhw gôt ffwr nodedig, gyda ffwr lliw haul neu felyn wedi'i orchuddio â smotiau du. Mae eu ffwr yn fyrrach na'r mwyafrif o gathod mawr, ac mae ganddyn nhw gynffon hir, gul sy'n eu helpu i gadw cydbwysedd wrth redeg. Mae gan Cheetahs hefyd olion dagrau ar eu hwynebau sy'n rhedeg o'u llygaid i gorneli eu ceg. Credir bod y marciau hyn yn helpu i leihau llacharedd wrth hela ac maent yn unigryw i bob unigolyn.

Ymddygiad

Mae cheetahs yn anifeiliaid unigol sy'n dod at ei gilydd i baru yn unig. Maent yn weithgar yn bennaf yn ystod y dydd, gyda gweithgaredd brig yn gynnar yn y bore ac yn hwyr yn y prynhawn. Maent yn adnabyddus am eu golwg eithriadol, sy'n eu helpu i weld ysglyfaeth o bellter mawr. Unwaith y byddant wedi gweld ysglyfaeth, bydd cheetahs yn ei stelcian ac yna'n mynd ar ei ôl gan ddefnyddio eu cyflymder a'u hystwythder trawiadol. Nid yw Cheetahs mor gryf â chathod mawr eraill, felly maent yn dibynnu ar eu cyflymder a'u strategaeth hela i ddal ysglyfaeth. Ar ôl dal eu hysglyfaeth, byddant yn aml yn gorffwys am ychydig cyn ei fwyta.

Cynefin

Ceir cheetahs mewn amrywiaeth o gynefinoedd, gan gynnwys savannas, glaswelltiroedd, ac ardaloedd lled-gras. Mae'n well ganddynt ardaloedd â gwelededd uchel, sy'n caniatáu iddynt weld ysglyfaeth o bellter. Mae angen maes hela mawr ar Cheetahs hefyd, gan fod angen iddynt orchuddio llawer o dir i ddod o hyd i ddigon o ysglyfaeth i gynnal eu hunain. Yn anffodus, mae colli cynefinoedd oherwydd gweithgaredd dynol, megis amaethyddiaeth a datblygiad, wedi lleihau'n sylweddol faint o gynefin addas ar gyfer cheetahs.

Cadwraeth

Ar hyn o bryd mae Cheetahs yn cael eu dosbarthu fel rhywogaeth fregus, gyda phoblogaeth amcangyfrifedig o ddim ond 7,500 o unigolion yn aros yn y gwyllt. Maent yn wynebu nifer o fygythiadau, gan gynnwys colli cynefinoedd, hela, a gwrthdaro rhwng bywyd gwyllt a dynol. Mae ymdrechion cadwraeth ar y gweill i warchod cheetahs a'u cynefin, gan gynnwys sefydlu ardaloedd gwarchodedig a rhaglenni bridio mewn caethiwed. Fodd bynnag, mae angen mwy o weithredu i sicrhau bod y rhywogaeth anhygoel hon yn goroesi yn y tymor hir.

I gloi, mae cheetahs yn anifeiliaid godidog gyda set unigryw o nodweddion sy'n eu gosod ar wahân i gathod mawr eraill. Maent yn adnabyddus am eu cyflymder anhygoel, ystwythder a gras, gan eu gwneud yn un o'r anifeiliaid mwyaf trawiadol yn y byd. Fodd bynnag, maent hefyd yn rhywogaeth fregus sy'n wynebu bygythiadau niferus, gan gynnwys colli cynefinoedd a hela. Mater i ni yw cymryd camau i amddiffyn cheetahs a sicrhau eu bod yn goroesi am genedlaethau i ddod.

Mae ieir yn un o'r anifeiliaid fferm mwyaf eang yn y byd. Maent yn adar dof sydd wedi'u magu ar gyfer eu cig, eu hwyau a'u plu ers miloedd o flynyddoedd.

Tarddiad

Credir bod yr iâr wedi tarddu o jyngl De-ddwyrain Asia, lle cafodd ei dofi gan bobl dros 7,000 o flynyddoedd yn ôl. Defnyddiwyd yr ieir dof cyntaf ar gyfer ymladd ceiliogod, camp boblogaidd yn yr hen amser. Yn y pen draw daethpwyd ag ieir i rannau eraill o'r byd, gan gynnwys Ewrop ac America, lle cawsant eu magu ymhellach am eu cig a'u hwyau.

Nodweddion

Mae ieir yn adar bach a chanolig gyda phig, crib a blethwaith nodedig. Mae ganddyn nhw gorff tew, crwn wedi'i orchuddio â phlu, gyda dwy adain a dwy goes. Daw ieir mewn amrywiaeth o liwiau a bridiau, gyda rhai yn cael eu magu ar gyfer cig ac eraill ar gyfer eu hwyau. Mae gan ieir hefyd strwythur cymdeithasol unigryw, gyda threfn bigo sy'n pennu'r hierarchaeth oruchafiaeth o fewn praidd.

Ymddygiad

Mae ieir yn anifeiliaid cymdeithasol sy'n byw mewn heidiau. Gwyddys eu bod yn ffurfio bondiau cryf gyda'u cyd-diaid ac mae ganddynt strwythur cymdeithasol cymhleth. Mae gan ieir hefyd amrywiaeth o leisio, gan gynnwys clucking, crowing, a squawking, y maent yn eu defnyddio i gyfathrebu â'i gilydd. Gwyddys hefyd eu bod yn anifeiliaid deallus, sy'n gallu datrys problemau a dysgu o brofiad.

Cynefin

Mae ieir i'w cael ledled y byd, gyda'r mwyafrif ohonyn nhw'n cael eu magu ar ffermydd ar gyfer eu cig a'u hwyau. Maent hefyd yn cael eu cadw fel anifeiliaid anwes mewn rhai rhannau o'r byd, gyda chadw cyw iâr iard gefn yn dod yn fwyfwy poblogaidd. Mae ieir angen amgylchedd cynnes, sych a mynediad at fwyd a dŵr. Maent yn anifeiliaid y gellir eu haddasu a gallant ffynnu mewn amrywiaeth o amgylcheddau, gan gynnwys ardaloedd gwledig a threfol.

Bridiau: Mae cannoedd o wahanol fridiau cyw iâr, pob un â'i nodweddion a'i nodweddion unigryw ei hun. Mae rhai o'r bridiau mwyaf cyffredin yn cynnwys Rhode Island Red, Leghorn, a Plymouth Rock. Mae gan bob brîd wahanol liwiau, patrymau a meintiau, ac mae rhai yn cael eu codi ar gyfer eu cig tra bod eraill yn cael eu codi ar gyfer eu hwyau.

Dodwy Wyau: Mae ieir yn adnabyddus am eu gallu i ddodwy wyau, gyda rhai bridiau yn arbennig o doreithiog. Mae ieir fel arfer yn dechrau dodwy wyau tua 6 mis oed a gallant barhau i ddodwy am sawl blwyddyn. Mae nifer yr wyau y mae cyw iâr yn eu dodwy yn dibynnu ar y brîd a'r unigolyn, gyda rhai yn dodwy cymaint â 300 o wyau'r flwyddyn. Gall amrywiaeth o ffactorau ddylanwadu ar gynhyrchu wyau, gan gynnwys diet, golau a thymheredd.

Cynhyrchu Cig: Mae ieir hefyd yn cael eu magu ar gyfer eu cig, gyda rhai bridiau'n cael eu bridio'n benodol at y diben hwn. Cyfeirir at gig cyw iâr yn gyffredin fel "dofednod" ac mae'n stwffwl mewn llawer o ddeietau ledled y byd. Mae cig cyw iâr yn isel mewn braster ac yn uchel mewn protein, gan ei wneud yn ddewis poblogaidd i ddefnyddwyr sy'n ymwybodol o iechyd. Fel arfer mae ieir yn cael eu lladd tua 6-8 wythnos oed ar gyfer cynhyrchu brwyliaid, gyda rhai bridiau'n cael eu magu am gyfnodau hirach o amser ar gyfer cig mwy blasus.

Cadwraeth

Nid yw ieir yn cael eu dosbarthu fel rhai sydd mewn perygl ar hyn o bryd, gyda miliynau ohonynt yn cael eu magu a'u ffermio ledled y byd. Fodd bynnag, mae pryderon ynghylch lles ieir a godwyd mewn lleoliadau fferm ffatri, yn ogystal ag effaith ffermio ieir ar yr amgylchedd. Mae rhai ymdrechion ar y gweill i hyrwyddo arferion ffermio ieir mwy cynaliadwy a moesegol, gan gynnwys defnyddio systemau maes a phorthiant organig.

I gloi, mae ieir yn anifeiliaid hynod ddiddorol sydd wedi cael eu dofi gan bobl ers miloedd o flynyddoedd. Maent yn adnabyddus am eu gallu i ddodwy wyau a darparu cig i bobl ei fwyta. Mae ieir hefyd yn anifeiliaid cymdeithasol gyda strwythur cymdeithasol cymhleth ac yn gallu datrys problemau a dysgu o brofiad. Mae yna gannoedd o fridiau gwahanol o ieir, pob un â'i nodweddion a'i nodweddion unigryw ei hun. Gall ieir ffynnu mewn amrywiaeth o amgylcheddau ac maent yn anifeiliaid y gellir eu haddasu.

Fodd bynnag, mae pryderon hefyd am les ieir a godwyd mewn lleoliadau fferm ffatri, yn ogystal ag effaith ffermio ieir ar yr amgylchedd. Mae rhai ymdrechion ar y gweill i hyrwyddo arferion ffermio ieir mwy cynaliadwy a moesegol, gan gynnwys defnyddio systemau maes a phorthiant organig.

Yn gyffredinol, mae ieir yn rhan bwysig o hanes dyn ac yn chwarae rhan arwyddocaol mewn amaethyddiaeth fodern. Wrth i ni barhau i ddysgu mwy am yr anifeiliaid hynod ddiddorol hyn, mae'n bwysig ymdrechu i gael ffyrdd mwy cynaliadwy a thrugarog o'u magu a gofalu amdanynt.

32. Tsimpansî

Mae tsimpansî yn un o berthnasau byw agosaf bodau dynol, yn rhannu dros 98% o'n DNA. Maent yn anifeiliaid cymdeithasol, deallus sydd i'w cael mewn sawl gwlad yn Affrica.

Tarddiad

Credir bod y tsimpansî cyffredin (Pan troglodytes) wedi tarddu o ganolbarth a gorllewin Affrica, lle mae wedi byw ers miliynau o flynyddoedd. Mae tsimpansî yn aelodau o'r teulu epa mawr, ynghyd â gorilod, orangwtaniaid, a bodau dynol. Mae dau isrywogaeth o tsimpansî cyffredin: y tsimpansî gorllewinol (Pan troglodytes verus) a'r tsimpansî canolog (Pan troglodytes troglodytes).

Nodweddion

Mae tsimpansî yn epaod canolig eu maint, gyda gwrywod yn pwyso rhwng 88 a 154 pwys (40 i 70 kg) a benywod yn pwyso rhwng 66 a 120 pwys (30 i 55 kg). Mae ganddyn nhw wallt hir, du sy'n gorchuddio'r rhan fwyaf o'u corff, heblaw am eu hwyneb, bysedd, cledrau, a gwadnau eu traed. Mae gan tsimpansî fodiau gwrthgyferbyniol a gallant ddefnyddio eu dwylo i drin gwrthrychau ac offer. Mae ganddyn nhw hefyd glustiau mawr, trwyn gwastad, a chefnen ael amlwg.

Ymddygiad

Anifeiliaid cymdeithasol yw tsimpansî sy'n byw mewn grwpiau a elwir yn gymunedau. Gall y cymunedau hyn amrywio o ran maint o 15 i dros 100 o unigolion, gyda gwrywod yn drech na merched. Mae tsimpansî yn adnabyddus am eu hymddygiad cymdeithasol cymhleth, gan gynnwys meithrin perthynas amhriodol, chwarae a chyfathrebu. Mae ganddynt hefyd strwythur cymdeithasol hierarchaidd, gyda gwrywod a benywod dominyddol yn fwy tebygol o baru ac atgenhedlu.

Cynefin

Mae tsimpansî i'w cael mewn sawl gwlad yn Affrica, gan gynnwys Camerŵn, Congo, Gabon, Gweriniaeth Canolbarth Affrica, Gini, Liberia, a Sierra Leone. Maent yn byw mewn amrywiaeth o gynefinoedd, gan gynnwys coedwigoedd glaw, coetiroedd a safana. Mae tsimpansî angen llawer o le i symud a chwilota, ac mae eu cynefinoedd dan fygythiad oherwydd datgoedwigo a thresmasiad dynol.

Deiet

Mae tsimpansî yn hollysyddion, sy'n golygu eu bod yn bwyta planhigion ac anifeiliaid. Mae eu diet yn cynnwys ffrwythau, dail, hadau, pryfed, ac anifeiliaid bach fel adar a mamaliaid. Gwyddys eu bod yn defnyddio offer, megis ffyn, i dynnu pryfed o goed neu i gracio cnau agored.

Cyfathrebu

Mae gan tsimpansî system gymhleth o gyfathrebu sy'n cynnwys lleisiau, iaith y corff a mynegiant yr wyneb. Defnyddiant amrywiaeth o leisio i gyfathrebu, gan gynnwys sgrechiadau, grunts, a rhisgl. Maent hefyd yn defnyddio iaith y corff a mynegiant yr wyneb, fel cofleidio, cusanu a meithrin perthynas amhriodol, i gyfathrebu â'i gilydd.

Cudd-wybodaeth

Mae tsimpansî yn anifeiliaid hynod ddeallus ac fe'u gwelwyd yn defnyddio offer ac yn datrys problemau cymhleth. Maent yn gallu dysgu ac addasu i sefyllfaoedd newydd, ac maent wedi cael eu haddysgu i iaith arwyddion a ffurfiau eraill o gyfathrebu gan fodau dynol. Maent hefyd yn gallu empathi ac wedi bod yn hysbys i gysuro ei gilydd ar adegau o drallod.

Cadwraeth

Ar hyn o bryd mae tsimpansî yn cael eu dosbarthu fel rhai sydd mewn perygl gan yr Undeb Rhyngwladol dros Gadwraeth Natur (IUCN), gyda phoblogaethau'n lleihau oherwydd colli cynefinoedd a hela. Mae ymdrechion ar y gweill i warchod cynefinoedd tsimpansî ac i atal hela anghyfreithlon a masnachu tsimpansî. Mae sawl sefydliad hefyd yn gweithio i godi ymwybyddiaeth o bwysigrwydd cadwraeth tsimpansî ac i hyrwyddo cydfodolaeth gynaliadwy rhwng pobl a tsimpansî.

I gloi, mae tsimpansî yn anifeiliaid hynod ddiddorol sy'n perthyn yn agos i fodau dynol. Maent yn gymdeithasol, yn ddeallus, ac mae ganddynt system gymhleth o gyfathrebu. Mae tsimpansî angen cynefinoedd mawr, amrywiol i oroesi ac maent dan fygythiad oherwydd dinistrio cynefinoedd a hela. Mae'n bwysig i fodau dynol gymryd camau i warchod tsimpansî a'u cynefinoedd er mwyn sicrhau eu bod yn goroesi ar gyfer cenedlaethau'r dyfodol. Wrth i ni barhau i astudio a dysgu am yr anifeiliaid anhygoel hyn, gallwn gael gwerthfawrogiad dyfnach o amrywiaeth a chymhlethdod bywyd ar y Ddaear.

33. Cicada

Math o bryfed yw cicadas sy'n adnabyddus am eu synau swnllyd uchel, nodedig. Maent i'w cael ledled y byd ac maent yn enwog am eu hymddangosiadau torfol cyfnodol, lle bydd biliynau o cicadas yn dod allan o'r ddaear ar yr un pryd.

Tarddiad

Mae cicadas yn bryfed sydd wedi bod o gwmpas ers miliynau o flynyddoedd, gyda rhai rhywogaethau'n dyddio'n ôl cyn belled â 250 miliwn o flynyddoedd. Maent i'w cael ledled y byd, gan gynnwys Gogledd America, De America, Ewrop, Asia ac Awstralia. Mae dros 3,000 o rywogaethau cicadas, gyda'r rhan fwyaf o rywogaethau'n byw mewn rhanbarthau trofannol neu isdrofannol.

Nodweddion

Mae cicadas yn bryfed sy'n cael eu nodweddu gan eu hadenydd mawr, tryloyw a'u sain suo nodedig. Mae ganddyn nhw chwe choes a dau bâr o adenydd, gyda'r adenydd blaen yn fwy na'r adenydd ôl. Mae gan Cicadas hefyd lygaid mawr, cyfansawdd a phâr o antena y maent yn eu defnyddio i synhwyro eu hamgylchedd. Maent yn amrywio o ran maint yn dibynnu ar y rhywogaeth, gyda rhai rhywogaethau yn mesur ychydig filimetrau yn unig ac eraill yn mesur hyd at 10 centimetr o hyd.

Ymddygiad

Mae cicadas yn adnabyddus am eu synau uchel, gwefreiddiol, sy'n cael eu cynhyrchu gan y gwrywod i ddenu benywod. Mae gan cicadas gwrywaidd organ arbennig o'r enw tymbal y maen nhw'n ei ddefnyddio i greu eu sain unigryw. Mae ganddynt hefyd reddf gref i baru a byddant yn aml yn ymgynnull mewn grwpiau mawr i ddenu merched. Mae cicadas hefyd yn adnabyddus am eu hymddangosiadau torfol cyfnodol, lle bydd biliynau o cicadas yn dod allan o'r ddaear ar yr un pryd, fel arfer bob 13 neu 17 mlynedd.

Cynefin

Ceir cicadas mewn amrywiaeth o gynefinoedd, gan gynnwys coedwigoedd, glaswelltiroedd ac anialwch. Mae'n well gan y mwyafrif o rywogaethau hinsoddau cynnes, llaith, ac fe'u ceir yn aml mewn rhanbarthau trofannol neu isdrofannol. Mae Cicadas yn treulio'r rhan fwyaf o'u bywydau o dan y ddaear, lle maen nhw'n bwydo ar y sudd o wreiddiau coed. Byddant yn dod allan o'r ddaear fel oedolion i baru a dodwy eu hwyau.

Deiet

Llysysyddion yw cicadas ac maent yn bwydo ar y sudd o wreiddiau coed. Defnyddiant eu rhannau ceg hir, tyllog i dapio sylem a ffloem coed a phlanhigion. Gwyddys hefyd bod rhai rhywogaethau o cicadas yn bwydo ar y sudd o weiriau a phlanhigion eraill.

Cylch bywyd

Mae gan Cicadas gylch bywyd unigryw a nodweddir gan eu hymddangosiad torfol cyfnodol. Ar ôl paru, bydd y cicada benywaidd yn dodwy ei hwyau yng nghanghennau coed neu blanhigion eraill. Mae'r wyau'n deor yn nymffau bach sy'n disgyn i'r ddaear ac yn tyllu i'r pridd. Mae Cicadas yn treulio'r rhan fwyaf o'u bywydau dan ddaear fel nymffau, yn bwydo ar y sudd o wreiddiau coed. Ar ôl cyfnod o 13 neu 17 mlynedd, bydd y nymffau yn dod allan o'r ddaear fel oedolion. Bydd yr oedolion cicadas yn paru ac yn dodwy eu hwyau, ac yna'n marw o fewn ychydig wythnosau.

Cadwraeth

Ar hyn o bryd nid yw Cicadas yn cael ei ystyried yn fygythiad, ond mae rhai rhywogaethau dan fygythiad gan ddinistrio cynefinoedd a newid hinsawdd. Mae cicadas hefyd yn agored i ysglyfaethu gan adar, ystlumod ac anifeiliaid eraill, a all gael effaith ar eu poblogaethau. Mae ymdrechion ar y gweill i warchod cynefinoedd cicada ac i astudio effaith newid hinsawdd ar eu poblogaethau.

I gloi, mae cicadas yn bryfed hynod ddiddorol sy'n adnabyddus am eu synau swnllyd uchel, nodedig a'u hymddangosiad torfol cyfnodol. Maent i'w cael ar draws y byd ac mae ganddynt gylch bywyd unigryw sy'n cael ei nodweddu gan eu cyfnodau hir a dreulir o dan y ddaear fel nymffau. Mae cicadas yn rhan bwysig o lawer o ecosystemau, ac mae'n bwysig gwarchod eu cynefinoedd ac astudio eu poblogaethau er mwyn sicrhau eu bod yn goroesi ar gyfer cenedlaethau'r dyfodol.

34. Civet

Mae civets yn famaliaid cigysol bach sy'n perthyn i'r teulu Viverridae. Fe'u ceir mewn sawl rhan o'r byd, gan gynnwys Affrica, Asia, a rhannau o Ewrop.

Tarddiad

Credir bod civets wedi tarddu o Asia, gyda'r ffosilau sivet cynharaf y gwyddys amdanynt yn dyddio'n ôl i ddiwedd y cyfnod Eocene, tua 38 miliwn o flynyddoedd yn ôl. Maent i'w cael ledled y byd, gyda'r poblogaethau mwyaf i'w cael yn Affrica ac Asia. Mae tua 35 o rywogaethau o gywion, a'r rhywogaethau mwyaf adnabyddus yw'r sivet Affricanaidd a'r sivet Asiaidd.

Nodweddion

Mae civets yn famaliaid cigysol bach a nodweddir gan eu cyrff hir, main a'u harogleuon mwsgaidd nodedig. Mae ganddyn nhw drwyn pigfain, clustiau bach, a chrafangau hir, miniog y maen nhw'n eu defnyddio ar gyfer dringo a hela. Mae sivets yn amrywio o ran maint yn dibynnu ar y rhywogaeth, gyda rhai rhywogaethau yn mesur dim ond ychydig fodfeddi o hyd ac eraill yn mesur hyd at ddwy droedfedd o hyd. Maent hefyd yn amrywio o ran lliw a phatrwm, gyda rhai rhywogaethau wedi'u gorchuddio â smotiau neu streipiau, tra bod gan eraill liw solet.

Ymddygiad

Anifeiliaid nosol yw civets yn bennaf, sy'n golygu eu bod yn fwyaf gweithgar yn y nos. Anifeiliaid unigol ydyn nhw ac fe'u ceir fel arfer ar eu pen eu hunain neu mewn parau. Mae civets yn ddringwyr ystwyth ac i'w cael yn aml mewn coed, lle maen nhw'n hela am fwyd a chysgu. Maent hefyd yn adnabyddus am eu gallu i gynhyrchu arogl cryf, mwsgaidd, y maent yn ei ddefnyddio i nodi eu tiriogaeth a chyfathrebu â civets eraill.

Cynefin

Ceir civets mewn amrywiaeth o gynefinoedd, gan gynnwys coedwigoedd, glaswelltiroedd, a hyd yn oed ardaloedd trefol. Mae'n well gan y mwyafrif o rywogaethau hinsoddau cynnes, llaith, ac fe'u ceir yn aml mewn rhanbarthau trofannol neu isdrofannol. Ceir civets hefyd mewn amrywiaeth o uchderau, yn amrywio o lefel y môr i dros 14,000 troedfedd.

Deiet

Mae civets yn gigysyddion ac yn bwydo'n bennaf ar famaliaid bach, adar, ymlusgiaid a phryfed. Gwyddys hefyd eu bod yn bwyta ffrwythau, wyau, a deunydd planhigion arall. Mae rhai rhywogaethau o civets yn adnabyddus am eu diet unigryw, fel y civet palmwydd Asiaidd, sy'n bwydo ar geirios coffi, a'r civet Affricanaidd, sy'n bwydo ar ffrwyth y goeden marula.

Atgynhyrchu

Mae civets yn ddeumorffig yn rhywiol, sy'n golygu bod gan wrywod a benywod nodweddion corfforol gwahanol. Mae merched yn rhoi genedigaeth i dorllwythi o un i bedwar o epil, sy'n cael eu geni ar ôl cyfnod beichiogrwydd o tua 60 i 70 diwrnod. Mae babanod civet yn cael eu geni gyda'u llygaid ar gau ac yn dibynnu ar eu mamau am sawl wythnos. Mae civets yn cyrraedd aeddfedrwydd rhywiol pan fyddant tua dwy flwydd oed.

Cadwraeth

Mae llawer o rywogaethau civets yn cael eu bygwth gan ddinistrio cynefinoedd, hela, a'r fasnach anifeiliaid anwes egsotig. Mae civets hefyd yn cael eu hela am eu chwarennau mwsg, a ddefnyddir i gynhyrchu persawr a meddyginiaethau traddodiadol. Mae ymdrechion ar y gweill i warchod cynefinoedd civet ac i leihau hela a masnachu mewn anifeiliaid anwes.

I gloi, mae civets yn famaliaid cigysol bach sydd i'w cael mewn sawl rhan o'r byd. Fe'u nodweddir gan eu cyrff hir, main a'u harogleuon musky nodedig. Anifeiliaid nosol yw civets yn bennaf ac fe'u ceir yn aml mewn coed, lle maent yn hela am fwyd a chysgu. Maent yn rhan bwysig o lawer o ecosystemau, ac mae'n bwysig gwarchod eu cynefinoedd ac astudio eu poblogaethau er mwyn sicrhau eu bod yn goroesi ar gyfer cenedlaethau'r dyfodol.

Mae cocatŵ yn grŵp o barotiaid sy'n frodorol i Awstralia, Indonesia, Papua Gini Newydd, a rhai o ynysoedd y Môr Tawel. Maent yn adnabyddus am eu cribau nodedig, eu plu lliwgar, a'u hymddygiad cymdeithasol.

Tarddiad

Credir bod cocatŵs wedi tarddu o Awstralia, lle maen nhw i'w cael mewn amrywiaeth eang o gynefinoedd, gan gynnwys coedwigoedd, glaswelltiroedd ac anialwch. Maent hefyd wedi'u cyflwyno i rannau eraill o'r byd, gan gynnwys Ewrop, Gogledd America ac Asia, lle cânt eu cadw'n aml fel anifeiliaid anwes.

Nodweddion

Nodweddir cocatŵau gan eu cribau nodedig, sy'n cynnwys plu ar ben eu pennau. Gellir codi neu ostwng y cribau hyn yn dibynnu ar hwyliau'r aderyn. Mae cocatŵs hefyd yn adnabyddus am eu plu lliwgar, a all fod yn wyn, pinc, melyn, neu lwyd, yn dibynnu ar y rhywogaeth. Mae ganddyn nhw big crwm cryf y maen nhw'n ei ddefnyddio i gracio cnau a hadau agored, ac mae ganddyn nhw draed zygodactyl, sy'n golygu bod ganddyn nhw ddau fysedd traed sy'n pwyntio ymlaen a dau fysedd fysedd sy'n pwyntio yn ôl.

Ymddygiad

Mae cocatŵ yn adar cymdeithasol iawn ac yn adnabyddus am eu gallu i ddynwared synau a geiriau. Maent hefyd yn adnabyddus am eu hymddygiad chwareus a'u cariad at deganau a phosau. Mae cockatoos yn adar deallus sydd angen llawer o sylw ac ysgogiad. Maent hefyd yn adar lleisiol iawn ac yn adnabyddus am eu galwadau uchel a sgrechian.

Cynefin

Mae cocatŵau i'w cael mewn amrywiaeth eang o gynefinoedd, gan gynnwys coedwigoedd, glaswelltiroedd ac anialwch. Fe'u ceir hefyd mewn ardaloedd trefol, lle cânt eu cadw'n aml fel anifeiliaid anwes. Mae'r rhan fwyaf o rywogaethau o gocatŵs i'w cael yn Awstralia, ond maen nhw hefyd i'w cael yn Indonesia, Papua Gini Newydd, a rhai ynysoedd yn y Môr Tawel.

Deiet

Mae cocatŵ yn hollysyddion ac yn bwydo ar amrywiaeth o fwydydd, gan gynnwys hadau, cnau, ffrwythau, pryfed ac anifeiliaid bach. Maent yn adnabyddus am eu gallu i gracio cnau agored a hadau gyda'u pigau cryf. Mewn caethiwed, mae angen diet amrywiol ar gocatŵs sy'n cynnwys ffrwythau, llysiau a chnau.

Atgynhyrchu

Mae cocatŵau yn adar unweddog ac yn paru am oes. Maent yn bridio unwaith neu ddwywaith y flwyddyn ac fel arfer yn dodwy dau neu dri wy. Mae'r wyau'n cael eu deor am tua 25 i 30 diwrnod, ac mae'r cywion yn dibynnu ar eu rhieni am rai wythnosau ar ôl deor. Mae cocatŵs yn cyrraedd aeddfedrwydd rhywiol tua thair i bum mlwydd oed.

Cadwraeth

Mae llawer o rywogaethau o gocatŵs yn cael eu bygwth gan golli cynefinoedd, hela, a'r fasnach anifeiliaid anwes. Mae cocatŵs yn anifeiliaid anwes poblogaidd oherwydd eu hymddygiad cymdeithasol a'u gallu i ddynwared synau a geiriau. Fodd bynnag, mae angen llawer o sylw ac ysgogiad arnynt, ac nid yw llawer o berchnogion anifeiliaid anwes yn gallu darparu'r gofal sydd ei angen ar yr adar hyn. Mae ymdrechion ar y gweill i warchod cynefinoedd cocatŵ ac i leihau'r fasnach mewn adar sy'n cael eu dal yn wyllt.

I gloi, mae cockatoos yn grŵp o barotiaid sy'n adnabyddus am eu cribau nodedig, eu plu lliwgar, a'u hymddygiad cymdeithasol. Maent yn adar hynod ddeallus sydd angen llawer o sylw ac ysgogiad. Mae cocatŵau i'w cael mewn amrywiaeth eang o gynefinoedd ac maent yn rhan bwysig o lawer o ecosystemau. Mae'n bwysig gwarchod eu cynefinoedd a lleihau'r fasnach mewn adar sy'n cael eu dal yn y gwyllt er mwyn sicrhau eu bod yn goroesi ar gyfer cenedlaethau'r dyfodol.

36. Buwch

Mae buchod yn famaliaid dof sydd i'w cael yn gyffredin ledled y byd. Maent yn rhan hanfodol o amaethyddiaeth ac yn chwarae rhan arwyddocaol yn y diwydiant bwyd.

Tarddiad

Credir bod buchod wedi tarddu o'r ychen gwyllt hynafol, a oedd yn frodorol i Asia ac Ewrop. Cafodd yr anifeiliaid hyn eu dofi gan fodau dynol tua 8000 CC am eu llaeth, cig, a chuddfan. Dros amser, datblygwyd gwahanol fridiau o fuchod trwy fridio detholus ar gyfer nodweddion penodol, megis cynhyrchu llaeth, ansawdd cig, a maint.

Nodweddion

Nodweddir buchod gan eu maint mawr, gyda buchod llawndwf yn pwyso rhwng 500 a 1000 cilogram. Mae ganddyn nhw bedair coes, pen mawr, a phâr o gyrn crwm ar eu pennau. Mae gan fuchod stumog pedair siambr, sy'n caniatáu iddynt dreulio deunyddiau planhigion caled fel glaswellt a gwair. Maent hefyd yn adnabyddus am eu gallu i gynhyrchu llaeth, a ddefnyddir i wneud amrywiaeth o gynhyrchion llaeth fel caws, menyn ac iogwrt.

Ymddygiad

Mae buchod yn anifeiliaid cymdeithasol a gwyddys eu bod yn ffurfio bondiau agos â'u cyd-aelodau buches. Maent yn cyfathrebu â'i gilydd trwy amrywiaeth o synau, megis moos, grunts, a snorts. Mae'n hysbys hefyd bod gan wartheg hierarchaeth yn eu buches, gyda buchod trech yn cymryd rôl arweiniol. Yn gyffredinol mae buchod yn anifeiliaid dof, ond gallant fod yn ymosodol os ydynt yn teimlo dan fygythiad neu os yw eu cywion mewn perygl.

Cynefin

Mae buchod i'w cael ledled y byd ac yn cael eu magu'n gyffredin mewn lleoliadau amaethyddol fel ffermydd a ranches. Maent hefyd i'w cael mewn cynefinoedd naturiol fel glaswelltiroedd a choedwigoedd. Mae angen llawer o le ar fuchod i grwydro a phori, ac mae eu diet naturiol yn cynnwys glaswellt, gwair a deunyddiau planhigion eraill.

Deiet

Mae buchod yn llysysyddion ac mae eu diet naturiol yn cynnwys glaswellt, gwair a deunyddiau planhigion eraill. Mewn lleoliadau amaethyddol, mae buchod yn aml yn cael eu bwydo â chyfuniad o wair, grawn, ac atchwanegiadau eraill i roi'r maetholion angenrheidiol iddynt ar gyfer cynhyrchu llaeth neu ansawdd cig.

Atgynhyrchu

Mae buchod yn cyrraedd aeddfedrwydd rhywiol tua 12 i 14 mis oed, a gallant gynhyrchu lloi am nifer o flynyddoedd. Tua naw mis yw'r cyfnod beichiogrwydd ar gyfer buchod, ac maent fel arfer yn rhoi genedigaeth i un llo ar y tro. Mae lloi yn ddibynnol ar eu mamau am laeth am ychydig fisoedd cyntaf eu bywydau.

Cadwraeth

Nid yw buchod yn cael eu hystyried yn rhywogaeth sydd mewn perygl, ond mae rhai bridiau o wartheg dan fygythiad oherwydd colli cynefinoedd, newid hinsawdd, a dwysáu amaethyddiaeth. Mae ymdrechion cadwraeth yn canolbwyntio ar ddiogelu amrywiaeth genetig gwahanol fridiau buchod a hyrwyddo arferion ffermio cynaliadwy.

I gloi, mae gwartheg yn famaliaid dof sy'n rhan bwysig o amaethyddiaeth a'r diwydiant bwyd. Fe'u nodweddir gan eu maint mawr, eu gallu i gynhyrchu llaeth, ac ymddygiad cymdeithasol. Mae buchod i'w cael ledled y byd ac yn cael eu magu'n gyffredin mewn lleoliadau amaethyddol fel ffermydd a ranches. Mae'n bwysig gwarchod eu cynefinoedd a hyrwyddo arferion ffermio cynaliadwy er mwyn sicrhau eu bod yn goroesi ar gyfer cenedlaethau'r dyfodol.

37. Craen

Mae craeniau yn adar mawr, coes hir, a gwddf hir sy'n perthyn i deulu'r Gruidae. Maent yn adnabyddus am eu hymddangosiad gosgeiddig, eu galwadau nodedig, a'u harddangosiadau carwriaeth drawiadol.

Tarddiad

Credir bod craeniau wedi tarddu o ranbarthau tymherus a throfannol y byd, gyda'r ffosil craen hynaf y gwyddys amdano yn dyddio'n ôl tua 10 miliwn o flynyddoedd yn ôl. Maent wedi cael eu parchu gan lawer o ddiwylliannau trwy gydol hanes, gan gynnwys yr hen Eifftiaid, Groegiaid a Rhufeiniaid.

Nodweddion

Nodweddir craeniau gan eu gyddfau hir, main, a all gyrraedd hyd at bedair troedfedd o hyd. Mae ganddyn nhw goesau hir, tenau sy'n caniatáu iddyn nhw gerdded trwy ddŵr bas a gweiriau uchel. Mae gan y rhan fwyaf o rywogaethau craen led adenydd o chwech i wyth troedfedd a gallant bwyso hyd at 25 pwys. Mae gan graeniau alwad nodedig, y gellir ei chlywed o filltiroedd i ffwrdd. Maent hefyd yn adnabyddus am eu harddangosfeydd carwriaeth gywrain, sy'n cynnwys dawnsio, neidio a lleisio.

Ymddygiad

Mae craeniau yn adar cymdeithasol iawn a gwyddys eu bod yn ffurfio bondiau gydol oes gyda'u ffrindiau. Maent yn cyfathrebu â'i gilydd trwy amrywiaeth o leisio, gan gynnwys canu trwmped a synau. Mae craeniau hefyd yn adnabyddus am eu harddangosfeydd carwriaeth drawiadol, sy'n cynnwys dawnsiau a galwadau cywrain. Mae'r arddangosfeydd hyn yn rhan bwysig o ddewis a bondio cymar.

Cynefin

Mae craeniau i'w cael ledled y byd, ac eithrio Antarctica a De America. Fe'u ceir yn gyffredin mewn cynefinoedd gwlyptir fel corsydd, corsydd a chorsydd. Mae rhai rhywogaethau craen hefyd yn byw mewn glaswelltiroedd a dolydd. Mae angen mannau agored ar graeniau ar gyfer chwilota a nythu, yn ogystal â dŵr bas ar gyfer bwydo.

Deiet

Mae craeniau yn hollysyddion ac mae eu diet yn amrywio yn dibynnu ar y rhywogaeth a'r cynefin. Maent yn bennaf yn bwydo ar bryfed, mamaliaid bach, pysgod, a phlanhigion. Mae gan graeniau filiau hir, pigfain sy'n eu galluogi i chwilio am fwyd mewn mwd a dŵr.

Atgynhyrchu

Mae craeniau'n cyrraedd aeddfedrwydd rhywiol tua thair i bum mlwydd oed. Maent yn paru am oes ac yn bridio yn ystod misoedd y gwanwyn a'r haf. Mae craeniau'n adeiladu nythod mawr mewn dŵr bas neu ar y ddaear, y maent yn leinio â glaswellt a llystyfiant arall. Mae merched yn dodwy un i dri wy fesul cydiwr, ac mae'r ddau riant yn cymryd eu tro i ddeor yr wyau. Mae'r cywion yn deor ar ôl tua 30 diwrnod ac yn dibynnu ar eu rhieni am fwyd ac amddiffyniad am sawl mis.

Cadwraeth

Ystyrir bod llawer o rywogaethau o graeniau dan fygythiad neu dan fygythiad oherwydd colli cynefinoedd, hela a llygredd. Mae ymdrechion cadwraeth yn canolbwyntio ar warchod eu cynefinoedd, hyrwyddo amaethyddiaeth gynaliadwy ac arferion pysgota, a lleihau llygredd. Mae sawl sefydliad rhyngwladol, gan gynnwys y Sefydliad Craeniau Rhyngwladol, yn ymroddedig i warchod rhywogaethau craen ledled y byd.

I gloi, mae craeniau yn adar mawr, coes hir sy'n adnabyddus am eu hymddangosiad gosgeiddig, eu galwadau nodedig, a'u harddangosfeydd carwriaeth drawiadol. Maent i'w cael mewn cynefinoedd gwlyptir ar draws y byd ac maent yn adar cymdeithasol iawn sy'n paru am oes. Mae craeniau dan fygythiad oherwydd colli cynefinoedd, hela a llygredd, ac mae ymdrechion cadwraeth yn canolbwyntio ar amddiffyn eu cynefinoedd a lleihau effaith ddynol ar eu poblogaethau. Mae craeniau yn rhan hanfodol o lawer o ecosystemau ac yn ddangosyddion pwysig o iechyd yr amgylchedd.

Mae brain yn grŵp o adar sy'n perthyn i'r teulu Corvidae , sydd hefyd yn cynnwys cigfrain , piod , a sgrech y coed . Maent i'w cael ledled y byd, ac maent yn adnabyddus am eu deallusrwydd, eu gallu i addasu, a'u galwadau cawing uchel.

Tarddiad

Mae gan brain hanes esblygiadol hir, gyda'r ffosil brain hynaf y gwyddys amdano yn dyddio'n ôl i tua 25 miliwn o flynyddoedd yn ôl. Credir eu bod wedi tarddu o Asia, ond ers hynny maent wedi lledaenu ledled y byd. Mae brain wedi bod yn rhan o ddiwylliant dynol a mytholeg ers miloedd o flynyddoedd, ac yn aml yn gysylltiedig â deallusrwydd a chyfrwystra.

Nodweddion

Mae brain yn adar canolig eu maint, gyda hyd corff o tua 16-20 modfedd a lled adenydd hyd at 3.5 troedfedd. Mae ganddyn nhw blu du sgleiniog, pigau miniog, a choesau a thraed cryf. Mae brain yn adar hynod ddeallus, gyda chymhareb màs ymennydd-i-gorff yn debyg i epaod mawr. Fe'u gwelwyd yn defnyddio offer, yn datrys problemau, a hyd yn oed yn adnabod bodau dynol unigol.

Ymddygiad

Mae brain yn adar cymdeithasol iawn, ac fe'u ceir yn aml mewn heidiau mawr. Maent yn cyfathrebu â'i gilydd trwy amrywiaeth o alwadau a lleisiau, gan gynnwys eu galwadau cawing nodedig. Mae brain yn hollysyddion, ac mae eu diet yn amrywio yn dibynnu ar y tymor a'r lleoliad. Maent yn bennaf yn bwydo ar bryfed, ffrwythau, hadau, ac anifeiliaid bach, ond gwyddys hefyd eu bod yn chwilota ar garion a sothach.

Cynefin

Mae brain i'w cael ledled y byd, a gallant ffynnu mewn ystod eang o gynefinoedd. Fe'u ceir yn gyffredin mewn ardaloedd trefol a maestrefol, yn ogystal â rhanbarthau amaethyddol a choedwigol. Mae brain angen mannau agored ar gyfer chwilota a nythu, yn ogystal â choed a llystyfiant arall ar gyfer clwydo a lloches.

Atgynhyrchu

Mae brain yn cyrraedd aeddfedrwydd rhywiol tua dwy flwydd oed, ac yn bridio yn ystod misoedd y gwanwyn a dechrau'r haf. Maent fel arfer yn adeiladu nythod mawr, swmpus mewn coed, y maent yn leinio â glaswellt, brigau a deunyddiau eraill. Mae merched yn dodwy tua 3-6 wy fesul cydiwr, ac mae'r ddau riant yn cymryd eu tro i ddeor yr wyau. Mae'r cywion yn deor ar ôl tua 18 diwrnod ac yn dibynnu ar eu rhieni am fwyd ac amddiffyniad am rai wythnosau.

Cadwraeth

Nid yw brain yn cael eu hystyried dan fygythiad neu dan fygythiad, ac mewn gwirionedd maent yn eithaf hyblyg ac yn doreithiog mewn llawer o ardaloedd. Fodd bynnag, weithiau gallant gael eu hystyried yn niwsans neu bla gan fodau dynol, yn enwedig pan fyddant yn achosi difrod i gnydau neu eiddo. Mae rhai pobl hefyd yn hela brain ar gyfer chwaraeon neu fel ffurf o reoli plâu. Mae'n bwysig rheoli rhyngweithiadau dynol-frân mewn ffordd sydd o fudd i'r ddau rywogaeth ac yn lleihau niwed.

I gloi, mae brain yn grŵp hynod ddeallus a hyblyg o adar, sydd i'w cael ledled y byd. Maent yn adnabyddus am eu galwadau cawing uchel, ymddygiad cymdeithasol, a diet hollysol. Mae brain wedi bod yn rhan o ddiwylliant dynol a mytholeg ers miloedd o flynyddoedd, ac yn aml yn gysylltiedig â deallusrwydd a chyfrwystra. Er nad yw'n cael ei ystyried dan fygythiad neu dan fygythiad, mae'n bwysig rheoli rhyngweithiadau dynol-frân mewn ffordd sydd o fudd i'r ddau rywogaeth ac yn lleihau niwed. Mae brain yn rhan bwysig o lawer o ecosystemau, ac mae eu deallusrwydd a'u gallu i addasu yn eu gwneud yn bwnc astudio hynod ddiddorol a phwysig.

39. Dodo

Roedd y dodo yn aderyn heb ehediad a fu unwaith yn byw ar ynys Mauritius yng Nghefnfor India. Mae'n un o'r rhywogaethau diflanedig enwocaf, sy'n adnabyddus am ei ymddangosiad unigryw a'i hanes trasig.

Tarddiad

Credir bod y dodo wedi esblygu ar Mauritius, ynys a oedd wedi'i hynysu oddi wrth dirfasau eraill am filiynau o flynyddoedd. Mae'r ffosilau dodo hynaf y gwyddys amdanynt yn dyddio'n ôl i tua 4,000 o flynyddoedd yn ôl, a chredir i'r aderyn ddiflannu rywbryd ar ddiwedd yr 17eg ganrif. Ni ddeellir union achosion difodiant y dodo yn llawn, ond credir ei fod yn bennaf oherwydd gweithgareddau dynol megis hela, dinistrio cynefinoedd, a chyflwyno rhywogaethau anfrodorol.

Nodweddion

Roedd y dodo yn aderyn mawr heb hedfan, gydag uchder o tua thair troedfedd a phwysau o hyd at 50 pwys. Roedd ganddo gorff mawr, swmpus, adenydd byr, a phig bachog nodedig. Roedd plu'r dodo yn lliw llwyd-frown tywyll, ac roedd ganddo lwyth bach o blu cyrliog ar ei gynffon. Roedd y dodo hefyd yn adnabyddus am ei ben cymharol fach, a wnaeth iddo ymddangos braidd yn ddigrif ei olwg.

Ymddygiad

Roedd y dodo yn aderyn cymharol dof ac yn symud yn araf, heb lawer o ysglyfaethwyr naturiol ar ei gartref ynysig. Roedd hefyd yn hysbys am ei duedd i fod yn hawdd i bobl fynd ato, a oedd yn gallu hela'r adar heb lawer o anhawster. Llysysydd oedd y dodo, yn bwydo'n bennaf ar ffrwythau, hadau a llystyfiant arall. Credir bod diffyg ofn y dodo o bobl yn ei wneud yn arbennig o agored i or-hela a dinistrio cynefinoedd.

Cynefin

Daethpwyd o hyd i'r dodo ar ynys Mauritius yn unig, sydd wedi'i lleoli yng Nghefnfor India i'r dwyrain o Fadagascar. Roedd yr ynys yn gartref i amrywiaeth unigryw o rywogaethau planhigion ac anifeiliaid, na chafwyd hyd i lawer ohonynt yn unman arall yn y byd. Roedd y dodo yn byw yng nghoedwigoedd ac ardaloedd arfordirol yr ynys, ac roedd yn gallu goroesi ar ystod gymharol gyfyngedig o ffynonellau bwyd.

Atgynhyrchu

Nid oes llawer yn hysbys am ymddygiad atgenhedlu'r dodo, gan fod yr aderyn wedi diflannu ers sawl canrif. Fodd bynnag, credir bod y dodo yn rhywogaeth sy'n atgynhyrchu'n gymharol araf, gyda benywod yn dodwy dim ond un neu ddau wy y flwyddyn. Dywedir bod wyau'r dodo yn eithaf mawr, gyda hyd o tua phedair modfedd.

Cadwraeth

Yn anffodus, mae'r dodo bellach wedi darfod, ac nid oes llawer y gellir ei wneud i warchod y rhywogaeth. Fodd bynnag, mae'r dodo yn parhau i fod yn symbol pwysig o'r angen i warchod a diogelu rhywogaethau sydd dan fygythiad ac mewn perygl. Roedd difodiant y dodo wedi'i achosi'n bennaf gan weithgareddau dynol fel hela a dinistrio cynefinoedd, ac mae'n gwasanaethu fel stori rybuddiol am effaith gweithredoedd dynol ar y byd naturiol.

I gloi, roedd y dodo yn aderyn unigryw a hynod ddiddorol a fu unwaith yn byw yn ynys Mauritius. Roedd yn adnabyddus am ei ymddangosiad doniol, ei ymddygiad doeth, a'i fregusrwydd i weithgareddau dynol. Mae difodiant y dodo yn ein hatgoffa o bwysigrwydd cadwraeth a gwarchod rhywogaethau sydd dan fygythiad ac mewn perygl, ac mae'n amlygu'r angen am reolaeth gyfrifol o'n hadnoddau naturiol. Tra bod y dodo bellach wedi darfod, mae ei etifeddiaeth yn parhau fel symbol pwysig o freuder ecosystemau ein planed a'r angen am stiwardiaeth gyfrifol o'n hamgylchedd.

40. Pathew

Cnofilod bach, nosol sy'n frodorol i Ewrop, Asia ac Affrica yw pathewod. Mae yna dros 20 rhywogaeth o bathewod, pob un ohonynt yn adnabyddus am eu hymddangosiad annwyl a'u hymddygiad swynol.

Tarddiad

Mae pathewod wedi bod yn bresennol yn Ewrop ers y cyfnod Miocene, tua 23 miliwn o flynyddoedd yn ôl. Mae'r ffosil hynaf o bathewod yn dyddio'n ôl i 16 miliwn o flynyddoedd yn ôl. Heddiw, mae pathewod i'w cael ledled Ewrop, Asia ac Affrica. Credir bod yr enw "pathew" yn dod o'r gair Ffrangeg "dormir," sy'n golygu "cysgu."

Nodweddion

Mae pathewod yn gnofilod bach, crwn eu cyrff gyda llygaid mawr, tywyll a chynffon trwchus. Maent yn amrywio o ran maint o ychydig fodfeddi o hyd i dros 7 modfedd, yn dibynnu ar y rhywogaeth. Mae gan y rhan fwyaf o rywogaethau pathewod ffwr meddal, trwchus sy'n amrywio o ran lliw o frown i lwyd. Mae eu traed wedi'u haddasu ar gyfer dringo, gyda chrafangau miniog a chynffon cynhensil sy'n eu helpu i afael mewn canghennau. Mae gan bathewod gyfnod gaeafgysgu nodedig, a all bara hyd at chwe mis yn dibynnu ar y rhywogaeth.

Ymddygiad

Mae pathewod yn anifeiliaid nosol, sy'n golygu eu bod yn fwyaf gweithgar yn y nos. Maent yn goed coed, sy'n golygu eu bod yn byw mewn coed ac yn ddringwyr rhagorol. Mae pathewod yn adnabyddus am eu hymddygiad annwyl, fel cyrlio i fyny i bêl a chysgu gyda'u cynffon wedi'i lapio o amgylch eu corff. Maent hefyd yn adnabyddus am eu gallu i aeafgysgu am gyfnodau hir o amser, sy'n caniatáu iddynt arbed ynni yn ystod cyfnodau o brinder bwyd.

Cynefin

Mae pathewod i'w cael mewn amrywiaeth o gynefinoedd, gan gynnwys coedwigoedd, coetiroedd a phrysgdir. Fe'u canfyddir amlaf mewn ardaloedd â llawer o lystyfiant, fel coedwigoedd collddail a chonifferaidd. Mae pathewod i'w cael yn aml mewn ardaloedd â llawer o gocd ffrwythau a llwyni, sy'n ffynhonnell dda o fwyd. Fc'u ccir hefyd mewn ardaloedd creigiog ac ar hyd ymylon caeau.

Atgynhyrchu

Mae pathewod yn araf i atgynhyrchu ac mae ganddynt gyfradd geni isel. Mae benywod fel arfer yn rhoi genedigaeth i un neu ddau o gywion y flwyddyn, yn dibynnu ar y rhywogaeth. Mae pathewod yn adnabyddus am eu hoes gymharol hir, gyda rhai rhywogaethau yn byw hyd at bum mlynedd yn y gwyllt.

Cadwraeth

Mae sawl rhywogaeth o bathewod dan fygythiad neu mewn perygl oherwydd colli cynefinoedd, datgoedwigo, a darnio eu cynefinoedd naturiol. Mewn rhai ardaloedd, mae pathewod hefyd yn cael eu hela am eu cig neu eu casglu fel anifeiliaid anwes. Mewn ymateb, mae nifer o raglenni cadwraeth wedi eu sefydlu i warchod a gwarchod poblogaethau pathewod, megis prosiectau adfer cynefinoedd a rhaglenni bridio mewn caethiwed.

I gloi, mae'r pathew yn anifail swynol a hynod ddiddorol sydd i'w gael ledled Ewrop, Asia ac Affrica. Mae'n adnabyddus am ei ymddangosiad annwyl, ei ymddygiad nosol, a'i gyfnod gaeafgysgu. Mae pathewod yn rhan bwysig o'u hecosystemau, gan helpu i wasgaru hadau a chynnal cynefinoedd coedwigoedd. Fodd bynnag, mae sawl rhywogaeth o bathewod dan fygythiad neu dan fygythiad oherwydd colli cynefinoedd a gweithgareddau dynol eraill. Fel y cyfryw, mae'n bwysig parhau â'r ymdrechion i warchod a diogelu'r anifeiliaid unigryw a phwysig hyn er mwyn i genedlaethau'r dyfodol eu mwynhau.

41. Dromedary

Mae'r dromedary, a elwir hefyd yn camel Arabaidd, yn famal mawr sy'n byw mewn anialwch sy'n frodorol i'r Dwyrain Canol a Gogledd Affrica. Mae'n adnabyddus am ei allu i oroesi mewn amodau anialwch garw ac mae wedi cael ei ddefnyddio gan fodau dynol ar gyfer cludiant, bwyd, a dibenion eraill ers miloedd o flynyddoedd.

Tarddiad

Credir bod y camel cromedary wedi tarddu o Benrhyn Arabia, lle mae wedi bod yn ddomestig ers miloedd o flynyddoedd. Credir y gallai dromedaries gwyllt fod wedi bodoli yn y rhanbarth mor bell yn ôl â 3 miliwn o flynyddoedd yn ôl. Defnyddiwyd dromedaries gan fasnachwyr a theithwyr i groesi anialwch helaeth y Dwyrain Canol a Gogledd Affrica, a bu iddynt chwarae rhan bwysig yn natblygiad y rhanbarthau hyn.

Nodweddion

Mamal mawr, carnog yw'r dromedary sy'n sefyll rhwng 6 a 7 troedfedd o daldra wrth yr ysgwydd ac yn pwyso rhwng 900 a 1,600 pwys. Mae ganddo goesau hir, main sy'n addas iawn ar gyfer cerdded ar dywod, a thraed mawr, padio sy'n ei helpu i afael yn y ddaear. Mae gan y cromedary dwmpath nodedig ar ei gefn, a ddefnyddir i storio braster y gellir ei ddefnyddio fel ffynhonnell egni pan fo bwyd a dŵr yn brin. Mae ei gôt yn fyr ac yn denau, ac fel arfer mae'n lliw brown golau. Mae gan y dromedary lygaid mawr, llawn mynegiant a amrannau hir, crwm sy'n amddiffyn ei lygaid rhag tywod a gwynt.

Ymddygiad

Mae dromedaries yn anifeiliaid cymdeithasol sy'n byw mewn grwpiau o'r enw buchesi. Gall buchesi amrywio o ran maint o ychydig o unigolion i rai cannoedd, yn dibynnu ar argaeledd bwyd a dŵr. Mae dromedaries wedi addasu'n dda i fywyd yn yr anialwch a gallant fynd am gyfnodau hir heb ddŵr. Maent hefyd yn gallu gwrthsefyll tymereddau eithafol, gan wrthsefyll gwres hyd at 120 gradd Fahrenheit yn ystod y dydd a thymheredd o dan y rhewbwynt yn y nos. Gall dromedaries fynd am gyfnodau hir heb fwyd, gan oroesi ar lwyni pigog a llystyfiant caled arall nad yw anifeiliaid eraill yn gallu ei fwyta.

Cynefin

Mae dromedaries i'w cael ledled anialwch y Dwyrain Canol a Gogledd Affrica, gan gynnwys mewn gwledydd fel Saudi Arabia, yr Aifft, a Moroco. Maent wedi addasu'n dda i fywyd yn yr anialwch ac yn gallu goroesi mewn amodau garw, cras lle na all anifeiliaid eraill wneud hynny. Mae dromedaries yn gallu goddef tymereddau uchel, argaeledd dŵr isel, a llystyfiant caled nad yw anifeiliaid eraill yn gallu ei fwyta.

Atgynhyrchu

Mae dromedaries yn gallu atgenhedlu yn gymharol ifanc, gyda merched yn cyrraedd aeddfedrwydd rhywiol tua 3 i 4 oed. Mae gwrywod fel arfer yn cyrraedd aeddfedrwydd rhywiol pan fyddant tua 4 i 5 oed. Y cyfnod beichiogrwydd ar gyfer dromedary benywaidd yw tua 13 mis, ac fel arfer bydd yn rhoi genedigaeth i un llo. Bydd y llo yn aros gyda'i fam am tua 1 i 2 flynedd cyn dod yn annibynnol.

Defnyddiau

Mae dromedaries wedi cael eu defnyddio gan bobl at amrywiaeth o ddibenion ers miloedd o flynyddoedd. Yn y Dwyrain Canol a Gogledd Affrica, fe'u defnyddiwyd ar gyfer cludo, cludo nwyddau a phobl ar draws yr anialwch helaeth. Maent hefyd yn cael eu defnyddio ar gyfer eu llaeth, sy'n uchel mewn braster a phrotein ac yn ffynhonnell werthfawr o faeth mewn rhanbarthau anialwch. Defnyddir dromedaries hefyd ar gyfer eu cig, sydd heb lawer o fraster a blasus, a'u crwyn, a ddefnyddir i wneud lledr.

Cadwraeth

Er nad yw dromedaries yn cael eu hystyried mewn perygl, mae eu poblogaethau dan fygythiad oherwydd colli cynefinoedd a gorbori. Mewn rhai rhanbarthau, mae dromedaries hefyd mewn perygl o gael eu hela gormod am eu cig a'u crwyn. Yn ogystal, wrth i boblogaethau dynol barhau i dyfu a thresmasu ar gynefinoedd naturiol, gall gwrthdaro ddigwydd rhwng dromedaries a bodau dynol. Er enghraifft, mewn rhai ardaloedd, gall dromedaries gael eu gweld fel niwsans i ffermwyr, a allai eu lladd er mwyn gwarchod eu cnydau.

Mae ymdrechion ar y gweill i helpu i amddiffyn dromedaries a sicrhau eu bod yn goroesi yn y gwyllt. Un dull yw hyrwyddo arferion pori cynaliadwy, a all helpu i atal gorbori a diogelu cynefinoedd naturiol. Dull arall yw sefydlu ardaloedd gwarchodedig lle gall dromedaries fyw a bridio heb ymyrraeth gan bobl.

I gloi, mae'r dromedary yn anifail hynod ddiddorol ac unigryw sydd wedi'i addasu'n dda i fywyd yn amgylcheddau anialwch garw y Dwyrain Canol a Gogledd Affrica. Er gwaethaf yr heriau y maent yn eu hwynebu, mae dromedaries wedi bod yn rhan bwysig o fywyd a diwylliant dynol ers miloedd o flynyddoedd, gan ddarparu cludiant, bwyd ac adnoddau gwerthfawr eraill. Wrth inni barhau i ddatblygu ac ehangu i'w cynefinoedd naturiol, mae'n bwysig inni gymryd camau i warchod dromedaries a sicrhau eu bod yn gallu ffynnu yn y gwyllt.

42. Alligator

Mae aligatoriaid yn grŵp o ymlusgiaid cigysol mawr sy'n perthyn i'r teulu Alligatoridae, sydd hefyd yn cynnwys eu perthynas agos, y caiman. Fe'u canfyddir yn nodweddiadol mewn cynefinoedd dŵr croyw fel corsydd, corsydd, ac afonydd yn ne-ddwyrain yr Unol Daleithiau, yn ogystal â rhannau o Tsieina a'r Caribî.

Nodweddion

Mae aligatoriaid yn cael eu gwahaniaethu oddi wrth eu cefndryd crocodeilaidd gan eu trwynau llydan, crwn, sy'n lletach na rhai crocodeiliaid. Mae'r siâp hwn wedi'i addasu ar gyfer malu cregyn crwbanod, sy'n rhan bwysig o'u diet. Mae gan aligatoriaid gorff cadarn, arfog a chynffon hir, bwerus a ddefnyddir i nofio a gyrru'r anifail trwy ddŵr. Mae ganddynt goesau byr, pwerus gyda thraed gweog, sy'n eu galluogi i symud yn hawdd trwy'r dŵr ac ar y tir.

Gall aligatoriaid oedolion gyrraedd hyd at 14 troedfedd a phwyso cymaint â 1,000 o bunnoedd. Mae gwrywod fel arfer yn fwy na merched. Mae eu croen wedi'i orchuddio â graddfeydd caled, esgyrnog a elwir yn sgiwtiau, sy'n eu hamddiffyn rhag anafiadau ac yn helpu i reoli tymheredd eu corff. Gellir defnyddio'r graddfeydd hyn hefyd i adnabod anifeiliaid unigol.

Mae aligatoriaid yn waed oer, sy'n golygu bod tymheredd eu corff yn cael ei reoli gan yr amgylchedd allanol. Maent yn fwyaf gweithgar yn ystod y misoedd cynhesach, ond gallant aros yn weithgar trwy gydol y flwyddyn mewn hinsoddau cynhesach. Mae aligatoriaid yn nosol yn bennaf, sy'n golygu eu bod yn fwyaf gweithgar yn y nos.

Mae aligatoriaid yn gigysyddion, ac mae eu diet yn cynnwys pysgod, crwbanod, adar a mamaliaid. Mae ganddyn nhw enau pwerus a dannedd miniog sy'n cael eu defnyddio i ddal a malu eu hysglyfaeth. Mae'n hysbys hefyd bod aligatoriaid yn llyncu creigiau a gwrthrychau bach eraill, sy'n eu helpu i dreulio eu bwyd.

Mae aligatoriaid yn anifeiliaid tiriogaethol a gallant fod yn ymosodol tuag at aligatoriaid ac anifeiliaid eraill sy'n tresmasu ar eu tiriogaeth. Gwyddys hefyd eu bod yn amddiffyn eu nythod a'u cywion yn ymosodol.

Tarddiad

Credir bod aligatoriaid wedi esblygu o hynafiad cyffredin â chaimaniaid tua 70 miliwn o flynyddoedd yn ôl, yn ystod y cyfnod Cretasaidd hwyr. Maent yn rhan o'r urdd Crocodilia, sydd hefyd yn cynnwys crocodeiliaid a garials.

Ymddangosodd cyndeidiau aligatoriaid modern am y tro cyntaf yn y cofnod ffosil tua 37 miliwn o flynyddoedd yn ôl, yn ystod yr epoc Eocene hwyr. Roedd yr aligators cynnar hyn yn fach ac yn byw yn bennaf mewn cynefinoedd dŵr croyw. Dros amser, datblygodd y rhain yn rywogaethau mwy, mwy arbenigol, rhai ohonynt wedi'u haddasu i fyw mewn amgylcheddau hallt neu hallt.

Credir bod aligatoriaid wedi tarddu o Ogledd America, gyda'r rhywogaeth aligator cyntaf yn ymddangos yn y cofnod ffosil yn yr hyn sydd bellach yn Fflorida tua 35 miliwn o flynyddoedd yn ôl. Dros amser, ymledodd alligators ledled de-ddwyrain yr Unol Daleithiau, a heddiw maent i'w cael mewn amrywiaeth o gynefinoedd dŵr croyw o Texas i Ogledd Carolina.

Mathau o Alligators

Mae dwy rywogaeth o aligator: yr aligator Americanaidd a'r aligator Tsieineaidd.

Alligator Americanaidd

Yr aligator Americanaidd (Alligator mississippiensis) yw'r mwyaf a'r dosbarthiad ehangach o'r ddwy rywogaeth. Fe'i darganfyddir ledled de-ddwyrain yr Unol Daleithiau, o Ogledd Carolina i Texas, a gellir ei ddarganfod hefyd mewn rhannau o Fecsico. Gall aligatoriaid Americanaidd dyfu hyd at 14 troedfedd o hyd a phwyso cymaint â 1,000 o bunnoedd.

Alligator Tsieineaidd

Mae'r aligator Tsieineaidd (Alligator sinensis) yn rhywogaeth lai a geir yn nwyrain Tsieina . Mae mewn perygl enbyd, gyda llai na 200 o unigolion yn aros yn y gwyllt. Gall aligatoriaid Tsieineaidd dyfu hyd at 7 troedfedd o hyd a phwyso hyd at 100 pwys.

Statws Cadwraeth

Mae'r aligator Amcricanaidd wedi'i restru fel rhywogaeth sy'n peri'r pryder lleiaf gan yr Undeb Rhyngwladol dros Gadwraeth Natur

(IUCN). Er bod poblogaethau wedi prinhau'n ddifrifol oherwydd hela a cholli cynefinoedd ar ddechrau'r 20fed ganrif, mae ymdrechion cadwraeth wedi arwain at adferiad yn niferoedd y boblogaeth. Fodd bynnag, maent yn dal i wynebu bygythiadau o golli cynefinoedd, llygredd, a hela anghyfreithlon.

Mae'r aligator Tsieineaidd, ar y llaw arall, mewn perygl difrifol oherwydd colli cynefin a diraddio, yn ogystal â hela am ei groen a'i gig. Mae ymdrechion cadwraeth yn canolbwyntio ar warchod y poblogaethau gwyllt sy'n weddill a bridio'r rhywogaeth mewn caethiwed i'w hailgyflwyno i'r gwyllt.

Yn yr Unol Daleithiau, mae aligatoriaid yn cael eu diogelu o dan y Ddeddf Rhywogaethau Mewn Perygl a chyfreithiau gwladwriaethol amrywiol, sy'n rheoleiddio hela a masnachu mewn cynhyrchion aligator. Caniateir hela aligatoriaid dan reolaeth mewn rhai taleithiau fel modd o reoli poblogaeth ac i ddarparu ffynhonnell gynaliadwy o gig a chrwyn aligator.

Rhyngweithio â Bodau Dynol

Mae aligators wedi cael eu hofni a'u parchu ers amser maith gan fodau dynol. Mewn llawer o ddiwylliannau brodorol, mae aligatoriaid yn cael eu hystyried yn anifeiliaid cysegredig ac yn gysylltiedig â straeon creu a chredoau crefyddol. Yn y cyfnod modern, mae aligatoriaid yn atyniad poblogaidd i dwristiaid, gyda llawer o ffermydd a pharciau aligatoriaid yn cynnig cyfle i ymwelwyr weld a hyd yn oed dal aligatoriaid babanod.

Fodd bynnag, gall aligators hefyd fod yn beryglus i bobl, yn enwedig os ydynt yn teimlo dan fygythiad neu os yw bodau dynol yn tresmasu ar eu tiriogaeth. Mae ymosodiadau ar bobl yn gymharol brin, ond maent yn digwydd, yn enwedig mewn ardaloedd lle mae bodau dynol ac aligatoriaid yn rhannu'r un cynefin. Mae'n bwysig i bobl gymryd rhagofalon wrth fyw neu ymweld ag ardaloedd lle mae aligators yn bresennol, megis cadw draw o ymyl y dŵr a pheidio â bwydo neu fynd at aligators.

I gloi, mae aligators yn anifeiliaid hynod ddiddorol a phwysig sy'n chwarae rhan bwysig yn eu hecosystemau. Fel prif ysglyfaethwyr, maent yn helpu i reoleiddio poblogaethau o rywogaethau ysglyfaethus, ac mae eu presenoldeb mewn gwlyptiroedd ac afonydd yn helpu i gynnal ecosystemau iach. Fodd bynnag, mae alligators hefyd yn wynebu bygythiadau o golli cynefinoedd, llygredd, a hela, ac mae angen ymdrechion cadwraeth i sicrhau eu bod yn goroesi. Trwy ddeall a pharchu'r anifeiliaid anhygoel hyn, gallwn weithio tuag at ddyfodol lle gall aligatoriaid ffynnu yn y gwyllt.

43. Antilion

Pryfetach bach sy'n perthyn i'r teulu Myrmeleontidae yw'r morgrug, sy'n rhan o'r urdd Neuroptera . Fe'u henwir am eu hymddygiad rheibus, gan eu bod yn bennaf yn bwydo ar forgrug a phryfed bach eraill.

Nodweddion

Mae morgrug yn bryfed bach, fel arfer yn mesur rhwng 1 a 2 fodfedd o hyd. Mae ganddynt gorff main, hirgul ac adenydd mawr, llydan gyda gwythiennau cywrain. Mae'r adenydd yn cael eu dal yn fertigol dros y corff pan fydd yr anlion yn ddisymud, gan roi silwét nodedig iddo.

Mae'n haws adnabod morgrug gan eu larfa nodedig, a elwir yn "doodlebugs." Pryfetach bach, gwastad sy'n byw mewn pridd tywodlyd neu lychlyd yw Doodlebugs, lle maent yn adeiladu pyllau siâp côn trwy gloddio gyda'u mandibles. Mae'r pyllau fel arfer rhwng 1 a 3 modfedd mewn diamedr, gyda waliau serth a gwaelod llyfn, gwastad. Mae'r doodlebug yn claddu ei hun yng ngwaelod y pwll, gan aros i ysglyfaeth ddisgyn i mewn.

Pan fydd morgrugyn neu bryfyn bach arall yn syrthio i'r pwll, mae'r doodlebug yn defnyddio ei enau pwerus i gydio yn yr ysglyfaeth a'i dynnu o dan y tywod i'w fwyta. Mae'r pwll yn gweithredu fel trap, gan ganiatáu i'r antlion ddal ysglyfaeth heb wario llawer o egni. Mae morgrug yn ysglyfaethwyr ffyrnig a gallant fwyta nifer fawr o forgrug a phryfed eraill bob dydd.

Nid yw cyrn glas llawndwf mor adnabyddus â'u larfa, gan eu bod yn actif yn y nos yn bennaf ac nid ydynt i'w gweld yn aml. Maent fel arfer yn frown neu'n llwyd eu lliw ac mae ganddynt adenydd mawr, amlwg sy'n eu galluogi i hedfan. Mae cyrn oedolion yn bwydo ar neithdar a sudd planhigion eraill ac nid ydynt yn dal ysglyfaeth fel eu larfa.

Tarddiad

Mae'r morgrug yn grŵp hynafol iawn o bryfed, gyda ffosilau'n dyddio'n ôl dros 150 miliwn o flynyddoedd. Ymddangosodd yr anliynau cyntaf yn ystod y cyfnod Jwrasig, ac mae eu cynllun corff sylfaenol wedi aros yn gymharol ddigyfnewid ers hynny. Ceir morgrug lledled y byd, er eu bod yn fwyaf amrywiol yn y trofannau.

Mathau o Antlions

Mae yna dros 2,000 o rywogaethau o elynion, sydd wedi'u rhannu'n ddau is-deulu: Myrmeleontinae a Nemoleontinae.

Myrmeleontinae

Mae is-deulu Myrmeleontinae yn cynnwys y mwyafrif o rywogaethau antlion, gan gynnwys yr antlion cyffredin Gogledd America (Myrmeleon immaculatus) a'r antlion Ewropeaidd (Euroleon nostras). Yn nodweddiadol, canfyddir antlions Myrmeleontinae mewn cynefinoedd tywodlyd neu sych ac maent yn adeiladu pyllau siâp côn i ddal ysglyfaeth.

Nemoleontinae

Mae is-deulu Nemoleontinae yn cynnwys nifer llai o rywogaethau, sydd i'w cael yn bennaf mewn cynefinoedd llaith neu goediog. Nid yw cyrn Nemoleontinae yn adeiladu pyllau fel antlion Myrmeleontinae ond yn hytrach yn defnyddio eu safnau i ddal ysglyfaeth.

Statws Cadwraeth

Nid yw morgrug yn cael eu hystyried dan fygythiad nac mewn perygl, ac mae eu poblogaethau yn sefydlog ar y cyfan. Fodd bynnag, gallant gael eu heffeithio gan ddinistrio cynefinoedd a ffactorau amgylcheddol eraill, yn ogystal â'r defnydd o blaladdwyr a chemegau eraill a allai leihau eu ffynonellau bwyd.

Rhyngweithio â Bodau Dynol

Nid yw morgrug fel arfer yn cael eu hystyried yn bla neu'n fygythiad i bobl, er y gall eu larfâu achosi problemau o bryd i'w gilydd trwy greu pyllau mewn ardaloedd lle mae pobl yn cerdded neu'n chwarae. Fodd bynnag, mae cyrn yn ysglyfaethwyr pwysig sy'n helpu i reoli poblogaethau o forgrug a phryfed bach eraill, a gall eu presenoldeb fod yn arwydd o ecosystem iach.

Mewn rhai diwylliannau, mae antlions wedi bod yn gysylltiedig â chredoau ac ofergoelion amrywiol. Yn rhanbarth Môr y Canoldir, credid ar un adeg mai ysbrydion pobl farw oedd yr anliynau, a gwelwyd eu pyllau fel mynedfeydd i'r isfyd. Mewn rhannau o Affrica, mae antlions yn gysylltiedig â glaw a chredir eu bod yn dod allan o'r ddaear cyn storm law. Yn Japan, mae antlions yn cael eu hystyried yn symbolau o ddyfalbarhad ac fe'u defnyddir weithiau mewn delweddaeth crefft ymladd.

Weithiau cedwir larfa antlion ac oedolion fel anifeiliaid anwes, er bod angen cynefin a diet penodol arnynt er mwyn ffynnu. Weithiau defnyddir larfâu morgrug mewn lleoliadau addysgol i addysgu plant am ymddygiad pryfed ac ecoleg.

I gloi, mae morgrug yn bryfed hynod ddiddorol gydag ymddygiad rheibus unigryw. Mae eu pyllau nodedig a'u genau pwerus yn eu gwneud yn addas iawn ar gyfer dal a bwyta eu hysglyfaeth, a gall eu presenoldeb helpu i reoli poblogaethau o forgrug a phryfed bach eraill. Er nad ydyn nhw fel arfer yn cael eu hystyried yn blâu neu'n fygythiadau i bobl, mae anliynau yn chwarae rhan bwysig yn yr ecosystem ac yn rhan bwysig o lawer o ddiwylliannau a thraddodiadau ledled y byd.

44. Eryr Moel

Aderyn ysglyfaethus a geir yng Ngogledd America yw'r eryr moel, a elwir hefyd yn eryr America. Gyda'i blu pen a chynffon gwyn nodedig, mae'r eryr moel yn un o symbolau mwyaf adnabyddus ac eiconig Unol Daleithiau America.

Nodweddion

Mae eryrod moel yn adar mawr, gyda lled adenydd a all gyrraedd hyd at 7 troedfedd (2.1 metr). Maent fel arfer rhwng 2 a 3 troedfedd (0.6 i 0.9 metr) o hyd a gallant bwyso rhwng 6 a 14 pwys (2.7 i 6.4 cilogram). Mae eryr moel benywaidd yn gyffredinol yn fwy na gwrywod.

Mae gan eryrod moel blu brown tywyll ar eu cyrff a'u hadenydd, gyda phen a chynffon gwyn. Mae eu pigau yn fawr ac yn fachog, a'u crechfeydd yn bwerus a miniog. Mae gan eryrod moel olwg ardderchog a gallant weld ysglyfaeth o bellter mawr, hyd yn oed pan fyddant yn esgyn ar dir uchel.

Mae eryrod moel yn bwyta pysgod yn bennaf, er y byddant hefyd yn bwydo ar adar, mamaliaid a chors. Maen nhw'n hela trwy ddisgyn i lawr o'r awyr a chydio yn ysglyfaeth gyda'u crechfilod. Mae eryrod moel yn adnabyddus am eu galluoedd hedfan trawiadol, a gallant gyrraedd cyflymder o hyd at 40 milltir (64 cilometr) yr awr wrth hela.

Tarddiad

Mae'r eryr moel yn frodorol i Ogledd America ac wedi bod yn symbol pwysig yn niwylliant America ers canrifoedd. Fe'i dynodwyd yn arwyddlun cenedlaethol yr Unol Daleithiau ym 1782.

Yn hanesyddol, darganfuwyd eryrod moel ledled Gogledd America, o Alaska a Chanada i Fecsico. Fodd bynnag, gostyngodd eu poblogaethau yn sylweddol yng nghanol yr 20fed ganrif oherwydd colli cynefinoedd, hela, a'r defnydd o blaladdwyr fel DDT, a achosodd i'r adar ddodwy wyau gyda chregyn tenau a dorrodd cyn deor. Ym 1967, rhestrwyd yr eryr moel fel un sydd mewn perygl o dan y Ddeddf Rhywogaethau Mewn Perygl, a dechreuodd ei phoblogaeth adfer ar ôl i ddefnyddio DDT gael ei wahardd yn y 1970au.

Heddiw, nid yw'r eryr moel bellach wedi'i restru fel un sydd mewn perygl, ond mae'n dal i gael ei warchod o dan Ddeddf Gwarchod yr Eryr Moel ac Euraidd a'r Ddeddf Cytundeb Adar Mudol.

Cynefin

Mae eryrod moel i'w cael mewn amrywiaeth o gynefinoedd, gan gynnwys coedwigoedd, gwlyptiroedd, ac ar hyd arfordiroedd. Fe'u canfyddir yn nodweddiadol ger cyrff dŵr fel llynnoedd, afonydd ac aberoedd, lle gallant hela am bysgod ac ysglyfaeth arall.

Mae eryrod moel yn adnabyddus am eu harferion nythu, a byddant yn aml yn adeiladu nythod mawr mewn coed uchel neu ar glogwyni ger dŵr. Gall y nythod hyn, a elwir yn eyries, gyrraedd hyd at 10 troedfedd (3 metr) mewn diamedr a gallant bwyso cymaint â 2,000 o bunnoedd (907 cilogram).

Bridio ac Ymddygiad

Mae eryr moel fel arfer yn paru am oes a byddant yn dychwelyd i'r un safle nythu flwyddyn ar ôl blwyddyn. Maent yn cyrraedd aeddfedrwydd rhywiol pan fyddant tua 4 i 5 oed, a byddant yn aml yn cymryd rhan mewn arddangosiadau carwriaeth gywrain sy'n cynnwys esgyn drwy'r awyr a lleisiau.

Mae eryr moel benywaidd yn dodwy 1 i 3 wy y flwyddyn, sy'n cael eu deor am tua 35 diwrnod. Mae'r ddau riant yn cymryd eu tro i ddeor yr wyau a bwydo'r cywion ar ôl iddynt ddeor. Mae eryrod moel yn adnabyddus am eu hoes hir, gyda rhai unigolion yn byw hyd at 30 mlynedd yn y gwyllt.

Statws Cadwraeth

Er nad yw'r eryr moel bellach wedi'i restru fel un sydd mewn perygl, mae ei boblogaethau yn dal i wynebu nifer o fygythiadau. Mae colli cynefinoedd, llygredd, a newid yn yr hinsawdd i gyd yn peri risgiau i boblogaethau eryrod moel, yn ogystal â gweithgareddau dynol fel hela a dinistrio nythod. Fodd bynnag, mae ymdrechion cadwraeth fel adfer cynefinoedd, bridio mewn caethiwed, a gorfodi deddfau amddiffynnol wedi helpu i gynyddu poblogaeth yr eryr moel yn y degawdau diwethaf.

Rhyngweithio â Bodau Dynol

Mae eryrod moel wedi bod yn symbol pwysig yn niwylliant America ers canrifoedd, a defnyddir eu delwedd ar bopeth o ddarnau arian i forloi'r llywodraeth. Maent hefyd yn bwnc poblogaidd ar gyfer ffotograffiaeth bywyd gwyllt ac arsylwi, ac mae llawer o bobl yn teithio i ardaloedd lle mae eryrod moel yn hysbys i nythu er mwyn eu gweld yn y gwyllt.

Mae eryrod moel hefyd wedi cael effaith sylweddol ar hanes dynolryw. Roedd diwylliannau brodorol America yn gweld yr adar fel symbolau o gryfder a rhyddid, ac roedd rhai llwythau hyd yn oed yn defnyddio plu eryr yn eu seremonïau crefyddol. Yn y 18fed a'r 19eg ganrif, roedd eryrod moel yn cael eu hela am eu plu a'u defnyddio yn y diwydiant ffasiwn.

Heddiw, mae eryrod moel yn cael eu hamddiffyn o dan nifer o gyfreithiau a rheoliadau, ac mae'n anghyfreithlon eu hela neu eu niweidio mewn unrhyw ffordd. Mae'r adar yn parhau i fod yn symbol o falchder cenedlaethol ac yn rhan bwysig o dreftadaeth naturiol America. I gloi, mae'r eryr moel yn aderyn ysglyfaethus godidog sy'n symbol pwysig o ddiwylliant a hanes America. Gyda'i ben gwyn nodedig a'i alluoedd hedfan pwerus, mae'r eryr moel yn heliwr aruthrol ac yn olygfa drawiadol. Er bod ei phoblogaethau dan fygythiad ar un adeg, mae ymdrechion cadwraeth wedi helpu i gynyddu niferoedd yr adar a sicrhau ei fod yn parhau i fod yn rhan annwyl o dreftadaeth naturiol America am genedlaethau i ddod.

45. Gwenynen

Math o bryfyn hedegog yw'r wenynen sy'n adnabyddus am ei rôl yn peillio planhigion a chynhyrchu mêl. Mae gwenyn i'w cael ledled y byd, ac mae dros 20,000 o rywogaethau hysbys o wenyn, sy'n eu gwneud yn un o'r grwpiau mwyaf amrywiol o bryfed ar y blaned.

Nodweddion

Mae gwenyn yn bryfed bach, fel arfer yn mesur rhwng 0.1 ac 1 modfedd (3 i 25 milimetr) o hyd. Mae ganddynt siâp corff nodedig, gyda phen, thoracs, ac abdomen. Mae gan wenyn ddau bâr o adenydd a chwe choes, sydd wedi'u gorchuddio â blew mân sy'n eu helpu i gasglu paill o flodau.

Un o nodweddion mwyaf nodedig gwenyn yw eu gallu i bigo. Mae gan y rhan fwyaf o wenyn stinger bigog a ddefnyddir i amddiffyn, ac a all achosi poen a chwyddo mewn pobl. Fodd bynnag, dim ond gwenyn benywaidd sydd â stingers, ac fel arfer dim ond pan fyddant yn teimlo dan fygythiad neu'n amddiffyn eu cwch gwenyn y byddant yn eu defnyddio.

Mae gwenyn hefyd yn adnabyddus am eu strwythurau cymdeithasol hynod drefnus. Mae'r rhan fwyaf o rywogaethau o wenyn yn byw mewn cytrefi, sy'n cael eu harwain gan frenhines wenynen ac sy'n cynnwys cannoedd neu hyd yn oed filoedd o wenyn gweithwyr. Mae gan bob gwenynen yn y nythfa rôl benodol, gyda gwenyn gweithwyr yn gyfrifol am chwilota am fwyd, adeiladu a chynnal y cwch gwenyn, a gofalu am yr ifanc.

Tarddiad

Mae gwenyn wedi bod o gwmpas ers miliynau o flynyddoedd, ac nid yw eu hunion darddiad yn hysbys. Mae cofnodion ffosil yn dangos bod gwenyn wedi bod ar y Ddaear ers o leiaf 100 miliwn o flynyddoedd, ac mae rhai arbenigwyr yn credu y gallent fod wedi esblygu o wenyn meirch neu bryfed tebyg eraill.

Mae gwenyn i'w cael ar bob cyfandir ac eithrio'r Antarctica, ac maent wedi chwarae rhan bwysig mewn llawer o wahanol ddiwylliannau trwy gydol hanes. Yn yr hen Aifft, roedd gwenyn yn cael eu hystyried yn symbolau o freindal ac yn cael eu defnyddio i wneud mêl a chŵyr gwenyn ar gyfer canhwyllau a chynhyrchion eraill. Ym mytholeg Hindŵaidd, mae gwenyn yn gysylltiedig â duw cariad ac awydd, a chredir bod ganddynt bwerau hudol.

Cynefin

Mae gwenyn i'w cael mewn amrywiaeth eang o gynefinoedd, o goedwigoedd a dolydd i anialwch a dinasoedd. Maent yn arbennig o ddeniadol i ardaloedd sydd â llawer o flodau a phlanhigion blodeuol eraill, sy'n rhoi'r neithdar a'r paill sydd eu hangen arnynt i oroesi.

Mae'r rhan fwyaf o rywogaethau o wenyn yn byw mewn cytrefi, sydd i'w cael yn nodweddiadol mewn coed gwag, holltau creigiau, neu ardaloedd gwarchodedig eraill. Bydd rhai rhywogaethau o wenyn, fel cacwn, hefyd yn nythu yn y ddaear, tra bydd eraill yn adeiladu eu cychod gwenyn ar strwythurau o waith dyn fel adeiladau neu bolion ffôn.

Bridio ac Ymddygiad

Mae gwenyn yn bryfed cymdeithasol, ac mae'r rhan fwyaf o rywogaethau'n byw mewn cytrefi gyda gwenynenen frenhines a llawer o wenyn gweithwyr. Mae'r frenhines wenynen yn gyfrifol am ddodwy wyau, tra bod y gwenyn gweithiwr yn gyfrifol am gasglu bwyd, adeiladu a chynnal y cwch gwenyn, a gofalu am yr ifanc.

Mae gan wenyn benywaidd strwythurau arbenigol ar eu coesau a'u cyrff sy'n caniatáu iddynt gasglu paill a neithdar o flodau. Defnyddir paill i fwydo'r gwenyn ifanc, tra bod neithdar yn cael ei storio yn y cwch gwenyn a'i ddefnyddio i wneud mêl.

Mae gwenyn gwrywaidd, a elwir hefyd yn dronau, yn nodweddiadol yn fwy na gwenyn benywaidd ac nid oes ganddynt stingers. Eu hunig bwrpas yw paru â'r frenhines wenynen, ac wedi hynny maent yn marw.

Statws Cadwraeth

Mae gwenyn yn rhan hanfodol o ecosystem y Ddaear, ac yn chwarae rhan hanfodol wrth beillio planhigion a chynhyrchu bwyd. Fodd bynnag, mae llawer o rywogaethau o wenyn ar hyn o bryd yn wynebu bygythiadau o golli cynefinoedd, defnyddio plaladdwyr, a ffactorau eraill.

Mae rhai rhywogaethau o wenyn, fel y gacynen glytiog rhydlyd a'r wenynen wyneb melyn Hawai, wedi'u rhestru ar hyn o bryd fel rhai sydd mewn perygl o dan y Ddeddf Rhywogaethau Mewn Perygl. Mae gan ddirywiad poblogaethau gwcnyn oblygiadau difrifol ar gyfer cynhyrchu bwyd, gan fod llawer o gnydau'n dibynnu ar wenyn i'w peillio.

Mae ymdrechion ar y gweill ar hyn o bryd i warchod poblogaethau gwenyn, gan gynnwys creu cynefinoedd cyfeillgar i wenyn, lleihau'r defnydd o blaladdwyr, ac addysgu'r cyhoedd am bwysigrwydd gwenyn. Mae llawer o unigolion hefyd wedi dechrau cadw gwenyn fel ffordd o gefnogi poblogaethau gwenyn lleol ac i gynhyrchu eu mêl eu hunain.

Pwysigrwydd i'r Amgylchedd

Mae gwenyn yn beillwyr pwysig, ac yn chwarae rhan hanfodol wrth gynnal iechyd ecosystemau ledled y byd. Maen nhw'n gyfrifol am beillio ystod eang o blanhigion, gan gynnwys llawer o'r ffrwythau, llysiau, a chnau rydyn ni'n dibynnu arnyn nhw am fwyd.

Mae peillio'n digwydd pan fydd gwenyn yn trosglwyddo paill o ran gwrywaidd blodyn i'r rhan fenywaidd, sy'n caniatáu i'r planhigyn gynhyrchu hadau a ffrwythau. Heb wenyn, ni fyddai llawer o blanhigion yn gallu atgenhedlu, a fyddai â goblygiadau difrifol i iechyd ecosystemau ac ar gyfer cynhyrchu bwyd.

Mae gwenyn hefyd yn chwarae rhan bwysig wrth gynhyrchu mêl a chynhyrchion eraill a ddefnyddir gan fodau dynol. Defnyddir mêl mewn ystod eang o gynhyrchion bwyd, yn ogystal ag mewn colur a chynhyrchion gofal personol eraill. Defnyddir cwyr gwenyn hefyd mewn canhwyllau, sebonau a chynhyrchion eraill.

Bygythiadau i Wenyn

Mae gwenyn yn wynebu nifer o fygythiadau ledled y byd, gan gynnwys colli cynefinoedd, defnyddio plaladdwyr, a chlefydau. Mae newid yn yr hinsawdd hefyd yn effeithio ar boblogaethau gwenyn, oherwydd gall newidiadau mewn tymheredd a phatrymau dyodiad effeithio ar amseriad blodeuo ac argaeledd bwyd.

Plaladdwyr yw un o'r bygythiadau mwyaf i boblogaethau gwenyn. Mae llawer o blaladdwyr yn wenwynig i wenyn, a gall dod i gysylltiad â'r cemegau hyn arwain at lai o allu chwilota, llai o swyddogaeth imiwnedd, a hyd yn oed farwolaeth. Yn ogystal, mae colli cynefin oherwydd trefoli ac amaethyddiaeth wedi arwain at ostyngiad yn nifer y planhigion blodeuol sydd ar gael i wenyn fwydo arnynt.

Mae clefydau a pharasitiaid hefyd yn fygythiad mawr i boblogaethau gwenyn. Un enghraifft yw'r gwiddonyn varroa, gwiddonyn parasitig sy'n bwydo ar waed gwenyn ac sy'n gallu lledaenu afiechydon o fewn cwch gwenyn. Mae clefydau eraill sy'n effeithio ar wenyn yn cynnwys heintiau ffwngaidd a firysau.

I gloi, mae gwenyn yn rhan hanfodol o ecosystem y Ddaear, ac yn chwarae rhan hanfodol wrth beillio planhigion a chynhyrchu bwyd. Gyda'u siâp corff nodedig, strwythurau cymdeithasol hynod drefnus, a'r gallu i gynhyrchu mêl, mae gwenyn wedi swyno bodau dynol ers canrifoedd.

Fodd bynnag, mae poblogaethau gwenyn ledled y byd ar hyn o bryd yn wynebu nifer o fygythiadau, gan gynnwys colli cynefinoedd, defnyddio plaladdwyr, a chlefydau. Mae ymdrechion ar y gweill ar hyn o bryd i warchod poblogaethau gwenyn ac i godi ymwybyddiaeth o bwysigrwydd gwenyn i'n hamgylchedd a'n cyflenwad bwyd.

Wrth i ni barhau i ddysgu mwy am wenyn a'u rôl yn yr ecosystem, mae'n amlwg bod gwarchod y pryfed gwerthfawr hyn yn hanfodol ar gyfer cynnal planed iach a sicrhau goroesiad llawer o'r planhigion a'r anifeiliaid sy'n dibynnu arnynt.

46. Mamba du

Mae'r mamba du yn rhywogaeth neidr wenwynig iawn sy'n frodorol i rannau o Affrica Is-Sahara. Yn adnabyddus am ei symudiadau cyflym ac ystwyth a gwenwyn marwol, mae'r mamba du yn cael ei ystyried yn eang fel un o'r nadroedd mwyaf peryglus yn y byd.

Nodweddion Corfforol

Mae'r mamba du yn rhywogaeth gymharol fawr o neidr, gydag oedolion fel arfer yn cyrraedd hyd rhwng 2.5 a 4.5 metr (8 i 14 troedfedd) a phwysau hyd at 1.6 cilogram (3.5 pwys). Maent fel arfer yn ddu neu'n frown tywyll o ran lliw, er y gallant ymddangos weithiau fel bod ganddynt arlliw gwyrdd neu lwyd ychydig mewn amodau goleuo penodol. Mae gan y mamba du gorff hir, main a phen siâp arch nodedig sy'n lletach na'r gwddf.

Ymddygiad a Chynefin

Mae mambas du yn goed yn bennaf, sy'n golygu eu bod yn treulio'r rhan fwyaf o'u hamser mewn coed, er eu bod hefyd yn gallu symud yn gyflym ar y ddaear. Maent i'w cael mewn amrywiaeth eang o gynefinoedd, o savannas a glaswelltiroedd i frigiadau creigiog ac ymylon coedwigoedd.

Mae mambas du yn adnabyddus am eu hymddygiad ymosodol a'u symudiadau cyflym mellt. Pan fyddant dan fygythiad, byddant yn aml yn codi eu pennau'n uchel oddi ar y ddaear ac yn agor eu cegau'n llydan mewn arddangosiad o ymddygiad ymosodol. Maent hefyd yn gallu taro'n gyflym iawn, a gallant gyrraedd cyflymder o hyd at 20 cilomedr yr awr (12 milltir yr awr).

Diet ac Ysglyfaethwyr

Mae'r mamba du yn rhywogaeth gigysol, ac mae'n bwydo'n bennaf ar famaliaid bach, adar ac ymlusgiaid. Gwyddys hefyd eu bod yn bwyta nadroedd eraill, gan gynnwys eu math eu hunain. Er gwaethaf eu henw da fel ysglyfaethwyr brawychus, mae nifer o anifeiliaid eraill hefyd yn ysglyfaethu mambas du, gan gynnwys adar ysglyfaethus a chigysyddion mawr fel hienas a llewod.

Gwenwyn

Mae gwenwyn y mamba du yn wenwynig iawn ac yn cynnwys cyfuniad o niwrotocsinau a chardiotocsinau. Gall y tocsinau hyn achosi parlys, methiant anadlol, ac ataliad y galon, a gallant fod yn angheuol os na chânt eu trin. Yn ôl rhai amcangyfrifon, gall gwenwyn mamba du unigol ladd rhwng 10 a 25 o oedolion.

Gellir teimlo effeithiau gwenwyn mamba du o fewn munudau i frathiad, gyda symptomau'n cynnwys cur pen, cyfog, chwydu, a thrallod anadlol. Os na chaiff ei drin, gall y gwenwyn arwain yn gyflym at fethiant anadlol a marwolaeth.

Tarddiad a Dosbarthiad

Mae'r mamba du yn frodorol i rannau o Affrica Is-Sahara, gan gynnwys gwledydd fel Angola, Botswana, Mozambique, Namibia, a Zimbabwe. Maent hefyd i'w cael mewn rhai rhannau o dde a dwyrain Affrica, gan gynnwys De Affrica a Tanzania.

Statws Cadwraeth

Er gwaethaf ei henw da fel neidr beryglus ac ymosodol, nid yw'r mamba du yn cael ei ystyried yn rhywogaeth dan fygythiad. Fodd bynnag, fel llawer o rywogaethau nadroedd eraill, maent yn cael eu bygwth gan golli cynefinoedd, darnio a diraddio. Yn ogystal, maent yn aml yn cael eu lladd gan bobl oherwydd ofn neu oherwydd eu crwyn a'u cig.

I gloi, mae'r mamba du yn rhywogaeth neidr wenwynig a pheryglus iawn sy'n frodorol i Affrica Is-Sahara. Gyda'i symudiadau cyflym fel mellten a'i ymddygiad ymosodol, mae wedi ennill enw da fel un o nadroedd mwyaf brawychus y byd. Er nad ydynt yn cael eu hystyried yn rhywogaeth dan fygythiad, mae mambas du yn aml yn cael eu lladd gan bobl oherwydd ofn neu oherwydd eu crwyn a'u cig. Er gwaethaf eu henw da fel ysglyfaethwr marwol, mae mambas du yn chwarae rhan bwysig yn eu hecosystemau ac maent yn rhywogaeth hynod ddiddorol i'w hastudio a'i harsylwi.

47. Morfil glas

Y Morfil Glas yw'r anifail mwyaf ar y ddaear, ac mae hefyd yn un o'r creaduriaid mwyaf diddorol sy'n byw yn y cefnforoedd. Mae'r mamaliaid morol godidog hyn yn adnabyddus am eu maint enfawr, eu lleisiau unigryw, a'u mudo trawiadol.

Nodweddion Corfforol

Mae'r Morfil Glas yn famal morol enfawr, gydag oedolion yn cyrraedd hyd at 100 troedfedd (30 metr) a phwysau o hyd at 200 tunnell (181 tunnell fetrig). Mae ganddyn nhw gorff hir, llyfn sy'n llwydlas-las ei liw, gydag arlliwiau ysgafnach ar eu hochr isaf. Mae eu croen wedi'i orchuddio â phatrwm o lympiau bach o'r enw cloron, sy'n darparu arwynebedd ar gyfer gosod cregyn llong ac organebau morol eraill.

Mae gan Forfilod Glas ben llydan, gwastad nodedig sy'n cynnwys bron i draean o hyd eu corff. Mae ganddyn nhw asgell ddorsal fach ger diwedd eu corff, ac yna cyfres o gefnennau sy'n ymestyn at eu llyngyren neu eu cynffon. Mae llyngyr y Morfilod Glas yn llydan iawn ac â rhicyn dwfn, gyda lliw du neu lwyd tywyll.

Ymddygiad a Chynefin

Mae Morfilod Glas i'w cael yn holl gefnforoedd y byd, o'r cyhydedd i'r rhanbarthau pegynol. Mae'n well ganddynt ddyfroedd alltraeth dwfn, lle gallant ddod o hyd i grynodiadau mawr o krill, sef eu prif ffynhonnell bwyd. Mae Morfilod Glas yn fudol, ac maen nhw'n teithio'n bell i chwilio am fwyd a ffrindiau.

Mae'r creaduriaid godidog hyn yn adnabyddus am eu lleisiau unigryw, y gellir eu clywed am gannoedd o filltiroedd o dan y dŵr. Mae Male Blue Whales yn cynhyrchu cyfres o ganeuon tra isel y credir eu bod yn cael eu defnyddio i ddenu ffrindiau neu sefydlu tiriogaeth. Mae'r caneuon hyn yn aml yn gymhleth iawn a gallant bara am oriau ar y tro.

Diet ac Ysglyfaethwyr

Mae Morfilod Glas yn borthwyr hidlo, sy'n golygu eu bod yn bwyta llawer iawn o organebau bach, fel crill a physgod bach. Mae ganddynt fecanwaith bwydo hynod arbenigol sy'n golygu agor eu cegau'n llydan a chymryd llawer iawn o ddŵr i mewn, y maent wedyn yn ei hidlo trwy resi o blatiau byrnau yn eu cegau. Mae'r platiau hyn yn gweithredu fel rhidyll, gan ddal y crill ac organebau bach eraill tra'n caniatáu i'r dŵr ddianc.

Ychydig iawn o ysglyfaethwyr naturiol sydd gan Forfilod Glas, oherwydd eu maint enfawr. Fodd bynnag, efallai y bydd siarcod mawr a morfilod lladd, yn enwedig unigolion ifanc neu sâl, yn ysglyfaethu arnynt. Mae bodau dynol hefyd yn fygythiad sylweddol i Forfilod Glas, yn bennaf trwy hela ac effeithiau gweithgareddau dynol ar eu cynefinoedd.

Tarddiad a Dosbarthiad

Credir bod Morfilod Glas wedi esblygu tua 30 miliwn o flynyddoedd yn ôl, yn ystod y cyfnod Eocene hwyr. Maen nhw'n rhan o'r teulu Balaenopteridae, sy'n cynnwys morfilod baleen mawr eraill fel y Morfil Cefngrwm a'r Morfil Fin.

Mae Morfilod Glas i'w cael ym mhob un o gefnforoedd y byd, ond mae eu dosbarthiad wedi'i leihau'n fawr oherwydd gweithgareddau dynol fel hela, llygredd, a dinistrio cynefinoedd. Heddiw, mae'r poblogaethau mwyaf o Forfilod Glas i'w cael yn Hemisffer y De, mewn ardaloedd fel yr Antarctig, Cefnfor India, a dwyreiniol y Cefnfor Tawel.

Statws Cadwraeth

Rhestrir Morfilod Glas fel rhywogaeth sydd mewn perygl gan yr Undeb Rhyngwladol dros Gadwraeth Natur (IUCN), ac maent yn cael eu hamddiffyn gan nifer o gyfreithiau a rheoliadau cenedlaethol a rhyngwladol. Er gwaethaf hyn, nid yw poblogaeth y Morfil Glas wedi gwella'n llwyr eto o effaith morfila masnachol, a leihaodd eu niferoedd yn fawr yn ystod yr 20fed ganrif.

Heddiw, mae'r prif fygythiadau i Forfilod Glas yn cynnwys diraddio cynefinoedd a llygredd, yn ogystal ag effeithiau newid hinsawdd ar eu ffynonellau bwyd a phatrymau mudo. Mae ymdrechion cadwraeth ar y gweill i amddiffyn y creaduriaid godidog hyn, gan gynnwys sefydlu ardaloedd gwarchodedig a gweithredu arferion pysgota cynaliadwy.

I gloi, mae'r Morfil Glas yn un o'r creaduriaid mwyaf rhyfeddol sy'n trigo yng nghefnforoedd y byd. Mae eu maint enfawr, eu lleisiau unigryw, a'u hymddygiad cymhleth yn eu gwneud yn destun diddordeb i wyddonwyr a phobl sy'n hoff o fyd natur fel ei gilydd. Er bod eu poblogaethau wedi lleihau'n fawr oherwydd gweithgareddau dynol, mae gobaith o hyd am ddyfodol y creaduriaid godidog hyn trwy ymdrechion cadwraeth ac arferion cynaliadwy.

Mae'n hanfodol ein bod yn parhau i ddysgu am a gwerthfawrogi'r amrywiaeth rhyfeddol o fywyd ar ein planed, a gweithio gyda'n gilydd i warchod y cydbwysedd bregus o ecosystemau sy'n ein cynnal ni i gyd. Mae'r Morfil Glas yn un enghraifft yn unig o'r rhyfeddodau naturiol anhygoel sydd o'n cwmpas, a mater i ni yw sicrhau eu bod yn parhau i ffynnu am genedlaethau i ddod.

48. Budgerigar

Rhywogaeth fach a phoblogaidd o barot sy'n frodorol i Awstralia yw'r Budgerigar, a elwir hefyd yn Budgie neu Parakeet. Maent yn anifeiliaid anwes poblogaidd ledled y byd oherwydd eu personoliaethau chwareus, eu hymddangosiad deniadol, a'u gallu i ddynwared lleferydd dynol.

Nodweddion Corfforol

Mae budgerigars yn barotiaid bach, main sydd fel arfer yn mesur rhwng 6 ac 8 modfedd (15-20 cm) o hyd, ac yn pwyso rhwng 1 ac 1.5 owns (30-40 gram). Mae iddynt olwg nodedig, gyda chorff gwyrdd llachar, pen ac wyneb melyn, a marciau du a gwyn ar eu hadenydd a'u cynffon.

Mae gan y Budgerigars gwrywaidd fel arfer grawn glas (yr ardal cigog uwchben y pig), tra bod gan fenywod grawnfwyd brown. Fodd bynnag, mae llawer o amrywiadau lliw mewn Budgerigars domestig, gan gynnwys gwyn, melyn, glas a llwyd.

Ymddygiad a Chynefin

Mae budgerigars yn adar cymdeithasol sydd i'w cael yn aml mewn heidiau mawr yn y gwyllt. Maent yn weithgar yn ystod y dydd ac yn treulio llawer o'u hamser yn chwilota am fwyd ac yn chwarae gydag adar eraill. Mae Budgerigars hefyd yn adnabyddus am eu gallu i ddynwared lleferydd dynol a synau eraill, a dyna un rheswm pam eu bod yn gwneud anifeiliaid anwes poblogaidd.

Yn y gwyllt, mae Budgerigars i'w cael ledled llawer o Awstralia, ac cithrio'r rhanbarthau arfordirol a'r tu mewn cras. Maent yn byw mewn amrywiaeth o gynefinoedd, gan gynnwys glaswelltiroedd, coetiroedd a phrysgdiroedd.

Diet ac Ysglyfaethwyr

Llysysyddion yn bennaf yw budgerigars, sy'n bwydo ar ddeiet o hadau, ffrwythau a llysiau. Yn y gwyllt, maent yn bwydo ar amrywiaeth o weiriau, perlysiau a llystyfiant eraill, yn ogystal â hadau o goed a llwyni brodorol.

Mae gan Budgerigars nifer o ysglyfaethwyr yn y gwyllt, gan gynnwys nadroedd, adar ysglyfaethus, ac adar ysglyfaethus eraill. Maent hefyd yn agored i golli cynefin a darnio oherwydd gweithgareddau dynol megis clirio tir ac amaethyddiaeth.

Tarddiad a Domestig

Mae Budgerigars yn frodorol i Awstralia, lle maen nhw wedi bod yn hysbys i'r bobl frodorol ers miloedd o flynyddoedd. Gwnaed y cofnod Ewropeaidd cyntaf o'r rhywogaeth gan y Capten Cook yn ystod ei daith i Awstralia ym 1770.

Mae Budgerigars wedi cael eu cadw fel anifeiliaid anwes ers canrifoedd, a chawsant eu magu gyntaf mewn caethiwed yn gynnar yn y 19eg ganrif. Heddiw, maen nhw'n un o'r rhywogaethau adar anwes mwyaf poblogaidd yn y byd, gyda miliynau o unigolion yn cael eu cadw mewn cartrefi ac adarfeydd ledled y byd.

Bridio ac Atgynhyrchu

Mae Budgerigars yn cyrraedd aeddfedrwydd rhywiol tua 6-12 mis oed, a gallant fridio trwy gydol y flwyddyn mewn caethiwed. Maent yn unweddog, a bydd parau yn aml yn bondio am oes.

Mae Budgerigars benywaidd fel arfer yn dodwy 4-6 wy fesul cydiwr, sy'n deor ar ôl cyfnod magu o tua 18 diwrnod. Mae'r cywion yn cael eu geni'n noeth ac yn ddiymadferth, a gofelir amdanynt gan y ddau riant hyd nes y byddant yn magu yn 4-5 wythnos oed.

Statws Cadwraeth

Nid yw Budgerigars yn cael eu hystyried yn rhywogaeth dan fygythiad, ac mae eu poblogaethau yn sefydlog trwy lawer o'u hystod. Fodd bynnag, maent yn cael eu hamddiffyn gan y gyfraith yn eu gwlad frodorol Awstralia, ac mae'n anghyfreithlon i fynd â nhw o'r gwyllt neu allforio heb drwydded.

Mewn caethiwed, mae Budgerigars weithiau'n cael eu bridio oherwydd eu lliwiau a'u patrymau deniadol, gan arwain at bryderon am les yr adar a'r effaith ar eu poblogaethau gwyllt. Mae'n bwysig sicrhau bod arferion bridio yn foesegol ac nad ydynt yn niweidio iechyd a lles hirdymor yr anifeiliaid anwes annwyl hyn.

I gloi, mae'r Budgerigar yn rhywogaeth adar bach ond hynod ddiddorol sy'n annwyl i berchnogion anifeiliaid anwes ledled y byd. Mae eu personoliaethau chwareus, eu hymddangosiad deniadol, a'u gallu i ddynwared lleferydd dynol yn eu gwneud yn gymdeithion poblogaidd i bobl o bob oed.

Er bod Budgerigars yn cael eu cadw'n bennaf fel anifeiliaid anwes, maen nhw hefyd yn greaduriaid hynod ddiddorol i'w gweld yn y gwyllt. Mae eu hymddygiad, deinameg cymdeithasol, a dewisiadau cynefin yn cynnig mewnwelediad i'r ecosystemau cymhleth y maent yn byw ynddynt.

Fel gyda llawer o rywogaethau o adar ac anifeiliaid eraill, mae Budgerigars yn wynebu amrywiaeth o fygythiadau yn y gwyllt, gan gynnwys colli a darnio cynefinoedd, ysglyfaethu, a gweithgarcddau dynol fel amaethyddiaeth a chlirio tir. Mae'n bwysig ein bod yn gweithio i warchod y creaduriaid hyn a'u cynefinoedd, yn y gwyllt ac mewn caethiwed.

Yn gyffredinol, mae'r Budgerigar yn rhywogaeth unigryw a rhyfeddol sy'n parhau i ddal calonnau a dychymyg pobl ledled y byd. P'un a ydynt yn cael eu cadw fel anifeiliaid anwes neu eu hedmygu yn y gwyllt, maent yn ein hatgoffa o'r amrywiaeth anhygoel o fywyd ar ein planed a phwysigrwydd ei diogelu ar gyfer cenedlaethau'r dyfodol.

49. Glöyn byw

Mae glöynnod byw yn grŵp amrywiol o bryfed sy'n perthyn i'r urdd Lepidoptera , sydd hefyd yn cynnwys gwyfynod. Maent yn adnabyddus am eu lliwiau hardd, eu patrymau, a'u hadenydd cain, ac maent yn boblogaidd ymhlith plant ac oedolion am eu hapêl esthetig. Mae glöynnod byw yn chwarae rhan bwysig mewn ecosystemau fel peillwyr a ffynonellau bwyd ar gyfer anifeiliaid eraill.

Tarddiad a Chynefin

Mae glöynnod byw i'w cael ym mron pob rhan o'r byd, ac eithrio rhanbarthau oeraf yr Arctig a'r Antarctica. Maent yn byw mewn ystod eang o amgylcheddau, gan gynnwys coedwigoedd, dolydd, anialwch, a hyd yn oed dinasoedd. Mae'r ffosilau glöyn byw cynharaf y gwyddys amdanynt yn dyddio'n ôl i ganol y cyfnod Eocene, tua 40-50 miliwn o flynyddoedd yn ôl.

Nodweddion Corfforol

Mae gan ieir bach yr haf chwe choes, dau bâr o adenydd, a chorff main. Mae eu hadenydd wedi'u gorchuddio â graddfeydd, sy'n rhoi eu lliwiau a'u patrymau nodweddiadol iddynt. Mae'r adenydd yn aml yn lliwgar, gyda phatrymau cymhleth o smotiau, streipiau a siapiau eraill. Mae'r graddfeydd ar yr adenydd hefyd yn adlewyrchu golau mewn gwahanol ffyrdd, gan greu effaith symudliw sy'n aml yn cael ei ddisgrifio fel "gwrthrychol." Mae gan rai glöynnod byw adenydd tryloyw, sy'n cael eu cynnal gan rwydwaith o wythiennau.

Rhennir corff glöyn byw yn dair rhan: y pen, y thoracs a'r abdomen. Mae'r pen yn cynnwys y llygaid, yr antena, a rhannau'r geg. Mae gan ieir bach yr haf ddau lygad cyfansawdd mawr, sy'n cynnwys miloedd o lensys unigol sy'n caniatáu iddynt weld ystod eang o liwiau a siapiau. Mae eu hantena wedi'u gorchuddio â blew synhwyraidd sy'n eu helpu i ganfod bwyd, ffrindiau, a glöynnod byw eraill.

Ymddygiad

Mae glöynnod byw yn ddyddiol, sy'n golygu eu bod yn actif yn ystod y dydd ac yn gorffwys gyda'r nos. Maent yn waed oer ac yn dibynnu ar ffynonellau allanol o wres i reoli tymheredd eu corff. Yn aml, gellir gweld glöynnod byw yn torheulo yn yr haul, gan wasgaru eu hadenydd i amsugno cymaint o gynhesrwydd â phosibl.

Mae glöynnod byw yn adnabyddus am eu hymfudiadau pell, lle maent yn teithio cannoedd neu hyd yn oed filoedd o filltiroedd i gyrraedd eu tiroedd gaeafu. Yr enghraifft fwyaf adnabyddus o hyn yw mudo blynyddol y glöyn byw monarch yng Ngogledd America, sy'n ymestyn dros hyd at 3,000 o filltiroedd bob blwyddyn.

Deiet

Mae glöynnod byw yn bwydo ar neithdar blodau, sy'n rhoi'r egni sydd ei angen arnynt i hedfan ac atgenhedlu. Mae ganddyn nhw proboscis hir, tenau y maen nhw'n ei ddefnyddio i sugno'r neithdar o'r blodau. Yn ogystal â neithdar, mae rhai rhywogaethau o ieir bach yr haf hefyd yn bwydo ar sudd coed, ffrwythau sy'n pydru, a hyd yn oed tail anifeiliaid.

Cylch bywyd

Rhennir cylch bywyd glöyn byw yn bedwar cam: wy, larfa, chwiler ac oedolyn. Mae'r wyau fel arfer yn cael eu dodwy ar ochr isaf deilen ac yn deor ar ôl ychydig ddyddiau. Mae'r larfa, a elwir yn lindys, yn fwytawyr brwd ac yn treulio'r rhan fwyaf o'u hamser yn bwydo. Wrth iddynt dyfu, maent yn colli eu croen sawl gwaith, ac yn y pen draw yn ffurfio chwiler neu chrysalis, lle maent yn cael metamorffosis.

Y tu mewn i'r chrysalis, mae'r lindysyn yn trawsnewid yn löyn byw llawndwf. Mae'r adenydd yn fach ac wedi crychu i ddechrau, ond maen nhw'n ehangu ac yn caledu dros yr oriau nesaf. Yna mae'r glöyn byw llawndwf yn dod allan o'r chrysalis ac yn dechrau ei fywyd fel pryfyn sy'n hedfan. Gall y cylch bywyd cyfan gymryd unrhyw le o ychydig wythnosau i sawl mis, yn dibynnu ar y rhywogaeth a'r amodau amgylcheddol.

Cadwraeth

Mae glöynnod byw yn wynebu amrywiaeth o fygythiadau yn y gwyllt, gan gynnwys colli a darnio cynefinoedd, newid yn yr hinsawdd, llygredd ac ysglyfaethu. Mae llawer o rywogaethau o ieir bach yr haf hefyd dan fygythiad oherwydd y defnydd o blaladdwyr a chwynladdwyr mewn amaethyddiaeth. Yn ogystal, mae rhai rhywogaethau'n cael eu casglu ar gyfer y fasnach anifeiliaid anwes anghyfreithlon neu i'w defnyddio mewn meddyginiaethau traddodiadol.

Er mwyn amddiffyn glöynnod byw a'u cynefinoedd, mae ymdrechion cadwraeth yn cael eu gweithredu ledled y byd. Mae'r ymdrechion hyn yn cynnwys creu ardaloedd gwarchodedig, adfer cynefinoedd diraddiedig, a lleihau'r defnydd o blaladdwyr a chwynladdwyr. Yn ogystal, mae llawer o rywogaethau o loÿnnod byw yn cael eu bridio mewn caethiwed a'u rhyddhau i'r gwyllt i hybu poblogaethau.

Un enghraifft o raglen gadwraeth lwyddiannus yw adfer glöyn byw glas Xerces yng Nghalifffornia. Credwyd bod y rhywogaeth hon wedi darfod nes i boblogaeth fechan gael ei hailddarganfod yn y 1990au. Ers hynny, gwnaed ymdrechion i adfer cynefin y glöyn byw, ac mae glöynnod byw a fagwyd mewn caethiwed wedi'u rhyddhau i'r gwyllt. O ganlyniad, mae'r boblogaeth wedi cynyddu ac nid yw'r rhywogaeth bellach yn cael ei hystyried mewn perygl.

Enghraifft arall yw cadwraeth glöyn byw glas Karner yn yr Unol Daleithiau. Roedd y rhywogaeth hon yn gyffredin ar un adeg yn nwyrain yr UD, ond mae colli cynefinoedd a darnio wedi achosi i'w phoblogaeth ddirywio. Mae ymdrechion ar y gweill i adfer cynefin y glöyn byw, sy'n cynnwys plannu bysedd y blaidd, prif ffynhonnell fwyd y glöyn byw, a rheoli isdyfiant y goedwig i hybu tyfiant llus gwyllt, sy'n darparu neithdar i'r oedolion.

I gloi, mae glöynnod byw yn grŵp hynod ddiddorol a phwysig o bryfed sy'n chwarae rhan hanfodol mewn ecosystemau. Mae eu lliwiau a phatrymau hardd yn eu gwneud yn boblogaidd ymhlith pobl o bob oed, ac ni ellir gorbwysleisio eu pwysigrwydd fel peillwyr a dangosyddion iechyd ecosystemau. Fodd bynnag, mae nifer o rywogaethau o ieir bach yr haf dan fygythiad gan amrywiaeth o ffactorau amgylcheddol, ac mae angen ymdrechion cadwraeth i'w hamddiffyn nhw a'u cynefinoedd. Drwy gefnogi mentrau cadwraeth a gwneud newidiadau yn ein bywydau bob dydd i leihau ein heffaith ar yr amgylchedd, gallwn helpu i sicrhau bod glöynnod byw yn parhau i fod yn rhan bwysig o fyd natur am genedlaethau i ddod.

50. Caracal

Cathod gwyllt canolig eu maint yw caracaliaid sydd i'w cael yn Affrica, y Dwyrain Canol, a rhannau o Asia. Maent yn adnabyddus am eu clustiau copog du nodedig, y credir eu bod yn eu helpu i ddod o hyd i ysglyfaeth. Mae gan garacaliaid hanes hir o gael eu hela am eu ffwr, ac mae eu poblogaethau wedi dirywio mewn sawl ardal oherwydd colli cynefinoedd a hela.

Tarddiad

Mae caracaliaid i'w cael mewn amrywiaeth o gynefinoedd ar draws eu hystod, o safana a choetiroedd i anialwch a phrysgdiroedd. Maent yn frodorol i Affrica, y Dwyrain Canol, a rhannau o Asia, gan gynnwys India a Sri Lanka. Mae'r caracal wedi bod yn hysbys i bobl ers miloedd o flynyddoedd ac mae wedi'i ddarlunio yng nghelf a llenyddiaeth yr hen Aifft. Daw enw'r caracal o'r gair Twrcaidd "karakulak," sy'n golygu "clust ddu."

Nodweddion Corfforol

Cathod gwyllt canolig eu maint yw caracaliaid, gyda hyd pen a chorff hyd at 105 cm (41 modfedd) ac uchder ysgwydd o hyd at 50 cm (20 modfedd). Mae ganddyn nhw gôt fer, coch-frown gydag isbol wen a chlustiau tufted du nodedig. Mae'r tuswau gwallt ar eu clustiau yn hir ac yn ddu, a gallant fod hyd at 5 cm (2 fodfedd) o hyd. Credir bod y twmpathau gwallt hyn yn helpu'r caracal i ddod o hyd i ysglyfaeth trwy wella ci glyw a gweithredu fel math o guddliw.

Mae gan garacalau strwythur main, cyhyrog, gyda choesau hir a chynffon fer. Maent yn gallu neidio hyd at 3 metr (10 troedfedd) yn yr awyr o safle sefyll, gan eu gwneud yn un o'r siwmperi gorau ymhlith cathod gwyllt. Mae'r gallu hwn i neidio oherwydd coesau ôl pwerus y caracal, sy'n hirach na'i goesau blaen.

Ymddygiad

Mae caracaliaid yn anifeiliaid unig sy'n actif yn bennaf gyda'r nos. Maent yn diriogaethol a byddant yn nodi eu ffiniau ag wrin, feces, a marciau crafu ar goed. Mae caracaliaid yn hynod hyblyg a gallant oroesi mewn amrywiaeth o gynefinoedd, o anialwch i goedwigoedd.

Mae caracaliaid yn gigysyddion ac yn bwydo ar amrywiaeth o ysglyfaeth, gan gynnwys cnofilod, ysgyfarnogod, adar, ac antelopau bach. Maent yn helwyr medrus ac yn gallu tynnu ysglyfaeth sy'n llawer mwy na nhw eu hunain. Mae'n hysbys hefyd bod caracaliaid yn gallu dal adar yng nghanol yr awyr, gan ddefnyddio eu gallu i neidio i fyny a'u cipio allan o'r awyr.

Atgynhyrchu

Anifeiliaid unigol yw caracaliaid, ond byddant yn dod at ei gilydd i baru. Ar ôl cyfnod beichiogrwydd o tua 80 diwrnod, bydd y fenyw yn rhoi genedigaeth i dorllwyth o 1 i 6 cath bach. Mae'r cathod bach yn cael eu geni'n ddall ac yn ddiymadferth, a byddant yn aros gyda'u mam am hyd at flwyddyn cyn dod yn annibynnol.

Cadwraeth

Mae caracaliaid yn cael eu rhestru fel rhywogaeth sy'n peri'r pryder lleiaf gan yr Undeb Rhyngwladol dros Gadwraeth Natur (IUCN), ond mae eu poblogaethau'n prinhau mewn llawer o ardaloedd oherwydd colli cynefinoedd a hela. Mae caracaliaid yn aml yn cael eu hela am eu ffwr, sy'n werthfawr iawn mewn rhai rhannau o'r byd. Yn ogystal, mae cynefin y caracal yn cael ei ddinistrio gan weithgareddau dynol megis amaethyddiaeth a threfoli.

Er mwyn gwarchod caracals a'u cynefinoedd, mae angen ymdrechion cadwraeth. Mae'r ymdrechion hyn yn cynnwys creu ardaloedd gwarchodedig, gorfodi rheoliadau hela, a lleihau effeithiau dynol ar gynefinoedd caracal. Yn ogystal, mae angen mwy o ymchwil i ddeall poblogaethau caracal yn well a'u hymddygiad, er mwyn datblygu strategaethau cadwraeth effeithiol.

I gloi, mae caracals yn rhywogaeth cath wyllt hynod ddiddorol a phwysig sy'n chwarae rhan bwysig yn eu hecosystemau. Mae eu clustiau copog du nodedig a'u gallu neidio pwerus yn eu gwneud yn ysglyfaethwyr unigryw y gellir eu haddasu. Fodd bynnag, mae eu poblogaethau'n prinhau oherwydd colli cynefinoedd a hela, ac mae angen ymdrechion cadwraeth i'w hamddiffyn.

Wrth inni barhau i ddysgu mwy am garcaliaid a'u hymddygiad, gallwn ddatblygu gwell strategaethau cadwraeth i sicrhau eu bod yn gallu ffynnu yn y gwyllt. Drwy warchod eu cynefinoedd a rheoleiddio arferion hela, gallwn helpu i sicrhau y bydd cenedlaethau'r dyfodol yn gallu gwerthfawrogi'r cathod gwyllt rhyfeddol hyn.

51. Cath

Mae cathod yn un o'r anifeiliaid anwes mwyaf poblogaidd ac annwyl yn y byd, gyda miliynau o bobl yn rhannu eu cartrefi a'u bywydau gyda'r cymdeithion feline hyn. Fodd bynnag, nid anifeiliaid anwes ciwt a chwtsh yn unig yw cathod; maent hefyd yn anifeiliaid hynod ddiddorol gyda hanes cyfoethog a nodweddion unigryw sy'n gwneud iddynt sefyll allan oddi wrth anifeiliaid dof eraill.

Tarddiad

Mae union darddiad cathod domestig yn dal i fod yn destun dadl ymhlith gwyddonwyr, ond mae'r rhan fwyaf yn cytuno ei bod yn debygol eu bod wedi tarddu o'r Dwyrain Agos tua 10,000 o flynyddoedd yn ôl. Cefnogir hyn gan astudiaethau genetig sy'n dangos mai'r perthnasau gwyllt agosaf i gathod domestig yw cathod gwyllt o'r Dwyrain Agos.

Yn wreiddiol, cafodd cathod eu dofi oherwydd eu galluoedd hela, gan eu bod yn effeithiol wrth reoli poblogaethau cnofilod a oedd yn plagio aneddiadau dynol cynnar. Dros amser, daeth cathod yn fwy gwerthfawr am eu cwmnïaeth, ac yn y pen draw cawsant eu bridio i gael gwahanol liwiau, patrymau a nodweddion corfforol i greu'r ystod eang o fridiau cathod domestig sy'n bodoli heddiw.

Nodweddion

Mae cathod yn adnabyddus am eu nodweddion corfforol unigryw, fel eu crafangau miniog, crafangau ôl-dynadwy, cyrff hyblyg, a synhwyrau brwd. Yn nodweddiadol maent yn anifeiliaid bach i ganolig eu maint, gyda phwysau cyfartalog o 5-10 pwys, er y gall rhai bridiau fod yn llawer mwy.

Un o nodweddion mwyaf nodedig cathod yw eu crafangau ôl-dynadwy, sy'n caniatáu iddynt ymestyn a thynnu eu crafangau yn ôl yn ôl yr angen ar gyfer hela, dringo, neu hunan-amddiffyn. Mae'r gallu hwn i dynnu eu crafangau yn ôl hefyd yn helpu i'w hamddiffyn rhag gwisgo neu gael eu difrodi pan nad oes eu hangen.

Mae cathod hefyd yn adnabyddus am eu cyrff hyblyg ac ystwyth, sy'n caniatáu iddynt symud yn gyflym ac yn osgeiddig trwy amrywiaeth o amgylcheddau. Mae ganddynt strwythur asgwrn cefn a chymalau unigryw sy'n caniatáu iddynt droelli a throi mewn ffyrdd na all anifeiliaid eraill eu gwneud, gan eu gwneud yn helwyr a dringwyr rhagorol.

Nodwedd allweddol arall o gathod yw eu synhwyrau brwd, yn enwedig eu synnwyr golwg a chlyw. Mae gan gathod lygaid mawr sy'n wynebu'r dyfodol sy'n rhoi canfyddiad dyfnder rhagorol iddynt a gweledigaeth ysgafn isel, gan eu gwneud yn helwyr effeithiol mewn amgylcheddau golau gwan. Mae ganddynt hefyd glustiau sensitif iawn sy'n caniatáu iddynt godi ystod eang o synau, gan gynnwys synau traw uchel sydd y tu allan i ystod clyw dynol.

Ymddygiad

Mae cathod yn anifeiliaid deallus a hyblyg iawn, gydag ystod eang o ymddygiadau a phersonoliaethau sy'n amrywio rhwng bridiau a chathod unigol. Yn gyffredinol fe'u hystyrir yn anifeiliaid annibynnol sy'n gallu difyrru eu hunain am oriau gyda theganau neu wrthrychau syml, er eu bod hefyd yn mwynhau treulio amser gyda'u cymdeithion dynol.

Mae cathod yn helwyr naturiol, ac maent yn aml yn arddangos ymddygiadau fel stelcian, pwnio, a batio ar deganau neu wrthrychau eraill. Mae ganddynt hefyd reddf gref i grafu, sy'n helpu i gadw eu crafangau yn finiog ac yn iach. Mae llawer o gathod yn mwynhau dringo, ac yn aml gellir eu canfod yn clwydo ar arwynebau uchel fel cypyrddau llyfrau neu silffoedd.

Er gwaethaf eu henw da am annibyniaeth, mae cathod hefyd yn anifeiliaid cymdeithasol sy'n elwa o ryngweithio dynol. Maent yn aml yn ceisio sylw gan eu perchnogion, ac mae llawer o gathod yn mwynhau cael eu petio neu eu brwsio. Maent hefyd yn cyfathrebu â'u perchnogion trwy amrywiaeth o leisio, gan gynnwys meowing, purring, a hisian.

Bridiau

Mae yna ddwsinau o wahanol fridiau o gathod domestig, pob un â'i nodweddion corfforol ac ymddygiadol unigryw ei hun. Mae rhai o'r bridiau cath mwyaf poblogaidd yn cynnwys:

• Siamese: Cath o faint canolig gyda phatrwm cot nodedig a llygaid glas. Mae cathod Siamese yn adnabyddus am eu lleisiau a'u personoliaethau cariadus.

- Perseg: Cath hir-wallt gyda wyneb crwn a thrwyn byr. Mae Persiaid yn adnabyddus am eu personoliaethau tawel a thyner.
- Bengal: Cath fawr, gyhyrog gyda phatrwm cot sy'n edrych yn wyllt. Mae Bengals yn hynod weithgar a chwareus, ac maent yn aml yn mwynhau chwarae mewn dŵr.
- Maine Coon: Cath fawr, gwallt hir gyda phersonoliaeth gyfeillgar ac allblyg.
- Scottish Plyg: Cath o faint canolig gyda chlustiau unigryw wedi'u plygu. Mae Scottish Folds yn adnabyddus am eu personoliaethau melys a chariadus.
- Sphynx: Cath heb wallt gyda chroen crychlyd unigryw a chlustiau mawr. Mae cathod Sphynx yn gymdeithasol iawn ac yn awyddus i gael sylw gan eu perchnogion.
- American Shortthair: Cath o faint canolig gydag amrywiaeth eang o liwiau a phatrymau cotiau. Mae Byrheiriaid Americanaidd yn adnabyddus am eu personoliaethau hawddgar a chyfeillgar.
- Ragdoll: Cath fawr, hir-wallt gyda phersonoliaeth dyner a chariadus. Mae ragdolls yn adnabyddus am eu hosgo llipa, hamddenol pan gânt eu dal.

Iechyd: Yn gyffredinol, ystyrir cathod yn anifeiliaid iach, er y gallant fod yn agored i rai problemau iechyd megis gordewdra, clefyd deintyddol, a heintiau llwybr wrinol. Mae'n bwysig bod perchnogion cathod yn darparu diet cytbwys a maethlon i'w hanifeiliaid anwes, archwiliadau milfeddygol rheolaidd, a digon o ymarfer corff ac ysgogiad meddyliol i'w cadw'n iach ac yn hapus.

Un o'r agweddau pwysicaf ar iechyd cathod yw eu gofal deintyddol. Mae cathod yn dueddol o gael clefyd deintyddol, a all achosi amrywiaeth o broblemau iechyd os na chânt eu trin. Gall brwsio dannedd ac archwiliadau deintyddol yn rheolaidd helpu i atal clefydau deintyddol a chadw cathod yn iach.

Agwedd bwysig arall ar iechyd cathod yw eu rheolaeth pwysau. Mae gordewdra yn broblem gyffredin ymhlith cathod domestig, a gall arwain at amrywiaeth o broblemau iechyd fel diabetes, arthritis, a chlefyd y galon. Gall darparu diet cytbwys a reolir gan galorïau i gathod, ynghyd ag ymarfer corff rheolaidd, helpu i atal gordewdra a chadw cathod yn iach.

I gloi, mae cathod yn anifeiliaid hynod ddiddorol gyda hanes cyfoethog a nodweddion unigryw sy'n eu gwneud yn anifeiliaid anwes annwyl ac yn bynciau astudio diddorol. Maent yn greaduriaid hyblyg a deallus gydag ystod eang o ymddygiadau a phersonoliaethau, ac maent wedi'u bridio'n ddwsinau o wahanol fridiau gyda'u nodweddion corfforol ac ymddygiadol unigryw eu hunain.

O'u crafangau ôl-dynadwy a'u cyrff hyblyg i'w synhwyrau brwd a'u hymddygiad chwareus, mae cathod wedi esblygu i ffynnu mewn amrywiaeth o amgylcheddau ac i ffurfio bondiau agos â'u cymdeithion dynol. Trwy ddarparu gofal a sylw priodol i gathod, gall perchnogion fwynhau blynyddoedd lawer o gwmnïaeth a llawenydd gyda'r creaduriaid anhygoel hyn.

52. Anemoni

Mae anemonïau yn greaduriaid morol lliwgar sy'n perthyn i'r ffylwm Cnidaria, grŵp amrywiol o anifeiliaid sy'n cynnwys slefrod môr a chwrelau. Mae anemonïau wedi'u henwi ar ôl y blodau hardd, cain sy'n rhannu eu henw, ac fel blodau, daw anemonïau mewn amrywiaeth o liwiau a phatrymau bywiog. Mae'r creaduriaid hyn yn adnabyddus am eu hymddangosiad unigryw, eu perthynas symbiotig ag anifeiliaid morol eraill, a'u gallu i ddal a bwyta ysglyfaeth.

Tarddiad

Credir bod anemonïau wedi tarddu o'r cefnforoedd dros 500 miliwn o flynyddoedd yn ôl yn ystod y cyfnod Cambriaidd. Maent wedi esblygu dros amser i ddod yn un o'r grwpiau mwyaf amrywiol a llwyddiannus o anifeiliaid yn yr ecosystem forol. Gellir dod o hyd i anemonïau mewn cefnforoedd ledled y byd, o riffiau bas, trofannol i amgylcheddau dwfn, tywyll, dŵr oer. Maent wedi addasu i ystod eang o gynefinoedd ac amodau, ac o ganlyniad, mae dros 1,000 o rywogaethau o anemonïau hysbys.

Nodweddion

Mae anemonïau yn greaduriaid meddal sydd â siâp silindrog gyda disg gwaelodol ar un pen sy'n eu hangori i'r swbstrad, a chylch o dentaclau ar y pen arall y maent yn eu defnyddio i ddal ysglyfaeth. Mae'r tentaclau wedi'u cyfarparu â chelloedd pigo o'r enw nematocysts, a ddefnyddir i stynio ac atal ysglyfaeth rhag symud.

Daw anemonïau mewn amrywiaeth eang o liwiau, gan gynnwys pinc, coch, gwyrdd, glas, porffor a brown. Mae ganddyn nhw hefyd amrywiaeth o batrymau, gan gynnwys streipiau, smotiau a modrwyau. Gall anemonïau amrywio o ran maint o ychydig filimetrau i dros fetr mewn diamedr, yn dibynnu ar y rhywogaeth.

Un o nodweddion mwyaf nodedig anemonïau yw eu perthynas symbiotig ag anifeiliaid morol eraill. Mae gan lawer o rywogaethau o anemonïau berthynas fuddiol i'r ddwy ochr â physgod clown, sy'n byw ymhlith tentaclau'r anemoni ac yn cael eu hamddiffyn rhag ysglyfaethwyr yn gyfnewid am ddarparu sbarion bwyd a chynhyrchion gwastraff i'r anemone. Mae gan anemonïau hefyd berthynas symbiotig â chrancod, berdys, a chreaduriaid bach eraill, sy'n helpu i lanhau eu tentaclau a rhoi amddiffyniad iddynt.

Mae anemonïau hefyd yn adnabyddus am eu gallu i adfywio. Os bydd anemone yn colli tentacl, gall dyfu un newydd yn ei le. Yn yr un modd, os caiff anemoni ei dorri yn ei hanner, gall y ddau hanner atgynhyrchu'n ddau anemoni cyflawn.

Mathau o Anemonïau

Mae dros 1,000 o rywogaethau o anemonïau, ond mae rhai o'r mathau mwyaf cyffredin yn cynnwys:

1. Anemoni tip swigen: Mae'r anemone hwn i'w gael yn yr ardal Indo-Môr Tawel ac mae'n adnabyddus am ei gynghorion swmpus, tebyg i swigen ar ei tentaclau.

2. Anemone Carped Cawr: Gall yr anemone hwn dyfu hyd at fetr mewn diamedr ac fe'i darganfyddir yn rhanbarth Indo-Môr Tawel.

3. Anemone Tentacle Hir: Mae'r anemone hwn i'w gael yng ngorllewin Cefnfor yr Iwerydd ac mae'n adnabyddus am ei tentaclau hir, tenau.

4. Anemoni Roc: Mae'r anemone hwn i'w gael yn y Cefnfor Tawel ac mae'n adnabyddus am ei liwiau llachar a phatrymau.

5. Anemoni Tiwb: Mae'r anemone hwn i'w gael yn y Caribî ac mae'n adnabyddus am ei gorff siâp tiwb.

Cynefin

Mae anemonïau i'w cael mewn cefnforoedd ledled y byd, o riffiau bas, trofannol i amgylcheddau dwfn, tywyll, dŵr oer. Fe'u canfyddir amlaf mewn dyfroedd bas, lle gallant gysylltu eu hunain â chreigiau, cregyn, ac arwynebau caled eraill. Mae'n well gan anemonïau ddyfroedd cynnes, clir ac maent yn fwyaf niferus mewn rhanbarthau trofannol ac isdrofannol.

Mae anemonïau hefyd i'w cael mewn amgylcheddau dŵr dwfn, lle gallant gysylltu eu hunain â mynyddoedd tanddwr a strwythurau eraill. Mae rhai rhywogaethau o anemonïau i'w cael hyd yn oed mewn rhanbarthau pegynol, lle maen nhw wedi addasu i oroesi mewn tymheredd eithriadol o oer.

Mae anemonïau i'w cael mewn amrywiaeth o gynefinoedd, gan gynnwys riffiau creigiog, gwaelodion tywodlyd, a gwelyau morwellt. Mae rhai rhywogaethau o anemonïau i'w cael hyd yn oed mewn parthau rhynglanwol, lle maen nhw'n agored i aer yn ystod llanw isel ac mae'n rhaid iddyn nhw dynnu eu tentaclau yn ôl er mwyn osgoi sychu.

Deiet

Mae anemonïau yn greaduriaid cigysol sy'n bwydo ar amrywiaeth o ysglyfaeth, gan gynnwys pysgod bach, cramenogion a phlancton. Defnyddiant eu tentaclau i ddal eu hysglyfaeth, sydd wedyn yn cael eu hatal rhag symud gan y celloedd pigo ar y tentaclau. Yna mae'r anemone yn dod â'r ysglyfaeth i'w geg, sydd wedi'i leoli yng nghanol y tentaclau.

Mae gan anemonïau fecanwaith bwydo unigryw sy'n cynnwys treulio ac ysgarthu. Unwaith y bydd yr ysglyfaeth wedi'i fwyta, mae'r anemone yn defnyddio ei dentaclau i wthio'r rhannau anhreuladwy allan o'i geg, sydd wedyn yn cael eu diarddel fel gwastraff.

Atgynhyrchu

Mae anemonïau'n atgynhyrchu'n rhywiol ac yn anrhywiol. Mae atgenhedlu rhywiol yn golygu rhyddhau wyau a sberm i'r dŵr, sydd wedyn yn cyfuno i ffurfio larfa sydd yn y pen draw yn setlo ar y swbstrad ac yn datblygu'n anemone llawndwf.

Mae atgenhedlu anrhywiol mewn anemonïau yn cynnwys darnio, lle mae darn o gorff yr anemone yn torri i ffwrdd ac yn tyfu'n unigolyn newydd. Mae anemonïau hefyd yn gallu adfywio rhannau corff coll, gan gynnwys tentaclau a hyd yn oed eu corff cyfan.

Cadwraeth

Nid yw anemonïau'n cael eu hystyried mewn perygl ar hyn o bryd, ond mae rhai rhywogaethau dan fygythiad gan ddinistrio cynefinoedd, llygredd a gorbysgota. Cesglir anemonïau hefyd ar gyfer y fasnach acwariwm, a all gael effaith negyddol ar boblogaethau gwyllt os na chânt eu rheoli'n gynaliadwy.

I gloi, mae anemonïau yn greaduriaid hynod ddiddorol sy'n chwarae rhan bwysig yn yr ecosystem forol. Maent wedi addasu i ystod eang o gynefinoedd ac amodau, ac yn adnabyddus am eu hymddangosiad unigryw, eu perthnasoedd symbiotig, a'u gallu i ddal a bwyta ysglyfaeth. Mae anemonïau wedi bod o gwmpas ers dros 500 miliwn o flynyddoedd, a gyda dros 1,000 o rywogaethau hysbys, maen nhw'n un o'r grwpiau mwyaf amrywiol a llwyddiannus o anifeiliaid yn y cefnfor. Er nad yw anemonïau mewn perygl ar hyn o bryd, mae'n bwysig rheoli eu poblogaethau'n gynaliadwy er mwyn sicrhau eu bod yn parhau i oroesi.

53. Antelop

Mae antelopau yn grŵp o famaliaid llysysol a geir yn bennaf yn Affrica a rhannau o Asia. Maent yn adnabyddus am eu gras, ystwythder a chyflymder, gan eu gwneud yn un o'r anifeiliaid mwyaf eiconig ac annwyl yn y byd.

Nodweddion

Mae antelopau yn grŵp amrywiol o famaliaid, gyda dros 90 o rywogaethau gwahanol yn hysbys i wyddoniaeth. Er bod rhywfaint o amrywiaeth ymhlith rhywogaethau, mae sawl nodwedd sy'n gyffredin i'r rhan fwyaf o antelopau.

Corff

Yn gyffredinol, mae antelopau yn famaliaid canolig eu maint, yn amrywio o ran maint o'r dik-dik bach, sy'n pwyso ychydig bunnoedd yn unig, i'r eland enfawr, sy'n gallu pwyso hyd at 2,000 o bunnoedd. Mae gan y rhan fwyaf o antelopau gyrff main, coesau hir, a gyddfau gosgeiddig, sy'n eu galluogi i symud yn gyflym ac yn effeithlon trwy eu hamgylchedd. Maent wedi'u hadeiladu ar gyfer cyflymder ac ystwythder, gyda chyhyrau coesau pwerus a charnau hir, cul sy'n caniatáu iddynt redeg a neidio'n rhwydd.

Côt

Mae gan y rhan fwyaf o antelopau gôt fyr, llyfn sydd naill ai'n frown, yn lliw haul neu'n llwyd. Mae lliw eu cot yn amrywio yn dibynnu ar y rhywogaeth, ond fel arfer mae'n darparu cuddliw ac amddiffyniad rhag ysglyfaethwyr. Mae gan rai rhywogaethau o antelopau farciau unigryw ar eu cot, fel streipiau, smotiau, neu glytiau, a all eu helpu i ymdoddi i'w hamgylchedd.

Cyrn

Un o nodweddion mwyaf nodedig antelopau yw eu cyrn. Mae gan wrywod a benywod o'r rhan fwyaf o rywogaethau antelop gyrn, er eu bod yn amrywio o ran maint a siâp. Mewn gwrywod, mae'r cyrn yn aml yn fwy ac yn fwy addurnedig, ac fe'u defnyddir mewn brwydrau tiriogaethol ac arddangosfeydd paru. Mewn merched, mae'r cyrn yn llai ac yn fwy syml, ac fe'u defnyddir ar gyfer hunan-amddiffyn.

Deiet

Llysysyddion yw antelopau, sy'n golygu eu bod yn bwyta planhigion yn unig. Mae eu diet yn cynnwys amrywiaeth o lystyfiant, gan gynnwys gweiriau, dail a llwyni. Mae rhai rhywogaethau o antelopau yn borthwyr arbenigol, yn bwyta mathau penodol o blanhigion yn unig, tra bod gan eraill ddeiet mwy cyffredinol.

Ymddygiad

Mae antelopau yn anifeiliaid cymdeithasol sy'n byw mewn buchesi neu grwpiau bach. Mae'r grwpiau hyn fel arfer yn cynnwys merched a'u hepil, tra bod dynion yn aml yn byw ar eu pen eu hunain neu mewn grwpiau baglor bach. Yn ystod y tymor paru, bydd gwrywod yn cystadlu am fynediad i fenywod, gan gymryd rhan mewn arddangosiadau dramatig o ymddygiad ymosodol a goruchafiaeth.

Ysglyfaethwyr

Mae amrywiaeth o ysglyfaethwyr yn ysglyfaethu ar antelopau, gan gynnwys llewod, cheetahs, llewpardiaid, hienas, a chŵn gwyllt. Defnyddiant eu cyflymder a'u hystwythder i ddianc rhag ysglyfaethwyr, ond weithiau cânt eu dal a'u lladd.

Cadwraeth

Mae llawer o rywogaethau o antelopau yn cael eu bygwth gan golli cynefin, potsio a hela. Mae rhai rhywogaethau, fel y blackbuck a'r addax, wedi'u rhestru fel rhai sydd mewn perygl neu dan fygythiad difrifol gan yr Undeb Rhyngwladol dros Gadwraeth Natur (IUCN). Mae ymdrechion cadwraeth ar y gweill i warchod y rhywogaethau hyn a'u cynefinoedd.

I gloi, mae antelopau yn grŵp hynod ddiddorol a phwysig o famaliaid sy'n annwyl gan bobl ledled y byd. Maent yn adnabyddus am eu gras, ystwythder, a chyflymder, yn ogystal â'u nodweddion corfforol unigryw a'u hymddygiad cymdeithasol. Er bod llawer o rywogaethau antelop yn cael eu bygwth gan golli cynefinoedd a hela, mae ymdrechion ar y gweill i amddiffyn a gwarchod yr anifeiliaid hyn er mwyn i genedlaethau'r dyfodol eu mwynhau.

Mae'r Axolotl, a elwir hefyd yn salamander Mecsicanaidd, yn amffibiad unigryw a hynod ddiddorol sydd i'w gael yn unig yn y camlesi a'r llynnoedd dŵr croyw ger Dinas Mecsico. Mae'n un o'r amffibiaid a astudiwyd fwyaf ac a adnabyddir yn y byd, ac mae'n adnabyddus am ei allu i adfywio coesau a rhannau eraill o'r corff.

Tarddiad

Mae'r Axolotl yn frodorol i'r rhanbarth o amgylch Dinas Mecsico, lle mae wedi'i ddarganfod yn y llynnoedd a'r camlesi ers canrifoedd. Roedd yn ffynhonnell fwyd bwysig i'r Aztecs, a oedd yn bridio ac yn bwyta'r Axolotl fel danteithfwyd. Heddiw, mae'r Axolotl yn cael ei ystyried yn rhywogaeth sydd mewn perygl oherwydd colli cynefinoedd a llygredd.

Nodweddion

Mae'r Axolotl yn anifail unigryw a hynod ddiddorol sydd â nifer o nodweddion corfforol ac ymddygiadol nodedig.

Ymddangosiad

Mae gan yr Axolotl gorff hir, main sydd wedi'i orchuddio â chroen llyfn, llwydfrown. Mae ei goesau'n fyr ac yn sownd, gyda thraed gweog sy'n ei alluogi i nofio'n rhwydd. Mae ganddo ben llydan, gwastad gyda llygaid mawr, crwn sydd wedi'u lleoli ar ben ei ben. Ei nodwedd fwyaf nodedig yw'r tagellau allanol pluog o boptu ei ben, y mae'n eu defnyddio i anadlu o dan y dŵr.

Adfywio:

Un o nodweddion mwyaf rhyfeddol yr Axolotl yw ei allu i adfywio ei goesau a rhannau eraill o'r corff. Os bydd Axolotl yn colli coes, er enghraifft, gall aildyfu un newydd mewn ychydig wythnosau yn unig. Gall hefyd adfywio llinyn y cefn, y galon, a hyd yn oed rhannau o'i ymennydd. Mae gwyddonwyr yn astudio galluoedd adfywiol yr Axolotl yn y gobaith o ddatgloi cyfrinachau adfywio mewn anifeiliaid eraill, gan gynnwys bodau dynol.

Ymddygiad

Mae'r Axolotl yn anifail nosol i raddau helaeth sy'n treulio'r rhan fwyaf o'i amser yn cuddio yn y llystyfiant neu o dan greigiau yn ei gynefin dŵr croyw. Mae'n anifail unig nad yw'n cael ei weld yn aml mewn grwpiau. Mae'n bwydo ar amrywiaeth o greaduriaid dyfrol bach, gan gynnwys mwydod, pryfed, a physgod bach.

Cynefin

Dim ond yn y camlesi a'r llynnoedd dŵr croyw ger Dinas Mecsico y mae'r Axolotl, lle mae'n byw yng ngwaelodion mwdlyd, chwynus y dyfrffyrdd. Mae'n well ganddo ddŵr bas sy'n symud yn araf gyda digon o lystyfiant i'w orchuddio.

Cadwraeth

Mae'r Axolotl yn cael ei ystyried yn rhywogaeth mewn perygl oherwydd colli cynefinoedd, llygredd, a gor-gasglu ar gyfer y fasnach anifeiliaid anwes. Mae ymdrechion ar y gweill i warchod cynefin yr Axolotl a'u bridio mewn caethiwed i sicrhau eu bod yn goroesi.

I gloi, mae'r Axolotl yn amffibiad hynod ddiddorol ac unigryw sydd i'w gael yn unig yn y camlesi a'r llynnoedd dŵr croyw ger Dinas Mecsico. Mae'n adnabyddus am ei allu i adfywio ei goesau a rhannau eraill o'r corff, ac mae'n destun astudiaeth ddwys gan wyddonwyr sy'n gobeithio datgloi cyfrinachau adfywio. Er bod yr Axolotl mewn perygl ar hyn o bryd, mae ymdrechion ar y gweill i amddiffyn ei chynefin a sicrhau ei fod yn goroesi i genedlaethau'r dyfodol ei werthfawrogi a'i astudio.

Mae'r Aye-aye yn primat rhyfedd a swil sy'n frodorol i Madagascar. Mae'n adnabyddus am ei ymddangosiad unigryw, gyda'i lygaid mawr, tebyg i soser, clustiau rhy fawr, a bysedd hir, esgyrnog. Er gwaethaf ei ymddangosiad anarferol, mae'r Aye-aye yn rhywogaeth hynod ddiddorol a phwysig sy'n hanfodol i iechyd ecosystemau Madagascar.

Tarddiad

Mae'r Aye-aye yn frodorol i Fadagascar, gwlad ynys sydd wedi'i lleoli oddi ar arfordir Affrica. Credir ei fod wedi esblygu o grŵp o archesgobion a gyrhaeddodd yr ynys filiynau o flynyddoedd yn ôl. Mae'r Aye-aye yn un o'r ychydig aelodau o'r grŵp hwn sydd wedi goroesi ac fe'i hystyrir yn rhan unigryw a gwerthfawr o dreftadaeth naturiol Madagascar.

Nodweddion

Mae'r Aye-aye yn primat rhyfedd a hynod ddiddorol sydd â nifer o nodweddion corfforol ac ymddygiadol unigryw.

Ymddangosiad

Mae gwedd nodedig ar yr Aye-aye sy'n ei osod ar wahân i bob primat arall. Mae ganddo lygaid mawr, tebyg i soser, sydd wedi'u haddasu'n berffaith ar gyfer hela yn y nos. Mae ei glustiau hefyd yn rhy fawr, gan ganiatáu iddo glywed hyd yn oed y synau lleiaf yn y goedwig. Ei nodwedd fwyaf anarferol yw ei bysedd hir, esgyrnog, y mae'n eu defnyddio i dapio ar goed a gwrando am ddirgryniadau pryfed sy'n symud o dan y rhisgl.

Ymddygiad

Mae'r Aye-aye yn anifail nosol sy'n treulio'r rhan fwyaf o'i amser yn chwilota am fwyd yn y coed. Mae'n hollysydd, yn bwydo ar amrywiaeth o ffrwythau, pryfed, ac anifeiliaid bach. Un o'i ymddygiadau mwyaf diddorol yw'r defnydd o'i fysedd hir, esgyrnog i leoli a thynnu pryfed o goed. Mae'n tapio ar risgl y goeden gyda'i bysedd ac yn gwrando am sŵn pryfed yn symud o dan yr wyneb. Yna mae'n defnyddio ei flaenddannedd miniog i gnoi trwy'r rhisgl ac echdynnu'r pryfed.

Cynefin

Dim ond ar ynys Madagascar y mae'r Aye-aye, lle mae'n byw yn y coedwigoedd a'r coetiroedd. Mae'n well ganddo fyw yng nghanopi'r coed, lle mae'n ddiogel rhag ysglyfaethwyr ac mae ganddo fynediad at amrywiaeth eang o ffynonellau bwyd.

Cadwraeth

Ar hyn o bryd mae'r Aye-aye wedi'i rhestru fel rhywogaeth sydd mewn perygl, gyda phoblogaeth o ychydig filoedd o unigolion yn unig. Y prif fygythiadau i'r Aye-aye yw colli cynefinoedd a hela gan bobl. Yn ystod y blynyddoedd diwethaf, gwnaed ymdrechion i warchod cynefin yr Aye-aye ac i atal hela. Mae'r Aye-aye hefyd yn cael ei fridio mewn caethiwed er mwyn sicrhau bod y rhywogaeth yn goroesi.

I gloi, mae'r Aye-aye yn primat unigryw a hynod ddiddorol sy'n frodorol i Fadagascar. Mae'n adnabyddus am ei ymddangosiad nodedig, gyda'i lygaid mawr, ei glustiau rhy fawr, a bysedd hir, esgyrnog. Er gwaethaf ei ymddangosiad anarferol, mae'r Aye-aye yn chwarae rhan bwysig yn ecosystemau Madagascar, gan helpu i reoli poblogaethau pryfed a lledaenu hadau planhigion. Tra bod yr Aye-aye mewn perygl ar hyn o bryd, mae ymdrechion ar y gweill i warchod ei chynefin a sicrhau ei fod yn goroesi er mwyn i genedlaethau'r dyfodol ei werthfawrogi a'i astudio.

56. Tylluan wen

Mae'r Dylluan Wen (Tyto alba) yn rhywogaeth o dylluan sydd i'w chael yn y rhan fwyaf o'r byd heblaw am yr Antarctica, ac mae'n adnabyddus am ei golwg unigryw a'i sgiliau hela rhyfeddol. Mae'r enw "Barn Owl" yn deillio o'i thuedd i glwydo mewn ysguboriau, hen adeiladau, a strwythurau eraill.

Tarddiad

Mae Tylluanod Gwyn wedi'u dosbarthu'n eang ledled y byd ac i'w canfod ym mhob cyfandir ac eithrio'r Antarctica. Maent wedi esblygu dros filiynau o flynyddoedd i ddod yn ysglyfaethwr nosol llwyddiannus mewn llawer o wahanol gynefinoedd, gan gynnwys glaswelltiroedd, coetiroedd, coedwigoedd, a thirweddau amaethyddol.

Ymddangosiad

Mae Tylluanod Gwyn yn dylluanod canolig eu maint gyda lled adenydd hyd at 44 modfedd a hyd at 20 modfedd. Mae ganddyn nhw wynebau siâp calon nodedig gyda phlu gwyn ar yr wyneb a'r frest, a phlu aur-frown neu lwyd ar eu cefnau a'u hadenydd. Mae eu llygaid mawr yn wynebu ymlaen ac wedi'u hamgylchynu gan ddisgiau wyneb du, sy'n helpu i wella eu golwg a'u clyw.

Ymddygiad

Mae Tylluanod Gwyn yn helwyr nosol ac maent yn fwyaf gweithgar gyda'r wawr a'r cyfnos. Defnyddiant eu synnwyr craff o olwg a chlyw i ddod o hyd i ysglyfaeth, a all gynnwys cnofilod, mamaliaid bach, adar a phryfed. Maent yn adnabyddus am eu hediad distaw, sy'n caniatáu iddynt fynd at ysglyfaeth heb gael eu canfod. Wrth hela, maent yn dibynnu ar eu clyw eithriadol i ddod o hyd i ysglyfaeth mewn tywyllwch llwyr, a'u gweledigaeth awyddus i lyncu a'i ddal.

Cynefin

Mae Tylluanod Gwyn i'w cael mewn amrywiaeth eang o gynefinoedd, o laswelltiroedd agored a safana i goetiroedd a choedwigoedd. Mae'n well ganddyn nhw ardaloedd sydd â dwysedd uchel o ysglyfaeth, fel caeau amaethyddol, dolydd a gwlyptiroedd. Maent hefyd yn clwydo mewn hen adeiladau, ysguboriau a strwythurau eraill.

Cadwraeth

Nid yw'r Dylluan Wen yn cael ei hystyried yn rhywogaeth dan fygythiad, er bod ei phoblogaeth wedi lleihau mewn rhai ardaloedd oherwydd colli cynefinoedd, gwenwyno, a gwrthdrawiadau â cherbydau. Mae ymdrechion cadwraeth yn canolbwyntio ar warchod eu cynefin a lleihau'r defnydd o wenwyn llygod, a all gael effeithiau niweidiol ar Dylluanod Gwyn a'u hysglyfaeth.

I gloi, mae'r Dylluan Wen yn ysglyfaethwr nosol rhyfeddol sydd i'w ganfod mewn sawl rhan o'r byd. Mae ei ymddangosiad nodedig, ei hediad tawel, a'i sgiliau hela rhyfeddol yn ei gwneud yn rhywogaeth hynod ddiddorol i'w harsylwi a'i hastudio. Er nad yw'r Dylluan Wen yn cael ei hystyried yn rhywogaeth dan fygythiad, mae ymdrechion cadwraeth yn dal yn bwysig i sicrhau ei bod yn parhau i ffynnu yn ei chynefin naturiol.

Mae ystlumod yn grŵp hynod ddiddorol ac amrywiol o famaliaid, sy'n adnabyddus am eu gallu i hedfan a'u rôl hanfodol mewn peillio, gwasgaru hadau, a rheoli pryfed. Mae dros 1,400 o rywogaethau o ystlumod yn y byd, ac maen nhw i'w cael ym mron pob cynefin ar y ddaear.

Tarddiad

Credir bod ystlumod wedi esblygu o famaliaid bach sy'n bwyta pryfed tua 50 miliwn o flynyddoedd yn ôl. Ffosil ystlum hynaf y gwyddys amdano yw dant anifail tebyg i ystlum a oedd yn byw tua 50 miliwn o flynyddoedd yn ôl. Credir bod ystlumod wedi tarddu o'r trofannau ac wedi lledaenu i rannau eraill o'r byd dros amser.

Ymddangosiad

Mae ystlumod yn famaliaid bach a chanolig gydag adenydd sy'n eu galluogi i hedfan. Mae ganddyn nhw fysedd hirgul sy'n cynnal pilen yr adain, sydd wedi'i gwneud o groen ac yn ymestyn rhwng y bysedd, y fraich a'r corff. Mae rhychwant adenydd ystlumod yn amrywio yn dibynnu ar y rhywogaeth, yn amrywio o lai na 6 modfedd i dros 6 troedfedd. Mae gan ystlumod amrywiaeth eang o liwiau, gan gynnwys brown, llwyd, du, a hyd yn oed oren a melyn llachar.

Ymddygiad

Mae ystlumod yn anifeiliaid nosol ac maen nhw fwyaf egnïol yn y nos. Defnyddiant ecoleoli i lywio a dod o hyd i ysglyfaeth, gan allyrru synau tra uchel sy'n bownsio oddi ar wrthrychau ac yn dychwelyd i'w clustiau, gan ganiatáu iddynt ganfod gwrthrychau mewn tywyllwch llwyr. Mae'r rhan fwyaf o ystlumod yn bwydo ar bryfed, tra bod eraill yn bwydo ar neithdar, ffrwythau neu waed. Mae rhai rhywogaethau o ystlumod yn gaeafgysgu yn ystod misoedd y gaeaf i arbed ynni.

Cynefin

Mae ystlumod i'w cael ym mron pob cynefin ar y ddaear, o anialwch a fforestydd glaw i laswelltiroedd a mynyddoedd. Maent yn clwydo mewn ogofâu, coed, adeiladau a strwythurau eraill. Mae rhai rhywogaethau o ystlumod yn ffurfio cytrefi, tra bod eraill yn unig.

Cadwraeth

Mae ystlumod yn wynebu amrywiaeth o fygythiadau, gan gynnwys colli cynefinoedd, newid yn yr hinsawdd, a chlefydau fel syndrom trwyn gwyn, sydd wedi dirywio poblogaethau ystlumod yng Ngogledd America. Mae llawer o rywogaethau o ystlumod hefyd dan fygythiad gan weithgareddau dynol, megis datgoedwigo, mwyngloddio a threfoli. Mae ymdrechion cadwraeth yn canolbwyntio ar warchod cynefin ystlumod, lleihau'r defnydd o blaladdwyr, a hyrwyddo arferion sy'n gyfeillgar i ystlumod fel adeiladu tai ystlumod a diogelu safleoedd clwydo.

I gloi, mae ystlumod yn grŵp hynod ddiddorol o famaliaid sy'n adnabyddus am eu gallu i hedfan, ecoleoli, a rolau ecolegol pwysig. Gyda dros 1,400 o rywogaethau i'w cael ledled y byd, maen nhw'n grŵp amrywiol a rhyfeddol o anifeiliaid. Tra bod ystlumod yn wynebu llawer o fygythiadau, mae ymdrechion cadwraeth ar y gweill i'w hamddiffyn nhw a'u cynefinoedd, gan sicrhau bod yr anifeiliaid pwysig hyn yn parhau i ffynnu yn y gwyllt.

58. Arth

Mae eirth yn grŵp o famaliaid mawr, pwerus a geir mewn sawl rhan o'r byd. Maent yn adnabyddus am eu maint, cryfder a deallusrwydd. Mae wyth rhywogaeth o eirth yn y byd, ac maent i'w cael mewn amrywiaeth o gynefinoedd, o dwndra'r arctig i goedwigoedd trofannol.

Tarddiad

Credir bod eirth wedi esblygu o fod yn hynafiad cyffredin gyda gwencïod a racwniaid dros 40 miliwn o flynyddoedd yn ôl. Mae'r ffosilau arth cynharaf y gwyddys amdanynt yn dyddio'n ôl i'r cyfnod Eocene canol, tua 38 miliwn o flynyddoedd yn ôl. Anifeiliaid bach, dringo coed oedd yr eirth cyntaf, ond dros amser, datblygodd y rhain yn rywogaethau mwy a oedd yn byw ar y ddaear.

Ymddangosiad

Mae eirth yn famaliaid mawr, stociog gyda cherddediad siffrwd nodedig. Mae ganddyn nhw ben llydan, crwn, clustiau byr, a chynffon sothach. Mae eirth wedi'u gorchuddio â ffwr, sy'n amrywio mewn lliw o ddu, brown, a melyn i wyn. Mae trwch a lliw eu ffwr yn amrywio yn dibynnu ar y rhywogaeth a'r cynefin.

Maint

Mae eirth ymhlith y mamaliaid tir mwyaf yn y byd, a'r arth wen yw'r mwyaf. Gall eirth llawndwf amrywio mewn maint o lai na 100 pwys ar gyfer rhai rhywogaethau i dros 1,500 pwys ar gyfer yr eirth gwynion mwyaf.

Ymddygiad

Mae eirth yn hollysol, sy'n golygu eu bod yn bwyta planhigion ac anifeiliaid. Mae eu diet yn amrywio yn dibynnu ar y rhywogaeth a'r cynefin, ond mae'r rhan fwyaf o eirth yn bwyta cyfuniad o aeron, cnau, pryfed, pysgod a mamaliaid bach. Anifeiliaid unigol yw eirth, ac eithrio yn ystod y tymor bridio a phan fyddant yn gofalu am eu cywion. Maent hefyd yn adnabyddus am eu hymddygiad gaeafgysgu, pan fyddant yn lleihau eu cyfradd fetabolig ac yn byw oddi ar y cronfeydd braster sydd wedi'u storio am fisoedd ar y tro.

Cynefin

Mae eirth i'w cael mewn llawer o wahanol gynefinoedd, o dwndra'r arctig i goedwigoedd glaw trofannol. Mae rhai rhywogaethau, fel yr arth wen, wedi addasu i fywyd mewn amgylcheddau oer, eira, tra bod eraill, fel yr arth sloth, wedi addasu i fywyd mewn cynefinoedd poeth, sych.

Cadwraeth

Mae eirth yn wynebu llawer o fygythiadau, gan gynnwys colli cynefinoedd, hela, a newid hinsawdd. Mae sawl rhywogaeth o eirth, gan gynnwys yr arth wen a'r arth haul, wedi'u rhestru fel rhai sydd mewn perygl neu'n agored i niwed gan yr Undeb Rhyngwladol dros Gadwraeth Natur (IUCN). Mae ymdrechion cadwraeth yn canolbwyntio ar amddiffyn cynefin eirth, lleihau gwrthdaro rhwng eirth dynol, a lleihau'r galw am gynhyrchion eirth fel bustl arth a choden fustl.

I gloi, mae eirth yn grŵp hynod ddiddorol o famaliaid sy'n adnabyddus am eu maint, cryfder a deallusrwydd. Gydag wyth rhywogaeth i'w canfod ledled y byd, maen nhw'n grŵp amrywiol a rhyfeddol o anifeiliaid. Tra bod eirth yn wynebu llawer o fygythiadau, mae ymdrechion cadwraeth ar y gweill i'w hamddiffyn nhw a'u cynefinoedd, gan sicrhau bod yr anifeiliaid pwysig hyn yn parhau i ffynnu yn y gwyllt.

59. Chwilen

Mae chwilod yn grŵp amrywiol o bryfed gyda dros 400,000 o rywogaethau hysbys, sy'n eu gwneud yn un o'r grwpiau mwyaf o anifeiliaid ar y Ddaear. Maent yn perthyn i'r urdd Coleoptera, sy'n golygu "adain weiniog," gan gyfeirio at eu blaenau caled neu elytra. Mae chwilod i'w cael ym mron pob cynefin ar y blaned ac yn chwarae rhan hanfodol mewn llawer o ecosystemau.

Tarddiad

Datblygodd chwilod o fod yn hynafiad cyffredin gyda phryfed a gwenyn meirch yn ystod y cyfnod Jwrasig, tua 200 miliwn o flynyddoedd yn ôl. Mae'r ffosilau chwilod cynharaf y gwyddys amdanynt yn dyddio'n ôl i'r cyfnod Triasig, tua 230 miliwn o flynyddoedd yn ôl. Dros amser, arallgyfeiriodd chwilod i'r llu o rywogaethau a welwn heddiw, gan addasu i ystod eang o gynefinoedd a ffyrdd o fyw.

Ymddangosiad

Daw chwilod mewn ystod eang o feintiau, siapiau a lliwiau. Gallant fod mor fach ag ychydig filimetrau neu mor fawr ag ychydig gentimetrau. Mae gan y rhan fwyaf o chwilod ddau bâr o adenydd, gyda'r adenydd blaen neu'r elytra'n cael eu caledu ac yn amddiffyn yr adenydd cefn bregus. Mae eu cyrff fel arfer yn cael eu rhannu'n dair rhan: y pen, thoracs, ac abdomen. Mae gan chwilod ddau antena hefyd, a ddefnyddir i synhwyro eu hamgylchedd.

Deiet

Mae diet chwilod yn hynod amrywiol. Mae rhai rhywogaethau yn llysysyddion, yn bwydo ar blanhigion, tra bod eraill yn gigysyddion, yn bwydo ar bryfed neu anifeiliaid bach eraill. Mae rhai chwilod yn sborionwyr, yn bwydo ar ddeunydd marw neu sy'n pydru, tra bod eraill yn barasitiaid, yn bwydo ar waed anifeiliaid eraill. Mae rhai chwilod hyd yn oed yn ysglyfaethwyr chwilod eraill.

Ymddygiad

Mae chwilod yn arddangos ystod eang o ymddygiadau, yn dibynnu ar eu rhywogaeth a'u cynefin. Mae rhai rhywogaethau yn unig ac yn nosol, tra bod eraill yn gymdeithasol ac yn weithgar yn ystod y dydd. Mae llawer o chwilod yn gallu hedfan, tra bod eraill yn byw ar y ddaear. Mae rhai rhywogaethau'n arddangos ymddygiadau cymhleth, fel chwilen y dom, sy'n casglu ac yn rholio tail yn beli i fwydo ei chywion.

Cynefin

Mae chwilod i'w cael ym mron pob cynefin ar y Ddaear, o anialwch i goedwigoedd glaw, o ddŵr croyw i ddŵr hallt, ac o'r pridd i bennau'r coed. Maent yn hynod addasadwy a gellir eu canfod mewn bron unrhyw amgylchedd lle mae bwyd a chysgod.

Cadwraeth

Mae chwilod yn chwarae rhan bwysig mewn llawer o ecosystemau, gan wasanaethu fel peillwyr, dadelfenyddion, ac ysglyfaeth i anifeiliaid eraill. Fodd bynnag, mae llawer o rywogaethau o chwilod yn cael eu bygwth gan golli cynefinoedd, llygredd, a newid yn yr hinsawdd. Mae rhai rhywogaethau, fel chwilen pinwydd y mynydd, yn achosi difrod sylweddol i goedwigoedd, tra bod eraill, fel y chwilen gorniog, yn lleihau mewn nifer oherwydd colli cynefinoedd.

I gloi, mae chwilod yn grŵp amrywiol a phwysig o bryfed, gyda dros 400,000 o rywogaethau hysbys i'w canfod ym mron pob cynefin ar y Ddaear. Mae eu meintiau, siapiau ac ymddygiadau niferus yn eu gwneud yn hynod ddiddorol i'w hastudio, ac maent yn chwarae rhan hanfodol mewn llawer o ecosystemau. Er bod llawer o rywogaethau o chwilod yn wynebu bygythiadau oherwydd colli cynefinoedd, llygredd, a newid yn yr hinsawdd, mae ymdrechion cadwraeth ar y gweill i amddiffyn yr anifeiliaid pwysig hyn a'u cynefinoedd.

60. Bison

Mae'r bison, a elwir hefyd yn byfflo Americanaidd, yn famal mawr a fu'n crwydro Gogledd America mewn buchesi helaeth am filoedd o flynyddoedd. Mae bison yn symbolau eiconig o Orllewin America ac maent yn rhywogaeth ddiwylliannol ac ecolegol bwysig.

Tarddiad

Esblygodd Bison yng Ngogledd America yn ystod y cyfnod Pleistosenaidd, tua 2 filiwn o flynyddoedd yn ôl. Roedd eu hynafiaid yn fach, hir-corniog, ac roedd twmpath ar eu hysgwyddau. Dros amser, datblygodd y ddau yn anifeiliaid mwy a chadarnach, gyda chyrn byrrach a thwmpath amlwg ar eu cefn. Roedd Bison yn ffynhonnell fwyd bwysig i lawer o bobl frodorol yng Ngogledd America a chwaraeodd ran ganolog yn eu diwylliant a'u traddodiadau.

Ymddangosiad

Mae bison yn anifeiliaid mawr, cyhyrog gyda chôt o ffwr drwchus, shaggy. Mae ganddyn nhw ben mawr gyda chyrn byr, crwm sy'n gallu tyfu hyd at 2 droedfedd o hyd. Mae ganddynt hefyd dwmpath ar eu cefn, sy'n cynnwys cyhyrau mawr sy'n caniatáu iddynt symud eu pen a'u gwddf gyda grym mawr. Gall buail gwrywaidd, neu deirw, bwyso hyd at 2,000 o bunnoedd, tra bod benywod, neu wartheg, fel arfer yn pwyso tua 1,000 o bunnoedd.

Deiet

Llysysyddion yw bison, sy'n bwydo'n bennaf ar weiriau a hesg. Maent wedi addasu'n dda i bori ar lystyfiant gwydn, ffibrog, diolch i'w tafod mawr, cyhyrog a'u stumog pedair siambr. Gall Bison hefyd fynd am gyfnodau hir heb ddŵr, gan eu bod yn gallu tynnu lleithder o'u bwyd.

Ymddygiad

Anifeiliaid cymdeithasol yw bison, sy'n byw mewn buchesi sy'n gallu rhifo yn y miloedd. Fel arfer cânt eu harwain gan darw trech, sy'n gyfrifol am amddiffyn y fuches rhag ysglyfaethwyr a bygythiadau eraill. Mae bison hefyd yn anifeiliaid mudol, yn symud o un ardal bori i'r llall wrth i'r tymhorau newid. Yn ystod y tymor bridio, bydd teirw yn brwydro'n ffyrnig am oruchafiaeth, gan ddefnyddio eu cyrn a'u maint i sefydlu eu safle yn y fuches.

Cynefin

Mae bison i'w cael mewn amrywiaeth o gynefinoedd, o laswelltiroedd a phathdai i ardaloedd coediog. Yn hanesyddol, buont yn crwydro ar draws llawer o Ogledd America, o Alaska i Fecsico ac o Fôr yr Iwerydd i'r Môr Tawel. Heddiw, fodd bynnag, mae eu dosbarthiad wedi'i leihau'n fawr oherwydd hela a cholli cynefinoedd. Mae bison i'w cael yn nodweddiadol mewn ardaloedd gwarchodedig, fel parciau cenedlaethol a llochesi bywyd gwyllt.

Cadwraeth

Bu bron i bison gael eu hela i ddifodiant yn y 19eg ganrif a dechrau'r 20fed ganrif, wrth i ymsefydlwyr Ewropeaidd wthio tua'r gorllewin a cheisio dileu'r hyn a welent fel bygythiad i'w bywoliaeth. Erbyn diwedd y 1800au, roedd y boblogaeth buail wedi lleihau i ychydig gannoedd o anifeiliaid. Diolch i ymdrechion cadwraeth, fodd bynnag, mae'r boblogaeth buail wedi adlamu yn ystod y blynyddoedd diwethaf, gyda thua 500,000 o unigolion yn byw yng Ngogledd America heddiw. Mae Bison yn dal i wynebu bygythiadau, fodd bynnag, oherwydd colli cynefinoedd ac afiechyd, ac mae ymdrechion cadwraeth yn parhau i amddiffyn yr anifeiliaid eiconig hyn.

I gloi, mae bison yn symbol eiconig o Orllewin America, gyda hanes hir a hynod ddiddorol. Mae'r anifeiliaid mawr, pwerus hyn wedi addasu'n dda i fywyd ar y paith a glaswelltiroedd Gogledd America ac yn chwarae rhan ecolegol bwysig yn yr ecosystemau hyn. Er bod buail bron â chael eu hela i ddifodiant yn y gorffennol, mae ymdrechion cadwraeth wedi helpu i ddod â'u poblogaethau yn ôl o'r dibyn. Heddiw, mae'r anifeiliaid mawreddog hyn yn parhau i ysbrydoli a swyno pobl ledled y byd.

61. Mwyalchen

Mae'r fwyalchen, a elwir hefyd yn fwyalchen gyffredin, yn rhywogaeth o aderyn a geir ledled Ewrop ac Asia. Mae'n un o'r rhywogaethau adar mwyaf cyffredin ac adnabyddus yn y byd, ac mae'n annwyl oherwydd ei gân hardd a'i hymddangosiad nodedig.

Tarddiad

Mae'r fwyalchen yn aelod o deulu'r fronfraith , a darddodd yn Affrica ac a ymledodd i rannau eraill o'r byd dros filiynau o flynyddoedd. Credir bod mwyalchen wedi esblygu yn Ewrop ac Asia yn ystod y cyfnod Pleistosenaidd, tua 2.5 miliwn o flynyddoedd yn ôl. Credir eu bod yn bresennol ym Mhrydain ers o leiaf yr oes iâ ddiwethaf, tua 20,000 o flynyddoedd yn ôl.

Ymddangosiad

Aderyn canolig ei faint yw'r fwyalchen, sy'n mesur tua 25 cm o hyd ac yn pwyso rhwng 80 a 125 gram. Mae ganddo blu lluniaidd, du, gyda phig oren-felyn llachar a chylch llygad. Mae gwrywod a benywod yn edrych yn debyg, er bod gwrywod ychydig yn fwy ac mae ganddynt big mwy amlwg. Mae gan fwyalchen ifanc blu brown a bronnau brith, y maen nhw'n eu gollwng wrth iddynt aeddfedu.

Deiet

Mae mwyalchen yn hollysol, yn bwydo ar amrywiaeth o bryfed, mwydod, malwod ac aeron. Maent yn arbennig o hoff o bryfed genwair, y maent yn eu lleoli yn ôl golwg a sain. Mae mwyalchen hefyd yn bwyta ffrwythau, yn enwedig yn ystod misoedd yr hydref a'r gaeaf pan fo ffynonellau bwyd eraill yn brin.

Ymddygiad

Adar tiriogaethol yw'r fwyalchen, gyda'r gwrywod yn amddiffyn eu tiriogaethau bridio rhag gwrywod eraill. Maent hefyd yn adnabyddus am eu cân hyfryd, a glywir yn aml yn oriau mân y bore a'r hwyr. Mae mwyalchen yn ungam, gyda pharau yn aros gyda'i gilydd am un tymor magu. Maent fel arfer yn adeiladu eu nythod mewn llwyni a choed, gan ddefnyddio glaswellt, brigau a mwd.

Cynefin

Mae mwyalchen i'w cael ledled Ewrop ac Asia, a gellir eu canfod mewn amrywiaeth o gynefinoedd, o goetiroedd a gerddi i barciau dinesig a thir fferm. Maent yn arbennig o gyffredin mewn ardaloedd maestrefol, lle maent wedi addasu'n dda i gynefinoedd dynol.

Cadwraeth

Nid yw'r fwyalchen yn cael ei hystyried yn rhywogaeth sydd dan fygythiad, gyda phoblogaethau mawr i'w cael ledled eu dosbarthiad. Fodd bynnag, maent yn wynebu rhai bygythiadau oherwydd colli a darnio cynefinoedd, llygredd, ac ysglyfaethu gan gathod ac anifeiliaid eraill. Mae ymdrechion cadwraeth yn canolbwyntio ar warchod eu cynefin a chodi ymwybyddiaeth o bwysigrwydd cadw ardaloedd naturiol.

I gloi, mae'r fwyalchen yn rhywogaeth gyfarwydd ac annwyl o adar, gyda hanes hir a diddorol. Mae'r adar hyn wedi addasu'n dda i amrywiaeth o gynefinoedd ac yn adnabyddus am eu cân hardd a'u golwg nodedig. Er nad ystyrir eu bod dan fygythiad, maent yn wynebu rhai heriau yn sgil colli cynefinoedd a bygythiadau eraill. Ar y cyfan, mae'r fwyalchen yn dyst i wydnwch a chymhwysedd y byd naturiol, ac mae'n ein hatgoffa o harddwch a rhyfeddod teyrnas yr anifeiliaid.

62. Boa

Genws o nadroedd nad ydynt yn wenwynig yw Boa a geir yn America, Affrica a Madagascar. Mae'r nadroedd hyn yn adnabyddus am eu maint mawr a'u galluoedd cyfyngu pwerus.

Tarddiad

Credir bod Boas wedi tarddu o Affrica a De America tua 30 miliwn o flynyddoedd yn ôl. Mae'r ffosil cynharaf hysbys o boa yn dyddio'n ôl i'r cyfnod Eocene, tua 45 miliwn o flynyddoedd yn ôl. Ers hynny, mae boas wedi arallgyfeirio ac wedi lledaenu i wahanol rannau o'r byd, gan gynnwys Canolbarth America, y Caribî a Madagascar.

Nodweddion

Ymddangosiad

Mae Boas yn nadroedd mawr, gyda'r rhywogaeth fwyaf, yr anaconda, yn gallu tyfu hyd at 30 troedfedd o hyd a phwyso hyd at 550 pwys. Mae'r rhan fwyaf o rywogaethau, fodd bynnag, yn llai, gyda hyd cyfartalog o 6-10 troedfedd. Mae gan Boas gorff silindrog gyda phen llydan, trionglog a chynffon fer. Mae ganddyn nhw raddfeydd llyfn, sgleiniog sydd fel arfer yn lliw brown, llwyd neu wyrdd. Mae gan rai rhywogaethau batrymau neu farciau nodedig ar eu graddfeydd.

Deiet

Mae Boas yn gigysol, yn bwydo ar amrywiaeth o ysglyfaeth, gan gynnwys cnofilod, adar, ac anifeiliaid bach eraill. Gall rhywogaethau mwy, fel yr anaconda, hyd yn oed ysglyfaethu ar anifeiliaid mwy fel ceirw, moch a chaimaniaid. Mae Boas yn ysglyfaethwyr rhagod, gan ddefnyddio eu galluoedd cyfyngu pwerus i ddarostwng eu hysglyfaeth cyn ei fwyta'n gyfan.

Ymddygiad

Mae Boas yn anifeiliaid unig, yn treulio'r rhan fwyaf o'u hamser yn cuddio mewn tyllau neu yng nghanghennau coed. Maent yn fwyaf gweithgar yn y nos ac yn aml i'w canfod ger cyrff dŵr. Mae Boas yn ofvoviviparous, sy'n golygu eu bod yn rhoi genedigaeth i ifanc byw. Mae'r fenyw yn cario ei hwyau y tu mewn i'w chorff nes eu bod yn deor, ac yna'n rhoi genedigaeth i nadroedd babanod sydd wedi'u ffurfio'n llawn.

Cynefin

Mae Boas i'w cael mewn amrywiaeth o gynefinoedd, gan gynnwys coedwigoedd glaw, glaswelltiroedd ac anialwch. Mae rhai rhywogaethau, fel y goeden emrallt boa, yn goed goed, yn treulio'r rhan fwyaf o'u hamser mewn coed, tra bod eraill, fel y boa constrictor, yn byw ar y ddaear.

Cadwraeth

Mae llawer o rywogaethau o boa dan fygythiad neu dan fygythiad oherwydd colli cynefinoedd a gorgynaeafu ar gyfer y fasnach anifeiliaid anwes. Mae ymdrechion cadwraeth yn canolbwyntio ar warchod eu cynefin a chodi ymwybyddiaeth o bwysigrwydd cadw ardaloedd naturiol. Ystyrir bod rhai rhywogaethau, fel y boa Jamaican, mewn perygl difrifol, gyda dim ond ychydig gannoedd o unigolion ar ôl yn y gwyllt.

I gloi, mae boas yn nadroedd hynod ddiddorol a phwerus sydd wedi esblygu dros filiynau o flynyddoedd i ddod yn un o'r ysglyfaethwyr mwyaf llwyddiannus yn eu hecosystemau priodol. Maent yn adnabyddus am eu maint mawr, eu galluoedd cyfyngu pwerus, a'u graddfeydd hardd. Er nad ystyrir eu bod dan fygythiad fel grŵp, mae llawer o rywogaethau'n wynebu heriau sylweddol oherwydd colli cynefinoedd a gor-gynaeafu ar gyfer y fasnach anifeiliaid anwes. O'r herwydd, mae'n bwysig ein bod yn parhau i astudio a gwerthfawrogi'r anifeiliaid anhygoel hyn, tra hefyd yn gweithio i'w hamddiffyn nhw a'u cynefinoedd er mwyn i genedlaethau'r dyfodol eu mwynhau.

63. Bongo

Mae'r bongo yn antelop mawr sy'n byw yn y goedwig a geir yng nghoedwigoedd glaw Canolbarth a Dwyrain Affrica. Mae'n adnabyddus am ei ymddangosiad trawiadol a'i natur anodd ei chael.

Tarddiad

Mae'r bongo yn frodorol i goedwigoedd glaw Canolbarth a Dwyrain Affrica, gan gynnwys gwledydd fel Kenya, Tanzania, Uganda, a Gweriniaeth Ddemocrataidd y Congo. Credir iddo esblygu tua dwy filiwn o flynyddoedd yn ôl ac mae'n perthyn yn agos i antelopau eraill sy'n byw yn y goedwig fel y bushbuck a'r nyala.

Ymddangosiad

Mae'r bongo yn antelop mawr, gyda gwrywod fel arfer yn pwyso rhwng 400-500 pwys a benywod yn pwyso rhwng 300-400 pwys. Mae ganddo gôt brown tywyll i frown-goch gyda streipiau gwyn yn rhedeg yn fertigol i lawr ei ochrau. Credir bod y streipiau hyn yn helpu'r bongo i ymdoddi i'w gynefin coedwig, wrth iddynt dorri amlinelliad ei gorff. Mae gan y bongo hefyd gyrn mawr, troellog a all gyrraedd hyd at 40 modfedd o hyd.

Deiet

Llysysyddion yw bongos, sy'n bwydo ar amrywiaeth o ddail, ffrwythau a brigau. Mae ganddynt system dreulio arbenigol sy'n caniatáu iddynt echdynnu maetholion o ddeunydd planhigion caled fel rhisgl a dail. Mae'n hysbys hefyd bod Bongos yn ymweld â llyfau mwynau, lle gallant gael mwynau a halwynau pwysig sy'n ddiffygiol yn eu diet.

Ymddygiad

Anifeiliaid unigol yw bongos, gyda gwrywod a benywod yn dod at ei gilydd i baru yn unig. Maent yn fwyaf gweithgar gyda'r wawr a'r cyfnos, gan dreulio gweddill eu hamser yn gorffwys yn y cysgod. Mae Bongos yn nofwyr ardderchog a byddant yn aml yn mynd i'r dŵr i ddianc rhag ysglyfaethwyr neu i gyrraedd man bwydo newydd. Maent hefyd yn anodd dod o hyd iddynt ac yn anodd eu gweld yn eu cynefin coedwig trwchus.

Cynefin

Mae bongos i'w cael yng nghoedwigoedd glaw Canolbarth a Dwyrain Affrica, lle maent yn byw mewn coedwigoedd trwchus, iseldir ac ardaloedd mynyddig. Maent yn dibynnu ar ffynonellau dŵr ac maent i'w cael yn aml ger afonydd a nentydd. Mae bongos yn hyblyg iawn a gallant oroesi mewn cynefinoedd coedwig darniog cyn belled â bod digon o orchudd a bwyd ar gael.

Cadwraeth

Ar hyn o bryd mae Bongos wedi'u rhestru fel rhywogaeth sydd bron dan fygythiad gan yr Undeb Rhyngwladol dros Gadwraeth Natur (IUCN). Y prif fygythiadau i bongos yw colli cynefinoedd oherwydd datgoedwigo a hela am eu cig a'u cyrn. Mae bongos hefyd yn agored i glefydau fel y rinderpest a thwbercwlosis buchol, y gellir eu trosglwyddo gan dda byw domestig.

Mae ymdrechion cadwraeth yn canolbwyntio ar warchod cynefin coedwig y bongo a lleihau pwysau hela trwy sefydlu ardaloedd gwarchodedig a phatrolau gwrth-botsio. Mae rhaglenni bridio mewn caethiwed hefyd wedi'u sefydlu i helpu i warchod amrywiaeth genetig y rhywogaeth.

I gloi, mae'r bongo yn antelop unigryw a swil sydd wedi addasu'n dda i'w gynefin coedwig. Mae'n adnabyddus am ei ymddangosiad trawiadol a'i gyrn mawr, troellog. Yn anffodus, mae'r bongo yn wynebu bygythiadau sylweddol o golli cynefinoedd a hela, ac mae ei ddyfodol yn ansicr. O'r herwydd, mae'n bwysig inni barhau i astudio a gwerthfawrogi'r anifeiliaid godidog hyn, tra hefyd yn gweithio i'w hamddiffyn a'u cynefinoedd er mwyn i genedlaethau'r dyfodol eu mwynhau.

Mae'r byfflo yn famal buchol mawr sydd i'w gael mewn gwahanol rannau o'r byd, gan gynnwys Affrica, Asia, a Gogledd America. Maent yn adnabyddus am eu cryfder a'u gwytnwch, yn ogystal â'u hymddangosiad eiconig.

Tarddiad

Credir bod y byfflo wedi esblygu yn Asia tua 2.5 miliwn o flynyddoedd yn ôl. Ymledodd i Affrica ac Ewrop ac yn y pen draw i Ogledd a De America yn ystod y cyfnod Pleistosenaidd. Mae dau brif fath o fyfflo: y byfflo Affricanaidd a'r byfflo Asiaidd.

Ymddangosiad

Mae byfflo yn anifeiliaid mawr, cyhyrog sydd â strwythur nodweddiadol, stociog. Gallant amrywio mewn lliw o frown tywyll i ddu ac mae ganddynt gyrn crwm, yn wynebu i mewn sy'n gallu tyfu hyd at bedair troedfedd o hyd. Mae gan fyfflo Affricanaidd "fos" nodedig ar eu talcen, sy'n dyfiant mawr, esgyrnog sy'n darparu amddiffyniad ychwanegol yn ystod ymladd ag ysglyfaethwyr. Mae'r byfflo Asiaidd yn llai na'r byfflo Affricanaidd ac mae ganddo fos llai neu ddim un o gwbl.

Deiet

Llysysyddion yw byfflo, sy'n bwydo'n bennaf ar weiriau a llystyfiant arall. Maent yn gallu treulio deunydd planhigion caled fel seliwlos diolch i'w system dreulio arbenigol, sy'n cynnwys stumog pedair siambr.

Ymddygiad

Mae byfflo yn anifeiliaid cymdeithasol ac yn byw mewn buchesi mawr, sy'n gallu rhifo yn y miloedd. Maent yn hynod hyblyg a gellir eu canfod mewn amrywiaeth o gynefinoedd, gan gynnwys glaswelltiroedd, safana, a choedwigoedd. Mae byfflo yn adnabyddus am eu greddfau amddiffynnol a byddant yn amddiffyn eu rhai ifanc a'u buches yn ffyrnig rhag ysglyfaethwyr fel llewod a hienas.

Cynefin

Mae byfflo i'w cael mewn amrywiaeth eang o gynefinoedd, yn amrywio o laswelltiroedd a safana i goedwigoedd a gwlyptiroedd. Fe'u canfyddir amlaf yn Affrica ac Asia, er bod poblogaethau o fyfflo yng Ngogledd America hefyd.

Cadwraeth

Mae statws cadwraeth y byfflo yn amrywio yn dibynnu ar y rhywogaeth a'r lleoliad. Mae'r byfflo Affricanaidd wedi'i restru fel rhywogaeth o Bryder Lleiaf gan yr Undeb Rhyngwladol dros Gadwraeth Natur (IUCN), er bod rhai poblogaethau'n prinhau oherwydd colli cynefinoedd a hela. Mae'r byfflo Asiaidd wedi'i restru fel anifail dof ac ni ystyrir ei fod mewn perygl o ddiflannu.

Yn hanesyddol mae byfflo wedi cael eu hela am eu cig, eu crwyn a'u cyrn, sy'n cael eu gwerthfawrogi am eu defnydd mewn meddygaeth draddodiadol ac fel tlysau. Mewn rhai ardaloedd, mae hela wedi arwain at leihad sylweddol mewn poblogaethau byfflo. Mae ymdrechion cadwraeth yn canolbwyntio ar warchod cynefin y byfflo a lleihau pwysau hela trwy sefydlu ardaloedd gwarchodedig a phatrolau gwrth-botsio.

I gloi, mae'r byfflo yn anifail hynod sy'n adnabyddus am ei gryfder, ei wydnwch, a'i ymddangosiad eiconig. Fe'u ceir mewn amrywiaeth eang o gynefinoedd ac maent yn chwarae rhan bwysig yn yr ecosystemau y maent yn byw ynddynt. Yn anffodus, mae poblogaethau byfflo dan fygythiad oherwydd colli cynefinoedd a hela, ac mae eu dyfodol yn ansicr. O'r herwydd, mae'n bwysig inni barhau i astudio a gwerthfawrogi'r anifeiliaid godidog hyn, tra hefyd yn gweithio i'w hamddiffyn a'u cynefinoedd er mwyn i genedlaethau'r dyfodol eu mwynhau.

65. Cacynen

Mae cacwn yn fath o wenynen fawr, niwlog sy'n adnabyddus am eu rôl wrth beillio blodau a chnydau. Fe'u ceir mewn gwahanol rannau o'r byd, gan gynnwys Gogledd America, Ewrop ac Asia.

Tarddiad

Credir bod cacwn wedi tarddu o Asia, ac yna wedi lledaenu i Ewrop a Gogledd America. Mae dros 250 o rywogaethau o gacwn ledled y byd, gyda'r amrywiaeth mwyaf i'w gael yn hemisffer y gogledd.

Ymddangosiad

Mae cacwn yn wenyn mawr, niwlog gyda phatrwm streipiau du a melyn nodedig ar eu cyrff. Gallant amrywio mewn maint o 1/4 modfedd i 1 modfedd o hyd, gyda breninesau yn fwy na gweithwyr a gwrywod. Yn wahanol i wenyn mêl, nid oes gan gacwn stingers bigog ac maent yn gallu pigo sawl gwaith heb farw.

Deiet

Mae cacwn yn beillwyr pwysig ac yn bwydo ar neithdar a phaill o flodau. Mae ganddyn nhw dafod hir, arbenigol sy'n caniatáu iddyn nhw gyrraedd y neithdar mewn blodau dwfn. Mae cacwn hefyd yn defnyddio eu safnau pwerus i gasglu paill, y maent yn ei gario ar eu coesau ôl mewn strwythurau arbenigol a elwir yn basgedi paill.

Ymddygiad

Mae cacwn yn bryfed cymdeithasol sy'n byw mewn cytrefi. Mae trefedigaeth nodweddiadol yn cynnwys brenhines, gweithwyr, a gwrywod. Y frenhines sy'n gyfrifol am ddodwy wyau a sefydlu'r nythfa, tra bod y gweithwyr yn gyfrifol am gasglu bwyd a gofalu am yr ifanc. Cynhyrchir gwrywod yn ddiweddarach yn y tymor a'u prif rôl yw paru â breninesau newydd.

Cynefin

Mae cacwn i'w cael mewn amrywiaeth o gynefinoedd, gan gynnwys dolydd, gerddi a chaeau. Mae'n well ganddyn nhw ardaloedd gyda digonedd o blanhigion blodeuol ac maen nhw'n beillwyr pwysig ar gyfer cnydau fel tomatos, pupurau a llus.

Cadwraeth

Mae cacwn yn beillwyr pwysig ac mae eu dirywiad wedi codi pryderon am ddyfodol amaethyddiaeth ac iechyd ecosystemau. Mae sawl ffactor wedi cyfrannu at ddirywiad poblogaethau cacwn, gan gynnwys colli cynefinoedd, defnyddio plaladdwyr, a newid hinsawdd.

Mae ymdrechion cadwraeth yn canolbwyntio ar warchod cynefin cacwn a lleihau'r defnydd o blaladdwyr. Gall garddwyr cartref hefyd helpu drwy blannu amrywiaeth o flodau sy'n blodeuo drwy gydol y tymor, gan ddarparu safleoedd nythu fel darnau o laswellt neu ddail heb eu haflonyddu, ac osgoi'r defnydd o blaladdwyr.

I gloi, mae cacwn yn beillwyr pwysig sy'n chwarae rhan hanfodol wrth gynnal iechyd ecosystemau ac amaethyddiaeth. Mae eu dirywiad yn destun pryder ac mae ymdrechion yn cael eu gwneud i warchod eu cynefin a lleihau'r defnydd o blaladdwyr. Drwy gydweithio i gefnogi iechyd poblogaethau cacwn, gallwn helpu i sicrhau dyfodol y pryfed pwysig hyn a'r manteision niferus y maent yn eu darparu.

66. Dedwydd

Mae caneris yn adar bach, lliwgar sy'n adnabyddus am eu caneuon hyfryd. Maent yn boblogaidd fel anifeiliaid anwes ledled y byd ac fe'u defnyddir hefyd mewn ymchwil wyddonol.

Tarddiad

Mae Canaries yn frodorol i'r Ynysoedd Dedwydd, sydd wedi'u lleoli oddi ar arfordir gogledd-orllewin Affrica. Daethpwyd â nhw i Ewrop am y tro cyntaf yn yr 16eg ganrif a chawsant eu magu am eu caneuon hyfryd. Heddiw, mae caneris yn cael eu bridio mewn caethiwed ledled y byd ac yn cael eu cadw fel anifeiliaid anwes a'u defnyddio mewn ymchwil.

Ymddangosiad

Mae caneri yn adar bach sy'n mesur tua 4-6 modfedd o hyd. Mae ganddyn nhw gorff cryno, crwn gyda phig byr, sownd a chynffon hir, daprog. Daw canaries mewn amrywiaeth o liwiau, gan gynnwys melyn, oren, gwyn a choch. Mae ganddyn nhw hefyd grib nodedig o blu ar eu pennau y gellir eu codi neu eu gostwng yn dibynnu ar eu hwyliau.

Deiet

Yn y gwyllt, mae caneris yn bwydo ar amrywiaeth o hadau, ffrwythau a phryfed. Fel anifeiliaid anwes, maent fel arfer yn cael eu bwydo â diet o gymysgeddau hadau, ynghyd â ffrwythau a llysiau ffres.

Ymddygiad

Mae caneris yn adar cymdeithasol sy'n adnabyddus am eu caneuon hyfryd. Fel arfer gwrywod yw'r rhai sy'n canu, er y gall rhai merched ganu hefyd. Mae caneri hefyd yn adar egnïol sy'n mwynhau hedfan a chwarae. Dylid eu cadw mewn parau neu grwpiau bach i atal unigrwydd a diflastod.

Cynefin

Yn y gwyllt, mae caneris yn byw mewn glaswelltiroedd a choedwigoedd ar yr Ynysoedd Dedwydd. Fel anifeiliaid anwes, maen nhw fel arfer yn cael eu cadw mewn cewyll neu adardai gyda digon o le i hedfan a chwarae. Dylid darparu clwydi, teganau ac amrywiaeth o ffynonellau bwyd a dŵr iddynt.

Cadwraeth

Nid yw caneris yn cael eu hystyried yn rhywogaeth sydd mewn perygl, ond mae eu poblogaethau gwyllt wedi dirywio oherwydd colli cynefinoedd a chyflwyniad ysglyfaethwyr anfrodorol. Fel anifeiliaid anwes, gall canaries fyw am hyd at 10 mlynedd gyda gofal a maeth priodol.

Casgliad

Mae canaries yn adar hardd a chymdeithasol sy'n boblogaidd fel anifeiliaid anwes ledled y byd. Maent yn adnabyddus am eu caneuon hyfryd a'u personoliaethau gweithredol. Trwy ddarparu cynefin addas iddynt, diet iach, a digon o ryngweithio cymdeithasol, gall canaries fyw bywydau hir, hapus.

Mae'r Cardinal yn aderyn llachar a hardd sy'n aml yn gysylltiedig â'r Nadolig oherwydd ei blu coch bywiog.

Tarddiad

Mae'r Cardinal yn frodorol i Ogledd a De America, a'r Cardinal Gogleddol yw'r rhywogaeth fwyaf adnabyddus. Cofnodwyd gweld Cardinal Gogleddol am y tro cyntaf yn 1700 yn nhalaith Virginia. Heddiw, gellir dod o hyd i'r Cardinal ledled Gogledd a De America, gyda rhai rhywogaethau'n cael eu cyflwyno i rannau eraill o'r byd.

Ymddangosiad

Mae'r Cardinal Gogleddol yn aderyn canolig ei faint sy'n mesur tua 8-9 modfedd o hyd. Mae gan y gwryw gorff coch llachar gyda mwgwd du a phig byr, trwchus. Mae gan y fenyw gorff brown-goch gyda chrib brown-goch ac adenydd. Mae gan wrywod a benyw gribau nodedig ar eu pennau y gellir eu codi neu eu gostwng yn dibynnu ar eu hwyliau.

Deiet

Mae cardinaliaid yn hollysyddion ac yn bwyta amrywiaeth o hadau, ffrwythau a phryfed. Gwyddys eu bod yn ymwelwyr cyson â bwydwyr adar, lle gellir eu gweld yn bwyta hadau blodyn yr haul, hadau safflwr, a siwet.

Ymddygiad

Mae cardinaliaid yn adar cymdeithasol sy'n adnabyddus am eu caneuon hyfryd. Y gwryw yw'r un sy'n canu ac yn aml i'w glywed yn canu drwy'r dydd. Mae cardinaliaid hefyd yn adar egnïol sy'n mwynhau hedfan a chwarae. Dylid eu cadw mewn parau neu grwpiau bach i atal unigrwydd a diflastod.

Cynefin

Mae cardinaliaid yn byw mewn amrywiaeth o gynefinoedd, gan gynnwys coedwigoedd, llwyni ac ardaloedd maestrefol. Maen nhw'n adeiladu eu nythod mewn llwyni a choed, ac yn aml i'w gweld yn clwydo ar ganghennau coed neu'n hercian ar lawr yn chwilio am fwyd.

Cadwraeth

Nid yw Cardinal y Gogledd yn cael ei ystyried yn rhywogaeth sydd mewn perygl, ond fe'i gwarchodir gan Ddeddf Cytundeb Adar Mudol 1918, sy'n ei gwneud yn anghyfreithlon i ddal, lladd, neu feddu ar yr aderyn heb drwydded. Mae cardinaliaid yn boblogaidd fel anifeiliaid anwes mewn rhai gwledydd, ond ni argymhellir eu cadw fel anifeiliaid anwes gan eu bod yn anifciliaid gwyllt ac angen cynefin a diet addas.

I gloi, mae'r Cardinal yn aderyn hardd a chymdeithasol sy'n adnabyddus am ei blu coch bywiog a'i ganeuon hardd. Trwy ddarparu cynefin addas iddynt, diet iach, a digon o ryngweithio cymdeithasol, gall Cardinals fyw bywydau hir, hapus yn y gwyllt. Maent yn rhan bwysig o'r ecosystem a gall gwylwyr adar a phobl sy'n ymddiddori ym myd natur eu mwynhau.

Mae'r Caribou, a elwir hefyd yn y ceirw, yn rhywogaeth o geirw sy'n frodorol i ranbarthau Arctig ac Isarctig Gogledd America, Ewrop ac Asia. Mae Caribou yn adnabyddus am eu cyrn nodedig a'u gallu i oroesi mewn amgylcheddau gaeafol caled.

Tarddiad

Mae gan Caribou hanes hir a hynod ddiddorol. Credir eu bod wedi tarddu o Ogledd America tua 2 filiwn o flynyddoedd yn ôl ac wedi lledaenu i rannau eraill o'r byd yn ystod y cyfnod Pleistosenaidd. Heddiw, gellir dod o hyd i Caribou yn Alaska, Canada, yr Ynys Las, Sgandinafia, a Rwsia.

Ymddangosiad

Mae Caribou yn geirw canolig eu maint sy'n gallu amrywio mewn maint o 4-7 troedfedd o hyd ac yn pwyso hyd at 700 pwys. Mae ganddyn nhw gôt llwydfrown nodedig sy'n eu helpu i ymdoddi i'w hamgylchedd yn ystod misoedd y gaeaf. Mae gan Caribou gwrywaidd a benywaidd cyrn, er bod cyrn y gwryw yn fwy ac yn fwy cywrain. Mae cyrn y Caribou yn unigryw gan mai dyma'r unig rywogaeth o geirw lle mae gan wrywod a benywod gyrn.

Deiet

Llysysyddion yw Caribou ac maent yn bwydo'n bennaf ar gennau, mwsoglau a llystyfiant arall sy'n tyfu yn y rhanbarthau Arctig ac Isarctig lle maent yn byw. Yn ystod misoedd y gaeaf, pan fydd bwyd yn brin, byddant hefyd yn bwyta rhisgl a brigau o goed.

Ymddygiad

Mae Caribou yn anifeiliaid cymdeithasol sy'n teithio mewn buchesi. Yn ystod y tymor bridio, bydd gwrywod yn cystadlu am sylw benywod, yn aml yn cymryd rhan mewn brwydrau ffyrnig gyda gwrywod eraill. Ar ôl paru, bydd benywod yn rhoi genedigaeth i un llo, y byddant yn gofalu amdano ac yn ei amddiffyn nes ei fod yn ddigon hen i ofalu amdano'i hun.

Cynefin

Mae Caribou wedi addasu'n dda i fyw mewn amgylcheddau oer, eira. Gellir eu canfod mewn twndra, taiga, a rhanbarthau coedwig boreal, lle maent yn mudo i wahanol ardaloedd yn dibynnu ar y tymor. Yn ystod misoedd yr haf, bydd Caribou yn symud i ardaloedd lle mae digon o fwyd a dŵr, tra yn y gaeaf, byddant yn symud i ardaloedd lle gallant osgoi ysglyfaethwyr a dod o hyd i gysgod rhag y tywydd garw.

Cadwraeth

Mae poblogaethau Caribou wedi bod yn gostwng yn ystod y blynyddoedd diwethaf oherwydd colli cynefinoedd, newid yn yr hinsawdd, a hela. Mae llawer o gymunedau brodorol yn yr Arctig yn dibynnu ar Caribou am fwyd ac adnoddau eraill, ac mae ymdrechion cadwraeth yn cael eu gwneud i amddiffyn eu cynefinoedd a sicrhau bod eu poblogaethau yn aros yn sefydlog.

I gloi, mae'r Caribou yn rhywogaeth hynod ddiddorol a phwysig o geirw sydd wedi addasu'n dda i fyw mewn amgylcheddau gaeafol caled. Trwy ddarparu cynefin addas iddynt, eu hamddiffyn rhag ysglyfaethwyr a helwyr, a chadw eu ffynonellau bwyd, gallwn helpu i sicrhau bod poblogaethau Caribou yn aros yn iach ac yn gynaliadwy. Maent yn rhan bwysig o'r ecosystem ac yn darparu adnodd gwerthfawr i lawer o gymunedau brodorol ledled y byd.

Larfa glöynnod byw a gwyfynod yw lindys ac maent yn un o bryfed mwyaf adnabyddus ac adnabyddadwy yn y byd. Mae ganddynt ymddangosiad ac ymddygiad unigryw sy'n eu gwneud yn hynod ddiddorol i'w hastudio.

Tarddiad

Mae lindys wedi bod o gwmpas ers miliynau o flynyddoedd a chredir eu bod wedi esblygu o bryfed cyntefig a oedd yn byw yn ystod y cyfnod Carbonifferaidd, tua 300 miliwn o flynyddoedd yn ôl. Maent i'w cael ledled y byd a gellir eu canfod mewn amrywiaeth eang o gynefinoedd, o goedwigoedd i anialwch i amgylcheddau trefol.

Ymddangosiad

Daw lindys mewn amrywiaeth eang o siapiau, meintiau a lliwiau, ond mae pob un yn rhannu strwythur corff sylfaenol tebyg. Mae ganddyn nhw gorff hir, segmentiedig gyda chwe choes wir ger blaen y corff a sawl pâr o brolegau cigog, heb uniad ger y cefn. Mae ganddyn nhw hefyd bâr o antena ar eu pen a phâr o lygaid syml.

Ymddygiad

Mae lindys yn adnabyddus am eu harchwaeth ffyrnig a byddant yn treulio'r rhan fwyaf o'u hamser yn bwyta dail a llystyfiant arall. Mae ganddyn nhw hefyd y gallu i nyddu sidan o'u chwarennau poer a'i ddefnyddio i adeiladu cocwnau amddiffynnol neu lochesi sidan. Defnyddir y sidan hwn hefyd i greu edau sidan y maent yn eu defnyddio i hongian ohoni pan fyddant yn toddi eu croen.

Cylch bywyd

Mae lindys yn mynd trwy fetamorffosis cyflawn, sy'n golygu bod ganddynt bedwar cam datblygiad gwahanol: wy, larfa (lindysyn), chwiler (chrysalis neu gocŵn), ac oedolyn (glöyn byw neu wyfyn). Yn ystod cyfnod y larfa, bydd y Lindysyn yn toddi ei groen sawl gwaith wrth iddo dyfu ac aeddfedu. Unwaith y bydd yn cyrraedd ei faint terfynol, bydd yn troelli cocŵn neu chrysalis o'i gwmpas ei hun ac yn cael metamorffosis yn oedolyn.

Mecanweithiau Amddiffyn

Mae gan lindys nifer o fecanweithiau amddiffyn y maent yn eu defnyddio i amddiffyn eu hunain rhag ysglyfaethwyr. Mae gan rai rhywogaethau liwiau neu batrymau llachar sy'n rhybuddio ysglyfaethwyr eu bod yn wenwynig neu'n ddiflas. Mae gan eraill bigau neu flew sy'n eu gwneud yn anodd eu llyncu neu eu trin. Mae gan rai rhywogaethau hefyd y gallu i ddynwared pryfed neu wrthrychau eraill yn eu hamgylchedd, gan ei gwneud yn anodd i ysglyfaethwyr eu gweld.

Cynefin

Gellir dod o hyd i lindys mewn amrywiaeth eang o gynefinoedd, gan gynnwys coedwigoedd, glaswelltiroedd, anialwch, a hyd yn oed amgylcheddau trefol. Gallant oroesi yn y cynefinoedd hyn trwy fwyta amrywiaeth eang o lystyfiant a thrwy guddio rhag ysglyfaethwyr mewn cocwnau amddiffynnol neu lochesi sidan.

Pwysigrwydd

Mae lindys yn chwarae rhan bwysig mewn llawer o ecosystemau. Maent yn ffynhonnell fwyd sylfaenol i lawer o anifeiliaid, gan gynnwys adar, ymlusgiaid ac amffibiaid. Maent hefyd yn chwarae rhan mewn peillio trwy fwydo ar flodau a thaenu paill o un planhigyn i'r llall. Yn ogystal, maent yn helpu i dorri i lawr deunydd planhigion marw ac ailgylchu maetholion yn ôl i'r pridd.

I gloi, mae lindys yn rhan hynod ddiddorol a phwysig o fyd natur. Mae ganddynt nodweddion ac ymddygiadau unigryw sy'n eu gwneud yn destun diddordeb mawr i lawer o bobl. Trwy ddeall eu cylch bywyd, eu hymddygiad, a'u pwysigrwydd mewn ecosystemau, gallwn weithio i warchod eu cynefinoedd a sicrhau eu bod yn parhau i chwarae rhan hanfodol yn y byd o'n cwmpas.

70. Llysywen

Mae llyswennod yn fath o bysgod hirgul ac yn debyg i neidr. Maen nhw'n rhan o'r urdd Anguilliformes, sy'n cynnwys tua 800 o rywogaethau o bysgod. Mae llyswennod i'w cael mewn amgylcheddau dŵr croyw a dŵr hallt ledled y byd, o'r trofannau i'r pegynau. Mae llyswennod yn adnabyddus am eu gallu i symud trwy ddŵr yn gyflym a'u croen llithrig, sy'n eu gwneud yn anodd eu dal.

Nodweddion

Nodweddir llyswennod gan eu siâp sarff hirfaith a diffyg esgyll y pelfis. Mae ganddyn nhw un asgell ddorsal hir sy'n ymestyn ar hyd eu corff cyfan, yn ogystal ag asgell rhefrol sydd yr un mor hir. Mae gan lyswennod raddfeydd bach, wedi'u mewnosod, sy'n rhoi gwead llyfn a llithrig i'w croen. Maent yn amrywio o ran maint o ychydig fodfeddi yn unig i dros 10 troedfedd o hyd.

Mae gan lysywod system resbiradol unigryw sy'n caniatáu iddynt anadlu aer yn ogystal â thynnu ocsigen o'r dŵr. Gwneir hyn trwy ddefnyddio tagellau, sydd wedi'u lleoli mewn siambr arbenigol y tu ôl i'r pen. Gall llyswennod hefyd amsugno ocsigen trwy eu croen, sy'n eu helpu i oroesi mewn amgylcheddau ocsigen isel.

Mae llyswennod yn adnabyddus am eu gallu nofio anhygoel. Maent yn gallu nofio ar gyflymder uchel a gallant hyd yn oed nofio i fyny'r afon mewn cerhyntau cryf. Maent yn cyflawni hyn trwy donnog eu cyrff mewn mudiant tebyg i don, sy'n eu gyrru ymlaen trwy'r dŵr.

Tarddiad

Llyswennod yw un o'r mathau hynaf a mwyaf cyntefig o bysgod, gyda chofnodion ffosil yn dyddio'n ôl dros 100 miliwn o flynyddoedd. Credir eu bod wedi esblygu ym Môr hynafol Tethys, a oedd wedi'i leoli rhwng cyfandiroedd Gondwana a Laurasia. Wrth i'r cyfandiroedd ddechrau drifftio oddi wrth ei gilydd, lledaenodd llysywod i wahanol rannau o'r byd.

Mae dau brif grŵp o lysywod: y llysywod dŵr croyw a'r llysywod morol. Mae llysywod dŵr croyw i'w cael mewn afonydd a llynnoedd ar draws y byd, tra bod llysywod morol i'w cael yn y cefnforoedd. Credir bod y ddau fath o lysywod wedi esblygu o hynafiad cyffredin, ond mae union linell amser eu gwahaniaeth yn dal yn aneglur.

Ffeithiau diddorol

• Mae llyswennod yn cael eu hystyried yn danteithfwyd mewn sawl rhan o'r byd, ac yn aml yn cael eu gweini mewn swshi a seigiau eraill.

• Mae llysywod yn adnabyddus am eu harferion paru anarferol. Mae llysywod benyw yn dodwy eu hwyau yn y cefnfor, lle cânt eu ffrwythloni gan lysywod gwryw. Mae'r larfâu canlyniadol yn cael eu cludo gan gerhyntau'r cefnfor i'w cynefinoedd dŵr croyw neu aberol.

• Mae llysywod yn bwnc poblogaidd ym mytholeg a llên gwerin. Maent yn aml yn gysylltiedig â grymoedd tywyll a dirgel, ac wedi cael eu portreadu fel dihirod ac arwyr mewn diwylliannau amrywiol.

• Mae llysywod yn gallu byw am sawl degawd, ac mae rhai rhywogaethau wedi byw hyd yn oed ers dros 100 mlynedd.

• Mae llyswennod yn sensitif i newidiadau yn eu hamgylchedd, ac fe'u defnyddir yn aml fel dangosyddion ansawdd dŵr. Maent hefyd yn ffynhonnell fwyd bwysig i lawer o rywogaethau eraill o bysgod a bywyd gwyllt.

I gloi, mae llyswennod yn fath hynod ddiddorol a hynafol o bysgod sydd â hanes hir a llawer o nodweddion diddorol. Mae eu hymddangosiad unigryw a'u gallu nofio wedi eu gwneud yn destun mytholeg a llên gwerin mewn llawer o ddiwylliannau. Mae llyswennod hefyd yn rhan bwysig o lawer o ecosystemau, ac mae eu sensitifrwydd i newidiadau yn eu hamgylchedd yn eu gwneud yn ddangosydd pwysig o ansawdd dŵr. At ei gilydd, mae llysywod yn rhywogaeth hynod ddiddorol a phwysig sy'n parhau i'n swyno a'n cyfareddu hyd heddiw.

71. cantroed

Mae nadroedd cantroed yn grŵp o arthropodau rheibus sy'n perthyn i'r dosbarth Chilopoda. Maent yn greaduriaid gwastad, hirgul sydd â chorff segmentiedig gyda phâr o goesau ynghlwm wrth bob segment. Mae'r enw nad oedd yn gantroed yn golygu 100 coes, ond mewn gwirionedd, mae gan y rhan fwyaf o rywogaethau rhwng 30 a 354 o goesau. Mae'r anifeiliaid hyn i'w cael yn gyffredin mewn sawl rhan o'r byd, gan gynnwys Gogledd America, De America, Ewrop, Asia ac Affrica. Maent yn aml yn gysylltiedig ag amgylcheddau llaith fel pridd, sbwriel dail, a than greigiau a boncyffion.

Nodweddion

Mae corff cantroed yn hir, yn gul ac yn wastad, gydag allsgerbwd caled sy'n ei amddiffyn rhag ysglyfaethwyr. Rhennir y corff yn segmentau, ac mae gan bob segment bâr o goesau ynghlwm wrtho. Gall nadroedd cantroed amrywio o ran maint o ychydig filimetrau i dros 30 centimetr o hyd. Mae gan y rhan fwyaf o nadroedd cantroed rhwng 15 a 177 segment, ac mae gan bob segment un pâr o goesau, ac eithrio'r segment cyntaf, sydd â phâr o fangiau gwenwynig.

Mae gan nadroedd cantroed bâr o antena ar eu pen, y maent yn eu defnyddio i synhwyro eu hamgylchedd. Mae ganddyn nhw hefyd bâr o fandibles maen nhw'n eu defnyddio i ddal ysglyfaeth a chwistrellu gwenwyn iddo. Mae gwenwyn nadroedd cantroed yn amrywio o ran cryfder yn dibynnu ar y rhywogaeth, ond gall fod yn boenus iawn i bobl. Mae gan nadroedd cantroed system resbiradol sy'n cynnwys sbiraglau sydd wedi'u lleoli ar ochrau eu corff. Mae ganddynt hefyd system cylchrediad y gwaed sy'n defnyddio calon syml i bwmpio gwaed trwy eu corff.

Mae nadroedd cantroed yn nosol ac fel arfer yn cuddio yn ystod y dydd, gan ddod allan gyda'r nos i hela ysglyfaeth. Maent yn gigysol a byddant yn bwyta bron unrhyw beth y gallant ei ddal, gan gynnwys pryfed, pryfed cop, ac arthropodau bach eraill.

Tarddiad

Mae gan nadroedd cantroed hanes esblygiadol hir, gyda ffosilau yn dyddio'n ôl i ddiwedd y cyfnod Silwraidd, tua 420 miliwn o flynyddoedd yn ôl. Credir eu bod wedi esblygu o grŵp o arthropodau morol o'r enw trilobitau, a ddiflannodd tua 250 miliwn o flynyddoedd yn ôl.

Mae nadroedd cantroed yn rhan o'r subffylum Myriapoda, sy'n cynnwys pedwar dosbarth: Chilopoda (neidr cantroed), Diplopoda (militroed), Pauropoda (pauropods), a Symphyla (symphylans). Credir bod myriapodau wedi tarddu o'r cyfnod Cambriaidd, tua 550 miliwn o flynyddoedd yn ôl.

Mae dros 8,000 o rywogaethau o nadroedd cantroed ledled y byd, ac maent i'w cael ar bob cyfandir ac eithrio Antarctica. Mae nadroedd cantroed yn arbennig o amrywiol mewn rhanbarthau trofannol, lle maent yn meddiannu amrywiaeth o gilfachau ecolegol.

Mathau o Gantroed

Mae llawer o wahanol fathau o nadroedd cantroed, ac maent yn amrywio o ran maint, lliw ac ymddygiad. Mae rhai o'r mathau mwyaf cyffredin o nadroedd cantroed yn cynnwys:

1. Cantroed Tai: Mae nadroedd cantroed tŷ yn nadroedd cantroed bach sy'n symud yn gyflym ac a geir yn aml mewn cartrefi. Mae ganddyn nhw gorff melyn golau neu liw haul gyda streipiau tywyll a gallant dyfu hyd at 1.5 modfedd o hyd. Mae nadroedd cantroed yn y nos ac yn bwydo ar bryfed, pryfed cop ac arthropodau bach eraill.

2. Cantroed Cawr: Mae nadroedd cantroed enfawr yn rhai o'r rhywogaethau mwyaf o nadroedd cantroed, gyda rhai rhywogaethau'n tyfu hyd at 30 centimetr o hyd. Fe'u ceir mewn rhanbarthau trofannol ac maent yn adnabyddus am eu gwenwyn cryf, y maent yn eu defnyddio i ddarostwng ysglyfaeth.

3. Cantroed Anialwch: Mae nadroedd cantroed yr anialwch i'w cael mewn ardaloedd cras ac maent wedi addasu i oroesi mewn amodau poeth a sych. Maent fel arfer yn welw eu lliw a gallant dyfu hyd at 20 centimetr o hyd. Mae nadroedd cantroed yr anialwch yn nosol ac yn bwydo ar bryfed, pryfed cop, ac arthropodau eraill sy'n weithgar yn y nos.

4. Cantroed Cerrig: Mae nadroedd cantroed carreg yn fach, fel arfer yn llai nag 1 fodfedd o hyd, ac i'w canfod o dan greigiau ac mewn pridd. Mae ganddyn nhw gorff tywyll, sgleiniog gyda choesau melynaidd ac antena.

Mae nadroedd cantroed carreg yn nosol ac yn bwydo ar bryfed bach ac arthropodau eraill.

5. Nadroedd Trofannol: Mae cantroediaid trofannol i'w cael mewn fforestydd glaw a rhanbarthau trofannol eraill ledled y byd. Gallant dyfu hyd at 25 centimetr o hyd ac maent yn adnabyddus am eu gwenwyn cryf, y maent yn ei ddefnyddio i ddal ysglyfaeth.

6. Cantroed y Pridd: Mae nadroedd cantroed y pridd i'w cael yn nodweddiadol mewn pridd a sbwriel dail, lle maen nhw'n hela am bryfed bach ac arthropodau eraill. Maent fel arfer yn llai nag 1 modfedd o hyd ac mae ganddynt gorff brown gyda choesau melynaidd ac antena.

7. Cantroed Ddŵr: Mae nadroedd cantroed i'w cael mewn nentydd a phyllau dŵr croyw ac maent wedi addasu i fyw mewn amgylcheddau dyfrol. Mae ganddynt gorff gwastad gyda choesau hir, main ac fel arfer maent yn llai na 2 fodfedd o hyd. Mae nadroedd cantroed y dŵr yn bwydo ar anifeiliaid dyfrol bach, fel pryfed, cramenogion a molysgiaid.

Ymddygiad

Mae nadroedd cantroed yn anifeiliaid unigol ac nid ydynt fel arfer yn rhyngweithio ag eraill o'u rhywogaeth, ac eithrio yn ystod paru. Maent yn nosol ac yn treulio'r dydd yn cuddio mewn lleoedd tywyll, llaith, fel o dan greigiau, boncyffion, neu mewn pridd.

Mae nadroedd cantroed yn gigysol ac yn bwydo ar bryfed, pryfed cop, ac arthropodau bach eraill. Defnyddiant eu gwyntoedd gwenwynig i ddal a darostwng ysglyfaeth cyn ei fwyta. Mae'n hysbys bod rhai rhywogaethau mwy o nadroedd cantroed yn ysglyfaethu ar fertebratau bach, fel madfallod, adar a llygod.

Mae nadroedd cantroed yn ysglyfaethwyr cyflym ac ystwyth, sy'n gallu dal ysglyfaeth llawer mwy na nhw eu hunain. Gallant hefyd symud yn gyflym i osgoi ysglyfaethwyr, fel adar a mamaliaid bach.

Mae gan nadroedd cantroed system nerfol syml ac nid oes ganddynt ymennydd. Yn lle hynny, maent yn dibynnu ar ganglia sydd wedi'u lleoli ledled eu corff i brosesu gwybodaeth a chydlynu symudiadau.

Mae nadroedd cantroed yn gallu adfywio coesau coll, ond mae'r coesau wedi'u hadfywio yn aml yn fyrrach ac yn deneuach na'r coesau gwreiddiol.

Atgynhyrchu

Mae nadroedd cantroed yn atgenhedlu'n rhywiol, gyda gwrywod yn dyddodi pecyn o sberm o'r enw sbermatoffor ar y ddaear, y mae'r fenyw yn ei godi gyda'i hagoriad gwenerol. Yna mae'r fenyw yn dodwy wyau, y mae hi'n eu hamddiffyn nes eu bod yn deor yn nadroedd cantroed bach, anaeddfed.

Mae'r nadroedd cantroed ifanc yn mynd trwy gyfres o foltiau wrth iddynt dyfu a datblygu'n oedolion. Mae nifer y molts yn amrywio yn dibynnu ar y rhywogaeth, ond gall amrywio o 5 i dros 20.

Mae rhai rhywogaethau o nadroedd cantroed yn adnabyddus am eu hymddygiad atgenhedlu anarferol, fel y nadroedd cantroed enfawr Scolopendra gigantea, a welwyd yn paru cymunedol. Yn yr ymddygiad hwn, bydd dynion lluosog yn paru ag un fenyw, a bydd y gwrywod hyd yn oed yn cynorthwyo i ofalu am yr ifanc.

Gwenwyn

Mae nadroedd cantroed yn adnabyddus am eu gwenwyn cryf, y maent yn eu defnyddio i ddal a darostwng ysglyfaeth. Mae gwenwyn nadroedd cantroed yn amrywio o ran cryfder yn dibynnu ar y rhywogaeth, ond gall fod yn boenus iawn i bobl. Gall rhai rhywogaethau, fel y nadroedd cantroed enfawr, hyd yn oed fod yn farwol i bobl.

Mae gwenwyn nadroedd cantroed yn cynnwys amrywiaeth o docsinau, gan gynnwys ensymau sy'n torri meinweoedd yr ysglyfaeth i lawr, a niwrotocsinau sy'n effeithio ar system nerfol yr ysglyfaeth. Mae gan rai rhywogaethau hefyd hemotocsinau sy'n effeithio ar bibellau gwaed yr ysglyfaeth.

Pan fydd nadroedd cantroed yn brathu bod dynol, gall achosi poen dwys, chwyddo a chochni ar safle'r brathiad. Mewn rhai achosion, gall y boen belydru i rannau eraill o'r corff ac achosi twymyn, oerfel a chyfog.

Er nad yw gwenwyn y rhan fwyaf o nadroedd cantroed yn angheuol i fodau dynol, mae rhai rhywogaethau a all fod yn farwol. Mae'r rhywogaethau mwyaf peryglus i'w cael mewn rhanbarthau trofannol, fel y nadroedd cantroed enfawr Scolopendra gigantea, sy'n gallu tyfu hyd at 30 centimetr o hyd ac y gwyddys ei fod yn lladd mamaliaid bach ac adar. Gellir trin brathiadau cantroed gyda chyffuriau lladd poen a gwrth-histaminau i leihau chwyddo a phoen. Mewn achosion difrifol, efallai y bydd angen antivenom i wrthweithio effeithiau'r gwenwyn.

Tarddiad ac Esblygiad

Mae nadroedd cantroed yn rhan o'r ffylwm arthropod, sydd hefyd yn cynnwys pryfed, pryfed cop, a chramenogion. Mae'r ffosiliau cantroed cyntaf y gwyddys amdanynt yn dyddio'n ôl i'r cyfnod Silwraidd, dros 420 miliwn o flynyddoedd yn ôl.

Credir bod nadroedd cantroed wedi esblygu o grŵp hynafol o arthropodau morol o'r enw'r trilobitau, a oedd yn byw dros 500 miliwn o flynyddoedd yn ôl. Mae'n debyg bod y nadroedd cantroed cynharaf yn edrych yn debyg i nadroedd cantroed heddiw, gyda chyrff hir, segmentiedig a choesau niferus.

Dros amser, datblygodd nadroedd cantroed amrywiaeth o addasiadau a oedd yn caniatáu iddynt ffynnu mewn gwahanol amgylcheddau, gan gynnwys addasiadau ar gyfer tyllu, nofio, a byw mewn amgylcheddau cras. Heddiw, mae dros 8,000 o rywogaethau o nadroedd cantroed i'w cael ledled y byd, pob un wedi addasu i'w gilfach unigryw ei hun.

Nodweddion

Nodweddir nadroedd cantroed gan eu cyrff hir, segmentiedig a choesau niferus. Mae ganddyn nhw bâr o fangiau gwenwynig y maen nhw'n eu defnyddio i ddal a darostwng ysglyfaeth, yn ogystal â nifer o barau o goesau y maen nhw'n eu defnyddio ar gyfer cerdded a rhedeg.

Mae gan nadroedd cantroed system nerfol syml ac nid oes ganddynt ymennydd. Yn lle hynny, maent yn dibynnu ar ganglia sydd wedi'u lleoli ledled eu corff i brosesu gwybodaeth a chydlynu symudiadau.

Mae'r rhan fwyaf o rywogaethau nadroedd cantroed yn nosol ac yn treulio'r diwrnod yn cuddio mewn mannau tywyll, llaith. Maent yn gigysol ac yn bwydo ar bryfed, pryfed cop, ac arthropodau bach eraill.

Mae nadroedd cantroed yn atgenhedlu'n rhywiol ac yn mynd trwy gyfres o foltiau wrth iddynt dyfu a datblygu'n oedolion. Mae'r nadroedd cantroed ifanc fel arfer yn llai ac mae ganddynt lai o goesau na'r oedolion. Mae gwenwyn nadroedd cantroed yn amrywio o ran cryfder yn dibynnu ar y rhywogaeth, ond gall fod yn boenus iawn i bobl. Er nad yw gwenwyn y rhan fwyaf o nadroedd cantroed yn angheuol i fodau dynol, mae rhai rhywogaethau a all fod yn farwol.

I gloi, mae nadroedd cantroed yn arthropodau hynod ddiddorol ac wedi'u haddasu'n fawr sydd i'w cael ledled y byd. Mae ganddynt hanes esblygiadol hir ac maent wedi esblygu amrywiaeth o addasiadau sy'n caniatáu iddynt ffynnu mewn gwahanol amgylcheddau.

Er bod nadroedd cantroed yn cael eu hystyried yn gyffredinol yn ddiniwed i bobl, gall eu gwenwyn cryf achosi poen ac anghysur dwys. Fel gydag unrhyw anifail gwyllt, mae'n bwysig bod yn ofalus wrth ddod ar draws nadroedd cantroed a cheisio sylw meddygol os caiff ei frathu.

Yn gyffredinol, mae nadroedd cantroed yn rhan bwysig o'r ecosystem ac yn chwarae rhan bwysig wrth reoli poblogaethau o bryfed ac arthropodau eraill.

72. Clownfish

Mae pysgod clown, a elwir hefyd yn anemonefish, yn rhywogaeth lliwgar a phoblogaidd o bysgod dŵr halen sy'n frodorol i riffiau cwrel y Môr Tawel a Chefnfor India. Mae'r pysgod hyn yn adnabyddus am eu lliwiau llachar, eu patrymau unigryw, a'u perthynas symbiotig ag anemonïau môr.

Tarddiad

Mae pysgod clown yn rhan o'r teulu Pomacentridae, sy'n cynnwys dros 500 o rywogaethau o bysgod a geir ledled y byd. Mae ffosiliau hysbys cyntaf y teulu hwn yn dyddio'n ôl i'r cyfnod Eocene, dros 50 miliwn o flynyddoedd yn ôl.

Credir bod clownfish wedi esblygu yn nyfroedd cynnes y rhanbarth Indo-Môr Tawel, lle maent wedi addasu i fyw yn amgylchedd cymhleth a pheryglus riffiau cwrel.

Nodweddion

Pysgod bach yw clownfish sydd fel arfer yn tyfu i fod rhwng 2 a 5 modfedd o hyd. Mae ganddynt siâp corff nodedig, gyda chorff cywasgedig a phen crwn. Mae ganddyn nhw hefyd geg fach sy'n wynebu i lawr ac un asgell ddorsal.

Mae clownfish yn enwog am eu lliwiau llachar, sy'n cynnwys arlliwiau o oren, melyn a choch, yn ogystal â streipiau du a gwyn. Mae lliw clownfish yn amrywio rhwng rhywogaethau, ac mae rhai rhywogaethau yn fwy llachar nag eraill.

Yn ogystal â'u lliw trawiadol, mae gan bysgod clown hefyd berthynas unigryw ag anemonïau môr. Mae'r pysgod hyn yn byw ymhlith tentaclau pigo anemonïau, sy'n eu diogelu rhag ysglyfaethwyr. Mae'r pysgod clown yn imiwn i bigiad yr anemoni, ac maen nhw hefyd yn helpu i lanhau'r anemone trwy gael gwared ar barasitiaid a malurion.

Ymddygiad

Mae clownfish yn anifeiliaid cymdeithasol sy'n byw mewn grwpiau bach o'r enw harems. Mae pob harem fel arfer yn cynnwys menyw dominyddol, gwryw llai, a sawl person ifanc. Y fenyw yw aelod mwyaf a mwyaf ymosodol y grŵp, a hi sy'n gyfrifol am amddiffyn y diriogaeth rhag tresmaswyr.

Mae clownfish hefyd yn adnabyddus am eu hymddygiad paru unigryw. Pan fydd y fenyw yn barod i ddodwy ei hwyau, bydd yn dewis lleoliad addas ger yr anemone ac yn glanhau'r wyneb â'i cheg. Bydd y gwryw wedyn yn ffrwythloni'r wyau, a bydd y ddau riant yn cydweithio i amddiffyn y nyth a chadw'r wyau'n lân.

Cynefin

Mae clownfish i'w cael yn nyfroedd cynnes, bas y rhanbarth Indo-Môr Tawel, gan gynnwys riffiau cwrel Awstralia, Indonesia, a'r Philipinau. Mae'r pysgod hyn wedi addasu'n fawr i fyw yn amgylchedd cymhleth a pheryglus riffiau cwrel, lle maent wedi datblygu amrywiaeth o addasiadau i'w helpu i oroesi.

Mae clownfish i'w cael yn fwyaf cyffredin ymhlith tentaclau pigog yr anemonïau môr. Gallant gydfodoli â'r anifeiliaid hyn trwy gynhyrchu haenen fwcws sy'n eu hamddiffyn rhag pigiad yr anemoni.

Deiet

Mae clownfish yn hollysol ac yn bwydo ar amrywiaeth o organebau bach, gan gynnwys algâu, sŵoplancton, ac infertebratau bach. Maent hefyd yn chwilota am fwyd ar lawr y riff, gan fwyta darnau o ddeunydd sy'n pydru a malurion eraill.

Statws Cadwraeth

Ar hyn o bryd mae clownfish wedi'u rhestru fel rhywogaeth sy'n peri'r pryder lleiaf gan yr Undeb Rhyngwladol dros Gadwraeth Natur (IUCN). Fodd bynnag, maent yn wynebu nifer o fygythiadau, gan gynnwys colli cynefinoedd, gorbysgota, ac effeithiau newid yn yr hinsawdd.

Mae dinistrio riffiau cwrel oherwydd llygredd a gweithgaredd dynol yn un o'r bygythiadau mwyaf i oroesiad pysgod clown. Mae'r pysgod hyn yn dibynnu ar ecosystem gymhleth a bregus y riff cwrel ar gyfer bwyd a lloches, a gall unrhyw ddifrod i'r amgylchedd hwn gael canlyniadau difrifol i'w goroesiad.

I gloi, mae pysgod clown yn rhywogaeth hynod ddiddorol a hardd o bysgod sydd wedi dal sylw pobl ledled y byd. Mae eu lliwiau unigryw, patrymau, a pherthynas symbiotig ag anemonïau môr yn eu gwneud yn ffefryn ymhlith selogion acwariwm a phobl sy'n caru natur fel ei gilydd.

Er gwaethaf eu poblogrwydd, mae pysgod clown yn wynebu nifer o fygythiadau i'w goroesiad, gan gynnwys colli cynefinoedd, gorbysgota, ac effeithiau newid yn yr hinsawdd. Mae'n bwysig inni gymryd camau i warchod y pysgod hyn a'u hecosystemau creigresi cwrel bregus, fel y gall cenedlaethau'r dyfodol barhau i fwynhau eu harddwch a'u rhyfeddod.

Ar y cyfan, mae pysgod clown yn enghraifft anhygoel o amrywiaeth ac addasrwydd bywyd yn y môr. Trwy eu hymddygiad unigryw, cynefin, a pherthynas â rhywogaethau eraill, maent yn ein hatgoffa o gymhlethdod anhygoel a rhyng-gysylltiad byd natur.

Mae chwilod duon yn un o'r pryfed mwyaf cyffredin a gwydn a geir mewn cartrefi ac adeiladau ledled y byd. Mae'r pryfed hyn yn adnabyddus am eu gallu i oroesi mewn amodau garw, yn ogystal â'u cysylltiad â budreddi ac afiechyd.

Tarddiad

Mae chwilod duon yn rhan o'r urdd Blattodea, sy'n cynnwys dros 4,500 o rywogaethau o bryfed a geir ledled y byd. Mae tystiolaeth ffosil yn dangos bod chwilod duon wedi bod o gwmpas ers o leiaf 320 miliwn o flynyddoedd, gan eu gwneud yn un o'r grwpiau hynaf a mwyaf llwyddiannus o bryfed ar y blaned.

Nodweddion

Mae chwilod duon yn bryfed gyda chorff gwastad, antena hir, a chwe choes. Maent yn amrywio o ran maint o lai na modfedd i dros 2 fodfedd o hyd. Mae'r rhan fwyaf o rywogaethau chwilod duon yn frown neu'n ddu, er bod gan rai rhywogaethau liwiau neu batrymau llachar.

Mae gan chwilod duon allsgerbwd caled sy'n eu hamddiffyn rhag ysglyfaethwyr a straen amgylcheddol. Mae ganddynt adenydd hefyd, er na all pob rhywogaeth hedfan.

Ymddygiad

Mae chwilod duon yn bryfed nosol yn bennaf, sy'n golygu eu bod yn actif yn y nos ac yn gorffwys yn ystod y dydd. Maent hefyd yn gymdeithasol iawn, yn aml yn byw mewn grwpiau mawr ac yn cyfathrebu â'i gilydd trwy fferomonau a signalau eraill.

Mae chwilod duon yn sborionwyr, yn bwydo ar amrywiaeth o ddeunyddiau organig, gan gynnwys sbarion bwyd, pryfed marw, a hyd yn oed feces. Maent yn cael eu denu i amgylcheddau cynnes, tywyll a llaith, fel ceginau, ystafelloedd ymolchi ac isloriau.

Cynefin

Mae chwilod duon i'w cael ledled y byd, ond fe'u ceir amlaf mewn amgylcheddau cynnes, llaith, megis rhanbarthau trofannol ac isdrofannol. Maent hefyd i'w cael yn gyffredin mewn strwythurau dynol, megis cartrefi, adeiladau fflatiau, a bwytai.

Mae chwilod duon yn gallu addasu i ystod eang o amodau amgylcheddol, gan eu gwneud yn addas iawn ar gyfer goroesi mewn amgylcheddau trefol. Gallant oroesi am gyfnodau hir heb fwyd na dŵr, a gallant hyd yn oed oroesi amlygiad i ymbelydredd.

Deiet

Mae chwilod duon yn sborionwyr, yn bwydo ar amrywiaeth o ddeunyddiau organig, gan gynnwys sbarion bwyd, pryfed marw, a hyd yn oed feces. Maent yn cael eu denu i amgylcheddau cynnes, tywyll a llaith, fel ceginau, ystafelloedd ymolchi ac isloriau.

Effaith ar Iechyd Dynol

Gwyddys bod chwilod duon yn cludo bacteria, firysau a phathogenau eraill a all achosi amrywiaeth o afiechydon mewn pobl. Gallant hefyd achosi alergeddau ac asthma mewn unigolion sy'n agored i niwed.

Mae heigiadau chwilod duon yn berygl iechyd difrifol, a gallant arwain at halogi bwyd a lledaenu clefydau. Maent hefyd yn gysylltiedig ag amodau byw afiach a hylendid gwael, ac fe'u hystyrir yn aml fel arwydd o esgeulustod a chadw tŷ gwael.

Rheoli ac Atal

Y ffordd orau o reoli ac atal plâu o chwilod duon yw trwy arferion glanweithdra da a dileu pwyntiau mynediad posibl. Mae hyn yn cynnwys selio craciau ac agennau, cael gwared ar ffynonellau bwyd a dŵr, a chadw mannau byw yn lân ac yn rhydd o annibendod.

Gall pryfleiddiaid a thriniaethau cemegol eraill fod yn effeithiol wrth reoli poblogaethau chwilod duon, ond dylid eu defnyddio gyda gofal a dim ond pan fetho popeth arall. Gall gorddefnydd o'r cemegau hyn arwain at ddatblygiad poblogaethau ymwrthol a gall arwain at ganlyniadau amgylcheddol anfwriadol.

I gloi, mae chwilod duon yn grŵp hynod hyblyg a gwydn o bryfed sydd wedi bod o gwmpas ers miliynau o flynyddoedd. Er eu bod yn chwarae rhan bwysig yn yr ecosystem fel sborionwyr a dadelfenyddion, maent hefyd yn gysylltiedig â chlefyd, amodau byw afiach, a hylendid gwael.

Trwy ddeall ymddygiad, cynefin, a bioleg chwilod duon, gallwn gymryd camau i atal a rheoli plâu, tra hefyd yn lleihau ein heffaith ar yr amgylchedd. Arferion glanweithdra da a dileu pwyntiau mynediad posibl yw'r ffyrdd mwyaf effeithiol o reoli poblogaethau chwilod duon, tra mai dim ond pan fetho popeth arall y dylid defnyddio pryfleiddiaid a thriniaethau cemegol eraill.

Yn gyffredinol, er y gall chwilod duon fod yn niwsans ac yn berygl i iechyd, maent hefyd yn enghraifft hynod ddiddorol a gwydn o amrywiaeth bywyd ar y Ddaear. Trwy eu strategaethau addasrwydd a goroesi, maent yn ein hatgoffa o bwysigrwydd gwydnwch ac addasu yn wyneb newid amgylcheddol.

74. Coyote

Cŵn gwyllt canolig eu maint yw coyotes a geir ledled Gogledd a Chanolbarth America. Maent yn adnabyddus am eu gallu i addasu a'u gwydnwch, yn ogystal â'u lleisiau udo nodedig.

Tarddiad

Mae coyotes yn perthyn i'r genws Canis, sydd hefyd yn cynnwys bleiddiaid, cŵn domestig, a chanidiaid gwyllt eraill. Credir bod hynafiad cyffredin coyotes a bleiddiaid wedi byw yn Ewrasia tua miliwn o flynyddoedd yn ôl, gyda coyotes yn dargyfeirio oddi wrth fleiddiaid tua 1.3 miliwn o flynyddoedd yn ôl.

Mae Coyotes yn frodorol i Ogledd a Chanol America, gyda'u dosbarthiad yn ymestyn o Alaska i Panama.

Nodweddion

Cŵn canolig eu maint yw coyotes, gyda thrwyn hir, cul, clustiau codi a chynffon lwynog. Maent yn amrywio o ran maint o 32 i 37 modfedd o hyd ac yn pwyso rhwng 20 a 50 pwys.

Mae gan coyotes amrywiaeth o liwiau cotiau, yn amrywio o frown llwyd i frown cochlyd, gyda ffwr ysgafnach ar eu boliau a'u gwddf. Maent yn adnabyddus am eu clyw craff a synnwyr arogli craff, yn ogystal â'u gallu i redeg ar gyflymder o hyd at 40 milltir yr awr.

Ymddygiad

Mae coyotes yn ysglyfaethwyr hynod hyblyg a manteisgar, sy'n gallu hela amrywiaeth eang o ysglyfaeth, gan gynnwys cnofilod, cwningod, adar, a hyd yn oed ceirw. Maent hefyd yn sborionwyr, yn bwydo ar garion a sothach pan fo bwyd yn brin.

Anifeiliaid cymdeithasol yw coyotes, sy'n byw mewn grwpiau teulu neu becynnau sydd fel arfer yn cynnwys pâr sy'n paru a'u plant. Maent yn cyfathrebu â'i gilydd trwy amrywiaeth o leisio, gan gynnwys rhisgl, yips, a udo.

Cynefin

Mae coyotes i'w cael ledled Gogledd a Chanolbarth America, yn amrywio o dwndra'r Arctig i anialwch Mecsico. Maent yn hynod hyblyg a gallant ffynnu mewn amrywiaeth o gynefinoedd, gan gynnwys coedwigoedd, glaswelltiroedd ac ardaloedd trefol.

Mae coyotes fel arfer yn gwneud eu cuddfannau mewn tyllau, boncyffion gwag, neu geudodau naturiol eraill, a gallant hefyd ddefnyddio adeiladau wedi'u gadael neu strwythurau eraill o waith dyn fel lloches.

Deiet

Mae coyotes yn ysglyfaethwyr manteisgar, yn bwydo ar amrywiaeth eang o ysglyfaeth, gan gynnwys cnofilod, cwningod, adar, a hyd yn oed ceirw. Maent hefyd yn sborionwyr, yn bwydo ar garion a sothach pan fo bwyd yn brin.

Mae'n hysbys hefyd bod coyotes yn bwyta ffrwythau, aeron, a deunydd planhigion arall, a gallant ategu eu diet â phryfed ac infertebratau eraill.

Effaith ar Ecosystemau

Mae coyotes yn chwarae rhan bwysig yn yr ecosystemau y maent yn byw ynddynt, gan wasanaethu fel ysglyfaethwyr ac ysglyfaeth. Fel ysglyfaethwyr, maent yn helpu i reoli poblogaethau o gnofilod a mamaliaid bach eraill, a all gael effaith sylweddol ar dyfiant planhigion ac ansawdd y pridd.

Mae coyotes hefyd yn ffynhonnell bwysig o fwyd i ysglyfaethwyr eraill, fel bleiddiaid, cougars, ac eryrod. Gwyddys eu bod yn cystadlu â bleiddiaid am ysglyfaeth mewn rhai ardaloedd, a gallant hefyd ysglyfaethu ar dda byw ac anifeiliaid anwes pan fo bwyd yn brin.

Effaith ar Gymunedau Dynol

Mae coyotes yn aml yn cael eu hystyried yn niwsans ac yn fygythiad i gymunedau dynol, yn enwedig mewn ardaloedd trefol a maestrefol. Gallant ysglyfaethu anifeiliaid anwes a da byw, cyrch caniau sbwriel, ac achosi difrod i eiddo.

Gwyddys hefyd bod coyotes yn cario afiechydon y gellir eu trosglwyddo i bobl ac anifeiliaid anwes, megis y gynddaredd, clefyd Lyme, ac Ehrlichiosis.

Rheoli ac Atal

Y ffordd orau o atal gwrthdaro â coyotes yw lleihau eu mynediad at fwyd a lloches. Mae hyn yn cynnwys diogelu caniau sbwriel, tynnu bwyd anifeiliaid anwes o ardaloedd awyr agored, a chadw anifeiliaid anwcs ar dennyn neu dan do.

Mewn ardaloedd lle mae poblogaethau coyotes yn uchel, efallai y bydd angen gweithredu mesurau rheoli mwy ymosodol, megis trapio neu hela. Fodd bynnag, dim ond pan fetho popeth arall y dylid defnyddio'r dulliau hyn, gan y gallant fod yn ddadleuol a chael canlyniadau ecolegol posibl.

Statws Cadwraeth

Nid yw coyotes ar hyn o bryd yn cael eu hystyried dan fygythiad neu dan fygythiad, ac mae eu poblogaethau yn gyffredinol sefydlog trwy lawer o'u hystod. Fodd bynnag, adroddwyd am ostyngiadau lleol mewn poblogaethau coyotes mewn rhai ardaloedd oherwydd colli cynefinoedd, afiechyd ac erledigaeth ddynol.

Yn ystod y blynyddoedd diwethaf, mae coyotes wedi ehangu eu hystod i ardaloedd newydd, gan gynnwys ardaloedd trefol a maestrefol, lle gallant wynebu mwy o erledigaeth a darnio cynefinoedd.

I gloi, mae coyotes yn gwn hynod hyblyg a gwydn sy'n chwarae rhan bwysig yn yr ecosystemau y maent yn byw ynddynt. Er y gellir eu hystyried yn niwsans ac yn fygythiad i gymunedau dynol, maent hefyd yn rhan bwysig o'r byd naturiol ac yn gwasanaethu fel ysglyfaethwyr ac ysglyfaeth.

Trwy ddeall eu hymddygiad, eu cynefin, a'u heffaith ar ecosystemau a chymunedau dynol, gallwn weithio tuag at leihau gwrthdaro a chadw eu rôl yn y byd naturiol.

75. Crocodeil

Mae crocodeiliaid yn ymlusgiaid cigysol mawr sydd wedi bod o gwmpas ers miliynau o flynyddoedd. Maent yn adnabyddus am eu genau pwerus, croen caled, a chryfder anhygoel.

Tarddiad

Crocodeiliaid yw un o'r grwpiau hynaf o ymlusgiaid, gyda'u tarddiad yn dyddio'n ôl i'r cyfnod Triasig Diweddar, tua 230 miliwn o flynyddoedd yn ôl. Maent yn perthyn i'r teulu Crocodylidae, sydd hefyd yn cynnwys aligatoriaid a chaimaniaid.

Mae 23 rhywogaeth o grocodeiliaid, i'w cael mewn gwahanol ranbarthau o gwmpas y byd, gan gynnwys Affrica, Asia, Awstralia, a'r Americas.

Nodweddion

Mae crocodeiliaid yn ymlusgiaid mawr, wedi'u hadeiladu'n drwm, gyda chynffon hir, bwerus, pedair coes fer, a thrwyn llydan, gwastad. Maent yn amrywio o ran maint o'r crocodeil corrach, sy'n mesur ychydig dros 4 troedfedd o hyd, i'r crocodeil dŵr hallt, sy'n gallu tyfu hyd at 23 troedfedd o hyd a phwyso dros dunnell.

Mae gan grocodeiliaid groen caled, cennog sydd wedi'i orchuddio â phlatiau esgyrnog o'r enw osteoderms, sy'n amddiffyn rhag ysglyfaethwyr ac yn helpu i reoleiddio tymheredd y corff. Mae ganddynt hefyd enau pwerus, gyda dannedd miniog sy'n cael eu disodli'n barhaus trwy gydol eu hoes.

Ymddygiad

Mae crocodeiliaid yn ymlusgiaid gwaed oer sy'n dibynnu ar ffynonellau allanol o wres i reoli tymheredd eu corff. Maent hefyd yn ysglyfaethwyr manteisgar, yn bwydo ar amrywiaeth eang o ysglyfaeth, gan gynnwys pysgod, adar, mamaliaid, a hyd yn oed crocodeiliaid eraill.

Mae crocodeiliaid yn adnabyddus am eu cryfder anhygoel a'u hymddygiad, ac maent yn gallu ymosod a lladd bodau dynol os cânt eu pryfocio. Maent hefyd yn anifeiliaid cymdeithasol, yn byw mewn grwpiau o'r enw torheulo neu gynulleidfaoedd, yn enwedig yn ystod y tymor paru.

Cynefin

Mae crocodeiliaid i'w cael mewn amrywiaeth o gynefinoedd, gan gynnwys afonydd, llynnoedd, corsydd ac aberoedd. Mae angen dŵr cynnes, bas arnynt i reoli tymheredd eu corff, yn ogystal â safleoedd nythu addas ar gyfer eu hwyau.

Mae gwahanol rywogaethau o grocodeiliaid wedi addasu i wahanol fathau o gynefinoedd, gyda rhai yn byw mewn cynefinoedd dŵr croyw, tra bod eraill yn byw mewn amgylcheddau dŵr halen.

Deiet

Mae crocodeiliaid yn ysglyfaethwyr manteisgar, yn bwydo ar amrywiaeth eang o ysglyfaeth, gan gynnwys pysgod, adar, mamaliaid, a hyd yn oed crocodeiliaid eraill. Gwyddys hefyd eu bod yn chwilota ar forynnod ac yn bwyta planhigion weithiau.

Mae crocodeiliaid yn defnyddio eu genau pwerus i gydio a dal ar eu hysglyfaeth, yna ei ysgwyd yn egnïol i dorri ei esgyrn a rhwygo darnau o gnawd i ffwrdd. Maent hefyd yn gallu storio bwyd yn eu stumogau am gyfnodau hir o amser, gan ganiatáu iddynt oroesi ar adegau o brinder bwyd.

Effaith ar Ecosystemau

Mae crocodeiliaid yn chwarae rhan bwysig yn yr ecosystemau y maent yn byw ynddynt, gan wasanaethu fel ysglyfaethwyr ac ysglyfaeth. Fel ysglyfaethwyr, maent yn helpu i reoli poblogaethau o bysgod ac organebau dyfrol eraill, a all gael effaith sylweddol ar iechyd ecosystemau dyfrol.

Mae crocodeiliaid hefyd yn ffynhonnell bwysig o fwyd i ysglyfaethwyr eraill, fel cathod mawr ac adar ysglyfaethus. Gwyddys eu bod yn cystadlu ag ysglyfaethwyr eraill am ysglyfaeth mewn rhai ardaloedd, a gallant hefyd ysglyfaethu ar dda byw ac anifeiliaid anwes pan fo bwyd yn brin.

Effaith ar Gymunedau Dynol

Mae crocodeiliaid yn aml yn cael eu hystyried yn fygythiad i gymunedau dynol, yn enwedig mewn ardaloedd lle gwyddys eu bod yn ymosod ar bobl ac yn eu lladd. Gallant hefyd ysglyfaethu da byw ac anifeiliaid anwes, a gallant achosi difrod i gnydau ac eiddo.

Mewn rhai ardaloedd, mae crocodeiliaid yn cael eu hela am eu croen a'u cig, sydd wedi arwain at ddirywiad yn eu poblogaethau. Maent hefyd yn cael eu bygwth gan golli cynefinoedd a llygredd, yn enwedig mewn ardaloedd trefol.

Statws Cadwraeth

Mae llawer o rywogaethau o grocodeiliaid wedi'u rhestru fel rhai sydd dan fygythiad neu mewn perygl oherwydd colli cynefinoedd, hela, a gweithgareddau dynol eraill. Mae'r Undeb Rhyngwladol dros Gadwraeth Natur (IUCN) wedi rhestru sawl rhywogaeth o grocodeiliaid naill ai'n agored i niwed, mewn perygl, neu mewn perygl difrifol.

Mewn ymateb i'r bygythiadau hyn, mae llawer o sefydliadau cadwraeth a llywodraethau wedi rhoi mesurau ar waith i amddiffyn poblogaethau crocodeil a'u cynefinoedd. Mae'r mesurau hyn yn cynnwys adfer cynefinoedd, ardaloedd gwarchodedig, a rheoliadau ar hela a masnachu mewn cynhyrchion crocodeil.

I gloi, mae crocodeiliaid yn anifeiliaid hynod ddiddorol a phwysig sydd wedi bod o gwmpas ers miliynau o flynyddoedd. Er eu bod yn aml yn cael eu hystyried yn beryglus ac yn ymosodol, maent yn chwarae rhan hanfodol yn yr ecosystemau y maent yn byw ynddynt, ac maent yn rhan bwysig o lawer o ddiwylliannau a thraddodiadau ledled y byd.

Trwy ddeall eu hymddygiad, eu cynefin, a'u heffaith ar ecosystemau a chymunedau dynol, gallwn weithio tuag at leihau gwrthdaro a chadw eu rôl yn y byd naturiol. Trwy ymdrechion cadwraeth, gallwn sicrhau bod yr anifeiliaid hynod hyn yn parhau i ffynnu am genedlaethau i ddod.

76. Ci

Mae cŵn yn un o'r anifeiliaid domestig mwyaf annwyl a phoblogaidd yn y byd. Maent yn adnabyddus am eu teyrngarwch, eu deallusrwydd, a'u natur serchog, ac maent wedi'u bridio a'u hyfforddi at wahanol ddibenion, gan gynnwys cwmnïaeth, hela, bugeilio ac amddiffyn.

Tarddiad

Mae'r ci domestig (Canis lupus familiaris) yn isrywogaeth o'r blaidd llwyd (Canis lupus), a chredir ei fod yn ddisgynyddion i fleiddiaid a gafodd eu dofi gan bobl dros 15,000 o flynyddoedd yn ôl. Mae union wreiddiau dofi cŵn yn dal i fod yn destun dadl wyddonol, ond yn gyffredinol credir ei fod wedi digwydd mewn sawl lleoliad ledled y byd, gyda chŵn yn cael eu bridio a'u hyfforddi at wahanol ddibenion mewn diwylliannau gwahanol.

Ymddygiad

Mae cŵn yn anifeiliaid cymdeithasol sydd wedi esblygu i fyw a gweithio'n agos gyda bodau dynol. Maent yn adnabyddus am eu teyrngarwch, hoffter, a deallusrwydd, ac maent yn gallu dysgu a pherfformio amrywiaeth eang o dasgau, gan gynnwys ufudd-dod, olrhain, bugeilio, a chwilio ac achub.

Mae cŵn yn cyfathrebu â'i gilydd a chyda bodau dynol trwy amrywiaeth o leisio, iaith y corff ac arogleuon. Mae ganddyn nhw synnwyr arogli acíwt, ac fe'u defnyddir yn aml mewn gweithrediadau gorfodi'r gyfraith a milwrol i ganfod cyffuriau, ffrwydron, a chontraband arall.

Mae cŵn hefyd yn adnabyddus am eu gallu i ffurfio bondiau agos â'u cymdeithion dynol, ac yn aml yn cael eu cadw fel anifeiliaid anwes ar gyfer cwmnïaeth a chefnogaeth emosiynol.

Esblygiad

Credir bod cŵn wedi esblygu o fleiddiaid a gafodd eu dofi gan bobl dros filoedd o flynyddoedd. Roedd y broses hon o ddomestigeiddio yn cynnwys dewis nodweddion a oedd yn ddefnyddiol i bobl, megis teyrngarwch, ufudd-dod, a pharodrwydd i weithio.

Dros amser, roedd cŵn yn cael eu bridio at ddibenion penodol, megis hela, bugeilio a gwarchod. Arweiniodd hyn at ddatblygiad bridiau gwahanol gyda nodweddion corfforol ac ymddygiadol penodol.

Heddiw, mae dros 300 o wahanol fridiau o gwn, pob un â'i nodweddion a phersonoliaeth unigryw ei hun.

Bridiau

Daw cŵn mewn amrywiaeth eang o siapiau, meintiau a lliwiau, gyda gwahanol fridiau â nodweddion corfforol ac ymddygiadol gwahanol. Mae rhai o'r bridiau mwyaf poblogaidd yn cynnwys:

1. Labrador Retriever: Brîd cyfeillgar, egnïol sy'n boblogaidd am ei ddeallusrwydd a'i allu i hyfforddi.

2. German Shepherd: Brid ffyddlon ac amddiffynnol a ddefnyddir yn aml mewn gorfodi'r gyfraith a gweithrediadau milwrol.

3. Bulldog: Brîd cyhyrog a thyner sy'n adnabyddus am ei ystyfnigrwydd a'i natur serchog.

4. Golden Retriever: Brîd tyner a chyfeillgar sy'n boblogaidd am ei deyrngarwch a'i gariad at chwarae.

5. Pwdls: Brîd hynod ddeallus a hyfforddadwy sy'n dod mewn amrywiaeth o feintiau a mathau o gôt.

6. Beagle: Brîd cyfeillgar a chwilfrydig sy'n adnabyddus am ei synnwyr arogli rhagorol a'i gariad at hela.

Effaith ar Gymdeithas Ddynol

Mae cŵn wedi cael effaith sylweddol ar gymdeithas ddynol, gan wasanaethu fel cymdeithion, amddiffynwyr a gweithwyr. Fe'u defnyddiwyd ar gyfer hela, bugeilio a chludiant, ac maent wedi chwarae rhan bwysig mewn gorfodi'r gyfraith, gweithrediadau milwrol, ac ymdrechion chwilio ac achub.

Defnyddir cŵn hefyd mewn therapi a chymorth emosiynol, gan helpu pobl ag anableddau, problemau iechyd meddwl, a heriau eraill. Gwyddys eu bod yn darparu cysur a chwmnïaeth, a dangoswyd eu bod yn gwella hwyliau, yn lleihau straen, ac yn gwella cysylltiadau cymdeithasol.

Yn ogystal â'u buddion ymarferol ac emosiynol, mae cŵn hefyd wedi dod yn rhan bwysig o ddiwylliant ac adloniant poblogaidd. Maent wedi cael sylw mewn ffilmiau, sioeau teledu, a llyfrau, ac maent wedi dod yn symbolau o deyrngarwch, dewrder a chyfeillgarwch.

I gloi, mae cŵn yn anifeiliaid hynod ac annwyl sydd wedi chwarae rhan arwyddocaol yn y gymdeithas ddynol ers miloedd o flynyddoedd. Maent wedi esblygu i fyw a gweithio'n agos gyda bodau dynol, ac maent yn adnabyddus am eu teyrngarwch, hoffter a deallusrwydd. Trwy'r broses dofi a bridio detholus, mae cŵn wedi datblygu i fod yn fwy na 300 o fridiau gwahanol gyda nodweddion corfforol ac ymddygiadol unigryw.

Mae cŵn wedi cael effaith sylweddol ar gymdeithas ddynol, gan wasanaethu fel cymdeithion, amddiffynwyr a gweithwyr. Maent wedi cael eu defnyddio ar gyfer hela, bugeilio, cludo, a gwahanol fathau o waith. Yn ogystal, defnyddir cŵn yn aml mewn gorfodi'r gyfraith, gweithrediadau milwrol, ac ymdrechion chwilio ac achub.

Ar ben hynny, mae cŵn wedi dod yn rhan bwysig o therapi a chefnogaeth emosiynol i bobl ag anableddau, problemau iechyd meddwl, a heriau eraill. Dangoswyd eu bod yn darparu cysur a chwmnïaeth, ac fe'u defnyddiwyd i helpu pobl i oresgyn pryder ac iselder.

Yn gyffredinol, mae cŵn yn un o'r anifeiliaid domestig mwyaf annwyl a phoblogaidd yn y byd, sy'n adnabyddus am eu teyrngarwch, eu natur serchog, a'u gallu rhyfeddol i weithio a chyfathrebu â bodau dynol.

Mae gweision y neidr yn bryfed hynod ddiddorol sy'n perthyn i'r urdd Odonata, sydd hefyd yn cynnwys mursennod. Maent i'w cael ledled y byd ac yn adnabyddus am eu lliwiau trawiadol, eu cyrff main, a'u hadenydd cywrain. Mae gan weision y neidr hanes hir, yn dyddio'n ôl filiynau o flynyddoedd, ac maent wedi chwarae rhan bwysig mewn amrywiol ddiwylliannau a mytholegau.

Tarddiad ac Esblygiad

Mae gweision y neidr yn un o'r pryfed hynaf, gyda ffosilau'n dyddio'n ôl i'r cyfnod Carbonifferaidd, dros 300 miliwn o flynyddoedd yn ôl. Esblygodd o grŵp o bryfed hynafol o'r enw Protodonata, a oedd â lled adenydd hyd at 70 cm. Dros amser, cafodd gweision y neidr sawl newid yn eu hanatomeg, gan gynnwys datblygiad gwythiennau adenydd cymhleth, a oedd yn caniatáu iddynt hedfan gydag ystwythder a chyflymder anhygoel.

Nodweddion Corfforol

Mae gweision y neidr yn bryfed mawr, gyda lled adenydd rhai rhywogaethau hyd at 15 cm. Mae ganddyn nhw gyrff hir, main sydd wedi'u rhannu'n dri segment gwahanol: y pen, y thoracs a'r abdomen. Mae gan y pen ddau lygaid cyfansawdd mawr sy'n darparu gweledigaeth ardderchog, yn ogystal â thri llygad bach syml sy'n canfod golau a thywyllwch. Mae gan weision y neidr bâr o antena hefyd, a ddefnyddir i synhwyro eu hamgylchedd.

Un o nodweddion mwyaf trawiadol gwas y neidr yw eu hadenydd. Mae adenydd gwas y neidr yn denau ac yn dryloyw, gyda rhwydwaith o wythiennau sy'n cynnal a sefydlogrwydd. Maent hefyd yn gallu cyflymder anhygoel ac ystwythder yn yr awyr, gan ganiatáu iddynt hedfan i bob cyfeiriad a newid cyfeiriad yn gyflym.

Mae gweision y neidr yn dod mewn amrywiaeth eang o liwiau a phatrymau, o las llachar a gwyrdd i frown a llwyd mwy tawel. Gall y lliwiau a'r patrymau amrywio yn dibynnu ar y rhywogaeth a gallant newid hefyd wrth i was y neidr aeddfedu.

Ymddygiad a Chynefin

Mae gweision y neidr i'w cael mewn amrywiaeth o gynefinoedd, gan gynnwys llynnoedd dŵr croyw, pyllau, nentydd a gwlyptiroedd. Maent ar eu mwyaf actif yn ystod y dydd a gellir eu gweld yn aml yn hedfan dros y dŵr neu'n gorwedd ar lystyfiant ger ymyl y dŵr. Mae gweision y neidr yn ysglyfaethwyr, yn bwydo ar bryfed eraill fel mosgitos, pryfed a gwybed. Maent yn dal eu hysglyfaeth yng nghanol yr awyr gan ddefnyddio eu coesau cryf a mandibles miniog.

Mae gan weision y neidr ymddygiad paru unigryw sy'n golygu bod y gwryw yn gafael yn y fenyw â'i goesau ac yn hedfan ochr yn ochr i leoliad addas ar gyfer paru. Ar ôl paru, mae'r fenyw yn dodwy ei hwyau yn y dŵr neu'n agos ato, lle bydd yn deor i larfâu dyfrol a elwir yn nymffau. Mae'r nymffau yn byw o dan y dŵr ac yn bwydo ar anifeiliaid dyfrol bach nes eu bod yn barod i ymddangos fel gweision y neidr llawn dwf.

Gweision y Neidr a Diwylliant

Mae gweision y neidr wedi bod yn rhan o ddiwylliant dynol ers miloedd o flynyddoedd, gyda mytholegau a chredoau amrywiol yn eu hamgylchynu. Yn Japan, mae gweision y neidr yn cael eu hystyried yn symbolau o gryfder, dewrder, a hapusrwydd, ac yn aml yn cael eu darlunio mewn celf a llenyddiaeth. Mewn diwylliannau Brodorol America, credir bod gweision y neidr yn cynrychioli trawsnewid a newid. Mae gweision y neidr hefyd wedi cael eu defnyddio fel symbolau yn y cyfnod modern, gan ymddangos mewn amrywiol logos, dyluniadau, a hyd yn oed ffilmiau. Mae gallu gwas y neidr i hedfan gyda gras a chyflymder wedi ysbrydoli llawer o bobl, ac maent yn aml yn cael eu hystyried yn symbol o ryddid ac ystwythder.

I gloi, mae gweision y neidr yn bryfed hynod ddiddorol sydd â hanes hir a nodweddion unigryw. Maent yn adnabyddus am eu lliwiau trawiadol, eu cyrff main, a'u hadenydd cywrain, yn ogystal â'u gallu i hedfan gyda chyflymder ac ystwythder anhygoel. Mae gweision y neidr i'w cael ledled y byd, yn byw mewn amrywiaeth o gynefinoedd, ac yn chwarae rhan bwysig mewn diwylliannau a mytholegau amrywiol. Fel ysglyfaethwyr a pheillwyr, mae gweision y neidr yn rhan bwysig o lawer o ecosystemau ac yn eu hatgoffa o harddwch a chymhlethdod byd natur.

Mae'r Elk, a elwir hefyd yn Wapiti, yn rhywogaeth fawr o geirw sy'n frodorol i Ogledd America a rhannau o Asia. Mae'n un o aelodau mwyaf teulu'r ceirw ac mae'n adnabyddus am ei gyrn mawreddog, sy'n cael eu siedio a'u haildyfu'n flynyddol. Mae Elk wedi chwarae rhan bwysig yn hanes a diwylliant llawer o bobloedd brodorol ac maent hefyd yn boblogaidd ymhlith helwyr a selogion bywyd gwyllt.

Tarddiad a Dosbarthiad

Credir bod Elk wedi tarddu o Asia, gyda'r ffosil hynaf y gwyddys amdano yn dyddio'n ôl dros 2 filiwn o flynyddoedd. Maent yn perthyn yn agos i rywogaethau ceirw eraill, megis y carw coch, ceirw sika, a elciaid. Roedd Elk unwaith yn cael ei ddosbarthu'n eang ar draws Gogledd America, yn amrywio o Alaska i Fecsico ac o arfordir y Môr Tawel i Fôr yr Iwerydd. Fodd bynnag, mae eu poblogaeth wedi lleihau'n fawr oherwydd colli cynefinoedd, hela, a ffactorau eraill, ac maent bellach i'w cael yn bennaf yng ngorllewin yr Unol Daleithiau a Chanada.

Nodweddion Corfforol

Mae Elk yn anifeiliaid mawr, gyda gwrywod (tairw) yn pwyso hyd at 700 kg ac yn sefyll dros 1.5 metr o daldra wrth yr ysgwydd. Mae benywod (buchod) yn llai, yn pwyso tua 300 kg ac yn sefyll tua 1.3 metr o daldra. Mae gan Elk goesau hir a chorff main, sy'n eu gwneud yn rhedwyr cyflym ac ystwyth.

Un o nodweddion mwyaf nodedig elc yw eu cyrn. Mae elciaid gwrywaidd yn tyfu cyrn bob blwyddyn, gan ddechrau yn y gwanwyn a'u gollwng yn y gaeaf. Gall y cyrn gyrraedd hyd at 1.2 metr o hyd a phwyso dros 10 kg. Fe'u defnyddir yn bennaf ar gyfer arddangos a brwydro yn ystod y tymor paru, sy'n digwydd yn y cwymp.

Mae gan Elk gôt llwydfrown sy'n drwchus ac yn wlanog yn y gaeaf, gan ddarparu inswleiddiad yn erbyn yr oerfel. Yn yr haf, mae eu cot yn deneuach ac yn lliw browngoch. Mae ganddyn nhw ddarn gwyn amlwg o ffolen sydd wedi'i amgylchynu gan gylch tywyll o wallt, sy'n weladwy pan fydd yr elc yn rhedeg neu'n cerdded.

Ymddygiad a Chynefin

Mae Elk yn anifeiliaid cymdeithasol ac yn byw mewn buchesi sy'n amrywio o ran maint o ychydig o unigolion i rai cannoedd. Mae buchesi fel arfer yn cael eu harwain gan wryw dominyddol, a elwir yn darw, sy'n amddiffyn y grŵp rhag ysglyfaethwyr a gwrywod eraill yn ystod y tymor paru. Llysysyddion yw Elk, sy'n bwydo ar amrywiaeth o blanhigion, gan gynnwys gweiriau, dail a rhisgl.

Mae Elk i'w gael mewn amrywiaeth o gynefinoedd, gan gynnwys coedwigoedd, dolydd a mynyddoedd. Mae'n well ganddynt ardaloedd agored gyda mynediad at ddŵr a bwyd, ond byddant hefyd yn defnyddio ardaloedd coediog ar gyfer gorchudd ac amddiffyniad. Yn ystod y gaeaf, mae elc yn aml yn symud i ddrychiadau is lle mae llai o eira a gwell mynediad at fwyd.

Yn ystod y tymor paru, mae teirw yn cystadlu am ferched trwy arddangos eu cyrn ac ymladd yn gywrain. Gall y brwydrau hyn fod yn ddwys a gallant arwain at anafiadau neu hyd yn oed farwolaeth. Unwaith y bydd tarw wedi sefydlu goruchafiaeth, bydd yn paru â merched lluosog, a fydd yn rhoi genedigaeth i un llo yn y gwanwyn.

Elk a Diwylliant

Mae Elk wedi chwarae rhan bwysig yn hanes a diwylliant llawer o bobloedd brodorol, sydd wedi eu hela am fwyd ac wedi defnyddio eu crwyn ar gyfer dillad, offer a chelf. Mae Elk hefyd yn symbol pwysig mewn llawer o ddiwylliannau brodorol, gan gynrychioli cryfder, dewrder a gwytnwch.

Yn y cyfnod modern, mae elc yn boblogaidd ymhlith helwyr a selogion bywyd gwyllt, sy'n gwerthfawrogi eu harddwch a'u mawredd. Mae hela Elk yn cael ei reoleiddio a'i reoli gan asiantaethau bywyd gwyllt y wladwriaeth a thaleithiol, gyda rheoliadau llym i sicrhau cynaliadwyedd y boblogaeth.

I gloi, mae elc yn anifeiliaid hynod ddiddorol sydd â hanes hir a nodweddion unigryw. Maent yn adnabyddus am eu cyrn mawreddog, sy'n cael eu siedio a'u haildyfu'n flynyddol, yn ogystal â'u cot nodedig a'u darn gwyn ffolen. Mae Elk yn anifeiliaid cymdeithasol sy'n byw mewn buchesi ac yn bwydo ar amrywiaeth o blanhigion. Maent yn rhan bwysig o lawer o ecosystemau ac wedi chwarae rhan bwysig yn niwylliant a hanes llawer o bobloedd brodorol. Er gwaethaf wynebu bygythiadau megis colli cynefinoedd a hela, mae poblogaethau elc yn parhau i gael eu rheoli a'u hamddiffyn er mwyn sicrhau eu bod yn goroesi yn y tymor hir. Gall arsylwi'r creaduriaid godidog hyn yn eu cynefin naturiol fod yn brofiad gwirioneddol syfrdanol i'r rhai sy'n dwlu ar fyd natur a'r rhai sy'n frwd dros fywyd gwyllt.

79. Bonobo

Mae Bonobo, a adwaenir hefyd fel y tsimpansî pygmi, yn primat cymdeithasol hynod ddeallus sy'n perthyn i'r teulu Hominidae. Dim ond yng Ngweriniaeth Ddemocrataidd y Congo yng nghanol Affrica y ceir bonobos, ac maent yn un o'r perthnasau byw agosaf at fodau dynol.

Tarddiad

Cafodd y bonobo ei gydnabod gyntaf fel rhywogaeth ar wahân i'r tsimpansî cyffredin ym 1933 gan yr anatomegydd Harold Coolidge. Mae bonobos a tsimpansî yn rhannu dros 98% o'u DNA, ond mae gan bonobos broffil corfforol ac ymddygiadol penodol sy'n eu gosod ar wahân i tsimpansî. Mae bonobos ychydig yn llai o ran maint na tsimpansî, gyda chorff mwy main ac aelodau hirach. Mae eu penglog yn fwy gwastad, mae eu trwyn yn troi ar i fyny, ac mae ganddyn nhw wefusau amlycach na tsimpansî.

Credir bod Bonobos wedi ymwahanu oddi wrth tsimpansî tua 1.5 i 2 filiwn o flynyddoedd yn ôl, yn dilyn cyfnod o ynysu ym Masn Afon Congo. Creodd yr unigedd amgylchedd esblygiadol unigryw, gan arwain at wahaniaethau mewn ymddygiad a ffisioleg rhwng y ddwy rywogaeth.

Nodweddion

Mae bonobos yn primatiaid hynod ddeallus a chymdeithasol sy'n arddangos ymddygiadau cymhleth tebyg i'r rhai a welwyd mewn bodau dynol. Maent yn adnabyddus am eu gallu i gyfathrebu trwy amrywiaeth o leisio, mynegiant wyneb, ac iaith y corff. Maent hefyd yn adnabyddus am eu hymddygiad rhywiol, a ddefnyddir i ddatrys gwrthdaro a chryfhau bondiau cymdeithasol o fewn eu cymunedau.

Mae gan fonobos gorff main ac ystwyth gyda wyneb du a gwallt sy'n gorchuddio eu corff ac eithrio eu hwyneb, cledrau, a gwadnau. Mae ganddynt freichiau a choesau hir sy'n eu galluogi i symud yn gyflym trwy ganopi'r goedwig. Mae gan fonobos fodiau gwrthgyferbyniol a bysedd traed mawr sy'n caniatáu iddynt afael yn hawdd a thrin gwrthrychau.

Ymddygiad

Mae Bonobos yn gymdeithasol iawn ac yn byw mewn cymunedau mawr o hyd at 150 o unigolion. Mae'r cymunedau hyn yn cael eu harwain gan fenyw dominyddol, sy'n gyfrifol am gynnal trefn gymdeithasol a datrys gwrthdaro. Mae Bonobos yn defnyddio amrywiaeth o leisio, mynegiant wyneb, ac iaith y corff i gyfathrebu â'i gilydd, ac mae eu cyfathrebu yn aml yn gymhleth ac yn gynnil.

Mae Bonobos yn adnabyddus am eu hymddygiad rhywiol, a ddefnyddir i ddatrys gwrthdaro a chryfhau bondiau cymdeithasol o fewn eu cymunedau. Nid yw ymddygiad rhywiol yn gyfyngedig i baru; Mae bonobos yn cymryd rhan mewn ystod eang o weithgareddau rhywiol, gan gynnwys rhwbio organau cenhedlu, cusanu, a hyd yn oed rhyw geneuol. Credir bod yr ymddygiad hwn yn chwarae rhan mewn lleihau tensiwn ac ymddygiad ymosodol yn eu cymunedau.

Cynefin

Dim ond yng Ngweriniaeth Ddemocrataidd y Congo yng nghanol Affrica y ceir bonobos, yn benodol yng nghoedwigoedd glaw trwchus Basn y Congo. Mae eu cynefin dan fygythiad gan ddatgoedwigo, hela, ac ehangu aneddiadau dynol. Mae bonobos hefyd yn agored i achosion o glefydau, yn enwedig y firws Ebola, sydd wedi cael effaith ddinistriol ar boblogaethau bonobo yn y DRC.

Cadwraeth

Mae Bonobos yn cael eu dosbarthu fel rhai sydd mewn perygl gan yr Undeb Rhyngwladol dros Gadwraeth Natur ac yn cael eu hamddiffyn o dan gyfreithiau cenedlaethol a rhyngwladol. Mae ymdrechion cadwraeth ar gyfer bonobos yn canolbwyntio ar warchod eu cynefin, lleihau hela a masnach anghyfreithlon, a chefnogi cymunedau lleol i reoli eu hadnoddau naturiol yn gynaliadwy.

Un o'r bygythiadau mwyaf arwyddocaol i boblogaethau bonobo yw datgoedwigo. Mae dinistrio eu cynefin yn aml yn cael ei yrru gan dorri coed masnachol ac ehangu amaethyddiaeth, yn enwedig ar gyfer planhigfeydd olew palmwydd. Mae ymdrechion cadwraeth ar gyfer bonobos yn canolbwyntio ar amddiffyn eu cynefin trwy greu ardaloedd gwarchodedig a gweithredu arferion coedwigaeth cynaliadwy.

Mae hela a'r fasnach anghyfreithlon mewn cig bonobo a rhannau o'r corff hefyd yn fygythiadau mawr i boblogaethau bonobo. Mae hela'n cael ei yrru gan y galw am gig llwyn, sy'n cael ei ystyried yn ddanteithfwyd mewn sawl rhan o'r DRC. Mae'r fasnach anghyfreithlon mewn cig bonobo a rhannau o'r corff hefyd yn cael ei hysgogi gan y galw am feddyginiaethau traddodiadol ac arferion diwylliannol. Mae ymdrechion cadwraeth ar gyfer bonobos yn canolbwyntio ar leihau hela a masnach anghyfreithlon trwy ymgyrchoedd gorfodi'r gyfraith ac addysg.

Mae cymunedau lleol yn chwarae rhan hollbwysig yn y gwaith o warchod bonobos. Mae llawer o'r cymunedau hyn yn dibynnu ar adnoddau naturiol ar gyfer eu bywoliaeth, a gall eu gweithgareddau gael effaith sylweddol ar y cynefin bonobo. Mae ymdrechion cadwraeth ar gyfer bonobos yn canolbwyntio ar gefnogi cymunedau lleol i reoli eu hadnoddau naturiol yn gynaliadwy ac i ddatblygu bywoliaethau amgen nad ydynt yn dibynnu ar hela neu ddinistrio'r goedwig.

I gloi, mae bonobos yn archesgobion hynod ddeallus a chymdeithasol sy'n perthyn yn agos i fodau dynol. Maent yn arddangos ymddygiadau cymhleth, gan gynnwys ymddygiad rhywiol, a ddefnyddir i ddatrys gwrthdaro a chryfhau bondiau cymdeithasol o fewn eu cymunedau. Dim ond yng nghoedwigoedd glaw trwchus Basn y Congo yn y DRC y ceir bonobos, ac mae datgoedwigo, hela ac ehangiad aneddiadau dynol yn bygwth eu cynefin. Mae ymdrechion cadwraeth ar gyfer bonobos yn canolbwyntio ar warchod eu cynefin, lleihau hela a masnach anghyfreithlon, a chefnogi cymunedau lleol i reoli eu hadnoddau naturiol yn gynaliadwy.

80. Camel

Mae camelod yn famaliaid mawr, carnog sy'n adnabyddus am eu haddasiadau unigryw sy'n caniatáu iddynt oroesi mewn amgylcheddau anialdir garw. Mae dau fath o gamelod: y camel dromedary, sydd ag un twmpath, a'r camel Bactrian, sydd â dau dwmpath.

Tarddiad

Credir bod camelod wedi tarddu o Ogledd America tua 45 miliwn o flynyddoedd yn ôl. Mae tystiolaeth ffosil yn awgrymu bod y camelod cynharaf yn fach ac yn brin o lawer o'r addasiadau sydd gan gamelod modern, megis eu twmpathau a'u gallu i oroesi am gyfnodau hir heb ddŵr. Dros amser, esblygodd camelod i addasu i hinsoddau cras Asia ac Affrica.

Nodweddion

Mae camelod yn famaliaid mawr, carnog sydd wedi addasu i oroesi mewn amgylcheddau anialdir garw. Mae gan gamelod dromedary a Bactrian gyddfau hir, crwm, pennau cul, a thraed mawr, padio sy'n eu helpu i gerdded ar dywod. Mae gan gamelod ffwr trwchus, shaggy sy'n helpu i'w hinswleiddio rhag gwres yr anialwch yn ystod y dydd ac oerfel y nos.

Nodwedd amlycaf camelod yw eu twmpathau. Mae gan gamelod dromedari un twmpath mawr, tra bod gan gamelod Bactrian ddau dwmpath llai. Nid â dwfr y llenwir y twmpathau hyn, fel y credir yn gyffredin, ond â brasder. Mae camelod yn defnyddio'r braster yn eu twmpathau fel ffynhonnell egni pan fo bwyd a dŵr yn brin.

Ymddygiad

Mae camelod yn anifeiliaid cymdeithasol sy'n byw mewn buchesi sy'n amrywio o ychydig o unigolion i rai cannoedd. O fewn buches, fel arfer mae gwryw, neu darw, yn arwain y grŵp. Mae camelod yn defnyddio amrywiaeth o leisio, iaith y corff, a marcio arogl i gyfathrebu â'i gilydd.

Mae camelod yn adnabyddus am eu gallu i oroesi am gyfnodau hir heb ddŵr. Gallant fynd hyd at sawl wythnos heb ddŵr yfed trwy arbed lleithder yn eu cyrff a chynhyrchu feces sych. Pan fyddant yn yfed dŵr, gallant yfed hyd at 30 galwyn mewn un eisteddiad.

Mae camelod hefyd wedi addasu'n dda i gerdded ar dywod. Mae eu traed mawr, padio yn eu helpu i ddosbarthu eu pwysau dros arwynebedd mwy, gan leihau'r risg o suddo i'r tywod. Gall camelod gerdded ar gyflymder o hyd at 20 milltir yr awr a gallant gario llwythi trwm, gan eu gwneud yn anifeiliaid pecyn gwerthfawr mewn ardaloedd anial.

Cynefin

Mae camelod wedi'u haddasu i oroesi mewn amgylcheddau anialwch cras ac i'w canfod mewn rhannau o Asia ac Affrica. Gallant oroesi mewn tymereddau sy'n amrywio o dan y rhewbwynt i dros 100 gradd Fahrenheit. Mae camelod hefyd i'w cael mewn amrywiaeth o gynefinoedd, o anialwch i laswelltiroedd i ranbarthau mynyddig.

Cadwraeth

Ar hyn o bryd nid yw camelod yn cael eu dosbarthu fel rhai sydd mewn perygl neu dan fygythiad. Fodd bynnag, maent yn wynebu nifer o fygythiadau i'w goroesiad, gan gynnwys colli cynefinoedd, hela, ac afiechyd.

Un o'r bygythiadau mwyaf i gamelod yw colli cynefinoedd. Mae rhanbarthau anialwch yn cael eu datblygu fwyfwy ar gyfer amaethyddiaeth a threfoli, gan leihau'r cynefin sydd ar gael i gamelod. Mae ymdrechion cadwraeth ar gyfer camelod yn canolbwyntio ar warchod eu cynefin trwy greu ardaloedd gwarchodedig ac arferion defnydd tir cynaliadwy.

Mae hela hefyd yn fygythiad i gamelod, yn enwedig mewn rhannau o Asia ac Affrica lle maent yn dal i gael eu hela am eu cig a chynhyrchion eraill. Mae ymdrechion cadwraeth ar gyfer camelod yn canolbwyntio ar leihau hela trwy orfodi'r gyfraith ac ymgyrchoedd addysg.

Mae afiechyd hefyd yn fygythiad i gamelod. Gall rhai clefydau, fel Syndrom Resbiradol y Dwyrain Canol, gael eu trosglwyddo o gamelod i fodau dynol. Mae ymdrechion cadwraeth ar gyfer camelod yn canolbwyntio ar wella gofal milfeddygol a lleihau'r risg o drosglwyddo clefydau rhwng camelod a bodau dynol.

I gloi, mae camelod yn anifeiliaid unigryw a hynod ddiddorol sydd wedi'u haddasu'n dda i oroesi mewn amgylcheddau anialwch garw. Cânt eu gwerthfawrogi am eu gallu i gario llwythi trwm a goroesi am gyfnodau hir heb ddŵr, gan eu gwneud yn anifeiliaid pecyn pwysig ac yn ffynonellau bwyd a chynhyrchion eraill mewn sawl rhan o'r byd. Mae ymdrechion cadwraeth ar gyfer camelod yn canolbwyntio ar amddiffyn eu cynefin, lleihau hela a throsglwyddo clefydau, a chefnogi arferion defnydd tir cynaliadwy. Drwy warchod camelod, gallwn helpu i sicrhau bod yr anifeiliaid hynod hyn yn parhau i ffynnu yn y gwyllt am genedlaethau i ddod.

81. Emu

Mae'r Emu yn aderyn mawr heb ehediad sydd i'w ganfod yn Awstralia yn unig, dyma'r aderyn ail-fwyaf yn y byd, a dim ond yr estrys sy'n rhagori arno. Maent yn cael eu gwerthfawrogi'n fawr fel symbol pwysig o Awstralia ac maent wedi bod yn rhan annatod o ddiwylliant a threftadaeth Awstralia ers miloedd o flynyddoedd.

Tarddiad a Dosbarthiad

Mae'r Emu yn frodorol i Awstralia ac fe'i ceir ledled y cyfandir, heblaw am y coedwigoedd dwysaf a'r cadwyni mynyddoedd uchaf. Daeth Ewropeaid ar draws yr Emu gyntaf yn yr 17eg ganrif pan laniodd fforwyr o'r Iseldiroedd yng Ngorllewin Awstralia. Roedd yr aderyn eisoes yn hysbys i'r Aboriginal a oedd wedi byw yn Awstralia ers degau o filoedd o flynyddoedd.

Nodweddion

Mae'r Emu yn aderyn mawr heb hedfan gyda choesau a gyddfau hir, a phen bach. Gall yr Emu sefyll hyd at chwe throedfedd o daldra a gall bwyso hyd at 130 pwys, er bod gwrywod fel arfer yn fwy na benywod. Mae gan Emus adenydd bach, diwerth a chrafanc olion ar bob adain. Mae eu plu o liw brown i frown tywyll, ac mae ganddyn nhw ben a gwddf llwydlas, heb blu. Mae ganddyn nhw lygaid mawr brown gyda amrannau hir a phig amlwg gyda blaen meddal a ddefnyddir i godi bwyd.

Ymddygiad a Chynefin

Mae'r Emu yn aderyn cymdeithasol sy'n byw mewn grwpiau o hyd at 20 o adar. Mae'r grwpiau hyn fel arfer yn cynnwys un gwryw dominyddol, nifer o fenywod, a'u hepil. Aderyn crwydrol yw'r Emu ac fe'i ceir mewn amrywiaeth o gynefinoedd, gan gynnwys savannas, coedwigoedd a glaswelltiroedd. Gwyddys hefyd eu bod yn byw mewn ardaloedd amaethyddol a pharciau trefol.

Deiet

Mae'r Emu yn hollysydd ac mae ganddo ddeiet amrywiol. Maen nhw'n bwyta pryfetach, ffrwythau, hadau, ac anifeiliaid bach fel madfallod a llygod. Gwyddys hefyd bod Emus yn bwyta blodau, dail a rhisgl. Maen nhw'n llyncu cerrig i helpu i falu bwyd yn eu berwr, rhan gyhyrol o'u stumog sy'n helpu i dorri bwyd i lawr.

Atgynhyrchu

Mae'r EMU yn cyrraedd aeddfedrwydd rhywiol yn ddwy oed. Yn ystod y tymor bridio, bydd y gwrywod yn cwrtio benywod trwy wneud synau grunting a drymio a'u hamgylchynu. Os bydd y fenyw yn dderbyngar, bydd yn gorwedd i lawr, a bydd y gwryw yn ei mowntio. Yna mae'r fenyw yn dodwy hyd at ddeg wy mewn nyth bas wedi'i wneud o ddail a glaswellt. Ar ôl dodwy'r wyau, bydd y gwryw yn cymryd drosodd y broses deor, sy'n para tua wyth wythnos. Yn ystod y cyfnod hwn, nid yw'r gwryw yn bwyta nac yn yfed a bydd yn colli hyd at draean o bwysau ei gorff.

Statws Cadwraeth

Mae'r EMU yn cael ei ddosbarthu fel rhywogaeth sy'n peri'r pryder lleiaf gan yr Undeb Rhyngwladol dros Gadwraeth Natur (IUCN), gyda thueddiad poblogaeth sefydlog. Fodd bynnag, mae colli cynefinoedd a hela wedi cael effaith sylweddol ar boblogaethau EMU mewn rhai ardaloedd. Yn gynnar yn yr 20fed ganrif, cafodd Emus eu hela am eu plu, a ddefnyddiwyd mewn hetiau a dillad. Heddiw, mae Emus yn cael eu ffermio am eu cig, olew a lledr.

I gloi, mae'r Emu yn aderyn hynod ddiddorol gydag ymddangosiad unigryw ac ymddygiad diddorol. Maent yn chwarae rhan bwysig yn ecosystem Awstralia ac maent wedi bod yn rhan bwysig o ddiwylliant a threftadaeth y wlad ers miloedd o flynyddoedd. Yn yr un modd â llawer o rywogaethau, mae'r EMU yn wynebu heriau o golli cynefinoedd a hela, ond gydag ymdrechion rheoli a chadwraeth priodol, mae'n bosibl sicrhau goroesiad parhaus y rhywogaeth eiconig hon.

82. Fflamgo

Mae'r Flamingo yn aderyn nodedig sy'n adnabyddus am ei goesau hir, main a'i blu pinc bywiog. Maent i'w cael mewn sawl rhan o'r byd ac yn cael eu cydnabod fel symbol o ras a cheinder.

Tarddiad a Dosbarthiad

Mae fflamingos yn frodorol i lawer o ranbarthau ledled y byd, gan gynnwys rhannau o Affrica, De America, a'r Caribî. Nid yw union darddiad y Flamingo yn glir, ond credir eu bod wedi esblygu yn Affrica neu Dde America. Heddiw, gellir dod o hyd i Flamingos mewn sawl rhan o'r byd, gan gynnwys America, Affrica, Ewrop ac Asia.

Nodweddion

Mae'r Flamingo yn aderyn tal, main sy'n gallu sefyll hyd at 5 troedfedd o daldra a phwyso hyd at 8 pwys. Mae ganddynt goesau hir, tenau sydd wedi'u haddasu ar gyfer rhydio mewn dŵr bas, ac mae eu plu pinc nodedig yn cael eu hachosi gan bigmentau yn yr algâu a'r cramenogion y maent yn eu bwyta. Mae gan fflamingos big crwm mawr a ddefnyddir i hidlo bwyd o'r dŵr, ac mae ganddyn nhw hefyd wddf hir, hyblyg sy'n caniatáu iddyn nhw gyrraedd yn ddwfn i'r dŵr. Gall lled eu hadenydd gyrraedd hyd at 5 troedfedd, ond nid ydynt yn hedfanwyr cryf ac maent yn fwy medrus wrth nofio a rhydio.

Ymddygiad a Chynefin

Mae fflamingos yn adar cymdeithasol sy'n byw mewn heidiau mawr sy'n gallu rhifo yn y miloedd. Mae'n well ganddyn nhw fyw ger llynnoedd bas neu lagwnau, lle gallant rhydio yn y dŵr a dod o hyd i fwyd. Fe'u ceir hefyd mewn aberoedd, gwastadeddau llaid, a sosbenni halen. Mae fflamingos wedi addasu'n dda i fyw mewn amgylcheddau garw, a gallant oddef lefelau uchel o halltedd ac alcalinedd yn y dŵr.

Deiet

Mae fflamingos yn hollysol ac yn bwydo ar amrywiaeth o organebau a geir yn y dŵr, gan gynnwys algâu, cramenogion a physgod bach. Defnyddiant eu pig unigryw i hidlo bwyd o'r dŵr, ac mae ganddynt strwythurau arbennig yn eu ceg sy'n caniatáu iddynt straenio dŵr a dal organebau bach. Mae'n hysbys hefyd bod fflamingos yn bwydo ar berdys heli, sy'n gyfoethog mewn carotenoidau sy'n rhoi eu lliw pinc nodedig i'w plu.

Atgynhyrchu

Mae fflamingos yn cyrraedd aeddfedrwydd rhywiol tua 3-5 oed. Maent yn unweddog ac yn gymar am oes, gyda'r ddau riant yn cymryd rhan weithredol wrth fagu eu rhai ifanc. Yn ystod y tymor bridio, a all ddigwydd trwy gydol y flwyddyn yn dibynnu ar y lleoliad, bydd Flamingos yn ymgynnull mewn heidiau mawr ac yn perfformio arddangosfeydd carwriaeth gywrain. Bydd gwrywod yn perfformio arddangosiadau cydamserol, gan gynnwys fflagio pen a chyfarchion adenydd, tra bydd merched yn dewis cymar yn seiliedig ar ansawdd ei arddangosiad. Ar ôl paru, bydd y fenyw yn dodwy wy sengl, sy'n cael ei ddeor gan y ddau riant. Mae'r wy yn deor ar ôl tua 30 diwrnod, ac mae'r cyw yn cael ei fwydo â sylwedd arbennig tebyg i laeth a gynhyrchir gan y ddau riant. Bydd y cyw yn aros gyda'i rieni am rai misoedd cyn gadael i ymuno â diadell.

Statws Cadwraeth

Mae fflamingos yn cael eu dosbarthu fel rhywogaeth sy'n peri'r pryder lleiaf gan yr Undeb Rhyngwladol dros Gadwraeth Natur (IUCN), gyda thueddiad poblogaeth sefydlog. Fodd bynnag, mae rhai rhywogaethau o Flamingo yn wynebu bygythiadau o golli cynefinoedd, llygredd a hela. Mae'r Fflamingo Americanaidd, yn arbennig, wedi profi dirywiad sylweddol mewn rhai ardaloedd oherwydd dinistrio cynefinoedd a hela am eu plu. Yn ogystal, mae'r defnydd o blaladdwyr a chemegau eraill yn yr amgylchedd wedi arwain at ostyngiad ym mhoblogaethau'r berdys heli y mae Flamingos yn dibynnu arnynt ar gyfer bwyd.

I gloi, mae fflamingos yn aderyn unigryw a hynod ddiddorol gydag ymddangosiad nodedig ac ymddygiad diddorol. Maent yn chwarae rhan bwysig yn eu hecosystemau, gan eu bod yn helpu i gynnal cydbwysedd amgylcheddau dyfrol trwy fwydo ar algâu ac organebau bach. Tra bod rhai poblogaethau o Flamingos yn wynebu bygythiadau, mae ymdrechion cadwraeth ar y gweill i warchod eu cynefinoedd a sicrhau eu bod yn goroesi. At ei gilydd, mae'r Flamingo yn aderyn hynod ac eiconig sydd wedi dal sylw a dychymyg pobl ledled y byd.

83. Gwiwer hedegog

Mae gwiwerod yn hedfan yn fath o gnofilod sy'n adnabyddus am eu gallu i gleidio drwy'r aer gan ddefnyddio pilen o groen o'r enw patagium. Maen nhw'n anifeiliaid hynod ddiddorol gyda nodweddion ac ymddygiadau unigryw sy'n eu gwneud yn bwnc astudio poblogaidd i wyddonwyr ac yn ffefryn ymhlith selogion bywyd gwyllt.

Tarddiad a Dosbarthiad

Mae gwiwerod yn hedfan i'w cael mewn sawl rhan o'r byd, gan gynnwys Gogledd America, Ewrop ac Asia. Maent wedi bod o gwmpas ers miliynau o flynyddoedd a chredir eu bod wedi esblygu o grŵp o gnofilod a oedd yn byw mewn coed a oedd yn byw yn ystod y cyfnod Jwrasig. Mae dros 50 o wahanol rywogaethau o wiwerod yn hedfan, gyda'r mwyafrif i'w cael yn Asia.

Nodweddion

Mae gwiwerod yn hedfan yn anifeiliaid bach, nosol sy'n amrywio o ran maint o 6 i 12 modfedd o hyd, gan gynnwys eu cynffon. Mae ganddyn nhw lygaid mawr, du sy'n eu helpu i weld mewn amodau ysgafn isel a chynffon wastad y maen nhw'n ei defnyddio fel llyw wrth gleidio. Eu nodwedd fwyaf unigryw yw'r patagium, fflap o groen sy'n ymestyn o'u blaen i'w coesau ôl, gan ganiatáu iddynt lithro drwy'r awyr. Cefnogir y patagium gan rwydwaith o gartilag sy'n ei gadw'n ymestyn allan wrth gleidio. Mae gan wiwerod sy'n hedfan grafangau miniog y maen nhw'n eu defnyddio i afael yn y coed a ffwr meddal, trwchus sy'n helpu i'w cadw'n gynnes mewn tymheredd oer.

Ymddygiad a Chynefin

Mae gwiwerod yn hedfan yn nosol ac yn treulio'r rhan fwyaf o'u hamser mewn coed. Mae'n well ganddynt fyw mewn coedwigoedd aeddfed gyda digon o goed ac maent i'w cael yn aml mewn ardaloedd â dail trwchus ac isdyfiant. Maent yn anifeiliaid cymdeithasol ac yn byw mewn grwpiau teulu o hyd at ddeg o unigolion. Mae gwiwerod yn hedfan yn actif yn y nos, ac yn ystod y dydd, byddant yn cilio i'w nythod, sydd wedi'u lleoli mewn ceudodau coed neu mewn nythod deiliog o'r enw dreys. Byddant hefyd yn defnyddio nythod adar segur neu'n adeiladu rhai eu hunain gan ddefnyddio dail a brigau.

Deiet

Mae gwiwerod yn hedfan yn hollysyddion, sy'n golygu eu bod yn bwyta planhigion ac anifeiliaid. Mae eu diet yn cynnwys cnau, hadau, ffrwythau, pryfed, a hyd yn oed adar bach a mamaliaid. Mae ganddynt enau cryf a dannedd miniog sy'n caniatáu iddynt gracio cnau a hadau agored, a defnyddiant eu synnwyr arogli craff i leoli bwyd. Gwyddys hefyd bod gwiwerod yn hedfan yn storio bwyd i'w ddefnyddio'n ddiweddarach, gan ei guddio mewn agennau neu dyllau mewn coed.

Atgynhyrchu

Mae gwiwerod hedegog yn cyrraedd aeddfedrwydd rhywiol pan fyddant tua blwydd oed. Maent yn paru yn ystod misoedd y gaeaf, ac mae merched yn rhoi genedigaeth i un i chwech o gywion yn y gwanwyn. Mae'r ifanc yn cael eu geni heb wallt ac yn ddall, ac mae eu mam yn gofalu amdanynt yn y nyth. Ar ôl tua wyth wythnos, mae'r rhai ifanc yn cael eu diddyfnu ac yn dechrau archwilio eu hamgylchoedd. Byddan nhw'n aros gyda'u mam am sawl mis cyn tynnu allan ar eu pennau eu hunain.

Statws Cadwraeth

Yn gyffredinol, mae'r Undeb Rhyngwladol dros Gadwraeth Natur (IUCN) yn ystyried mai gwiwerod hedegog sy'n peri'r pryder lleiaf, gyda phoblogaethau sefydlog mewn llawer o ardaloedd. Fodd bynnag, mae rhai rhywogaethau o wiwerod hedegog yn wynebu bygythiadau oherwydd colli cynefinoedd, darnio, a hela. Mewn rhai ardaloedd, mae gwiwerod hedegog hefyd yn cael eu targedu gan ysglyfaethwyr, gan gynnwys tylluanod a chathod domestig. Mae ymdrechion cadwraeth ar y gweill i warchod eu cynefinoedd a sicrhau eu bod yn goroesi.

I gloi, mae'r wiwer sy'n hedfan yn anifail hynod ddiddorol ac unigryw sydd wedi dal sylw bodau dynol ers canrifoedd. Mae eu gallu i lithro drwy'r awyr, eu hymddygiad cymdeithasol, a'u rôl yn eu hecosystemau yn eu gwneud yn rhan bwysig o'r byd naturiol. Er eu bod yn wynebu rhai bygythiadau, mae ymdrechion cadwraeth yn helpu i ddiogelu eu cynefinoedd a sicrhau eu bod yn goroesi. Wrth i ni barhau i ddysgu mwy am yr anifeiliaid hynod hyn, gallwn ddyfnhau ein gwerthfawrogiad o amrywiaeth a chymhlethdod bywyd ar y Ddaear.

84. Frigatebird

Mae adar ffrigad yn grŵp o adar môr sy'n adnabyddus am eu galluoedd awyrol rhyfeddol, eu lled adenydd hir, a'u golwg nodedig. Mae'r adar hyn yn greaduriaid hynod ddiddorol sydd wedi dal dychymyg pobl trwy gydol hanes, gyda'u nodweddion a'u hymddygiad unigryw.

Tarddiad a Dosbarthiad

Mae adar ffrigad yn grŵp o adar môr sy'n perthyn i'r teulu Fregatidae. Maen nhw'n un o'r grwpiau hynaf o adar môr, gyda ffosilau'n dyddio'n ôl i'r epoc Eocene, tua 40 miliwn o flynyddoedd yn ôl. Mae adar ffrigad i'w cael mewn rhanbarthau trofannol ac isdrofannol ledled y byd, gan gynnwys Cefnfor yr Iwerydd, India a'r Môr Tawel. Mae yna bum rhywogaeth o Adar Ffrigat, gan gynnwys Aderyn Ffrigad Ynys y Nadolig, Aderyn Ffrigad y Gwych, Aderyn Ffrigad Ynys y Dyrchafael, Aderyn Ffrigad y Lleiaf, a'r Aderyn Ffrigad Mawr.

Nodweddion

Mae adar ffrigad yn adar môr mawr, main gydag adenydd hir pigfain a chynffon hir, fforchog. Mae ganddyn nhw led adenydd sy'n gallu mesur hyd at 7 troedfedd, sy'n eu gwneud yn un o'r adar hedegog mwyaf yn y byd mewn perthynas â maint eu corff. Mae ganddyn nhw siâp a silwét nodedig, gyda phen bach, pig hir, pigfain, ac adenydd cul sydd wedi'u cynllunio ar gyfer esgyn a gleidio. Mae eu plu yn ddu, gyda sglein sgleiniog, ac mae ganddyn nhw god gwddf coch nodedig y maen nhw'n ei chwyddo yn ystod arddangosiadau carwriaeth. Gall y cwdyn hwn gyrraedd hyd at 20 modfedd o hyd ac fe'i defnyddir i ddenu ffrindiau a dychryn cystadleuwyr.

Ymddygiad a Chynefin

Mae adar ffrigad wedi addasu i fywyd yn y cefnfor agored ac anaml y cânt eu gweld ar y tir, ac eithrio yn ystod y tymor bridio. Maent yn hedfanwyr medrus iawn, yn gallu esgyn am oriau heb fflapio eu hadenydd. Gwyddys eu bod yn dilyn llongau, gan ddefnyddio'r cerrynt aer a grëir gan y llongau i'w helpu i lithro'n ddiymdrech drwy'r awyr. Mae adar ffrigad hefyd yn adnabyddus am eu gallu i ddwyn bwyd oddi ar adar eraill, gan ddefnyddio eu cyflymder a'u hystwythder i gipio ysglyfaeth allan o'r awyr.

Maent yn eigionol yn bennaf, sy'n golygu eu bod yn byw ac yn bwydo yn y cefnfor agored, ond yn achlysurol byddant yn dod i'r lan i glwydo a bridio ar ynysoedd anghysbell.

Deiet

Mae adar ffrigad yn borthwyr manteisgar, a gall eu diet amrywio yn dibynnu ar eu lleoliad ac argaeledd ysglyfaeth. Maent yn bennaf yn bwydo ar bysgod, sgwid, a chramenogion, ond byddant hefyd yn cymryd wyau ac ifanc adar môr eraill. Gwyddys eu bod yn dwyn bwyd gan adar môr eraill, gan gynnwys boobies a môr-wenoliaid, trwy aflonyddu arnynt nes iddynt adfywio eu bwyd. Mae'r ymddygiad hwn, a elwir yn kleptoparasitiaeth, yn unigryw i Frigatebirds ac mae wedi ennill y llysenw "môr-ladron yr awyr" iddynt.

Atgynhyrchu

Mae adar ffrigad yn ungamog ac yn ffurfio bondiau pâr hirdymor. Yn ystod y tymor magu, bydd gwrywod yn chwyddo eu codenni gwddf coch i ddenu benywod. Byddant yn cymryd rhan mewn arddangosiadau carwriaeth gywrain, gan gynnwys acrobateg o'r awyr a galw, i wneud argraff ar ffrindiau posibl. Mae adar ffrigad yn nythu mewn cytrefi ar ynysoedd anghysbell, gyda'r benywod yn dodwy un wy mewn nyth syml wedi'i wneud o frigau a malurion eraill. Mae'r ddau riant yn rhannu dyletswyddau deori a byddant yn cymryd eu tro i warchod y nyth a bwydo'r cyw.

Statws Cadwraeth

Yn gyffredinol, mae'r Undeb Rhyngwladol dros Gadwraeth Natur (IUCN) yn ystyried mai adar ffrigad sy'n peri'r pryder lleiaf, gyda phoblogaethau sefydlog mewn llawer o ardaloedd. Fodd bynnag, mae rhai rhywogaethau o Adar Frigate yn wynebu bygythiadau o golli cynefinoedd, llygredd a gorbysgota. Mewn rhai ardaloedd, mae Adar Frigate hefyd yn cael eu targedu gan ysglyfaethwyr, gan gynnwys llygod mawr a chathod gwyllt, a all effeithio ar eu llwyddiant bridio. Mae newid yn yr hinsawdd hefyd yn bryder, oherwydd gall cynnydd yn lefel y môr a newid yn nhymheredd y cefnfor effeithio ar y safleoedd ysglyfaethus a bridio sydd ar gael.

Mae ymdrechion cadwraeth ar y gweill i warchod Adar Frigate a'u cynefinoedd. Mae llawer o'r ynysoedd lle mae Adar Frigate yn bridio yn cael eu gwarchod fel gwarchodfeydd natur, ac mae ymdrechion yn cael eu gwneud i reoli'r poblogaethau o rywogaethau ymledol sy'n ysglyfaethu ar Adar Frigate a'u cywion. Mae rhaglenni addysg ac ymwybyddiaeth hefyd yn bwysig, gan nad yw llawer o bobl yn ymwybodol o bwysigrwydd Frigatebirds yn eu hecosystemau.

I gloi, mae adar ffrigad yn adar rhyfeddol sydd wedi addasu i fywyd yn y cefnfor agored mewn ffyrdd unigryw a hynod ddiddorol. Mae eu lled adenydd hir, eu galluoedd awyrol, a'u hymddangosiad nodedig yn eu gwneud yn un o'r adar mwyaf adnabyddus a diddorol yn y byd. Er eu bod yn cael eu hystyried yn gyffredinol fel y pryder lleiaf, mae ymdrechion cadwraeth yn bwysig i ddiogelu eu cynefinoedd a sicrhau eu bod yn goroesi yn wyneb bygythiadau fel colli cynefinoedd, gorbysgota, a newid yn yr hinsawdd. Wrth i ni barhau i ddysgu mwy am yr adar hynod hyn, gallwn ddyfnhau ein gwerthfawrogiad o amrywiaeth a chymhlethdod bywyd ar y Ddaear.

85. Llyffant

Mae brogaod yn amffibiaid sydd wedi bod o gwmpas ers dros 250 miliwn o flynyddoedd. Maen nhw'n grŵp amrywiol o anifeiliaid sydd i'w cael ledled y byd, gyda dros 7,000 o rywogaethau hysbys. Mae brogaod yn chwarae rhan bwysig mewn llawer o ecosystemau, gan wasanaethu fel ysglyfaethwyr ac ysglyfaeth.

Tarddiad a Dosbarthiad

Credir bod brogaod wedi esblygu o greaduriaid tebyg i bysgod a oedd yn byw yn y dŵr. Mae'r ffosiliau tebyg i lyffant cynharaf y gwyddys amdanynt yn dyddio'n ôl i'r cyfnod Triasig, tua 200 miliwn o flynyddoedd yn ôl. Mae brogaod i'w cael ledled y byd, o'r trofannau i'r arctig, ac maent wedi'u haddasu i ystod eang o amgylcheddau. Fe'u ceir mewn cynefinoedd dŵr croyw fel pyllau, llynnoedd a nentydd, yn ogystal ag mewn ardaloedd llaith fel coedwigoedd glaw a chorsydd.

Nodweddion

Math o amffibiaid yw brogaod, sy'n golygu bod ganddynt gylchred bywyd dwy ran sy'n cynnwys cyfnod larfal dyfrol a chyfnod oedolyn daearol. Mae ganddyn nhw groen llyfn, llaith sy'n athraidd i ddŵr ac ocsigen, sy'n caniatáu iddyn nhw anadlu trwy eu croen. Mae brogaod hefyd yn adnabyddus am eu coesau ôl hir, pwerus, sydd wedi'u haddasu ar gyfer neidio a nofio. Nid oes ganddynt gynffon, ac mae eu cyrff yn llyfn ar gyfer nofio a neidio.

Mae gan y rhan fwyaf o lyffantod webin rhwng bysedd eu traed, sy'n eu helpu i nofio a symud drwy'r dŵr. Mae ganddynt lygaid mawr, chwyddedig sy'n rhoi gweledigaeth ardderchog iddynt, a gallant weld i bob cyfeiriad heb symud eu pen. Mae gan lyffantod drwm clust arbenigol hefyd sy'n caniatáu iddynt glywed synau yn y dŵr ac ar y tir.

Ymddygiad a Chynefin

Mae brogaod wedi addasu i fywyd mewn amrywiaeth o gynefinoedd, o ddyfrol i ddaearol. Fe'u ceir mewn cynefinoedd dŵr croyw fel pyllau, llynnoedd a nentydd, yn ogystal ag mewn ardaloedd llaith fel coedwigoedd glaw a chorsydd. Mae rhai rhywogaethau o lyffantod hefyd i'w cael mewn anialwch a hyd yn oed ar uchderau uchel mewn ardaloedd mynyddig. Mae brogaod yn fwyaf gweithgar yn y nos ac yn adnabyddus am eu galwadau crawcian nodedig, a ddefnyddir i ddenu ffrindiau a sefydlu tiriogaeth.

Deiet

Mae brogaod yn gigysyddion ac yn bwydo ar amrywiaeth o anifeiliaid bach, gan gynnwys pryfed, pryfed cop, a mwydod. Mae ganddynt dafod hir, gludiog y maent yn ei ddefnyddio i ddal ysglyfaeth, ac mae eu coesau ôl pwerus yn caniatáu iddynt neidio a neidio ar ysglyfaeth. Mae'n hysbys hefyd bod rhai rhywogaethau o lyffantod yn bwyta brogaod eraill.

Atgynhyrchu

Mae gan lyffantod system atgenhedlu unigryw sy'n cynnwys ffrwythloni allanol. Yn ystod y tymor bridio, bydd brogaod gwrywaidd yn ymgasglu mewn grŵp ac yn galw ar y benywod i'w denu. Unwaith y bydd benyw yn cyrraedd, bydd y gwryw yn dringo ar ei chefn ac yn ffrwythloni ei hwyau wrth iddi eu dodwy. Yna gadewir yr wyau i ddatblygu ar eu pen eu hunain, heb unrhyw ofal rhiant.

Statws Cadwraeth

Mae brogaod yn wynebu nifer o fygythiadau i'w goroesiad, gan gynnwys colli cynefinoedd, llygredd, newid yn yr hinsawdd, a chlefyd. Ystyrir bod llawer o rywogaethau o lyffantod mewn perygl neu dan fygythiad, gyda phoblogaethau'n dirywio'n gyflym mewn sawl ardal. Mae'r ffwng chytrid yn glefyd arbennig o farwol sy'n gyfrifol am ddirywiad nifer o boblogaethau brogaod ledled y byd. Mae ymdrechion cadwraeth ar y gweill i amddiffyn brogaod a'u cynefinoedd, gan gynnwys adfer cynefinoedd, rheoli clefydau, a rhaglenni bridio caeth.

I gloi, mae brogaod yn greaduriaid hynod ddiddorol sydd wedi dal dychymyg pobl trwy gydol hanes. Maent yn chwarae rhan bwysig mewn llawer o ecosystemau fel ysglyfaethwyr ac ysglyfaeth, ac maent yn rhan hanfodol o'r gadwyn fwyd. Tra eu bod yn wynebu nifer o fygythiadau i'w goroesiad, mae ymdrechion cadwraeth ar y gweill i warchod eu cynefinoedd a sicrhau eu goroesiad am genedlaethau i ddod. Wrth i ni barhau i ddysgu mwy am yr anifeiliaid hynod hyn, rydym yn dyfnhau ein dealltwriaeth o gymhlethdod ac amrywiaeth bywyd ar y Ddaear. Mae brogaod yn atgof pwysig o ryng-gysylltiad popeth byw a'r angen i ni weithio gyda'n gilydd i amddiffyn a gwarchod ein planed.

Mae geifr yn famaliaid dof sy'n cael eu cadw'n helaeth ar gyfer eu llaeth, cig a gwlân. Maent yn anifeiliaid gwydn, addasadwy sydd wedi'u dofi ers miloedd o flynyddoedd ac sydd i'w cael mewn llawer o wahanol rannau o'r byd.

Tarddiad a Dosbarthiad

Credir bod geifr wedi'u dofi o'r gafr wyllt (Capra aegagrus) yn y Dwyrain Canol tua 10,000 o flynyddoedd yn ôl. Nhw oedd un o'r anifeiliaid cyntaf i gael eu dofi gan fodau dynol, ac fe wnaethant ymledu'n gyflym i rannau eraill o'r byd. Heddiw, mae geifr i'w cael mewn llawer o wahanol ranbarthau, gan gynnwys Affrica, Asia, Ewrop, ac America.

Nodweddion

Mae geifr yn famaliaid canolig eu maint sydd wedi addasu'n dda i ystod eang o amgylcheddau. Mae iddynt ymddangosiad nodedig, gyda wyneb hir, cul, clustiau mawr, a chorff byr, stociog. Yn gyffredinol, mae eu ffwr yn fyr ac yn fras, a gallant ddod mewn amrywiaeth o liwiau, gan gynnwys gwyn, brown a du.

Un o nodweddion mwyaf nodedig geifr yw eu cyrn, sy'n gallu bod yn hir ac yn troellog mewn rhai rhywogaethau. Gall gwrywod a benywod gael cyrn, er eu bod fel arfer yn fwy mewn gwrywod. Mae gan geifr garnau sy'n cael eu rhannu'n ddwy ran, sy'n eu helpu i fynd i'r afael â thir anwastad.

Ymddygiad a Chynefin

Mae geifr yn anifeiliaid hyblyg iawn sy'n gallu goroesi mewn ystod eang o amgylcheddau, o ranbarthau mynyddig i anialwch. Maent yn anifeiliaid cymdeithasol sy'n byw mewn buchesi, gyda gwrywod dominyddol yn cystadlu am fynediad i fenywod. Mae geifr hefyd yn adnabyddus am eu gallu i ddringo, ac yn gallu llywio tir serth a chreigiog yn rhwydd.

Deiet

Mae geifr yn llysysyddion sy'n bwydo ar amrywiaeth o blanhigion, gan gynnwys gweiriau, llwyni a choed. Gallant dreulio planhigion caled a ffibrog na all llawer o anifeiliaid eraill eu treulio, diolch i'w system dreulio arbenigol. Mae gan geifr stumog pedair siambr sy'n eu galluogi i dorri i lawr deunydd planhigion caled a thynnu maetholion yn effeithlon.

Atgynhyrchu

Mae geifr yn fridwyr tymhorol, gyda'r rhan fwyaf o fenywod yn dod i'r gwres yn y cwymp. Mae gwrywod yn cystadlu am fynediad i ferched yn ystod y cyfnod hwn, a bydd gwrywod dominyddol yn paru â merched lluosog. Mae geifr benywaidd yn cario eu cywion am tua 5 mis, a byddant yn rhoi genedigaeth i 1-3 o blant ar y tro. Mae plant yn cael eu geni gyda ffwr meddal a gallant sefyll a cherdded o fewn ychydig oriau ar ôl eu geni.

Statws Cadwraeth

Ar hyn o bryd nid yw geifr yn cael eu hystyried i fod mewn perygl, er bod rhai poblogaethau o eifr gwyllt dan fygythiad oherwydd colli cynefinoedd a hela. Mae geifr domestig yn cael eu cadw'n eang ar gyfer eu llaeth, cig a gwlân, ac maent yn ffynhonnell bwysig o fywoliaeth i lawer o bobl ledled y byd.

I gloi, mae geifr yn anifeiliaid gwydn a hyblyg sydd wedi chwarae rhan bwysig yn y gymdeithas ddynol ers miloedd o flynyddoedd. Maent yn addas iawn ar gyfer ystod eang o amgylcheddau ac yn gallu goroesi mewn amodau garw. Wrth i ni barhau i ddysgu mwy am yr anifeiliaid hynod hyn, rydym yn dyfnhau ein dealltwriaeth o amrywiaeth a chymhlethdod bywyd ar y Ddaear. Mae geifr yn atgof pwysig o'r berthynas agos rhwng bodau dynol ac anifeiliaid, a'r angen i gydweithio i amddiffyn a gwarchod ein planed.

87. Gŵydd

Mae gŵydd yn enw cyffredin a ddefnyddir i ddisgrifio nifer o rywogaethau adar dŵr sy'n perthyn yn agos i hwyaid ac elyrch. Yn gyffredinol maent yn fwy na hwyaid ac mae ganddynt gyddfau a choesau hirach. Mae gwyddau yn llysysol yn bennaf ac yn adnabyddus am eu galwad anrhydeddus nodedig.

Tarddiad a Dosbarthiad

Mae gwyddau yn perthyn i'r teulu Anatidae, sy'n cynnwys hwyaid, elyrch, ac adar dŵr eraill. Mae dros 20 rhywogaeth o wyddau, sydd i'w cael mewn llawer o wahanol rannau o'r byd. Nid yw union darddiad gwyddau yn hysbys, ond credir eu bod wedi esblygu o hynafiad cyffredin gyda hwyaid ac elyrch yn ystod y cyfnod Cretasaidd hwyr, tua 85 miliwn o flynyddoedd yn ôl.

Nodweddion

Mae gwyddau yn adar dŵr canolig i fawr sydd wedi addasu'n dda i fywyd mewn amgylcheddau dyfrol. Mae iddynt ymddangosiad nodedig, gyda gwddf hir, adenydd mawr, a thraed gweog. Gall eu plu ddod mewn amrywiaeth o liwiau, gan gynnwys gwyn, llwyd a brown.

Un o nodweddion mwyaf nodedig gwyddau yw eu galwad honking, a ddefnyddir ar gyfer cyfathrebu ac i sefydlu tiriogaeth. Mae gwyddau hefyd yn adnabyddus am eu hymddygiad mudol, gyda llawer o rywogaethau'n teithio'n bell i fridio a bwydo.

Ymddygiad a Chynefin

Mae gwyddau yn anifeiliaid cymdeithasol sy'n byw mewn heidiau mawr, gyda gwrywod dominyddol yn cystadlu am fynediad i fenywod. Maent yn hynod hyblyg a gellir eu canfod mewn amrywiaeth o gynefinoedd, gan gynnwys gwlyptiroedd, llynnoedd ac afonydd. Mae gwyddau hefyd yn gallu goroesi mewn amgylcheddau trefol, ac i'w canfod yn gyffredin mewn parciau a mannau gwyrdd eraill.

Deiet

Llysysyddion yw gwyddau yn bennaf sy'n bwydo ar amrywiaeth o blanhigion, gan gynnwys glaswellt, dail a gwreiddiau. Gwyddys hefyd eu bod yn bwyta pryfed ac anifeiliaid bach eraill weithiau. Mae gan wyddau system dreulio arbenigol sy'n eu galluogi i dorri i lawr deunydd planhigion caled a thynnu maetholion yn effeithlon.

Atgynhyrchu

Mae gwyddau yn unweddog ar y cyfan, gyda gwrywod a benywod yn paru ar gyfer y tymor magu. Mae gwyddau benywaidd yn dodwy 4-10 wy mewn nyth wedi'i wneud o laswellt a llystyfiant arall. Mae'r ddau riant yn cymryd eu tro i ddeor yr wyau, ac mae'r cywion yn deor ar ôl tua mis. Mae cywion gwyddau yn gallu nofio a chwilota am fwyd yn fuan ar ôl deor, a gallant hedfan ar ôl tua 2-3 mis.

Statws Cadwraeth

Nid yw'r rhan fwyaf o rywogaethau o wyddau yn cael eu hystyried i fod mewn perygl ar hyn o bryd, er bod rhai poblogaethau wedi lleihau oherwydd colli cynefinoedd a hela. Mewn rhai ardaloedd, mae gwyddau yn cael eu hystyried yn blâu ac yn cael eu difa i reoli eu niferoedd.

I gloi, mae gwyddau yn adar dŵr hynod ddiddorol sydd wedi addasu'n dda i fywyd mewn amgylcheddau dyfrol. Maent yn anifeiliaid cymdeithasol sy'n byw mewn heidiau mawr ac yn adnabyddus am eu galwad anrhydeddus nodedig. Wrth i ni barhau i ddysgu mwy am yr adar hynod hyn, rydym yn dyfnhau ein dealltwriaeth o gymhlethdod ac amrywiaeth bywyd ar y Ddaear. Mae gwyddau yn atgof pwysig o'r berthynas agos rhwng bodau dynol ac anifeiliaid, a'r angen i gydweithio i amddiffyn a gwarchod ein planed.

88. Hamster

Mae bochdewion yn gnofilod bach blewog sy'n cael eu cadw'n gyffredin fel anifeiliaid anwes. Maent yn adnabyddus am eu hymddangosiad annwyl a'u personoliaethau chwareus.

Tarddiad a Dosbarthiad

Mae bochdewion yn frodorol i rannau o Ewrop ac Asia, lle maent yn byw yn y gwyllt mewn tyllau a strwythurau tanddaearol eraill. Fe'u darganfuwyd gyntaf gan wyddonwyr y Gorllewin yn gynnar yn yr 20fed ganrif ac ers hynny maent wedi dod yn anifeiliaid anwes poblogaidd ledled y byd. Mae yna sawl rhywogaeth o fochdew, gan gynnwys bochdew Syria, y bochdew corrach, a'r bochdew Tsieineaidd.

Nodweddion

Mae bochdewion yn gnofilod bach sydd wedi addasu'n dda i fywyd mewn tyllau a strwythurau tanddaearol eraill. Mae ganddynt ymddangosiad nodedig, gyda chorff crwn, coesau byr, a chlustiau mawr, crwn. Gall eu ffwr ddod mewn amrywiaeth o liwiau, gan gynnwys brown, llwyd a gwyn.

Mae bochdewion yn anifeiliaid nosol, sy'n golygu eu bod yn fwyaf gweithgar yn y nos. Maent hefyd yn adnabyddus am eu gallu i storio bwyd yn eu bochau, sy'n caniatáu iddynt gludo llawer iawn o fwyd yn ôl i'w tyllau.

Ymddygiad a Chynefin

Mae bochdewion yn anifeiliaid cymdeithasol y mae'n well ganddynt fyw mewn grwpiau. Yn y gwyllt, maent yn byw mewn tyllau sy'n cael eu cloddio i'r ddaear, a byddant yn creu twneli a siambrau cywrain o fewn y tyllau hyn i greu amgylchedd byw diogel a sicr.

Fel anifeiliaid anwes, mae bochdewion fel arfer yn cael eu cadw mewn cewyll sydd â dillad gwely, prydau bwyd a dŵr, a theganau. Mae angen ymarfer corff ac amser chwarae rheolaidd arnynt i gadw'n iach a hapus.

Deiet

Mae bochdewion yn hollysyddion sy'n bwydo ar amrywiaeth o fwydydd, gan gynnwys hadau, grawn, ffrwythau a llysiau. Gwyddys hefyd eu bod yn bwyta pryfed ac anifeiliaid bach eraill weithiau. Fel anifeiliaid anwes, mae bochdew fel arfer yn cael eu bwydo â diet masnachol sydd wedi'i gynllunio i ddiwallu eu hanghenion maethol.

Atgynhyrchu

Mae bochdewion yn gallu magu yn ifanc a gallant gynhyrchu sawl torllwyth o epil bob blwyddyn. Mae gan fochdewion benywaidd gyfnod beichiogrwydd o tua 16-18 diwrnod, a byddant yn rhoi genedigaeth i dorllwythi o 4-12 lloi. Mae bochdewion yn gallu bridio trwy gydol y flwyddyn, sy'n golygu y gall eu poblogaethau dyfu'n gyflym o dan amodau ffafriol.

Statws Cadwraeth

Nid yw bochdewion yn cael eu hystyried i fod mewn perygl ar hyn o bryd, ond mae rhai rhywogaethau'n wynebu bygythiadau i'w poblogaethau oherwydd colli cynefinoedd a darnio. Mewn rhai ardaloedd, mae bochdewion yn cael eu hystyried yn bla ac yn cael eu difa i reoli eu niferoedd.

I gloi, mae bochdewion yn gnofilod hynod ddiddorol ac annwyl sydd wedi dal calonnau pobl ledled y byd. Maent wedi addasu'n dda i fywyd mewn tyllau a strwythurau tanddaearol eraill, ac maent yn anifeiliaid cymdeithasol y mae'n well ganddynt fyw mewn grwpiau. Fel anifeiliaid anwes, mae angen llawer o ofal a sylw arnynt, ond gallant ddarparu blynyddoedd o gwmnïaeth a llawenydd. Drwy ddeall nodweddion ac ymddygiad bochdewion, gallwn ddyfnhau ein gwerthfawrogiad o'r anifeiliaid hynod hyn a'r rôl bwysig y maent yn ei chwarae yn yr ecosystem.

89. Ysgyfarnog

Mae'r ysgyfarnog yn anifail hynod ddiddorol ac eiconig, sy'n adnabyddus am ei chlustiau hir, ei choesau pwerus, a'i chyflymder rhyfeddol.

Tarddiad a Dosbarthiad

Mae ysgyfarnogod i'w cael ledled y byd, gyda rhai rhywogaethau'n frodorol i Ewrop, Asia, Affrica a Gogledd America. Gellir olrhain tarddiad yr ysgyfarnog yn ôl i'r cyfnod cynhanesyddol, gyda ffosilau'n dyddio'n ôl i gyfnod cynnar yr Eocene. Mae gan ysgyfarnogod gysylltiad agos â chwningod, ac mae gan y ddau anifail lawer o nodweddion, er bod ysgyfarnogod yn gyffredinol yn fwy ac yn gyflymach na chwningod.

Nodweddion

Mae ysgyfarnogod yn famaliaid sydd wedi addasu'n dda i fywyd ar y tir. Mae ganddyn nhw ymddangosiad nodedig, gyda choesau ôl hir, pwerus, clustiau mawr a all fod hyd at 12 cm o hyd, a chynffon fer, blewog. Mae eu ffwr fel arfer yn frown neu'n llwyd, ac mae'n drwchus ac yn drwchus i ddarparu inswleiddio rhag yr oerfel.

Un o nodweddion mwyaf trawiadol sgwarnogod yw eu cyflymder. Maent yn rhedwyr hynod gyflym, yn gallu cyrraedd cyflymder o hyd at 80 km/h. Mae'r cyflymder hwn yn addasiad sy'n eu galluogi i osgoi ysglyfaethwyr a dianc rhag perygl.

Ymddygiad a Chynefin

Anifeiliaid unigol yw ysgyfarnogod yn bennaf, er y gallant ymgynnull mewn grwpiau yn ystod y tymor bridio. Maent hefyd yn anifeiliaid tiriogaethol, a byddant yn amddiffyn eu tiriogaeth yn erbyn ysgyfarnogod eraill.

Yn y gwyllt, mae ysgyfarnogod yn byw mewn amrywiaeth o gynefinoedd, gan gynnwys glaswelltiroedd, coedwigoedd ac anialwch. Mae'n well ganddynt ardaloedd gyda llystyfiant trwchus a digon o orchudd, sy'n caniatáu iddynt guddio rhag ysglyfaethwyr.

Deiet

Llysysyddion yw ysgyfarnogod sy'n bwydo ar amrywiaeth o blanhigion, gan gynnwys gweiriau, perlysiau a llwyni. Gwyddys hefyd eu bod yn bwyta rhisgl a brigau yn ystod misoedd y gaeaf, pan fo ffynonellau eraill o fwyd yn brin.

Atgynhyrchu

Mae gan ysgyfarnogod strategaeth atgenhedlu unigryw sy'n wahanol i'r rhan fwyaf o famaliaid eraill. Yn lle rhoi genedigaeth i dorllwyth o epil, mae ysgyfarnogod benywaidd yn rhoi genedigaeth i epil sengl ar y tro. Mae'r epil hyn, a elwir yn liferets, yn cael eu geni wedi'u datblygu'n llawn a gallant symud o gwmpas a gofalu amdanynt eu hunain o fewn oriau geni.

Statws Cadwraeth

Mae statws cadwraeth ysgyfarnogod yn amrywio yn dibynnu ar y rhywogaeth a'r lleoliad. Ystyrir bod rhai rhywogaethau o ysgyfarnogod dan fygythiad neu dan fygythiad oherwydd colli cynefinoedd a hela, tra bod eraill yn doreithiog ac yn ffynnu.

I gloi, mae ysgyfarnogod yn anifeiliaid hynod ddiddorol sydd wedi addasu i fywyd ar dir mewn ffyrdd rhyfeddol. Mae eu coesau pwerus a'u cyflymder rhyfeddol yn caniatáu iddynt ddianc rhag perygl, tra bod eu ffwr trwchus yn darparu inswleiddio rhag yr oerfel. Drwy ddeall nodweddion ac ymddygiad ysgyfarnogod, gallwn ddyfnhau ein gwerthfawrogiad o'r anifeiliaid hynod hyn a'r rôl bwysig y maent yn ei chwarae yn yr ecosystem.

90. Hippopotamus

Mae'r Hippopotamus, neu hippo, yn un o'r anifeiliaid mwyaf adnabyddus yn y byd. Mae'r mamaliaid mawr, lled-ddyfrol hyn yn adnabyddus am eu cyrff siâp casgen, eu genau enfawr, a'u brathiadau pwerus.

Tarddiad a Dosbarthiad

Credir mai'r hippopotamus yw un o'r mamaliaid hynaf ar y ddaear, gyda chofnodion ffosil yn dyddio'n ôl dros 16 miliwn o flynyddoedd. Roedd cyndeidiau'r hipo modern yn byw yn afonydd a llynnoedd hynafol Affrica, Ewrop ac Asia. Heddiw, dim ond yn Affrica Is-Sahara y mae'r hippopotamus i'w gael, gyda mwyafrif y boblogaeth wedi'i ganoli yn Nwyrain Affrica.

Nodweddion

Mae'r hippopotamus yn famal mawr, swmpus gyda chorff siâp casgen, coesau byr, a phen llydan, gwastad. Llysysyddion ydyn nhw, gyda genau a dannedd mawr sydd wedi addasu'n dda ar gyfer malu llystyfiant caled. Mae eu croen yn drwchus ac yn wydn, ac mae wedi'i orchuddio â haen denau o secretion olewog sy'n helpu i'w hamddiffyn rhag yr haul a pharasitiaid.

Mae hippos yn adnabyddus am eu maint enfawr, gyda gwrywod yn nodweddiadol yn pwyso rhwng 1,500 a 3,200 kg, a benywod yn pwyso rhwng 1,300 a 2,700 kg. Maent hefyd yn rhyfeddol o ystwyth yn y dŵr, gyda'r gallu i ddal eu gwynt am hyd at bum munud a nofio ar gyflymder o hyd at 30 km/h.

Cynefin

Mae hippos yn anifeiliaid lled-ddyfrol sydd i'w cael mewn amrywiaeth o gynefinoedd dŵr croyw, gan gynnwys afonydd, llynnoedd a chorsydd. Maen nhw'n treulio'r rhan fwyaf o'u hamser yn y dŵr, gan ddod i'r tir i bori neu dorheulo yn yr haul yn unig. Gwyddys hefyd eu bod yn creu llwybrau trwy'r llystyfiant i'w hardaloedd pori, y maent yn eu defnyddio i deithio rhwng y dŵr a'r tir.

Deiet

Mae hippos yn llysysyddion sy'n bwydo'n bennaf ar weiriau a phlanhigion dyfrol. Gwyddys eu bod yn pori am hyd at bum awr bob nos, gan fwyta hyd at 68 kg o lystyfiant mewn un sesiwn fwydo. Er gwaethaf eu maint, mae hipos yn fwytawyr hynod o bigog, a byddant ond yn bwydo ar rai mathau o lystyfiant.

Ymddygiad

Mae hippos yn anifeiliaid cymdeithasol sy'n byw mewn grwpiau o'r enw codennau. Gall y codennau hyn amrywio o ran maint o ychydig o unigolion i dros 100, ac maent fel arfer yn cynnwys merched a'u hepil. Mae hipis gwrywaidd yn diriogaethol a byddant yn amddiffyn eu darn o ddŵr rhag gwrywod eraill.

Mae hippos hefyd yn adnabyddus am eu hymddygiad ymosodol, yn enwedig o ran amddiffyn eu tiriogaeth neu eu rhai ifanc. Gwyddys eu bod yn ymosod ar gychod a bodau dynol sy'n mentro'n rhy agos at eu tiriogaeth, ac mae eu safnau enfawr a'u brathiadau pwerus yn eu gwneud yn un o'r anifeiliaid mwyaf peryglus yn Affrica.

Atgynhyrchu

Mae gan hippos gyfnod beichiogrwydd hir, gyda merched yn cario eu cywion am rhwng 7 ac 8 mis. Ar ôl rhoi genedigaeth, bydd y fam hipo yn aros gyda'i llo am hyd at flwyddyn, yn ei nyrsio a'i amddiffyn rhag perygl. Mae hipis ifanc yn agored i ysglyfaethu, yn enwedig gan grocodeiliaid a llewod, ac yn aml maent yn cael eu targedu gan yr ysglyfaethwyr hyn.

Statws Cadwraeth

Mae statws cadwraeth yr hipopotamws wedi'i restru ar hyn o bryd fel un "agored i niwed" gan yr Undeb Rhyngwladol dros Gadwraeth Natur (IUCN). Mae poblogaeth hippopotamuses wedi gostwng yn sylweddol yn ystod y blynyddoedd diwethaf, yn bennaf oherwydd colli cynefinoedd a hela. Mae hippos hefyd yn cael eu bygwth gan lygredd a lledaeniad clefydau fel anthracs a chlwy'r traed a'r genau.

I gloi, mae hipos yn anifeiliaid rhyfeddol sydd wedi addasu i fywyd yn y dŵr mewn ffyrdd rhyfeddol. Mae eu maint enfawr, eu genau pwerus, a'u hymddygiad ymosodol yn eu gwneud yn un o'r anifeiliaid mwyaf eiconig yn Affrica. Trwy ddeall nodweddion ac ymddygiad yr anifeiliaid hyn, gallwn werthfawrogi eu lle yn y byd naturiol yn well a gweithio i'w hamddiffyn rhag y bygythiadau niferus y maent yn eu hwynebu.

Mae ymdrechion cadwraeth gyda'r nod o amddiffyn yr hipopotamws a'i gynefin yn parhau, gyda llawer o sefydliadau'n gweithio i godi ymwybyddiaeth o bwysigrwydd yr anifeiliaid hyn i'w hecosystemau. Mae'r ymdrechion hyn yn cynnwys cadwraeth cynefinoedd, mesurau gwrth-botsio, ac ymgyrchoedd addysg gyhoeddus gyda'r nod o leihau gwrthdaro dynol-bywyd gwyllt.

At ei gilydd, mae'r hipopotamws yn anifail hynod ddiddorol a phwysig sy'n chwarae rhan hanfodol yn yr ecosystemau y mae'n byw ynddynt. Drwy gydweithio i warchod yr anifeiliaid hyn a'u cynefinoedd, gallwn sicrhau eu bod yn parhau i ffynnu am genedlaethau i ddod.

91. Ceffyl

Mae'r ceffyl yn famal mawr, mawreddog sydd wedi chwarae rhan bwysig yn hanes dyn ers miloedd o flynyddoedd. Gyda'i adeiladwaith pwerus, cerddediad gosgeiddig, ac ymarweddiad deallus, nid yw'n syndod bod ceffylau wedi dal calonnau a dychymyg pobl ledled y byd.

Tarddiad ac Esblygiad

Credir bod ceffylau wedi tarddu o Ogledd America, gyda'r rhywogaeth ceffyl hysbys cynharaf, Eohippus neu "geffyl y wawr," yn byw tua 55 miliwn o flynyddoedd yn ôl. Dros amser, esblygodd y creaduriaid bach hyn, maint cŵn, yn rywogaethau mwy a mwy amrywiol, gyda rhai yn mudo i rannau eraill o'r byd yn y pen draw. Heddiw, mae yna nifer o fridiau ceffylau domestig sydd wedi'u datblygu trwy fridio dethol at ddibenion penodol megis rasio, marchogaeth a gwaith.

Nodweddion Corfforol

Mae'r ceffyl yn famal mawr, llysysol gyda phen hir, cul, gwddf cyhyrol, a chorff pwerus. Yn dibynnu ar y brîd, gall ceffylau amrywio mewn maint o tua 14 llaw (56 modfedd) i dros 18 dwylo (72 modfedd) o daldra wrth yr ysgwydd. Mae ganddynt goesau hir, pwerus gyda charnau caled, ceratinaidd sy'n amddiffyn eu traed ac yn eu galluogi i redeg ar gyflymder uchel.

Daw ceffylau mewn amrywiaeth eang o liwiau a phatrymau, gan gynnwys du, brown, castanwydd, palomino, a gwyn. Gall eu cot fod yn llyfn, yn fyr, neu'n hir, a gall eu mwng a'u cynffon fod yn drwchus ac yn llifo neu'n denau ac yn wibiog. Un o nodweddion mwyaf trawiadol ceffylau yw eu llygaid mawr, llawn mynegiant, sy'n cael eu gosod ar ochrau eu pennau ac yn rhoi gweledigaeth ymylol ardderchog iddynt.

Ymddygiad a Strwythur Cymdeithasol

Mae ceffylau yn anifeiliaid cymdeithasol sy'n byw mewn grwpiau o'r enw buchesi. Mae'r grwpiau hyn fel arfer yn cynnwys sawl cesig (ceffylau benywaidd) a'u ebolion, yn ogystal â march dominyddol (ceffyl gwrywaidd) sy'n gyfrifol am warchod y fuches a pharu gyda'r cesig.

O fewn y fuches, mae gan geffylau hierarchaeth gymdeithasol gymhleth a sefydlir trwy arddangosiadau o oruchafiaeth ac ymostyngiad. Y ceffylau amlycaf, y meirch yn nodweddiadol, sydd â'r statws uchaf yn y fuches ac maent yn gyfrifol am amddiffyn y grŵp rhag ysglyfaethwyr a bygythiadau eraill.

Mae ceffylau yn anifeiliaid hynod ddeallus sy'n gallu dysgu a chyflawni ystod eang o dasgau. Maent yn aml yn cael eu hyfforddi ar gyfer marchogaeth, rasio, a gwaith, a gellir eu defnyddio hefyd at ddibenion therapiwtig fel therapi â chymorth ceffylau.

Diet a Chynefin

Yn y gwyllt, llysysyddion yw ceffylau sy'n pori ar weiriau a llystyfiant arall. Maent angen diet sy'n uchel mewn ffibr ac yn isel mewn braster, yn ogystal â mynediad at ddŵr glân. Mae ceffylau domestig fel arfer yn cael eu bwydo â gwair a grawn yn ogystal â phori ar dir pori.

Mae ceffylau yn anifeiliaid addasadwy sy'n gallu byw mewn amrywiaeth o gynefinoedd, o laswelltiroedd a safana i anialwch a choedwigoedd. Maent i'w cael ledled y byd, gyda rhai o'r bridiau enwocaf yn tarddu o ranbarthau penodol fel y ceffyl Arabaidd o'r Dwyrain Canol a'r ceffyl Chwarter o Ogledd America.

Statws Cadwraeth

Er nad yw ceffylau yn cael eu hystyried mewn perygl, mae rhai poblogaethau o geffylau gwyllt dan fygythiad oherwydd colli cynefinoedd, cystadleuaeth am adnoddau gyda da byw, a hela. Mae sefydliadau fel y Wild Horse Preservation Fund yn gweithio i warchod poblogaethau ceffylau gwyllt a'u cynefinoedd, yn ogystal â hyrwyddo arferion bridio cyfrifol ar gyfer ceffylau dof.

Yn ystod y blynyddoedd diwethaf, bu pryder cynyddol ynghylch lles ceffylau a ddefnyddir ar gyfer rasio a digwyddiadau cystadleuol eraill, yn enwedig mewn achosion lle mae anifeiliaid yn dioddef gorweithio neu driniaeth annynol. Mae ymdrechion yn cael eu gwneud i wella safonau gofal ceffylau yn y diwydiannau hyn ac i hybu arferion bridio a hyfforddi cyfrifol.

I gloi, mae'r ceffyl yn anifail godidog sydd wedi chwarae rhan bwysig yn hanes dyn ers miloedd o flynyddoedd. O'i wreiddiau fel ceffyl gwawr bach, ystwyth i'w fridiau dof modern, mae'r ceffyl wedi dal calonnau a dychymyg pobl ledled y byd.

Gyda'u cyrff pwerus a'u symudiadau gosgeiddig, mae ceffylau wedi'u defnyddio at ystod eang o ddibenion trwy gydol hanes. O gludiant i amaethyddiaeth, o chwaraeon i ryfel, mae ceffylau wedi chwarae rhan hanfodol mewn gwareiddiad dynol.

Heddiw, mae ceffylau yn parhau i gael eu gwerthfawrogi am eu harddwch, eu deallusrwydd a'u hyblygrwydd. P'un a ydynt yn cael eu defnyddio ar gyfer marchogaeth, rasio, gwaith, neu therapi, mae gan yr anifeiliaid mawreddog hyn le arbennig yng nghalonnau llawer o bobl. Ac wrth i ni barhau i ddysgu mwy am gymhlethdodau eu hymddygiad a'u strwythur cymdeithasol, rydym yn ennill gwerthfawrogiad dyfnach fyth o'r creaduriaid rhyfeddol hyn.

92. Hebog

Aderyn ysglyfaethus o'r teulu Falconidae yw Hebog, sy'n adnabyddus am ei ystwythder a'i gyflymder wrth hela. Maen nhw'n adar canolig eu maint gydag adenydd pwerus a chrafanau miniog, sy'n eu gwneud yn ffefryn ymhlith hebogwyr ledled y byd. Mae hebogiaid i'w cael yn gyffredin mewn cynefinoedd agored fel glaswelltiroedd, anialwch, a rhanbarthau arfordirol.

Nodweddion

Mae gan hebogiaid siâp corff nodedig sydd wedi'i addasu ar gyfer cyflymder ac ystwythder. Mae ganddyn nhw ben a chorff symlach, gydag adenydd hir, pigfain a chynffon sy'n eu helpu i symud yn yr awyr. Mae gan yr hebogiaid bigau miniog, crwm y maent yn eu defnyddio i rwygo cnawd, a chrafanau cryf y maent yn eu defnyddio i ddal a lladd eu hysglyfaeth. Mae ganddynt olwg ardderchog, sy'n eu galluogi i weld eu hysglyfaeth o bellter mawr.

Mae maint ac ymddangosiad hebogiaid yn amrywio yn dibynnu ar y rhywogaeth. Yr hebog tramor yw'r mwyaf o'r rhywogaeth hebog, gyda lled adenydd hyd at 47 modfedd a phwysau o hyd at 3.5 pwys. Y rhywogaeth hebog lleiaf yw'r cudyll coch Americanaidd, sydd â lled adenydd hyd at 24 modfedd a phwysau o hyd at 5.6 owns.

Mae lliw plu'r hebog hefyd yn amrywio yn dibynnu ar y rhywogaeth. Mae gan y rhan fwyaf o hebogiaid blu brown, llwyd neu ddu gydag isranau gwyn neu liw hufen. Mae gan yr hebog tramor gefn llwydlas, gwddf gwyn, a chap du ar ei ben. Mae gan y cudyll coch gefn coch rhydlyd, pen llwydlas, a streipiau du ar ei wyneb.

Ymddygiad

Mae hebogiaid yn adar dyddiol, sy'n golygu eu bod yn actif yn ystod y dydd ac yn gorffwys gyda'r nos. Maent yn helwyr unigol ac fel arfer yn hela ar eu pen eu hunain neu mewn parau. Mae hebogiaid yn adnabyddus am eu cyflymder anhygoel a'u hystwythder wrth hedfan. Maent yn gallu cyrraedd cyflymder o hyd at 240 milltir yr awr wrth blymio am ysglyfaeth, gan eu gwneud yn un o'r anifeiliaid cyflymaf ar y blaned.

Mae hebogiaid yn defnyddio techneg hela o'r enw plymio, sy'n golygu deifio o uchder mawr i ddal eu hysglyfaeth. Maen nhw hefyd yn defnyddio eu crechfilod miniog i ddal eu hysglyfaeth yng nghanol yr awyr neu ar y ddaear. Mae hebogiaid yn bwydo adar bach yn bennaf, ond maen nhw hefyd yn bwyta cnofilod, pryfed, ac weithiau anifeiliaid eraill.

Cynefin

Mae hebogiaid i'w cael mewn cynefinoedd agored fel glaswelltiroedd, anialwch, a rhanbarthau arfordirol. Mae'n well ganddyn nhw ardaloedd gyda digon o fannau agored a chlwydi uchel fel clogwyni, coed neu adeiladau. Mae hebogiaid i'w cael ar bob cyfandir ac eithrio Antarctica, gyda'r poblogaethau mwyaf yng Ngogledd America, Ewrop ac Asia.

Tarddiad

Mae hebogiaid wedi bod o gwmpas ers miliynau o flynyddoedd, gyda ffosilau yn dyddio'n ôl i'r cyfnod Eocene, tua 50 miliwn o flynyddoedd yn ôl. Y rhywogaeth hebog gynharaf y gwyddys amdani yw'r Laornis edwardsi, a oedd yn byw yn yr hyn sydd bellach yn Wyoming, UDA, tua 50 miliwn o flynyddoedd yn ôl.

Mae hebogiaid wedi cael eu defnyddio ar gyfer hela a hebogyddiaeth ers miloedd o flynyddoedd, gyda thystiolaeth o'u defnydd gan yr hen Eifftiaid, Groegiaid a Rhufeiniaid. Mae hebogyddiaeth yn gamp sy'n cynnwys hyfforddi hebogiaid i hela ysglyfaeth ac yna eu rhyddhau i'w ddal yn y gwyllt. Mae hebogyddiaeth wedi cael ei hymarfer ers canrifoedd mewn llawer o ddiwylliannau ac mae'n dal yn boblogaidd heddiw mewn sawl rhan o'r byd.

Mathau o Hebogiaid:

Mae dros 40 o rywogaethau o hebogiaid ledled y byd, a'r rhywogaethau mwyaf cyffredin yw'r hebog tramor, y cudyll coch, y cudyll bach, a'r hobi. Gadewch inni drafod rhai o'r mathau poblogaidd o Hebogiaid.

1. Hebog Tramor: Yr hebog tramor yw'r rhywogaeth fwyaf a mwyaf adnabyddus o hebog. Maent i'w cael ar bob cyfandir ac eithrio Antarctica ac maent yn adnabyddus am eu cyflymder a'u pŵer anhygoel. Gwyddys mai hebogiaid tramor yw'r anifail cyflymaf yn y byd, sy'n gallu deifio ar gyflymder o hyd at 240 milltir yr awr. Mae ganddyn nhw led adenydd o hyd at 47 modfedd a phwysau o hyd at 3.5 pwys.

Mae hebogiaid tramor i'w cael mewn cynefinoedd agored fel glaswelltiroedd, anialwch, a rhanbarthau arfordirol. Maent yn bwydo adar eraill yn bennaf, a cholomennod yw eu hoff ysglyfaeth. Roedd hebogiaid tramor unwaith mewn perygl oherwydd y defnydd o blaladdwyr, ond mae eu poblogaethau wedi gwella ers hynny diolch i ymdrechion cadwraeth.

2. Cudyll coch: Y cudyll coch yw'r rhywogaeth leiaf o hebog, gyda lled adenydd hyd at 24 modfedd a phwysau o hyd at 5.6 owns. Fe'u ceir mewn cynefinoedd agored fel glaswelltiroedd, savannas, ac anialwch, ac maent yn adnabyddus am eu gallu i hofran yng nghanol yr awyr wrth chwilio am ysglyfaeth. Mae cudyllod coch yn bwydo'n bennaf ar bryfed, adar bach a chnofilod.

Mae cudyllod coch i'w cael ar bob cyfandir ac eithrio'r Antarctica, ac mae sawl isrywogaeth o'r cudyllod coch, pob un â nodweddion ffisegol a chynefinoedd ychydig yn wahanol.

3. Cudyllod bach: Mae'r cudyll bach yn rhywogaeth fach, ystwyth o hebog a geir mewn cynefinoedd agored fel twndra, glaswelltiroedd a choedwigoedd. Mae ganddyn nhw led adenydd hyd at 24 modfedd a phwysau o hyd at 8 owns. Mae cudyllod bach yn bwydo adar bach yn bennaf, ond maen nhw hefyd yn bwyta pryfed a chnofilod.

Mae cudyllod bach i'w cael yng Ngogledd America, Ewrop ac Asia, ac mae sawl isrywogaeth o gudyllod bach, pob un â nodweddion ffisegol a chynefinoedd ychydig yn wahanol.

4. Hobi: Rhywogaeth fach, main o hebog sydd i'w gael mewn cynefinoedd agored fel glaswelltiroedd, savannas a choedwigoedd yw'r hobi. Mae ganddyn nhw led adenydd o hyd at 31 modfedd a phwysau o hyd at 8.5 owns. Mae hobïau yn bwydo'n bennaf ar bryfed ac adar bach.

Mae hobïau i'w cael yn Ewrop, Asia ac Affrica, ac mae yna sawl isrywogaeth o hobi, pob un â nodweddion ffisegol a chynefinoedd ychydig yn wahanol.

Cadwraeth

Mae llawer o rywogaethau o hebogiaid dan fygythiad oherwydd colli cynefinoedd, hela, a defnyddio plaladdwyr. Roedd sawl rhywogaeth hebog unwaith mewn perygl ond maent wedi gwella ers hynny diolch i ymdrechion cadwraeth. Roedd yr hebog tramor, er enghraifft, unwaith mewn perygl oherwydd y defnydd o blaladdwyr, ond mae eu poblogaethau wedi gwella ers hynny diolch i ymdrechion cadwraeth.

Mae ymdrechion cadwraeth i hebogiaid yn cynnwys gwarchod eu cynefinoedd, lleihau'r defnydd o blaladdwyr, a diogelu eu rhywogaethau ysglyfaethus. Mae hebogyddiaeth hefyd yn cael ei reoleiddio mewn llawer o wledydd i sicrhau nad yw poblogaethau gwyllt yn cael eu disbyddu.

I gloi, mae hebogiaid yn grŵp hynod ddiddorol o adar sy'n adnabyddus am eu cyflymder, eu hystwythder a'u galluoedd hela. Mae ganddynt siâp corff nodedig sydd wedi'i addasu ar gyfer cyflymder a symudedd, ac maent i'w cael mewn cynefinoedd agored fel glaswelltiroedd, anialwch, a rhanbarthau arfordirol. Mae hebogiaid wedi cael eu defnyddio ar gyfer hela a hebogyddiaeth ers miloedd o flynyddoedd, ac roedd sawl rhywogaeth unwaith mewn perygl ond wedi gwella ers hynny diolch i ymdrechion cadwraeth. At ei gilydd, mae hebogiaid yn rhan bwysig o lawer o ecosystemau ac yn adnodd diwylliannol a hanesyddol gwerthfawr.

93. Pysgod

Mae pysgod yn anifeiliaid dyfrol sy'n cael eu nodweddu gan eu cyrff llyfn, eu clorian, eu hesgyll a'u tagellau. Maent yn grŵp amrywiol o anifeiliaid sy'n byw mewn cefnforoedd, cyrff dŵr croyw, a hyd yn oed rhai amgylcheddau hallt.

Nodweddion

Mae pysgod yn ectothermig, sy'n golygu bod tymheredd eu corff yn cael ei reoli gan yr amgylchedd o'u cwmpas. Mae ganddynt siâp corff symlach sydd wedi'i addasu ar gyfer nofio trwy ddŵr. Cyflawnir siâp y corff hwn trwy bresenoldeb esgyll a chynffon, sy'n gweithio gyda'i gilydd i yrru'r pysgod trwy'r dŵr. Mae gan bysgod hefyd dagellau, sy'n eu galluogi i echdynnu ocsigen o'r dŵr.

Nodwedd arall o bysgod yw eu graddfeydd, sy'n darparu amddiffyniad ac yn lleihau ymwrthedd dŵr. Daw graddfeydd mewn amrywiaeth o siapiau a meintiau, o raddfeydd bach sy'n gorchuddio'r corff i raddfeydd mwy, mwy arbenigol sy'n darparu amddiffyniad ychwanegol. Mae gan rai rhywogaethau o bysgod nodweddion unigryw hefyd, megis gallu'r llysywen drydanol i gynhyrchu gwefr drydanol.

Tarddiad

Gellir olrhain tarddiad pysgod yn ôl dros 500 miliwn o flynyddoedd i'r cyfnod Cambriaidd. Yn ystod y cyfnod hwn, esblygodd amrywiaeth o anifeiliaid dyfrol, gan gynnwys yr anifeiliaid tebyg i bysgod cyntaf. Roedd y pysgod cynnar hyn yn ddi-ên ac nid oedd ganddynt glorian, ond roedd ganddynt siâp corff symlach ac esgyll ar gyfer nofio.

Dros amser, datblygodd pysgod i fod â genau, a oedd yn caniatáu iddynt fwyta ysglyfaeth mwy. Dilynodd esblygiad graddfeydd, gan ddarparu amddiffyniad a lleihau ymwrthedd dŵr. Heddiw, mae dros 32,000 o rywogaethau o bysgod, pob un â'i nodweddion unigryw a'i addasiadau.

Mathau o Bysgod

Mae yna sawl math o bysgod, pob un â nodweddion a chynefinoedd unigryw. Mae rhai o'r mathau mwyaf cyffredin o bysgod yn cynnwys:

1. Pysgod Bony: Pysgod esgyrnog, a elwir hefyd yn deleosts, yw'r math mwyaf cyffredin o bysgod. Mae ganddynt sgerbwd esgyrnog a phledren

nofio, sy'n caniatáu iddynt reoli eu hynofedd. Gellir dod o hyd i bysgod esgyrnog mewn amgylcheddau dŵr croyw a dŵr hallt, ac maent yn dod mewn amrywiaeth o siapiau a meintiau.

2. Pysgod Cartilaginous: Mae pysgod cartilaginous, a elwir hefyd yn chondrichthyans, yn grŵp o bysgod sydd â sgerbwd cartilaginous yn lle un esgyrnog. Mae'r grŵp hwn yn cynnwys siarcod, pelydrau, a morgathod. Mae gan bysgod cartilaginous siâp corff symlach ac maent wedi'u haddasu'n dda ar gyfer nofio mewn dŵr agored.

3. Pysgod heb ên: Mae pysgod heb ên, a elwir hefyd yn agnathans, yn grŵp o bysgod sydd heb ên a chlorian. Mae'r grŵp hwn yn cynnwys llysywen bendoll a gwalch môr. Mae gan bysgod heb ên siâp corff unigryw ac maent wedi'u haddasu ar gyfer byw mewn amgylcheddau dŵr tywyll, dwfn.

4. Llyswennod: Mae llysywod yn fath o bysgod sydd â siâp corff hir, main ac sydd heb esgyll pelfig. Fe'u ceir mewn amgylcheddau dŵr croyw a dŵr hallt a gallant dyfu hyd at sawl troedfedd o hyd. Mae llysywod yn adnabyddus am eu harddull hela unigryw, sy'n golygu lapio eu corff o amgylch ysglyfaeth a gwasgu.

5. Eog: Mae eog yn fath o bysgod esgyrnog a geir mewn amgylcheddau dŵr croyw a dŵr hallt. Maent yn adnabyddus am eu patrymau mudo nodedig, sy'n golygu teithio o afonydd dŵr croyw i'r cefnfor ac yn ôl eto. Mae eog yn ffynhonnell fwyd bwysig i bobl a bywyd gwyllt.

6. Catfish: Mae cathbysgod yn fath o bysgod esgyrnog sydd i'w cael mewn amgylcheddau dŵr croyw. Mae ganddynt siâp corff nodedig sydd wedi'i addasu ar gyfer anheddu gwaelod a sborion. Mae cathbysgod yn ffynhonnell fwyd bwysig i bobl ac yn aml yn cael eu ffermio i'w bwyta.

7. Tilapia: Mae Tilapia yn fath o bysgod esgyrnog sy'n cael eu ffermio'n aml i'w bwyta. Maent yn frodorol i amgylcheddau dŵr croyw yn Affrica ac yn adnabyddus am eu blas ysgafn a'u gwead cadarn. Mae Tilapia yn ffynhonnell fwyd bwysig mewn sawl rhan o'r byd ac yn boblogaidd mewn dyframaeth.

8. Tiwna: Math o bysgod esgyrnog yw tiwna a geir mewn amgylcheddau dŵr croyw a dŵr hallt. Maent yn adnabyddus am eu maint a'u cyflymder mawr, sy'n eu gwneud yn bysgodyn gêm poblogaidd. Mae tiwna hefyd yn

ffynhonnell fwyd bwysig i bobl ac maent yn aml mewn tun i'w bwyta'n hawdd.

9. Clownfish: Mae clownfish yn fath o bysgod esgyrnog sydd i'w cael mewn riffiau cwrel yn y Môr Tawel a Chefnfor India. Maent yn adnabyddus am eu lliwiau llachar a'u marciau nodedig, sy'n eu gwneud yn boblogaidd yn y fasnach acwariwm. Mae clownfish hefyd yn adnabyddus am eu perthynas symbiotig ag anemonïau, sy'n eu diogelu rhag ysglyfaethwyr.

10. Pysgod Cleddyf: Mae pysgod cleddyf yn fath o bysgod esgyrnog a geir mewn amgylcheddau cefnfor agored. Maent yn adnabyddus am eu pig nodweddiadol tebyg i gleddyf, y maent yn ei ddefnyddio i stynio eu hysglyfaeth. Mae pysgod cleddyf yn ffynhonnell fwyd bwysig i fodau dynol ac yn aml cânt eu gweini fel pryd bwyd môr o safon uchel.

I gloi, mae pysgod yn grŵp amrywiol o anifeiliaid sydd wedi esblygu dros filiynau o flynyddoedd i addasu i amgylcheddau dyfrol. Mae ganddynt amrywiaeth o nodweddion sy'n eu gwneud yn addas iawn ar gyfer nofio, gan gynnwys siapiau corff symlach, esgyll, a graddfeydd. Mae yna sawl math o bysgod, pob un â nodweddion a chynefinoedd unigryw, yn amrywio o gathbysgod dŵr croyw i bysgod cleddyf cefnfor agored. Mae pysgod yn ffynhonnell fwyd bwysig i bobl a bywyd gwyllt ac yn chwarae rhan hanfodol mewn ecosystemau dyfrol. Fel y cyfryw, mae'n bwysig cadw a gwarchod yr anifeiliaid hyn a'u cynefinoedd.

94. Plu

Mae'r pryfyn yn bryfyn cyffredin sy'n rhan o'r urdd Diptera , sy'n golygu "dwy-adain" mewn Groeg. Mae dros 120,000 o rywogaethau o bryfed, ac maent i'w cael ym mron pob ecosystem ar y Ddaear.

Nodweddion

Mae pryfed yn bryfed bach gyda maint corff sy'n amrywio o 1mm i 1.5 modfedd o hyd, yn dibynnu ar y rhywogaeth. Mae ganddyn nhw ddwy adain, sy'n dryloyw ac yn bilen. Mae'r adenydd hyn yn curo'n gyflym, gan ganiatáu i bryfed hofran, hedfan, a newid cyfeiriad yn gyflym. Mae gan bryfed lygaid cyfansawdd hefyd, sy'n cynnwys lensys lluosog sy'n caniatáu iddynt weld bron i bob cyfeiriad.

Un o nodweddion mwyaf nodedig pryfed yw rhannau ceg eu clêr. Mae gan y rhan fwyaf o rywogaethau o bryfed proboscis, sef darn ceg hir, tiwbaidd a ddefnyddir ar gyfer bwydo. Mae pryfed yn defnyddio eu proboscis i dynnu hylifau o fwyd, fel neithdar, gwaed, neu ddeunydd sy'n pydru.

Nodwedd bwysig arall o bryfed yw eu hatgynhyrchu. Mae pryfed benywaidd yn dodwy eu hwyau ar ffynhonnell fwyd addas, fel gwastraff anifeiliaid neu lystyfiant sy'n pydru. Mae'r wyau'n deor yn larfa, a elwir hefyd yn gynrhon, sy'n bwydo ar y ffynhonnell fwyd nes eu bod yn chwiler ac yn y pen draw yn dod i'r amlwg fel pryfed llawn dwf.

Tarddiad

Gellir olrhain tarddiad pryfed yn ôl dros 260 miliwn o flynyddoedd i'r cyfnod Triasig. Yn ystod y cyfnod hwn, esblygodd y pryfed cyntaf o grŵp o bryfed o'r enw Mecoptera. Roedd gan y pryfed cynnar hyn adenydd wedi'u gorchuddio â gwallt, a oedd yn rhoi golwg niwlog iddynt.

Dros amser, datblygodd pryfed i gael adenydd tryloyw, a oedd yn caniatáu iddynt hedfan yn fwy effeithlon. Heddiw, mae dros 120,000 o rywogaethau o bryfed, pob un â'i nodweddion unigryw a'i addasiadau.

Ymddygiad

Mae pryfed yn adnabyddus am eu symudiadau cyflym a'u hystwythder. Gallant hofran, hedfan yn ôl, a newid cyfeiriad yn gyflym, gan eu gwneud yn anodd eu dal. Mae pryfed yn cael eu denu at amrywiaeth o ffynonellau bwyd, gan gynnwys mater sy'n pydru, gwastraff anifeiliaid, a neithdar. Maent hefyd yn cael eu denu at fwyd dynol, fel ffrwythau, llysiau, a diodydd llawn siwgr.

Mae gan bryfed ymddygiad unigryw o ran bwydo. Nid oes ganddynt y gallu i gnoi, felly maent yn defnyddio eu proboscis i hylifo eu bwyd. Gall pryfed adfywio suddion treulio ar eu bwyd, sy'n ei dorri i lawr i ffurf hylifol y gellir ei amlyncu.

Mae gan bryfed hefyd ymddygiad atgenhedlu unigryw. Mae pryfed benywaidd yn dodwy eu hwyau ar ffynhonnell fwyd addas, fel gwastraff anifeiliaid neu lystyfiant sy'n pydru. Mae'r wyau'n deor yn larfa, sy'n bwydo ar y ffynhonnell fwyd nes eu bod yn chwiler ac yn dod i'r amlwg fel pryfed llawndwf.

Mathau o Glêr

Mae sawl math o bryfed, pob un â nodweddion a chynefinoedd unigryw. Mae rhai o'r mathau mwyaf cyffredin o bryfed yn cynnwys:

1. Pryfed Tŷ: Mae'r pryf tŷ yn un o'r rhywogaethau mwyaf cyffredin o bryf. Mae i'w gael ym mron pob cartref ac mae'n cael ei ddenu at ddeunydd sy'n pydru a bwyd dynol. Gall pryfed tŷ gario clefydau ac fe'u hystyrir yn berygl iechyd.

2. Pryfed Ffrwythau: Mae'r pryf ffrwythau yn bryf bach sy'n cael ei ddenu at ffrwythau aeddfed neu sy'n pydru. Maen nhw'n bla cyffredin yn y cartref ac i'w cael yn aml mewn ceginau ac ardaloedd eraill lle mae bwyd yn cael ei storio.

3. Plu Ceffylau: Mae'r pryf ceffyl yn bryf mawr sy'n bwydo ar waed ceffylau, gwartheg a mamaliaid mawr eraill. Maent yn adnabyddus am eu brathiadau poenus a gallant drosglwyddo afiechydon.

4. Mosgito: Mae'r mosgito yn bryf bach sy'n bwydo ar waed pobl ac anifeiliaid. Maent yn adnabyddus am eu brathiadau annifyr a gallant drosglwyddo afiechydon fel malaria, twymyn dengue, a firws Gorllewin Nîl.

5. Pryfed Ceirw: Mae'r pryf ceirw yn bryf bach sy'n bwydo ar waed ceirw a mamaliaid eraill. Maent yn adnabyddus am eu brathiadau poenus a gallant drosglwyddo afiechydon.

6. Plu Crane: Mae'r pryf craen yn bryf mawr sy'n aml yn cael ei gamgymryd am mosgito. Nid ydynt yn bwydo ar waed ac maent yn

ddiniwed i bobl. Mae pryfed craen yn cael eu denu i olau ac fe'u darganfyddir yn aml o amgylch goleuadau awyr agored yn y nos.

7. Plu Blow: Mae'r pryf chwythu yn fath o bryf sy'n cael ei ddenu i ddeunydd sy'n pydru, fel anifeiliaid marw a bwyd sy'n pydru. Fe'u defnyddir yn aml gan ymchwilwyr fforensig i bennu amser marwolaeth mewn achosion dynladdiad.

8. Plu Du: Mae'r pryf du yn bryf bach sy'n bwydo ar waed bodau dynol ac anifeiliaid. Maent yn adnabyddus am eu brathiadau poenus a gallant drosglwyddo afiechydon.

9. Pryfed Tsetse: Mae'r pryfyn tsetse yn bryf mawr a geir yn Affrica Is-Sahara. Maent yn adnabyddus am drosglwyddo afiechyd o'r enw salwch cysgu, a all fod yn angheuol os na chaiff ei drin.

10. Pryfed Tywod: Mae'r pryf tywod yn bryf bach sydd i'w gael mewn amgylcheddau tywodlyd, fel traethau ac anialwch. Maent yn adnabyddus am eu brathiadau poenus a gallant drosglwyddo afiechydon fel leishmaniasis.

Pwysigrwydd

Mae pryfed yn chwarae rhan bwysig yn yr ecosystem. Maen nhw'n helpu i dorri i lawr mater sy'n pydru ac yn ailgylchu maetholion yn ôl i'r pridd. Mae pryfed hefyd yn ffynhonnell fwyd bwysig i lawer o anifeiliaid, gan gynnwys adar a physgod.

Fodd bynnag, gall pryfed hefyd fod yn berygl i iechyd. Gall rhai rhywogaethau o bryfed, fel pryf y tŷ, gario clefydau a halogi bwyd. Gall pryfed hefyd fod yn niwsans i fodau dynol, yn enwedig pan fyddant yn bresennol mewn niferoedd mawr.

Er mwyn atal lledaeniad clefyd a lleihau niwsans pryfed, mae'n bwysig ymarfer hylendid a glanweithdra da. Mae hyn yn cynnwys cael gwared ar wastraff yn gywir a chadw bwyd wedi'i orchuddio a'i selio.

Yn ogystal, mae sawl dull o reoli poblogaethau pryfed. Mae'r rhain yn cynnwys defnyddio pryfleiddiaid, trapiau, ac ysglyfaethwyr naturiol fel adar a phryfed cop.

I gloi, mae pryfed yn grŵp amrywiol o bryfed sydd wedi addasu i bron bob ecosystem ar y Ddaear. Mae ganddynt nodweddion unigryw, megis eu hadenydd tryloyw a'u proboscis, sy'n caniatáu iddynt hedfan a bwydo'n effeithlon. Mae yna dros 120,000 o rywogaethau o bryfed, pob un â'i addasiadau a'i ymddygiadau unigryw.

Er bod pryfed yn chwarae rhan bwysig yn yr ecosystem, gallant hefyd fod yn niwsans ac yn berygl i iechyd. Mae'n bwysig ymarfer hylendid a glanweithdra da i atal lledaeniad afiechyd a lleihau poblogaethau pryfed. Trwy ddeall nodweddion ac ymddygiad pryfed, gallwn werthfawrogi eu pwysigrwydd yn yr ecosystem yn well a dysgu cydfodoli â nhw mewn ffordd iach a chynaliadwy.

95. Madfall frilled

Rhywogaeth unigryw o ymlusgiaid sy'n frodorol i Awstralia a Gini Newydd yw'r fadfall ffriliog, a elwir hefyd yn ddraig ffriliog neu fadfall gwddf ffriliog. Yn adnabyddus am ei ffrwyn nodedig o amgylch ei gwddf, mae'r fadfall ffriliog yn greadur hynod ddiddorol sydd wedi dal sylw pobl ledled y byd.

Tarddiad

Mae'r fadfall ffril yn frodorol i ranbarthau gogleddol a dwyreiniol Awstralia, yn ogystal â de Gini Newydd. Mae i'w ganfod mewn amrywiaeth o gynefinoedd, gan gynnwys fforestydd glaw, savannas, a choetiroedd.

Mae'r fadfall ffriliog yn aelod o'r teulu Agamidae, sy'n cynnwys mwy na 350 o rywogaethau o fadfallod. Mae'n un o'r ychydig aelodau o'r teulu hwn sy'n gallu llithro pellteroedd byr o goeden i goeden.

Nodweddion Corfforol

Madfall ganolig ei maint yw'r fadfall ffriliog sy'n gallu tyfu hyd at 3 troedfedd (90 cm) o hyd, gyda'r gwrywod ychydig yn fwy na'r benywod. Mae ganddo gorff main gyda chynffon hir sy'n ffurfio bron i ddwy ran o dair o hyd ei gorff.

Nodwedd fwyaf nodedig y fadfall ffril yw'r fflap mawr, tebyg i ffril, o groen sy'n ymestyn o amgylch ei gwddf. Pan fydd dan fygythiad, bydd y fadfall yn agor ei cheg yn llydan, gan ddatgelu'r ffril a gwneud iddi ymddangos yn fwy ac yn fwy brawychus i ysglyfaethwyr.

Mae'r ffril yn cynnwys croen tenau, hyblyg sy'n cael ei gynnal gan bigau hir o gartilag. Pan na chaiff ei ddefnyddio, mae'r ffril yn plygu'n daclus yn erbyn corff y fadfall.

Mae gan y fadfall ffriliedig drwyn hir, pigfain a dannedd miniog a ddefnyddir i ddal a malu ei ysglyfaeth. Mae ganddo hefyd goesau hir, main gyda chrafangau miniog sy'n ei alluogi i ddringo coed a llithro pellteroedd byr.

Lliwiad

Mae gan y fadfall ffril liwio nodedig sy'n ei helpu i ymdoddi i'w hamgylchedd. Mae ei gorff fel arfer yn frown neu'n llwyd gyda streipiau tywyllach neu blotches, tra bod ei ffril wedi'i liwio'n llachar gydag arlliwiau o felyn, oren a choch.

Mae lliwiau'r ffril yn fwy byw mewn gwrywod, yn enwedig yn ystod y tymor bridio pan fyddant yn ceisio denu cymar.

Ymddygiad ac Addasiadau

Mae'r fadfall ffriliog yn rhywogaeth goed yn bennaf, gan dreulio llawer o'i hamser mewn coed. Mae'n rhywogaeth ddyddiol, sy'n golygu ei fod yn weithgar yn ystod y dydd ac yn gorffwys gyda'r nos.

Un o addasiadau mwyaf unigryw'r fadfall ffriliog yw ei gallu i gleidio pellteroedd byr o goeden i goeden. I wneud hyn, mae'n ymestyn ei ffril, yn lledaenu ei goesau, ac yn neidio o'r goeden, gan ddefnyddio ei chynffon i lywio a rheoli ei disgyniad.

Mae'r fadfall ffriliog yn ysglyfaethwr rhagod, sy'n golygu ei bod yn aros yn amyneddgar i'w hysglyfaeth ddod o fewn pellter trawiadol cyn lansio ymosodiad. Mae ei ddeiet yn cynnwys pryfed yn bennaf, ond gall hefyd fwyta ymlusgiaid bach a mamaliaid.

Pan fydd dan fygythiad, bydd y fadfall ffriliog yn codi ei ffril ac yn agor ei cheg yn llydan i ymddangos yn fwy ac yn fwy brawychus. Os bydd y bygythiad yn parhau, gall y fadfall hisian, ysgyfaint, neu hyd yn oed frathu mewn hunan-amddiffyniad.

Atgynhyrchu

Mae'r fadfall ffril yn ofipar, sy'n golygu ei bod yn dodwy wyau i'w hatgynhyrchu. Mae paru fel arfer yn digwydd yn y gwanwyn, a bydd benywod yn dodwy 8-23 o wyau mewn nyth a gloddir i'r pridd.

Mae'r wyau'n deor ar ôl cyfnod deori o 60-90 diwrnod, ac mae'r deoriaid yn gwbl annibynnol o'r eiliad y maent yn dod allan o'r wyau.

Statws Cadwraeth

Nid yw'r fadfall ffriliog yn cael ei hystyried yn rhywogaeth dan fygythiad ar hyn o bryd, er bod dinistrio a darnio cynefinoedd yn fygythiad posibl i'w phoblogaethau.

Mewn caethiwed, mae'r fadfall ffril yn anifail anwes poblogaidd oherwydd ei ymddangosiad unigryw a'i ymddygiad hynod ddiddorol. Fodd bynnag, mae'n bwysig cael madfallod wedi'u ffrïo gan fridwyr cyfrifol yn unig a sicrhau eu bod yn gyfreithlon i fod yn berchen arnynt yn eich ardal, gan y gallai unigolion sy'n cael eu dal yn y gwyllt ddioddef straen a phroblemau iechyd a gall eu dal gyfrannu at leihad mewn poblogaethau gwyllt.

I gloi, mae'r fadfall ffriliog yn rhywogaeth ymlusgiaid hynod ddiddorol sy'n unigryw o ran ei hymddangosiad, ei hymddygiad a'i haddasiadau. Mae ei frill nodedig a'i allu i lithro pellteroedd byr yn ei wneud yn bwnc poblogaidd o astudiaeth wyddonol ac yn anifail anwes annwyl ymhlith selogion ymlusgiaid.

Er nad yw'r fadfall ffriliog yn cael ei hystyried yn rhywogaeth sydd dan fygythiad ar hyn o bryd, mae'n bwysig sicrhau bod ei chynefin yn cael ei warchod ac nad yw poblogaethau gwyllt yn cael eu heffeithio'n negyddol gan weithgaredd dynol. Trwy ddeall a gwerthfawrogi'r rhywogaeth ryfeddol hon, gallwn weithio tuag at ei chadw er mwyn i genedlaethau'r dyfodol ei mwynhau.

96. Gazelle

Mae Gazelles yn antelopau gosgeiddig a chyflym sy'n perthyn i'r teulu Bovidae. Mae'r anifeiliaid hyn yn adnabyddus am eu cyrff main, eu coesau hir, a'u cyrn crwm. Mae yna lawer o wahanol rywogaethau o gazelles, pob un â nodweddion ac addasiadau unigryw.

Tarddiad

Mae Gazelles i'w cael ledled Affrica a rhannau o Asia. Maent yn frodorol i ystod eang o gynefinoedd, gan gynnwys savannas, glaswelltiroedd, anialwch, a rhanbarthau mynyddig. Mae rhai rhywogaethau o gazelles hefyd wedi'u cyflwyno i rannau eraill o'r byd at ddibenion hela a chadwraeth.

Mae yna dros 19 o wahanol rywogaethau o gazelles, pob un â'i nodweddion unigryw ei hun.

Nodweddion Corfforol

Yn gyffredinol, mae gazelles yn antelopau bach a chanolig, gyda gwrywod yn fwy na benywod. Mae ganddyn nhw gyrff main, coesau hir, a chynffonau byr.

Mae eu cot fel arfer yn lliw brown golau neu frown cochlyd, gyda chlytiau gwyn ar yr ochr isaf, wyneb, a ffolen. Mae gan rai rhywogaethau hefyd streipiau neu farciau du neu frown tywyll ar eu hwynebau a'u coesau.

Nodwedd ffisegol mwyaf nodedig gazelles yw eu cyrn crwm. Mae'r cyrn hyn fel arfer yn bresennol mewn gwrywod a benywod ac fe'u defnyddir ar gyfer amddiffyn, yn ogystal ag ar gyfer sefydlu goruchafiaeth yn ystod y tymor paru.

Ymddygiad ac Addasiadau

Mae Gazelles wedi'u haddasu'n dda i'w hamgylcheddau, ac mae eu hymddygiad yn adlewyrchu hyn. Maent yn anifeiliaid cymdeithasol sy'n byw mewn buchesi o hyd at gannoedd o unigolion. Gall maint y fuches amrywio yn dibynnu ar y rhywogaeth a'r adnoddau sydd ar gael yn y cynefin.

Llysysyddion yw gazelles ac maent yn bwydo'n bennaf ar weiriau, dail ac egin. Mae ganddyn nhw stumog pedair siambr sy'n caniatáu iddyn nhw dreulio deunydd planhigion yn effeithlon, sy'n bwysig mewn cynefinoedd lle mae bwyd yn brin.

Un o'r addasiadau mwyaf nodedig o gazelles yw eu cyflymder a'u hystwythder. Maent yn adnabyddus am eu gallu i redeg ar gyflymder uchel, gan gyrraedd hyd at 60 milltir yr awr (96 km/h). Mae'r cyflymder hwn yn hanfodol ar gyfer dianc rhag ysglyfaethwyr fel cheetahs, llewod, a hienas.

Mae Gazelles hefyd wedi'u haddasu ar gyfer neidio a llamu, gyda choesau ôl pwerus sy'n eu galluogi i glirio rhwystrau ac osgoi ysglyfaethwyr. Gall rhai rhywogaethau o gazelles neidio hyd at 10 troedfedd (3 metr) mewn un naid.

Atgynhyrchu

Mae gan gazelles batrwm bridio tymhorol, gyda pharu fel arfer yn digwydd yn ystod y tymor glawog pan fo adnoddau'n fwy helaeth. Bydd gwrywod yn sefydlu tiriogaethau ac yn cymryd rhan mewn arddangosiadau carwriaeth, fel sefyll ar eu coesau ôl a phatio'r ddaear.

Mae benywod yn rhoi genedigaeth i un llo ar ôl cyfnod beichiogrwydd o tua chwe mis. Gall y llo sefyll a cherdded o fewn munudau o gael ei eni a bydd yn aros yn agos at ei fam i'w warchod a'i faethu.

Statws Cadwraeth

Ystyrir bod llawer o rywogaethau o gazelles dan fygythiad neu dan fygythiad oherwydd colli cynefinoedd a hela. Mae gazelles yn aml yn cael eu hela am eu cig a'u cyrn, a ddefnyddir ar gyfer meddygaeth draddodiadol ac fel eitemau addurniadol.

Mae ymdrechion cadwraeth ar y gweill i amddiffyn poblogaethau gazelle, gan gynnwys adfer cynefinoedd, rhaglenni bridio caeth, a mesurau gwrth-botsio. Mae'n bwysig codi ymwybyddiaeth o'r bygythiadau sy'n wynebu gazelles a gweithio tuag at eu cadwraeth er mwyn sicrhau eu bod yn goroesi ar gyfer cenedlaethau'r dyfodol.

I gloi, mae gazelles yn anifeiliaid hynod ddiddorol a hardd sydd wedi addasu'n dda i'w hamgylcheddau. Mae eu cyflymder, eu hystwythder, a'u cyrn nodedig yn eu gwneud yn aelodau unigryw ac eiconig o'r teulu antelop.

Tra bod llawer o rywogaethau o gazelles dan fygythiad neu dan fygythiad, mae ymdrechion cadwraeth ar y gweill i'w hamddiffyn a sicrhau eu bod yn goroesi. Drwy werthfawrogi a deall yr anifeiliaid hynod hyn, gallwn weithio tuag at eu cadw er mwyn i genedlaethau'r dyfodol eu mwynhau.

97. Giraff

Mae jiraffod yn un o'r anifeiliaid mwyaf eiconig ac adnabyddadwy ar y Ddaear. Yn adnabyddus am eu gyddfau hir a'u cotiau smotiog nodedig, jiráff yw'r anifeiliaid tir talaf yn y byd.

Tarddiad

Mae jiraffod yn frodorol i Affrica ac i'w cael mewn amrywiaeth o gynefinoedd, gan gynnwys savannas, coetiroedd a glaswelltiroedd. Mae pedair rhywogaeth wahanol o jiráff, pob un â nodweddion ac addasiadau unigryw.

Nodweddion Corfforol

Mae jiraffod yn adnabyddus am eu gyddfau anhygoel o hir, a all gyrraedd hyd at chwe throedfedd (1.8 metr) o hyd. Mae'r gwddf yn cynnwys dim ond saith fertebra, sy'n hirgul a gall pob un fod dros 10 modfedd (25 cm) o hyd.

Mae eu cot fel arfer yn lliw brown golau neu oren, gyda darnau afreolaidd o frown neu ddu tywyllach. Mae gan bob jiráff unigol batrwm unigryw o smotiau, sy'n helpu i'w cuddliwio yn eu hamgylchedd.

Mae gan jiráff goesau hir, sy'n eu galluogi i redeg ar gyflymder o hyd at 35 milltir yr awr (56 km/h). Rhennir eu carnau yn ddau fysedd traed, sy'n eu helpu i ddosbarthu eu pwysau a chynnal cydbwysedd ar dir anwastad.

Ymddygiad ac Addasiadau

Llysysyddion yw jiráff ac maent yn bwydo'n bennaf ar ddail, blodau a ffrwythau. Mae eu gyddfau hir yn caniatáu iddynt gyrraedd canghennau uchel a dail na all anifeiliaid eraill fynd atynt. Mae ganddyn nhw stumog pedair siambr, sy'n eu galluogi i dreulio deunydd planhigion caled yn effeithlon.

Un o'r addasiadau mwyaf nodedig o jiráff yw eu pwysedd gwaed uchel. Mae gan jiraffs system gylchrediad gwaed arbenigol sy'n caniatáu iddynt bwmpio gwaed i'w pen heb achosi niwed i'w hymennydd. Mae hyn yn angenrheidiol i gynnal eu gyddfau hir, sy'n gofyn am lawer iawn o lif gwaed.

Mae jiraffod hefyd yn adnabyddus am eu hymddygiad cymdeithasol. Maent yn byw mewn buchesi rhydd ac yn cyfathrebu â'i gilydd trwy amrywiaeth o leisio, megis grunts, moans, a snorts. Maent hefyd yn defnyddio ciwiau gweledol, megis symudiadau pen a gwddf, i ddangos i'w gilydd.

Atgynhyrchu

Mae gan jiraffod system baru amlbriod, gyda gwrywod yn cystadlu am fynediad i fenywod yn ystod y tymor bridio. Bydd gwrywod yn cymryd rhan mewn ymddygiad "gwddf", lle maent yn defnyddio eu gyddfau hir i ymladd yn gorfforol â'i gilydd.

Mae benywod yn rhoi genedigaeth i un llo ar ôl cyfnod beichiogrwydd o tua 14 mis. Gall y llo sefyll a cherdded o fewn awr o gael ei eni a bydd yn aros yn agos at ei fam i gael ei amddiffyn a'i faethu.

Statws Cadwraeth

Ar hyn o bryd mae jiraffod yn cael eu rhestru fel rhywogaeth fregus gan yr Undeb Rhyngwladol dros Gadwraeth Natur (IUCN). Maent yn wynebu amrywiaeth o fygythiadau, gan gynnwys colli cynefinoedd, potsio, ac aflonyddwch sifil yn eu gwledydd amrywiol.

Mae ymdrechion cadwraeth ar y gweill i amddiffyn poblogaethau jiráff, gan gynnwys adfer cynefinoedd, mesurau gwrth-botsio, a rhaglenni bridio caeth. Mae'n bwysig codi ymwybyddiaeth o'r bygythiadau sy'n wynebu jiráff a gweithio tuag at eu cadwraeth er mwyn sicrhau eu bod yn goroesi ar gyfer cenedlaethau'r dyfodol.

I gloi, mae jiráff yn anifeiliaid hynod ac eiconig sydd wedi addasu'n dda i'w hamgylcheddau. Mae eu gyddfau hir a'u cotiau smotiog nodedig yn eu gwneud yn un o'r anifeiliaid mwyaf adnabyddus ar y Ddaear.

Tra bod jiráff yn wynebu bygythiadau i'w goroesiad ar hyn o bryd, mae ymdrechion cadwraeth ar y gweill i'w hamddiffyn a sicrhau eu bod yn goroesi. Drwy werthfawrogi a deall yr anifeiliaid hynod hyn, gallwn weithio tuag at eu cadw er mwyn i genedlaethau'r dyfodol eu mwynhau.

98. Gorila

Gorilod yw un o'r perthnasau byw agosaf i fodau dynol, gan rannu tua 98% o'n DNA. Nhw yw'r primatiaid mwyaf ac maent yn frodorol i ganolbarth a dwyrain Affrica.

Tarddiad

Mae gorilod yn frodorol i Affrica ac i'w cael mewn amrywiaeth o gynefinoedd, gan gynnwys coedwigoedd glaw trofannol, corsydd, a choedwigoedd mynyddig. Mae dwy rywogaeth o gorilod: y gorila dwyreiniol a'r gorila gorllewinol, pob un ag isrywogaeth wahanol.

Nodweddion Corfforol

Gorilod yw'r primatiaid mwyaf, gyda gwrywod yn pwyso hyd at 400 pwys (180 kg) ac yn sefyll hyd at chwe throedfedd o daldra (1.8 metr). Mae ganddynt gyrff trwchus, cyhyrog a breichiau hir, pwerus sy'n eu galluogi i symud trwy goed a dringo llethrau serth.

Mae eu cot fel arfer yn ddu neu'n frown tywyll ac mae'n cynnwys ffwr trwchus, byr. Mae gan y gwrywod arfbais sagittal amlwg ar ben eu penglog, sy'n rhoi eu talcen nodedig iddynt. Mae'r arfbais sagittal yn gwasanaethu fel safle atodiad ar gyfer y cyhyrau sy'n rheoli eu genau pwerus.

Ymddygiad ac Addasiadau

Mae gorilod yn llysysyddion ac yn bwyta dail, coesynnau a ffrwythau yn bennaf. Mae ganddynt system dreulio arbenigol sy'n caniatáu iddynt echdynnu maetholion o ddeunydd planhigion caled, ffibrog. Mae gan gorilod stumog pedair siambr, sy'n eu galluogi i eplesu'r deunydd planhigion i echdynnu'r uchafswm o faetholion.

Un o'r addasiadau mwyaf nodedig o gorilod yw eu cerddediad migwrn. Mae gorilod yn cerdded ar gefn eu bysedd, sy'n helpu i ddosbarthu eu pwysau a lleihau straen ar eu harddyrnau. Mae'r addasiad hwn hefyd yn caniatáu iddynt symud drwy'r goedwig heb darfu ar y llystyfiant.

Mae gorilod yn anifeiliaid cymdeithasol ac yn byw mewn grwpiau a elwir yn filwyr. Mae'r milwyr yn cael eu harwain gan wryw dominyddol, a elwir yn gefn arian, sy'n gyfrifol am amddiffyn y grŵp a pharu gyda'r merched.

Mae gorilod yn cyfathrebu â'i gilydd trwy amrywiaeth o leisio, megis rhisgl, rhisgl a hoots.

Atgynhyrchu

Mae gan y gorilod system baru amlbriod, gyda gwrywod yn cystadlu am fynediad i fenywod yn ystod y tymor bridio. Bydd gwrywod yn ymladd yn gorfforol â'i gilydd i sefydlu goruchafiaeth a chael mynediad i fenywod.

Mae merched yn rhoi genedigaeth i faban sengl ar ôl cyfnod beichiogrwydd o tua naw mis. Mae'r baban yn gwbl ddibynnol ar ei fam am flynyddoedd cyntaf ei fywyd a bydd yn aros yn agos ati i gael ei hamddiffyn a'i maeth.

Statws Cadwraeth

Ar hyn o bryd mae gorilod wedi'u rhestru fel rhai sydd mewn perygl gan yr Undeb Rhyngwladol dros Gadwraeth Natur (IUCN). Maen nhw'n wynebu amrywiaeth o fygythiadau, gan gynnwys colli cynefinoedd, potsio, ac afiechyd.

Mae ymdrechion cadwraeth ar y gweill i amddiffyn poblogaethau gorila, gan gynnwys adfer cynefinoedd, mesurau gwrth-botsio, ac ecodwristiaeth. Mae'n bwysig codi ymwybyddiaeth o'r bygythiadau sy'n wynebu gorilod a gweithio tuag at eu cadwraeth er mwyn sicrhau eu bod yn goroesi ar gyfer cenedlaethau'r dyfodol.

I gloi, mae gorilod yn anifeiliaid rhyfeddol a deallus sydd wedi'u haddasu'n dda i'w hamgylcheddau. Mae eu cerddediad migwrn a'u genau pwerus yn ddim ond ychydig o enghreifftiau o'r addasiadau unigryw niferus sy'n eu gwneud yn greaduriaid hynod ddiddorol.

Tra bod gorilod yn wynebu bygythiadau i'w goroesiad ar hyn o bryd, mae ymdrechion cadwraeth ar y gweill i'w hamddiffyn a sicrhau eu bod yn goroesi. Drwy werthfawrogi a deall yr anifeiliaid hynod hyn, gallwn weithio tuag at eu cadw er mwyn i genedlaethau'r dyfodol eu mwynhau.

99. Guppy

Mae'r guppy, a elwir hefyd yn filiwn o bysgodyn neu bysgodyn enfys, yn bysgodyn dŵr croyw bach sy'n frodorol i Dde America. Maent yn bysgod acwariwm poblogaidd ac yn adnabyddus am eu lliwiau trawiadol a'u hymddygiad chwareus.

Tarddiad

Mae Guppies yn frodorol i Dde America, yn benodol Venezuela, Trinidad, a Tobago. Cawsant eu cyflwyno gyntaf i hobi acwariwm yn gynnar yn yr 20fed ganrif ac ers hynny maent wedi cael eu bridio i amrywiaeth eang o liwiau a phatrymau.

Nodweddion Corfforol

Pysgod bach yw cypïod, fel arfer yn tyfu i rhwng 1 a 2 fodfedd (2.5 i 5 centimetr) o hyd. Mae ganddyn nhw siâp corff main a phen pigfain. Mae gan gypïod gorff lliwgar, symudliw gyda phatrymau'n amrywio o streipiau i smotiau.

Mae gwrywod fel arfer yn fwy llachar o liw na merched, gydag esgyll y cefn a'r caudal yn fwy. Mae esgyll gypïod gwrywaidd hefyd yn fwy patrymog a gellir eu defnyddio mewn arddangosiadau carwriaeth i ddenu benywod.

Ymddygiad ac Addasiadau

Pysgod cymdeithasol yw gypïod ac mae'n well eu cadw mewn grwpiau o bum unigolyn o leiaf. Maent yn bysgod egnïol a chwareus sy'n mwynhau archwilio eu hamgylchedd a rhyngweithio â physgod eraill.

Un o'r addasiadau mwyaf diddorol o guppies yw eu gallu i atgynhyrchu'n gyflym. Gall benywod roi genedigaeth i hyd at 200 o ffrio (pysgod babi) ar y tro, ac mae'r ffrïo wedi'u datblygu'n llawn ac yn gallu nofio ar eu pen eu hunain yn fuan ar ôl eu geni. Mae'r cylch atgenhedlu cyflym hwn wedi gwneud gypïod yn ddewis poblogaidd i fridwyr a hobïwyr.

Mae gypïod hefyd yn adnabyddus am eu gallu i addasu i ystod eang o amodau dŵr. Gallant oddef ystod eang o lefelau pH a thymheredd, gan eu gwneud yn bysgodyn gwydn a hawdd gofalu amdano.

Atgynhyrchu

Mae cypïod yn oferadwy, sy'n golygu eu bod yn atgenhedlu trwy ddodwy wyau. Mae merched yn gallu atgenhedlu yn ifanc a gallant gynhyrchu nythaid lluosog o silod mân trwy gydol eu hoes.

Bydd gwrywod yn cymryd rhan mewn arddangosiadau carwriaeth gywrain i ddenu merched. Gall yr arddangosiadau hyn gynnwys fflachio eu hesgyll, dawnsio, a fflachio eu lliwiau llachar. Ar ôl i fenyw gael ei denu, bydd y gwryw yn ffrwythloni ei hwyau gan ddefnyddio asgell addasedig a elwir yn gonopodium.

Statws Cadwraeth

Ar hyn o bryd nid yw gypïod wedi'u rhestru fel rhai sydd mewn perygl neu dan fygythiad. Maent yn bysgod acwariwm poblogaidd ac yn cael eu bridio mewn caethiwed ar gyfer y fasnach anifeiliaid anwes.

I gloi, mae gypïod yn bysgod bach, lliwgar sy'n boblogaidd ymhlith hobiwyr acwariwm. Mae eu cylch atgenhedlu cyflym, eu gallu i addasu i ystod eang o amodau dŵr, a'u hymddygiad chwareus yn eu gwneud yn ddewis rhagorol i acwyddion newydd a phrofiadol.

Er nad yw gypïod yn cael eu bygwth na'u peryglu ar hyn o bryd, mae'n bwysig cofio bod pob rhywogaeth o bysgod yn chwarae rhan bwysig yn eu hecosystemau. Drwy barchu a diogelu cynefinoedd naturiol gypïod a rhywogaethau pysgod eraill, gallwn helpu i sicrhau eu bod yn goroesi ar gyfer cenedlaethau'r dyfodol.

100. Hebog

Aderyn ysglyfaethus sy'n perthyn i'r teulu Accipitridae yw'r hebog, sydd hefyd yn cynnwys eryrod, barcudiaid a bwncathod. Mae'r adar hyn yn adnabyddus am eu golwg craff, crafanau pwerus, a phig miniog, y maent yn eu defnyddio i hela a bwydo ar famaliaid bach, ymlusgiaid, ac adar eraill.

Tarddiad

Mae Hebogiaid i'w cael ledled y byd, ac eithrio'r Antarctica a rhai ynysoedd cefnforol. Mae dros 250 o rywogaethau o hebogiaid, pob un â'i ystod a'i chynefin unigryw ei hun. Mae rhai rhywogaethau'n fudol a byddant yn teithio'n bell i fridio a bwydo mewn gwahanol ranbarthau.

Nodweddion Corfforol

Mae Hebogiaid yn amrywio o ran maint, gyda rhai rhywogaethau'n mesur dim ond 12 modfedd (30 cm) o hyd ac eraill hyd at 4 troedfedd (122 cm) o hyd. Mae ganddyn nhw adenydd pwerus a chrafanau cryf, miniog sy'n cael eu defnyddio i ddal a lladd ysglyfaeth.

Mae gan hebogiaid lygaid mawr, craff sydd wedi'u haddasu ar gyfer hela. Mae eu llygaid wedi'u lleoli ar ochrau eu pen, sy'n rhoi maes golwg eang iddynt ac yn caniatáu iddynt weld ysglyfaeth o bellteroedd mawr. Mae ganddyn nhw hefyd big miniog, bachog a ddefnyddir i rwygo cnawd a thynnu cig o'u hysglyfaeth.

Ymddygiad ac Addasiadau

Mae hebogiaid yn gigysol ac yn bwydo ar ystod eang o ysglyfaeth, gan gynnwys mamaliaid bach, ymlusgiaid ac adar eraill. Maent yn hela trwy esgyn yn uchel yn yr awyr a sganio'r ddaear am symudiadau neu arwyddion o ysglyfaeth. Unwaith y byddan nhw wedi gweld pryd o fwyd posib, byddan nhw'n plymio i lawr ac yn defnyddio eu crafanau pwerus i'w ddal a'i ladd.

Un o'r addasiadau mwyaf diddorol o hebogiaid yw eu gallu i weld golau uwchfioled. Mae hyn yn caniatáu iddynt weld patrymau a marciau ar ysglyfaeth sy'n anweledig i'r llygad dynol. Mae gan Hawks glyw rhagorol hefyd, sy'n eu helpu i ddod o hyd i ysglyfaeth a allai fod yn gudd neu allan o'r golwg.

Mae Hawks hefyd yn adnabyddus am eu hymddygiad tiriogaethol. Byddant yn amddiffyn eu tiriogaethau hela rhag hebogiaid ac adar ysglyfaethus eraill, yn aml yn cymryd rhan mewn brwydrau awyr i sefydlu goruchafiaeth. Mae rhai rhywogaethau o hebogiaid yn helwyr unigol, tra gall eraill hela mewn parau neu grwpiau bach.

Atgynhyrchu

Mae hebogiaid yn unweddog ac yn paru am oes. Fel arfer byddant yn ffurfio parau magu yn ystod y tymor bridio a byddant yn amddiffyn eu tiriogaethau nythu rhag hebogiaid eraill.

Bydd hebogiaid benywaidd yn dodwy rhwng un a phum wy fesul cydiwr, yn dibynnu ar y rhywogaeth. Bydd y gwryw a'r fenyw yn cymryd eu tro i ddeor yr wyau a gofalu am yr ifanc ar ôl iddynt ddeor. Mae hebogiaid ifanc yn cael eu geni gyda gorchudd o blu meddal, llwyd ac maent yn dibynnu ar eu rhieni am fwyd ac amddiffyniad.

Statws Cadwraeth

Mae llawer o rywogaethau o hebogiaid dan fygythiad neu mewn perygl oherwydd colli cynefinoedd, llygredd a hela. Mae colli cynefinoedd yn fygythiad mawr i hebogiaid, gan fod llawer o rywogaethau'n dibynnu ar ecosystemau coedwigoedd cyfan ar gyfer hela a bridio. Gall llygredd, yn enwedig plaladdwyr, hefyd effeithio ar iechyd a llwyddiant atgenhedlu hebogiaid.

I gloi, mae hebogiaid yn adar ysglyfaethus pwerus sydd wedi addasu'n dda ar gyfer hela a goroesi mewn ystod eang o gynefinoedd. Mae eu golwg craff, eu crehyrod miniog, ac ymddygiad tiriogaethol yn eu gwneud yn rhan bwysig o lawer o ecosystemau.

Er nad yw hebogiaid yn cael eu bygwth na'u peryglu ar hyn o bryd, mae'n bwysig cofio bod pob rhywogaeth o adar yn chwarae rhan bwysig yn eu hecosystemau. Trwy warchod cynefinoedd a ffynonellau bwyd hebogiaid ac adar ysglyfaethus eraill, gallwn helpu i sicrhau eu bod yn goroesi ar gyfer cenedlaethau'r dyfodol.

Mae cacwn yn gacwn cymdeithasol mawr sy'n perthyn i'r genws Vespa. Mae dros 20 rhywogaeth o hornets i'w cael ledled y byd, gyda'r rhywogaeth fwyaf i'w chael yn Asia.

Tarddiad

Mae Hornets i'w cael mewn llawer o wahanol gynefinoedd ledled y byd, gan gynnwys coedwigoedd, caeau ac ardaloedd trefol. Mae'r hornet enfawr Asiaidd, sef y rhywogaeth fwyaf o hornet, yn frodorol i ranbarthau tymherus a throfannol Dwyrain Asia, gan gynnwys Japan, Korea, a Tsieina. Fodd bynnag, mae hefyd wedi'i gyflwyno i rannau eraill o'r byd, gan gynnwys Gogledd America ac Ewrop.

Nodweddion Corfforol

Mae cacwn fel arfer yn fwy na gwenyn meirch eraill a gallant dyfu hyd at 2 fodfedd (5 cm) o hyd. Mae patrwm streipiog melyn a du ar eu cyrff, gyda maint y melyn a du yn amrywio rhwng rhywogaethau. Mae ganddyn nhw hefyd adenydd mawr sy'n dryloyw ac yn sgleiniog.

Un o nodweddion amlycaf y cacynnod yw eu pigyn, sy'n hirach na pigau gwenyn meirch eraill. Mae hyn yn caniatáu iddynt ddarparu mwy o wenwyn gyda phob pigiad, a all fod yn beryglus i bobl ac anifeiliaid eraill.

Ymddygiad ac Addasiadau

Pryfed cymdeithasol yw cacynnod ac maent yn byw mewn cytrefi a all gynnwys miloedd o unigolion. Mae gan bob nythfa frenhines, sy'n gyfrifol am ddodwy wyau a chyfarwyddo ymddygiad aelodau eraill y nythfa.

Mae cacwn yn gigysol ac yn bwydo ar bryfed eraill, yn enwedig pryfed, gwenyn a gwenyn meirch eraill. Maent hefyd yn bwydo ar neithdar a ffrwythau, yn enwedig yn gynnar yn y tymor pan fo ffynonellau bwyd eraill yn brin.

Mae cacynnod yn adnabyddus am eu hymddygiad ymosodol a byddant yn amddiffyn eu nythod rhag tresmaswyr. Pan fyddant dan fygythiad, byddant yn allyrru fferomon sy'n arwydd i aelodau eraill o'r wladfa ymosod. Gall hyn arwain at heidiau mawr o gyrn yn ymosod ar ei gilydd, a all fod yn beryglus i bobl ac anifeiliaid eraill.

Un o'r addasiadau mwyaf diddorol o hornets yw eu gallu i reoli'r tymheredd yn eu nythod. Defnyddiant eu hadenydd i greu awel sy'n cylchredeg aer drwy'r nyth, sy'n helpu i oeri'r nythfa yn ystod tywydd poeth.

Atgynhyrchu

Pryfetach cymdeithasol yw Hornets, sy'n golygu eu bod yn byw mewn cytrefi mawr sy'n cynnwys merched atgenhedlu lluosog. Mae'r frenhines yn dodwy wyau, sy'n deor yn larfa sy'n cael eu bwydo a'u gofalu gan aelodau eraill y nythfa.

Gall cacynod benywaidd hefyd ddodwy wyau heb eu ffrwythloni, sy'n deor yn wrywod. Nid oes gan y gwrywod stingers ac nid ydynt yn chwarae rhan yn y nyth y tu hwnt i baru gyda'r frenhines.

Statws Cadwraeth

Er nad yw cacynod yn cael eu bygwth neu eu peryglu ar hyn o bryd, gallant fod yn berygl i bobl ac anifeiliaid eraill oherwydd eu hymddygiad ymosodol a'u gwenwyn cryf. Mewn rhai achosion, gall cacynnod achosi difrod sylweddol i gnydau a chynhyrchion amaethyddol eraill.

I gloi, mae cacwn yn gacwn cymdeithasol mawr sydd i'w cael ledled y byd. Maent yn adnabyddus am eu hymddygiad ymosodol, gwenwyn cryf, a phatrwm streipiog melyn a du nodedig. Er y gallant fod yn niwsans ac yn berygl i bobl ac anifeiliaid eraill, mae cacynnod yn chwarae rhan bwysig wrth reoli poblogaethau o bryfed eraill a chynnal cydbwysedd ecosystemau.

Mae'r pry ty (Musca domestica) yn bryfyn cyffredin a geir ledled y byd. Mae'n adnabyddus am ei allu i ledaenu clefydau a'i annifyrrwch i bobl.

Tarddiad

Credir bod y pryf tŷ wedi tarddu o'r Dwyrain Canol, ond fe'i ceir bellach mewn llawer o wahanol gynefinoedd ledled y byd, gan gynnwys ardaloedd trefol, ffermydd a choedwigoedd. Mae pryfed tŷ yn aml yn gysylltiedig ag aneddiadau dynol ac fe'u ceir mewn ardaloedd lle mae digonedd o wastraff bwyd ac organig.

Nodweddion Corfforol

Mae pryfed tŷ yn bryfed bach sydd fel arfer tua 1/4 modfedd (6 mm) o hyd. Mae ganddyn nhw liw llwyd-ddu ac maen nhw wedi'u gorchuddio â blew bach sy'n eu helpu i synhwyro eu hamgylchedd. Mae ganddynt ddau lygad cyfansawdd mawr, sy'n rhoi maes golwg eang iddynt, a dwy antena y maent yn eu defnyddio i ganfod arogleuon a chwaeth.

Un o nodweddion mwyaf nodedig y pry ty yw ei adenydd. Mae gan bryfed tŷ ddwy adain fawr sy'n dryloyw ac sydd ag ansawdd ychydig yn newidiol. Maent hefyd wedi'u gorchuddio â gwythiennau bach sy'n helpu i gynnal yr adenydd yn ystod hedfan.

Ymddygiad ac Addasiadau

Mae pryfed tŷ yn adnabyddus am eu gallu i fwydo ar ystod eang o ddeunydd organig, gan gynnwys deunydd planhigion ac anifeiliaid sy'n pydru, carthion, a gwastraff bwyd. Mae ganddyn nhw ddarn ceg arbenigol o'r enw proboscis y maen nhw'n ei ddefnyddio i sugno hylifau. Mae pryfed tŷ hefyd yn adnabyddus am eu gallu i ledaenu clefydau. Gallant gludo amrywiaeth eang o facteria a firysau ar eu cyrff, gan gynnwys Salmonela, E. coli, a hepatitis A. Pan fyddant yn glanio ar fwyd neu arwynebau eraill, gallant drosglwyddo'r pathogenau hyn i bobl ac anifeiliaid, gan achosi salwch a chlefydau o bosibl.

Un o addasiadau mwyaf diddorol y pry tŷ yw ei allu i hedfan. Mae gan bryfed tŷ gyhyrau adenydd cryf sy'n caniatáu iddynt hedfan ar gyflymder uchel a newid cyfeiriad yn gyflym. Maent hefyd yn gallu hofran yn eu lle a hedfan yn ôl, sy'n allu prin ymhlith pryfed.

Atgynhyrchu

Mae gan bryfed tŷ oes gymharol fyr, gyda merched yn byw am tua mis a gwrywod yn byw am ychydig wythnosau yn unig. Mae benywod yn dodwy eu hwyau ar ddeunydd organig sy'n pydru, fel carthion anifeiliaid neu fwyd sy'n pydru. Mae'r wyau'n deor yn larfa, sy'n bwydo ar y mater organig nes eu bod yn chwiler ac yn dod i'r amlwg fel pryfed llawndwf.

Statws Cadwraeth

Nid yw pryfed tŷ yn cael eu bygwth na'u peryglu ar hyn o bryd, ond fe'u hystyrir yn niwsans ac yn berygl iechyd posibl i bobl ac anifeiliaid. Mae yna lawer o ddulliau ar gyfer rheoli poblogaethau pryfed tŷ, gan gynnwys defnyddio pryfleiddiaid, trapiau ac arferion glanweithdra.

I gloi, pryfyn cyffredin yw'r pry tŷ a geir ledled y byd. Mae'n adnabyddus am ei allu i ledaenu clefydau a'i annifyrrwch i bobl. Er ei fod yn ymddangos fel pryfyn di-nod, mae'r pryf tŷ yn chwarae rhan bwysig wrth dorri i lawr mater organig a chynnal cydbwysedd ecosystemau. Fodd bynnag, mae'n bwysig cymryd camau i reoli poblogaethau pryfed tŷ er mwyn atal y clefyd rhag lledaenu a chynnal amodau byw glanweithiol.

103. Hyena

Mae hyenas yn grŵp o famaliaid cigysol a geir yn Affrica a rhai rhannau o Asia. Maent yn aml yn gysylltiedig â chwilota ac maent yn adnabyddus am eu lleisiau unigryw a'u hymddygiad cymdeithasol.

Tarddiad

Credir bod hyenas wedi tarddu o Affrica tua 22 miliwn o flynyddoedd yn ôl. Maent yn perthyn i'r teulu Hyaenidae, sy'n cynnwys pedair rhywogaeth fyw: yr hiena streipiog, yr hiena brown, yr hiena brych, a'r aardwolf. Mae gan hyenas hanes hir o gydfodoli â bodau dynol ac fe'u ceir yn aml mewn ardaloedd lle mae digonedd o fwyd a dŵr.

Nodweddion Corfforol

Mae Hyenas yn grŵp amrywiol o famaliaid, ac mae gan bob rhywogaeth ei nodweddion ffisegol unigryw ei hun. Fodd bynnag, mae rhai nodweddion cyffredinol sy'n gyffredin i bob hyenas. Mae ganddynt strwythur cadarn gyda choesau byr a brest lydan, sy'n rhoi canol disgyrchiant isel iddynt ac yn caniatáu iddynt symud yn gyflym ac yn effeithlon. Mae eu coesau blaen yn hirach na'u coesau ôl, sy'n rhoi golwg grog iddynt.

Un o nodweddion mwyaf nodedig hyenas yw eu pennau mawr a'u genau pwerus. Mae ganddynt ddannedd miniog a chyhyrau gên cryf sy'n caniatáu iddynt wasgu esgyrn a rhwygo trwy gnawd caled. Mae gan Hyenas hefyd synhwyrau craff o arogl a chlyw, sy'n eu helpu i ddod o hyd i ysglyfaeth ac osgoi perygl.

Ymddygiad ac Addasiadau

Mae hyenas yn anifeiliaid cymdeithasol iawn ac yn byw mewn grwpiau o'r enw clans. Gall maint clan amrywio o ddim ond ychydig o unigolion i dros 100. O fewn clan, mae hierarchaeth gaeth, gydag unigolion dominyddol yn cael mynediad at y bwyd gorau a chyfleoedd paru.

Mae Hyenas yn adnabyddus am eu lleisiau unigryw, sy'n cynnwys ysfa, rhisgl a chrychni. Defnyddir y lleisiau hyn i gyfathrebu ag aelodau eraill o'r clan ac i ddychryn bygythiadau posibl.

Mae hyenas yn ysglyfaethwyr manteisgar a byddan nhw'n bwydo ar ystod eang o anifeiliaid, o gnofilod bach i greaduriaid bach. Maen nhw hefyd yn adnabyddus am eu hymddygiad sborion a byddan nhw'n bwydo ar garion ac anifeiliaid marw eraill.

Un o'r addasiadau mwyaf diddorol o hyenas yw eu gallu i dreulio esgyrn. Mae ganddynt system dreulio bwerus sy'n gallu torri meinwe esgyrn i lawr, sy'n caniatáu iddynt dynnu mwy o faetholion o'u hysglyfaeth.

Atgynhyrchu

Mae gan hyenas system atgenhedlu gymhleth, gyda benywod yn cael pidyn ffug a ddefnyddir ar gyfer paru. Mae hyn yn ei gwneud hi'n anodd pennu rhyw hyena heb archwiliad agos. Mae benywod yn rhoi genedigaeth i dorllwythi o un i bedwar cenawon, sy'n cael eu geni gyda'u llygaid ar agor a dannedd eisoes wedi'u ffurfio. Mae'r cenawon yn cael eu magu o fewn y clan ac yn anifeiliaid cymdeithasol iawn o oedran ifanc.

Statws Cadwraeth

Nid yw hyenas yn cael eu bygwth na'u peryglu ar hyn o bryd, ond maent yn aml yn cael eu hystyried yn fygythiad i dda byw ac weithiau'n cael eu lladd gan fodau dynol o ganlyniad. Gall colli cynefinoedd a hela cig llwyn hefyd fod yn fygythiad i boblogaethau hiena.

I gloi, mae hyenas yn grŵp amrywiol o famaliad cigysol a geir yn Affrica a rhai rhannau o Asia. Maen nhw'n anifeiliaid cymdeithasol iawn ac yn adnabyddus am eu lleisiau unigryw a'u hymddygiad sborion. Er y gallant gael eu hystyried yn niwsans neu'n fygythiad i dda byw gan fodau dynol, mae hyenas yn chwarae rhan bwysig wrth gynnal cydbwysedd ecosystemau ac maent yn rhan bwysig o'r byd naturiol.

104. Jacal

Mae Jackals yn grŵp o famaliaid cigysol sy'n perthyn i'r teulu Canidae, sy'n cynnwys cŵn, bleiddiaid a llwynogod. Mae yna dri rhywogaeth o jacal: y jacal euraidd, y jacal â chefn du, a'r jacal ochr-streipiau.

Tarddiad

Ceir sialciaid mewn gwahanol ranbarthau o'r byd, gan gynnwys Affrica, Asia ac Ewrop. Credir eu bod wedi esblygu tua 3 miliwn o flynyddoedd yn ôl yn Affrica ac ers hynny wedi lledaenu i rannau eraill o'r byd. Heddiw, mae jacals i'w cael mewn amrywiaeth o gynefinoedd, gan gynnwys glaswelltiroedd, coedwigoedd, anialwch a mynyddoedd.

Nodweddion Corfforol

Canidau bach i ganolig eu maint yw Jacalau, gyda strwythur main a choesau cymharol hir. Mae eu cotiau fel arfer yn lliw tan neu felyn-frown, gyda marciau du neu frown tywyll ar eu coesau, eu cynffonau a'u cefnau. Mae ganddyn nhw glustiau pigfain, dannedd miniog, a synhwyrau craff o glyw ac arogli.

Mae gan y tair rhywogaeth o jacal rai gwahaniaethau ffisegol amlwg. Y jacal euraidd, a elwir hefyd yn jackal cyffredin, yw'r mwyaf o'r tri ac mae ganddo gôt fwy euraidd. Mae gan y jacal â chefn du, fel mae'r enw'n awgrymu, streipen ddu yn rhedeg i lawr ei gefn, ac mae gan y jacal â streipiau ochr streipen amlwg yn rhedeg ar hyd ei ochr.

Ymddygiad ac Addasiadau

Anifeiliaid nosol yn bennaf yw jacolion, ond maent hefyd yn actif yn ystod y dydd. Maent yn fwydwyr manteisgar a byddant yn bwyta amrywiaeth o fwydydd, gan gynnwys mamaliaid bach, adar, ymlusgiaid, pryfed a ffrwythau. Maen nhw hefyd yn sborionwyr a byddan nhw'n bwydo ar lwyni ac anifeiliaid marw eraill.

Anifeiliaid cymdeithasol yw jacalau ac maent yn byw mewn grwpiau o'r enw pecynnau. Gall maint pecyn amrywio o ychydig o unigolion i dros 20. O fewn pecyn, mae hierarchaeth gaeth, gydag unigolion dominyddol yn cael mynediad at y bwyd gorau a chyfleoedd paru.

Un o'r addasiadau mwyaf diddorol o jackals yw eu gallu i addasu i wahanol amgylcheddau. Fe'u ceir mewn amrywiaeth eang o gynefinoedd a gallant addasu eu hymddygiad a'u diet yn unol â hynny. Er enghraifft, gall jacaliaid sy'n byw mewn ardaloedd anialwch fwydo ar bryfed ac chwilota am ddŵr, tra gall y rhai sy'n byw mewn ardaloedd coediog fwydo ar ffrwythau a mamaliaid bach.

Atgynhyrchu

Mae Jackals yn paru am oes ac mae ganddyn nhw fond cryf gyda'u partner. Mae merched yn rhoi genedigaeth i dorllwythi o bedwar i chwe chŵn bach, sy'n cael eu geni'n ddall ac yn ddiymadferth. Mae'r morloi bach yn cael eu magu o fewn y pecyn ac yn derbyn gofal gan y grŵp cyfan.

Statws Cadwraeth

Mae statws cadwraeth jacaliaid yn amrywio yn dibynnu ar y rhywogaeth a'r rhanbarth. Mae'r jacal aur yn cael ei ystyried yn rhywogaeth o "bryder lleiaf" gan yr Undeb Rhyngwladol dros Gadwraeth Natur (IUCN), tra bod y jacal cefn du hefyd yn cael ei ystyried fel "y pryder lleiaf" mewn rhai ardaloedd ond mae wedi'i restru fel un sydd "bron dan fygythiad" yn eraill. Mae'r jacal ochr-streipiog wedi'i restru fel y "pryder lleiaf" mewn rhai ardaloedd ond fe'i hystyrir yn "agored i niwed" mewn eraill.

I gloi, mae jacals yn grŵp o famaliaid cigysol sy'n perthyn i'r teulu Canidae. Maent i'w cael mewn amrywiaeth o gynefinoedd ac maent wedi addasu i wahanol amgylcheddau. Maent yn anifeiliaid cymdeithasol ac yn byw mewn pecynnau, gyda hierarchaeth gaeth. Er y gallant gael eu hystyried yn niwsans neu'n fygythiad i dda byw gan fodau dynol, mae jacalau yn chwarae rhan bwysig wrth gynnal cydbwysedd ecosystemau ac maent yn rhan bwysig o'r byd naturiol.

105. Jaguar

Mae'r jaguar yn gath fawr fawr, bwerus a ffyrnig a geir yn bennaf yng Nghanolbarth a De America. Nhw yw'r drydedd gath fawr fwyaf ar ôl y teigr a'r llew ac maent yn adnabyddus am eu cot fraith nodedig a'u ffurf gyhyrol.

Tarddiad

Credir bod y jaguar wedi tarddu o Dde America ac wedi bod yn bresennol yn y rhanbarth ers miliynau o flynyddoedd. Maent i'w cael ledled Canolbarth a De America, o Fecsico i'r Ariannin. Heddiw, mae jaguars yn cael eu rhestru fel rhywogaeth sydd bron dan fygythiad gan yr Undeb Rhyngwladol dros Gadwraeth Natur oherwydd colli cynefinoedd a hela.

Nodweddion Corfforol

Mae jaguars yn gathod mawr a chyhyrog gyda choesau byr a chorff cryno. Mae ganddyn nhw gôt fraith nodedig, sydd fel arfer yn lliw haul neu'n oren gyda smotiau du. Mae'r smotiau wedi'u trefnu mewn patrwm crwn o'r enw rhoséd, sy'n helpu i guddliwio'r jaguar yn ei amgylchedd. Mae patrwm y smotiau ar bob jaguar yn unigryw, sy'n eu gwneud yn hawdd i'w hadnabod.

Mae gan jaguars ên cryf a brathiad pwerus, a ddefnyddir i wasgu penglogau eu hysglyfaeth. Mae ganddyn nhw glustiau byr, crwn, a phen llydan. Mae eu llygaid yn fawr a melyn, gyda disgybl fertigol sy'n eu helpu i weld mewn amodau golau isel.

Ymddygiad ac Addasiadau

Mae jaguars yn anifeiliaid unig ac mae'n well ganddyn nhw hela ar eu pennau eu hunain. Maent yn nosol yn bennaf ac yn treulio'r rhan fwyaf o'u hamser yn cysgu yn ystod y dydd. Mae jaguars yn ysglyfaethwyr rhagod ac yn defnyddio eu cuddliw i sleifio i fyny ar eu hysglyfaeth. Maent yn adnabyddus am eu gallu i ladd anifeiliaid llawer mwy na hwy eu hunain, fel ceirw a chaimaniaid.

Un o addasiadau mwyaf diddorol y jaguar yw ei allu nofio cryf. Mae Jaguars yn nofwyr ardderchog a byddant yn hela pysgod ac anifeiliaid dyfrol eraill. Gwyddys eu bod hyd yn oed yn nofio ar draws afonydd a llynnoedd i chwilio am ysglyfaeth.

Atgynhyrchu

Mae Jaguars yn paru trwy gydol y flwyddyn ac mae ganddyn nhw gyfnod beichiogrwydd o tua 100 diwrnod. Mae merched yn rhoi genedigaeth i dorllwythi o un i bedwar cenawon, sy'n cael eu magu gan y fam yn unig. Mae'r cenawon yn cael eu geni'n ddall ac yn ddiymadferth, a bydd y fam yn darparu llaeth iddynt nes eu bod yn gallu hela ar eu pennau eu hunain.

Statws Cadwraeth

Mae'r jaguar wedi'i restru fel rhywogaeth "sydd bron dan fygythiad" gan yr IUCN, gyda phoblogaeth amcangyfrifedig o tua 15,000 o unigolion. Y prif fygythiadau i'r jaguar yw colli cynefinoedd oherwydd datgoedwigo a hela. Mae Jaguars hefyd yn cael eu lladd gan ffermwyr a cheidwaid sy'n eu hystyried yn fygythiad i'w da byw.

Mae ymdrechion cadwraeth ar gyfer y jaguar yn cynnwys ardaloedd gwarchodedig, megis parciau cenedlaethol a gwarchodfeydd, a rhaglenni i leihau gwrthdaro rhwng jaguars a bodau dynol. Mae'r ymdrechion hyn wedi helpu i sefydlogi'r boblogaeth jaguar mewn rhai ardaloedd, ond mae angen gwneud llawer mwy i sicrhau bod y gath fawr odidog hon yn goroesi.

I gloi, mae'r jaguar yn gath fawr fawr, bwerus a ffyrnig a geir yn bennaf yng Nghanolbarth a De America. Mae ganddynt gôt fraith nodedig a gên gref, a ddefnyddir i wasgu penglogau eu hysglyfaeth. Anifeiliaid unigol yw Jaguars ac mae'n well ganddynt hela ar eu pennau eu hunain, ac maent yn adnabyddus am eu gallu i ladd anifeiliaid llawer mwy na nhw eu hunain. Maent hefyd yn nofwyr ardderchog a byddant yn hela pysgod ac anifeiliaid dyfrol eraill. Er bod y jaguar wedi'i restru fel rhywogaeth "sydd bron dan fygythiad", mae ymdrechion cadwraeth ar y gweill i sicrhau bod y gath fawr odidog hon yn goroesi.

106. slefrod môr

Mae'r slefrod môr yn anifail morol hynod ddiddorol ac unigryw sy'n perthyn i'r ffylwm Cnidaria, sydd hefyd yn cynnwys cwrelau ac anemonïau môr. Maent yn adnabyddus am eu clychau siâp ymbarél nodweddiadol a'u tentaclau llusgo y maent yn eu defnyddio i ddal ysglyfaeth ac amddiffyn.

Nodweddion slefrod môr

Daw slefrod môr mewn amrywiaeth o siapiau a meintiau, ond maent i gyd yn rhannu rhai nodweddion cyffredin. Mae eu cyrff yn cynnwys sylwedd meddal, gelatinaidd o'r enw mesoglea sy'n cynnwys 95% o ddŵr. Nid oes ganddynt unrhyw ymennydd, esgyrn, nac organau mewnol, ac yn lle hynny, mae ganddynt system nerfol syml sy'n caniatáu iddynt synhwyro golau, cyffwrdd, a newidiadau cemegol yn y dŵr.

Un o nodweddion diffiniol slefrod môr yw eu tentaclau, sydd wedi'u leinio â chelloedd pigo o'r enw nematocysts. Defnyddir y celloedd hyn ar gyfer dal ysglyfaeth ac amddiffyn rhag ysglyfaethwyr. Pan fydd slefrod môr yn dod ar draws pryd posibl, bydd yn defnyddio ei dentaclau i'w barlysu a'i ddal.

Mae gan slefrod môr gylchred atgenhedlu unigryw hefyd. Gallant atgynhyrchu'n rhywiol ac yn anrhywiol, ac mae eu cylch bywyd yn cynnwys dau gam: y polyp a'r medusa. Mae'r llwyfan polyp yn llonydd ac yn debyg i anemoni'r môr bychan, tra bod y llwyfan medusa yn nofio'n rhydd ac yn edrych fel y slefrod môr traddodiadol siâp cloch y mae'r rhan fwyaf o bobl yn gyfarwydd ag ef.

Tarddiad Sglefren Fôr

Mae slefrod môr wedi bod o gwmpas ers dros 500 miliwn o flynyddoedd ac maent yn un o'r anifeiliaid amlgellog hynaf y gwyddys amdanynt ar y Ddaear. Esblygodd y ddau yn ystod y cyfnod Cambriaidd ac maent wedi goroesi trwy sawl digwyddiad difodiant torfol, gan gynnwys yr un a ddinistriodd y deinosoriaid.

Mae slefrod môr i'w cael ym mhob cefnfor ar y Ddaear ac mewn rhai amgylcheddau dŵr croyw. Maent yn arbennig o niferus mewn dyfroedd cynhesach, trofannol, ond gellir eu canfod hefyd mewn dyfroedd oerach, dyfnach.

Ymddygiad Sglefren Fôr

Mae slefrod môr yn drifftwyr goddefol sy'n symud gyda cherhyntau'r cefnfor, ond maen nhw hefyd yn gallu nofio mewn pyliau byr gan ddefnyddio eu cyrff siâp cloch. Mae eu tentaclau wedi'u leinio â chelloedd pigo y maent yn eu defnyddio i ddal ysglyfaeth, a all gynnwys pysgod bach, plancton, a slefrod môr eraill.

Mae slefrod môr hefyd yn ffynonellau bwyd pwysig ar gyfer amrywiaeth o anifeiliaid morol, gan gynnwys crwbanod môr, adar, a rhai rhywogaethau o bysgod. Gallant hefyd fod yn niwsans i bobl pan fyddant yn golchi llestri ar draethau mewn niferoedd mawr.

Mae rhai rhywogaethau o slefrod môr yn adnabyddus am eu bioymoleuedd, sef y gallu i gynhyrchu golau trwy adwaith cemegol. Credir mai mecanwaith amddiffyn yw hwn a all dynnu sylw neu ddrysu ysglyfaethwyr.

I gloi, mae slefrod môr yn anifeiliaid morol hynod ddiddorol ac unigryw sydd wedi bod o gwmpas ers miliynau o flynyddoedd. Maent yn cael eu nodweddu gan eu cyrff meddal, gelatinous, tentaclau llusgo, a system nerfol syml. Mae slefrod môr i'w cael ym mhob cefnfor ar y Ddaear a gall fod yn niwsans i bobl pan fyddant yn golchi llestri ar draethau mewn niferoedd mawr. Er gwaethaf eu diffyg ymennydd ac organau mewnol, mae slefrod môr yn ysglyfaethwyr llwyddiannus sy'n chwarae rhan bwysig yn ecosystem y môr.

107. Glas y Dorlan

Mae Glas y Dorlan yn grŵp o adar lliw llachar bach a chanolig sy'n adnabyddus am eu hymddangosiad trawiadol a'u sgiliau hela trawiadol. Ceir tua 90 o rywogaethau o las y dorlan ledled y byd, gyda'r mwyafrif ohonynt yn byw mewn rhanbarthau trofannol ac isdrofannol.

Nodweddion Glas y Dorlan

Mae glas y dorlan yn adnabyddus am eu plu llachar a thrawiadol, a all amrywio o las, gwyrdd a gwyrddlas i goch, oren a gwyn. Mae ganddynt goesau byr a phennau mawr, gyda phig hir a pigfain a ddefnyddir i ddal pysgod ac ysglyfaeth dyfrol arall.

Mae gan las y dorlan olwg ardderchog a gallant weld ysglyfaeth o bell. Maen nhw hefyd yn fedrus wrth blymio a gallant blymio i'r dŵr o glwyd i ddal pysgod. Mae eu biliau yn cynnwys bachau miniog, pigfain sy'n eu helpu i ddal gafael ar ysglyfaeth llithrig.

Adar cymharol fach yw glas y dorlan, gyda'r rhan fwyaf o rywogaethau'n mesur rhwng 10 a 18 cm o hyd. Mae ganddyn nhw gynffonau ac adenydd byr, sydd wedi'u haddasu ar gyfer hedfan cyflym ac ystwyth. Mae rhai rhywogaethau o las y dorlan hefyd yn gallu hofran, sy'n eu galluogi i weld ysglyfaeth yn y dŵr islaw.

Tarddiad Glas y Dorlan

Mae gan las y dorlan hanes hir, gyda'r ffosilau hynaf y gwyddys amdanynt yn dyddio'n ôl dros 30 miliwn o flynyddoedd. Fe'u ceir mewn llawer o wahanol rannau o'r byd, gan gynnwys Affrica, Asia, Ewrop, Awstralia, ac America. Mewn gwirionedd, mae'r kookaburra, sy'n fath o las y dorlan a geir yn Awstralia, yn adnabyddus am ei alwad nodedig ac fe'i hystyrir yn symbol cenedlaethol o'r wlad.

Ymddygiad Glas y Dorlan

Pysgysol yw glas y dorlan yn bennaf, sy'n golygu eu bod yn bwydo ar bysgod yn bennaf. Fodd bynnag, gwyddys hefyd eu bod yn bwyta mathau eraill o ysglyfaeth, gan gynnwys pryfed, cramenogion, ac amffibiaid bach. Maent fel arfer yn hela o glwyd, fel cangen neu graig yn hongian dros y dŵr, a byddant yn plymio i'r dŵr i ddal eu hysglyfaeth.

Mae glas y dorlan hefyd yn adnabyddus am eu harddangosfeydd carwriaeth, a all gynnwys y gwryw yn dod â physgod i'r fenyw fel anrheg. Unwaith y bydd y pâr wedi ffurfio, byddant yn adeiladu nyth mewn twll, fel arfer mewn glan afon neu glogwyn tywodlyd. Bydd y fenyw yn dodwy cydiwr o wyau, sy'n cael eu deor gan y ddau riant. Unwaith y bydd y cywion yn deor, cânt eu bwydo â physgod wedi'u hadfywio gan eu rhieni nes eu bod yn ddigon hen i fagu plu.

Mae glas y dorlan hefyd yn adnabyddus am eu lleisiau, a all amrywio yn dibynnu ar y rhywogaeth. Mae rhai glas y dorlan yn uchel eu llais ac mae ganddynt amrywiaeth o alwadau a chaneuon, tra bod eraill yn fwy tawel a neilltuedig.

I gloi, mae glas y dorlan yn grŵp hynod ddiddorol a lliwgar o adar sydd i'w cael mewn llawer o wahanol rannau o'r byd. Fe'u nodweddir gan eu plu llachar, eu pigau miniog, a'u sgiliau hela trawiadol. Mae glas y dorlan yn ysglyfaethwyr pwysig mewn ecosystemau dyfrol, a gall eu presenoldeb ddangos iechyd dyfrffordd. Er gwaethaf eu maint bach, mae glas y dorlan yn helwyr medrus ac yn chwarae rhan bwysig yn y gadwyn fwyd.

108. Kudu

Mae Kudu, a elwir hefyd yn kudu mwy, yn rhywogaeth antelop Affricanaidd o'r genws Tragelaphus. Maent yn un o'r antelopau mwyaf yn y byd, yn adnabyddus am eu hymddangosiad mawreddog a'u cyrn trawiadol. Mae Kudus i'w gael yn nwyrain a de Affrica, ac maent yn adnabyddus am eu nodweddion ffisegol unigryw, eu cyrn trawiadol, a'u natur ystwyth.

Tarddiad a Dosbarthiad

Mae Kudus yn frodorol i ddwyrain a de Affrica, ac fe'i ceir mewn amrywiaeth o gynefinoedd gan gynnwys coetiroedd, savannas, ac ardaloedd lled-gras. Fe'u canfyddir amlaf mewn gwledydd fel Kenya, Tanzania, De Affrica, Namibia, a Botswana. Maent hefyd wedi cael eu cyflwyno i wledydd eraill fel yr Unol Daleithiau ac Awstralia at ddibenion hela helwriaeth.

Ymddangosiad

Kudus yw un o'r antelopau mwyaf yn y byd, gyda gwrywod yn pwyso hyd at 300 kg ac yn sefyll hyd at 1.6 metr o daldra wrth yr ysgwydd. Mae menywod ychydig yn llai, yn pwyso tua 200 kg ac yn sefyll hyd at 1.4 metr o uchder. Mae Kudus yn adnabyddus am eu cyrn hir, troellog nodedig sy'n gallu cyrraedd hyd at 1.2 metr o hyd mewn gwrywod. Mae gan ferched gyrn hefyd, ond maen nhw'n fyrrach ac yn llai troellog. Mae eu cot yn frown-lwyd gyda streipiau gwyn i lawr ochr eu corff, ac mae ganddyn nhw chevron gwyn ar eu talcen.

Ymddygiad

Mae Kudus yn weithgar yn bennaf gyda'r wawr a'r cyfnos ac yn treulio eu dyddiau yn gorffwys yng nghysgod coed. Maen nhw'n swil ac yn swil, ac yn adnabyddus am eu gallu i ymdoddi i'w hamgylchoedd. Maent yn ystwyth a gallant neidio hyd at 3 metr o uchder a 9 metr o hyd, gan eu gwneud yn fedrus wrth ddianc rhag ysglyfaethwyr fel llewod a hienas.

Deiet

Mae Kudus yn llysysyddion ac yn bwydo'n bennaf ar ddail, egin a ffrwythau o amrywiaeth o goed a llwyni. Mae ganddynt system dreulio arbenigol sy'n caniatáu iddynt dynnu cymaint o faeth â phosibl o'u bwyd.

Atgynhyrchu

Mae Kudus yn bridio trwy gydol y flwyddyn, ac mae benywod yn rhoi genedigaeth i un llo ar ôl cyfnod beichiogrwydd o tua 7 mis. Mae lloi yn cael eu geni gyda chôt guddliw a gallant sefyll o fewn awr i gael eu geni. Maent yn cael eu diddyfnu tua 6 mis oed.

Statws Cadwraeth

Mae Kudus wedi'i restru fel rhywogaeth sy'n peri'r pryder lleiaf gan yr Undeb Rhyngwladol dros Gadwraeth Natur (IUCN), ond mae colli cynefinoedd a hela wedi effeithio ar eu niferoedd poblogaeth. Mae Kudus yn cael eu hela am eu cig a'u cyrn, sy'n cael eu gwerthfawrogi gan helwyr a'u defnyddio ar gyfer meddygaeth draddodiadol mewn rhai rhannau o Affrica. Fodd bynnag, mae ymdrechion cadwraeth ar waith i warchod eu cynefinoedd a'u poblogaethau mewn llawer o ardaloedd.

I gloi, mae kudus yn rhywogaeth hynod ddiddorol ac unigryw o antelop a geir yn nwyrain a de Affrica. Maent yn adnabyddus am eu nodweddion ffisegol trawiadol, gan gynnwys eu cyrn hir, troellog, a'u natur ystwyth. Tra eu bod yn wynebu bygythiadau o golli cynefinoedd a hela, mae ymdrechion cadwraeth ar waith i amddiffyn eu poblogaethau a sicrhau eu bod yn goroesi yn y gwyllt.

109. Lemmu

Cnofilod bychan sy'n perthyn i'r teulu Cricketidae yw'r lemming , sydd hefyd yn cynnwys llygod pengrwn a bochdew. Mae'r anifeiliaid hyn i'w cael yn twndra'r Arctig a rhanbarthau lledred uchel eraill, gan gynnwys Canada, Sgandinafia, a Rwsia. Mae'r lemming yn adnabyddus am ei ymddygiad mudol, sy'n cael ei yrru gan gylchoedd poblogaeth, a'i rôl fel ffynhonnell fwyd sylfaenol i lawer o ysglyfaethwyr.

Maint ac Ymddangosiad

Cnofilod bach yw'r lemming, sy'n amrywio o ran maint o 7 i 15 centimetr o hyd ac yn pwyso rhwng 30 a 100 gram. Mae ganddyn nhw goesau byr a ffwr sy'n amrywio mewn lliw o frown i lwyd, yn dibynnu ar y rhywogaeth. Mae eu ffwr yn drwchus ac yn inswleiddio yn hinsawdd galed yr Arctig.

Ymddygiad ac Addasiadau

Mae lemmings yn adnabyddus am eu hymddygiad mudol, sy'n digwydd pan fydd dwysedd eu poblogaeth yn cyrraedd trothwy penodol. Yn ystod y mudo hyn, mae'r anifeiliaid yn symud yn llu ar draws y twndra, gan groesi afonydd a llynnoedd yn aml i chwilio am gynefinoedd newydd. Mae lemmings hefyd yn nofwyr rhagorol ac yn gallu deifio a nofio am gyfnodau estynedig o amser. Maent yn llysysol, yn bwydo'n bennaf ar weiriau, mwsoglau a hesg. Mae ganddyn nhw flaenddannedd mawr sy'n arbenigo ar gyfer cnoi trwy lystyfiant caled.

Atgenhedlu a Hyd Oes: Mae lemingiaid yn gallu bridio trwy gydol y flwyddyn, gyda benywod yn rhoi genedigaeth i dorllwythi o hyd at 10 cyw ar ôl cyfnod beichiogrwydd o tua 21 diwrnod. Mae'r rhai ifanc yn cael eu geni'n ddall ac yn ddiymadferth, ac yn cael eu diddyfnu pan fyddant tua thair wythnos oed. Mae gan lemmings oes gymharol fyr, gan fyw ar gyfartaledd am ddim ond un i ddwy flynedd yn y gwyllt.

Cylchredau Poblogaeth: Un o nodweddion mwyaf rhyfeddol y lemming yw ei gylchred poblogaeth. Mae Lemmings yn profi amrywiadau cyson yn nwysedd y boblogaeth, gyda rhai blynyddoedd yn gweld cynnydd o ddeg gwaith yn fwy na'r flwyddyn flaenorol. Credir bod y cylchoedd poblogaeth hyn yn cael eu gyrru gan gydadwaith cymhleth o ffactorau ecolegol a biolegol, gan gynnwys argaeledd bwyd, ysglyfaethu ac ymddygiad cymdeithasol. Yn ystod cyfnodau o ddwysedd poblogaeth uchel, gall lemmings ddod yn brif ffynhonnell fwyd i lawer o ysglyfaethwyr, gan gynnwys llwynogod yr Arctig, bleiddiaid ac adar ysglyfaethus.

Tarddiad

Credir bod lemmings wedi tarddu o ranbarthau lledred uchel Hemisffer y Gogledd, gan gynnwys twndra'r Arctig a choedwigoedd boreal Canada, Sgandinafia, a Rwsia. Maent wedi addasu i'r amgylcheddau eithafol hyn trwy amrywiaeth o addasiadau ffisiolegol ac ymddygiadol, gan gynnwys ffwr trwchus ar gyfer inswleiddio, ymddygiad tyllu ar gyfer lloches, ac ymddygiad mudol ar gyfer dod o hyd i gynefinoedd newydd.

Mae'r lemming hefyd yn adnabyddus am ei rôl mewn diwylliant poblogaidd, yn enwedig mewn perthynas â'r gred eu bod yn cyflawni hunanladdiad torfol trwy neidio oddi ar glogwyni en masse. Poblogeiddiwyd y ffenomen hon yn y 1950au gan raglen ddogfen Disney o'r enw "White Wilderness," a oedd yn darlunio lemmings yn hyrddio eu hunain i'r môr. Fodd bynnag, mae'r syniad hwn wedi'i chwalu fel myth, gan nad yw lemmings yn cymryd rhan mewn ymddygiad hunanladdol a chafodd y ffilm ei lwyfannu gan y gwneuthurwyr ffilm.

I gloi, mae'r lemming yn gnofilod bach sydd wedi addasu'n dda i hinsawdd galed yr Arctig. Maent yn adnabyddus am eu hymddygiad mudol, eu cylchoedd poblogaeth, a'u rôl fel prif ffynhonnell fwyd i lawer o ysglyfaethwyr. Er gwaethaf cael ei gydnabod yn eang mewn diwylliant poblogaidd, y myth o hunanladdiad lemming yn unig yw hynny - myth - ac mae'r anifeiliaid eu hunain yn greaduriaid hynod ddiddorol sydd wedi esblygu ystod o addasiadau unigryw i oroesi yn un o amgylcheddau mwyaf eithafol ar y Ddaear.

110. llewpard

Mae'r llewpard yn feline mawr, cigysol sy'n perthyn i'r teulu Felidae. Mae'r gath fawr hon yn adnabyddus am ei chot fraith nodedig a'i galluoedd hela llechwraidd. Mae llewpardiaid yn frodorol i Affrica Is-Sahara, yn ogystal â rhannau o Asia gan gynnwys India, Sri Lanka, a De-ddwyrain Asia. Maent yn hynod hyblyg a gallant ffynnu mewn amrywiaeth o gynefinoedd, gan gynnwys coedwigoedd, glaswelltiroedd a rhanbarthau mynyddig.

Tarddiad

Mae hanes esblygiadol y llewpard yn dyddio'n ôl i'r Epoch Pliocene Diweddar, a oedd tua 3.5 miliwn o flynyddoedd yn ôl. Mae cofnodion ffosil yn dangos bod hynafiaid y llewpard yn byw yn Ewrop ac Affrica yn ystod y cyfnod hwn. Credir bod llewpardiaid modern wedi esblygu o hynafiad cyffredin a oedd yn byw yn Affrica yn ystod yr Epoch Pleistosenaidd, a oedd tua 2.5 miliwn o flynyddoedd yn ôl. Mae amrywiaeth genetig y llewpard yn awgrymu eu bod wedi gallu addasu i amgylcheddau newidiol a bod ganddynt ystod eang o isrywogaethau.

Nodweddion

Cathod mawr canolig eu maint yw llewpardiaid, gyda gwrywod yn pwyso rhwng 60 a 100 kg (132 i 220 pwys) a benywod yn pwyso rhwng 35 a 60 kg (77 i 132 pwys). Mae ganddyn nhw gorff cyhyrog, llyfn sydd wedi'i adeiladu ar gyfer pŵer ac ystwythder. Mae gan leopardiaid goesau byr, pwerus sy'n caniatáu iddynt redeg ar gyflymder uchel a dringo coed yn rhwydd. Maent yn nofwyr rhagorol ac wedi bod yn hysbys i hela mewn dŵr.

Un o nodweddion mwyaf nodedig y llewpard yw ei gôt. Mae ffwr y llewpard wedi'i orchuddio â smotiau du sy'n cael eu trefnu mewn patrwm rhoséd. Mae'r patrwm hwn yn darparu cuddliw ardderchog yn eu cynefin naturiol. Mae lliw eu cot yn amrywio o felyn golau i euraidd, gyda smotiau du yn gorchuddio'r corff cyfan heblaw am y bol, y gwddf, a'r aelodau mewnol, sy'n wyn.

Mae gan leopardiaid weledigaeth a chlyw rhagorol, sy'n caniatáu iddynt hela a llywio eu hamgylchoedd yn fanwl gywir. Maent yn adnabyddus am eu dull llechwraidd a gallant stelcian eu hysglyfaeth yn dawel cyn neidio â chyflymder a grym anhygoel. Mae llewpardiaid hefyd yn adnabyddus am eu safnau pwerus a'u dannedd miniog, y maent yn eu defnyddio i ladd eu hysglyfaeth yn gyflym.

Cynefin

Mae llewpardiaid yn hyblyg iawn a gallant ffynnu mewn amrywiaeth o gynefinoedd, gan gynnwys coedwigoedd, glaswelltiroedd a rhanbarthau mynyddig. Maent i'w cael yn Affrica Is-Sahara, yn ogystal â rhannau o Asia gan gynnwys India, Sri Lanka, a De-ddwyrain Asia. Yn Affrica, maent i'w cael mewn amrywiaeth o gynefinoedd, o savannas i fforestydd glaw. Yn Asia, maent i'w cael mewn ardaloedd fel godre'r Himalaya, Penrhyn Arabia, a Dwyrain Pell Rwsia.

Deiet

Mae llewpardiaid yn gigysol ac yn bwydo'n bennaf ar ysglyfaeth bach i ganolig. Mae eu diet yn cynnwys antelopau, gazelles, impalas, a mamaliaid bach eraill. Gwyddys eu bod hefyd yn hela adar, ymlusgiaid a physgod. Mae llewpardiaid yn helwyr medrus a byddant yn stelcian eu hysglyfaeth cyn neidio â chyflymder a grym anhygoel.

Ymddygiad

Mae llewpardiaid yn anifeiliaid unig ac yn treulio'r rhan fwyaf o'u hamser ar eu pen eu hunain. Maent yn diriogaethol a byddant yn nodi eu tiriogaeth ag wrin a marciau crafu ar goed. Mae llewpardiaid yn adnabyddus am eu cryfder anhygoel ac yn gallu llusgo ysglyfaeth sydd sawl gwaith eu pwysau eu hunain i fyny i goed i'w gadw draw oddi wrth ysglyfaethwyr eraill.

Mae llewpardiaid yn actif yn y nos yn bennaf, er y gallant fod yn weithgar yn ystod y dydd mewn ardaloedd lle nad yw pobl yn tarfu arnynt. Maent hefyd yn ddringwyr ardderchog ac yn aml byddant yn cilio i goed i osgoi perygl neu i orffwys yn ystod y dydd. Mae llewpardiaid yn nofwyr pwerus a gwyddys eu bod yn hela mewn dŵr.

Atgynhyrchu a Chylch Bywyd Llewpardiaid

Anifeiliaid amlbriod yw llewpardiaid nad ydynt yn ffurfio bondiau parhaol. Maent yn paru trwy gydol y flwyddyn, gyda thymor bridio brig ym mis Ionawr a mis Chwefror mewn rhai rhanbarthau. Bydd y fenyw yn cario ei chenawon am gyfnod beichiogrwydd o 90-105 diwrnod cyn rhoi genedigaeth mewn ffau. Mae sbwriel fel arfer yn cynnwys 2-3 cenaw, gydag ystod o 1-6 yn bosibl.

Ar enedigaeth, mae cenawon llewpard yn ddall ac yn ddiymadferth, yn pwyso tua 0.5 kg (1.1 pwys). Mae eu llygaid yn agor pan fyddant tua 10 diwrnod oed, ac maent yn dechrau cerdded ac archwilio eu hamgylchedd ychydig wythnosau'n ddiweddarach. Bydd y fam leopard yn nyrsio ei cenawon am 3 mis cyntaf eu bywyd, ac ar ôl hynny byddant yn dechrau bwyta cig. Erbyn 6 mis oed, mae'r cenawon wedi'u diddyfnu'n llwyr a byddant yn dechrau mynd gyda'u mam i hela.

Bydd cenawon llewpard yn aros gyda'u mam am tua 1-2 flynedd cyn dod yn annibynnol. Gall benywod sefydlu eu tiriogaethau eu hunain gerllaw, tra bydd gwrywod yn gyffredinol yn gwasgaru ymhellach i ffwrdd i chwilio am eu tiriogaeth eu hunain.

Statws Cadwraeth Llewpardiaid

Mae llewpardiaid yn cael eu rhestru fel rhywogaeth fregus gan yr Undeb Rhyngwladol dros Gadwraeth Natur (IUCN). Maent yn wynebu amrywiaeth o fygythiadau, gan gynnwys colli cynefinoedd, hela, a gwrthdaro â bodau dynol.

Colli cynefinoedd yw un o'r bygythiadau mwyaf i leopardiaid, gan fod angen ardaloedd mawr o gynefin naturiol arnynt i oroesi. Mae trosi coedwigoedd a glaswelltiroedd yn dir amaethyddol neu ardaloedd trefol wedi arwain at ddarnio poblogaethau llewpardiaid a cholli ysglyfaeth.

Mae llewpardiaid hefyd yn cael eu hela am eu crwyn, sy'n cael eu gwerthfawrogi am eu harddwch a'u defnyddio mewn dillad traddodiadol. Mewn rhai ardaloedd, mae llewpardiaid yn cael eu hela am eu cig neu rannau o'r corff, y credir bod ganddynt briodweddau meddyginiaethol.

Mae gwrthdaro â bodau dynol yn fygythiad mawr arall i boblogaethau llewpardiaid. Wrth i bobl dresmasu ar gynefin llewpardiaid, mae mwy o berygl i leopardiaid ymosod ar dda byw neu hyd yn oed fodau dynol. Mewn dial, gall llewpardiaid gael eu lladd neu eu dal.

Mae ymdrechion i warchod poblogaethau llewpard yn cynnwys sefydlu ardaloedd gwarchodedig, megis parciau cenedlaethol a gwarchodfeydd bywyd gwyllt. Mae'r ardaloedd hyn yn hafan ddiogel i leopardiaid a'u hysglyfaeth. Mae ymdrechion gwrth-botsio a rhaglenni addysg sydd wedi'u hanelu at leihau gwrthdaro dynol-llewpard hefyd yn bwysig wrth warchod yr anifeiliaid mawreddog hyn.

I gloi, mae llewpardiaid yn un o'r cathod mawr mwyaf addasadwy a llwyddiannus, a geir mewn amrywiaeth o gynefinoedd o anialwch i goedwigoedd glaw. Maent yn ysglyfaethwyr pwerus ac ystwyth, sy'n gallu tynnu ysglyfaeth llawer mwy na nhw eu hunain. Er gwaethaf eu gallu i addasu, mae llewpardiaid yn wynebu amrywiaeth o fygythiadau, gan gynnwys colli cynefinoedd, hela, a gwrthdaro â bodau dynol. Mae ymdrechion cadwraeth yn hanfodol i warchod yr anifeiliaid eiconig hyn a sicrhau eu bod yn goroesi ar gyfer cenedlaethau'r dyfodol.

111. ffuret

Anifeiliaid dof yw ffuredau sy'n perthyn i'r teulu Mustelidae, sydd hefyd yn cynnwys gwencïod, dyfrgwn a moch daear. Maent yn anifeiliaid anwes poblogaidd, sy'n adnabyddus am eu natur chwareus a chwilfrydig. Maent hefyd yn cael eu defnyddio ar gyfer hela llygod ac fel anifeiliaid ymchwil mewn arbrofion gwyddonol.

Tarddiad

Credir bod y ffured ddomestig, neu Mustela putorius furo, wedi tarddu o'r ffwlbart Ewropeaidd, neu Mustela putorius. Mae'r ffwlbart Ewropeaidd yn famal cigysol bach sydd i'w ganfod ledled Ewrop a rhannau o Asia. Mae'n debygol bod ffuredau wedi'u dofi gyntaf gan fodau dynol yn Ewrop fwy na 2,500 o flynyddoedd yn ôl i hela llygod, yn enwedig llygod mawr a llygod. Defnyddiwyd ffuredau fel helwyr effeithlon yn yr Oesoedd Canol yn Ewrop, lle roeddent yn boblogaidd ymhlith yr uchelwyr yn ogystal â gwerinwyr.

Nodweddion

Anifeiliaid bach, hirgul yw ffuredau gyda chorff main a thrwyn pigfain. Mae ganddyn nhw gynffon gymharol fyr a choesau byr, gyda chrafangau miniog. Mae ganddyn nhw gôt ffwr sydd fel arfer yn frown neu'n ddu, gydag is-bol lliw gwyn neu hufen. Mae ganddyn nhw arogl musky unigryw sy'n cael ei ystyried yn nodweddiadol o'r rhywogaeth. Mae ffuredau yn fach o ran maint, fel arfer yn pwyso rhwng 1 a 2.5 pwys, gyda hyd o tua 20 modfedd, gan gynnwys y gynffon.

Ymddygiad

Mae ffuredau yn anifeiliaid cymdeithasol sy'n chwareus ac yn egnïol. Maent yn chwilfrydig wrth natur a gwyddys eu bod yn archwilio eu hamgylchedd yn drylwyr. Mae ffuredau'n actif yn ystod y dydd a'r nos, ac maen nhw'n fwyaf gweithgar yn gynnar yn y bore ac yn hwyr yn y prynhawn. Mae ffuredau hefyd yn adnabyddus am eu gallu i gysgu am gyfnodau hir, weithiau hyd at 18 awr y dydd.

Mae ffuredau yn anifeiliaid hynod ddeallus y gellir eu hyfforddi i gyflawni triciau a thasgau amrywiol. Maent hefyd yn gymdeithasol iawn ac angen cwmnïaeth, naill ai gan ffuredau eraill neu fodau dynol. Maent yn adnabyddus am eu hymddygiad chwareus, ac maent yn mwynhau erlid a chwarae gyda theganau. Mae ffuredau hefyd yn adnabyddus am eu gallu i ddwyn gwrthrychau bach, fel sanau neu allweddi, a'u cuddio yn eu cuddfannau.

Cigysyddion yw ffuredau, ac mae angen diet sy'n uchel mewn protein a braster arnynt. Mae eu diet naturiol yn cynnwys cnofilod bach, adar a phryfed. Fel anifeiliaid anwes, maent fel arfer yn cael eu bwydo â diet o fwyd ffuredau o ansawdd uchel, sy'n cael ei lunio'n benodol i ddiwallu eu hanghenion maethol. Maent hefyd angen dŵr ffres bob amser.

Mae gan ffuredau arogl musky unigryw, sy'n nodweddiadol o'r rhywogaeth. Daw'r arogl hwn o'u chwarennau croen, sy'n cynhyrchu olew sy'n helpu i gadw eu cot ffwr yn iach. Mae gan ffuredau hefyd olew naturiol ar eu croen, a all gronni ac achosi arogl annymunol os na chaiff ei lanhau'n rheolaidd. Gall golchi'ch ffured unwaith y mis gyda siampŵ ffured ysgafn helpu i leihau'r arogl.

Iechyd: Yn gyffredinol, mae ffuredau yn anifeiliaid iach sy'n gallu byw am hyd at 10 mlynedd. Fodd bynnag, maent yn agored i rai problemau iechyd a all effeithio ar ansawdd eu bywyd. Un broblem iechyd gyffredin mewn ffuredau yw rhwystrau gastroberfeddol, a all gael eu hachosi gan amlyncu gwrthrychau tramor, fel bandiau rwber neu deganau bach. Mae symptomau rhwystr gastroberfeddol mewn ffuredau yn cynnwys colli archwaeth, chwydu a dolur rhydd.

Mae ffuredau hefyd yn dueddol o gael problemau deintyddol, megis clefyd periodontol a phydredd dannedd. Gellir atal problemau deintyddol mewn ffuredau trwy fwydo diet sy'n uchel mewn protein a braster iddynt, a thrwy roi teganau cnoi iddynt i gadw eu dannedd yn iach.

Problem iechyd gyffredin arall mewn ffuredau yw clefyd y chwarren adrenal. Mae'r cyflwr hwn yn cael ei achosi gan orgynhyrchu hormonau gan y chwarennau adrenal, a all arwain at golli gwallt, colli pwysau a syrthni. Gellir trin clefyd y chwarren adrenal mewn ffuredau gyda meddyginiaeth neu lawdriniaeth.

Gall ffuredau hefyd fod yn agored i heintiau anadlol, a all gael eu hachosi gan facteria neu firysau. Mae symptomau heintiau anadlol mewn ffuredau yn cynnwys peswch, tisian, ac anhawster anadlu. Gellir atal heintiau anadlol mewn ffuredau trwy gadw eu hamgylchedd yn lân ac yn rhydd o lwch a llidwyr eraill.

Gofalu am Ffuredau

Mae angen gofal a sylw rheolaidd ar ffuredau i sicrhau eu bod yn aros yn iach ac yn hapus. Dyma rai awgrymiadau ar gyfer gofalu am eich ffured:

1. Tai: Mae angen cawell eang ar ffuredau sydd o leiaf 24 modfedd wrth 24 modfedd a 18 modfedd o uchder. Dylai'r cawell fod â lefelau lluosog a chynnwys teganau a chuddfannau. Mae ffuredau yn anifeiliaid actif ac mae angen digon o le i chwarae ac ymarfer corff.

2. Diet: Mae angen diet sy'n uchel mewn protein a braster ar ffuredau. Mae bwyd ffuredau masnachol ar gael ac mae wedi'i lunio'n benodol i ddiwallu eu hanghenion maethol. Mae ffuredau hefyd angen dŵr ffres bob amser.

3. Ymarfer Corff: Mae ffuredau yn anifeiliaid gweithredol sydd angen ymarfer corff bob dydd i gynnal eu hiechyd corfforol a meddyliol. Gallwch roi teganau a thwneli i'ch ffured chwarae ynddo, neu ganiatáu iddynt archwilio man diogel dan oruchwyliaeth y tu allan i'w cawell.

4. Ymbincio: Mae angen trin ffuredau'n rheolaidd i gadw eu cot yn iach ac yn lân. Dylid eu golchi unwaith y mis gyda siampŵ ffured ysgafn, a dylid tocio eu hewinedd bob ychydig wythnosau. Mae ffuredau hefyd angen archwiliadau deintyddol rheolaidd i atal problemau deintyddol.

5. Gofal Iechyd: Mae angen archwiliadau rheolaidd gan filfeddyg ar ffuredau i sicrhau eu bod yn aros yn iach. Dylent gael brechiadau blynyddol a chael eu hysbaddu neu eu hysbaddu er mwyn atal problemau iechyd a phroblemau ymddygiad.

I gloi, mae ffuredau yn anifeiliaid hynod ddiddorol a chwareus sy'n gwneud anifeiliaid anwes gwych i'r rhai sy'n barod i roi'r gofal a'r sylw sydd eu hangen arnynt. Mae angen diet sy'n cynnwys llawer o brotein a braster arnynt, digon o ymarfer corff, a gofal rheolaidd a gofal milfeddygol. Er y gall fod angen mwy o ofal arnynt nag anifeiliaid anwes eraill, maent hefyd yn gymdeithion gwerth chweil a all ddarparu blynyddoedd o lawenydd a chwmnïaeth.

112. Finch

Adar bach, lliwgar sy'n perthyn i'r teulu Fringillidae yw llinosiaid. Maent yn frodorol i wahanol ranbarthau ledled y byd, gan gynnwys Affrica, Asia, Ewrop, a Gogledd a De America. Mae finches yn anifeiliaid anwes poblogaidd oherwydd eu hymddangosiad deniadol, caneuon siriol, a phersonoliaethau deniadol.

Nodweddion

Mae finches yn fach, fel arfer yn pwyso rhwng 10 a 30 gram, ac yn mesur rhwng 3 ac 8 modfedd o hyd. Mae ganddyn nhw bigau byr, cryf sydd wedi'u haddasu'n arbennig ar gyfer cracio hadau a chnau agored. Mae gan finches hefyd draed cryf, ystwyth sy'n caniatáu iddynt lynu wrth ganghennau a dringo i fyny ac i lawr coed. Mae eu hadenydd yn bigfain ac yn bwerus, gan ganiatáu iddynt hedfan yn gyflym a symud yn hawdd trwy goed a llwyni.

Mae llinosiaid yn adnabyddus am eu plu llachar a lliwgar. Mae llinosiaid gwrywaidd fel arfer yn fwy llachar o liw na merched, gydag arlliwiau bywiog o goch, oren, melyn, glas, gwyrdd a phorffor. Mae benywod yn aml yn fwy tawel eu lliw, gyda phlu brown neu lwyd sy'n cydweddu â'u hamgylchoedd. Mae gan rai rhywogaethau o linosod hefyd farciau nodedig, fel streipiau, smotiau, neu ddarnau o liw ar eu plu.

Ymddygiad

Mae llinosiaid yn adar cymdeithasol iawn a geir yn aml mewn heidiau. Maent yn cyfathrebu â'i gilydd trwy amrywiaeth o leisio, gan gynnwys caneuon, chirps, a galwadau. Mae llinosiaid gwrywaidd yn adnabyddus am eu harddangosfeydd carwriaeth gywrain, a all gynnwys canu, dawnsio, a phluo eu plu i ddenu cymar.

Mae llinosiaid yn adar egnïol ac egnïol sydd angen digon o ymarfer corff ac ysgogiad meddyliol. Maent yn mwynhau chwarae gyda theganau, archwilio eu hamgylchedd, a rhyngweithio â'u perchnogion. Mae finches hefyd yn adar chwilfrydig a deallus y gellir eu hyfforddi i berfformio triciau syml, fel hedfan trwy gylchoedd neu ganu cloch.

Deiet

Adar sy'n bwyta hadau yw llinosiaid yn bennaf, gyda diet sy'n cynnwys hadau bach yn bennaf, fel miled, blodyn yr haul, a hadau caneri. Maent hefyd yn mwynhau ffrwythau a llysiau ffres, fel afalau, orennau, grawnwin, moron a sbigoglys. Mae'n bwysig darparu diet cytbwys ac amrywiol i'r llinosiaid sy'n cynnwys hadau a bwydydd ffres er mwyn sicrhau eu bod yn cael yr holl faetholion angenrheidiol ar gyfer iechyd da.

Tarddiad

Mae Finches yn frodorol i wahanol ranbarthau ledled y byd, gan gynnwys Affrica, Asia, Ewrop, a Gogledd a De America. Mae yna dros 150 o rywogaethau o llinosiaid, pob un â'i nodweddion a'i addasiadau unigryw ei hun. Mae llawer o rywogaethau o llinosiaid wedi addasu i'w hamgylchedd trwy ddetholiad naturiol, gan ddatblygu pigau, traed a phlu arbenigol i'w helpu i oroesi yn eu cynefin.

Un o'r enghreifftiau enwocaf o addasu'r llinos yw'r llinosiaid y Galapagos, a astudiwyd gan Charles Darwin yn ystod ei daith ar yr HMS Beagle yn y 19eg ganrif. Mae'r llinosiaid Galapagos yn adnabyddus am eu siapiau pig amrywiol, sydd wedi esblygu i'w helpu i fwyta gwahanol fathau o fwyd, fel hadau, pryfed, a blodau cactws. Chwaraeodd astudiaeth Darwin o'r llinosiaid Galapagos ran allweddol yn natblygiad ei ddamcaniaeth esblygiad trwy ddetholiad naturiol.

Mathau o Finches

Mae yna lawer o wahanol fathau o llinosiaid, pob un â'i nodweddion a'i addasiadau unigryw ei hun. Dyma rai o'r mathau mwyaf poblogaidd o llinosiaid:

1. Goldfinch America: Mae'r llinos aur Americanaidd yn llinos bach sy'n frodorol i Ogledd America. Mae ganddo blu melyn llachar gydag adenydd du a phlu cynffon. Mae gan aur y pincod gapiau du ar eu pennau yn ystod y tymor magu, tra bod gan y benywod gapiau brown.

2. Llinos Sebra: Mae'r llinos-sebra yn llinosyn bach sy'n frodorol i Awstralia. Mae ganddo batrwm tebyg i sebra nodedig ar ei blu, gyda streipiau du a gwyn ar ei frest a'i wddf. Mae gan y gwrywod big oren llachar a bochau, tra bod gan y benywod liw oren ysgafnach.

3. Llinos y Gymdeithas: Llinos dof nad yw i'w chael yn y gwyllt yw llinos y gymdeithas. Mae'n anifail anwes poblogaidd oherwydd ei

bersonoliaeth gyfeillgar a chymdeithasol. Mae gan llinosiaid y gymdeithas amrywiaeth eang o liwiau a phatrymau, gan gynnwys gwyn, brown, llwyd a du.

4. Llinos Piws: Mae'r llinos borffor yn llinos o faint canolig sy'n frodorol i Ogledd America. Mae ganddo liw porffor-goch nodedig ar ei ben a'i frest, gyda phlu llwydfrown ar ei gefn a'i adenydd. Mae gan y benywod liw mwy tawel, gyda phlu llwydfrown ar eu pen a'u corff.

5. Dedwydd: Mae'r caneri yn llinosog dof sydd wedi'i fridio ers canrifoedd oherwydd ei ymddangosiad deniadol a'i gân swynol. Daw canaries mewn ystod eang o liwiau, gan gynnwys melyn, oren, coch a gwyn. Maent yn anifeiliaid anwes poblogaidd oherwydd eu caneuon siriol a'u personoliaethau deniadol.

6. Llinos Gouldian: Mae'r llinosog Gouldian yn llinosyn bach sy'n frodorol o Awstralia. Mae ganddo blu llachar a lliwgar, gyda phen gwyrdd, melyn, a choch, cist borffor, ac adenydd glas a du. Mae'r llinos Gouldian mewn perygl yn y gwyllt, ond mae'n cael ei fridio mewn caethiwed fel anifail anwes.

I gloi, mae llinosiaid yn adar bach, lliwgar sy'n anifeiliaid anwes poblogaidd oherwydd eu hymddangosiad deniadol, caneuon siriol, a phersonoliaethau deniadol. Maent yn adar cymdeithasol iawn sydd angen digon o ymarfer corff ac ysgogiad meddyliol. Mae gan finches ddeiet sy'n cynnwys hadau bach yn bennaf, fel miled, blodyn yr haul, a hadau caneri, ac maen nhw hefyd yn mwynhau ffrwythau a llysiau ffres.

Mae yna dros 150 o rywogaethau o llinosiaid, pob un â'i nodweddion a'i addasiadau unigryw ei hun. Mae Finches yn frodorol i wahanol ranbarthau ledled y byd, gan gynnwys Affrica, Asia, Ewrop, a Gogledd a De America. Mae llawer o rywogaethau o llinosiaid wedi addasu i'w hamgylchedd trwy ddetholiad naturiol, gan ddatblygu pigau, traed a phlu arbenigol i'w helpu i oroesi yn eu cynefin.

113. Chwain

Mae chwain yn bryfed bach, parasitig sy'n bwydo ar waed anifeiliaid a phobl. Nid oes ganddynt adenydd ac mae ganddynt gyrff gwastad, sy'n caniatáu iddynt symud yn hawdd rhwng blew neu blu eu gwesteiwr. Mae chwain yn adnabyddus am eu galluoedd neidio, a all gyrraedd hyd at 150 gwaith hyd eu corff, gan eu gwneud yn un o'r siwmperi gorau yn y deyrnas anifeiliaid.

Tarddiad

Credir bod chwain wedi esblygu o hynafiad a oedd yn byw yn y cyfnod Cretasaidd Diweddar, tua 100 miliwn o flynyddoedd yn ôl. Mae tystiolaeth ffosil yn dangos bod chwain yn bwydo ar waed deinosoriaid pluog, fel yr Archaeopteryx, a oedd â phlu a oedd yn debyg i rai adar modern. Wrth i adar esblygu ac arallgyfeirio, addasodd chwain i fwydo ar eu plu ac yn y pen draw ar eu gwaed.

Nodweddion

Mae chwain yn fach, yn mesur dim ond 1-4mm o hyd. Mae ganddyn nhw gorff gwastad sydd wedi'i orchuddio â phigau a blew, sy'n caniatáu iddyn nhw symud yn hawdd trwy wallt neu blu eu gwesteiwr. Mae chwain yn ddi-adenydd, ond mae ganddyn nhw goesau cryf, pwerus sydd wedi'u haddasu ar gyfer neidio. Mae ganddyn nhw ddarnau ceg hir, miniog y maen nhw'n eu defnyddio i dyllu croen eu gwesteiwr a sugno eu gwaed. Mae chwain hefyd yn gallu goroesi am gyfnodau hir heb fwydo, sy'n caniatáu iddynt oroesi pan nad yw eu gwesteiwr ar gael.

Ymddygiad

Mae chwain yn adnabyddus am eu galluoedd neidio, a hynny oherwydd eu coesau ôl pwerus. Gallant neidio hyd at 150 gwaith hyd eu corff, sy'n caniatáu iddynt symud yn hawdd rhwng blew neu blu eu gwesteiwr. Mae chwain hefyd yn gallu goroesi am gyfnodau hir heb fwydo, sy'n caniatáu iddynt oroesi pan nad yw eu gwesteiwr ar gael. Pan fyddant yn bwydo, bydd chwain yn tyllu croen eu gwesteiwr ac yn sugno eu gwaed. Mae poer chwain yn cynnwys cyfansoddion gwrthgeulo, sy'n atal y gwaed rhag ceulo ac yn caniatáu i'r chwain fwydo am gyfnodau hirach.

Mae chwain yn hynod addasol a gallant heigio ystod eang o anifeiliaid, gan gynnwys mamaliaid, adar, a hyd yn oed ymlusgiaid. Y lletywyr mwyaf cyffredin ar gyfer chwain yw cŵn a chathod, ond gallant hefyd heigio anifeiliaid eraill, fel cnofilod, cwningod ac adar. Mae chwain i'w cael yn fwyaf cyffredin mewn amgylcheddau cynnes, llaith, fel dillad gwely, carpedi a dodrefn.

Cylch bywyd

Mae gan chwain gylch bywyd pedwar cam: wy, larfa, chwiler ac oedolyn. Gall y cylch bywyd cyfan gymryd cyn lleied â phythefnos neu gyhyd â sawl mis, yn dibynnu ar amodau amgylcheddol fel tymheredd, lleithder ac argaeledd bwyd.

Wy: Mae chwain llawndwf yn dodwy eu hwyau ar eu gwesteiwr, ond mae'r wyau'n disgyn i'r llawr, y gwely neu ddodrefn. Mae'r wyau yn fach, siâp hirgrwn, a gwyn, ac yn deor mewn dau i bedwar diwrnod ar ddeg.

Larfa: Mae'r larfa yn fach, yn wyn ac yn ddi-goes, ac yn bwydo ar ddeunydd organig, fel feces chwain llawndwf neu gelloedd croen marw. Mae'r larfa yn mynd trwy dri cham a gall gymryd wythnos i sawl wythnos i aeddfedu.

Pwpa: Cocŵn yw'r chwiler y mae'r larfa'n ei droelli o'i gwmpas eu hunain. Mae'r chwiler wedi'i orchuddio â malurion, fel gwallt neu faw, sy'n ei guddliwio ac yn ei amddiffyn rhag ysglyfaethwyr. Gall y cyfnod chwiler gymryd sawl diwrnod i sawl wythnos, a bydd y chwannen oedolyn yn dod i'r amlwg pan fydd yr amodau'n ffafriol.

Oedolyn: Mae'r chwannen oedolyn yn dod allan o'r chwiler a bydd yn dechrau chwilio am letywr ar gyfer pryd gwaed. Gall hyd oes chwain oedolyn amrywio o sawl wythnos i sawl mis, yn dibynnu ar amodau amgylcheddol ac argaeledd bwyd.

114. Fossa

Mae'r fossa yn famal cigysol unigryw a hynod ddiddorol sy'n frodorol i goedwigoedd Madagascar. Nhw yw'r ysglyfaethwr mwyaf ar yr ynys ac maent yn adnabyddus am eu hystwythder, eu cyflymder a'u galluoedd hela. Er ei fod yn gymharol adnabyddus mewn cylchoedd gwyddonol, mae'r fossa yn dal yn gymharol anhysbys i'r cyhoedd.

Tarddiad

Mae'r fossa yn frodorol i Fadagascar, sy'n ynys oddi ar arfordir de-ddwyreiniol Affrica. Credir bod y fossa wedi bod yn byw ar yr ynys ers miliynau o flynyddoedd ac yn perthyn yn agos i'r teulu mongoose. Mae union darddiad y fossa yn dal i fod yn ansicr, ond credir y gallent fod wedi esblygu o famal cigysol bach a groesodd drosodd i Fadagascar ar lu o lystyfiant.

Nodweddion

Mae'r fossa yn famal maint canolig sy'n gallu mesur hyd at 6 troedfedd o hyd, gan gynnwys ei gynffon hir. Mae ganddyn nhw gorff main a chyhyrog, gyda ffwr byr, coch-frown sy'n drwchus ac yn drwchus. Mae ffwr y fossa yn feddal i'r cyffwrdd ac fe'i defnyddir yn aml wrth gynhyrchu tecstilau Malagasi traddodiadol. Mae ganddyn nhw drwyn hir, cul, dannedd miniog, a chrafangau ôl-dynadwy sy'n caniatáu iddyn nhw ddringo coed yn rhwydd. Mae gan y fossa ymdeimlad craff o arogl, clyw, a gweledigaeth, sy'n hanfodol ar gyfer hela a goroesiad yn y goedwig.

Ymddygiad

Mae'r fossa yn anifail unig a nosol, sy'n golygu eu bod yn actif yn y nos ac yn treulio'r rhan fwyaf o'u hamser ar eu pen eu hunain. Maent yn rhedwyr ystwyth a chyflym a gallant ddringo coed yn rhwydd, sy'n eu gwneud yn helwyr rhagorol. Cigysydd yw'r fossa ac mae'n bwydo'n bennaf ar lemyriaid, sef y prif ysglyfaeth yn eu cynefin coedwig. Gwyddys hefyd eu bod yn bwyta mamaliaid bach eraill, adar ac ymlusgiaid.

Mae gan y fossa arddull hela unigryw sy'n cynnwys stelcian ac ambushing eu hysglyfaeth. Defnyddiant eu synhwyrau craff i olrhain eu hysglyfaeth, a phan fyddant o fewn pellter trawiadol, maent yn neidio oddi ar y coed ac yn ymosod â'u dannedd miniog a'u crafangau. Mae'n hysbys hefyd bod y fossa yn lladd eu hysglyfaeth trwy frathu trwy'r benglog, sy'n addasiad unigryw ar gyfer lladd lemyriaid.

Statws Cadwraeth

Ar hyn o bryd mae'r fossa wedi'i restru fel rhywogaeth sy'n agored i niwed gan yr Undeb Rhyngwladol dros Gadwraeth Natur (IUCN). Mae'r prif fygythiadau i'r fossa yn cynnwys colli cynefinoedd, hela, a chystadleuaeth am adnoddau gyda chigysyddion eraill. Mae datgoedwigo a darnio cynefin y goedwig oherwydd gweithgareddau dynol, megis torri coed ac amaethyddiaeth torri a llosgi, wedi arwain at ddirywiad ym mhoblogaeth y fossa.

Mae ymdrechion ar y gweill i warchod y fossa a'i gynefin. Mae ardaloedd gwarchodedig, megis parciau cenedlaethol a gwarchodfeydd, wedi'u sefydlu i warchod cynefin y goedwig ac amddiffyn y fossa rhag hela a bygythiadau eraill. Mae rhaglenni cadwraeth cymunedol hefyd wedi'u rhoi ar waith i hyrwyddo defnydd cynaliadwy o adnoddau naturiol a lleihau effaith gweithgareddau dynol ar gynefin y goedwig.

I gloi, mae'r fossa yn famal cigysol unigryw a hynod ddiddorol sy'n frodorol i goedwigoedd Madagascar. Nhw yw'r ysglyfaethwr mwyaf ar yr ynys ac maent yn adnabyddus am eu hystwythder, eu cyflymder a'u galluoedd hela. Er ei fod yn gymharol adnabyddus mewn cylchoedd gwyddonol, mae'r fossa yn dal yn gymharol anhysbys i'r cyhoedd. Mae ymdrechion ar y gweill i warchod y fossa a'i gynefin, ond mae llawer o waith i'w wneud o hyd i sicrhau bod y rhywogaeth hynod ddiddorol a phwysig hon yn goroesi.

Mae'r llwynog yn famal cigysol adnabyddus sydd wedi'i ddosbarthu'n eang sy'n perthyn i'r teulu Canidae. Mae tua 25 rhywogaeth o lwynogod, sydd i'w cael ledled y byd, ac eithrio yn Antarctica. Y llwynog coch yw'r rhywogaeth llwynog mwyaf cyffredin sydd wedi'i ddosbarthu'n eang ac fe'i ceir ledled Gogledd America, Ewrop, Asia ac Awstralia.

Tarddiad

Mae tarddiad y llwynog yn dal yn ansicr, ond credir iddynt esblygu o grŵp o famaliaid cigysol bach a oedd yn byw yn hemisffer y gogledd yn ystod y cyfnod Eocene hwyr, tua 40 miliwn o flynyddoedd yn ôl. Darganfuwyd y mamal cyntaf tebyg i lwynog, o'r enw Vulpes riffautae, yn Ffrainc ac roedd yn byw tua 36 miliwn o flynyddoedd yn ôl. Credir bod llwynogod yr oes fodern wedi esblygu o'r hynafiad hynafol hwn.

Nodweddion

Mae'r llwynog yn famal maint canolig sy'n gallu mesur hyd at 3 troedfedd o hyd, gan gynnwys ei gynffon hir lwynog. Mae ganddyn nhw strwythur main ac ystwyth, gyda ffwr byr, trwchus a all fod yn lliw coch, llwyd neu frown. Mae ffwr y llwynog yn feddal i'r cyffwrdd ac fe'i defnyddir yn aml wrth gynhyrchu dillad ac ategolion. Mae ganddyn nhw trwyn hir, cul, dannedd miniog, a choesau pwerus sy'n caniatáu iddyn nhw redeg ar gyflymder uchel a neidio dros rwystrau.

Ymddygiad

Mae'r llwynog yn anifail hynod addasadwy a deallus sydd ag ystod eang o ymddygiadau ac addasiadau. Maent yn weithgar trwy'r dydd a'r nos ac yn aml i'w gweld yn chwilota am fwyd mewn ardaloedd trefol. Mae'r llwynog yn gigysydd ac yn bwydo ar amrywiaeth eang o ysglyfaeth, gan gynnwys cnofilod, adar, pryfed, a mamaliaid bach.

Mae'r llwynog yn adnabyddus am ei gyfrwystra a'i allu i addasu i wahanol amgylcheddau. Maent yn helwyr ardderchog ac yn defnyddio amrywiaeth o dechnegau hela i ddal eu hysglyfaeth. Mae'r llwynog hefyd yn adnabyddus am ei allu i gloddio tyllau a chuddfannau, y maent yn eu defnyddio fel lloches a magu eu cywion.

Statws Cadwraeth

Mae statws cadwraeth y llwynog yn amrywio yn dibynnu ar y rhywogaeth a'r rhanbarth. Mae rhai rhywogaethau, fel y llwynog ffenigl, wedi'u rhestru fel y rhai sy'n peri'r pryder lleiaf gan yr Undeb Rhyngwladol dros Gadwraeth Natur, tra bod rhywogaethau eraill, fel llwynog y Darwin, wedi'u rhestru fel rhai sydd mewn perygl difrifol. Mae'r prif fygythiadau i'r llwynog yn cynnwys colli cynefin, hela, a chystadleuaeth ag ysglyfaethwyr eraill.

Mae ymdrechion ar y gweill i warchod y llwynog a'i gynefin. Mae ardaloedd gwarchodedig, megis parciau cenedlaethol a gwarchodfeydd, wedi'u sefydlu i warchod cynefin y goedwig ac amddiffyn y llwynog rhag hela a bygythiadau eraill. Mae rhaglenni cadwraeth cymunedol hefyd wedi'u rhoi ar waith i hyrwyddo defnydd cynaliadwy o adnoddau naturiol a lleihau effaith gweithgareddau dynol ar y llwynog a'i gynefin.

I gloi, mae'r llwynog yn anifail hynod addasadwy a deallus sy'n cael ei ddosbarthu'n eang ledled y byd. Maent yn adnabyddus am eu cyfrwystra a'u gallu i addasu i wahanol amgylcheddau, ac maent yn ysglyfaethwyr pwysig yn eu hecosystemau. Mae statws cadwraeth y llwynog yn amrywio yn dibynnu ar y rhywogaeth a'r rhanbarth, ond mae ymdrechion ar y gweill i warchod y llwynog a'i gynefin. Mae ardaloedd gwarchodedig a rhaglenni cadwraeth cymunedol yn arfau pwysig i warchod y llwynog a sicrhau ei fod yn goroesi ar gyfer cenedlaethau'r dyfodol.

Mae'r gelada yn rhywogaeth unigryw a hynod ddiddorol o brimatiaid sydd i'w gael yn Ethiopia yn unig. Nhw yw'r unig aelodau o'r genws Theropithecus ac maent yn perthyn i deulu mwnci'r Hen Fyd Cercopithecidae. Mae Geladas yn adnabyddus am eu hymddangosiad nodedig, eu hymddygiad cymdeithasol, a'u lleisiau.

Tarddiad

Credir bod y gelada wedi esblygu o hynafiad cyffredin a rennir gyda'r babŵn tua 3-4 miliwn o flynyddoedd yn ôl. Maent yn frodorol i ucheldiroedd Ethiopia a dyma'r rhywogaeth olaf sydd wedi goroesi o grŵp o brimatiaid a arferai ymestyn ar draws Affrica ac Asia. Daw'r enw "gelada" o'r iaith Amhareg, a siaredir yn Ethiopia ac mae'n golygu "calon waedu," gan gyfeirio at y darn coch o groen ar eu brest.

Nodweddion

Mae Geladas yn brimatiaid canolig eu maint sydd ag ymddangosiad unigryw. Mae ganddyn nhw gôt ffwr drwchus sy'n llwydfrown ei lliw, gyda mwng euraidd nodedig sy'n ymestyn o'u gwddf i'w hysgwyddau. Mae'r ffwr ar eu brest a'u breichiau hefyd yn hirach na gweddill eu corff, gan roi golwg shaggy iddynt. Mae gan Geladas strwythur cryf, cadarn ac maent yn ddeumorffig yn rhywiol, gyda gwrywod yn fwy na merched.

Un o nodweddion mwyaf nodedig y gelada yw eu darn mawr, di-flew o groen ar eu brest. Mae'r croen hwn yn goch llachar a chredir ei fod yn arwydd o statws cymdeithasol a ffitrwydd atgenhedlu. Gall y croen ar eu brest ehangu a chrebachu, gan ganiatáu iddynt gynhyrchu ystod o leisio, gan gynnwys rhisgl, rhisgl, a melynwy.

Ymddygiad

Mae Geladas yn anifeiliaid cymdeithasol iawn sy'n byw mewn grwpiau mawr o'r enw milwyr. Gall y milwyr hyn gynnwys hyd at gannoedd o unigolion ac maent wedi'u trefnu o amgylch gwryw dominyddol a sawl menyw. Mae'r gwrywod yn cystadlu am fynediad i ferched trwy arddangosiadau o ymddygiad ymosodol a lleisio.

Mae Geladas yn llysysol yn bennaf ac yn bwydo ar amrywiaeth o weiriau a pherlysiau. Gwyddys hefyd eu bod yn bwydo ar wreiddiau planhigion a rhisgl coed. Mae gan Geladas ymddygiad bwydo unigryw lle maent yn eistedd ar eu coesau ôl ac yn defnyddio eu dwylo i dynnu gweiriau a pherlysiau o'r ddaear. Gelwir yr ymddygiad hwn yn "dynnu glaswellt" a chredir ei fod yn addasiad unigryw i'w cynefin uchder uchel.

Statws Cadwraeth

Mae statws cadwraeth y gelada wedi'i restru ar hyn o bryd fel y Pryder Lleiaf gan yr Undeb Rhyngwladol dros Gadwraeth Natur (IUCN). Fodd bynnag, maent yn wynebu nifer o fygythiadau, gan gynnwys colli cynefinoedd, hela, a chlefyd. Mae Geladas hefyd yn agored i newid yn yr hinsawdd, gan fod eu cynefin uchder uchel yn arbennig o sensitif i newidiadau mewn tymheredd a dyodiad.

Mae ymdrechion ar y gweill i warchod y gelada a'u cynefin. Mae ardaloedd gwarchodedig, fel Parc Cenedlaethol Mynyddoedd Simien, wedi'u sefydlu i warchod cynefin unigryw uchder uchel y gelada. Mae rhaglenni cadwraeth cymunedol hefyd wedi'u rhoi ar waith i hyrwyddo defnydd cynaliadwy o adnoddau naturiol a lleihau effaith gweithgareddau dynol ar y gelada a'u cynefin.

I gloi, mae'r gelada yn rhywogaeth unigryw a hynod ddiddorol o brimatiaid sydd i'w gael yn Ethiopia yn unig. Maent yn adnabyddus am eu hymddangosiad nodedig, eu hymddygiad cymdeithasol, a'u lleisiau. Mae Geladas yn anifeiliaid cymdeithasol iawn sy'n byw mewn grwpiau mawr ac yn llysysol yn bennaf. Maen nhw'n wynebu nifer o fygythiadau, gan gynnwys colli cynefinoedd, hela, ac afiechyd, ond mae ymdrechion ar y gweill i warchod y gelada a'u cynefin. Mae ardaloedd gwarchodedig a rhaglenni cadwraeth yn y gymuned yn arfau pwysig ar gyfer gwarchod y gelada a sicrhau ei fod yn goroesi ar gyfer cenedlaethau'r dyfodol.

117. Gibbon

Mae Gibbons yn epaod bach, coediog sydd i'w cael yng nghoedwigoedd glaw trofannol De-ddwyrain Asia. Maent yn adnabyddus am eu galluoedd acrobatig a'u lleisiau uchel, melodig.

Tarddiad

Mae Gibbons yn perthyn i'r teulu Hylobatidae ac yn perthyn yn agos i'r epaod mawr, gan gynnwys bodau dynol, tsimpansî, ac orangwtaniaid. Mae tystiolaeth ffosil yn awgrymu bod hynafiaid giboniaid wedi ymwahanu oddi wrth yr epaod mawr tua 18 miliwn o flynyddoedd yn ôl. Mae Gibbons yn frodorol i goedwigoedd glaw De-ddwyrain Asia, gan gynnwys Gwlad Thai, Fietnam, Indonesia, a Malaysia.

Nodweddion

Mae Gibbons yn epaod bach, main sydd ag ymddangosiad unigryw. Mae ganddyn nhw freichiau hir, tenau sy'n hirach na'u coesau ac yn caniatáu iddyn nhw swingio o gangen i gangen yng nghanopi'r goedwig. Mae gan Gibbons gôt ffwr fer, drwchus sydd fel arfer yn lliw brown neu ddu. Mae ganddynt grib nodedig o wallt ar eu pennau sy'n sefyll i fyny pan fyddant wedi cyffroi neu wedi cynhyrfu.

Mae gan Gibbons uniadau arddwrn symudol iawn sy'n caniatáu iddynt symud yn ystwyth iawn yn y coed. Gallant neidio hyd at 50 troedfedd rhwng canghennau a symud ar gyflymder o hyd at 35 milltir yr awr. Mae Gibbons hefyd yn adnabyddus am eu lleisiau uchel, swynol, y maent yn eu defnyddio i gyfathrebu â'i gilydd a nodi eu tiriogaethau.

Ymddygiad

Mae Gibbons yn anifeiliaid cymdeithasol iawn sy'n byw mewn grwpiau teuluol bach sy'n cynnwys pâr monogamaidd a'u hepil. Maent yn goed yn bennaf ac yn treulio'r rhan fwyaf o'u hamser yn y coed, yn anaml yn disgyn i lawr y goedwig. Mae Gibbons yn ddyddiol ac yn fwyaf gweithgar yn ystod y dydd, gan fwydo ar amrywiaeth o ffrwythau, dail a phryfed.

Mae Gibbons yn adnabyddus am eu galluoedd acrobatig a gallant symud trwy'r coed yn gyflym ac yn ystwyth iawn. Defnyddiant eu breichiau hir i siglo o gangen i gangen mewn symudiad a elwir yn brachiation. Mae

Gibbons hefyd yn defnyddio eu coesau pwerus i lansio eu hunain o un gangen i'r llall mewn symudiad a elwir yn neidio.

Statws Cadwraeth

Mae statws cadwraeth gibbons yn amrywio yn dibynnu ar y rhywogaeth. O'r 17 rhywogaeth o gibonau, mae 13 wedi'u rhestru fel rhai sydd mewn perygl neu dan fygythiad difrifol gan yr Undeb Rhyngwladol dros Gadwraeth Natur (IUCN). Mae'r pedair rhywogaeth arall wedi'u rhestru fel rhai agored i niwed.

Y prif fygythiadau i gibbons yw colli a darnio cynefinoedd oherwydd datgoedwigo ac ehangu amaethyddol. Mae Gibbons hefyd yn cael eu hela am eu cig ac fel anifeiliaid anwes, sydd wedi cael effaith sylweddol ar eu poblogaethau. Yn ogystal, mae gibbons yn agored i afiechydon, yn enwedig y rhai a drosglwyddir gan bobl.

Mae ymdrechion ar y gweill i warchod gibbons a'u cynefin. Mae ardaloedd gwarchodedig, megis parciau cenedlaethol a gwarchodfeydd bywyd gwyllt, wedi'u sefydlu i ddarparu hafan ddiogel i gibonau a bywyd gwyllt arall. Mae sefydliadau cadwraeth hefyd yn gweithio gyda chymunedau lleol i hyrwyddo defnydd cynaliadwy o adnoddau naturiol a lleihau effaith gweithgareddau dynol ar boblogaethau gibbon.

I gloi, mae gibbons yn epaod bach, coediog sydd i'w cael yng nghoedwigoedd glaw trofannol De-ddwyrain Asia. Maent yn adnabyddus am eu galluoedd acrobatig a'u lleisiau uchel, swynol. Mae Gibbons yn anifeiliaid cymdeithasol iawn sy'n byw mewn grwpiau teuluol bach ac maent yn goed coed yn bennaf. Maen nhw'n wynebu nifer o fygythiadau, gan gynnwys colli cynefinoedd, hela, ac afiechyd, ond mae ymdrechion ar y gweill i warchod gibonau a'u cynefin. Mae ardaloedd gwarchodedig a rhaglenni cadwraeth yn y gymuned yn arfau pwysig ar gyfer gwarchod gibonau a sicrhau eu bod yn goroesi ar gyfer cenedlaethau'r dyfodol.

118. ceiliog rhedyn

Mae ceiliog rhedyn yn bryfed sy'n perthyn i'r urdd Orthoptera ac yn adnabyddus am eu gallu i neidio'n bell. Fe'u ceir mewn sawl rhan o'r byd, gan gynnwys Gogledd America, Ewrop, Asia ac Affrica.

Tarddiad

Mae ceiliogod rhedyn wedi bod o gwmpas ers miliynau o flynyddoedd ac wedi esblygu i fod yn llwyddiannus mewn amrywiaeth o amgylcheddau. Mae tystiolaeth ffosil yn awgrymu bod ceiliogod rhedyn wedi ymddangos gyntaf tua 250 miliwn o flynyddoedd yn ôl, yn ystod y cyfnod Permaidd Diweddar. Credir eu bod wedi tarddu o ranbarthau trofannol y byd, ond ers hynny maent wedi lledaenu i lawer o rannau eraill o'r byd.

Nodweddion

Mae ceiliog rhedyn yn bryfed sydd â nifer o nodweddion unigryw. Mae ganddynt goesau hir, pwerus a ddefnyddir ar gyfer neidio, ac maent yn gallu gorchuddio pellteroedd hyd at 20 gwaith hyd eu corff mewn un naid. Mae gan geiliogod rhedyn hefyd adenydd cefn mawr, pwerus sy'n caniatáu iddynt hedfan am bellteroedd byr.

Mae gan geiliogod rhedyn bâr o antena ar eu pennau, y maent yn eu defnyddio i synhwyro eu hamgylchedd. Mae ganddyn nhw hefyd lygaid mawr, cyfansawdd sy'n caniatáu iddyn nhw weld ysglyfaethwyr a lleoli darpar ffrindiau. Mae gan geiliogod rhedyn ecsgerbydol caled sy'n amddiffyn eu cyrff, ac maent fel arfer yn wyrdd neu'n frown eu lliw i gydweddu â'u hamgylchedd.

Ymddygiad

Mae ceiliogod rhedyn yn bryfed llysysol sy'n bwydo ar amrywiaeth o blanhigion. Maent yn adnabyddus am eu gallu i fwyta llawer iawn o lystyfiant, sy'n eu gwneud yn ffynhonnell fwyd bwysig i lawer o anifeiliaid, gan gynnwys adar, cnofilod, ac ymlusgiaid.

Mae ceiliogod rhedyn yn actif yn ystod y dydd ac yn gorffwys gyda'r nos. Maen nhw'n bryfed cymdeithasol ac i'w cael yn aml mewn grwpiau mawr, yn enwedig yn ystod cyfnodau o sychder neu brinder bwyd. Mae ceiliogod rhedyn yn cyfathrebu â'i gilydd trwy amrywiaeth o ddulliau, gan gynnwys sain a chyffyrddiad.

Mae ceiliogod rhedyn yn adnabyddus am eu gallu i neidio ymhell, sy'n eu galluogi i ddianc rhag ysglyfaethwyr a dod o hyd i ffynonellau bwyd newydd. Gallant neidio hyd at 20 gwaith hyd eu corff mewn un naid, gan ddefnyddio coesau ôl pwerus i yrru eu hunain i'r awyr.

Pwysigrwydd Ecolegol

Mae ceiliogod rhedyn yn chwarae rhan bwysig mewn llawer o ecosystemau fel llysysyddion ac ysglyfaeth. Maent yn ffynhonnell fwyd bwysig i lawer o anifeiliaid, gan gynnwys adar, cnofilod, ac ymlusgiaid, ac maent hefyd yn beillwyr pwysig i rai planhigion.

Fodd bynnag, gall ceiliogod rhedyn hefyd achosi difrod sylweddol i gnydau a llystyfiant pan fydd eu poblogaethau'n mynd yn rhy fawr. Mewn rhai rhannau o'r byd, mae heigiadau ceiliog rhedyn wedi achosi difrod eang i gnydau a cholledion economaidd.

Yn ogystal, mae ceiliogod rhedyn yn ddangosyddion pwysig o iechyd ecosystemau. Mae eu poblogaethau yn aml yn cael eu heffeithio gan newidiadau mewn tymheredd, dyodiad, a llystyfiant, gan eu gwneud yn arf defnyddiol ar gyfer monitro iechyd ecosystemau a bioamrywiaeth.

Statws Cadwraeth

Nid yw ceiliogod rhedyn yn cael eu hystyried ar hyn o bryd i fod dan fygythiad neu dan fygythiad. Fodd bynnag, mae rhai rhywogaethau o geiliogod rhedyn yn fwy agored i niwed nag eraill, yn enwedig y rhai sy'n endemig i ranbarthau neu gynefinoedd penodol.

Un o'r bygythiadau mwyaf i geiliogod rhedyn yw colli cynefinoedd a diraddio. Wrth i gynefinoedd naturiol gael eu dinistrio neu eu darnio, gall poblogaethau ceiliogod rhedyn ddirywio neu ddiflannu'n lleol. Gall newid yn yr hinsawdd a newidiadau ym mhatrymau tywydd hefyd effeithio ar boblogaethau ceiliog rhedyn, yn enwedig y rhai sydd wedi addasu i dymheredd penodol a chyfundrefnau dyddodiad.

I gloi, mae ceiliogod rhedyn yn bryfed sydd i'w cael mewn sawl rhan o'r byd ac sy'n adnabyddus am eu gallu i neidio'n bell. Maent yn bryfed llysysol sy'n chwarae rhan bwysig mewn llawer o ecosystemau fel llysysyddion ac ysglyfaeth. Mae ceiliogod rhedyn hefyd yn ddangosyddion pwysig o iechyd ecosystemau a gellir eu defnyddio i fonitro iechyd ecosystemau a bioamrywiaeth. Er nad yw ceiliogod rhedyn yn cael eu hystyried ar hyn o bryd i fod dan fygythiad neu dan fygythiad, gall colli cynefinoedd, newid hinsawdd a ffactorau amgylcheddol eraill effeithio ar eu poblogaethau. Felly, mae'n bwysig parhau i fonitro poblogaethau ceiliog rhedyn a rhoi mesurau cadwraeth ar waith i sicrhau eu bod yn goroesi ac yn iechyd yr ecosystemau y maent yn chwarae rhan ynddynt.

119. Gwylan

Mae gwylanod yn grŵp o adar môr sydd i'w cael ledled y byd, yn byw ger y môr, llynnoedd ac afonydd. Maent yn adnabyddus am eu hymddangosiad a'u hymddygiad nodedig, ac fe'u hystyrir yn aml fel yr wylan glasurol.

Tarddiad

Credir bod gwylanod wedi tarddu o ardaloedd arfordirol Hemisffer y Gogledd, gan gynnwys Ewrop, Gogledd America ac Asia. Mae tystiolaeth ffosil yn awgrymu bod gwylanod wedi ymddangos gyntaf yn ystod y cyfnod Oligosen hwyr, tua 30 miliwn o flynyddoedd yn ôl. Heddiw, mae dros 50 o rywogaethau o wylanod i'w cael ledled y byd.

Nodweddion

Mae gwylanod yn adar canolig i fawr, gydag adenydd hir, main a thraed gweog. Mae ganddynt siâp nodedig, gyda phig hir pigfain a chorff crwn, cryno. Mae gwylanod fel arfer yn wyn neu'n llwyd, gyda marciau du ar eu hadenydd a'u cefnau.

Mae gwylanod yn hynod hyblyg ac yn gallu byw mewn amrywiaeth o amgylcheddau, o gynefinoedd arfordirol i lynnoedd ac afonydd mewndirol. Maent hefyd yn adar cymdeithasol iawn ac fe'u ceir yn aml mewn grwpiau mawr.

Ymddygiad

Mae gwylanod yn fwydwyr manteisgar a byddant yn bwyta amrywiaeth o fwyd, gan gynnwys pysgod, pryfed, cramenogion, a hyd yn oed sothach. Fe'u gwelir yn aml yn chwilota am fwyd o amgylch dociau, traethau a safleoedd tirlenwi.

Mae gwylanod hefyd yn adnabyddus am eu lleisiau nodedig, sy'n cynnwys amrywiaeth o alwadau a squawks. Defnyddiant y lleisiau hyn i gyfathrebu â'i gilydd ac i sefydlu tiriogaeth.

Mae gwylanod yn adar cymdeithasol iawn ac fe'u ceir yn aml mewn grwpiau mawr, a elwir yn heidiau. Gall yr heidiau hyn fod yn gannoedd neu hyd yn oed filoedd o adar. Mae gwylanod hefyd yn diriogaethol iawn a byddant yn amddiffyn eu nythod a'u mannau bwydo rhag adar eraill yn ymosodol.

Pwysigrwydd Ecolegol

Mae gwylanod yn chwarae rhan bwysig mewn llawer o ecosystemau arfordirol, gan wasanaethu fel ysglyfaethwyr a sborionwyr. Maent yn ffynhonnell fwyd bwysig i lawer o anifeiliaid, gan gynnwys adar mwy, mamaliaid morol, a hyd yn oed bodau dynol.

Mae gwylanod hefyd yn ddangosyddion pwysig o iechyd ecosystemau arfordirol. Gall llygredd, colli cynefinoedd, a newidiadau mewn argaeledd ysglyfaeth effeithio ar eu poblogaethau, gan eu gwneud yn arf defnyddiol ar gyfer monitro iechyd ecosystemau arfordirol.

Statws Cadwraeth

Nid yw llawer o rywogaethau o wylanod yn cael eu hystyried ar hyn o bryd i fod dan fygythiad neu dan fygythiad. Fodd bynnag, mae rhai rhywogaethau yn fwy agored i niwed nag eraill, yn enwedig y rhai sy'n dibynnu ar gynefinoedd neu ysglyfaeth penodol.

Un o'r bygythiadau mwyaf i wylanod yw colli a diraddio cynefinoedd. Wrth i gynefinoedd arfordirol gael eu dinistrio neu eu diraddio, gall poblogaethau gwylanod ddirywio neu ddiflannu'n lleol. Mae gwylanod hefyd yn agored i lygredd a newidiadau yn yr ysglyfaeth sydd ar gael, a all effeithio ar eu poblogaethau.

I gloi, mae gwylanod yn grŵp o adar môr sydd i'w cael ledled y byd. Maent yn hynod hyblyg ac yn gallu byw mewn amrywiaeth o amgylcheddau, o gynefinoedd arfordirol i lynnoedd ac afonydd mewndirol. Mae gwylanod yn fwydwyr manteisgar a byddant yn bwyta amrywiaeth o fwyd, gan gynnwys pysgod, pryfed, cramenogion, a hyd yn oed sothach. Maent hefyd yn adar cymdeithasol iawn ac fe'u ceir yn aml mewn grwpiau mawr. Mae gwylanod yn chwarae rhan bwysig mewn llawer o ecosystemau arfordirol, gan wasanaethu fel ysglyfaethwyr a sborionwyr. Maent hefyd yn ddangosyddion pwysig o iechyd ecosystemau arfordirol a gellir eu defnyddio i fonitro iechyd ecosystemau a bioamrywiaeth. Er nad yw llawer o rywogaethau o wylanod yn cael eu hystyried ar hyn o bryd i fod dan fygythiad neu dan fygythiad, mae'n bwysig parhau i fonitro poblogaethau gwylanod a rhoi mesurau cadwraeth ar waith i sicrhau eu bod yn goroesi ac yn iechyd ecosystemau arfordirol.

120. Draenog

Mae draenogod yn famaliaid bach, pigog sydd i'w cael ledled llawer o Ewrop, Asia ac Affrica. Maent yn adnabyddus am eu hymddangosiad a'u hymddygiad nodedig, ac fe'u cedwir yn aml fel anifeiliaid anwes.

Tarddiad

Credir bod draenogod wedi tarddu o Ewrop ac Asia, ac maent i'w cael ledled llawer o'r rhanbarthau hyn. Mae tystiolaeth ffosil yn awgrymu bod draenogod wedi ymddangos gyntaf yn ystod y cyfnod Eocene, tua 55 miliwn o flynyddoedd yn ôl. Heddiw, mae 17 rhywogaeth o ddraenogod i'w cael ledled y byd.

Nodweddion

Mae draenogod yn famaliaid bach, pigog sydd fel arfer yn 5-12 modfedd o hyd ac yn pwyso rhwng 14-39 owns. Mae iddynt ymddangosiad nodedig, gyda chorff crwn, stociog a chwiltiau miniog, pigog yn gorchuddio eu cefnau a'u hochrau. Mae draenogod fel arfer yn frown neu'n llwyd eu lliw, gydag isbol gwyn.

Mae draenogod yn anifeiliaid nosol ac yn fwyaf egnïol yn y nos. Mae ganddynt olwg gwael, ond maent yn dibynnu ar eu synnwyr arogli a chlyw i lywio eu hamgylchedd.

Ymddygiad

Anifeiliaid unigol yw draenogod ac fe'u canfyddir fel arfer yn byw ar eu pen eu hunain mewn tyllau neu o dan lwyni a llwyni. Maent yn nosol ac yn fwyaf egnïol yn y nos, gan dreulio eu dyddiau'n cysgu yn eu tyllau.

Mae draenogod yn hollysol a byddant yn bwyta amrywiaeth o fwyd, gan gynnwys pryfed, mwydod, malwod, a mamaliaid bach. Gwyddys hefyd eu bod yn bwyta ffrwythau a llysiau.

Un o ymddygiadau mwyaf nodedig draenogod yw eu gallu i rolio i mewn i bêl dynn o dan fygythiad. Mae'r ymddygiad hwn yn helpu i'w hamddiffyn rhag ysglyfaethwyr, gan fod eu cwils miniog yn rhwystr amddiffynnol.

Pwysigrwydd Ecolegol

Mae draenogod yn chwarae rhan bwysig mewn llawer o ecosystemau, yn enwedig fel pryfysyddion. Maent yn helpu i reoli poblogaethau o bryfed, gan gynnwys llawer o blâu a all niweidio cnydau a gerddi.

Mae draenogod hefyd yn ffynhonnell fwyd bwysig i lawer o ysglyfaethwyr, gan gynnwys llwynogod, tylluanod a nadroedd. Fel y cyfryw, maent yn chwarae rhan bwysig yng ngwe fwyd llawer o ecosystemau.

Statws Cadwraeth

Nid yw llawer o rywogaethau o ddraenogod yn cael eu hystyried ar hyn o bryd i fod dan fygythiad neu dan fygythiad. Fodd bynnag, mae rhai rhywogaethau yn fwy agored i niwed nag eraill, yn enwedig y rhai sy'n dibynnu ar gynefinoedd neu ysglyfaeth penodol.

Un o'r bygythiadau mwyaf i ddraenogod yw colli a darnio cynefinoedd. Wrth i'w cynefinoedd naturiol gael eu dinistrio neu eu darnio, gall poblogaethau draenogod ddirywio neu ddiflannu'n lleol.

Bygythiad arall i ddraenogod yw ysglyfaethu gan rywogaethau a gyflwynwyd, fel llygod mawr a charlymod. Gall yr ysglyfaethwyr hyn a gyflwynir gael effaith sylweddol ar boblogaethau draenogod, yn enwedig ar boblogaethau ynysig.

I gloi, mae draenogod yn famaliaid bach, pigog sydd i'w cael ledled llawer o Ewrop, Asia ac Affrica. Maent yn nosol ac yn fwyaf egnïol yn y nos, gan dreulio eu dyddiau'n cysgu yn eu tyllau. Mae draenogod yn hollysol a byddant yn bwyta amrywiaeth o fwyd, gan gynnwys pryfed, mwydod, malwod, a mamaliaid bach. Gwyddys hefyd eu bod yn bwyta ffrwythau a llysiau. Mae draenogod yn chwarae rhan bwysig mewn llawer o ecosystemau, yn enwedig fel pryfysyddion, ac maent yn ffynhonnell fwyd bwysig i lawer o ysglyfaethwyr. Er nad yw llawer o rywogaethau o ddraenogod yn cael eu hystyried ar hyn o bryd i fod dan fygythiad neu dan fygythiad, mae'n bwysig parhau i fonitro poblogaethau draenogod a rhoi mesurau cadwraeth ar waith i sicrhau eu bod yn goroesi ac yn iechyd yr ecosystemau y maent yn chwarae rhan ynddynt.

Mae gwenyn mêl yn un o bryfed pwysicaf y blaned, yn chwarae rhan hanfodol mewn peillio a chynhyrchu mêl. Maent yn bryfed cymdeithasol ac yn byw mewn cytrefi mawr, gyda strwythur cymdeithasol cymhleth a rhaniad llafur.

Tarddiad

Credir bod gwenyn mêl wedi tarddu o Affrica, ac wedi lledaenu i Ewrop ac Asia dros filiwn o flynyddoedd yn ôl. Cadwyd y gwenyn mêl dof cyntaf yn yr Aifft tua 5000 o flynyddoedd yn ôl, ac mae cadw gwenyn wedi bod yn rhan bwysig o ddiwylliant dynol ac amaethyddiaeth ers hynny.

Nodweddion

Mae gwenyn mêl yn bryfed bach, hedfan sydd fel arfer yn mesur 1/2 i 3/4 modfedd o hyd. Mae ganddyn nhw gorff streipiog blewog, melyn a du, gyda phâr o adenydd a chwe choes. Mae gwenyn mêl yn perthyn yn agos i wenyn meirch a morgrug, ac fe'u dosberthir yn y teulu Apidae.

Mae'r nythfa gwenyn mêl yn cynnwys tri math o wenyn: y frenhines, y drones, a gwenyn gweithwyr. Y frenhines yw'r unig fenyw ffrwythlon yn y nythfa ac mae'n gyfrifol am ddodwy wyau. Dynion yw dronau sy'n gyfrifol am baru gyda'r frenhines. Mae gwenyn gweithwyr yn ferched di-haint sy'n gwneud yr holl waith yn y nythfa, gan gynnwys gofalu am yr ifanc, casglu neithdar a phaill, ac amddiffyn y nythfa.

Ymddygiad

Mae gwenyn mêl yn bryfed cymdeithasol ac yn byw mewn cytrefi mawr a all gynnwys miloedd o wenyn. Mae'r nythfa wedi'i threfnu'n strwythur cymdeithasol cymhleth, gyda phob gwenynen â rôl benodol i'w chwarae. Mae'r frenhines wenynen yn dodwy wyau, ac mae gwenyn gweithwyr yn gofalu am yr ifanc, yn casglu neithdar a phaill, ac yn amddiffyn y nythfa. Un o ymddygiadau pwysicaf gwenyn mêl yw eu gallu i gyfathrebu â'i gilydd trwy system gymhleth o ddawnsiau a pheromones. Defnyddir y ddawns waggle gan wenyn chwilota i gyfleu lleoliad ffynhonnell fwyd i aelodau eraill y nythfa.

Pwysigrwydd Ecolegol

Mae gwenyn mêl yn beillwyr pwysig ac yn chwarae rhan hanfodol yn iechyd llawer o ecosystemau. Maent yn gyfrifol am beillio llawer o gnydau amaethyddol, gan gynnwys ffrwythau, llysiau, cnau a hadau. Heb wenyn mêl, ni fyddai llawer o'r cnydau hyn yn gallu atgynhyrchu, gan arwain at ostyngiad sylweddol mewn cynhyrchu bwyd.

Yn ogystal â'u rôl fel peillwyr, mae gwenyn mêl hefyd yn bwysig ar gyfer cynhyrchu mêl a chynhyrchion cwch gwenyn eraill, gan gynnwys cwyr gwenyn, paill, a jeli brenhinol.

Statws Cadwraeth

Mae gwenyn mêl yn wynebu nifer o fygythiadau, gan gynnwys colli cynefinoedd, plaladdwyr, afiechyd, a newid hinsawdd. O ganlyniad, mae llawer o boblogaethau gwenyn ledled y byd yn dirywio, gyda rhai rhywogaethau yn wynebu difodiant.

Un o'r bygythiadau mwyaf arwyddocaol i wenyn mêl yw colli a darnio cynefinoedd. Wrth i gynefinoedd naturiol gael eu dinistrio neu eu darnio, gall poblogaethau gwenyn mêl ddirywio neu ddiflannu'n lleol.

Bygythiad arall i wenyn mêl yw'r defnydd o blaladdwyr, a all fod yn wenwynig i wenyn ac a all achosi dirywiad ym mhoblogaethau gwenyn. Gall clefydau a pharasitiaid, gan gynnwys y gwiddonyn varroa, hefyd gael effaith sylweddol ar boblogaethau gwenyn mêl.

I gloi, mae gwenyn mêl yn greaduriaid hynod ddiddorol sy'n chwarae rhan hanfodol mewn peillio a chynhyrchu mêl. Maent yn bryfed cymdeithasol sy'n byw mewn cytrefi mawr ac sydd â strwythur cymdeithasol cymhleth a rhaniad llafur. Mae gwenyn mêl yn bwysig oherwydd eu cyfraniadau ecolegol ac economaidd, ond maent yn wynebu nifer o fygythiadau sy'n gofyn am ymdrechion cadwraeth i sicrhau eu bod yn goroesi. Drwy gefnogi gwenyn mêl a pheillwyr eraill, gallwn helpu i sicrhau iechyd ein hecosystemau a'r systemau bwyd sy'n dibynnu arnynt.

122. Hummingbird

Mae'r colibryn yn aderyn bach, lliwgar sy'n adnabyddus am ei allu unigryw i hofran yng nghanol yr awyr wrth fwydo ar neithdar o flodau. Mae dros 300 o rywogaethau o colibryn, ac maent i'w cael ledled yr Americas, o Alaska i Tierra del Fuego.

Nodweddion

Mae colibryn yn adar bach, fel arfer yn mesur rhwng 3 a 5 modfedd o hyd ac yn pwyso rhwng 2 a 6 gram. Mae ganddyn nhw bigau hir, tenau sydd wedi'u haddasu ar gyfer stilio'n ddwfn i flodau i echdynnu neithdar. Mae eu hadenydd hefyd yn unigryw, gyda'r gallu i gylchdroi ar gymal yr ysgwydd, gan ganiatáu iddynt hofran yng nghanol yr awyr a hedfan yn ôl.

Un o nodweddion mwyaf trawiadol colibryn yw eu plu lliwgar. Mae eu plu yn aml yn symudliw ac yn adlewyrchu golau mewn ffordd sy'n creu effaith symudliw. Mae lliwiau eu plu yn amrywio o wyrddni a blues symudliw i goch llachar ac orennau.

Ymddygiad

Mae colibryn yn adnabyddus am guriadau cyflym yr adenydd, gyda rhai rhywogaethau'n fflapio eu hadenydd hyd at 80 gwaith yr eiliad. Mae hyn yn caniatáu iddynt hofran yng nghanol yr aer wrth fwydo ar neithdar o flodau. Maent hefyd yn gallu hedfan yn ôl, sy'n allu unigryw ymhlith adar.

Ncctarivorcs yw colibryn yn bennaf, sy'n bwydo ar neithdar blodau. Fodd bynnag, maent hefyd yn bwyta pryfed a phryfed cop ar gyfer protein. Maent yn adar tiriogaethol iawn, a byddant yn amddiffyn eu ffynonellau bwyd a'u safleoedd nythu rhag adar eraill yn ymosodol.

Yn ystod y tymor bridio, mae colibryn gwrywaidd yn perfformio arddangosfeydd carwriaeth gywrain i ddenu ffrindiau. Mae'r arddangosfeydd hyn yn cynnwys acrobateg o'r awyr a chreu synau swnllyd uchel gyda'u hadenydd. Ar ôl paru, bydd colibryn benywaidd yn adeiladu nyth bach siâp cwpan allan o ffibrau planhigion a gweoedd pry cop. Fel arfer mae'r nyth wedi'i adeiladu mewn coeden neu lwyn, ac mae wedi'i leinio â deunyddiau meddal fel plu a mwsogl.

Cynefin

Mae colibryn i'w cael ledled yr Americas, o Alaska i Tierra del Fuego. Maent yn fwyaf cyffredin mewn rhanbarthau trofannol ac isdrofannol, ond gellir dod o hyd i rai rhywogaethau mewn parthau tymherus hefyd. Fe'u canfyddir yn aml mewn ardaloedd â digonedd o blanhigion blodeuol, gan gynnwys coedwigoedd, dolydd a gerddi.

Yng Ngogledd America, y rhywogaeth fwyaf cyffredin o colibryn yw'r colibryn rhuddgoch, a geir yn nwyrain yr Unol Daleithiau a de Canada yn ystod y tymor magu. Yn Ne America, y rhywogaeth fwyaf cyffredin yw'r colibryn cynffon hir, sydd i'w ganfod ym mynyddoedd yr Andes.

Tarddiad

Credir bod colibryn wedi tarddu o Dde America, ac yna wedi ymledu tua'r gogledd i Ganol America a Mecsico. Mae'r ffosilau colibryn hynaf y gwyddys amdanynt wedi'u darganfod yn Ewrop, yn dyddio'n ôl i'r cyfnod Eocene, tua 34 miliwn o flynyddoedd yn ôl. Fodd bynnag, nid yw'n glir sut mae'r ffosilau hyn yn berthnasol i colibryn modern, ac mae'n bosibl eu bod yn cynrychioli llinach ar wahân a ddiflannodd.

Credir bod cyndeidiau colibryn modern wedi bod yn adar pryfysol bach a oedd yn byw mewn coed. Dros amser, datblygodd yr adar hyn big a thafod arbenigol a oedd yn caniatáu iddynt fwydo ar neithdar o flodau. Roedd yr addasiad hwn yn caniatáu iddynt gael mynediad at ffynhonnell newydd o fwyd, ac yn caniatáu iddynt ddod yn fwy arbenigol a llwyddiannus fel grŵp.

I gloi, mae colibryn yn adar hynod ddiddorol sy'n adnabyddus am eu gallu unigryw i hofran yng nghanol yr awyr a bwydo ar neithdar o flodau. Maent yn fach, yn lliwgar, ac mae ganddynt strwythur ac ymddygiad cymdeithasol cymhleth. Mae adar colibryn i'w cael ledled America, ac maent yn beillwyr pwysig i lawer o rywogaethau planhigion. Drwy ddysgu mwy am yr adar rhyfeddol hyn, gallwn werthfawrogi eu harddwch a'r rôl bwysig y maent yn ei chwarae yn ein hecosystemau.

123. Ibex

Geifr mynydd gwyllt sy'n perthyn i'r genws Capra yn y teulu Bovidae yw Ibexes . Mae sawl rhywogaeth o Ibex i'w cael ledled y byd, gan gynnwys yr Alpaidd Ibex, yr Ibex Nubian, yr Ibex Sbaenaidd, a'r Ibex Siberia. Mae Ibexes wedi addasu'n dda i fyw mewn tir mynyddig, gyda choesau a charnau pwerus sy'n eu galluogi i ddringo clogwyni serth a llywio tirweddau creigiog. Maent yn adnabyddus am eu cyrn trawiadol, a ddefnyddir ar gyfer amddiffyn ac arddangos. Mae Ibexes wedi chwarae rhan bwysig yn hanes dyn, gyda llawer o ddiwylliannau hynafol yn eu darlunio mewn celf a mytholeg.

Tarddiad a Dosbarthiad

Mae Ibexes i'w cael mewn rhanbarthau mynyddig ar draws y byd, gan gynnwys Ewrop, Asia, Affrica, a'r Dwyrain Canol. Mae'r Ibex Alpaidd, er enghraifft, yn frodorol i'r Alpau yn Ewrop, tra bod yr Ibex Nubian i'w gael yng Ngogledd Affrica a'r Dwyrain Canol. Mae'r Ibex Sbaenaidd i'w gael yn Sbaen a Phortiwgal, tra bod yr Ibex Siberia i'w gael yn Rwsia a Mongolia. Mae pob rhywogaeth o Ibex wedi addasu i hinsawdd a thirwedd arbennig ei ranbarth, ond maent i gyd yn rhannu nodweddion ffisegol tebyg.

Nodweddion Corfforol

Geifr canolig eu maint yw Ibex, gyda gwrywod (a elwir yn bychod) fel arfer yn fwy na benywod (a elwir yn bychod). Mae ganddyn nhw ffwr byr sydd fel arfer yn lliw brown neu lwyd, sy'n eu helpu i ymdoddi i'w hamgylchoedd mynyddig. Mae gan Ibexes goesau a charnau pwerus sydd wedi'u cynllunio ar gyfer dringo llethrau serth a neidio rhwng creigiau. Eu cyrn hir, crwm yw eu nodwedd amlycaf, gyda gwrywod a benywod yn meddu arnynt. Gellir defnyddio'r cyrn i amddiffyn rhag ysglyfaethwyr neu wrywod eraill, ond fe'u defnyddir hefyd i'w harddangos yn ystod y tymor paru.

Ymddygiad a Chynefin

Mae Ibexes yn anifeiliaid cymdeithasol ac yn byw mewn grwpiau o'r enw buchesi. Gall buchesi amrywio o ran maint o ychydig o unigolion i gynifer â 50 neu fwy. Mae Ibex yn fwyaf gweithgar yn gynnar yn y bore ac yn hwyr yn y prynhawn, pan fyddant yn fwyaf tebygol o ddod o hyd i fwyd a dŵr. Yn ystod gwres y dydd, maent yn gorffwys yng nghysgod creigiau neu goed er mwyn osgoi'r haul poeth. Mae Ibexes yn llysysyddion ac yn bwyta amrywiaeth o blanhigion, gan gynnwys gweiriau, llwyni a dail. Maent yn gallu goroesi mewn amgylcheddau mynyddig garw diolch i'w gallu i echdynnu maetholion o lystyfiant caled.

Statws Cadwraeth

Mae sawl rhywogaeth o Ibex yn cael eu hystyried mewn perygl neu'n agored i niwed oherwydd colli cynefinoedd, hela, a chystadleuaeth â da byw domestig. Mae'r Nubian Ibex, er enghraifft, yn cael ei ddosbarthu fel un sy'n agored i niwed gan yr Undeb Rhyngwladol dros Gadwraeth Natur (IUCN), gyda phoblogaethau'n lleihau oherwydd gor-hela a cholli cynefinoedd. Mae Ibex Sbaen hefyd yn cael ei ystyried yn agored i niwed, gyda phoblogaethau'n lleihau oherwydd colli cynefinoedd a chystadleuaeth â da byw domestig. Mae ymdrechion cadwraeth ar y gweill i amddiffyn poblogaethau Ibex, gan gynnwys adfer cynefinoedd a rhaglenni gwrth-botsio.

I gloi, mae ibexes yn geifr mynydd trawiadol sy'n addas iawn ar gyfer eu hamgylcheddau garw. Mae eu coesau, eu carnau a'u cyrn pwerus yn eu galluogi i ddringo clogwyni serth a llywio tir creigiog yn rhwydd. Mae Ibexes wedi chwarae rhan bwysig yn hanes dyn, gyda llawer o ddiwylliannau hynafol yn eu darlunio mewn celf a mytholeg. Heddiw, mae poblogaethau Ibex yn wynebu nifer o fygythiadau, gan gynnwys colli cynefinoedd, hela, a chystadleuaeth â da byw domestig. Mae angen ymdrechion cadwraeth i sicrhau bod yr anifeiliaid hynod ddiddorol hyn yn parhau i ffynnu yn y gwyllt.

124. Jackrabbit

Mae Jackrabbits yn ysgyfarnogod sy'n perthyn i'r genws Lepus yn nheulu'r Leporidae. Maent yn frodorol i Ogledd America ac yn adnabyddus am eu clustiau hir a'u coesau pwerus, sy'n eu galluogi i redeg ar gyflymder uchel a dianc rhag ysglyfaethwyr. Mae cwningod yn aml yn cael eu drysu â chwningod, ond maent yn fwy ac mae ganddynt nodweddion ffisegol amlwg. Maent yn rhan bwysig o'r ecosystem, yn gwasanaethu fel ysglyfaeth i ysglyfaethwyr ac yn helpu i gynnal cydbwysedd eu cynefinoedd.

Tarddiad a Dosbarthiad

Mae Jackrabbits i'w cael ledled Gogledd America, o Ganada i Fecsico. Mae yna sawl rhywogaeth o jacrabbit, gan gynnwys y jacrabbit cynffonddu, y jacrabbit cynffon wen, a'r jacrabbit antelop. Mae pob rhywogaeth wedi addasu i hinsawdd a thirwedd arbennig ei rhanbarth, ond mae gan bob un ohonynt nodweddion ffisegol tebyg.

Nodweddion Corfforol

Mae cwningod yn fwy na chwningod, gydag oedolion fel arfer yn pwyso rhwng 3-6 pwys ac yn mesur hyd at 2 droedfedd o hyd. Mae ganddynt goesau hir, pwerus sydd wedi'u cynllunio ar gyfer rhedeg a neidio, gyda choesau ôl sy'n hirach na'u coesau blaen. Mae eu clustiau hir, a all fod hyd at 6 modfedd o hyd, yn eu helpu i ganfod ysglyfaethwyr o bellter. Mae gan Jackrabbits ffwr byr, meddal sydd fel arfer yn frown neu'n llwyd ei liw, sy'n eu helpu i ymdoddi i'w hamgylchoedd. Mae ganddyn nhw hefyd gynffon blaen ddu nodedig sy'n rhoi eu henw iddyn nhw.

Ymddygiad a Chynefin

Anifeiliaid nosol yw Jackrabbits, sy'n golygu eu bod yn fwyaf gweithgar yn y nos. Yn ystod y dydd, maent yn gorffwys mewn tyllau neu dan orchudd er mwyn osgoi ysglyfaethwyr a'r haul poeth. Llysysyddion yw cwningod ac maent yn bwyta amrywiaeth o blanhigion, gan gynnwys gweiriau, llwyni a dail. Maent yn gallu echdynnu maetholion o lystyfiant caled, sy'n caniatáu iddynt oroesi mewn amgylcheddau anialwch garw. Mae cwningod hefyd yn ysglyfaeth bwysig i ysglyfaethwyr fel coyotes, llwynogod ac eryrod.

Statws Cadwraeth

Nid yw cwningod yn cael eu hystyried i fod mewn perygl, ond mae eu poblogaethau wedi gostwng mewn rhai ardaloedd oherwydd colli cynefinoedd a hela. Mewn rhai rhanbarthau, mae jackrabbits yn cael eu hela am eu cig a'u ffwr, tra mewn eraill maent yn cael eu hystyried yn blâu ac yn cael eu lladd i amddiffyn cnydau. Mae cwningod hefyd yn agored i effeithiau newid hinsawdd, a all newid eu cynefinoedd ac effeithio ar eu ffynonellau bwyd.

I gloi, mae jackrabbits yn anifeiliaid hynod ddiddorol sy'n chwarae rhan bwysig yn yr ecosystem. Mae eu coesau a'u clustiau hir, yn ogystal â'u cynffonau â blaenau du nodedig, yn eu gwneud yn hawdd eu hadnabod. Mae cwningod wedi addasu i fywyd mewn amgylcheddau anialwch garw, lle gallant oroesi ar lystyfiant caled ac osgoi ysglyfaethwyr gyda'u cyflymder a'u hystwythder. Er bod poblogaethau jackrabbit yn sefydlog ar y cyfan, maent yn wynebu bygythiadau o golli cynefinoedd a hela, yn ogystal ag effeithiau newid yn yr hinsawdd. Mae angen ymdrechion cadwraeth i sicrhau bod yr anifeiliaid eiconig hyn yn parhau i ffynnu yng Ngogledd America.

125. Jaguarundi

Mae'r jaguarundi, a elwir hefyd yn gath eyra, yn gath wyllt fach sy'n frodorol i Ganol a De America. Mae'n anifail unig ac fe'i ceir yn aml mewn ardaloedd coediog, ond gellir ei weld hefyd mewn glaswelltiroedd a chorsydd. Mae'r jaguarundi yn anifail unigryw a diddorol, gydag ymddangosiad ac ymddygiad nodedig.

Tarddiad a Dosbarthiad

Mae Jaguarundis i'w cael ledled Canolbarth a De America, o Fecsico i Brasil. Fe'u canfyddir amlaf mewn ardaloedd coediog, ond gellir eu gweld hefyd mewn glaswelltiroedd, corsydd, a chynefinoedd eraill. Maent yn anifeiliaid y gellir eu haddasu ac yn gallu goroesi mewn amrywiaeth o amgylcheddau.

Nodweddion Corfforol

Cathod bach yw Jaguarundis, fel arfer yn pwyso rhwng 4-7 cilogram ac yn mesur hyd at 80 centimetr o hyd. Mae ganddyn nhw gorff hir, main, gyda choesau byr a phen bach. Mae eu cot yn fyr ac yn llyfn, a gall amrywio o ran lliw o frown coch i frown llwyd. Mae ganddyn nhw ymddangosiad wyneb nodedig, gyda llygaid mawr a chlustiau bach, crwn.

Ymddygiad a Chynefin

Anifeiliaid unigol yw Jaguarundis ac maent yn actif yn ystod y dydd a'r nos. Maent yn helwyr medrus ac yn bwydo ar amrywiaeth o ysglyfaeth, gan gynnwys cnofilod, adar, ymlusgiaid, a phryfed. Maent hefyd yn gallu nofio a hela mewn dŵr, gan eu gwneud yn addas iawn ar gyfer bywyd mewn ardaloedd corsiog.

Mae Jaguarundis yn anifeiliaid hyblyg ac yn gallu goroesi mewn amrywiaeth o gynefinoedd. Fe'u ceir yn gyffredin mewn ardaloedd coediog, ond gellir eu gweld hefyd mewn glaswelltiroedd, corsydd, ac amgylcheddau eraill. Gallant ddringo coed ac maent yn siwmperi ardderchog, sy'n caniatáu iddynt lywio eu hamgylchedd yn rhwydd.

Statws Cadwraeth

Nid yw Jaguarundis yn cael eu hystyried i fod mewn perygl, ond mae eu poblogaethau wedi gostwng mewn rhai ardaloedd oherwydd colli cynefinoedd a hela. Weithiau maent yn cael eu hela am eu ffwr, a ddefnyddir wrth gynhyrchu dillad ac ategolion. Mae angen ymdrechion cadwraeth i sicrhau bod yr anifeiliaid unigryw a phwysig hyn yn parhau i ffynnu yn eu cynefinoedd naturiol.

I gloi, mae'r jaguarundi yn anifail unigryw a diddorol sy'n frodorol i Ganol a De America. Mae'n gath wyllt fach sy'n gallu goroesi mewn amrywiaeth o gynefinoedd, ac sy'n fedrus wrth hela amrywiaeth o ysglyfaeth. Er bod poblogaethau jaguarundi yn sefydlog ar y cyfan, maent yn wynebu bygythiadau o golli cynefinoedd a hela. Mae angen ymdrechion cadwraeth i warchod yr anifeiliaid pwysig hyn a sicrhau eu bod yn parhau i ffynnu yn eu cynefinoedd naturiol.

Mae Javelina, a elwir hefyd yn y peccary coler, yn famal maint canolig sy'n frodorol i dde-orllewin yr Unol Daleithiau, Mecsico, a rhannau o Ganol a De America. Anifeiliaid cymdeithasol ydyn nhw ac fe'u ceir yn aml mewn grwpiau a elwir yn seinyddion. Mae gwaywffyn yn adnabyddus am eu cysylltiadau cymdeithasol allanol caled a chryf, sy'n eu gwneud yn anifail diddorol ac unigryw.

Tarddiad a Dosbarthiad

Mae Javelinas yn frodorol i dde-orllewin yr Unol Daleithiau, Mecsico, a rhannau o Ganol a De America. Fe'u ceir yn gyffredin mewn cynefinoedd anialwch a thir prysg, ond gellir eu gweld hefyd mewn glaswelltiroedd, coedwigoedd ac amgylcheddau eraill. Maent yn anifeiliaid hyblyg ac yn gallu goroesi mewn amrywiaeth o gynefinoedd.

Nodweddion Corfforol

Mamaliaid canolig eu maint yw gwaywffyn, sy'n pwyso rhwng 20-40 cilogram ac yn mesur hyd at 1.2 metr o hyd. Mae ganddyn nhw strwythur stociog, gyda choesau byr a chorff crwn. Mae eu cot yn drwchus ac yn sionc, a gall amrywio o ran lliw o lwyd i frown. Mae ganddynt goler wen nodedig o amgylch eu gwddf, sy'n rhoi eu henw cyffredin iddynt.

Ymddygiad a Chynefin

Anifeiliaid cymdeithasol yw gwaywffyn ac fe'u ceir yn aml mewn grwpiau a elwir yn "sainwyr". Gall y grwpiau hyn gynnwys hyd at 20 o unigolion, a chânt eu harwain gan wryw dominyddol. Mae gwaywffyn yn cyfathrebu â'i gilydd trwy amrywiaeth o leisio a marcio arogl.

Mae gwaywffyn yn hollysyddion ac yn bwydo ar amrywiaeth o ddeunydd planhigion ac anifeiliaid. Mae eu diet yn cynnwys ffrwythau, hadau, gwreiddiau, pryfed a mamaliaid bach. Gallant oroesi mewn cynefinoedd diffeithdir a phrysgdir, a gallant hefyd addasu i amgylcheddau eraill.

Statws Cadwraeth

Nid yw gwaywffyn yn cael eu hystyried fel rhai mewn perygl, ond mae eu poblogaethau wedi gostwng mewn rhai ardaloedd oherwydd colli cynefinoedd a hela. Weithiau cânt eu hela am eu cig, a ystyrir yn ddanteithfwyd mewn rhai ardaloedd. Mae angen ymdrechion cadwraeth i sicrhau bod yr anifeiliaid unigryw a phwysig hyn yn parhau i ffynnu yn eu cynefinoedd naturiol.

I gloi, mae gwaywffyn yn anifeiliaid diddorol ac unigryw sy'n frodorol i dde-orllewin yr Unol Daleithiau, Mecsico, a rhannau o Ganol a De America. Maen nhw'n anifeiliaid cymdeithasol ac i'w cael yn aml mewn grwpiau a elwir yn "synwyr". Mae gwaywffyn yn adnabyddus am eu cysylltiadau cymdeithasol allanol a chryf. Er bod poblogaethau gwaywffyn yn sefydlog ar y cyfan, maent yn wynebu bygythiadau o golli cynefinoedd a hela. Mae angen ymdrechion cadwraeth i warchod yr anifeiliaid pwysig hyn a sicrhau eu bod yn parhau i ffynnu yn eu cynefinoedd naturiol.

127. Cudyll coch

Mae'r Cudyll Coch yn aderyn ysglyfaethus bach, lliwgar sydd i'w gael mewn amrywiaeth o gynefinoedd ar draws llawer o'r byd. Maent yn adnabyddus am eu sgiliau hela, eu cyflymder a'u hystwythder wrth hedfan, ac maent yn bwnc poblogaidd i wylwyr adar a selogion bywyd gwyllt.

Tarddiad a Dosbarthiad

Mae cudyllod coch i'w cael ledled y byd, gan gynnwys Ewrop, Asia, Affrica, ac America. Fe'u canfyddir yn nodweddiadol mewn cynefinoedd agored fel glaswelltiroedd, caeau amaethyddol ac anialwch, ond gellir eu canfod hefyd mewn coedwigoedd ac ardaloedd trefol. Mae yna sawl rhywogaeth wahanol o gudyllod, pob un â'i ddosbarthiad a'i amrediad penodol ei hun.

Nodweddion Corfforol

Mae cudyllod coch yn adar bach, yn nodweddiadol yn mesur rhwng 25-35 cm o hyd ac yn pwyso rhwng 100-200 gram. Mae ganddyn nhw batrwm pen nodedig, gyda streipen dywyll ar bob ochr i'w hwyneb sy'n ymestyn i lawr i'w llygaid. Mae eu hadenydd yn hir ac yn bigfain, ac mae ganddyn nhw gynffon fer sgwarog. Mae eu plu fel arfer yn frown neu'n llwyd, gyda phatrymau a marciau amrywiol.

Ymddygiad a Chynefin

Mae cudyllod coch yn adar ysglyfaethus dyddiol, sy'n golygu eu bod yn actif yn ystod y dydd. Fel arfer maent yn helwyr unigol, er y gallant hela mewn parau o bryd i'w gilydd. Mae cudyllod coch yn hela trwy hofran yn yr awyr a sganio'r ddaear islaw am ysglyfaeth. Pan fyddant yn sylwi ar rywbeth, maent yn plymio i lawr i'w ddal, yn aml gyda chyflymder ac ystwythder anhygoel.

Mae cudyllod coch yn adar y gellir eu haddasu ac maent i'w cael mewn amrywiaeth o gynefinoedd. Fe'u ceir yn nodweddiadol mewn cynefinoedd agored fel glaswelltiroedd a chaeau amaethyddol, ond gellir eu canfod hefyd mewn coedwigoedd ac ardaloedd trefol. Maent yn nythu mewn ceudodau coed neu leoliadau gwarchodedig eraill, ac yn nodweddiadol dodwy 3-7 wy fesul cydiwr.

Statws Cadwraeth

Mae llawer o boblogaethau cudyllod coch yn sefydlog neu'n cynyddu, ond mae rhai poblogaethau wedi gostwng yn ystod y blynyddoedd diwethaf oherwydd colli cynefinoedd a ffactorau eraill. Mewn rhai ardaloedd, mae cudyllod coch yn cael eu hela am eu cig neu blu, a gall hyn hefyd gyfrannu at ddirywiad. Mae angen ymdrechion cadwraeth i warchod poblogaethau cudyllod coch a'u cynefinoedd, ac i sicrhau bod yr adar hardd hyn yn parhau i ffynnu yn y gwyllt.

I gloi, mae cudyllod coch yn adar ysglyfaethus bach, lliwgar sydd i'w cael ledled y byd. Maent yn adnabyddus am eu sgiliau hela, eu cyflymder a'u hystwythder wrth hedfan, ac maent yn bwnc poblogaidd i wylwyr adar a selogion bywyd gwyllt. Mae cudyllod coch yn adar y gellir eu haddasu a geir mewn amrywiaeth o gynefinoedd, ac maent fel arfer yn nythu mewn ceudodau coed neu leoliadau gwarchodedig eraill. Er bod llawer o boblogaethau cudyllod coch yn sefydlog neu'n cynyddu, mae rhai poblogaethau wedi lleihau oherwydd colli cynefinoedd a ffactorau eraill. Mae angen ymdrechion cadwraeth i warchod yr adar pwysig hyn a sicrhau eu bod yn parhau i ffynnu yn y gwyllt.

Mae'r koala yn anifail unigryw ac eiconig sy'n frodorol i Awstralia, sy'n adnabyddus am ei ymddangosiad ciwt a chwtsh a'i gariad at ddail ewcalyptws. Er gwaethaf eu poblogrwydd, mae coalas yn wynebu nifer o fygythiadau yn y gwyllt, gan gynnwys colli cynefinoedd ac afiechyd, sydd wedi arwain at ddirywiad mewn rhai poblogaethau.

Tarddiad a Dosbarthiad

Mae Koalas yn frodorol i Awstralia ac i'w canfod yn rhannau dwyreiniol a de-ddwyreiniol y wlad. Fe'u ceir yn nodweddiadol mewn coedwigoedd a choetiroedd ewcalyptws, er y gellir eu canfod hefyd mewn ardaloedd trefol a chynefinoedd eraill. Nid yw Koalas i'w cael yn y gwyllt yn unrhyw le arall yn y byd.

Nodweddion Corfforol

Marsupials yw Koalas, sy'n golygu eu bod yn cario eu cywion mewn cwdyn. Mae ganddyn nhw wyneb crwn, tebyg i dedi-bêr, clustiau mawr, a thrwyn bach tebyg i fotwm. Mae ganddyn nhw ffwr meddal, gwlanog sydd fel arfer yn llwyd neu frown ei liw, gyda ffwr gwyn ar eu cistiau a'u boliau. Mae gan Koalas grafangau miniog a bodiau croes, sy'n eu helpu i ddringo coed a gafael ar ganghennau. Mae ganddyn nhw hefyd god arbennig ar waelod eu cynffonau, a ddefnyddir i gario ac amddiffyn eu cywion.

Ymddygiad a Chynefin

Mae coalas yn anifeiliaid goed, sy'n golygu eu bod yn treulio'r rhan fwyaf o'u hamser mewn coed. Maent yn nosol yn bennaf, er y gallant fod yn actif yn ystod y dydd am gyfnodau byr o amser. Mae coalas yn anifeiliaid unigol ac fel arfer dim ond yn rhyngweithio â choalas eraill yn ystod y tymor paru. Maent hefyd yn diriogaethol iawn ac yn defnyddio lleisiau, marcio arogl, ac ymddygiad ymosodol corfforol i amddiffyn eu tiriogaethau.

Mae gan Koalas ddeiet unigryw sy'n cynnwys bron yn gyfan gwbl o ddail ewcalyptws. Mae ganddynt system dreulio arbenigol sy'n caniatáu iddynt dorri i lawr y cyfansoddion gwenwynig mewn dail ewcalyptws, sy'n wenwynig i'r rhan fwyaf o anifeiliaid eraill. Mae Koalas hefyd yn cael y rhan fwyaf o'u dŵr o'r dail y maent yn ei fwyta, er y gallant yfed o ffynonellau dŵr pan fyddant ar gael.

Statws Cadwraeth

Mae Koalas yn wynebu nifer o fygythiadau yn y gwyllt, gan gynnwys colli cynefinoedd, afiechyd, a newid yn yr hinsawdd. Wrth i boblogaethau dynol barhau i ehangu, mae cynefinoedd koala yn cael eu dinistrio neu eu darnio, gan ei gwneud hi'n anoddach i goalas ddod o hyd i fwyd a ffrindiau. Mae Koalas hefyd yn agored i nifer o afiechydon, gan gynnwys clamydia a koala retrovirus, a all gael canlyniadau iechyd difrifol.

Mae ymdrechion cadwraeth ar y gweill i amddiffyn coalas a'u cynefinoedd. Mae'r ymdrechion hyn yn cynnwys sefydlu ardaloedd gwarchodedig a gweithredu rhaglenni cadwraeth i fynd i'r afael â cholli cynefinoedd a chlefydau. Ar hyn o bryd mae'r Undeb Rhyngwladol dros Gadwraeth Natur (IUCN) yn rhestru'r koala fel rhywogaeth o "Leiaf Pryder," er bod rhai poblogaethau yn dirywio ac yn cael eu hystyried dan fygythiad neu dan fygythiad ar lefel leol.

I gloi, mae'r koala yn anifail unigryw ac eiconig sy'n frodorol i Awstralia, sy'n adnabyddus am ei ymddangosiad ciwt a meddal a'i gariad at ddail ewcalyptws. Mae Koalas yn anifeiliaid goed sy'n treulio'r rhan fwyaf o'u hamser mewn coed ac sydd â diet arbenigol sy'n cynnwys bron yn gyfan gwbl o ddail ewcalyptws. Er nad yw coalas yn cael ei ystyried yn rhywogaeth sydd dan fygythiad byd-eang ar hyn o bryd, maent yn wynebu nifer o fygythiadau yn y gwyllt, gan gynnwys colli cynefinoedd ac afiechyd. Mae ymdrechion cadwraeth ar y gweill i amddiffyn coalas a'u cynefinoedd, ac mae'n bwysig parhau â'r ymdrechion hyn i sicrhau bod yr anifeiliaid annwyl hyn yn parhau i ffynnu yn y gwyllt.

129. Lemur

Archesgobion brodorol i ynys Madagascar yw lemyriaid, sydd wedi'u lleoli oddi ar arfordir de-ddwyreiniol Affrica. Maent yn adnabyddus am eu nodweddion corfforol unigryw, gan gynnwys eu llygaid mawr, llawn mynegiant a'u cynffonnau hir, trwchus. Mae lemyriaid hefyd yn adnabyddus am eu patrymau cymdeithasol ac ymddygiadol amrywiol, gyda rhai rhywogaethau'n arddangos ymddygiadau cymdeithasol iawn ac eraill yn byw bywydau unig.

Tarddiad a Dosbarthiad

Mae Lemurs yn grŵp o primatiaid sy'n endemig i ynys Madagascar, sydd wedi'i lleoli yng Nghefnfor India oddi ar arfordir de-ddwyreiniol Affrica. Mae Madagascar wedi'i hynysu oddi wrth dir arall ers dros 80 miliwn o flynyddoedd, sydd wedi arwain at esblygiad fflora a ffawna unigryw, gan gynnwys lemyriaid.

Mae dros 100 o rywogaethau o lemyriaid, ac mae pob un ohonynt i'w cael ar ynys Madagascar yn unig. Nid yw union darddiad lemyriaid yn hysbys, ond credir iddynt esblygu o archesgobion cynnar a gyrhaeddodd Madagascar trwy rafftio ar draws Sianel Mozambique.

Nodweddion

Mae lemyriaid yn amrywiol iawn o ran eu nodweddion corfforol, yn amrywio o ran maint o lemur llygoden bach, sy'n pwyso dim ond 30 gram, i'r indri mawr, sy'n gallu pwyso hyd at 10 cilogram. Er gwaethaf eu gwahaniaethau corfforol, mae pob lemyriaid yn rhannu rhai nodweddion cyffredin.

Nodweddion Corfforol

Mae gan lemyriaid trwyn hir, pigfain gyda thrwyn gwlyb a llygaid mawr llawn mynegiant. Mae ganddynt hefyd ddannedd miniog, pigfain a chynffonnau hir, trwchus. Mae gan lemyriaid ffwr sy'n amrywio o ran lliw a gwead yn dibynnu ar y rhywogaeth. Mae gan rai rhywogaethau ffwr sy'n ddu yn bennaf, tra bod gan eraill ffwr sy'n frown coch, llwyd neu wyn.

Nodweddion Ymddygiadol

Mae lemyriaid yn anifeiliaid cymdeithasol iawn, gyda rhai rhywogaethau'n byw mewn grwpiau mawr o hyd at 30 o unigolion. Maent yn cyfathrebu â'i gilydd gan ddefnyddio ystod o leisio, gan gynnwys grunts, sgrechiadau, a chirps. Mae lemuriaid hefyd yn adnabyddus am eu hymddygiad ymbincio unigryw, sy'n cynnwys llyfu a cnoi ffwr ei gilydd.

Mae lemyriaid yn goed yn bennaf, sy'n golygu eu bod yn treulio'r rhan fwyaf o'u hamser mewn coed. Maent hefyd yn hynod weithgar yn ystod y dydd, gyda llawer o rywogaethau'n cymryd rhan mewn ymddygiad torheulo i reoli tymheredd eu corff.

Deiet Mae Lemurs yn llysysyddion yn bennaf, gyda diet sy'n cynnwys ffrwythau, dail a blodau yn bennaf. Mae rhai rhywogaethau hefyd yn bwyta pryfed, fertebratau bach, a hyd yn oed wyau adar. Mae diet penodol lemur yn dibynnu ar ei rywogaethau, ei gynefin, ac argaeledd bwyd.

Bygythiadau a Chadwraeth

Mae lemyriaid yn cael eu hystyried yn un o'r grwpiau o archesgobion sydd fwyaf mewn perygl yn y byd, gyda dros 90% o'r holl rywogaethau'n wynebu difodiant oherwydd dinistrio cynefinoedd, hela, a gweithgareddau dynol eraill. Datgoedwigo yw'r prif fygythiad i boblogaethau lemur, gan fod colli eu cynefinoedd naturiol yn ei gwneud hi'n anodd iddynt ddod o hyd i fwyd a lloches.

Mae ymdrechion cadwraeth ar y gweill i warchod lemyriaid a'u cynefinoedd. Mae'r ymdrechion hyn yn cynnwys creu ardaloedd gwarchodedig, megis parciau cenedlaethol a gwarchodfeydd, yn ogystal â mentrau cadwraeth yn y gymuned sy'n cynnwys pobl leol yn y gwaith o reoli a diogelu poblogaethau lemur.

I gloi, mae lemyriaid yn grŵp amrywiol iawn o archesgobion sy'n frodorol i ynys Madagascar. Maent yn adnabyddus am eu nodweddion corfforol unigryw, eu patrymau cymdeithasol ac ymddygiadol amrywiol, a'u diet llysysol. Er gwaethaf eu pwysigrwydd i'r ecosystem, mae lemyriaid yn wynebu nifer o fygythiadau, gan gynnwys dinistrio cynefinoedd a hela. Mae ymdrechion cadwraeth yn hanfodol i amddiffyn yr anifeiliaid hynod ddiddorol hyn a sicrhau eu bod yn goroesi ar gyfer cenedlaethau'r dyfodol.

130. Igwana

Mae'r igwana yn rhywogaeth fawr, llysysol, reptilian a geir ledled Canolbarth a De America. Mae'r creaduriaid hynod ddiddorol hyn yn enwog am eu cribau pigog, eu croen caled, a'u galluoedd dringo rhagorol. Mae tua 30 rhywogaeth o igwanaod, gyda gwahanol feintiau, siapiau a lliwiau.

Nodweddion Corfforol

Mae igwanaod yn adnabyddus am eu nodweddion corfforol unigryw. Mae ganddynt gynffon hir, denau a all fod cyhyd â'u corff, y maent yn ei ddefnyddio i gydbwyso eu hunain wrth ddringo coed. Mae ganddyn nhw hefyd grafangau miniog ar flaenau eu traed sy'n eu galluogi i afael yn gadarn ar ganghennau. Mae eu croen yn arw ac yn wydn, sy'n gweithredu fel arfwisg yn erbyn ysglyfaethwyr. Mae igwanaod hefyd yn cael eu nodweddu gan eu cribau pigog, sy'n rhedeg ar hyd eu cefnau a'u cynffonau. Mae'r cribau'n cynnwys graddfeydd bach pigfain sy'n sefyll yn codi pan fydd yr igwana'n gynhyrfus neu dan fygythiad.

Daw igwanaod mewn gwahanol liwiau, gyda rhai yn wyrdd yn bennaf, tra bod eraill yn frown, llwyd neu ddu. Gall lliw igwana hefyd newid yn dibynnu ar eu hwyliau, eu tymheredd, neu eu tymor bridio. Mae igwanaod gwrywaidd fel arfer yn fwy na benywod ac mae ganddyn nhw wlyb amlycach, sef fflap o groen sydd wedi'i leoli o dan eu gên y maen nhw'n ei ddefnyddio i ddenu ffrindiau. O ran maint, gall igwanaod dyfu hyd at 6 troedfedd o hyd, gyda rhai rhywogaethau yn cyrraedd hyd at 20 pwys mewn pwysau.

Cynefin

Mae Igwanaod yn frodorol i Ganol a De America, lle gellir eu canfod mewn amrywiaeth o gynefinoedd. Gellir dod o hyd i rai rhywogaethau, fel yr igwana gwyrdd, mewn coedwigoedd glaw, tra bod yn well gan eraill, fel yr igwana anialwch, amgylcheddau cras. Mae igwanaod yn ddringwyr ardderchog ac yn treulio'r rhan fwyaf o'u hamser mewn coed, lle maent yn torheulo yn yr haul i reoli tymheredd eu corff. Maent hefyd yn nofwyr ardderchog a gallant ddal eu gwynt am hyd at 30 munud o dan y dŵr.

Ymddygiad

Yn gyffredinol creaduriaid unig yw igwanaod ac mae'n well ganddynt dreulio eu hamser ar eu pen eu hunain. Maent yn fwyaf egnïol yn ystod y dydd ac yn treulio'r nos yn cysgu mewn coed. Mae igwanaod yn llysysyddion ac yn bwydo ar amrywiaeth o blanhigion, gan gynnwys dail, ffrwythau a blodau. Mae ganddynt system dreulio arbenigol sy'n caniatáu iddynt dorri i lawr deunydd planhigion caled yn effeithlon. Mae'n hysbys hefyd bod igwanaod yn bwyta pryfed a fertebratau bach o bryd i'w gilydd, ond mae'r rhain yn rhan fach o'u diet.

Mae igwanaod yn adnabyddus am eu hymddygiad unigryw, megis chwipio pen, chwipio cynffon, ac estyniad gwlithod. Defnyddir yr ymddygiadau hyn i gyfathrebu ag igwanaod eraill ac i sefydlu goruchafiaeth. Mae curo pen yn golygu bod yr igwana yn symud ei ben i fyny ac i lawr yn gyflym, tra bod chwipio cynffon yn golygu bod yr igwana yn taro ei gynffon yn ôl ac ymlaen. Mae estyniad dewlap yn golygu bod yr igwana yn gwthio'r fflap o groen o dan ei ên i wneud ei hun yn ymddangos yn fwy.

Atgynhyrchu

Mae igwanaod yn ofiparaidd, sy'n golygu eu bod yn dodwy wyau i'w hatgynhyrchu. Mae tymor bridio igwanaod yn amrywio yn dibynnu ar y rhywogaeth a'r cynefin y maent yn byw ynddo. Yn gyffredinol, mae igwanaod yn bridio yn ystod y tymor glawog, pan fo digonedd o fwyd a dŵr. Mae igwanaod benywaidd yn dodwy rhwng 10-30 o wyau mewn un cydiwr, y maen nhw'n ei gladdu yn y ddaear. Mae'r wyau'n deor ar ôl tua 2-3 mis, ac mae'r deoriaid yn gwbl annibynnol o'u genedigaeth.

Bygythiadau

Mae Igwanaod yn wynebu amrywiaeth o fygythiadau yn y gwyllt, gan gynnwys colli cynefinoedd, hela ac ysglyfaethu. Mae datgoedwigo a threfoli wedi arwain at ddinistrio llawer o gynefinoedd naturiol yr igwana, ac mae hyn wedi arwain at ddirywiad yn eu poblogaethau mewn rhai ardaloedd. Mae igwanaod hefyd yn cael eu hela am eu cig a'u crwyn, a ddefnyddir ar gyfer cynhyrchion lledr. Yn ogystal, weithiau mae igwanaod yn cael eu dal a'u gwerthu yn y fasnach anifeiliaid anwes, a all arwain at or-ecsbloetio a lledaeniad afiechyd.

Mae ysglyfaethu hefyd yn fygythiad sylweddol i igwanaod, yn enwedig gan adar ysglyfaethus, fel hebogiaid ac eryrod, a chan ymlusgiaid mawr, fel nadroedd a chrocodeiliaid. Mae rhai rhywogaethau igwana, fel yr igwana morol, wedi addasu i fywyd ar arfordiroedd creigiog Ynysoedd y Galapagos, lle maen nhw'n wynebu ysglyfaethwyr gan ysglyfaethwyr morol, fel siarcod a morlewod.

Cadwraeth

Mae sawl rhywogaeth o igwanaod wedi'u rhestru fel rhai sydd dan fygythiad neu dan fygythiad oherwydd colli cynefinoedd a hela. Mae'r Undeb Rhyngwladol dros Gadwraeth Natur (IUCN) wedi dosbarthu'r igwana Jamaican fel un sydd mewn perygl difrifol, gyda dim ond tua 200 o unigolion ar ôl yn y gwyllt. Mae ymdrechion ar y gweill i amddiffyn a gwarchod igwanaod a'u cynefinoedd, gan gynnwys sefydlu ardaloedd gwarchodedig a gweithredu arferion hela cynaliadwy.

I gloi, mae igwanaod yn rhywogaethau ymlusgiaid hynod ddiddorol gyda nodweddion ac ymddygiad corfforol unigryw. Fe'u ceir ledled Canolbarth a De America, lle maent yn byw mewn amrywiaeth o gynefinoedd ac yn bwydo ar ystod o ddeunydd planhigion. Mae Igwanaod yn wynebu amrywiaeth o fygythiadau yn y gwyllt, gan gynnwys colli cynefinoedd, hela ac ysglyfaethu. Fodd bynnag, mae ymdrechion cadwraeth ar y gweill i warchod a gwarchod y creaduriaid rhyfeddol hyn a'u cynefinoedd.

131. cangarw

Mae cangarŵs yn famaliaid marsupial sy'n frodorol i Awstralia. Mae'r creaduriaid hynod ddiddorol hyn yn adnabyddus am eu coesau pwerus, eu cynffonau hir, a'u codenni y maent yn eu defnyddio i gario eu cywion. Daw cangarŵs mewn meintiau gwahanol, gyda rhai mor fach â chwningen, tra bod eraill mor fawr â dynol.

Nodweddion Corfforol

Nodweddir cangarŵs gan eu coesau ôl pwerus, y maent yn eu defnyddio i neidio a neidio pellteroedd mawr. Mae eu cynffonnau hir, sydd bron mor hir â'u corff, yn eu helpu i gydbwyso wrth symud ar gyflymder uchel. Mae gan gangarŵs flaenelimau byr gyda phawennau crafanc y maent yn eu defnyddio i gydio ar lystyfiant a'i dynnu tuag at eu cegau. Mae ganddyn nhw asgwrn cefn hyblyg sy'n eu galluogi i blygu a throelli eu cyrff wrth neidio.

Mae croen cangarŵ yn wydn a lledr, sy'n helpu i'w hamddiffyn rhag crafiadau a briwiau wrth symud trwy lystyfiant trwchus. Mae eu ffwr fel arfer yn arlliw o frown neu lwyd ac mae'n fyr ac yn feddal. Mae gan gangarŵs glustiau mawr, crwn sy'n troi i ganfod synau o wahanol gyfeiriadau, ac mae eu llygaid wedi'u lleoli ar ochrau eu pen, gan roi maes golwg eang iddynt.

Marsupials yw cangarŵs, sy'n golygu bod gan fenywod god ar eu bol y maent yn ei ddefnyddio i gario a nyrsio eu cywion. Mae cangarŵs newydd-anedig, a elwir yn joeys, yn fach iawn ac nid ydynt wedi'u datblygu'n ddigonol a rhaid iddynt gropian o'r gamlas geni i'r cwdyn, lle maent yn parhau i dyfu a datblygu am sawl mis.

Cynefin

Mae cangarŵs yn frodorol i Awstralia, lle maent yn byw mewn amrywiaeth o gynefinoedd, gan gynnwys coetiroedd, glaswelltiroedd a safana. Mae'n well gan y cangarŵ coch, sef y rhywogaeth fwyaf o gangarŵ, amgylcheddau cras, tra bod y cangarŵ llwyd i'w ganfod yn fwy cyffredin mewn ardaloedd coediog. Mae cangarŵs hefyd i'w cael mewn ardaloedd trefol, lle gellir eu gweld yn pori ar laswellt mewn parciau a chyrsiau golff.

Ymddygiad

Mae cangarŵs yn fwyaf gweithgar yn gynnar yn y bore ac yn hwyr yn y prynhawn, gan dreulio rhannau poethaf y dydd yn gorffwys yn y cysgod. Maent yn llysysyddion ac yn bwydo ar amrywiaeth o lystyfiant, gan gynnwys glaswellt, dail, a llwyni. Mae gan gangarŵs system dreulio unigryw sy'n eu galluogi i echdynnu maetholion o blanhigion caled, ffibrog yn effeithlon.

Mae cangarŵs hefyd yn adnabyddus am eu galluoedd hercian a llamu, sy'n eu galluogi i deithio'n bell yn gyflym. Gallant neidio ar gyflymder o hyd at 30 milltir yr awr a gallant deithio hyd at 25 troedfedd mewn un naid. Mae cangarŵs yn defnyddio eu cynffonau i gydbwyso wrth hercian a gallant neidio hyd at chwe gwaith hyd eu corff mewn un rhwymiad.

Atgynhyrchu

Mae cangarŵs yn amrygynaidd, sy'n golygu bod gwrywod yn paru â merched lluosog. Mae tymor bridio cangarŵs yn amrywio yn dibynnu ar y rhywogaeth, gyda rhai yn bridio trwy gydol y flwyddyn, tra bod eraill yn bridio ar adegau penodol yn unig. Mae gan fenywod gyfnod beichiogrwydd o tua 30-40 diwrnod, ac ar ôl hynny maent yn rhoi genedigaeth i joey bach, annatblygedig.

Mae'r joey yn cropian o'r gamlas geni i'r cwdyn, lle mae'n glynu wrth un o dethau'r fam ac yn parhau i dyfu a datblygu am sawl mis. Mae Joeys yn aros yn y cwdyn am hyd at flwyddyn, ac yn ystod y cyfnod hwnnw maen nhw'n tyfu ac yn datblygu eu cyhyrau a'u hesgyrn. Unwaith y byddant wedi'u datblygu'n llawn, bydd y joey yn dod allan o'r cwdyn ac yn dechrau archwilio ei amgylchoedd.

Bygythiadau

Mae cangarŵs yn wynebu amrywiaeth o fygythiadau yn y gwyllt, gan gynnwys colli cynefinoedd, hela ac ysglyfaethu. Mae trefoli ac amaethyddiaeth wedi arwain at ddinistrio llawer o gynefinoedd naturiol y cangarŵ, sydd wedi arwain at ddirywiad yn eu poblogaethau mewn rhai ardaloedd. Mae cangarŵs hefyd yn cael eu hela am eu cig, eu crwyn a'u ffwr, a ddefnyddir ar gyfer cynhyrchion lledr a dillad. Yn ogystal, weithiau mae cangarŵs yn cael eu difa i reoli eu poblogaethau, a all arwain at or-ecsbloetio a lledaeniad afiechyd.

Mae ysglyfaethu hefyd yn fygythiad sylweddol i gangarŵs, yn enwedig gan ysglyfaethwyr a gyflwynwyd fel llwynogod a chathod gwyllt. Mae'r ysglyfaethwyr hyn yn hela joeys cangarŵ a gallant effeithio'n sylweddol ar boblogaeth cangarŵs mewn ardal. Mae newid yn yr hinsawdd hefyd yn bryder cynyddol i gangarŵs, oherwydd gall tymheredd uwch a phatrymau tywydd newidiol newid eu cynefinoedd a'u ffynonellau bwyd.

Cadwraeth

Mae sawl rhywogaeth o gangarŵs wedi'u rhestru fel rhai sydd dan fygythiad neu dan fygythiad oherwydd colli cynefinoedd a hela. Mae'r Undeb Rhyngwladol dros Gadwraeth Natur (IUCN) wedi dosbarthu'r cangarŵ coed fel un sydd mewn perygl, gyda dim ond tua 2,500 o unigolion ar ôl yn y gwyllt. Mae ymdrechion ar y gweill i amddiffyn a gwarchod cangarŵs a'u cynefinoedd, gan gynnwys sefydlu ardaloedd gwarchodedig a gweithredu arferion hela cynaliadwy.

I gloi, mae cangarŵs yn famaliaid marsupial unigryw a hynod ddiddorol sy'n frodorol i Awstralia. Maent yn adnabyddus am eu coesau pwerus, eu cynffonnau hir, a'r codenni y maent yn eu defnyddio i gario eu cywion. Daw cangarŵs mewn meintiau gwahanol, gyda rhai mor fach â chwningen, tra bod eraill mor fawr â dynol. Maent yn byw mewn amrywiaeth o gynefinoedd, gan gynnwys coetiroedd, glaswelltiroedd, a safana, ac maent yn fwyaf gweithgar yn gynnar yn y bore ac yn hwyr yn y prynhawn.

Mae cangarŵs yn wynebu amrywiaeth o fygythiadau yn y gwyllt, gan gynnwys colli cynefinoedd, hela ac ysglyfaethu. Fodd bynnag, mae ymdrechion cadwraeth ar y gweill i warchod a gwarchod y creaduriaid rhyfeddol hyn a'u cynefinoedd. Mae'n hanfodol ein bod yn parhau i ddysgu am gangarŵs a'u gwerthfawrogi a'u rôl bwysig yn ecosystemau Awstralia.

Chwilod bach, lliwgar sy'n perthyn i'r teulu Coccinellidae yw'r buchod coch cwta, a elwir hefyd yn fuchod coch cwta neu chwilod bach. Mae dros 5,000 o rywogaethau o fuchod coch cwta ledled y byd, gyda thua 450 o rywogaethau i'w cael yng Ngogledd America yn unig. Mae buchod coch cwta yn boblogaidd ymhlith garddwyr a ffermwyr oherwydd eu bod yn bwydo ar blâu sy'n niweidio cnydau, gan eu gwneud yn gynghreiriad pwysig o ran rheoli plâu.

Tarddiad a Dosbarthiad

Mae buchod coch cwta i'w cael ledled y byd, ac eithrio yn Antarctica a rhai ynysoedd cefnforol. Maent yn fwyaf amrywiol yn y trofannau, ond maent hefyd yn ffynnu mewn hinsoddau tymherus ac oer. Mae buchod coch cwta yn frodorol i Ewrop, Asia a Gogledd America, ac maen nhw wedi cael eu cyflwyno i rannau eraill o'r byd i reoli plâu amaethyddol.

Nodweddion

Mae gan y buchod cochion gyrff siâp crwn neu hirgrwn nodedig sydd fel arfer yn goch neu'n oren gyda smotiau du, er bod gan rai rhywogaethau gyrff melyn, gwyn neu frown. Mae nifer a phatrwm y smotiau'n amrywio rhwng rhywogaethau, a gallant amrywio o smotiau i fod dros 20 o smotiau. Mae gan y buchod coch cwta chwe choes fer, ac mae eu hadenydd wedi'u cuddio o dan bâr o orchuddion amddiffynnol, caled o'r enw elytra.

Mae bugs fel arfer yn fach, gydag oedolion yn mesur rhwng 0.2 a 0.4 modfedd o hyd. Mae ganddynt bennau mawr, siâp hirgrwn gydag antenau byr a llygaid cyfansawdd sy'n caniatáu iddynt weld i bob cyfeiriad. Mae buchod coch cwta yn adnabyddus hefyd am eu gallu i ryddhau hylif melyn o'u coesau, sydd â blas ac arogl drwg sy'n atal ysglyfaethwyr.

Ymddygiad

Mae buchod coch cwta yn weithgar yn bennaf yn ystod y dydd ac maent yn fwyaf gweithgar yn ystod misoedd y gwanwyn a'r haf. Fe'u gwelir yn aml yn cropian ar blanhigion neu'n hedfan i chwilio am fwyd neu ffrindiau. Mae buchod coch cwta yn bryfed cymdeithasol a gellir eu canfod yn aml mewn grwpiau mawr, yn enwedig yn ystod misoedd y gaeaf pan fyddant yn ymgasglu mewn mannau cysgodol i aeafgysgu.

Mae buchod coch cwta yn bwydo ar bryfed bach a llyslau, y maent yn eu dal gan ddefnyddio eu mandibles miniog. Gwyddys hefyd eu bod yn bwydo ar neithdar a phaill o flodau. Gwyddom fod rhai rhywogaethau o fuchod coch cwta yn ganibalaidd, gan fwydo ar wyau neu larfâu buchod coch cwta eraill.

Atgynhyrchu

Mae buchod coch cwta yn paru yn ystod misoedd y gwanwyn a'r haf, gyda'r benywod yn dodwy eu hwyau ar ochr isaf dail neu ar arwynebau eraill. Mae wyau Ladybug yn fach ac yn felyn, ac fel arfer cânt eu dodwy mewn clystyrau o hyd at 50 o wyau. Mae'r wyau'n deor yn larfa, sy'n mynd trwy sawl cam o dyfiant cyn troi'n chwiler ac yn ymddangos fel bugs llawndwf.

Cylch bywyd

Mae buchod coch cwta yn mynd trwy fetamorffosis cyflawn, sy'n golygu bod ganddyn nhw bedwar cyfnod bywyd gwahanol: wy, larfa, chwiler ac oedolyn. Mae hyd pob cam yn amrywio rhwng rhywogaethau, ond mae'r rhan fwyaf o fuchod coch cwta yn mynd trwy'r cylch bywyd cyfan mewn llai na blwyddyn.

Cyfnod Wyau: Mae'r fuwch goch gota yn dodwy ei hwyau ar ochr isaf y dail, ac mae'r wyau'n deor yn larfa o fewn ychydig ddyddiau.

Cyfnod Larfal: Mae larfa'r buchod coch cwta yn hir ac yn denau, gyda chyrff pigog a choesau bach. Mae ganddynt archwaeth ffyrnig ac maent yn bwydo ar bryfed bach a llyslau. Mae larfâu buchod cochion yn mynd trwy sawl cam o dyfiant, gan doddi eu crwyn wrth iddynt dyfu'n fwy.

Cyfnod Disgybl: Ar ôl sawl wythnos o fwydo a thyfu, mae'r larfa buwch goch gota yn chwiler ac yn mynd i mewn i gam nesaf ei gylch bywyd. Yn ystod y cyfnod chwiler, mae'r larfa'n trawsnewid yn fuwch goch gota oedolyn y tu mewn i gocŵn amddiffynnol.

Cyfnod Oedolyn: Unwaith y bydd y fuwch goch gota wedi cwblhau ei metamorffosis, mae'n dod allan o'i gocŵn fel oedolyn. Mae bugs llawndwf yn paru ac yn atgenhedlu, gan ddechrau'r cylch bywyd eto.

Pwysigrwydd

Mae buchod coch cwta yn ysglyfaethwyr pwysig i blâu amaethyddol, yn enwedig pryfed gleision, a all niweidio cnydau a lleihau cnwd. Maent yn aml yn cael eu cyflwyno i ardaloedd amaethyddol fel dull naturiol ac ecogyfeillgar o reoli plâu. Mae buchod coch cwta hefyd yn bwysig mewn ecosystemau naturiol, gan helpu i reoli poblogaethau o bryfed a all niweidio planhigion.

Yn ogystal â'u pwysigrwydd ymarferol, mae llawer o bobl hefyd yn hoff iawn o fuchod coch cwta am eu lliwiau llachar a'u hymddangosiad swynol. Maent yn aml yn cael eu hystyried yn symbolau o lwc dda ac yn bwnc poblogaidd ar gyfer llyfrau plant a theganau.

Bygythiadau

Er nad ystyrir bod buchod coch cwta mewn perygl, mae rhai rhywogaethau wedi profi dirywiad yn eu poblogaethau oherwydd colli cynefinoedd a'r defnydd o blaladdwyr. Dangoswyd hefyd bod cyflwyno rhywogaethau o fuchod coch cwta anfrodorol ar gyfer rheoli plâu yn cael effeithiau negyddol ar rywogaethau brodorol.

Mae ymdrechion cadwraeth wedi canolbwyntio ar warchod ac adfer cynefinoedd ar gyfer buchod coch cwta a lleihau'r defnydd o blaladdwyr mewn ardaloedd amaethyddol. Yn ogystal, mae mentrau gwyddoniaeth dinasyddion wedi'u sefydlu i olrhain poblogaethau buchod coch cwta a monitro newidiadau yn eu dosbarthiad.

I gloi, mae bugs yn bryfed bach ond pwysig sy'n chwarae rhan hanfodol yn y byd naturiol. Mae eu lliwiau llachar a'u hymddangosiad swynol wedi eu gwneud yn annwyl gan lawer, tra bod eu gallu i reoli poblogaethau plâu wedi eu gwneud yn gynghreiriad gwerthfawr mewn amaethyddiaeth. Fel gyda llawer o rywogaethau, mae buchod coch cwta yn wynebu bygythiadau o golli cynefinoedd a defnyddio plaladdwyr, ond mae ymdrechion cadwraeth ar y gweill i ddiogelu ac adfer eu poblogaethau.

133. Llew

Mae'r llew, neu Panthera leo, yn un o'r anifeiliaid mwyaf eiconig a mawreddog yn y byd. Yn adnabyddus am eu manes nodedig a'u rhuadau pwerus, mae llewod yn symbol o gryfder a dewrder. Maent hefyd yn un o'r anifeiliaid mwyaf adnabyddus mewn diwylliant poblogaidd, gan ymddangos ym mhopeth o lyfrau plant i fflagiau cenedlaethol.

Tarddiad a Dosbarthiad

Mae llewod yn frodorol i Affrica a gellir eu canfod mewn ystod eang o gynefinoedd, o laswelltiroedd a safana i brysgdiroedd a choedwigoedd. Roeddent unwaith yn crwydro ar draws y rhan fwyaf o Affrica, yn ogystal â rhannau o Ewrop ac Asia. Heddiw, fodd bynnag, dim ond yn Affrica Is-Sahara y maent i'w cael, gyda phoblogaeth fechan o lewod Asiatig yn byw ym Mharc Cenedlaethol Coedwig Gir India.

Nodweddion

Mae llewod yn gathod mawr, cyhyrog sy'n gallu pwyso hyd at 550 pwys a sefyll hyd at bedair troedfedd o daldra wrth yr ysgwydd. Mae'n hawdd adnabod llewod gwrywaidd gan eu manes nodedig, sy'n amrywio o ran lliw o felyn i ddu a gallant dyfu hyd at 16 modfedd o hyd. Nid oes gan lewod benywaidd, neu lewod, fwng ac yn gyffredinol maent yn llai na gwrywod.

Mae gan lewod gwrywaidd a benywaidd ên pwerus a dannedd miniog, y maent yn eu defnyddio i ddal a lladd eu hysglyfaeth. Mae llewod hefyd yn adnabyddus am eu rhuadau pwerus, y gellir eu clywed hyd at bum milltir i ffwrdd ac sy'n gwasanaethu fel cyfrwng cyfathrebu rhwng aelodau'r balchder.

Ymddygiad

Mae llewod yn anifeiliaid cymdeithasol sy'n byw mewn grwpiau o'r enw balchder. Gall balchder amrywio o ran maint, ond fel arfer mae'n cynnwys rhwng 10 ac 20 llew, gan gynnwys nifer o ferched a'u cenawon, yn ogystal ag un neu fwy o lewod gwrywaidd. Bydd llewod gwrywaidd yn aml yn ymladd am yr hawl i baru â merched y balchder ac amddiffyn y balchder yn erbyn tresmaswyr.

Mae llewod yn weithgar yn y nos yn bennaf, er y gallant hefyd fod yn egnïol yn ystod y dydd mewn tywydd oerach. Maent yn treulio llawer o'u hamser yn gorffwys neu'n cysgu, gan warchod eu hegni ar gyfer hela ac amddiffyn eu tiriogaeth.

Deiet

Mae llewod yn gigysyddion ac yn bwydo'n bennaf ar famaliaid mawr fel sebras, byfflo, ac antelopau. Byddan nhw hefyd o bryd i'w gilydd yn hela anifeiliaid llai fel ysgyfarnogod ac adar. Mae llewod yn helwyr medrus a byddant yn gweithio gyda'i gilydd mewn grwpiau i gael gwared ar ysglyfaeth mwy.

Atgynhyrchu

Mae llewod benywaidd yn rhoi genedigaeth i dorllwythi o rhwng un a chwe cenawon, gyda maint torllwythi cyfartalog o dri. Mae cenawon yn cael eu geni'n ddall ac yn ddiymadferth, ac yn cael gofal gan eu mamau nes eu bod yn gallu hela ar eu pen eu hunain tua 18 mis oed.

Cylch bywyd

Mae llewod yn mynd trwy gylch bywyd tebyg i gathod eraill, gyda phedwar cyfnod bywyd gwahanol: cenawon, isoedolyn, oedolyn a hŷn.

Cyfnod Cybiau: Mae cenawon llew yn cael eu geni'n ddall ac yn ddiymadferth, ac yn dibynnu ar eu mam am laeth ac amddiffyniad. Maent yn dechrau bwyta bwyd solet pan fyddant tua thri mis oed ac yn cael eu diddyfnu pan fyddant yn chwe mis oed.

Cyfnod Isoedolyn: Yn tua dwy flwydd oed, mae cenawon llew yn dod yn isoedolion ac yn dechrau gadael y balchder i sefydlu eu tiriogaethau eu hunain. Nid ydynt yn gwbl aeddfed eto ac efallai eu bod yn dal yn eiliadd i lewod llawndwf.

Cyfnod Oedolyn: Mae llewod gwrywaidd yn cyrraedd aeddfedrwydd llawn tua phum mlwydd oed, tra bod llewod benywaidd yn aeddfedu tua phedair oed. Mae llewod llawndwf wedi tyfu'n llawn a gallant arwain eu balchder eu hunain.

Cyfnod Hŷn: Mae llewod fel arfer yn byw am tua 10-14 mlynedd yn y gwyllt, er y gall rhai fyw am hyd at 20 mlynedd. Wrth iddynt heneiddio, gall eu cryfder a'u gallu i hela ddirywio, a gallant ddod yn fwy agored i ymosodiadau gan ysglyfaethwyr eraill.

Pwysigrwydd

Mae llewod yn ysglyfaethwyr pwysig yn yr ecosystemau y maent yn byw ynddynt, gan helpu i reoli poblogaethau o lysysyddion a chynnal cydbwysedd iach yn yr ecosystem. Maent hefyd yn atyniad mawr i dwristiaid mewn llawer o wledydd Affrica, gan gynhyrchu refeniw sylweddol i gymunedau lleol trwy dwristiaeth bywyd gwyllt.

Bygythiadau

Er gwaethaf eu harwyddocâd diwylliannol a phwysigrwydd ecolegol, mae llewod yn wynebu nifer o fygythiadau i'w goroesiad. Mae colli cynefinoedd a darnio oherwydd gweithgareddau dynol fel amaethyddiaeth, mwyngloddio a threfoli wedi lleihau maint y cynefin addas ar gyfer llewod. Yn ogystal, mae llewod yn aml yn cael eu hela fel tlysau neu eu lladd mewn dial am ymosod ar dda byw.

Disgwylir hefyd i newid yn yr hinsawdd gael effaith sylweddol ar boblogaethau llew, gan y gall newidiadau mewn tymheredd a phatrymau glawiad newid argaeledd ysglyfaeth a dŵr.

Ymdrechion Cadwraeth

Mae ymdrechion i warchod llewod a'u cynefinoedd wedi bod yn mynd rhagddynt ers blynyddoedd lawer, gyda nifer o sefydliadau a mentrau wedi ymrwymo i warchod yr anifeiliaid godidog hyn. Mae'r ymdrechion hyn yn cynnwys:

1. Ardaloedd Gwarchodedig: Mae llawer o barciau cenedlaethol a gwarchodfeydd bywyd gwyllt wedi'u sefydlu i warchod cynefinoedd llewod a darparu hafan ddiogel i'r anifeiliaid hyn.

2. Mesurau Gwrth-Botsio: Mae ymdrechion i frwydro yn erbyn potsio a hela llewod yn anghyfreithlon wedi cynyddu yn ystod y blynyddoedd diwethaf, gyda mwy o orfodi'r gyfraith a chosbau llymach i'r rhai sy'n cael eu dal yn cymryd rhan mewn gweithgareddau anghyfreithlon.

3. Cadwraeth yn y Gymuned: Mae llawer o sefydliadau cadwraeth yn gweithio gyda chymunedau lleol i ddatblygu bywoliaethau cynaliadwy nad ydynt yn dibynnu ar hela neu weithgareddau eraill sy'n niweidio bywyd gwyllt.

4. Addysg ac Ymwybyddiaeth: Nod ymgyrchoedd addysg ac ymwybyddiaeth y cyhoedd yw cynyddu dealltwriaeth o bwysigrwydd llewod a'u cynefinoedd, ac annog pobl i gymryd camau i amddiffyn yr anifeiliaid hyn.

I gloi, mae'r llew yn un o'r anifeiliaid mwyaf eiconig ac adnabyddadwy yn y byd, sy'n adnabyddus am ei ymddangosiad mawreddog a'i ruad pwerus. Fodd bynnag, mae'r anifeiliaid godidog hyn yn wynebu nifer o fygythiadau i'w goroesiad, gan gynnwys colli cynefinoedd, hela, a newid yn yr hinsawdd. Mae ymdrechion i warchod poblogaethau llewod a gwarchod eu cynefinoedd yn parhau, a'r gobaith yw y bydd yr ymdrechion hyn yn sicrhau bod yr anifeiliaid anhygoel hyn yn parhau i grwydro'r savannas Affricanaidd am genedlaethau i ddod.

134. Lyncs

Mae'r lyncs yn gath wyllt ganolig a geir yn bennaf yn rhanbarthau gogleddol Ewrop, Asia a Gogledd America. Mae'r cathod swil ac unig hyn yn adnabyddus am eu hymddangosiad trawiadol a'u sgiliau hela trawiadol.

Tarddiad

Credir bod y lyncs wedi tarddu o Asia yn ystod yr Epoch Pleistosenaidd, tua 2.6 miliwn i 11,700 o flynyddoedd yn ôl. Oddi yno, ymledodd i Ewrop a Gogledd America, lle mae wedi addasu i ystod eang o gynefinoedd, o goedwigoedd boreal i fynyddoedd creigiog.

Nodweddion

Cathod gwyllt canolig eu maint yw lyncs, gyda chynffonau byr, pigog a chlustiau copog. Maent yn hawdd i'w hadnabod gan eu hwynebau amlwg, sef tuswau hir, du o wallt sy'n ymestyn o flaenau eu clustiau i lawr ochrau eu hwynebau.

Mae pedair rhywogaeth wahanol o lyncs: y lyncs Ewrasiaidd, y lyncs Iberia, y lyncs Canada, a'r bobcat. Er eu bod yn rhannu llawer o nodweddion, mae rhai gwahaniaethau rhwng y rhywogaethau. Er enghraifft, y lyncs Ewrasiaidd yw'r mwyaf o'r pedwar, sy'n pwyso hyd at 90 pwys, tra bod y lyncs Iberia yw'r lleiaf, yn pwyso dim ond tua 25 pwys.

Cynefin

Mae lyncs i'w cael yn bennaf yn rhanbarthau gogleddol Ewrop, Asia a Gogledd America. Maent wedi addasu i ystod eang o gynefinoedd, o goedwigoedd boreal i fynyddoedd creigiog. Mae'r lyncs Ewrasiaidd i'w chael yn Rwsia, y Balcanau, a rhannau o Ewrop, tra bod y lyncs Iberia i'w chael yn Sbaen a Phortiwgal. Mae'r lyncs Canada i'w chael yng Nghanada ac Alaska, tra bod y bobcat i'w gael ledled Gogledd America, o Fecsico i Ganada.

Ymddygiad

Mae lyncs yn anifeiliaid unig, ac yn fwyaf gweithgar gyda'r wawr a'r cyfnos. Maent yn helwyr medrus, gyda choesau pwerus a chrafangau miniog y maent yn eu defnyddio i dynnu ysglyfaeth. Mae eu diet yn cynnwys mamaliaid bach yn bennaf, fel cwningod, ysgyfarnogod, a chnofilod, ond gwyddys eu bod hefyd yn hela anifeiliaid mwy, fel ceirw. Yn ystod y tymor bridio, bydd y lyncs gwrywaidd yn teithio'n bell i ddod o hyd i gymar. Bydd y lyncs benywaidd yn rhoi genedigaeth i dorllwythi o un i chwe chath fach, y maent yn eu codi ar eu pen eu hunain. Mae cathod bach yn cael eu geni â chotiau mannog, sy'n eu helpu i ymdoddi i'w hamgylchoedd ac osgoi ysglyfaethwyr.

Statws Cadwraeth

Mae statws cadwraeth lyncs yn dibynnu ar y rhywogaeth a'r rhanbarth. Ystyrir mai'r lyncs Ewrasiaidd sy'n peri'r pryder lleiaf gan yr Undeb Rhyngwladol dros Gadwraeth Natur (IUCN), tra bod y lyncs Iberia yn cael ei ddosbarthu fel un sydd mewn perygl difrifol. Mae'r lyncs Canada hefyd yn cael ei ystyried yn peri'r pryder lleiaf, tra bod y bobcat yn cael ei ystyried yn rhywogaeth sy'n peri'r pryder lleiaf yn y rhan fwyaf o ranbarthau, ond mewn perygl mewn rhai ardaloedd.

Bygythiadau

Mae'r prif fygythiadau i boblogaethau lyncs yn cynnwys colli cynefinoedd, hela, a newid hinsawdd. Wrth i boblogaethau dynol dyfu ac ehangu, mae cynefinoedd lyncs yn cael eu dinistrio neu eu darnio, gan ei gwneud yn anoddach i'r anifeiliaid hyn ddod o hyd i fwyd a lloches addas. Mae lyncs hefyd yn cael eu hela am eu ffwr ac ar gyfer chwaraeon, yn enwedig mewn ardaloedd lle maen nhw'n cael eu hystyried yn bla neu'n fygythiad i dda byw.

Disgwylir i newid yn yr hinsawdd gael effaith sylweddol ar boblogaethau lyncs, gan y gall newidiadau mewn tymheredd a phatrymau glawiad newid argaeledd ysglyfaeth a dŵr, a'i gwneud yn anos i'r anifeiliaid hyn oroesi yn eu cynefinoedd naturiol.

Ymdrechion Cadwraeth

Mae ymdrechion i warchod poblogaethau lyncs a diogelu eu cynefinoedd yn parhau, ac yn cynnwys ystod o fesurau, megis:

1. Gwarchod Cynefin: Mae llawer o barciau cenedlaethol a gwarchodfeydd bywyd gwyllt wedi'u sefydlu i amddiffyn cynefinoedd lyncs rhag datblygiad a gweithgareddau dynol eraill. Mae ymdrechion hefyd yn cael eu gwneud i adfer cynefinoedd diraddiedig a chysylltu ardaloedd tameidiog i greu poblogaethau o lyncs mwy a mwy hyfyw.

2. Rheoliadau Hela: Mae rheoliadau hela a chwotâu wedi'u rhoi ar waith i helpu i reoli poblogaethau lyncs ac atal hela gormodol. Mewn rhai ardaloedd, mae hela wedi'i wahardd yn llwyr, yn enwedig yn ystod tymhorau bridio a magu.

3. Addysg ac Allgymorth: Mae ymdrechion addysg ac allgymorth yn cael eu gwneud i godi ymwybyddiaeth o bwysigrwydd cadwraeth lyncs ac i hyrwyddo cydfodolaeth rhwng bodau dynol a'r anifeiliaid hyn. Mae hyn yn cynnwys gweithio gyda chymunedau lleol i ddatblygu arferion hela cynaliadwy a lleihau gwrthdaro rhwng lyncs a da byw.

4. Rhaglenni Bridio Caeth: Mae rhaglenni bridio mewn caethiwed wedi'u sefydlu ar gyfer rhai rhywogaethau o lyncs, yn enwedig y lyncs Iberia, i helpu i gynyddu eu poblogaethau a sicrhau amrywiaeth genetig.

I gloi, mae'r lyncs yn gath wyllt gyfareddol a swil sydd wedi addasu i ystod eang o gynefinoedd ar draws Ewrop, Asia a Gogledd America. Er gwaethaf wynebu bygythiadau niferus, gan gynnwys colli cynefinoedd, hela, a newid yn yr hinsawdd, mae ymdrechion cadwraeth ar y gweill i amddiffyn a chadw'r anifeiliaid hyn ar gyfer cenedlaethau'r dyfodol. Trwy gydweithio i warchod eu cynefinoedd a hyrwyddo cydfodolaeth gynaliadwy, gallwn sicrhau bod yr anifeiliaid godidog hyn yn parhau i ffynnu yn y gwyllt.

135. Madfall

Mae madfall yn grŵp amrywiol o ymlusgiaid a geir ym mron pob rhan o'r byd ac eithrio'r rhanbarthau pegynol. Maent yn rhan o urdd Squamata o ymlusgiaid sydd hefyd yn cynnwys nadroedd ac amffisbaeniaid. Mae madfall yn adnabyddus am eu nodweddion unigryw megis eu gallu i adfywio eu cynffonnau, eu croen sych a chennog, a'u gallu i newid lliw ar gyfer cuddliw.

Tarddiad Madfall

Mae tarddiad madfallod yn dyddio'n ôl i'r cyfnod Jwrasig Diweddar tua 150 miliwn o flynyddoedd yn ôl. Datblygodd y ddau o fod yn gyndeidiau bach, ystwyth, pryfysol a datblygodd i fod yn grŵp amrywiol o ymlusgiaid sy'n meddiannu ystod eang o gynefinoedd. Credir bod madfall wedi esblygu o'r grŵp hynafol o diapsidau, a arweiniodd hefyd at grocodeiliaid ac adar modern.

Nodweddion Madfall

Mae gan fadfall nifer o nodweddion unigryw sy'n eu gosod ar wahân i anifeiliaid eraill. Mae rhai o'r nodweddion hyn yn cynnwys:

1. Croen: Mae gan fadfall groen sych, cennog sy'n helpu i'w hamddiffyn rhag ysglyfaethwyr a'r amgylchedd. Mae eu croen yn siediau o bryd i'w gilydd i ganiatáu ar gyfer twf ac i gael gwared ar unrhyw barasitiaid.

2. Aelodau: Mae gan fadfall bedair coes sy'n cael eu haddasu ar gyfer gwahanol fathau o symudiadau, megis dringo, cloddio a rhedeg.

3. Cynffon: Mae madfall yn adnabyddus am eu gallu i adfywio eu cynffonnau os ydynt yn cael eu difrodi neu eu colli. Defnyddir y gynffon hefyd ar gyfer cydbwysedd, cyfathrebu ac amddiffyn.

4. Dannedd: Mae gan fadfall ddannedd miniog a ddefnyddir ar gyfer dal a rhwygo ysglyfaeth. Mae ganddyn nhw gymal gên arbenigol sy'n caniatáu iddyn nhw agor eu ceg yn llydan a llyncu ysglyfaeth mawr yn gyfan.

5. Gweledigaeth: Mae gan fadfall olwg ardderchog, sy'n caniatáu iddynt hela am ysglyfaeth ac osgoi ysglyfaethwyr. Gall rhai rhywogaethau hefyd weld mewn golau uwchfioled, sy'n ddefnyddiol ar gyfer dod o hyd i ysglyfaeth a chyfathrebu â madfallod eraill.

6. Clyw: Mae gan fadfall synnwyr clyw sydd wedi datblygu'n dda, sy'n caniatáu iddynt ganfod ysglyfaethwyr a chyfathrebu â madfallod eraill.

7. Cuddliw: Mae gan lawer o fadfallod y gallu i newid lliw i gydweddu â'u hamgylchoedd, sy'n eu helpu i osgoi ysglyfaethwyr a dal ysglyfaeth.

Mathau o Fadfall

Mae yna dros 6,000 o rywogaethau o fadfallod, pob un â'i nodweddion a'i addasiadau unigryw ei hun. Mae rhai o'r mathau mwyaf cyffredin o fadfall yn cynnwys:

1. Draig Farfog: Mae'r ddraig farfog yn fadfall anifail anwes poblogaidd sy'n adnabyddus am ei natur dof a'i golwg unigryw. Maen nhw'n frodorol i Awstralia ac yn cael eu henwi am y graddfeydd pigog, tebyg i farf ar eu gyddfau.

2. Chameleon: Mae Chameleons yn enwog am eu gallu i newid lliw ac ymdoddi i'w hamgylchedd. Maent yn frodorol i Affrica a Madagascar ac mae ganddynt dafodau hir, gludiog y maent yn eu defnyddio i ddal pryfed.

3. Anghenfil Gila: Mae'r anghenfil Gila yn fadfall wenwynig a geir yn ne-orllewin yr Unol Daleithiau a Mecsico. Maent yn symud yn araf ac mae ganddynt batrymau oren a du nodedig ar eu croen.

4. Igwana: Mae igwanaod yn fadfallod mawr, llysysol a geir yng Nghanolbarth a De America. Maent yn adnabyddus am eu lliw gwyrdd llachar a'u gallu i ddringo coed.

5. Komodo Dragon: Y ddraig Komodo yw'r fadfall fyw fwyaf, yn tyfu hyd at 10 troedfedd o hyd. Maent yn frodorol i ynysoedd Indonesia ac yn adnabyddus am eu dannedd miniog a'u genau pwerus.

6. Madfall Fonitor: Mae madfall y monitor yn grŵp o fadfallod cigysol mawr a geir yn Affrica, Asia ac Awstralia. Maent yn adnabyddus am eu cyrff hir, main a'u genau pwerus.

7. Croen: Mae crwyn yn grŵp amrywiol o fadfallod a geir ym mron pob rhan o'r byd. Maent yn adnabyddus am eu croen llyfn, sgleiniog a choesau byr, sownllyd. Mae llawer o rywogaethau croenddu wedi addasu ar gyfer tyllu neu fyw mewn cynefinoedd creigiog.

8. Gecko: Mae geckos yn deulu o fadfallod bach a chanolig sydd i'w cael mewn hinsawdd gynnes ledled y byd. Maent yn adnabyddus am eu lleisiau unigryw, sy'n cynnwys chirps, cliciau, a rhisgl. Mae gan geckos

lygaid mawr a thraed gludiog sy'n caniatáu iddynt ddringo ar waliau a nenfydau.

9. Anole: Mae anoles yn grŵp o fadfallod bach, lliwgar a geir yn y Caribî a de-ddwyrain yr Unol Daleithiau. Maent yn adnabyddus am eu gallu i newid lliw a'u gwlithion nodedig, sef fflapiau o groen ar eu gwddf a ddefnyddir ar gyfer cyfathrebu ac arddangos.

10. Madfall Corniog: Mae madfallod corniog yn grŵp o fadfallod a geir yng Ngogledd a Chanolbarth America. Maent yn adnabyddus am eu cyrff gwastad a'u cyrn a'u asgwrn cefn nodedig. Gelwir madfallod corniog hefyd yn "llyffantod corniog" oherwydd eu hymddangosiad anwastad, tebyg i lyffantod.

Cynefin a Dosbarthiad

Mae madfall i'w cael ym mron pob rhan o'r byd ac eithrio'r rhanbarthau pegynol. Maent yn meddiannu ystod eang o gynefinoedd, o anialwch a glaswelltiroedd i goedwigoedd a gwlyptiroedd. Mae rhai rhywogaethau o fadfallod yn goed, sy'n golygu eu bod yn byw mewn coed, tra bod eraill yn byw ar y ddaear neu'n tyllu. Mae madfall yn waed oer, sy'n golygu eu bod yn dibynnu ar ffynonellau allanol o wres i reoli tymheredd eu corff. Maent yn torheulo yn yr haul i gynhesu ac yn ceisio cysgod neu dyllau i oeri.

Deiet

Mae diet madfallod yn amrywio yn dibynnu ar y rhywogaeth a'r cynefin y maent yn byw ynddo. Mae'r rhan fwyaf o fadfallod yn gigysol, yn bwydo ar bryfed, pryfed cop ac anifeiliaid bach eraill. Mae rhai rhywogaethau, fel igwanaod a dreigiau barfog, yn llysysol ac yn bwydo ar ddail, ffrwythau a blodau. Mae rhai rhywogaethau o fadfallod, fel y ddraig Komodo, yn ysglyfaethwyr pigfain ac yn bwydo ar ysglyfaeth mawr fel ceirw a baeddod gwyllt.

Atgynhyrchu

Mae gan fadfall ystod eang o strategaethau atgenhedlu. Mae rhai rhywogaethau yn dodwy wyau, tra bod eraill yn geni ifanc byw. Gall rhai rhywogaethau, fel y ddraig farfog Awstralia, storio sberm am sawl mis a'i ddefnyddio i wrteithio eu hwyau pan fo amodau'n ffafriol ar gyfer atgenhedlu. Mae madfall hefyd yn arddangos amrywiaeth eang o ymddygiadau carwriaethol, megis siglo pen, siglo cynffonau, a newidiadau lliw, i ddenu ffrindiau.

Bygythiadau a Chadwraeth

Mae madfall yn wynebu nifer o fygythiadau yn y gwyllt, gan gynnwys colli cynefinoedd, llygredd, a newid hinsawdd. Mae llawer o rywogaethau madfall hefyd yn cael eu hela am eu cig neu i'w ddefnyddio mewn meddygaeth draddodiadol. Mae sawl rhywogaeth o fadfall wedi'u rhestru fel rhai sydd mewn perygl neu mewn perygl difrifol, gan gynnwys y ddraig Komodo, anghenfil Gila, a sawl rhywogaeth o chameleons.

Mae ymdrechion cadwraeth ar gyfer madfallod yn cynnwys amddiffyn cynefinoedd, bridio mewn caethiwed, ac ymgyrchoedd addysg gyhoeddus. Mae sŵau a sefydliadau eraill hefyd yn chwarae rhan bwysig mewn cadwraeth rhywogaethau madfall sydd mewn perygl trwy raglenni bridio ac ymchwil.

I gloi, mae madfallod yn grŵp amrywiol a hynod ddiddorol o ymlusgiaid sy'n meddiannu ystod eang o gynefinoedd ledled y byd. Maent yn adnabyddus am eu nodweddion unigryw, megis eu croen sych, cennog, eu gallu i adfywio eu cynffonnau, a'u gallu i newid lliw. Mae madfall yn chwarae rhan bwysig yn eu hecosystemau fel ysglyfaethwyr ac ysglyfaeth, ac mae llawer o rywogaethau hefyd yn cael eu cadw fel anifeiliaid anwes. Fel gyda llawer o rywogaethau o anifeiliaid, mae madfall yn wynebu nifer o fygythiadau yn y gwyllt, ac mae angen ymdrechion cadwraeth i amddiffyn yr ymlusgiaid unigryw a phwysig hyn ar gyfer cenedlaethau'r dyfodol.

Mae manatees, a elwir hefyd yn wartheg môr, yn famaliaid dyfrol mawr a geir mewn afonydd bas, araf, aberoedd ac ardaloedd arfordirol yn rhanbarthau trofannol ac isdrofannol y byd. Mae yna dri rhywogaeth o manatees: manatee India'r Gorllewin, manatee Amazonaidd, a manatee Gorllewin Affrica. Maent yn llysysyddion ac yn bwydo ar amrywiaeth o blanhigion dyfrol. Mae manatees yn greaduriaid tyner, araf eu symudiadau a chyfeirir atynt yn aml fel cewri tyner.

Nodweddion

Mae manatees yn famaliaid dyfrol mawr sy'n symud yn araf ac sy'n gallu tyfu hyd at 13 troedfedd (4 metr) o hyd ac sy'n gallu pwyso hyd at 1,300 pwys (590 kg). Mae ganddyn nhw groen trwchus, llwyd-frown sydd wedi'i orchuddio â blew mân, sy'n helpu i synhwyro eu hamgylchedd. Mae eu fflipwyr mawr yn cael eu defnyddio ar gyfer nofio a llywio, ac mae eu cynffon fflat fel padl yn eu gwthio drwy'r dŵr. Mae gan manatees lygaid bach a dim fflapiau clust allanol. Maent yn anadlu aer trwy eu ffroenau sydd wedi'u lleoli ar ben eu pennau a gallant ddal eu hanadl am hyd at 20 munud wrth orffwys. Mae gan manatees metaboledd araf a dim ond am gyfnodau byr o amser y gallant oddef tymereddau oer. Maent yn llysysyddion ac yn bwydo ar amrywiaeth o blanhigion dyfrol, gan gynnwys morwellt ac algâu.

Tarddiad ac Esblygiad

Mac Manatees yn perthyn i'r urdd Sirenia, sy'n cynnwys y dugong a buwch fôr Steller sydd wedi diflannu. Gellir olrhain tarddiad manatees i dros 50 miliwn o flynyddoedd yn ôl, pan oeddent yn anifeiliaid daearol a oedd yn byw ar y tir. Dros amser, fe wnaethant esblygu i fod yn famaliaid dyfrol ac addasu i fywyd yn y dŵr. Mae perthnasau byw agosaf manatees yn eliffantod, a all ymddangos yn syndod o ystyried eu hymddangosiadau tra gwahanol. Fodd bynnag, mae manatees ac eliffantod yn rhannu nifer o debygrwydd anatomegol a moleciwlaidd, fel eu molars sy'n cael eu disodli'n gyson trwy gydol eu hoes.

Cynefin a Dosbarthiad

Mae manatees i'w cael mewn afonydd bas sy'n symud yn araf, aberoedd, ac ardaloedd arfordirol yn rhanbarthau trofannol ac isdrofannol y byd. Mae manatee Gorllewin India i'w gael ym Môr y Caribî, Gwlff Mecsico, ac ardaloedd arfordirol Canolbarth a De America. Mae manatee Amazonaidd i'w gael yn afonydd dŵr croyw a llednentydd basn yr Amazon yn Ne America. Mae manatee Gorllewin Affrica i'w gael yn ardaloedd arfordirol Gorllewin a Chanolbarth Affrica. Mae manatees i'w cael yn bennaf mewn dyfroedd cynnes, bas, ond gallant hefyd fyw mewn amgylcheddau hallt a dŵr croyw.

Ymddygiad

Mae manatees yn greaduriaid ysgafn, araf eu symudiadau sy'n treulio'r rhan fwyaf o'u hamser yn gorffwys ac yn bwydo. Maent yn anifeiliaid cymdeithasol a gellir eu gweld yn aml mewn grwpiau neu barau. Mae manatees yn cyfathrebu â'i gilydd trwy gyfres o leisio, fel chirps, chwibanu a chwyno. Mae ganddynt fetaboledd araf a dim ond am gyfnodau byr o amser y gallant oddef tymereddau oer. Yn ystod y misoedd oerach, bydd manatees yn ymgynnull mewn ffynonellau dŵr cynnes, fel ffynhonnau neu all-lifoedd gweithfeydd pŵer, i reoli tymheredd eu corff.

Bygythiadau a Chadwraeth

Mae manatees yn cael eu hystyried yn agored i ddifodiant oherwydd nifer o fygythiadau, gan gynnwys colli cynefinoedd, cychod yn taro, mynd yn sownd mewn offer pysgota, a llygredd. Mae manatee Gorllewin India wedi'i restru fel un sydd mewn perygl o dan Ddeddf Rhywogaethau Mewn Perygl yr Unol Daleithiau, ac mae manatee Gorllewin Affrica wedi'i restru fel un sy'n agored i niwed gan yr Undeb Rhyngwladol dros Gadwraeth Natur (IUCN). Mae'r manatee Amazonaidd wedi'i restru'n fregus oherwydd colli cynefin a hela am gig ac olew.

Mae ymdrechion cadwraeth ar gyfer manatees yn cynnwys amddiffyn cynefinoedd, gorfodi'r gyfraith i atal streiciau cychod a hela, ac adsefydlu anifeiliaid anafedig neu amddifad. Manatees hefyd yw ffocws rhaglenni addysgol ac allgymorth i godi ymwybyddiaeth o'u pwysigrwydd a'u hanghenion cadwraeth.

Yn yr Unol Daleithiau, mae manatees yn cael eu hamddiffyn o dan y Ddeddf Diogelu Mamaliaid Morol a'r Ddeddf Rhywogaethau Mewn Perygl. Mae Gwasanaeth Pysgod a Bywyd Gwyllt yr Unol Daleithiau a'r Gwasanaeth Pysgodfeydd Morol Cenedlaethol yn gweithio gyda'i gilydd i fonitro a rheoli poblogaethau manatee, amddiffyn eu cynefinoedd, a gorfodi rheoliadau i atal niwed i'r anifeiliaid hyn.

Mewn gwledydd eraill, mae ymdrechion cadwraeth ar gyfer manatees yn amrywio. Mae gan rai gwledydd gyfreithiau ar waith i amddiffyn manatees, tra nad oes gan eraill fawr ddim amddiffyniad, os o gwbl. Mae sefydliadau cadwraeth yn gweithio i hyrwyddo cydweithrediad rhyngwladol ac i godi ymwybyddiaeth o bwysigrwydd gwarchod manatees a'u cynefinoedd.

I gloi, mae manatees yn greaduriaid ysgafn, araf eu symudiadau sy'n chwarae rhan bwysig yn yr ecosystemau dyfrol y maent yn byw ynddynt. Mae eu maint mawr a'u natur ysgafn yn eu gwneud yn atyniad poblogaidd i ecodwristiaeth, ond mae eu bregusrwydd i ddifodiant hefyd yn eu gwneud yn rhywogaeth sydd angen ymdrechion cadwraethol. Mae colli cynefinoedd, cychod yn taro, mynd yn sownd mewn offer pysgota, a llygredd i gyd yn fygythiadau i fanateion, ac mae ymdrechion i'w hamddiffyn nhw a'u cynefinoedd yn hanfodol ar gyfer eu goroesiad. Trwy ymdrechion cadwraeth ac addysg gyhoeddus, gallwn weithio i sicrhau bod y cewri tyner hyn yn parhau i ffynnu yn nyfroedd y byd.

137. Marten

Mae'r bele yn grŵp o famaliaid cigysol sy'n perthyn i'r teulu Mustelidae. Mae yna sawl rhywogaeth o bele, gan gynnwys bele'r coed, bele'r America, a'r pysgotwr. Mae'r anifeiliaid hyn i'w cael mewn ardaloedd coediog yn Ewrop, Asia a Gogledd America. Maent yn ddringwyr ystwyth ac yn helwyr medrus, yn bwydo ar amrywiaeth o ysglyfaeth gan gynnwys cnofilod, adar, a phryfed.

Nodweddion

Mamaliaid cigysol bach a chanolig yw belenod gyda chyrff hir, main a choesau byr. Fel arfer mae ganddyn nhw ffwr brown neu ddu, ac mae gan rai rhywogaethau glytiau gwyn nodedig ar eu gwddf neu eu cistiau. Mae gan bele'r dannedd a chrafangau miniog y maent yn eu defnyddio ar gyfer hela a dringo. Maent yn ddringwyr ystwyth a gallant symud yn gyflym drwy'r coed. Mae gan y bele synhwyrau brwd, gan gynnwys clyw craff ac ymdeimlad hynod ddatblygedig o arogl. Anifeiliaid unigol ydyn nhw ac maen nhw'n actif yn bennaf gyda'r nos.

Tarddiad ac Esblygiad

Mae Martens yn perthyn i'r teulu Mustelidae, sy'n cynnwys gwencïod, ffuredau, a dyfrgwn. Tarddodd y teulu o Ewrasia a Gogledd America a chredir iddo esblygu tua 30 miliwn o flynyddoedd yn ôl. Ymddangosodd y bele cyntaf yn y cofnod ffosil tua 6 miliwn o flynyddoedd yn ôl ac roeddent yn debyg o ran maint ac ymddangosiad i belaod heddiw. Dros amser, esblygodd belaod i fod yn helwyr arbenigol, gan addasu i wahanol gynefinoedd a datblygu technegau hela penodol.

Cynefin a Dosbarthiad

Mae belaod i'w cael mewn ardaloedd coediog yn Ewrop, Asia a Gogledd America. Mae bele'r coed i'w cael yn Ewrop, tra bod bele'r America a'r pysgotwr i'w cael yng Ngogledd America. Mae'n well gan y bele gynefinoedd coediog gyda gorchudd trwchus, lle gallant ddringo a hela am ysglyfaeth. Maent hefyd i'w cael mewn ardaloedd mynyddig, lle gallant fyw mewn agennau creigiog a hela am ysglyfaeth ar lethrau serth.

Ymddygiad

Anifeiliaid unigol yw belenod sy'n actif yn bennaf gyda'r nos. Maent yn helwyr medrus, yn bwydo ar amrywiaeth o ysglyfaeth gan gynnwys cnofilod, adar, a phryfed. Mae'n hysbys hefyd bod martens yn bwyta ffrwythau ac aeron, yn enwedig yn y cwymp pan fo'r bwydydd hyn yn helaeth. Maent yn ddringwyr ystwyth a gallant symud yn gyflym trwy'r coed, gan ddefnyddio eu dannedd miniog a'u crafangau i ddal a lladd ysglyfaeth. Mae belenod yn anifeiliaid tiriogaethol ac yn nodi eu tiriogaeth â marciau arogl, fel secretiadau wrin neu chwarren. Yn gyffredinol nid ydynt yn ymosodol tuag at fodau dynol, ond gallant amddiffyn eu tiriogaeth os ydynt dan fygythiad.

Bygythiadau a Chadwraeth

Nid yw belaod yn cael eu hystyried i fod mewn perygl, ond mae rhai rhywogaethau dan fygythiad oherwydd colli cynefinoedd a hela. Cafodd y bele, er enghraifft, ei hela bron â darfod yn Ewrop yn y gorffennol, ond mae wedi gwella ers hynny oherwydd ymdrechion cadwraeth. Mae belaod hefyd weithiau'n gaeth am eu ffwr, er nad yw hyn mor gyffredin ag y bu unwaith. Yng Ngogledd America, mae'r pysgotwr weithiau'n gaeth oherwydd ei ffwr, er bod poblogaethau'n cael eu hystyried yn sefydlog ar y cyfan.

Mae ymdrechion cadwraeth ar gyfer belaod yn cynnwys amddiffyn cynefinoedd, rhaglenni addysg ac allgymorth, a rheoliadau ar hela a maglu. Mae Martens hefyd yn ganolbwynt i raglenni ymchwil sydd â'r nod o ddeall eu hymddygiad a'u hecoleg, a all helpu i lywio ymdrechion cadwraeth.

I gloi, mae belaod yn famaliaid cigysol bach a chanolig sydd i'w cael mewn ardaloedd coediog yn Ewrop, Asia a Gogledd America. Maent yn helwyr medrus ac yn ddringwyr ystwyth, ac yn chwarae rhan bwysig yn eu hecosystemau trwy reoli poblogaethau o rywogaethau ysglyfaeth. Nid yw belaod yn cael eu hystyried i fod mewn perygl, ond mae rhai rhywogaethau dan fygythiad oherwydd colli cynefinoedd a hela. Trwy ymdrechion cadwraeth ac addysg gyhoeddus, gallwn weithio i sicrhau bod yr anifeiliaid hynod ddiddorol hyn yn parhau i ffynnu yn eu cynefinoedd naturiol.

138. Minc

Mae mincod yn famaliaid cigysol bach sy'n perthyn yn agos i ddyfrgwn, gwencïod a ffuredau. Mae dwy rywogaeth o finc: y minc Americanaidd a'r minc Ewropeaidd. Maent yn cael eu gwerthfawrogi am eu ffwr ac yn cael eu magu'n gyffredin ar ffermydd ffwr. Yn y gwyllt, ceir mincod mewn cynefinoedd gwlyptir ac ar hyd ymylon nentydd a llynnoedd.

Nodweddion

Mae mincod yn famaliaid bach, llyfn gyda choesau byr a chyrff hir, main. Mae ganddyn nhw ffwr trwchus, sgleiniog a all fod yn frown, du neu lwyd. Mae gan fincod ddannedd hir, miniog a chrafangau y maent yn eu defnyddio ar gyfer hela a dringo. Maent yn nofwyr ystwyth a gallant symud yn gyflym drwy'r dŵr. Mae gan fincod synhwyrau rhagorol, gan gynnwys clyw sydyn ac ymdeimlad hynod ddatblygedig o arogl. Maent yn weithgar gyda'r nos yn bennaf ac maent yn anifeiliaid unig.

Tarddiad ac Esblygiad

Mae mincod yn perthyn i'r teulu Mustelidae, sy'n cynnwys gwencïod, ffuredau, a dyfrgwn. Tarddodd y teulu o Ewrasia a Gogledd America a chredir iddo esblygu tua 30 miliwn o flynyddoedd yn ôl. Ymddangosodd y mincod cyntaf yn y cofnod ffosil tua 2 filiwn o flynyddoedd yn ôl ac roeddent yn debyg o ran maint ac ymddangosiad i fincod heddiw. Dros amser, esblygodd mincod i fod yn helwyr arbenigol, gan addasu i wahanol gynefinoedd a datblygu technegau hela penodol.

Cynefin a Dosbarthiad

Ceir mincod mewn cynefinoedd gwlyptir ac ar hyd ymylon nentydd a llynnoedd yng Ngogledd America ac Ewrop. Mae'r minc Americanaidd i'w ganfod ledled Gogledd America, tra bod y minc Ewropeaidd i'w gael yn Ewrop a rhannau o Asia. Mae'n well gan fincod gynefinoedd â gorchudd trwchus, lle gallant guddio a hela am ysglyfaeth. Maent hefyd yn nofwyr ardderchog a gallant hela am ysglyfaeth yn y dŵr.

Ymddygiad

Mae mincod yn anifeiliaid unig sy'n actif yn bennaf gyda'r nos. Maent yn helwyr medrus, yn bwydo ar amrywiaeth o ysglyfaeth gan gynnwys pysgod, amffibiaid, a mamaliaid bach. Mae'n hysbys hefyd bod mincod yn bwyta ffrwythau ac aeron, yn enwedig yn y cwymp pan fo'r bwydydd hyn yn helaeth. Maent yn ddringwyr ystwyth a gallant symud yn gyflym trwy'r coed, gan ddefnyddio eu dannedd miniog a'u crafangau i ddal a lladd ysglyfaeth. Mae mincod yn anifeiliaid tiriogaethol ac yn nodi eu tiriogaeth â marciau arogl, fel secretiadau wrin neu chwarren. Yn gyffredinol nid ydynt yn ymosodol tuag at fodau dynol, ond gallant amddiffyn eu tiriogaeth os ydynt dan fygythiad.

Bygythiadau a Chadwraeth

Mae mincod yn cael eu codi'n gyffredin ar ffermydd ffwr am eu ffwr, sy'n cael ei werthfawrogi'n fawr. Mae ffermio mincod yn arfer dadleuol, ac wedi cael ei feirniadu am yr amodau y mae'r anifeiliaid yn cael eu cadw. Yn y gwyllt, mae mincod weithiau'n cael eu dal am eu ffwr, er nad yw hyn mor gyffredin ag y bu unwaith. Weithiau mae mincod hefyd yn cael eu lladd gan ysglyfaethwyr fel llwynogod a coyotes.

Mae ymdrechion cadwraeth ar gyfer mincod yn cynnwys amddiffyn cynefinoedd, rhaglenni addysg ac allgymorth, a rheoliadau ar ddal a hela. Mae mincod hefyd yn ganolbwynt i raglenni ymchwil sydd â'r nod o ddeall eu hymddygiad a'u hecoleg, a all helpu i lywio ymdrechion cadwraeth.

I gloi, mae mincod yn famaliaid cigysol bach sydd i'w cael mewn cynefinoedd gwlyptir ac ar hyd ymylon nentydd a llynnoedd yng Ngogledd America ac Ewrop. Maent yn helwyr medrus ac yn ddringwyr ystwyth, ac yn chwarae rhan bwysig yn eu hecosystemau trwy reoli poblogaethau o rywogaethau ysglyfaeth. Mae mincod yn cael eu magu'n gyffredin ar ffermydd ffwr am eu ffwr, sy'n cael ei werthfawrogi'n fawr, ond weithiau maent hefyd yn cael eu dal yn y gwyllt am eu ffwr. Trwy ymdrechion cadwraeth ac addysg gyhoeddus, gallwn weithio i sicrhau bod yr anifeiliaid hynod ddiddorol hyn yn parhau i ffynnu yn eu cynefinoedd naturiol.

139. Moose

Y elc, a elwir hefyd yn elc yn Ewrop, yw'r rhywogaeth fwyaf o geirw ac fe'i darganfyddir yn rhanbarthau gogleddol Gogledd America, Ewrop ac Asia. Yn adnabyddus am ei faint mawr, ei gyrn trawiadol, a'i olwg nodedig, mae'r elc wedi dal dychymyg pobl ledled y byd ers amser maith.

Nodweddion

Mae Moose yn anifeiliaid mawr, cyhyrog sy'n gallu pwyso hyd at 1500 pwys (680 kg) a sefyll hyd at 7 troedfedd (2.1 metr) o daldra wrth yr ysgwydd. Mae ganddynt goesau hir, main sydd wedi'u cynllunio ar gyfer cerdded trwy eira dwfn a rhydio trwy ddŵr. Mae ymddangosiad unigryw i elciaid, gyda thrwyn hir, crychlyd a phâr o gyrn palmwydd mawr sy'n gallu tyfu hyd at 6 troedfedd (1.8 metr) ar draws. Mae eu ffwr fel arfer yn frown tywyll, er y gall fod gan rai unigolion ffwr ysgafnach neu gochlyd.

Tarddiad ac Esblygiad

Mae Moose yn perthyn i'r teulu Cervidae, sy'n cynnwys ceirw, elc, a charibou. Tarddodd y teulu o Ewrasia a chredir iddo esblygu tua 20 miliwn o flynyddoedd yn ôl. Ymddangosodd y elc cyntaf yn y cofnod ffosil tua 2 filiwn o flynyddoedd yn ôl ac roedd yn debyg o ran maint ac ymddangosiad i elciaid heddiw. Dros amser, esblygodd elc i ddod yn arbenigo mewn bywyd mewn hinsawdd oer, ogleddol, gan ddatblygu addasiadau fel eu maint mawr a choesau hir.

Cynefin a Dosbarthiad

Mae Moose i'w cael yn rhanbarthau gogleddol Gogledd America, Ewrop ac Asia, gan gynnwys Canada, Alaska, Sgandinafia, a Rwsia. Fe'u canfyddir yn nodweddiadol mewn ardaloedd coediog ger llynnoedd, afonydd a chorsydd, lle gallant ddod o hyd i'r planhigion a'r llwyni sy'n rhan o'u diet cynradd. Mae Moose hefyd yn nofwyr da a gwyddys eu bod yn rhydio trwy afonydd a llynnoedd i gyrraedd ardaloedd newydd o gynefin.

Ymddygiad

Mae Moose yn weithgar yn bennaf yn ystod y dydd ac yn fwyaf gweithgar yn gynnar yn y bore ac yn hwyr yn y prynhawn. Maent yn anifeiliaid llysysol ac yn bwydo ar amrywiaeth o blanhigion a llwyni, gan gynnwys helyg, bedw, a masarn. Gwyddys bod gan Moose strwythur cymdeithasol cymhleth, gyda gwrywod (a elwir yn deirw) yn cystadlu am hawliau paru â benywod (a elwir yn wartheg). Yn ystod y tymor paru, bydd teirw yn cymryd rhan mewn arddangosiadau o oruchafiaeth, fel reslo cyrn a lleisiau, i sefydlu eu goruchafiaeth dros wrywod eraill. Mae Moose hefyd yn anifeiliaid tiriogaethol a byddant yn amddiffyn eu tiriogaeth rhag elciaid ac ysglyfaethwyr eraill fel bleiddiaid ac eirth.

Bygythiadau a Chadwraeth

Mae poblogaethau elc yn wynebu amrywiaeth o fygythiadau, gan gynnwys colli cynefinoedd oherwydd datblygiad dynol, hela, ac ysglyfaethu gan fleiddiaid ac eirth. Mae newid yn yr hinsawdd hefyd yn fygythiad mawr i boblogaethau elciaid, gan y gall tymheredd cynhesu a newidiadau mewn patrymau dyodiad effeithio ar argaeledd eu prif ffynonellau bwyd. Mewn rhai ardaloedd, mae poblogaethau elciaid wedi gostwng yn sylweddol oherwydd y bygythiadau hyn.

Mae ymdrechion cadwraeth ar gyfer elc yn cynnwys diogelu cynefinoedd, rheoliadau hela, a rhaglenni ymchwil gyda'r nod o ddeall eu hymddygiad a'u hecoleg. Mewn rhai ardaloedd, mae poblogaethau elc yn cael eu rheoli trwy raglenni hela, a all helpu i gadw eu niferoedd yn gytbwys â'r cynefin sydd ar gael. Mae Moose hefyd yn ganolbwynt i raglenni ymchwil sydd â'r nod o ddeall eu hanghenion cynefin a sut mae newid hinsawdd yn effeithio ar eu poblogaethau.

I gloi, mae elciaid yn anifeiliaid trawiadol sydd wedi addasu'n dda i fywyd mewn hinsawdd oer, ogleddol. Maent yn chwarae rhan bwysig yn eu hecosystemau trwy reoli twf poblogaethau planhigion a darparu bwyd i ysglyfaethwyr. Fodd bynnag, mae poblogaethau elc yn wynebu amrywiaeth o fygythiadau, gan gynnwys colli cynefinoedd, hela, a newid yn yr hinsawdd. Trwy ymdrechion cadwraeth ac addysg gyhoeddus, gallwn weithio i sicrhau bod yr anifeiliaid godidog hyn yn parhau i ffynnu yn eu cynefinoedd naturiol.

Mae gwyfynod yn grŵp o bryfed sy'n rhan o'r urdd Lepidoptera , sydd hefyd yn cynnwys glöynnod byw. Maent yn adnabyddus am eu hadenydd nodedig, sydd wedi'u gorchuddio â graddfeydd sy'n rhoi golwg niwlog neu bowdr iddynt. Daw gwyfynod mewn amrywiaeth eang o feintiau, siapiau a lliwiau, ac maent i'w cael ledled y byd.

Nodweddion

Nodweddir gwyfynod yn gyffredinol gan eu hadenydd, sydd wedi'u gorchuddio â graddfeydd sy'n rhoi golwg nodedig iddynt. Mae'r graddfeydd wedi'u gwneud o chitin, deunydd gwydn, tryloyw sydd hefyd i'w gael yn allsgerbydau pryfed eraill. Mae gan wyfynod ddau bâr o adenydd hefyd, gyda'r adenydd blaen fel arfer yn fwy na'r adenydd ôl. Mae ganddyn nhw chwe choes, dwy antena, a llygaid cyfansawdd sy'n caniatáu iddyn nhw weld mewn amodau golau isel. Mae gan lawer o wyfynod hefyd proboscis hir, y maent yn ei ddefnyddio i fwydo ar neithdar neu hylifau eraill.

Tarddiad ac Esblygiad

Credir bod gwyfynod wedi esblygu tua 190 miliwn o flynyddoedd yn ôl, yn ystod y cyfnod Jwrasig. Roedd y gwyfynod cynharaf yn debygol o fod yn debyg o ran eu hymddangosiad i wyfynod heddiw, gydag adenydd wedi'u gorchuddio â chen. Dros amser, esblygodd gwyfynod i addasu i amrywiaeth eang o gynefinoedd a chilfachau, gan gynnwys coedwigoedd, anialwch, a glaswelltiroedd. Maent wedi datblygu ystod eang o addasiadau, gan gynnwys cuddliw, dynwared, ac amddiffynfeydd cemegol.

Cynefin a Dosbarthiad

Mae gwyfynod i'w cael ledled y byd, o dwndra'r Arctig i goedwigoedd glaw trofannol. Gellir dod o hyd iddynt mewn amrywiaeth eang o gynefinoedd, gan gynnwys coedwigoedd, glaswelltiroedd, anialwch a gwlyptiroedd. Mae gwyfynod yn aml yn cael eu denu at ffynonellau golau, fel goleuadau stryd a goleuadau porth, a all eu gwneud yn olygfa gyffredin mewn ardaloedd trefol.

Ymddygiad

Mae gwyfynod yn nosol yn bennaf, sy'n golygu eu bod yn actif yn y nos. Maent yn cael eu denu at ffynonellau golau, a all weithiau eu harwain i gartrefi neu adeiladau eraill. Mae gwyfynod hefyd yn adnabyddus am eu gallu i hedfan yn bell, weithiau'n teithio cannoedd o filltiroedd i chwilio am fwyd neu ffrindiau. Mae llawer o rywogaethau o wyfynod hefyd yn adnabyddus am eu gallu i ddynwared anifeiliaid neu wrthrychau eraill, fel dail, brigau, neu faw adar, fel modd o osgoi ysglyfaethwyr.

Bwydo

Mae gwyfynod yn llysysol yn bennaf, gan fwydo ar amrywiaeth eang o ddeunyddiau planhigion, gan gynnwys dail, neithdar, a phaill. Mae'n hysbys hefyd bod rhai rhywogaethau o wyfynod yn bwydo ar ddeunyddiau anifeiliaid, fel ffwr, plu, a hyd yn oed pryfed eraill. Mae gan wyfynod proboscis hir, y maent yn ei ddefnyddio i echdynnu neithdar o flodau neu hylifau eraill o ffrwythau neu ffynonellau eraill.

Bygythiadau a Chadwraeth

Mae gwyfynod yn wynebu amrywiaeth o fygythiadau, gan gynnwys colli cynefinoedd, llygredd, a newid yn yr hinsawdd. Mae llawer o rywogaethau o wyfynod hefyd dan fygythiad gan adar, ystlumod ac anifeiliaid eraill yn ysglyfaethu. Mewn rhai ardaloedd, mae poblogaethau gwyfynod wedi gostwng yn sylweddol oherwydd y bygythiadau hyn.

Mae ymdrechion cadwraeth ar gyfer gwyfynod yn cynnwys diogelu cynefinoedd, rhaglenni ymchwil sy'n ceisio deall eu hymddygiad a'u hecoleg, ac ymgyrchoedd addysg gyhoeddus i godi ymwybyddiaeth o'u pwysigrwydd. Mae rhai rhywogaethau o wyfynod hefyd yn ganolbwynt i raglenni bridio cadwraeth, sy'n anelu at adfer poblogaethau o rywogaethau sydd mewn perygl.

I gloi, mae gwyfynod yn grŵp amrywiol a hynod ddiddorol o bryfed sy'n chwarae rhan bwysig mewn ecosystemau ledled y byd. Maent yn adnabyddus am eu hadenydd nodedig, sydd wedi'u gorchuddio â chlorian, a'u gallu i hedfan yn bell i chwilio am fwyd neu ffrindiau. Mae gwyfynod yn wynebu amrywiaeth o fygythiadau, gan gynnwys colli cynefinoedd, llygredd, a newid yn yr hinsawdd, ac mae angen ymdrechion cadwraeth i sicrhau bod y pryfed pwysig hyn yn parhau i ffynnu yn eu cynefinoedd naturiol. Trwy addysg gyhoeddus, ymchwil, a diogelu cynefinoedd

Mae Muskoxen, a elwir hefyd yn ych musk, yn anifail mawr, shaggy a chadarn sy'n perthyn i'r teulu Bovidae. Fe'u ceir yn rhanbarthau Arctig Canada, yr Ynys Las, Alaska, a Rwsia. Mae'r muskoxen yn anifeiliaid hynod ddiddorol gyda llawer o nodweddion unigryw sydd wedi caniatáu iddynt oroesi mewn amgylcheddau garw a rhew.

Nodweddion

Mae Muskoxen yn anifeiliaid mawr, wedi'u hadeiladu'n drwm, sydd â chôt o ffwr garw, drwchus sy'n gallu cyrraedd hyd at 60 cm o hyd. Mae'r ffwr yn cynnwys dwy haen, haen fewnol o wallt gwlanog mân a haen allanol o flew hir, garw, gard. Mae'r ffwr yn insiwleiddio iawn ac yn helpu i gadw'r muskox yn gynnes yn yr oerfel eithafol. Mae gan y muskox ben mawr a choesau byr, ac maent yn sefyll tua 1.2-1.5 metr o uchder ar yr ysgwydd. Mae'r gwrywod yn fwy na'r benywod a gallant bwyso hyd at 400 kg, tra bod y benywod yn pwyso hyd at 300 kg. Mae gan y muskoxen gyrn llydan, crwm a all gyrraedd hyd at 1 metr o hyd.

Tarddiad ac Esblygiad

Credir bod Muskoxen wedi tarddu o Ewrasia yn ystod y cyfnod Pleistosenaidd, tua 2 filiwn o flynyddoedd yn ôl. Mae tystiolaeth ffosil yn awgrymu eu bod yn byw yn rhanbarthau Arctig Ewrop, Asia, a Gogledd America yn ystod yr oes iâ ddiwethaf. Wrth i'r hinsawdd gynhesu, enciliasant i ardaloedd mwy gogleddol yr Arctig, lle maent yn dal i fyw heddiw.

Cynefin a Dosbarthiad

Mae Muskoxen i'w cael yn rhanbarthau Arctig Canada, yr Ynys Las, Alaska, a Rwsia. Maent yn byw yn rhanbarthau'r twndra, lle maent yn bwydo ar gennau, gweiriau a phlanhigion eraill sy'n tyfu yn yr amgylchedd garw ac oer. Mae'r muskoxen yn byw mewn buchesi bach, ac maent wedi addasu'n dda i fyw yn yr oerfel eithafol.

Ymddygiad

Mae Muskoxen yn anifeiliaid cymdeithasol sy'n byw mewn buchesi bach o tua 10-20 o unigolion. Arweinir y buchesi gan wryw trech, a elwir yn darw. Mae'r teirw yn diriogaethol iawn a byddant yn amddiffyn eu buchesi rhag gwrywod eraill. Mae Muskoxen yn llysysyddion ac yn bwydo ar amrywiaeth o blanhigion sy'n tyfu yn twndra'r Arctig. Maent hefyd yn adnabyddus am eu harogl nodedig, a gynhyrchir gan chwarennau ar eu corff ac a ddefnyddir i nodi eu tiriogaeth a chyfathrebu â muskoxen eraill.

Atgynhyrchu

Mae gan Muskoxen system baru amlbriod, lle mae un gwryw yn paru â merched lluosog. Yn ystod y tymor bridio, bydd y gwrywod yn cymryd rhan mewn brwydrau i sefydlu goruchafiaeth a chael mynediad i fenywod. Mae'r benywod yn rhoi genedigaeth i un llo ar ôl cyfnod beichiogrwydd o 8-9 mis. Mae'r lloi'n cael eu geni yn y gwanwyn pan fo'r tywydd ychydig yn gynhesach, ac maen nhw'n gallu cerdded a rhedeg o fewn oriau geni. Mae'r benywod yn hynod amddiffynnol o'u cywion a byddant yn eu hamddiffyn yn ffyrnig rhag ysglyfaethwyr.

Bygythiadau a Chadwraeth

Mae Muskoxen yn wynebu amrywiaeth o fygythiadau, gan gynnwys newid yn yr hinsawdd, colli cynefinoedd, ac ysglyfaethu gan fleiddiaid, eirth a bodau dynol. Mae cynhesu rhanbarthau'r Arctig wedi arwain at newidiadau yng nghynefin y muskoxen, ac maent yn dod i gysylltiad fwyfwy â bodau dynol wrth iddynt ehangu eu hystod. Mae hela hefyd wedi cael effaith sylweddol ar boblogaethau muskoxen yn y gorffennol, er bod hela bellach yn cael ei reoleiddio mewn sawl maes.

Mae ymdrechion cadwraeth ar gyfer muskoxen yn cynnwys diogelu cynefinoedd, rhaglenni ymchwil sy'n ceisio deall eu hymddygiad a'u hecoleg, ac ymgyrchoedd addysg gyhoeddus i godi ymwybyddiaeth o'u pwysigrwydd. Mae Muskoxen hefyd yn ganolbwynt i raglenni bridio cadwraeth sy'n anelu at gynyddu eu niferoedd ac amrywiaeth genetig. Mae Muskoxen wedi'u hailgyflwyno'n llwyddiannus i ardaloedd lle cawsant eu halltudio o'r blaen, megis Alaska a Norwy.

Muskoxen a Bodau Dynol

Mae Muskoxen wedi chwarae rhan bwysig yn niwylliant a hanes pobloedd brodorol rhanbarthau'r Arctig. Maent wedi cael eu hela am eu cig, ffwr, ac esgyrn, ac wedi darparu bwyd a deunyddiau ar gyfer dillad, offer, a lloches. Mae Muskoxen yn parhau i fod yn bwysig i ffyrdd traddodiadol o fyw y cymunedau hyn, ac maent yn cael eu gwerthfawrogi am eu harwyddocâd diwylliannol ac ysbrydol.

Yn ogystal â'u pwysigrwydd diwylliannol, mae muskoxen hefyd wedi denu diddordeb twristiaid a phobl sy'n frwd dros fywyd gwyllt. Mae ecodwristiaeth wedi dod yn ffordd boblogaidd i bobl weld a dysgu am yr anifeiliaid hynod ddiddorol hyn, ac mae llawer o ardaloedd bellach yn cynnig teithiau tywys a rhaglenni addysgol sy'n canolbwyntio ar muskoxen.

I gloi, mae muskoxen yn rhywogaeth eiconig o ranbarthau'r Arctig, sy'n adnabyddus am eu caledwch, eu cryfder, a'u haddasiadau unigryw i oerfel eithafol. Maent yn anifeiliaid cymdeithasol sy'n byw mewn buchesi bychain, ac maent yn chwarae rhan bwysig yn ecoleg a diwylliant y rhanbarthau lle maent i'w cael. Tra eu bod yn wynebu bygythiadau yn sgil newid yn yr hinsawdd a cholli cynefinoedd, mae ymdrechion cadwraeth wedi helpu i warchod a chynyddu eu poblogaethau. Trwy barhau i astudio a gwarchod muskoxen, gallwn ddysgu mwy am y byd naturiol a'r rôl bwysig y mae'r anifeiliaid hyn yn ei chwarae ynddo.

Mae'r eos yn aderyn bach mudol sy'n adnabyddus am ei gân hardd a chymhleth. Mae'n olygfa gyffredin mewn sawl rhan o Ewrop ac Asia, ac mae wedi chwarae rhan bwysig yn niwylliant a chwedloniaeth ddynol ers canrifoedd.

Nodweddion

Aderyn bach yw'r eos, yn mesur tua 15 cm o hyd ac yn pwyso rhwng 20 a 30 gram. Mae ganddo gorff tew, cynffon gymharol fyr, a phen crwn gyda phig byr, pigfain. Mae plu'r aderyn yn wyrdd brown ar y cefn a'r adenydd, ac yn welw ar y frest a'r bol. Mae'r gwryw a'r fenyw yn edrych fel ei gilydd, er bod cân y gwryw yn aml yn fwy cymhleth ac amrywiol na chân y fenyw.

Nodwedd amlycaf yr eos yw ei chân hyfryd. Mae repertoire yr aderyn yn cynnwys amrywiaeth o nodau swynol, triliau, chwibanau, a theloriaid, sy'n aml yn cael eu canu gyda'r nos neu yn oriau mân y bore. Ystyrir cân yr eos yn un o'r harddaf a mwyaf cymhleth o unrhyw aderyn, ac mae wedi ysbrydoli beirdd, cerddorion a llenorion trwy gydol hanes.

Tarddiad

Mae'r eos yn frodorol i Ewrop ac Asia, ac fe'i ceir ledled llawer o'r rhanbarthau hyn. Mae'r aderyn yn bridio yng nghoedwigoedd tymherus a phrysgdiroedd yr ardaloedd hyn, ac yn gaeafu yn rhanbarthau cynhesach Affrica a de Asia. Mae dosbarthiad yr eos yn ymestyn o arfordir Iwerydd Ewrop i orllewin Tsieina, ac o ogledd Sgandinafia i ranbarth Môr y Canoldir.

Ymddygiad

Mae Nightingales yn adar mudol sy'n teithio'n bell rhwng eu tiroedd magu a gaeafu. Maent hefyd yn adar tiriogaethol, a bydd gwrywod yn aml yn amddiffyn eu tiriogaethau'n egnïol yn erbyn gwrywod eraill. Mae cân yr eos gwrywaidd yn rhan bwysig o'r ymddygiad tiriogaethol hwn, ac mae'n gwasanaethu i ddenu benywod a gwrthyrru gwrywod eraill.

Yn ystod y tymor bridio, mae'r eos yn adeiladu nythod ar y ddaear neu'n agos ato, fel arfer mewn isdyfiant trwchus neu lwyni isel. Mae'r nyth fel arfer wedi'i wneud o frigau, gweiriau a dail, ac wedi'i leinio â deunyddiau cain fel gwallt neu blu. Mae'r fenyw yn dodwy rhwng 3 a 6 wy, sy'n deor ar ôl tua phythefnos. Mae'r ddau riant yn cymryd eu tro i ddeor yr wyau a bwydo'r cywion, sy'n plymio ar ôl tua phythefnos.

Arwyddocâd Diwylliannol

Mae'r eos wedi chwarae rhan bwysig yn niwylliant a chwedloniaeth ddynol ers canrifoedd. Ym mytholeg Groeg, dywedir bod yr eos wedi'i thrawsnewid o fenyw o'r enw Procne, a gafodd ei throi'n aderyn ar ôl i'w gŵr Tereus dreisio ei chwaer Philomela. Dywedwyd bod cân yr eos yn alarnad ar gyfer cyflwr y chwiorydd, ac yn cael ei hystyried yn symbol o dristwch a cholled.

Mewn llenyddiaeth, mae'r eos wedi'i dathlu am ei chân hyfryd a'r ysbrydoliaeth y mae'n ei rhoi i feirdd a cherddorion. Yn nrama William Shakespeare "Romeo and Juliet," mae cân yr eos yn symbol o ddyfodiad y wawr a diwedd noson y cariadon gyda'i gilydd. Bu'r beirdd Rhamantaidd hefyd yn dathlu cân yr eos, gyda John Keats yn ysgrifennu awdl enwog i'r aderyn yn ei gerdd "Ode to a Nightingale."

Yn ogystal â'i arwyddocâd diwylliannol, mae'r eos hefyd wedi bod yn destun astudiaeth wyddonol. Mae gwyddonwyr wedi ymchwilio i batrymau caneuon a lleisiau'r aderyn, yn ogystal â'i ymddygiad a'i ecoleg. Yn ystod y blynyddoedd diwethaf, mae'r eos wedi dod yn rhywogaeth bwysig ar gyfer astudio mudo adar, wrth i ymchwilwyr ddefnyddio dyfeisiau olrhain i fonitro symudiadau ac ymddygiad yr aderyn yn ystod ei fudiadau blynyddol hir.

I gloi, mae'r eos yn aderyn bach ond hynod ddiddorol, sy'n adnabyddus am ei chân hyfryd a'i rôl bwysig yn niwylliant a chwedloniaeth ddynol. Mae ei chyrhaeddiad yn ymestyn ar draws Ewrop ac Asia, lle mae'n bridio mewn coedwigoedd tymherus a phrysgdiroedd ac yn gaeafu yn rhanbarthau cynhesach Affrica a de Asia. Mae Nightingales yn adar mudol a thiriogaethol sy'n adeiladu nythod ar y ddaear neu'n agos ato yn ystod y tymor magu. Mae'r ddau riant yn cymryd eu tro i ddeor yr wyau a bwydo'r cywion, sy'n plymio ar ôl tua phythefnos.

Mae cân hardd a chymhleth yr eos wedi ysbrydoli beirdd, cerddorion, a llenorion trwy gydol hanes. Mae hefyd wedi chwarae rhan bwysig yn niwylliant a mytholeg ddynol, gan wasanaethu fel symbol o dristwch a cholled, yn ogystal â dyfodiad y wawr a dechreuadau newydd. Mae'r eos hefyd wedi bod yn destun astudiaeth wyddonol, gydag ymchwilwyr yn ymchwilio i'w lleisiau, ymddygiad ac ecoleg. O'r herwydd, mae'r eos yn aderyn hardd a chyfareddol, ac sy'n dal i ddal ein dychymyg heddiw.

Mae'r okapi, a elwir hefyd yn jiráff y goedwig, yn famal unigryw ac anodd ei ganfod yn fforestydd glaw trwchus canolbarth Affrica yn unig. Gyda'i streipiau trawiadol tebyg i sebra ar ei goesau a'i ffolen, a'i dafod hir, tywyll, cynhennus, mae'r okapi yn anifail hynod ddiddorol ac anarferol.

Nodweddion

Mae'r okapi yn famal carnog maint canolig sy'n sefyll tua 5 troedfedd o daldra wrth yr ysgwydd ac yn pwyso rhwng 400 a 700 pwys. Mae ganddo gôt browngoch, gyda streipiau gwyn ar ei ben ôl a choesau sy'n debyg i rai sebra. Mae ei glustiau'n fawr ac yn grwn, a gall ei dafod hir, tywyll, cynhenid ymestyn hyd at 18 modfedd i'w helpu i gyrraedd dail a llystyfiant arall. Yn wahanol i jiráff, sydd â gyddfau hir, mae gan okapis gyddfau byr a choesau cymharol hir.

Mae gan Okapis arogl nodedig y maent yn ei ddefnyddio i gyfathrebu â'i gilydd. Mae gan wrywod chwarennau arogl ar eu talcen a'u coesau, ac mae gan fenywod chwarennau arogl ar eu gyddfau. Mae ganddynt hefyd glustiau mawr, unionsyth y gallant eu cylchdroi i ganfod synau i bob cyfeiriad.

Cynefin

Dim ond yng nghoedwigoedd glaw trwchus canolbarth Affrica y ceir Okapis, yn benodol yng Ngweriniaeth Ddemocrataidd y Congo. Maent yn byw ar haen drwchus isdyfiant y goedwig, lle maent yn bwydo ar ddail, ffrwythau a llystyfiant arall. Maent yn anifeiliaid swil ac anodd eu gweld na welir yn aml yn y gwyllt, gan eu bod wedi addasu'n dda i'w cynefin coedwig ac yn wych am guddio rhag ysglyfaethwyr.

Ymddygiad

Anifeiliaid unigol yw okapis sy'n actif yn bennaf yn ystod y dydd. Maent yn llysysol ac yn bwydo ar amrywiaeth o blanhigion, gan gynnwys dail, ffrwythau a rhisgl. Defnyddiant eu tafodau hir, tywyll i dynnu dail o ganghennau, a'u synnwyr arogli i leoli ffrwythau aeddfed. Mae'n hysbys hefyd eu bod yn bwyta clai, sy'n helpu i niwtraleiddio tocsinau yn eu diet. Mae Okapis yn anifeiliaid tiriogaethol sy'n nodi eu tiriogaeth â chwarennau arogl ar eu talcennau a'u coesau. Maent yn cyfathrebu â'i gilydd gan ddefnyddio amrywiaeth o leisio, gan gynnwys grunts, moans, a snorts. Gwyddys hefyd eu bod yn gwneud amrywiaeth o ystumiau corfforol, megis rhwbio eu gyddfau yn erbyn coed a chrafu'r ddaear â'u carnau.

Yn gyffredinol, mae okapis yn unig, er y gall merched ffurfio cysylltiadau llac â merched eraill a'u rhai ifanc. Mae gwrywod yn fwy unig ac yn aml byddant yn sefydlu tiriogaethau y maent yn eu hamddiffyn yn erbyn gwrywod eraill.

Tarddiad

Mae'r okapi yn anifail unigryw a hynafol nad oes ganddo berthnasau byw agos. Ei pherthynas byw agosaf yw'r jiráff, y mae'n rhannu nifer o nodweddion anatomegol ag ef, gan gynnwys ei dafod hir cynhenadwy a'i system galon a chylchrediad gwaed arbenigol. Fodd bynnag, nid yw'r okapi yn fath o jiráff, ac nid yw'r ddau rywogaeth yn perthyn yn arbennig o agos.

Disgrifiwyd yr okapi gyntaf gan fforwyr Ewropeaidd ar ddiwedd y 19eg ganrif, er ei fod wedi bod yn hysbys ers amser maith i bobl leol yng nghanol Affrica, a oedd yn ei barchu fel anifail cysegredig. Mae ei enw gwyddonol, Okapia johnstoni, wedi'i enwi ar ôl Syr Harry Johnston, gweinyddwr trefedigaethol a naturiaethwr Prydeinig a oedd yn allweddol wrth ddod â'r okapi i sylw'r gymuned wyddonol.

Statws Cadwraeth

Mae'r okapi wedi'i restru fel Mewn Perygl gan yr Undeb Rhyngwladol dros Gadwraeth Natur (IUCN) oherwydd colli cynefinoedd a hela. Mae Okapis yn cael eu hela am eu cig a'u croen, ac mae eu cynefin yn cael ei ddinistrio gan foncyffion coed a mathau eraill o weithgarwch dynol. Mae amcangyfrifon yn awgrymu y gall fod llai na 20,000 o okapis ar ôl yn y gwyllt.

Mae ymdrechion ar y gweill i amddiffyn yr okapi a'i gynefin, gan gynnwys creu ardaloedd gwarchodedig yng Ngweriniaeth Ddemocrataidd y Congo. Mae Gwarchodfa Bywyd Gwyllt Okapi, a sefydlwyd ym 1992, yn gorchuddio dros 13,700 cilomedr sgwâr ac mae'n gartref i amcangyfrif o 4,000 o okapis, yn ogystal â rhywogaethau eraill sydd mewn perygl fel eliffantod coedwig a tsimpansî.

Mae sŵau ledled y byd hefyd yn chwarae rhan yng nghadwraeth yr okapi, gyda rhaglenni bridio mewn caethiwed yn helpu i gynyddu poblogaeth yr anifail anodd hwn. Mae Okapis bellach i'w cael mewn sŵau ar draws Gogledd America, Ewrop ac Asia.

I gloi, mae'r okapi yn anifail unigryw a hynod ddiddorol sydd i'w gael yng nghoedwigoedd glaw trwchus canol Affrica yn unig. Gyda'i streipiau trawiadol tebyg i sebra, ei dafod hir, cynhenadwy, ac arogl nodedig, mae'r okapi yn wir ryfeddod byd natur. Er ei fod dan fygythiad oherwydd colli cynefinoedd a hela, mae ymdrechion ar y gweill i warchod yr okapi a sicrhau ei fod yn parhau i ffynnu yn ei gartref coedwig. Trwy ymdrechion addysg a chadwraeth, gallwn weithio i sicrhau bod yr anifail hynod hwn yn parhau i fod yn rhan o fioamrywiaeth ein planed am genedlaethau i ddod.

144. Gwalch y pysgod

Mae gweilch y pysgod yn aderyn ysglyfaethus mawr a nodedig sydd i'w ganfod ledled y byd. Yn adnabyddus am ei alluoedd pysgota trawiadol a'i nodweddion ffisegol unigryw, mae'r gwalch y pysgod yn rhywogaeth annwyl ymhlith selogion adar a phobl sy'n caru natur fel ei gilydd.

Tarddiad a Dosbarthiad

Mae gweilch y pysgod i'w ganfod ym mhob rhan o'r byd ac eithrio'r Antarctica, ac mae'n rhywogaeth sydd ag ystod eang ac amrywiol. Fe'i ceir ar bob cyfandir ac eithrio Antarctica, gyda'r poblogaethau mwyaf yn byw yng Ngogledd America, Ewrop ac Asia. Mae'r gwalch y pysgod hefyd yn cael ei adnabod fel y gwalch môr, gwalch pysgod, neu hebog yr afon, oherwydd ei fod yn well ganddo fyw yn agos at gyrff dŵr.

Nodweddion

Mae gweilch y pysgod yn aderyn ysglyfaethus mawr, gyda lled adenydd a all gyrraedd hyd at chwe throedfedd. Maent fel arfer yn frown a gwyn eu lliw, gyda phlu brown tywyll ar eu cefn a phlu gwyn ar eu pen a'u bol. Mae gan y gwalch y pysgod bigyn bachog sy'n addas iawn ar gyfer dal pysgod, ac mae ganddo hefyd ysgafell finiog y mae'n ei ddefnyddio i afael yn ei ysglyfaeth.

Un o nodweddion ffisegol mwyaf nodedig gweilch y pysgod yw bysedd ei draed allanol cildroadwy. Mae'r nodwedd unigryw hon yn galluogi'r gwalch i afael yn well ar ei ysglyfaeth llithrig, gan ei wneud yn heliwr effeithiol mewn amgylcheddau dyfrol. Yn ogystal, mae gan y gwalch y pysgod bilen nithol sy'n amddiffyn ei lygaid rhag llacharedd yr haul a dŵr wrth hela.

Ymddygiad

Aderyn unig yw'r gwalch y pysgod, ac eithrio ei dymor paru. Maent yn adar mudol, gyda phoblogaethau yng Ngogledd America yn mudo i Dde America yn ystod misoedd y gaeaf. Mae gan weilch y pysgod olwg craff sy'n eu galluogi i weld pysgod o bellteroedd mawr. Unwaith y byddan nhw wedi gweld eu hysglyfaeth, maen nhw'n hofran dros y dŵr cyn plymio'n droed-gyntaf i ddal y pysgod. Maent yn helwyr medrus iawn a gallant ddal pysgod sy'n pwyso hyd at bedwar pwys.

Mae gweilch y pysgod yn paru am oes, ac maent fel arfer yn dychwelyd i'r un safle nythu flwyddyn ar ôl blwyddyn. Mae eu nythod yn cael eu hadeiladu mewn mannau uchel ger cyrff dŵr, fel ar ben coed neu bolion ffôn. Mae'r nythod wedi'u gwneud o ffyn ac wedi'u leinio â deunyddiau meddal fel mwsogl neu laswellt. Mae gweilch y pysgod fel arfer yn dodwy dau i bedwar wy y flwyddyn, ac mae gweilch y pysgod gwrywaidd a benywaidd yn cymryd eu tro i ddeor yr wyau.

Cynefin

Mae gweilch y pysgod yn rhywogaeth a geir mewn amrywiaeth eang o gynefinoedd, er ei fod yn cael ei gysylltu gan amlaf â chyrff o ddŵr. Gellir dod o hyd iddynt ger afonydd, llynnoedd, cefnforoedd, a chyrff eraill o ddŵr sy'n gartref i bysgod. Maent hefyd i'w cael mewn gwlyptiroedd, corsydd, ac ardaloedd corsiog eraill sy'n rhoi mynediad iddynt at eu hoff ysglyfaeth.

Statws Cadwraeth

Nid yw gweilch y pysgod yn cael ei ystyried yn rhywogaeth dan fygythiad, er bod poblogaethau mewn rhai ardaloedd wedi lleihau oherwydd colli cynefinoedd a llygredd amgylcheddol. Mae llawer o ymdrechion wedi'u gwneud i warchod y gweilch y pysgod a'i gynefin, gan gynnwys creu ardaloedd gwarchodedig a rhaglenni cadwraeth.

Un o'r prif fygythiadau i weilch y pysgod yw dinistrio ei safleoedd nythu. Mewn ardaloedd lle mae datblygiad dynol wedi tresmasu ar eu cynefin, mae gweilch y pysgod wedi gorfod addasu trwy nythu ar strwythurau o waith dyn fel polion ffôn a phontydd. Fodd bynnag, nid yw'r safleoedd nythu hyn bob amser yn ddiogel nac yn sefydlog, a gall arwain at leihad ym mhoblogaeth gweilch y pysgod.

Mae llygredd amgylcheddol yn fygythiad arall i weilch y pysgod. Oherwydd eu bod ar frig y gadwyn fwyd, maent yn agored i effeithiau biogronni. Mae hyn yn golygu y gall llygryddion fel plaladdwyr a metelau trwm gronni yn eu cyrff, gan arwain at broblemau iechyd a llai o lwyddiant atgenhedlu.

Mae ymdrechion i warchod gweilch y pysgod a'i gynefin wedi cynnwys sefydlu ardaloedd gwarchodedig a rhaglenni cadwraeth. Yn yr Unol Daleithiau, mae'r gwalch y pysgod yn cael ei warchod o dan Ddeddf Cytundeb Adar Mudol, sy'n ei gwneud hi'n anghyfreithlon i niweidio, dal, neu ladd gweilch y pysgod neu eu nythod heb drwydded. Yn ogystal, mae llawer o daleithiau a sefydliadau wedi creu rhaglenni i fonitro ac amddiffyn poblogaethau gweilch y pysgod, megis Rhaglen Monitro Gweilch y Pysgod yn Maryland.

Yn Ewrop, mae gweilch y pysgod yn cael ei warchod o dan y Gyfarwyddeb Adar, sy'n ei gwneud yn ofynnol i aelod-wladwriaethau sefydlu ardaloedd gwarchodedig a mesurau cadwraeth ar gyfer y rhywogaeth. Mae'r Undeb Ewropeaidd hefyd yn ariannu prosiectau cadwraeth sy'n ceisio gwarchod ac adfer cynefinoedd gweilch y pysgod.

I gloi, mae gwalch y pysgod yn aderyn ysglyfaethus hynod sydd wedi addasu'n fawr i hela pysgod mewn amgylcheddau dyfrol. Mae ei nodweddion ffisegol unigryw a'i alluoedd hela trawiadol wedi ei gwneud yn rhywogaeth annwyl ymhlith selogion adar a chariadon natur fel ei gilydd. Er nad yw gweilch y pysgod yn cael ei ystyried yn rhywogaeth dan fygythiad, mae ymdrechion yn cael eu gwneud i warchod ei gynefin a sicrhau ei fod yn parhau i oroesi. Trwy warchod gweilch y pysgod a'i gynefin, gallwn helpu i sicrhau iechyd ac amrywiaeth ein byd naturiol.

145. Panda

Mae'r panda enfawr, a elwir yn wyddonol fel Ailuropoda melanoleuca, yn rhywogaeth arth sy'n frodorol i Tsieina. Mae'r panda yn enwog am ei batrwm ffwr du a gwyn nodedig, clustiau crwn, a ffrâm chubby fawr. Cynefin naturiol y panda yw rhanbarthau mynyddig canol Tsieina, lle mae'n bwydo'n bennaf ar bambŵ. Er bod y panda yn cael ei ystyried yn rhywogaeth mewn perygl, mae wedi dod yn symbol o ymdrechion cadwraeth ac mae'n annwyl gan bobl ledled y byd.

Tarddiad

Credir bod y panda mawr wedi tarddu o Tsieina tua 2-3 miliwn o flynyddoedd yn ôl. Cyndad cynharaf hysbys y panda oedd mamal cigysol bach o'r enw Ailurarctos lufengensis, a oedd yn byw yn ystod y cyfnod Miocene hwyr. Dros amser, esblygodd y panda i fod yn llysysydd arbenigol, gan addasu i ddeiet sy'n cynnwys bambŵ bron yn gyfan gwbl. Credir bod diet y panda wedi esblygu fel ymateb i newid hinsawdd a diflaniad ei ffynonellau bwyd naturiol.

Nodweddion

Maint a Phwysau: Mae'r panda mawr yn arth gymharol fawr, gyda gwrywod yn pwyso hyd at 250 pwys a benywod yn pwyso hyd at 220 pwys. Hyd cyfartalog panda oedolyn yw 4-6 troedfedd, gyda'r gynffon yn mesur 4-6 modfedd ychwanegol.

Ffwr: Ffwr y panda yw un o'i nodweddion mwyaf nodedig. Mae'r rhan fwyaf o'i gorff wedi'i orchuddio â ffwr du, tra bod ei fol, trwyn, a rhan o'i wyneb yn wyn. Mae ffwr y panda yn drwchus ac yn wlanog, gan ddarparu inswleiddio yn hinsawdd oer y mynydd.

Pen: Mae gan y panda ben crwn, tebyg i arth gyda llygaid mawr, ymylon du a chlustiau bach crwn. Mae ei drwyn yn llydan ac yn wastad, gan ganiatáu iddo falu coesynnau bambŵ yn haws.

Pawennau: Mae pawennau'r panda hefyd wedi addasu i'w ddiet bambŵ. Mae ganddo strwythur arbennig tebyg i fawd ar ei bawennau blaen sy'n caniatáu iddo afael a dal ar goesynnau bambŵ. Mae pawennau cefn y panda hefyd yn unigryw, gyda gwadn gwastad sy'n ei helpu i gerdded ar eira a rhew.

DeietFel y crybwyllwyd yn flaenorol, mae diet y panda bron yn gyfan gwbl o bambŵ. Gall fwyta hyd at 40 pwys o bambŵ y dydd, gan fwyta'r coesau a'r dail. Yn ogystal â bambŵ, gall y panda hefyd fwyta planhigion eraill, anifeiliaid bach a physgod.

Ymddygiad

Mae'r panda yn anifail unig, yn treulio'r rhan fwyaf o'i amser yn chwilota am fwyd. Mae'n weithgar yn bennaf yn ystod y dydd, ond gall hefyd fod yn weithgar gyda'r nos. Mae'r panda yn dringwr medrus ac efallai y bydd yn treulio llawer o'i amser mewn coed. Mae hefyd yn nofiwr cryf, a gall ddefnyddio afonydd a nentydd i deithio rhwng gwahanol ardaloedd bwydo.

Cadwraeth

Mae'r panda enfawr yn cael ei ystyried yn rhywogaeth sydd mewn perygl, gyda dim ond tua 1,800 o pandas ar ôl yn y gwyllt. Mae'r prif fygythiadau i oroesiad y panda yn cynnwys colli cynefinoedd, potsio, a newid hinsawdd. Mewn ymateb i'r bygythiadau hyn, mae Tsieina wedi sefydlu nifer o ardaloedd gwarchodedig ar gyfer y panda, gan gynnwys Gwarchodfa Natur Wolong, sy'n gartref i boblogaeth panda fwyaf y byd. Yn ogystal, mae llywodraeth China wedi gweithredu nifer o raglenni cadwraeth gyda'r nod o amddiffyn y panda a'i gynefin.

I gloi, mae'r panda enfawr yn rhywogaeth annwyl sydd wedi dod yn symbol o ymdrechion cadwraeth ledled y byd. Mae ei nodweddion corfforol unigryw, gan gynnwys ei ffwr du a gwyn a'i bawennau arbenigol, wedi ei wneud yn un o'r anifeiliaid mwyaf adnabyddus ar y blaned. Er bod y panda yn dal i gael ei ystyried mewn perygl, mae ymdrechion cadwraeth wedi helpu i sefydlogi ei phoblogaeth a sicrhau ei fod yn parhau i oroesi. Trwy warchod y panda a'i gynefin, gallwn helpu i warchod un o rywogaethau mwyaf eiconig ac annwyl y byd.

146. Macac

Grŵp o brimatiaid sy'n perthyn i deulu mwncïod yr Hen Fyd yw Macaques . Maen nhw'n grŵp sydd wedi'i ddosbarthu'n eang o archesgobion a geir yn Asia, Affrica ac Ewrop. Mae Macaques yn hynod hyblyg ac mae ganddynt ystod amrywiol o addasiadau ecolegol ac ymddygiadol. Ar hyn o bryd mae tua 24 o rywogaethau cydnabyddedig o macaques.

Nodweddion

Mae macaques yn fwncïod canolig i fawr gyda hyd corff yn amrywio o 40-70 cm a hyd cynffon o 20-70 cm. Mae eu pwysau yn amrywio o 2-30 kg, yn dibynnu ar y rhywogaeth. Mae ffwr macacques yn amrywio o felynfrown i frown llwyd, gydag is-bol ysgafnach. Mae lliw croen macaques yn amrywio o binc i ddu.

Mae Macaques yn ddeallus iawn ac mae ganddynt strwythur cymdeithasol cymhleth. Maent yn adnabyddus am eu sgiliau cyfathrebu ac yn gallu defnyddio ystod eang o leisio, mynegiant wyneb, ac iaith y corff i gyfleu eu hemosiynau a'u bwriadau. Maent hefyd yn hynod hyblyg a gallant ffynnu mewn ystod eang o gynefinoedd, o goedwigoedd glaw i anialwch.

Un o nodweddion mwyaf nodedig macaques yw eu cynffon. Yn wahanol i fwncïod eraill yr Hen Fyd, mae gan macaques gynffon sydd bron mor hir â'u corff. Mae cynffon macaques yn gynhenid, sy'n golygu y gallant ei ddefnyddio i afael mewn gwrthrychau a changhennau.

Nodwedd unigryw arall o macaques yw eu codenni boch. Mae'r codenni hyn bob ochr i'w ceg ac fe'u defnyddir i storio bwyd. Mae Macaques yn hollysol ac mae ganddyn nhw ddeiet amrywiol sy'n cynnwys ffrwythau, pryfed, anifeiliaid bach, a hyd yn oed bwyd dynol mewn rhai achosion.

Tarddiad

Credir bod Macaques wedi tarddu o Affrica ac yna wedi mudo i Asia tua 5-6 miliwn o flynyddoedd yn ôl. Mae union darddiad macaques yn dal i fod yn destun dadl ymhlith ymchwilwyr. Darganfuwyd y ffosil macaque hynaf y gwyddys amdano ym Mryniau Siwalik yng ngogledd India ac amcangyfrifir ei fod tua 8 miliwn o flynyddoedd oed.

Mae Macaques yn hynod hyblyg ac wedi gallu cytrefu ystod eang o gynefinoedd yn Asia, Affrica ac Ewrop. Fe'u ceir mewn coedwigoedd, glaswelltiroedd, mynyddoedd, a hyd yn oed mewn ardaloedd trefol. Mae dosbarthiad macaques yn cael ei bennu'n bennaf gan argaeledd bwyd a dŵr.

Dosbarthiad

Mae Macaques yn cael eu dosbarthu o dan y teulu Cercopithecidae, sy'n cynnwys mwncïod yr Hen Fyd. O fewn y teulu hwn, mae macaques yn perthyn i'r genws Macaca, sy'n cynnwys 24 o rywogaethau cydnabyddedig. Y rhywogaethau mwyaf adnabyddus o macaques yw'r macaque Rhesus (Macaca mulatta) a'r macaque Japaneaidd (Macaca fuscata).

Mae rhai o'r rhywogaethau eraill o macaques yn cynnwys y macaque Bonnet (Macaca radiata), y macaque Cynffon Moch (Macaca nemestrina), y macaque Cynffon Hir (Macaca fascicularis), a'r macaque Barbari (Macaca sylvanus). Rhennir Macaques ymhellach yn ddau isgenera: Macaca a Lophocebus.

Ymddygiad

Mae Macaques yn anifeiliaid cymdeithasol iawn ac yn byw mewn grwpiau sy'n amrywio o ychydig o unigolion i rai cannoedd. Mae maint y grŵp yn dibynnu ar argaeledd bwyd a maint y cynefin. Mae'r grŵp fel arfer yn cael ei arwain gan ddyn cryf, sy'n gyfrifol am amddiffyn y grŵp a pharu gyda'r merched.

Mae macaques benywaidd hefyd yn chwarae rhan bwysig yn y grŵp. Maent yn gyfrifol am fagu'r ifanc a ffurfio cysylltiadau cymdeithasol cryf gyda merched eraill. Mae Macaques yn cyfathrebu â'i gilydd gan ddefnyddio ystod eang o leisio, mynegiant wyneb, ac iaith y corff. Maent hefyd yn meithrin perthynas amhriodol â'i gilydd fel ffordd o ffurfio a chynnal cysylltiadau cymdeithasol.

Mae Macaques hefyd yn adnabyddus am eu defnydd o offer. Mae rhai rhywogaethau o macaques, fel y macac Japaneaidd, wedi'u harsylwi gan ddefnyddio offer i gael bwyd. Er enghraifft, maent yn defnyddio cerrig i gracio cnau agored a ffyn i dynnu pryfed o holltau.

Gwelwyd Macaques hefyd yn arddangos ymddygiadau cymhleth megis cydweithrediad, anhunanoldeb, a hyd yn oed empathi. Mewn un astudiaeth, canfu ymchwilwyr, o gael dewis rhwng derbyn bwyd ar ei ben ei hun neu dderbyn bwyd gyda macac arall, bod y macaques yn dewis derbyn bwyd gyda'u cydymaith.

Bygythiadau a Chadwraeth

Mae Macaques yn wynebu nifer o fygythiadau, gan gynnwys colli a darnio cynefinoedd, hela, a'r fasnach anifeiliaid anwes. Mae llawer o rywogaethau o macaques wedi'u rhestru naill ai'n agored i niwed, mewn perygl, neu mewn perygl difrifol gan yr Undeb Rhyngwladol dros Gadwraeth Natur (IUCN).

Mae'r fasnach anifeiliaid anwes yn fygythiad mawr i macaques, gyda llawer o unigolion yn cael eu cymryd o'r gwyllt a'u gwerthu fel anifeiliaid anwes neu eu defnyddio mewn ymchwil feddygol. Nid yw'r fasnach mewn macaques yn cael ei rheoleiddio i raddau helaeth ac yn aml mae'n cynnwys dal a chludo anifeiliaid yn anghyfreithlon ar draws ffiniau rhyngwladol.

Mae ymdrechion cadwraeth ar gyfer macaques yn cynnwys cadwraeth cynefinoedd, rhaglenni bridio caeth, a rhaglenni addysg ac allgymorth gyda'r nod o leihau'r galw am macaques yn y fasnach anifeiliaid anwes. Mae rhai rhywogaethau o macaques, fel macacau Barbari, hefyd wedi bod yn ffocws mentrau ecodwristiaeth, sy'n darparu buddion economaidd i gymunedau lleol tra'n hyrwyddo cadwraeth y rhywogaeth. I gloi, mae macaques yn grŵp hynod ddiddorol o archesgobion sy'n hynod hyblyg ac sydd â strwythur cymdeithasol cymhleth. Fe'u ceir mewn ystod eang o gynefinoedd yn Asia, Affrica ac Ewrop ac maent yn adnabyddus am eu deallusrwydd, eu defnydd o offer, a'u sgiliau cyfathrebu. Mae Macaques yn wynebu nifer o fygythiadau, gan gynnwys colli cynefinoedd, hela, a'r fasnach anifeiliaid anwes, ac mae llawer o rywogaethau wedi'u rhestru fel rhai sy'n agored i niwed, mewn perygl, neu mewn perygl difrifol. Mae ymdrechion cadwraeth ar gyfer macaques yn cynnwys cadwraeth cynefinoedd, rhaglenni bridio caeth, a rhaglenni addysg ac allgymorth gyda'r nod o leihau'r galw am macaques yn y fasnach anifeiliaid anwes.

147. Pelydr manta

Mae pelydrau manta yn anifeiliaid morol mawr, ysgafn, sy'n bwydo trwy hidlo ac sy'n byw mewn dyfroedd cynnes a throfannol ledled y byd. Mae gan y creaduriaid hynod ddiddorol hyn ymddangosiad unigryw ac ymddygiad diddorol, gan eu gwneud yn bwnc poblogaidd i fiolegwyr morol a selogion byd natur fel ei gilydd.

Tarddiad a Dosbarthiad

Mae pelydrau manta yn perthyn i'r teulu Mobulidae, sydd hefyd yn cynnwys pelydrau diafol. Credir eu bod wedi tarddu tua 25 miliwn o flynyddoedd yn ôl, ac mae tystiolaeth ffosil yn awgrymu eu bod wedi aros yn ddigyfnewid i raddau helaeth ers hynny. Mae pelydrau Manta i'w cael mewn dyfroedd cynnes a thymherus ledled y byd, gan gynnwys y Môr Tawel, India, a Chefnforoedd Iwerydd. Fe'u canfyddir amlaf mewn dyfroedd trofannol, fel y rhai o amgylch y Maldives, Indonesia, ac Awstralia.

Nodweddion Corfforol

Mae pelydrau manta ymhlith y pysgod mwyaf yn y byd, gyda rhai unigolion yn cyrraedd lled adenydd hyd at 7 metr (23 troedfedd). Maent yn wastad a siâp diemwnt, gyda cheg lydan a dwy asgell cephalic a ddefnyddir i gyfeirio plancton i'w cegau. Mae gan belydrau manta liw nodedig, gydag arwyneb uchaf brown tywyll neu ddu ac is-bol gwyn. Mae ganddynt hefyd batrwm unigryw o smotiau a marciau ar eu bol a ddefnyddir i adnabod unigolion.

Ymddygiad

Mae pelydrau manta yn borthwyr ffilter, sy'n golygu eu bod yn bwydo ar blancton a physgod bach trwy hidlo dŵr trwy eu tagellau. Maent yn adnabyddus am eu hymddygiad bwydo ysblennydd, sy'n golygu nofio yn agos at yr wyneb gyda'u cegau ar agor i ddal plancton. Mae pelydrau Manta hefyd yn adnabyddus am eu hymddygiad acrobatig, yn aml yn llamu allan o'r dŵr neu'n perfformio rholiau casgen.

Mae pelydrau manta yn anifeiliaid cymdeithasol iawn a gellir eu canfod mewn grwpiau o hyd at 50 o unigolion. Gwyddys hefyd eu bod yn rhyngweithio ag anifeiliaid morol eraill, gan gynnwys siarcod a morfilod.

Mae pelydrau Manta wedi cael eu harsylwi yn perfformio ymddygiad glanhau, lle mae pysgod llai yn tynnu parasitiaid a chroen marw o'u cyrff. Credir bod yr ymddygiad hwn yn fath o gydfuddiannol, lle mae'r ddwy ochr yn elwa o'r rhyngweithio.

Bygythiadau a Chadwraeth

Mae pelydrau Manta yn wynebu nifer o fygythiadau, gan gynnwys gorbysgota, colli cynefinoedd, a newid yn yr hinsawdd. Maent yn aml yn cael eu dal yn ddamweiniol mewn rhwydi pysgota, ac mae eu platiau tagell yn cael eu gwerthfawrogi'n fawr mewn rhai diwylliannau am eu priodweddau meddyginiaethol tybiedig. Mae pelydrau manta hefyd yn cael eu bygwth gan golli cynefinoedd oherwydd datblygiad arfordirol a llygredd.

Mae ymdrechion cadwraeth ar gyfer pelydrau manta yn cynnwys sefydlu ardaloedd gwarchodedig, rheoleiddio'r diwydiant pysgota, a rhaglenni addysg gyhoeddus ac allgymorth. Yn 2014, rhestrodd y Confensiwn ar y Fasnach Ryngwladol mewn Rhywogaethau Mewn Perygl (CITES) y ddau rywogaeth o fanta-pelydr yn ei Atodiad II, sy'n rheoleiddio'r fasnach ryngwladol yn yr anifeiliaid hyn. Mae llawer o wledydd hefyd wedi gweithredu rheoliadau i amddiffyn pelydrau manta o fewn eu dyfroedd.

I gloi, mae pelydrau manta yn greaduriaid hynod ddiddorol ac unigryw sy'n chwarae rhan bwysig mewn ecosystemau morol. Maent yn borthwyr ffilter sy'n dibynnu ar blancton i oroesi ac yn adnabyddus am eu hymddygiad bwydo ac acrobatig ysblennydd. Mae pelydrau Manta yn wynebu nifer o fygythiadau, gan gynnwys gorbysgota, colli cynefinoedd, a newid yn yr hinsawdd, ac mae ymdrechion cadwraeth ar y gweill i amddiffyn yr anifeiliaid hyn. Wrth i fwy o wybodaeth gael ei dysgu am fioleg ac ymddygiad pelydrau manta, y gobaith yw y gellir gweithredu strategaethau cadwraeth effeithiol i sicrhau eu goroesiad ar gyfer cenedlaethau'r dyfodol.

Mamaliaid bach, cymdeithasol yw meerkats sydd i'w cael mewn rhannau o dde Affrica. Maent yn adnabyddus am eu hymddygiad nodedig, gan gynnwys sefyll yn unionsyth i arolygu eu hamgylchedd a byw mewn grwpiau teulu cydweithredol.

Tarddiad a Dosbarthiad

Mae meerkats yn perthyn i'r teulu mongoose , ac yn frodorol i dde Affrica , gan gynnwys Anialwch Kalahari , Anialwch Namib , a rhannau deheuol Angola , Botswana , De Affrica , a Namibia . Maent wedi addasu'n fawr i fyw mewn cynefinoedd cras a lled-gras, a gallant oroesi mewn ardaloedd sydd â dŵr a llystyfiant cyfyngedig.

Nodweddion Corfforol

Mae meerkats yn famaliaid bach, main gyda thrwynau hir pigfain a llygaid mawr. Mae ganddyn nhw ffwr byr, trwchus sydd fel arfer yn lliw brown tywodlyd, gyda rhannau is ysgafnach. Mae gan feercatiaid grafangau miniog a ddefnyddir i gloddio tyllau a dal ysglyfaeth, ac mae eu cynffonau hir, trwchus yn eu helpu i gydbwyso wrth sefyll yn unionsyth. Mae meerkats fel arfer yn pwyso rhwng 620-960 gram (1.4-2.1 pwys) ac yn mesur tua 25-35 centimetr (9.8-13.8 modfedd) o hyd, heb gynnwys eu cynffon. Mae ganddynt olwg a chlyw rhagorol, y maent yn eu defnyddio i ganfod ysglyfaethwyr ac ysglyfaeth.

Ymddygiad

Mae meerkats yn anifeiliaid cymdeithasol iawn ac yn byw mewn grwpiau teulu cydweithredol o'r enw mobs neu clans. Gall y grwpiau hyn gynnwys hyd at 50 o unigolion, er mai tua 10-20 o unigolion yw'r maint cyfartalog. O fewn y grŵp, mae hierarchaeth gaeth, gydag unigolion dominyddol yn cael blaenoriaeth dros is-weithwyr.

Mae meerkats yn ddyddiol, sy'n golygu eu bod yn actif yn ystod y dydd ac yn cysgu yn y nos. Maent yn diriogaethol iawn ac yn amddiffyn eu tiriogaeth yn erbyn grwpiau meerkat eraill. Mae meerkats yn cyfathrebu â'i gilydd trwy ystod o leisio, gan gynnwys rhisgl, crychau a phyrs. Maent hefyd yn defnyddio iaith y corff, megis symudiadau cynffon a mynegiant yr wyneb, i gyfleu gwybodaeth i aelodau eraill y grŵp.

Mae meercats yn hollysyddion ac yn bwydo ar amrywiaeth eang o fwydydd, gan gynnwys pryfed, mamaliaid bach, adar ac ymlusgiaid. Gwyddys eu bod hefyd yn bwyta ffrwythau, hadau, a deunydd planhigion arall pan fo bwyd yn brin.

Bygythiadau a Chadwraeth

Mae meercats yn wynebu nifer o fygythiadau, gan gynnwys colli a darnio cynefinoedd, ysglyfaethu gan adar ysglyfaethus ac ysglyfaethwyr eraill, a'r fasnach anifeiliaid anwes. Mewn rhai ardaloedd, mae meerkats hefyd yn cael eu lladd gan ffermwyr sy'n eu hystyried yn fygythiad i dda byw.

Mae ymdrechion cadwraeth ar gyfer meerkats yn cynnwys sefydlu ardaloedd gwarchodedig a rheoleiddio'r fasnach anifeiliaid anwes. Mae llawer o wledydd hefyd wedi gweithredu rhaglenni addysg ac allgymorth gyda'r nod o leihau gwrthdaro dynol-bywyd gwyllt a chodi ymwybyddiaeth o bwysigrwydd meerkats i ecosystemau lleol.

I gloi, mae meerkats yn famaliaid hynod ddiddorol a chymdeithasol sy'n chwarae rhan bwysig yn ecosystemau de Affrica. Maent wedi addasu i fyw mewn cynefinoedd cras a lled-gras, a gallant oroesi mewn ardaloedd sydd â dŵr a llystyfiant cyfyngedig. Mae meerkats yn diriogaethol iawn ac yn byw mewn grwpiau teulu cydweithredol, lle mae hierarchaeth lem. Maent yn cyfathrebu â'i gilydd trwy ystod o leisiadau ac iaith y corff, a gallant ganfod ysglyfaethwyr ac ysglyfaeth gan ddefnyddio eu golwg a'u clyw rhagorol. Mae meerkats yn wynebu nifer o fygythiadau, gan gynnwys colli cynefinoedd ac ysglyfaethu, ac mae ymdrechion cadwraeth ar y gweill i amddiffyn yr anifeiliaid hyn. Wrth i fwy o wybodaeth gael ei dysgu am fioleg ac ymddygiad meerkats, y gobaith yw y gellir gweithredu strategaethau cadwraeth effeithiol i sicrhau eu goroesiad ar gyfer cenedlaethau'r dyfodol.

149. Twrch daear

Mae tyrchod daear yn famaliaid bach, tanddaearol sy'n adnabyddus am eu haddasiadau nodedig i fywyd tanddaearol. Fe'u ceir mewn sawl rhan o'r byd, ac maent yn adnabyddus am eu hymddangosiad unigryw, eu hymddygiad, a'u rolau ecolegol.

Tarddiad a Dosbarthiad

Mae tyrchod daear yn perthyn i'r urdd famalaidd Eulipotyphla , sy'n cynnwys chwistlod , draenogod , a solenodonau . Fe'u ceir mewn sawl rhan o'r byd, gan gynnwys Ewrop, Asia, Gogledd America, ac Affrica. Mae yna sawl rhywogaeth o fannau geni, pob un â'u haddasiadau unigryw eu hunain i wahanol amgylcheddau.

Nodweddion Corfforol

Mae tyrchod daear yn famaliaid bach, silindrog sydd wedi addasu i fywyd dan ddaear. Mae ganddyn nhw ffwr byr, trwchus sydd fel arfer yn ddu, yn llwyd neu'n frown o ran lliw, gydag isranau ysgafnach. Mae eu llygaid yn fach ac mae eu clustiau wedi'u gorchuddio â ffwr, sy'n helpu i'w hamddiffyn rhag pridd a malurion wrth dwnelu.

Mae gan dyrchod daear fraichenni cryf, cyhyrog sydd wedi'u haddasu ar gyfer cloddio a thwnelu. Mae'r aelodau hyn wedi'u gosod yn llydan ar wahân i'r corff, ac yn cael eu cylchdroi ar gymal yr ysgwydd i ddarparu'r trosoledd mwyaf. Mae eu coesau ôl yn llai ac yn wannach, ac fe'u defnyddir yn bennaf ar gyfer cydbwysedd a gyriant wrth symud trwy dwneli.

Mae gan dyrchod daear drwynau hir, pigfain sy'n sensitif iawn i gyffyrddiad ac arogl. Maent yn defnyddio'r trwynau hyn i ganfod ysglyfaeth a llywio eu twneli tanddaearol. Mae eu dannedd yn finiog ac yn bigfain, ac wedi'u haddasu ar gyfer malu a malu allsgerbydau pryfed caled.

Ymddygiad

Mae tyrchod daear wedi addasu'n fawr i fyw dan ddaear, ac yn treulio'r rhan fwyaf o'u bywydau mewn rhwydwaith o dwneli y maent yn eu cloddio eu hunain. Maent yn anifeiliaid unigol, ac yn nodweddiadol dim ond yn rhyngweithio â'i gilydd yn ystod y tymor bridio.

Mae tyrchod daear yn weithgar trwy gydol y flwyddyn, ac yn gallu twnelu trwy amrywiaeth eang o briddoedd, gan gynnwys clai, tywod a lôm. Maen nhw'n bwydo'n bennaf ar bryfed, fel mwydod, lindys a chwilod, y maen nhw'n eu dal gan ddefnyddio eu trwynau sensitif a'u dannedd miniog.

Mae tyrchod daear yn adnabyddus am eu gallu i greu bryniau tyrchod, sef twmpathau o bridd sy'n cael eu gwthio i'r wyneb wrth iddynt gloddio twneli. Defnyddir y bryniau tyrchod hyn yn aml fel dangosyddion gweithgaredd tyrchod daear, a gallant fod yn niwsans mewn gerddi a lawntiau.

Bygythiadau a Chadwraeth

Nid yw tyrchod daear yn cael eu hystyried yn rhai dan fygythiad, er bod rhai rhywogaethau'n prinhau mewn rhai rhannau o'u cynefin oherwydd colli a darnio cynefinoedd. Mewn rhai ardaloedd, mae tyrchod daear yn cael eu hystyried yn blâu, ac yn cael eu dal neu eu gwenwyno er mwyn rheoli eu poblogaethau.

Mae ymdrechion cadwraeth ar gyfer tyrchod daear yn cynnwys sefydlu ardaloedd gwarchodedig, a hyrwyddo arferion rheoli tir cynaliadwy sy'n cadw eu cynefinoedd tanddaearol. Mae llawer o wledydd hefyd wedi gweithredu rhaglenni addysg ac allgymorth gyda'r nod o godi ymwybyddiaeth o bwysigrwydd tyrchod daear i ecosystemau lleol.

I gloi, mae tyrchod daear yn famaliaid hynod ddiddorol sydd wedi'u haddasu'n fawr ac sy'n chwarae rolau ecolegol pwysig mewn sawl rhan o'r byd. Maent wedi addasu i fywyd dan ddaear, ac yn gallu twnelu trwy amrywiaeth eang o briddoedd i chwilio am eu hysglyfaeth pryfed. Mae tyrchod daear yn anifeiliaid unig, ac yn adnabyddus am eu gallu i greu bryniau tyrchod, a all fod yn niwsans mewn gerddi a lawntiau. Mae ymdrechion cadwraeth ar gyfer tyrchod daear yn cynnwys sefydlu ardaloedd gwarchodedig a hyrwyddo arferion rheoli tir cynaliadwy sy'n cadw eu cynefinoedd tanddaearol. Wrth i fwy o wybodaeth gael ei dysgu am fioleg ac ymddygiad tyrchod daear, y gobaith yw y gellir gweithredu strategaethau cadwraeth effeithiol i sicrhau eu bod yn goroesi ar gyfer cenedlaethau'r dyfodol.

Mae mosgitos yn bryfed hedfan bach sy'n adnabyddus am eu gallu i drosglwyddo clefydau i bobl ac anifeiliaid. Maent i'w cael ym mron pob rhan o'r byd, ac fe'u hystyrir yn un o fectorau pwysicaf afiechyd.

Tarddiad a Dosbarthiad

Mae mosgitos yn perthyn i'r teulu Culicidae, sy'n cynnwys dros 3,000 o rywogaethau ledled y byd. Maent i'w cael ym mron pob rhan o'r byd, ac eithrio yn yr Antarctica. Mae mosgitos wedi bod o gwmpas ers dros 170 miliwn o flynyddoedd, ac wedi esblygu i lenwi llawer o gilfachau ecolegol.

Nodweddion Corfforol

Mae mosgitos yn bryfed bach sy'n hedfan sydd fel arfer yn 3-6 milimetr o hyd. Mae ganddyn nhw ddwy adain sydd wedi'u gorchuddio â chlorian, a phroboscis hir, tenau a ddefnyddir i fwydo ar waed. Mae gan fosgitos hefyd chwe choes hir, main a ddefnyddir ar gyfer clwydo a cherdded.

Daw mosgitos mewn ystod eang o liwiau, gan gynnwys brown, du, llwyd a melyn. Mae ganddynt siâp corff main, hirfaith sydd wedi'i addasu ar gyfer hedfan a symud trwy lystyfiant trwchus.

Ymddygiad

Mae mosgitos yn adnabyddus am eu gallu i drosglwyddo afiechydon, fel malaria, twymyn dengue, a firws Zika, i bobl ac anifeiliaid. Gwnânt hyn trwy fwydo ar waed gwesteiwyr heintiedig, ac yna trosglwyddo'r pathogenau sy'n achosi'r afiechyd i westeion eraill trwy eu poer.

Mae mosgitos yn weithredol yn bennaf yn ystod y nos, er bod rhai rhywogaethau yn weithgar yn ystod y dydd. Maent yn cael eu denu at eu gwesteiwyr gan gyfuniad o giwiau gweledol, arogleuol a thermol, a gallant leoli eu gwesteiwyr o bellter o hyd at 50 metr.

Mae mosgitos yn bridio mewn dŵr llonydd, fel pyllau, corsydd, a phyllau. Mae mosgitos benywaidd yn dodwy eu hwyau ar wyneb y dŵr, ac mae'r larfa yn deor ac yn datblygu yn y dŵr. Mae larfa mosgitos yn bwydo ar organebau dyfrol bach, fel algâu a bacteria, ac yn chwileriaid cyn dod i'r amlwg fel oedolion.

Bygythiadau a Rheolaeth

Ystyrir bod mosgitos yn un o fectorau pwysicaf afiechyd ledled y byd. Maent yn gyfrifol am drosglwyddo clefydau sy'n effeithio ar filiynau o bobl bob blwyddyn, gan gynnwys malaria, twymyn dengue, firws Zika, a firws Gorllewin y Nîl.

Mae ymdrechion i reoli poblogaethau mosgito yn cynnwys defnyddio pryfleiddiaid, dileu safleoedd bridio, a defnyddio rhwydi mosgito ac ymlidyddion. Mae rhai gwledydd hefyd wedi gweithredu rhaglenni rheoli mosgito sy'n cynnwys rhyddhau mosgitos a addaswyd yn enetig, sydd wedi'u cynllunio i leihau lledaeniad afiechyd.

Cadwraeth

Nid yw mosgitos yn chwarae rhan ecolegol arwyddocaol, ac ni chânt eu hystyried yn fygythiad neu dan fygythiad. Fodd bynnag, gall rheoli poblogaethau mosgito gael canlyniadau ecolegol anfwriadol, megis colli poblogaethau pryfed buddiol ac amharu ar weoedd bwyd.

Mae ymdrechion i leihau effaith rheoli mosgito ar ecosystemau yn cynnwys defnyddio pryfleiddiaid ecogyfeillgar, hyrwyddo arferion rheoli tir cynaliadwy sy'n cadw cynefinoedd naturiol, a sefydlu ardaloedd gwarchodedig sy'n cefnogi bioamrywiaeth.

I gloi, mae mosgitos yn grŵp hynod ddiddorol a chymhleth o bryfed sy'n cael effaith sylweddol ar iechyd pobl ac anifeiliaid. Er eu bod yn adnabyddus yn bennaf am eu gallu i drosglwyddo clefydau, maent hefyd yn chwarae rolau ecolegol pwysig mewn llawer o ecosystemau. Wrth i wyddonwyr barhau i astudio mosgitos a'u hymddygiad, gallwn obeithio cael gwell dealltwriaeth o sut i reoli eu poblogaethau a lliniaru effaith clefydau a gludir gan fosgitos.

151. Narwhal

Mae Narwhals yn un o'r mamaliaid morol mwyaf unigryw a dirgel yn y byd. Mae'r creaduriaid anodd hyn yn hysbys am eu ysgithrau hir, troellog sy'n ymwthio allan o'u pennau, a'u lliwio llwyd a gwyn brith nodedig.

Tarddiad a Dosbarthiad

Morfil canolig ei faint yw'r narwhal sy'n frodorol i ddyfroedd Arctig Canada , yr Ynys Las , Norwy , a Rwsia . Mae Narwhals yn aelodau o deulu'r morfilod danheddog, Odontoceti, ac yn perthyn yn agos i forfilod beluga.

Mae Narwhals wedi bod yn rhan bwysig o ecosystem yr Arctig ers miloedd o flynyddoedd, ac wedi chwarae rhan arwyddocaol yn niwylliant a thraddodiadau'r Inuit a phobloedd brodorol eraill y rhanbarth.

Nodweddion Corfforol

Morfilod canolig eu maint yw narwhals, gyda gwrywod fel arfer yn tyfu i tua 5.5 metr o hyd a benywod yn cyrraedd hyd o tua 4.5 metr. Mae ganddyn nhw siâp corff stociog, cyhyrog, gyda phen bach, crwn a dim asgell ddorsal. Mae gan Narwhals liw brith a gwyn nodedig, gyda chlytiau gwyn ar eu hochrau a darn llwyd neu ddu tywyllach ar eu cefnau.

Nodwedd fwyaf nodedig y narwhal yw eu ysgithriad hir, troellog, a all dyfu hyd at 3 metr o hyd. Dant wedi'i addasu yw'r ysgithriad mewn gwirionedd, a dim ond mewn gwrywod y mae i'w gael, er y gall nifer fach o fenywod fod â ysgithryn hefyd.

Ymddygiad

Rhywogaeth fudol yw'r narwhals, sy'n teithio'n bell rhwng eu mannau bwydo yn yr haf a'r gaeaf. Maent yn bwydo ar bysgod a sgwid yn bennaf, gan ddefnyddio eu galluoedd adleisio i leoli ysglyfaeth yn nyfroedd tywyll yr Arctig.

Mae Narwhals yn anifeiliaid cymdeithasol, a gellir eu canfod yn aml mewn grwpiau o 10-100 o unigolion. Mae'r grwpiau hyn fel arfer yn cynnwys merched a'u rhai ifanc, gyda gwrywod yn byw bywyd mwy unig. Yn ystod y tymor bridio, fodd bynnag, bydd gwrywod yn ymgynnull mewn grwpiau mawr ac yn cymryd rhan mewn arddangosiadau ysgithr-i-dysg a mathau eraill o ymddygiad cymdeithasol.

Bygythiadau a Chadwraeth

Mae Narwhals yn wynebu nifer o fygythiadau yn y gwyllt, gan gynnwys newid hinsawdd, colli cynefinoedd, a hela. Mae newid yn yr hinsawdd yn achosi i iâ môr yr Arctig grebachu, sy'n lleihau argaeledd cynefin a bwyd addas ar gyfer narwhals. Mae colli cynefinoedd hefyd yn bryder, gan y gall gweithgareddau diwydiannol megis chwilio am olew a nwy a llongau aflonyddu a difrodi cynefinoedd narwhal pwysig.

Mae hela hefyd yn fygythiad sylweddol i narwhals. Mewn rhai rhanbarthau, caniateir i bobl frodorol hela narwhals at ddibenion cynhaliaeth, ond mae pryder y gallai hela masnachol a'r fasnach anghyfreithlon mewn cynhyrchion narwhal, fel ysgithrau ifori, arwain at ostyngiad yn niferoedd y boblogaeth.

Mae ymdrechion i warchod narwhals yn cynnwys sefydlu ardaloedd gwarchodedig a datblygu arferion hela cynaliadwy. Mae'r Confensiwn ar y Fasnach Ryngwladol mewn Rhywogaethau Mewn Perygl (CITES) hefyd wedi rhoi rheoliadau ar waith i gyfyngu ar y fasnach mewn cynhyrchion narwhal.

Arwyddocâd Diwylliannol

Mae Narwhals wedi chwarae rhan ddiwylliannol bwysig yn yr Arctig ers miloedd o flynyddoedd. Mae Inuit a phobloedd brodorol eraill wedi hela narwhals am fwyd ac adnoddau eraill, ac wedi defnyddio ysgithrau narwhal a rhannau eraill ar gyfer offer, dillad ac eitemau eraill.

Mae Narwhals hefyd wedi chwarae rhan arwyddocaol yn llên gwerin a mytholeg yr Inuit, gyda llawer o straeon a chwedlau yn cynnwys y creaduriaid dirgel hyn. Mewn rhai traddodiadau, credir bod gan narwhaliaid bwerau ysbrydol a bod ganddynt wybodaeth ddofn o'r cefnfor a'i gyfrinachau.

I gloi, mae narwhals yn un o'r mamaliaid morol mwyaf unigryw a dirgel yn y byd, gyda'u ysgithrau hir, troellog a'u lliwiau llwyd a gwyn brith nodedig. Maent yn frodorol i ddyfroedd Arctig Canada, yr Ynys Las, Norwy, a Rwsia, ac maent wedi bod yn rhan bwysig o ecosystem a diwylliant yr Arctig ers miloedd o flynyddoedd.

Mae Narwhals yn wynebu nifer o fygythiadau yn y gwyllt, gan gynnwys newid hinsawdd, colli cynefinoedd, a hela. Mae ymdrechion cadwraeth yn canolbwyntio ar amddiffyn eu cynefinoedd a datblygu arferion hela cynaliadwy, yn ogystal â rheoleiddio'r fasnach mewn cynhyrchion narwhal.

Er gwaethaf y bygythiadau y maent yn eu hwynebu, mae narwhals yn parhau i ddal dychymyg pobl ledled y byd gyda'u hymddangosiad unigryw a'u hymddygiad hynod ddiddorol. Wrth i ni barhau i ddysgu mwy am y creaduriaid anodd hyn, gallwn obeithio datblygu strategaethau mwy effeithiol ar gyfer eu hamddiffyn a'u cynefinoedd er mwyn i genedlaethau'r dyfodol eu mwynhau.

Mae'r nautilus yn anifail morol unigryw a hynod ddiddorol sy'n rhan o'r teulu cephalopod, sydd hefyd yn cynnwys octopysau, sgwid, a môr-gyllyll. Mae Nautiluses yn adnabyddus am eu cregyn troellog nodedig, y maent yn eu defnyddio ar gyfer hynofedd ac amddiffyniad.

Tarddiad a Dosbarthiad

Mae'r nautilus yn ffosil byw, gyda llinach y gellir ei olrhain yn ôl dros 500 miliwn o flynyddoedd i'r cyfnod Cambriaidd cynnar. Nhw yw'r unig aelodau o'r urdd nautiloid sydd wedi goroesi, a fu unwaith yn amrywiol ac eang ledled cefnforoedd y byd.

Heddiw, dim ond chwe rhywogaeth hysbys o nautilus, sydd i'w cael yn nyfroedd trofannol y Môr Tawel a Chefnforoedd India. Mae mwyafrif y rhywogaethau nautilus i'w cael yn y dyfroedd o amgylch Indonesia, Ynysoedd y Philipinau ac Awstralia.

Nodweddion Corfforol

Mae gan Nautiluses gragen droellog nodedig, sy'n cael ei rhannu'n gyfres o siambrau wedi'u gwahanu gan waliau tenau, llawn nwy o'r enw septa. Mae'r gragen yn cynnwys cyfres o siambrau rhyng-gysylltiedig, gyda'r nautilus yn meddiannu'r siambr fwyaf a mwyaf diweddar yn unig. Mae'r siambrau eraill wedi'u llenwi â nwy, sy'n rhoi hynofedd ac yn caniatáu i'r nautilus symud i fyny ac i lawr yn y golofn ddŵr.

Mae Nautiluses yn gymharol fach o gymharu â cephalopodau eraill, gydag oedolion fel arfer yn cyrraedd hyd o tua 20-30 centimetr. Mae ganddyn nhw gorff meddal, pigog a phen mawr gyda dau bâr o lygaid syml.

Ymddygiad

Mae Nautiluses yn anifeiliaid sy'n symud yn araf, ac yn treulio'r rhan fwyaf o'u hamser ger gwely'r cefnfor. Maent yn nosol, ac yn fwyaf gweithgar yn y nos pan fyddant yn dod i'r wyneb i fwydo ar bysgod bach, cramenogion, ac infertebratau eraill.

Mae Nautiluses hefyd yn adnabyddus am eu gallu i newid lliw a gwead eu croen, y maent yn eu defnyddio i guddliwio eu hunain rhag ysglyfaethwyr ac i gyfathrebu â nautiluses eraill.

Atgynhyrchu

Mae Nautiluses yn unigryw ymhlith cephalopodau yn eu strategaeth atgenhedlu. Yn wahanol i octopysau a sgwid, sy'n dodwy eu hwyau ac yn marw'n fuan wedyn, mae'r nautiluses yn gallu atgynhyrchu sawl gwaith yn ystod eu hoes hir.

Mae nautiluses benywaidd yn dodwy eu hwyau mewn clystyrau o hyd at 40, sydd wedyn yn cael eu cysylltu â waliau'r gragen. Mae'r wyau'n deor ar ôl tua 9-12 mis, ac mae'r nautiluses ifanc yn treulio wythnosau cyntaf eu bywydau yn arnofio ger wyneb y cefnfor, lle maen nhw'n agored i ysglyfaethu.

Bygythiadau a Chadwraeth

Mae Nautiluses yn wynebu nifer o fygythiadau yn y gwyllt, gan gynnwys gorbysgota, colli cynefinoedd, a llygredd. Mae cregyn Nautilus yn cael eu gwerthfawrogi'n fawr gan gasglwyr ac yn y fasnach gregyn, ac mae'r galw hwn wedi arwain at orbysgota a gostyngiad yn niferoedd y boblogaeth.

Mae ymdrechion cadwraeth ar gyfer nautiluses yn canolbwyntio ar warchod eu cynefinoedd a rheoleiddio'r fasnach mewn cregyn nautilus. Mae'r Undeb Rhyngwladol dros Gadwraeth Natur (IUCN) wedi rhestru pob un o'r chwe rhywogaeth o nautilus fel rhai "agored i niwed" neu "dan fygythiad."

Arwyddocâd Diwylliannol

Mae cregyn Nautilus wedi cael eu gwerthfawrogi am eu harddwch a'u cymesuredd ers miloedd o flynyddoedd. Mewn llawer o ddiwylliannau, fe'u hystyrir yn symbolau o berffeithrwydd a harddwch, ac fe'u defnyddiwyd fel gwrthrychau addurniadol, offerynnau cerdd, a hyd yn oed fel arian cyfred.

Mae cregyn Nautilus hefyd wedi chwarae rhan arwyddocaol mewn gwyddoniaeth a mathemateg, gyda siâp troellog y gragen yn fodel ar gyfer y dilyniant Fibonacci a chysyniadau mathemategol eraill.

I gloi, mae'r nautilus yn anifail morol unigryw a hynod ddiddorol sydd wedi dal dychymyg pobl ers miloedd o flynyddoedd. Gyda'u cregyn troellog nodedig a'u symudiadau araf, gosgeiddig, mae morfilod yn dyst i amrywiaeth a chymhlethdod anhygoel bywyd ar ein planed. Wrth i ni barhau i ddysgu mwy am y creaduriaid anodd hyn a'r bygythiadau sy'n eu hwynebu, mae'n bwysig ein bod yn gweithio i warchod eu cynefinoedd a rheoleiddio'r fasnach mewn cregyn nautilus, er mwyn sicrhau eu bod yn parhau'n rhan o'n cefnforoedd am genedlaethau i ddod.

Mae Nautiluses yn ein hatgoffa o amrywiaeth a gwydnwch anhygoel bywyd ar y Ddaear, a phwysigrwydd cadw a gwarchod rhyfeddodau naturiol ein planed. Drwy gydweithio i warchod yr anifeiliaid hynod hyn, gallwn sicrhau eu bod yn parhau i'n hysbrydoli a'n rhyfeddu am genedlaethau i ddod.

153. Ocelot

Mae'r ocelot yn gath fach, wyllt sy'n frodorol i'r Americas. Maent yn adnabyddus am eu ffwr smotiog nodedig ac maent yn un o gathod gwyllt harddaf y byd.

Tarddiad a Dosbarthiad

Mae ocelots yn frodorol i'r Americas, o dde'r Unol Daleithiau i ogledd yr Ariannin. Maent yn byw mewn ystod eang o gynefinoedd, gan gynnwys coedwigoedd trofannol, glaswelltiroedd a chorsydd. Fe'u canfyddir amlaf yng Nghanolbarth a De America, gyda phoblogaeth lai hefyd i'w chael yn ne'r Unol Daleithiau, yn enwedig yn Texas ac Arizona.

Nodweddion Corfforol

Mae ocelots yn gathod bach, ystwyth gyda chôt fraith nodedig. Mae ganddyn nhw ffwr byr, lluniaidd sydd fel arfer yn felyn neu'n frown golau gyda smotiau du. Mae'r patrwm ffwr yn amrywio o unigolyn i unigolyn, ond fel arfer mae'n cynnwys smotiau solet ar y corff a streipiau ar y coesau a'r gynffon. Mae ganddyn nhw gyrff hir, main gyda chynffon gymharol fyr.

Mae gan ocelots lygaid mawr, llawn mynegiant sydd fel arfer yn felyn neu'n wyrdd. Mae ganddynt olwg a chlyw rhagorol, y maent yn eu defnyddio i hela ysglyfaeth a llywio eu hamgylchedd. Mae ganddynt hefyd grafangau ôl-dynadwy y maent yn eu defnyddio i ddringo coed a dal ysglyfaeth.

Ymddygiad

Mae ocelots yn nosol yn bennaf, ac maent yn fwyaf gweithgar yn y nos pan fyddant yn hela ysglyfaeth. Anifeiliaid unigol ydyn nhw, ac fel arfer dim ond yn ystod y tymor bridio y maent yn dod at ei gilydd.

Mae ocelots yn helwyr rhagorol, ac yn ysglyfaethu ar ystod eang o anifeiliaid gan gynnwys cnofilod, adar, ymlusgiaid a physgod. Gwyddys hefyd eu bod yn hela ysglyfaeth mwy fel ceirw a mwncïod, er bod hyn yn llai cyffredin.

Mae ocelots yn diriogaethol iawn, ac yn defnyddio marcio arogl a lleisiau i gyfathrebu â chathod eraill. Maent hefyd yn ddringwyr rhagorol, ac yn gallu dringo coed a nofio i ddianc rhag ysglyfaethwyr neu i hela ysglyfaeth.

Atgynhyrchu

Mae ocelots yn cyrraedd aeddfedrwydd rhywiol tua dwy flwydd oed, ac yn bridio unwaith y flwyddyn. Mae paru yn digwydd yn ystod y tymor gwlyb, ac mae benywod yn rhoi genedigaeth i dorllwythi o un i bedair cath fach ar ôl cyfnod beichiogrwydd o tua 79-82 diwrnod. Mae'r cathod bach yn cael eu geni'n ddall ac yn ddiymadferth, ac fel arfer yn cael eu diddyfnu pan fyddant tua thri mis oed.

Bygythiadau a Chadwraeth

Mae ocelots yn wynebu nifer o fygythiadau yn y gwyllt, gan gynnwys colli a darnio cynefinoedd, hela, a'r fasnach anifeiliaid anwes anghyfreithlon. Wrth i boblogaethau dynol barhau i dyfu ac ehangu i ardaloedd gwyllt, mae ocelots a bywyd gwyllt arall yn colli eu cynefinoedd ac yn wynebu cystadleuaeth gynyddol am adnoddau.

Mae ymdrechion cadwraeth ar gyfer ocelots yn canolbwyntio ar warchod eu cynefinoedd, rheoleiddio hela a'r fasnach anifeiliaid anwes, a chodi ymwybyddiaeth o bwysigrwydd cadw'r cathod gwyllt hardd hyn. Mae'r Undeb Rhyngwladol dros Gadwraeth Natur (IUCN) wedi rhestru'r ocelot fel rhywogaeth o "Pryder Lleiaf" oherwydd eu dosbarthiad cymharol eang a'u niferoedd poblogaeth sefydlog.

Arwyddocâd Diwylliannol

Mae ocelots wedi chwarae rhan bwysig mewn llawer o ddiwylliannau brodorol ledled America. Maent yn aml yn cael eu hystyried yn symbolau o gryfder ac ystwythder, ac wedi cael sylw mewn straeon a chwedlau traddodiadol.

Mewn rhai diwylliannau, mae ocelots hefyd wedi cael eu defnyddio mewn meddygaeth draddodiadol ac fel ffynhonnell ffwr a chig. Fodd bynnag, mae'r arfer hwn wedi dirywio yn ystod y blynyddoedd diwethaf wrth i fwy o bobl ddod yn ymwybodol o bwysigrwydd cadw'r anifeiliaid hardd hyn.

I gloi, mae'r ocelot yn gath wyllt fach, hardd sy'n frodorol i'r Americas. Gyda'u cot fraith nodedig a'u symudiadau ystwyth, gosgeiddig, mae ocelots yn dyst i amrywiaeth a chymhlethdod anhygoel bywyd ar ein planed. Wrth i ni barhau i ddysgu mwy am yr anifeiliaid rhyfeddol hyn a'r bygythiadau sy'n eu hwynebu, mae'n bwysig ein bod yn gweithio gyda'n gilydd i warchod eu cynefinoedd a chadw eu lle yn y byd naturiol.

154. Oposwm

Mae'r opossum, a elwir hefyd y possum, yn marsupial bach sy'n frodorol i'r Americas. Maent yn adnabyddus am eu hymddangosiad nodedig, gan gynnwys eu cynffon ddi-flew, cynhensil a bodiau croes.

Tarddiad a Dosbarthiad

Mae Opossums yn frodorol i'r Americas, o dde Canada i ogledd yr Ariannin. Fe'u ceir mewn ystod eang o gynefinoedd, gan gynnwys coedwigoedd, glaswelltiroedd ac ardaloedd trefol. Y Virginia opossum yw'r unig rywogaeth o opossum a geir yng Ngogledd America, tra bod sawl rhywogaeth arall i'w cael yng Nghanolbarth a De America.

Nodweddion Corfforol

Mae possums yn edrych yn nodedig, gyda thrwynau hir, pigfain a chlustiau di-flew. Mae ganddyn nhw gôt o ffwr sy'n gallu amrywio o ran lliw o lwyd i frown, ac mae ganddyn nhw gynffon gynhenid heb wallt y maen nhw'n ei defnyddio i afael ar ganghennau a dringo coed. Defnyddir eu cynffon hefyd fel offeryn ar gyfer cydbwysedd a sefydlogrwydd wrth chwilota.

Mae opossums yn gymharol fach, fel arfer yn pwyso rhwng 4 a 14 pwys. Mae ganddynt ddannedd miniog a system imiwnedd drawiadol, sy'n eu gwneud yn gymharol wrthsefyll afiechyd.

Ymddygiad

Mae opossums yn nosol yn bennaf, ac maent yn fwyaf gweithgar yn y nos pan fyddant yn hela am fwyd. Maent yn fwydwyr manteisgar, a byddant yn bwyta amrywiaeth eang o fwydydd gan gynnwys pryfed, ffrwythau, ac anifeiliaid bach fel llygod a nadroedd.

Pan fyddant dan fygythiad, mae gan opossums fecanwaith amddiffyn unigryw. Byddant yn aml yn "chwarae marw" neu "chwarae possum," ymddygiad lle maent yn gorwedd ar eu hochr ac yn mynd yn llipa, gyda'u tafod yn hongian allan o'u ceg. Credir bod yr ymddygiad hwn yn ymateb i straen, ac fe'i defnyddir i atal ysglyfaethwyr rhag ymosod.

Anifeiliaid unigol yw opossums, ac fel arfer dim ond gydag opossums eraill y'u gwelir yn ystod y tymor bridio. Mae benywod yn rhoi genedigaeth i dorllwythi o hyd at 20 o fabanod, sy'n cael eu geni'n ddall a heb wallt ac sy'n nodweddiadol yn pwyso llai na gram. Yna mae'r babanod yn cropian i mewn i god y fam, lle maen nhw'n parhau i ddatblygu nes eu bod yn ddigon hen i adael.

Bygythiadau a Chadwraeth

Mae opossums yn wynebu nifer o fygythiadau yn y gwyllt, gan gynnwys colli a darnio cynefinoedd, hela, a'r fasnach anifeiliaid anwes. Maent yn aml yn cael eu hystyried yn blâu ac weithiau cânt eu lladd gan berchnogion tai neu ffermwyr sy'n eu hystyried yn niwsans.

Mae ymdrechion cadwraeth ar gyfer opossums yn canolbwyntio ar warchod eu cynefinoedd, rheoleiddio hela a'r fasnach anifeiliaid anwes, a chodi ymwybyddiaeth o bwysigrwydd cadw'r marsupials unigryw hyn. Mae'r Undeb Rhyngwladol dros Gadwraeth Natur (IUCN) wedi rhestru'r opossum fel rhywogaeth o'r "Pryder Lleiaf" oherwydd eu dosbarthiad eang a niferoedd sefydlog y boblogaeth.

Arwyddocâd Diwylliannol

Mae Opossums wedi chwarae rhan bwysig mewn llawer o ddiwylliannau brodorol ledled America. Maent yn aml yn cael eu hystyried yn symbolau o allu i addasu a gwydnwch, oherwydd eu gallu i oroesi mewn ystod eang o amgylcheddau.

Mewn rhai diwylliannau, mae opossums hefyd wedi cael eu defnyddio mewn meddygaeth draddodiadol ac fel ffynhonnell ffwr a chig. Fodd bynnag, mae'r arfer hwn wedi dirywio yn ystod y blynyddoedd diwethaf wrth i fwy o bobl ddod yn ymwybodol o bwysigrwydd cadw'r anifeiliaid unigryw hyn.

I gloi, mae'r opossum yn marsupial bach, unigryw sy'n frodorol i'r Americas. Gyda'u hymddangosiad nodedig a'u mecanweithiau amddiffyn trawiadol, mae opossums yn dyst i amrywiaeth a chymhlethdod anhygoel bywyd ar ein planed. Wrth i ni barhau i ddysgu mwy am yr anifeiliaid rhyfeddol hyn a'r bygythiadau sy'n eu hwynebu, mae'n bwysig ein bod yn gweithio gyda'n gilydd i warchod eu cynefinoedd a chadw eu lle yn y byd naturiol.

155. Estrys

Yr estrys yw aderyn mwyaf y byd ac mae'n frodorol i Affrica. Maent yn adnabyddus am eu hymddangosiad nodedig, gan gynnwys eu gwddf a'u coesau hir, a'u hanallu i hedfan.

Tarddiad a Dosbarthiad

Mae'r estrys yn frodorol i Affrica, gyda'r rhan fwyaf o'u dosbarthiad naturiol wedi'i leoli yn savannas ac anialwch y cyfandir. Fe'u ceir mewn nifer o wledydd Affrica, gan gynnwys De Affrica, Zimbabwe, Botswana, Namibia, a Kenya.

Nodweddion Corfforol

Yr estrys yw aderyn mwyaf y byd, gyda gwrywod yn cyrraedd uchder o hyd at 9 troedfedd ac yn pwyso cymaint â 350 pwys. Mae merched ychydig yn llai, yn cyrraedd uchder o hyd at 6 troedfedd ac yn pwyso cymaint â 250 pwys.

Mae gan estrys ymddangosiad nodedig, gyda gwddf a choesau hir a chorff mawr, crwn. Mae ganddyn nhw ben bach gyda phig fflat, ac mae eu llygaid yn fawr ac yn grwn. Mae gan estrys ddau fysedd traed ar bob troed, gyda'r bys traed mwy yn cael ei ddefnyddio ar gyfer rhedeg a'r bysedd traed llai ar gyfer cydbwysedd.

Mae estrys wedi'u gorchuddio â phlu, sy'n feddal ac yn blewog ar y corff ond yn dod yn fwy bras ar y coesau a'r gwddf. Mae ganddyn nhw amrywiaeth o liwiau, gan gynnwys du, gwyn, brown a llwyd.

Ymddygiad

Mae estrys yn anifeiliaid cymdeithasol ac yn byw mewn grwpiau a elwir yn heidiau. Mae'r heidiau hyn fel arfer yn cynnwys 5 i 50 o adar, ac fel arfer yn cael eu harwain gan wryw dominyddol. Mae estrys yn ddyddiol yn bennaf, ac maent yn fwyaf gweithgar yn ystod y dydd pan fyddant yn hela am fwyd a dŵr.

Adar heb hedfan yw estrys, ond maent yn rhedwyr hynod gyflym. Gallant gyrraedd cyflymder o hyd at 43 milltir yr awr, gan eu gwneud yr anifail tir cyflymaf yn y byd. Mae estrys yn defnyddio eu cyflymder a'u maint mawr fel amddiffyniad yn erbyn ysglyfaethwyr, a byddant yn aml yn cicio ac yn stompio â'u coesau pwerus os ydynt yn teimlo dan fygythiad.

Mae estrys yn hollysyddion, a byddant yn bwyta amrywiaeth eang o fwydydd gan gynnwys planhigion, pryfed ac anifeiliaid bach. Mae ganddynt system dreulio unigryw sy'n caniatáu iddynt fwyta planhigion caled, ffibrog trwy eu malu â cherrig y maent yn eu llyncu.

Bridio

Yn ystod y tymor bridio, sydd fel arfer yn digwydd rhwng mis Mawrth a mis Medi, bydd gwrywod yn perfformio arddangosiadau carwriaeth gywrain i ddenu benywod. Mae'r arddangosiadau hyn yn aml yn cynnwys y gwryw yn fflapio ei adenydd ac yn gwneud synau uchel, tra bod y fenyw yn ymateb trwy guro ei phen a thaenu ei hadenydd.

Unwaith y bydd pâr wedi ffurfio, bydd y fenyw yn dodwy ei hwyau mewn nyth bas yn y ddaear. Mae estrys yn dodwy wyau mwyaf unrhyw aderyn, gyda phob wy yn pwyso cymaint â 3 pwys. Bydd y gwryw a'r fenyw yn cymryd eu tro i ddeor yr wyau, sy'n cymryd rhwng 35 a 45 diwrnod i ddeor.

Bygythiadau a Chadwraeth

Mae estrys yn wynebu nifer o fygythiadau yn y gwyllt, gan gynnwys colli a darnio cynefinoedd, hela am eu plu, a sathru am eu cig a'u croen. Weithiau maent hefyd yn cael eu hela fel plâu gan ffermwyr sy'n eu hystyried yn fygythiad i'w cnydau.

Mae ymdrechion cadwraeth ar gyfer estrys yn canolbwyntio ar warchod eu cynefinoedd, rheoleiddio hela a photsio, a chodi ymwybyddiaeth o bwysigrwydd cadw'r adar unigryw hyn. Mae'r Undeb Rhyngwladol dros Gadwraeth Natur (IUCN) wedi rhestru'r estrys fel rhywogaeth o'r "Pryder Lleiaf" oherwydd eu dosbarthiad eang a niferoedd sefydlog y boblogaeth.

Arwyddocâd Diwylliannol

Mae estrys wedi chwarae rhan bwysig mewn llawer o ddiwylliannau trwy gydol hanes. Maent wedi cael eu hela am eu plu, a ddefnyddiwyd mewn ffasiwn a gwisg seremonïol, ac am eu cig, a ystyrir yn ddanteithfwyd mewn sawl rhan o'r byd.

Mewn diwylliannau Affricanaidd, mae estrys wedi cael eu parchu ers amser maith am eu cryfder, eu cyflymder a'u harddwch. Maent wedi cael sylw mewn llawer o straeon traddodiadol Affricanaidd ac yn aml yn cael eu hystyried yn symbolau o ryddid a gwytnwch.

Yn y cyfnod modern, mae estrys yn atyniad poblogaidd mewn sŵau a pharciau bywyd gwyllt, lle gall ymwelwyr weld eu hymddangosiad a'u hymddygiad unigryw yn agos.

I gloi, mae'r estrys yn aderyn hynod ddiddorol ac unigryw sy'n frodorol i Affrica. Yn adnabyddus am eu hymddangosiad nodedig a'u cyflymder trawiadol, mae estrys wedi chwarae rhan bwysig mewn llawer o ddiwylliannau trwy gydol hanes. Tra eu bod yn wynebu nifer o fygythiadau yn y gwyllt, mae ymdrechion yn cael eu gwneud i warchod eu cynefinoedd a chodi ymwybyddiaeth am bwysigrwydd gwarchod yr adar eiconig hyn ar gyfer cenedlaethau'r dyfodol.

Mae'r panther yn gath fawr bwerus a gosgeiddig sy'n adnabyddus am ei chot ddu a'i llygaid gwyrdd tyllu. Math o leopard neu jaguar ydyw mewn gwirionedd, ac fe'i gelwir hefyd wrth yr enwau panther du neu leopard du. Mae panthers i'w cael mewn sawl rhan o'r byd, gan gynnwys Affrica, Asia, ac America. Maen nhw'n helwyr llechwraidd ac yn adnabyddus am eu cyflymder, eu hystwythder a'u cryfder.

Nodweddion Corfforol

Mae'r panther yn gath fawr a chyhyrog sy'n gallu pwyso hyd at 200 pwys a thyfu hyd at chwe throedfedd o hyd. Mae ei gôt fel arfer yn ddu, ond gall hefyd fod yn frown neu'n llwyd, yn dibynnu ar yr isrywogaeth. Mae'r ffwr yn fyr, yn feddal ac yn sgleiniog, sy'n helpu'r panther i ymdoddi i'w amgylchoedd wrth hela neu stelcian ysglyfaeth.

Un o nodweddion mwyaf nodedig y panther yw ei lygaid gwyrdd tyllu. Mae'r llygaid hyn yn fwy na llygaid cathod mawr eraill, sy'n rhoi gweledigaeth nos uwchraddol i'r panther. Mae ei enau hefyd yn bwerus iawn, sy'n caniatáu iddo dynnu ysglyfaeth mawr i lawr yn rhwydd.

Ymddygiad

Mae Panthers yn anifeiliaid unig sydd fel arfer yn hela ar eu pennau eu hunain. Maent yn llechwraidd iawn ac mae'n well ganddynt hela yn y nos, pan fydd eu cot dywyll yn caniatáu iddynt ymdoddi i'r cysgodion. Mae Panthers yn adnabyddus am eu cyflymder a'u hystwythder, sy'n caniatáu iddynt fynd ar ôl ysglyfaeth a neidio arno gyda grym anhygoel.

Cigysydd yw'r panther ac mae ei ddeiet yn cynnwys cig yn bennaf. Mae'n ysglyfaethu amrywiaeth eang o anifeiliaid, gan gynnwys ceirw, baedd gwyllt, antelopau, a mamaliaid llai fel cwningod a llygod. Mae'n hysbys hefyd bod Panthers yn hela anifeiliaid domestig o bryd i'w gilydd, fel defaid a geifr.

Mae Panthers yn anifeiliaid tiriogaethol iawn a byddant yn nodi eu tiriogaeth ag wrin a chrafiadau ar goed. Maent hefyd yn lleisiol iawn a byddant yn defnyddio ystod o synau i gyfathrebu â panthers eraill yn yr ardal.

Gwreiddiau

Mae panthers i'w cael mewn sawl rhan o'r byd, gan gynnwys Affrica, Asia, ac America. Mae'r panther du mewn gwirionedd yn fersiwn felanistaidd o'r llewpard neu'r jaguar, ac nid yw'n rhywogaeth ar wahân. Treiglad genetig yw melaniaeth sy'n achosi'r anifail i gynhyrchu mwy o felanin, sy'n rhoi lliw tywyllach i'w ffwr.

Yn Affrica, mae panthers i'w cael mewn llawer o wahanol gynefinoedd, gan gynnwys savannas, glaswelltiroedd a choedwigoedd. Maent hefyd i'w cael mewn rhannau o Asia, gan gynnwys India a Tsieina. Yn yr Americas, mae panthers i'w cael yng Ngogledd a De America. Mae panther Florida, er enghraifft, yn isrywogaeth o'r cougar a geir yn Florida yn unig.

Cadwraeth

Mae Panthers yn wynebu nifer o fygythiadau yn y gwyllt, gan gynnwys colli cynefinoedd, potsio a hela. Mewn rhai rhannau o'r byd, mae panthers yn cael eu hela am eu ffwr, sy'n cael ei werthfawrogi'n fawr. Maent hefyd weithiau'n cael eu hela fel bygythiad i dda byw neu fel perygl i bobl.

Mewn llawer o ardaloedd, mae ymdrechion yn cael eu gwneud i warchod cynefinoedd panther ac i godi ymwybyddiaeth o bwysigrwydd cadwraeth. Mae deddfau wedi'u rhoi ar waith i amddiffyn panthers rhag hela a photsio, ac mae llawer o sefydliadau'n gweithio i warchod eu cynefinoedd naturiol.

I gloi, mae'r panther yn gath fawr bwerus a gosgeiddig sydd i'w chael mewn sawl rhan o'r byd. Yn adnabyddus am ei got ddu a'i lygaid gwyrdd tyllu, mae'r panther yn heliwr llechwraidd sy'n gallu tynnu ysglyfaeth mawr i lawr yn rhwydd. Tra bod panthers yn wynebu nifer o fygythiadau yn y gwyllt, mae ymdrechion yn cael eu gwneud i warchod eu cynefinoedd a chodi ymwybyddiaeth am bwysigrwydd gwarchod yr anifeiliaid eiconig hyn ar gyfer cenedlaethau'r dyfodol.

Parotiaid yw rhai o'r adar mwyaf lliwgar a deallus yn y byd. Mae'r adar hyn yn adnabyddus am eu galluoedd lleisiol unigryw a'u natur gymdeithasol, sydd wedi eu gwneud yn anifeiliaid anwes poblogaidd ers canrifoedd.

Nodweddion Corfforol

Nodweddir parotiaid gan eu plu lliwgar, eu pigau bachog, a'u traed zygodactyl. Mae gan y traed hyn ddau fysedd traed yn pwyntio ymlaen a dau yn pwyntio yn ôl, sy'n helpu'r aderyn i afael mewn canghennau a dringo coed. Mae parotiaid yn amrywio o ran maint o'r budgerigar bach, sydd ond tua chwe modfedd o hyd, i'r macaws mawr, a all fod hyd at dair troedfedd o hyd.

Un o nodweddion mwyaf trawiadol parotiaid yw eu plu bywiog. Gall y plu hyn fod yn goch, glas, gwyrdd, melyn, neu gyfuniad o'r lliwiau hyn. Defnyddir y plu hefyd ar gyfer cyfathrebu, gan y bydd rhai parotiaid yn codi neu'n gostwng eu plu i ddangos emosiynau fel ofn neu ymddygiad ymosodol.

Ymddygiad

Mae parotiaid yn anifeiliaid cymdeithasol iawn sy'n ffurfio bondiau cryf gyda'u cyd-diaid. Yn y gwyllt, maent yn byw mewn grwpiau mawr, yn aml yn rhifo yn y cannoedd. Defnyddiant amrywiaeth o leisio i gyfathrebu â'i gilydd, gan gynnwys gwichian, sgrechian, a dynwared.

Un o alluoedd mwyaf rhyfeddol parotiaid yw eu gallu i ddynwared. Mae llawer o rywogaethau yn gallu dynwared lleferydd dynol, synau anifeiliaid eraill, a hyd yn oed cerddoriaeth. Gall rhai parotiaid hefyd ddysgu defnyddio geiriau ac ymadroddion mewn cyd-destun, sy'n awgrymu lefel uwch o ddeallusrwydd nag a feddyliwyd yn flaenorol.

Mae parotiaid hefyd yn adnabyddus am eu galluoedd deallusrwydd a datrys problemau. Dangoswyd eu bod yn defnyddio offer, yn datrys posau, a hyd yn oed yn deall perthnasoedd achos-ac-effaith.

Gwreiddiau

Mae parotiaid i'w cael mewn sawl rhan o'r byd, gan gynnwys Canolbarth a De America, Affrica, Awstralia, a De-ddwyrain Asia. Mae yna dros

350 o rywogaethau o barotiaid, pob un â'i nodweddion a'i ymddygiadau unigryw ei hun.

Mae tystiolaeth ffosil yn awgrymu bod parotiaid wedi bod o gwmpas ers o leiaf 30 miliwn o flynyddoedd. Roedd rhai o'r parotiaid cynharaf yn byw yn yr hyn sydd bellach yn Dde America, a thros amser, ymledodd parotiaid i rannau eraill o'r byd.

Cadwraeth

Mae llawer o rywogaethau o barotiaid mewn perygl oherwydd colli cynefinoedd a sathru. Mae'r fasnach anifeiliaid anwes yn fygythiad mawr i lawer o rywogaethau parot, gan eu bod yn aml yn cael eu dal o'r gwyllt a'u gwerthu fel anifeiliaid anwes. Mae hyn wedi arwain at ostyngiad mewn poblogaethau gwyllt, yn ogystal â dirywiad mewn amrywiaeth genetig.

Mewn ymateb i'r bygythiadau hyn, mae llawer o ymdrechion cadwraeth ar y gweill i amddiffyn parotiaid a'u cynefinoedd. Mae deddfau wedi'u rhoi ar waith i reoleiddio masnach parotiaid a ddaliwyd yn wyllt, a sefydlwyd rhaglenni bridio i gynyddu amrywiaeth genetig poblogaethau caeth.

I gloi, parotiaid yw rhai o'r adar mwyaf lliwgar a deallus yn y byd. Mae'r adar hyn yn adnabyddus am eu galluoedd lleisiol unigryw, eu natur gymdeithasol, a'u galluoedd datrys problemau. Tra bod llawer o rywogaethau o barotiaid mewn perygl oherwydd colli cynefinoedd a sathru, mae ymdrechion cadwraeth ar y gweill i warchod yr adar eiconig hyn a sicrhau eu bod yn goroesi ar gyfer cenedlaethau'r dyfodol.

158. Peunod

Math o aderyn sy'n enwog am eu plu trawiadol a lliwgar yw peunod. Maent yn perthyn yn agos i ffesantod ac yn frodorol i is-gyfandir India a De-ddwyrain Asia.

Nodweddion Corfforol

Mae peunod yn cael eu gwahaniaethu gan eu plu hir, addurnedig, a ddefnyddir gan wrywod i ddenu benywod yn ystod y tymor paru. Gall y plu hyn fod hyd at chwe throedfedd o hyd ac maent yn symudliw, gyda lliwiau glas a gwyrdd llachar. Plu cynffon y gwryw, a elwir yn drên, yw'r nodwedd fwyaf trawiadol ac maent yn aml yn cael eu harddangos mewn siâp tebyg i gefnogwr i ddenu ffrindiau.

Yn ogystal â'u plu, mae gan beunod arfbais arbennig o blu ar eu pennau, y gallant eu codi a'u gostwng i gyfathrebu ag adar eraill. Mae ganddyn nhw hefyd big bachog, coesau hir, ac adenydd pwerus sy'n caniatáu iddyn nhw hedfan pellteroedd byr.

Daw peunod mewn dwy rywogaeth wahanol: y paun Indiaidd, a elwir hefyd y paun, a'r peunod gwyrdd. Y peunod Indiaidd yw'r mwyaf adnabyddus ac mae ganddo'r plu mwyaf addurnedig, tra bod gan y peunod gwyrdd liw tywyllach, mwy tawel.

Ymddygiad

Adar cymdeithasol yw peunod sy'n byw mewn grwpiau a elwir yn heidiau. Yn ystod y tymor paru, bydd gwrywod yn arddangos eu plu ac yn galw allan i ddenu benywod. Byddant hefyd yn cymryd rhan mewn dawnsiau carwriaeth, sy'n cynnwys dangos eu plu a symud o gwmpas mewn cylch.

Unwaith y bydd pâr wedi ffurfio, bydd y gwryw yn adeiladu nyth ar y ddaear a bydd y fenyw yn dodwy ei hwyau. Mae peunod yn ungam a byddant yn aros gyda'u cymar am oes.

Mae peunod yn hollysol, sy'n golygu eu bod yn bwyta planhigion ac anifeiliaid. Mae eu diet yn cynnwys hadau, ffrwythau, pryfed a mamaliaid bach. Gwyddys hefyd eu bod yn bwyta nadroedd ac ymlusgiaid eraill.

Gwreiddiau

Mae peunod yn frodorol i is-gyfandir India a De-ddwyrain Asia. Maent wedi bod yn dofi ers miloedd o flynyddoedd ac yn cael eu cadw gan uchelwyr yr India hynafol am eu plu addurnol. Cyflwynwyd yr adar i Ewrop gan fasnachwyr a fforwyr yn yr Oesoedd Canol a chawsant eu cadw mewn gerddi brenhinol fel symbol o gyfoeth a moethusrwydd.

Heddiw, mae peunod i'w cael mewn sawl rhan o'r byd, gan gynnwys Gogledd America, Ewrop ac Awstralia, lle maen nhw wedi'u cyflwyno fel adar addurnol.

Cadwraeth

Nid yw peunod yn cael eu hystyried mewn perygl, ond mae colli cynefinoedd a sathru yn dal i fod yn fygythiad i boblogaethau gwyllt. Mewn rhai ardaloedd, mae peunod yn cael eu hela am eu cig a'u plu, ac mae eu cynefinoedd yn cael eu dinistrio gan ddatgoedwigo a threfoli.

Mae peunod hefyd yn cael eu hystyried yn niwsans mewn rhai ardaloedd, gan y gallant achosi difrod i gnydau a gerddi. Mewn ymateb, mae rhai ardaloedd wedi rhoi mesurau rheoli poblogaeth ar waith, megis ychwanegu wyau ac adleoli.

I gloi, mae peunod yn aderyn hynod ddiddorol sy'n adnabyddus am eu plu trawiadol a'u harddangosfeydd addurnedig. Maen nhw'n anifeiliaid cymdeithasol sy'n byw mewn diadelloedd ac yn unweddog â'u ffrindiau. Mae peunod yn frodorol i is-gyfandir India a De-ddwyrain Asia, ond maent wedi cael eu cyflwyno i rannau eraill o'r byd fel adar addurnol. Er nad ydynt yn cael eu hystyried mewn perygl, mae peunod yn dal i wynebu bygythiadau o golli cynefinoedd a sathru, ac mae ymdrechion yn cael eu gwneud i amddiffyn eu poblogaethau a'u cynefinoedd.

159. Pengwin

Mae pengwiniaid yn grŵp o adar heb hedfan sy'n enwog am eu hymddangosiad nodweddiadol tebyg i tuxedo a'u cerddediad hirgoes. Maent i'w cael yn bennaf yn Hemisffer y De, yn enwedig yn Antarctica, ac maent wedi addasu i fyw yn rhai o amgylcheddau mwyaf eithafol y Ddaear.

Nodweddion Corfforol

Mae pengwiniaid yn hawdd eu hadnabod diolch i'w lliwio du-a-gwyn a'u cyrff wadlo cryf. Mae eu cyrff yn llyfn ac wedi esblygu i fod yn gwbl addas ar gyfer bywyd yn y dŵr, gyda thraed gweog ac adenydd tebyg i fflipwyr sy'n caniatáu iddynt nofio ar gyflymder o hyd at 20 milltir yr awr. Mae eu hadenydd, sydd wedi datblygu i fod yn fflipwyr, yn cael eu defnyddio ar gyfer llywio ac yn cael eu haddasu i weithredu fel llafn gwthio.

Mae pengwiniaid yn amrywio mewn maint o'r rhywogaeth leiaf, y pengwin bach glas, sydd ond tua 16 modfedd o daldra, i'r mwyaf, y pengwin yr ymerawdwr, sy'n gallu tyfu i fod dros 4 troedfedd o daldra. Mae eu plu yn drwchus ac yn dal dŵr, gan ddarparu inswleiddiad ac amddiffyniad rhag tymheredd oer eu hamgylcheddau. O dan eu plu, mae gan bengwiniaid haenen o fraster a elwir yn blubber sy'n eu helpu i gadw'n gynnes yn nyfroedd rhewllyd Cefnfor y De.

Ymddygiad

Mae pengwiniaid yn anifeiliaid cymdeithasol sy'n byw mewn cytrefi mawr. Yn ystod y tymor bridio, bydd gwrywod yn cystadlu am sylw benywod trwy berfformio arddangosiadau carwriaeth gywrain. Gall yr arddangosiadau hyn gynnwys lleisiau, pobi pen, a hyd yn oed cyflwyno carreg neu roc fel anrheg.

Unwaith y bydd pâr wedi ffurfio, bydd y fenyw yn dodwy un neu ddau o wyau, a bydd y gwryw a'r fenyw yn eu tro yn deor. Unwaith y bydd y cyw yn deor, bydd y ddau riant yn gofalu amdano, gan ddarparu bwyd ac amddiffyniad nes y bydd yn gallu gofalu amdano'i hun.

Mae pengwiniaid yn gigysol yn bennaf, gan fwydo ar ddeiet o bysgod, sgwid a chril. Maent wedi addasu'n dda i hela o dan y dŵr, gan ddefnyddio eu cyrff llyfn a'u fflipwyr pwerus i fynd ar ôl eu hysglyfaeth.

Gall rhai rhywogaethau blymio i ddyfnderoedd o hyd at 500 metr a dal eu gwynt am rai munudau.

Gwreiddiau

Mae'r ffosilau pengwin cynharaf y gwyddys amdanynt yn dyddio'n ôl i'r cyfnod Paleosenaidd, tua 60 miliwn o flynyddoedd yn ôl. Mae'r ffosilau hyn yn awgrymu bod hynafiaid pengwiniaid modern yn llawer mwy na'u cymheiriaid cyfoes, gyda rhai rhywogaethau yn sefyll dros 6 troedfedd o daldra.

Mae pengwiniaid i'w cael yn bennaf yn Hemisffer y De, gyda'r poblogaethau mwyaf yn byw yn Antarctica. Maent hefyd i'w cael yn Ne Affrica, Seland Newydd, a rhannau o Dde America. Mae llawer o rywogaethau o bengwiniaid wedi addasu i fywyd mewn amgylcheddau hynod o oer a garw, megis pengwin yr ymerawdwr, sy'n gallu gwrthsefyll tymheredd mor isel â -40 gradd Celsius.

Cadwraeth

Mae pengwiniaid yn wynebu nifer o fygythiadau, gan gynnwys newid hinsawdd, llygredd, gorbysgota, a dinistrio cynefinoedd. Mae llawer o rywogaethau hefyd yn cael eu bygwth gan ysglyfaethwyr a gyflwynwyd, fel llygod mawr a chathod, a all ddirywio poblogaethau pengwiniaid. Yn ogystal, weithiau mae pengwiniaid yn cael eu hela am eu cig, wyau a phlu.

Mae ymdrechion ar y gweill i warchod poblogaethau pengwiniaid a'u cynefinoedd. Mewn rhai ardaloedd, mae mesurau wedi'u rhoi ar waith i reoli'r poblogaethau o ysglyfaethwyr a gyflwynir. Mae ymchwilwyr hefyd yn astudio effeithiau newid hinsawdd ar boblogaethau pengwiniaid ac yn gweithio i ddatblygu strategaethau i'w helpu i addasu i amodau amgylcheddol newidiol.

I gloi, mae pengwiniaid yn adar hynod ddiddorol ac unigryw sydd wedi addasu i fywyd yn rhai o amgylcheddau mwyaf eithafol y Ddaear. Maent yn anifeiliaid cymdeithasol sy'n byw mewn cytrefi mawr ac yn arddangos ymddygiadau cymhleth, megis arddangosiadau carwriaeth a magu plant. Mae pengwiniaid yn gigysol yn bennaf ac wedi addasu'n dda i hela o dan y dŵr. Tra bod pengwiniaid yn wynebu nifer o fygythiadau, mae ymdrechion yn cael eu gwneud i warchod eu poblogaethau a'u cynefinoedd, gan sicrhau bod yr adar hynod hyn yn parhau.

160. Cimychiaid

Mae cimychiaid yn fath o gramenogion sy'n cael eu hystyried yn danteithfwyd mewn sawl rhan o'r byd. Maent yn adnabyddus am eu hymddangosiad nodedig, sy'n cynnwys allsgerbwd caled, crafangau mawr, ac antena hir. Mae cimychiaid i'w cael yn bennaf mewn amgylcheddau dŵr halen, fel y cefnfor, ac maent fel arfer yn gysylltiedig ag arfordiroedd creigiog a dyfroedd bas.

Maint a Phwysau

Mae cimychiaid yn grŵp amrywiol o gramenogion, a gall eu maint a'u pwysau amrywio'n fawr yn dibynnu ar y rhywogaeth. Mae'r rhywogaeth leiaf o gimwch, y cimwch pigog (Panulirus argus), fel arfer yn tyfu i fod tua 10 modfedd (25 cm) o hyd ac yn pwyso tua 3 pwys (1.3 kg). Ar y llaw arall, gall y rhywogaeth fwyaf o gimwch, y cimwch Americanaidd (Homarus americanus), dyfu hyd at 3 troedfedd (1 metr) o hyd a phwyso dros 40 pwys (18 kg).

Exoskeleton

Un o nodweddion amlycaf cimychiaid yw eu hessgerbwd caled, sy'n cynnwys chitin a chalsiwm carbonad. Mae'r exoskeleton yn gweithredu fel cragen amddiffynnol, a rhaid ei sied o bryd i'w gilydd er mwyn i'r cimwch dyfu. Yr enw ar y broses hon yw toddi, ac yn ystod y cyfnod hwn, mae'r cimwch yn agored i ysglyfaethwyr.

Crafangau

Nodwedd nodweddiadol arall o gimychiaid yw eu crafangau mawr, a ddefnyddir ar gyfer amddiffyn, hela a chyfathrebu. Gelwir y mwyaf o'r ddau grafanc yn grafanc malwr, ac fe'i defnyddir i falu'r cregyn ysglyfaethus. Gelwir y crafanc llai yn crafanc y torrwr, ac fe'i defnyddir ar gyfer torri a rhwygo. Defnyddir y crafangau hefyd ar gyfer cyfathrebu, gan y bydd cimychiaid yn eu chwifio i ddangos ymddygiad ymosodol neu ymostyngiad.

Antena

Mae gan gimychiaid antena hir, a ddefnyddir i synhwyro eu hamgylchedd a chanfod bwyd. Mae'r antenau wedi'u gorchuddio â blew mân sy'n gallu canfod newidiadau yn llif a thymheredd dŵr. Maent hefyd yn cael eu defnyddio ar gyfer cyfathrebu, gan y bydd cimychiaid yn fflicio eu antennae i ddangos eu presenoldeb i gimychiaid eraill.

Lliwiad

Gall lliw cimychiaid amrywio yn dibynnu ar y rhywogaeth a'r amgylchedd y maent yn byw ynddo. Mae'r rhan fwyaf o gimychiaid yn frown neu'n wyrdd-frown, sy'n eu helpu i ymdoddi i'r hyn sydd o'u cwmpas. Fodd bynnag, mae gan rai cimychiaid liwiau llachar, fel cimwch pigog y Caribî (Panulirus argus), sy'n aml yn goch llachar.

Tarddiad Cimychiaid

Mae cimychiaid yn rhan o'r grŵp mwy o gramenogion, sy'n cynnwys crancod, berdys, a chril. Nid yw union darddiad cramenogion yn cael ei ddeall yn dda, ond credir eu bod wedi esblygu yn ystod y cyfnod Cambriaidd, tua 540 miliwn o flynyddoedd yn ôl.

Credir bod y cimychiaid cyntaf wedi esblygu yn ystod y cyfnod Jwrasig, tua 200 miliwn o flynyddoedd yn ôl. Roedd y cimychiaid cynnar hyn yn llawer llai na chimychiaid heddiw, ac nid oedd ganddynt y crafangau mawr sy'n nodweddiadol o lawer o rywogaethau modern.

Heddiw, mae dros 50 o rywogaethau o gimychiaid, sydd i'w cael ym mhob un o gefnforoedd y byd. Mae rhai o'r rhywogaethau mwyaf adnabyddus yn cynnwys y cimwch Americanaidd (Homarus americanus), y cimwch Ewropeaidd (Homarus gammarus), a'r cimwch pigog (Panulirus argus).

Cynefin

Mae cimychiaid i'w cael yn bennaf mewn amgylcheddau dŵr hallt, fel y cefnfor, ond maen nhw hefyd i'w cael mewn dŵr hallt ac aberoedd. Maent fel arfer yn gysylltiedig ag arfordiroedd creigiog a dyfroedd bas, er y gellir dod o hyd i rai rhywogaethau ar ddyfnder o hyd at 1,500 troedfedd (460 metr).

Arferion Bwydo

Mae cimychiaid yn hollysyddion, sy'n golygu eu bod yn bwyta planhigion ac anifeiliaid. Mae eu diet yn cynnwys amrywiaeth o ysglyfaeth, gan gynnwys pysgod, crancod, cregyn bylchog, a chramenogion eraill. Byddant hefyd yn bwydo ar algâu a phlanhigion eraill.

Mae cimychiaid yn sborionwyr, a byddant yn bwydo ar garcasau anifeiliaid marw os deuant ar eu traws. Maent hefyd yn fwydwyr manteisgar, a byddant yn manteisio ar unrhyw ffynhonnell fwyd sy'n cyflwyno ei hun.

Atgynhyrchu

Mae cimychiaid yn atgenhedlu trwy atgenhedlu rhywiol, gyda gwrywod a benywod yn paru i gynhyrchu epil. Mae'r broses baru fel arfer yn digwydd yn ystod misoedd yr haf, pan fydd cimychiaid yn fwyaf gweithgar.

Gall cimychiaid benyw gario hyd at 100,000 o wyau, sy'n cael eu ffrwythloni gan y gwryw yn ystod paru. Yna mae'r wyau'n cael eu cario ar abdomen y fenyw am sawl mis cyn deor yn larfa.

Mae larfâu cimychiaid yn mynd trwy sawl cam o ddatblygiad cyn iddynt setlo ar wely'r cefnfor a dod yn ifanc. Yn ystod y cyfnod hwn, maent yn agored i ysglyfaethu a rhaid iddynt osgoi cael eu bwyta gan anifeiliaid mwy.

Toddi

Fel y soniwyd yn gynharach, rhaid i gimychiaid doddi o bryd i'w gilydd er mwyn tyfu. Yn ystod toddi, mae'r cimwch yn gollwng ei sgerbwd allanol caled ac yn rhoi un newydd, mwy o faint yn ei le. Gall toddi fod yn amser peryglus i gimychiaid, gan eu bod yn agored i ysglyfaethwyr a rhaid iddynt guddio nes bod eu hessgerbyd newydd yn caledu.

Ymddygiad

Anifeiliaid cymdeithasol yw cimychiaid, ac maent yn aml yn ymgynnull mewn grwpiau i ddod o hyd i fwyd a chymar. Maent yn cyfathrebu â'i gilydd gan ddefnyddio amrywiaeth o signalau, gan gynnwys chwifio eu hantena a fflapio eu cynffonnau.

Mae cimychiaid hefyd yn diriogaethol, a byddant yn amddiffyn eu tiriogaeth yn erbyn cimychiaid eraill. Gall hyn arwain at ymddygiad ymosodol, fel ymladd a thorri crafanc.

Pwysigrwydd Masnachol

Mae cimychiaid yn cael eu hystyried yn danteithfwyd mewn sawl rhan o'r byd, ac yn cael eu gwerthfawrogi'n fawr yn y diwydiant coginio. Cânt eu cynaeafu'n fasnachol, gan bysgotwyr a ffermydd dyframaeth, ac fe'u gwerthir yn fyw, wedi'u rhewi, neu wedi'u coginio.

Mae'r cimwch Americanaidd yn un o'r pysgodfeydd mwyaf gwerthfawr yn yr Unol Daleithiau, gyda dros 120 miliwn o bunnoedd (54,000 tunnell fetrig) yn cael ei gynaeafu bob blwyddyn. Mae pysgota cimychiaid hefyd yn ddiwydiant pwysig yng Nghanada, Awstralia a Seland Newydd.

Statws Cadwraeth

Mae rhai rhywogaethau o gimwch yn cael eu bygwth gan orbysgota a dinistrio cynefinoedd. Ystyrir bod y cimwch Ewropeaidd, er enghraifft, mewn perygl mewn rhai rhannau o'i gynefin oherwydd gorbysgota a cholli cynefin addas.

Er mwyn amddiffyn poblogaethau cimychiaid, mae llawer o wledydd wedi gweithredu rheoliadau ar bysgota cimychiaid, megis terfynau maint a thymhorau caeedig. Mae ffermydd dyframaethu hefyd yn cael eu datblygu i leihau'r pwysau ar boblogaethau gwyllt.

I gloi, mae cimychiaid yn grŵp hynod ddiddorol o gramenogion sy'n adnabyddus am eu hymddangosiad nodedig a'u blas blasus. Maent i'w cael ym mhob un o gefnforoedd y byd, ac yn chwarae rhan bwysig mewn ecosystemau morol. Tra bod rhai rhywogaethau yn cael eu bygwth gan orbysgota a dinistrio cynefinoedd, mae ymdrechion yn cael eu gwneud i amddiffyn eu poblogaethau a sicrhau eu bod yn goroesi yn y tymor hir.

Math o aderyn sy'n adnabyddus am eu plu du a gwyn nodedig, eu cynffonnau hir, a'u galwadau aflafar yw'r pibydd. Maent i'w cael ledled y byd, gyda rhywogaethau yn Ewrop, Asia, Affrica, Awstralia a Gogledd America.

Dosbarthiad ac Ymddangosiad

Mae cynrhon yn perthyn i'r teulu Corvidae, sydd hefyd yn cynnwys adar deallus a hynod addasadwy fel brain a chigfrain. Mae yna nifer o rywogaethau o bigod, gan gynnwys y peiradur Ewrasiaidd (Pica pica), y pibydd Corea (Pica sericea), a'r bioden bigfain (Pica hudsonia).

Adar canolig eu maint yw pisod, gydag oedolion fel arfer yn mesur rhwng 45 a 60 cm (18 a 24 modfedd) o hyd, ac yn pwyso rhwng 150 a 250 g (5 a 9 owns). Mae ganddyn nhw led adenydd o hyd at 85 cm (33 modfedd). Nodwedd amlycaf piod yw eu plu du a gwyn. Mae gan y rhan fwyaf o rywogaethau ben du, gwddf, ac adenydd, gyda bol gwyn a chlytiau ysgwydd. Mae gan rai rhywogaethau hefyd blu glas neu wyrdd symudliw ar eu hadenydd neu eu cynffon.

Mae gan biwrod gynffonnau hir sy'n cyfrif am fwy na hanner cyfanswm hyd eu corff. Mae eu pigau yn gryf ac yn bigfain, y maent yn eu defnyddio i fwydo ar amrywiaeth o fwydydd, gan gynnwys pryfed, anifeiliaid bach, a ffrwythau.

Ymddygiad

Mae piod yn adar deallus a chymdeithasol iawn. Maent yn adnabyddus am eu lleisiau, a all fod yn uchel ac yn aflafar, a'u gallu i ddynwared galwadau adar ac anifeiliaid eraill. Mae piod yn adnabyddus hefyd am eu hymddygiad chwareus, ac fe'u gwelwyd yn chwarae gyda theganau neu hyd yn oed anifeiliaid eraill.

Mae bigod yn hollysyddion, ac mae eu diet yn cynnwys amrywiaeth eang o fwydydd. Byddan nhw'n bwydo ar bryfed, anifeiliaid bach fel cnofilod a madfallod, ffrwythau ac aeron, a hyd yn oed celanedd. Gwyddys hefyd bod piod yn ysbeilio nythod adar eraill a dwyn eu hwyau.

Atgynhyrchu

Mae piod yn unlliw, sy'n golygu eu bod yn paru ag un partner am oes. Yn ystod y tymor bridio, sydd fel arfer yn digwydd yn y gwanwyn, bydd piod yn cymryd rhan mewn arddangosfeydd carwriaeth gywrain. Gall hyn gynnwys lleisiau, dawnsio, a chynnig anrhegion o fwyd.

Ar ôl paru, bydd y bioden benyw yn dodwy dyrnaid o wyau, fel arfer rhwng 5 ac 8. Bydd y ddau riant yn cymryd eu tro i ddeor yr wyau, sy'n deor ar ôl tua 3 wythnos. Mae'r cywion yn cael eu geni'n noeth ac yn ddiymadferth, ac yn cael eu bwydo gan eu rhieni nes eu bod yn gallu gadael y nyth a gofalu amdanynt eu hunain.

Cynefin a Dosbarthiad

Mae lleidr i'w cael mewn amrywiaeth eang o gynefinoedd, gan gynnwys coedwigoedd, glaswelltiroedd ac ardaloedd trefol. Maent i'w cael ledled y byd, gyda rhywogaethau yn Ewrop, Asia, Affrica, Awstralia a Gogledd America.

Mae'r bioden Ewrasiaidd i'w chanfod ledled llawer o Ewrop ac Asia, tra bod y pibydd Corea i'w gael yn Nwyrain Asia. Mae'r bioden bigyn ddu i'w ganfod yng ngorllewin Gogledd America.

Statws Cadwraeth

Mae'r Undeb Rhyngwladol dros Gadwraeth Natur (IUCN) yn ystyried mai'r rhan fwyaf o rywogaethau piod sy'n peri'r pryder lleiaf. Fodd bynnag, ystyrir bod y bioden felen (Pica nuttalli) mewn perygl, gyda phoblogaethau'n lleihau oherwydd colli cynefin ac afiechyd.

Mewn rhai ardaloedd, mae piod yn cael eu hystyried yn blâu, gan y byddan nhw'n ysbeilio nythod adar eraill ac yn gallu achosi difrod i gnydau. Mewn ardaloedd eraill, maent yn cael eu hystyried yn aelodau pwysig o'r ecosystem, gan eu bod yn helpu i reoli poblogaethau o bryfed ac anifeiliaid bach.

I gloi, mae'r bioden yn aderyn hynod ddiddorol sydd wedi dal dychymyg pobl ers canrifoedd. Gyda'u plu du a gwyn nodedig, galwadau aflafar, ac ymddygiad deallus, maent yn aelod pwysig o'r ecosystem ac yn symbol o harddwch ac amrywiaeth natur.

162. Mandrill

Mae'r mandril (Mandrilus sphinx) yn primat mawr a lliwgar sy'n frodorol i goedwigoedd glaw canolbarth a gorllewin Affrica. Nhw yw'r mwyaf o'r holl rywogaethau mwnci, ac maent yn adnabyddus am eu hwynebau lliwgar a'u patrymau trawiadol.

Dosbarthiad ac Ymddangosiad

Mae mandriliau yn rhan o'r teulu primatiaid Cercopithecidae, sydd hefyd yn cynnwys babŵns a macacques. Nhw yw'r unig rywogaeth yn y genws Mandrilus, ac maent yn perthyn yn agos i'r driliau, rhywogaeth arall o brimatiaid Affricanaidd.

Mandrilau yw un o'r rhywogaethau mwyaf o fwnci, gyda gwrywod yn pwyso hyd at 120 pwys (55 kg), a benywod yn pwyso hyd at 55 pwys (25 kg). Mae ganddyn nhw freichiau a choesau hir, cyhyrog, ac mae eu cyrff wedi'u gorchuddio â ffwr byr, trwchus sydd â lliw gwyrdd olewydd neu frown tywyll.

Nodwedd amlycaf mandriliau yw eu hwynebau lliwgar, sy'n las llachar a choch mewn oedolion gwrywaidd, a glas a choch llai bywiog mewn oedolion benywaidd. Mae gan wrywod a benywod farfau gwyn, ac mae gan wrywod hefyd ddannedd cwn mawr, ymwthiol a all fod yn fwy na dwy fodfedd (5 cm) o hyd.

Ymddygiad

Mae mandriliau yn anifeiliaid cymdeithasol sy'n byw mewn grwpiau o hyd at gannocdd o unigolion. Maent yn ddyddiol yn bennaf, sy'n golygu eu bod yn actif yn ystod y dydd, ac yn treulio eu nosweithiau'n cysgu mewn coed.

Mae mandrilau yn hollysol, ac mae eu diet yn cynnwys amrywiaeth eang o fwydydd, gan gynnwys ffrwythau, hadau, pryfed ac anifeiliaid bach. Gwyddys hefyd eu bod yn bwydo ar risgl a gwreiddiau coed, a byddant hyd yn oed yn bwyta pridd i gael mwynau.

Atgynhyrchu

Mae mandrilau yn amlbriod, sy'n golygu y bydd un gwryw yn paru â merched lluosog. Yn ystod y tymor bridio, sydd fel arfer yn digwydd rhwng Mehefin a Hydref, bydd gwrywod yn cystadlu â'i gilydd am fynediad i fenywod.

Ar ôl paru, bydd y mandril benywaidd yn rhoi genedigaeth i epil sengl ar ôl cyfnod beichiogrwydd o tua chwe mis. Mae'r ifanc yn cael eu geni gydag wyneb pinc a chôt denau o ffwr, ac yn gwbl ddibynnol ar eu mam am ychydig fisoedd cyntaf eu bywyd.

Cynefin a Dosbarthiad

Mae mandrilau yn frodorol i goedwigoedd glaw canolbarth a gorllewin Affrica, gan gynnwys Camerŵn, Gabon, a'r Congo. Fe'u ceir yn bennaf mewn coedwigoedd trwchus ger afonydd a chorsydd, ac mae'n well ganddynt ardaloedd gyda digon o goed ffrwythau.

Statws Cadwraeth

Mae'r Undeb Rhyngwladol dros Gadwraeth Natur (IUCN) yn ystyried bod mandriliau yn agored i niwed oherwydd colli cynefinoedd, sathru a chlefyd. Mae eu poblogaethau wedi gostwng mwy na 30% dros y 30 mlynedd diwethaf, ac maent bellach wedi'u rhestru fel rhywogaeth dan fygythiad.

Mewn rhai ardaloedd, mae mandrilau yn cael eu hela am eu cig neu eu dal ar gyfer y fasnach anifeiliaid anwes. Maent hefyd yn cael eu bygwth gan ddatgoedwigo, gan y gall dinistrio eu cynefin arwain at ddirywiad mewn ffynonellau bwyd a chynnydd mewn gwrthdaro rhwng bywyd a gwyllt dyn.

Mae ymdrechion yn cael eu gwneud i amddiffyn mandriliau a'u cynefin, gan gynnwys sefydlu ardaloedd gwarchodedig a gorfodi deddfau yn erbyn hela a photsio. Yn ogystal, mae ymchwil yn cael ei gynnal i ddeall ymddygiad ac ecoleg mandriliau yn well, a all helpu i lywio ymdrechion cadwraeth.

I gloi, mae'r mandril yn brimat unigryw a hynod ddiddorol sy'n adnabyddus am ei wyneb lliw llachar a'i faint mawr. Maent yn anifeiliaid cymdeithasol sy'n byw mewn grwpiau, ac yn hollysol, yn bwydo ar amrywiaeth eang o fwydydd.

Yn anffodus, mae'r mandril yn wynebu llawer o fygythiadau i'w oroesiad, gan gynnwys colli cynefinoedd, potsio, a chlefyd. Mae ymdrechion yn cael eu gwneud i warchod yr anifeiliaid hyn a'u cynefin, ac i ddeall eu hymddygiad a'u hecoleg yn well.

Yn gyffredinol, mae'r mandril yn aelod pwysig o ecosystem fforest law Affrica, ac mae ei gadwraeth yn hanfodol ar gyfer cynnal iechyd a bioamrywiaeth y cynefin pwysig hwn. Trwy godi ymwybyddiaeth am y bygythiadau sy'n wynebu'r mandril a chefnogi ymdrechion cadwraeth, gallwn helpu i sicrhau bod y rhywogaeth primatiaid godidog hon yn parhau i ffynnu am genedlaethau i ddod.

163. Marmot

Mae'r marmot yn fath o wiwer ddaear fawr sydd i'w chael ledled rhanbarthau mynyddig Gogledd America, Ewrop ac Asia. Mae yna dros 15 o wahanol rywogaethau o marmot, pob un â'i nodweddion a'i addasiadau unigryw ei hun.

Dosbarthiad ac Ymddangosiad

Mae marmot yn rhan o deulu'r wiwer, Sciuridae, ac mae ganddyn nhw gysylltiad agos â gwiwerod daear eraill, chipmunks, a chŵn paith. Cnofilod o faint canolig ydyn nhw, gydag oedolion yn amrywio o ran maint o 11 i 32 modfedd (28 i 81 cm) o hyd, yn dibynnu ar y rhywogaeth.

Mae gan y rhan fwyaf o rywogaethau marmot strwythur stociog, cadarn, gyda chôt ffwr drwchus sy'n amrywio o ran lliw o frown i lwyd. Mae ganddynt glustiau bach, crwn, coesau byr, a chrafangau hir, crwm sydd wedi'u haddasu'n dda ar gyfer cloddio a thyrchu.

Ymddygiad

Mae marmot yn anifeiliaid cymdeithasol iawn sy'n byw mewn cytrefi sy'n cynnwys sawl unigolyn. Maent yn ddyddiol, sy'n golygu eu bod yn actif yn ystod y dydd ac yn cysgu mewn tyllau yn y nos. Llysysyddion yw marmot, ac mae eu diet yn cynnwys gweiriau, perlysiau a llystyfiant arall yn bennaf.

Yn ystod misoedd yr haf, mae marmot yn treulio llawer o'u hamser yn chwilota am fwyd ac yn torheulo yn yr haul. Maent yn adnabyddus am eu galwadau nodedig, tra uchel, y maent yn eu defnyddio i gyfathrebu â'i gilydd a rhybuddio am ysglyfaethwyr.

Yn yr hydref, mae marmot yn dechrau paratoi ar gyfer gaeafgysgu trwy storio cronfeydd braster a chynyddu eu tyllau. Yn ystod misoedd y gaeaf, maent yn mynd i mewn i gyflwr torpor, lle mae tymheredd eu corff yn gostwng ac mae eu metaboledd yn arafu, gan ganiatáu iddynt arbed ynni.

Atgynhyrchu

Yn gyffredinol mae marmot yn ungam, sy'n golygu bod un gwryw yn paru ag un fenyw. Maent yn bridio yn y gwanwyn, ac mae'r benywod yn rhoi genedigaeth i dorllwythi o 2 i 8 cyw ar ôl cyfnod beichiogrwydd o tua mis. Mae'r ifanc yn cael eu geni'n ddall a heb wallt, ac yn gwbl ddibynnol ar eu mam am wythnosau cyntaf eu bywyd.

Cynefin a Dosbarthiad

Mae marmots i'w cael mewn ardaloedd mynyddig ledled Hemisffer y Gogledd, gan gynnwys Gogledd America, Ewrop ac Asia. Maent wedi'u haddasu i fyw mewn amgylcheddau oer, uchel, ac fe'u ceir yn gyffredin mewn dolydd alpaidd, llethrau creigiog, a chaeau talus.

Mae gan wahanol rywogaethau o marmot ystodau a chynefinoedd gwahanol. Mae'r marmot melyn, er enghraifft, i'w gael ledled llawer o orllewin Gogledd America, o Alaska i New Mexico, tra bod y marmot Alpaidd i'w gael yn yr Alpau a chadwyni o fynyddoedd eraill yn Ewrop.

Statws Cadwraeth

Ni ystyrir bod y rhan fwyaf o rywogaethau marmot mewn perygl, er bod rhai poblogaethau wedi lleihau oherwydd colli cynefinoedd a ffactorau eraill. Ystyrir bod marmot Ynys Vancouver, er enghraifft, mewn perygl difrifol, gyda dim ond tua 200 o unigolion ar ôl yn y gwyllt.

Mae ymdrechion yn cael eu gwneud i warchod marmot a'u cynefin, gan gynnwys sefydlu ardaloedd gwarchodedig ac ailgyflwyno unigolion a fagwyd mewn caethiwed i'r gwyllt. Yn ogystal, mae ymchwil yn cael ei gynnal i ddeall ecoleg ac ymddygiad marmot yn well, a all helpu i lywio ymdrechion cadwraeth.

I gloi, mae'r marmot yn fath unigryw a hynod ddiddorol o wiwer y ddaear sydd i'w chael ledled rhanbarthau mynyddig Gogledd America, Ewrop ac Asia. Maent yn anifeiliaid cymdeithasol iawn sy'n byw mewn cytrefi, ac wedi'u haddasu i fyw mewn amgylcheddau oer, uchel.

Er nad ystyrir bod y rhan fwyaf o rywogaethau marmot mewn perygl, mae rhai poblogaethau wedi lleihau oherwydd colli cynefinoedd a ffactorau eraill. Mae ymdrechion yn cael eu gwneud i warchod yr anifeiliaid hyn a'u cynefin, ac i ddeall eu hecoleg a'u hymddygiad yn well. Drwy gefnogi'r ymdrechion hyn, gallwn helpu i sicrhau bod marmots yn parhau i ffynnu ac yn chwarae eu rolau ecolegol pwysig mewn ecosystemau mynyddig ledled y byd.

Mae'r miltroed yn fath o arthropod sy'n perthyn i'r dosbarth Diplopoda. Mae dros 12,000 o rywogaethau hysbys o filtroediaid, yn amrywio o ran maint o ddim ond ychydig filimetrau i dros 30 centimetr o hyd.

Dosbarthiad ac Ymddangosiad

Mae nadroedd miltroed yn rhan o'r ffylwm arthropod, sy'n cynnwys pryfed, pryfed cop, a chramenogion. Maent yn cael eu dosbarthu yn y dosbarth Diplopoda, a nodweddir gan eu dau bâr o goesau fesul segment corff. Yn wahanol i nadroedd cantroed, sydd â dim ond un pâr o goesau fesul segment, mae gan nadroedd miltroed strwythur corff mwy unffurf ac maent yn symud yn arafach.

Mae gan nadroedd miltroed gyrff hir, silindrog sy'n cael eu segmentu a'u gorchuddio ag allsgerbwd caled. Mae gan bob segment corff ddau bâr o goesau, sy'n rhoi eu golwg unigryw iddynt. Mae'r coesau'n fyr ac yn sownd, ac fe'u defnyddir yn bennaf ar gyfer cropian a thyrchu.

Mae'r rhan fwyaf o nadroedd miltroed yn frown neu'n ddu eu lliw, er bod gan rai rhywogaethau farciau neu batrymau lliw llachar ar eu hessgerbydau. Mae rhai rhywogaethau hefyd yn gallu secretu cemegyn gwenwynig pan fyddant dan fygythiad, a all fod yn llidus i groen neu lygaid ysglyfaethwyr.

Ymddygiad

Mae nadroedd miltroed yn llysysol yn bennaf, gan fwydo ar ddeunydd planhigion sy'n pydru, ffyngau ac algâu. Fe'u ceir mewn ystod eang o gynefinoedd, gan gynnwys coedwigoedd, glaswelltiroedd, ac anialwch, a gallant fod yn weithgar yn ystod y dydd neu'r nos yn dibynnu ar y rhywogaeth.

Mae nadroedd miltroed yn adnabyddus am eu symudiad araf a'u tueddiad i gyrlio i fyny i bêl pan fyddant dan fygythiad. Credir bod yr ymddygiad hwn yn helpu i'w hamddiffyn rhag ysglyfaethwyr trwy eu gwneud yn anos i'w bwyta neu eu trin. Mae'n hysbys hefyd bod rhai rhywogaethau o filtroed yn secretu cemegyn gwenwynig o dan fygythiad, a all atal ysglyfaethwyr rhag ymosod.

Atgynhyrchu

Mae nadroedd miltroed yn atgenhedlu'n rhywiol, gyda gwrywod yn dyddodi sberm yn uniongyrchol i lwybr atgenhedlu'r fenyw. Mae benywod yn dodwy eu hwyau yn y pridd, ac mae'r ifanc yn deor fel fersiynau bach o'r oedolyn. Gall nadroedd miltroed gymryd sawl blwyddyn i gyrraedd aeddfedrwydd rhywiol, a gallant fyw am sawl blwyddyn ar ôl cyrraedd aeddfedrwydd.

Cynefin a Dosbarthiad

Mae nadroedd miltroed i'w cael mewn ystod eang o gynefinoedd ledled y byd, gan gynnwys coedwigoedd, glaswelltiroedd, anialwch a gwlyptiroedd. Maent yn fwyaf amrywiol mewn rhanbarthau trofannol, lle maent yn chwarae rhan bwysig wrth ddadelfennu deunydd planhigion.

Mae gan wahanol rywogaethau o filtroed ystod a chynefinoedd gwahanol. Mae'r miltroed Affricanaidd enfawr, er enghraifft, i'w chael ledled llawer o Affrica Is-Sahara, tra bod y nadroedd miltroed Gogledd America i'w chael ledled dwyrain yr Unol Daleithiau a Chanada.

Statws Cadwraeth

Nid yw'r rhan fwyaf o rywogaethau o filtroediaid yn cael eu hystyried fel rhai mewn perygl, er bod rhai poblogaethau wedi dirywio oherwydd colli cynefinoedd a ffactorau eraill. Yn gyffredinol, nid yw nadroedd miltroed yn cael eu hastudio'n eang na'u deall yn dda, ac mae angen mwy o ymchwil i ddeall eu hecoleg a'u hymddygiad yn well.

I gloi, mae'r nadroedd miltroed yn fath hynod ddiddorol o arthropod sydd i'w gael mewn ystod eang o gynefinoedd ledled y byd. Fe'u nodweddir gan eu cyrff hir, silindrog a dau bâr o goesau fesul segment corff. Mae nadroedd miltroed yn llysysol yn bennaf ac yn chwarae rhan bwysig yn y broses o bydru deunydd planhigion.

Er nad yw'r rhan fwyaf o rywogaethau miltroed yn cael eu hystyried yn rhai mewn perygl, mae angen mwy o ymchwil i ddeall eu hecoleg a'u hymddygiad yn well. Drwy gefnogi ymdrechion ymchwil a chadwraeth, gallwn helpu i sicrhau bod yr anifeiliaid unigryw a phwysig hyn yn parhau i ffynnu am genedlaethau i ddod.

165. Mongows

Mamal cigysol bach sy'n perthyn i'r teulu Herpestidae yw'r mongows .
Mae dros 30 o rywogaethau o mongoose, a geir yn bennaf yn Affrica, ond
hefyd yn Asia a de Ewrop.

Dosbarthiad ac Ymddangosiad

Mae'r mongoose yn aelod o'r urdd Carnivora, sy'n cynnwys mamaliaid
eraill fel cathod, cŵn, ac eirth. Maent yn rhan o'r teulu Herpestidae, sy'n
cynnwys mamaliaid cigysol bach a chanolig eu maint.

Mae gan y rhan fwyaf o rywogaethau o fongows gyrff hir, main gyda
choesau byr a chynffon hir. Mae ganddyn nhw drwynau pigfain, clustiau
bach, a dannedd miniog. Gall eu ffwr amrywio o frown neu lwyd i ddu,
ac mae gan rai rhywogaethau farciau neu streipiau nodedig ar eu ffwr.

Ymddygiad

Mongoose yn bennaf dyddiol, sy'n golygu eu bod yn actif yn ystod y
dydd. Maent yn unig neu'n byw mewn grwpiau bach, ac maent yn
adnabyddus am eu hystwythder a'u cyflymder. Maent yn fedrus wrth
ddringo coed a gallant symud yn gyflym trwy lystyfiant trwchus.

Mae Mongoose yn gigysol ac yn bwydo ar amrywiaeth o ysglyfaeth,
gan gynnwys pryfed, mamaliaid bach, adar ac ymlusgiaid. Maent yn
adnabyddus am eu gallu i hela nadroedd gwenwynig, ac fe'u defnyddir yn
aml fel ffurf naturiol o reoli plâu mewn ardaloedd lle mae nadroedd yn
broblem.

Atgynhyrchu

Mae Mongoose yn atgenhedlu'n rhywiol, gyda gwrywod yn cystadlu
am fynediad i fenywod yn ystod y tymor bridio. Mae merched yn rhoi
genedigaeth i dorllwythi o 2-4 ifanc, sy'n cael eu geni'n ddall ac yn
ddiymadferth. Mae'r fam yn gofalu am yr ifanc am rai misoedd cyn dod
yn annibynnol.

Cynefin a Dosbarthiad

Mae Mongoose i'w gael mewn ystod eang o gynefinoedd, gan gynnwys
glaswelltiroedd, coedwigoedd ac anialwch. Maent yn fwyaf amrywiol yn
Affrica, lle maent i'w cael mewn amrywiaeth o gynefinoedd o savannas i
goedwigoedd glaw. Maent hefyd i'w cael yn Asia a de Ewrop.

Mae gan wahanol rywogaethau o fongows ystodau a chynefinoedd gwahanol. Mae'r mongows llwyd Indiaidd, er enghraifft, i'w gael ledled llawer o India a De-ddwyrain Asia, tra bod y mongows Eifftaidd i'w gael mewn rhannau o Ogledd Affrica a'r Dwyrain Canol.

Statws Cadwraeth

Nid yw'r rhan fwyaf o rywogaethau mongoose yn cael eu hystyried i fod mewn perygl, er bod rhai poblogaethau wedi dirywio oherwydd colli cynefinoedd a ffactorau eraill. Mae'r mongows llwyd Indiaidd, er enghraifft, yn cael ei ddosbarthu fel rhywogaeth "lleiaf" gan yr IUCN, ond mae colli cynefinoedd a hela wedi effeithio'n negyddol ar rai poblogaethau.

Mae rhai rhywogaethau o mongoose, fel y mongows bach Indiaidd, wedi cael eu cyflwyno i ardaloedd newydd fel ffurf o reoli plâu. Fodd bynnag, mae'r cyflwyniadau hyn wedi cael effeithiau negyddol ar fywyd gwyllt brodorol mewn rhai ardaloedd.

I gloi, mae'r mongoose yn famal cigysol hynod ddiddorol sydd i'w gael mewn ystod eang o gynefinoedd ledled y byd. Maent yn adnabyddus am eu hystwythder a'u cyflymder, a'u gallu i hela nadroedd gwenwynig. Er nad ystyrir bod y rhan fwyaf o rywogaethau o mongoose mewn perygl, mae angen mwy o ymchwil i ddeall eu hecoleg a'u hymddygiad yn well. Drwy gefnogi ymdrechion ymchwil a chadwraeth, gallwn helpu i sicrhau bod yr anifeiliaid unigryw a phwysig hyn yn parhau i ffynnu am genedlaethau i ddod.

Cnofilod bach sy'n perthyn i'r teulu Muridae yw'r llygoden. Maent i'w cael ledled y byd, mewn lleoliadau gwyllt a domestig.

Dosbarthiad ac Ymddangosiad

Mae llygod yn perthyn i'r urdd Rodentia, sy'n cynnwys cnofilod eraill fel llygod mawr, gwiwerod, ac afancod. Mae'r teulu Muridae yn un o'r teuluoedd mwyaf o gnofilod, gyda dros 700 o rywogaethau. Mae llygod yn fach, fel arfer yn pwyso rhwng 0.5 ac 1 owns, ac yn nodweddiadol tua 2.5 i 3.5 modfedd o hyd, heb gynnwys eu cynffonau. Mae ganddyn nhw glustiau bach a thrwyn pigfain, a gall eu ffwr amrywio o frown golau i lwyd.

Ymddygiad

Mae llygod yn nosol yn bennaf, sy'n golygu eu bod yn actif yn y nos. Maent yn adnabyddus am eu hystwythder a'u cyflymder, a gallant ddringo, neidio a rhedeg yn gyflym. Mae ganddynt ymdeimlad craff o arogl a chlyw, sy'n eu helpu i lywio eu hamgylchoedd a dod o hyd i fwyd. Mae llygod yn anifeiliaid cymdeithasol ac yn byw mewn grwpiau o'r enw cytrefi. Maent hefyd yn fridwyr toreithiog, gyda benywod yn gallu rhoi genedigaeth i dorllwythi o 4-12 ci bach bob 20-30 diwrnod. Mae gan lygod hyd oes o tua 2-3 blynedd yn y gwyllt.

Deiet

Mae llygod yn hollysyddion, sy'n golygu eu bod yn bwyta planhigion ac anifeiliaid. Yn y gwyllt, maent yn bwydo ar amrywiaeth o fwydydd, gan gynnwys hadau, ffrwythau, pryfed, ac anifeiliaid bach fel pryfed a mwydod. Mae llygod domestig yn aml yn cael diet o fwyd cnofilod masnachol neu gymysgedd o rawn a hadau.

Cynefin a Dosbarthiad

Mae llygod i'w cael ledled y byd, mewn lleoliadau gwyllt a domestig. Maent yn addasadwy i ystod eang o gynefinoedd, o goedwigoedd a glaswelltiroedd i ardaloedd trefol. Mae gan wahanol rywogaethau o lygod ystodau a chynefinoedd gwahanol. Mae llygoden y tŷ, er enghraifft, i'w chael ledled y byd ac fe'i darganfyddir yn gyffredin mewn anheddau dynol, tra bod llygoden y ceirw i'w chael yng Ngogledd America ac fe'i darganfyddir yn gyffredin mewn coedwigoedd a glaswelltiroedd.

Llygod Domestig

Mae llygod domestig yn aml yn cael eu cadw fel anifeiliaid anwes, ac mae yna lawer o wahanol fridiau o lygod sydd wedi'u bridio'n ddetholus ar gyfer rhai nodweddion, megis lliw neu anian y gôt. Mae angen cawell neu amgaead ar lygod anifeiliaid anwes sy'n ddigon mawr i'w galluogi i symud o gwmpas a chwarae, yn ogystal ag amrywiaeth o deganau a mannau cuddio.

Mae rhai llygod anwes yn cael eu bridio'n benodol at ddibenion ymchwil, megis mewn geneteg neu astudiaethau meddygol. Mae'r llygod hyn yn aml yn cael eu haddasu'n enetig i gario nodweddion neu afiechydon penodol, ac fe'u defnyddir i astudio ystod eang o gwestiynau gwyddonol.

Iechyd ac Afiechydon

Mae llygod yn agored i amrywiaeth o faterion iechyd, gan gynnwys heintiau anadlol, parasitiaid a thiwmorau. Gallant hefyd gario clefydau y gellir eu trosglwyddo i bobl, fel salmonela a hantafeirws. Mae'n bwysig trin llygod yn ofalus a chynnal amgylchedd glân i atal clefydau rhag lledaenu.

I gloi, mae'r llygoden yn gnofilod bach ond hynod ddiddorol sydd i'w gael ledled y byd. Maent yn adnabyddus am eu hystwythder a chyflymder, eu hymddygiad cymdeithasol, a'u gallu i addasu i ystod eang o gynefinoedd. Mae llygod domestig yn gwneud anifeiliaid anwes poblogaidd ac fe'u defnyddir yn gyffredin mewn ymchwil wyddonol. Er bod llygod yn gallu cario clefydau ac yn cael eu hystyried yn blâu mewn rhai sefyllfaoedd, maen nhw'n chwarae rhan bwysig mewn llawer o ecosystemau ac yn rhan bwysig o'r byd naturiol.

Mae'r Numbat, a elwir hefyd yn anteater bandiog, yn marsupial bach sy'n bwyta pryfed ac sy'n frodorol i Orllewin Awstralia.

Dosbarthiad ac Ymddangosiad

Mae'r numbat yn perthyn i'r teulu Myrmecobiidae, sef yr unig deulu yn yr urdd Dasyuromorphia. Mae hyn yn gwneud y numbat yn marsupial unigryw, gan fod y rhan fwyaf o marsupials yn perthyn i'r urdd Diprotodontia. Y numbat yw'r unig aelod o'i deulu, sy'n ei wneud yn anifail unigryw.

Mae numbats yn fach, gydag oedolion yn pwyso rhwng 400 a 600 gram ac yn mesur tua 17 i 22 modfedd o hyd, gan gynnwys eu cynffon. Mae ganddyn nhw batrwm streipiog nodedig ar eu cefn, sy'n cynnwys ffwr brown-goch gyda streipiau gwyn. Mae gan y numbat drwyn pigfain, tafod hir, a chrafangau miniog, y mae'n eu defnyddio i gloddio i nythod morgrug a termit.

Ymddygiad

Mae'r numbat yn anifail unigol a dyddiol, sy'n golygu ei fod yn actif yn ystod y dydd. Maent yn ddaearol yn bennaf, gan dreulio'r rhan fwyaf o'u hamser ar y ddaear, ond gallant hefyd ddringo coed pan fo angen. Mae numbats yn adnabyddus am eu harchwaeth ffyrnig am forgrug a thermitiaid, a gallant fwyta hyd at 20,000 o bryfed mewn diwrnod.

Mae Numbats hefyd yn adnabyddus am eu strategaeth atgenhedlu unigryw. Mae merched yn rhoi genedigaeth i hyd at bedwar cyw, sy'n cael eu cario yn eu cwdyn am hyd at chwe mis. Ar ôl gadael y cwdyn, mae'r rhai ifanc yn cael eu nyrsio gan y fam am sawl mis arall cyn dod yn annibynnol.

Cynefin a Dosbarthiad

Mae numbats i'w cael yng Ngorllewin Awstralia, yn bennaf mewn coetiroedd a choedwigoedd ewcalypt. Mae'n well ganddynt ardaloedd sydd â digonedd o nythod morgrug a termit, sy'n ffurfio'r rhan fwyaf o'u diet.

Ar un adeg canfuwyd y numbat ledled llawer o Awstralia, ond oherwydd colli cynefinoedd ac ysglyfaethwyr a gyflwynwyd fel llwynogod a chathod, mae eu dosbarthiad wedi lleihau'n fawr. Maent bellach yn cael eu hystyried yn rhywogaeth sydd mewn perygl, gyda phoblogaeth amcangyfrifedig o lai na 1,000 o unigolion yn y gwyllt.

Ymdrechion Cadwraeth

Mae ymdrechion i warchod y numbat wedi bod yn parhau ers blynyddoedd lawer. Mae'r rhywogaeth wedi'i diogelu o dan gyfraith Awstralia, ac mae sawl rhaglen sy'n ymroddedig i fridio ac ailgyflwyno numbats i ardaloedd lle maent wedi'u colli.

Un rhaglen o'r fath yw Rhaglen Bridio Rhywogaethau Brodorol Sw Perth, sy'n bridio ac yn rhyddhau numbats i ardaloedd gwarchodedig. Mae'r rhaglen wedi bod yn llwyddiannus wrth gynyddu'r boblogaeth numbat mewn rhai ardaloedd, ac fe'i hystyir yn fodel ar gyfer ymdrechion cadwraeth ar gyfer rhywogaethau eraill sydd mewn perygl.

Bygythiadau

Mae nifer o ffactorau'n bygwth yr numbat, gan gynnwys colli cynefinoedd, ysglyfaethwyr sydd wedi'u cyflwyno, a chlefydau. O ganlyniad, mae ymdrechion cadwraeth wedi canolbwyntio ar warchod ac adfer cynefin numbat, yn ogystal â rheoli ysglyfaethwyr a gyflwynwyd.

I gloi, mae'r numbat yn anifail unigryw a hynod ddiddorol sydd i'w gael yng Ngorllewin Awstralia yn unig. Mae ei batrwm streipiog nodedig, awydd ffyrnig am bryfed, a'i ymddygiad unigol yn ei wneud yn rhywogaeth hynod ddiddorol i'w hastudio. Fodd bynnag, mae'r numbat hefyd yn rhywogaeth sydd mewn perygl, gyda phoblogaeth sy'n lleihau oherwydd colli cynefin ac ysglyfaethu gan ysglyfaethwyr a gyflwynwyd. Mae ymdrechion cadwraeth yn parhau i warchod y rhywogaeth hon a sicrhau ei bod yn parhau i fod yn rhan o dreftadaeth naturiol Awstralia am flynyddoedd i ddod.

168. Octopws

Octopysau yw rhai o'r creaduriaid mwyaf diddorol yn y cefnfor. Maen nhw'n seffalopodau, sy'n golygu eu bod yn aelodau o'r un teulu â sgwidiaid a môr-gyllyllod. Mae gan yr anifeiliaid hyn wyth braich hir, ac mae gan bob un ohonynt ddwy res o sugnwyr y maent yn eu defnyddio i ddal gwrthrychau a symud o gwmpas.

Dosbarthiad ac Ymddangosiad

Mae octopysau yn perthyn i'r ffylwm Mollusca, sy'n grŵp amrywiol o anifeiliaid sy'n cynnwys malwod, cregyn bylchog ac wystrys. O fewn y ffylwm hwn, mae octopysau yn perthyn i'r dosbarth Cephalopoda, sydd hefyd yn cynnwys ystifflog a môr-gyllyll. Mae mwy na 300 o rywogaethau o octopws, ac maent yn amrywio o ran maint o rywogaethau bach sydd ond modfedd o hyd, i octopws mawr y Môr Tawel, sy'n gallu cyrraedd hyd at 16 troedfedd.

Mae gan octopysau ymddangosiad unigryw, gyda phen crwn a llygaid mawr, deallus. Nid oes ganddynt sgerbwd mewnol nac allanol, sy'n eu gwneud yn hyblyg ac ystwyth iawn. Yn lle hynny, mae ganddynt gorff meddal, cyhyrog y gallant ei drin i ffitio i leoedd bach neu i ddianc rhag ysglyfaethwyr. Mae octopysau hefyd yn adnabyddus am eu gallu i newid lliw a gwead eu croen, y maent yn eu defnyddio ar gyfer cuddliw a chyfathrebu.

Ymddygiad

Mae octopysau yn anifeiliaid deallus sydd â strwythur cymdeithasol cymhleth. Anifeiliaid unigol ydyn nhw, a dim ond i baru y daw'r rhan fwyaf o rywogaethau at ei gilydd. Fodd bynnag, arsylwyd rhai rhywogaethau yn byw mewn grwpiau bach, ac maent yn gallu adnabod octopysau unigol a sefydlu hierarchaethau.

Mae octopysau hefyd yn adnabyddus am eu galluoedd deallusrwydd a datrys problemau. Maent yn gallu dysgu o brofiad, ac maent wedi cael eu harsylwi yn defnyddio offer a datrys posau i gael bwyd. Mae octopysau hefyd yn fedrus wrth ddianc rhag ysglyfaethwyr, a gwyddys eu bod yn defnyddio eu cwpanau sugno i ddringo allan o danciau mewn acwariwm.

Cynefin a Dosbarthiad

Mae octopysau i'w cael mewn moroedd ledled y byd, o'r riffiau cwrel basaf i rannau dyfnaf y cefnfor. Mae'n well ganddynt gynefinoedd creigresi creigiog neu gwrel, ond fe'u ceir hefyd mewn ardaloedd tywodlyd a hyd yn oed yn y cefnfor agored.

Mae dosbarthiad octopysau yn amrywio yn dibynnu ar y rhywogaeth. Mae rhai rhywogaethau, fel yr octopws cyffredin, i'w cael mewn llawer o wahanol rannau o'r byd, tra bod eraill, fel yr octopws torchog glas, i'w cael mewn rhanbarthau penodol yn unig.

Deiet

Mae octopysau yn gigysol ac yn bwyta amrywiaeth o ysglyfaeth, gan gynnwys crancod, cregyn bylchog a physgod. Gwyddys eu bod hefyd yn bwyta octopysau eraill, a gwelwyd rhai rhywogaethau yn canibaleiddio eu math eu hunain. Mae octopysau yn helwyr medrus, ac maent yn defnyddio eu hwyth braich a phig miniog i ddal a bwyta eu hysglyfaeth.

Atgynhyrchu

Mae gan octopysau gylchred atgenhedlu unigryw sy'n amrywio yn dibynnu ar y rhywogaeth. Dim ond unwaith yn ystod eu hoes y mae'r rhan fwyaf o rywogaethau'n paru, ac mae'r gwrywod yn marw yn fuan ar ôl paru. Mae'r benywod yn dodwy wyau, y maent yn eu gwarchod ac yn gofalu amdanynt nes deor.

Mae'r amser y mae'n ei gymryd i wyau ddeor yn amrywio yn dibynnu ar y rhywogaeth, ond gall gymryd unrhyw le o sawl wythnos i sawl mis. Mae'r octopws benywaidd yn marw yn fuan ar ôl i'r wyau ddeor, gan adael yr ifanc i ofalu amdanynt eu hunain.

Bygythiadau

Mae octopysau yn cael eu bygwth gan nifer o ffactorau, gan gynnwys gorbysgota, llygredd, a newid yn yr hinsawdd. Mae llawer o rywogaethau o octopws hefyd yn cael eu dal ar gyfer bwyd, a all gael effaith negyddol ar eu poblogaethau.

Ymdrechion Cadwraeth

Mae yna nifer o sefydliadau a mentrau sy'n ymroddedig i warchod octopysau a'u cynefinoedd. Mae'r ymdrechion hyn yn canolbwyntio ar warchod amgylcheddau morol, lleihau llygredd, a chyfyngu ar orbysgota. I gloi, mae octopysau yn greaduriaid hynod ddiddorol sydd wedi dal sylw bodau dynol ers canrifoedd. Gyda'u hymddangosiad, deallusrwydd ac ymddygiad unigryw, maen nhw'n anifail annwyl a dirgel yn y cefnfor. Fodd bynnag, fel llawer o anifeiliaid morol, maent yn wynebu bygythiadau gan weithgarwch dynol, ac mae'n bwysig cymryd camau i'w hamddiffyn nhw a'u cynefinoedd.

Er gwaethaf eu deallusrwydd a'u galluoedd datrys problemau, mae llawer am octopysau yn parhau i fod yn ddirgelwch. Bydd ymchwil ac astudiaeth bellach o'r anifeiliaid hyn yn ddi-os yn datgelu mewnwelediadau hyd yn oed yn fwy diddorol i'w hymddygiad a'u bioleg.

169. Orangwtan

Mae Orangutan yn epa gwych ac yn un o'r ddwy rywogaeth o orangwtan sy'n perthyn i deulu'r Hominidae. Maent yn adnabyddus am eu deallusrwydd, sgiliau gwneud offer, a galluoedd corfforol rhyfeddol. Orangutans yw'r mamaliaid goed mwyaf yn y byd ac maent yn frodorol i goedwigoedd glaw De-ddwyrain Asia. Maent yn perthyn yn agos i fodau dynol ac yn rhannu 97% o'u DNA. Mae Orangutans wedi bod yn destun ymdrechion cadwraeth oherwydd bod eu poblogaeth yn lleihau a achosir gan ddinistrio cynefinoedd a hela anghyfreithlon.

Nodweddion

Maint a Phwysau: Orangutans yw'r mamal coedaidd mwyaf yn y byd. Gall gwrywod bwyso hyd at 200 pwys (90 kg) a bod hyd at 5 troedfedd (1.5 metr) o daldra, tra bod merched ychydig yn llai, yn pwyso hyd at 110 pwys (50 kg) ac hyd at 4 troedfedd (1.2 metr) o daldra.

Ymddangosiad

Mae orangutans yn edrych yn nodedig, gyda gwallt hir coch-frown yn gorchuddio eu cyrff. Mae ganddyn nhw gorff mawr, swmpus, gên amlwg, ac wyneb di-flew gyda llygaid tywyll. Mae gan wrywod badiau boch mawr sy'n datblygu yn ystod llencyndod ac yn gwneud iddynt edrych yn fwy brawychus i wrywod eraill.

Deiet

Llysysyddion yn bennaf yw orangutans, ac mae eu diet yn cynnwys ffrwythau, dail a rhisgl yn bennaf. Fodd bynnag, fe'u gwelwyd hefyd yn bwyta pryfed, adar a mamaliaid bach.

Ymddygiad

Anifeiliaid unigol yw orangwtaniaid, ac mae gwrywod fel arfer yn sefydlu tiriogaeth sy'n gorgyffwrdd â nifer o fenywod. Maent yn adnabyddus am eu deallusrwydd, gyda'r gallu i ddefnyddio offer, datrys problemau, a hyd yn oed ddysgu iaith arwyddion.

Cyfathrebu

Mae Orangutans yn cyfathrebu â'i gilydd trwy amrywiaeth o leisio, gan gynnwys galwadau hir, grunts, a sgrechiadau. Maent hefyd yn defnyddio iaith y corff i gyfathrebu, megis ystumiau a mynegiant wyneb.

Cynefin a Dosbarthiad

Mae Orangutans yn frodorol i goedwigoedd glaw Borneo a Sumatra yn Ne-ddwyrain Asia. Maent yn byw mewn coed ac wedi addasu i fywyd yn y canopi, gan ddefnyddio eu breichiau a'u coesau hir i symud trwy'r canghennau. Mae Orangutans hefyd yn nofwyr rhagorol ac wedi cael eu gweld yn nofio mewn afonydd a llynnoedd.

Mae'r boblogaeth orangwtan wedi gostwng yn sylweddol oherwydd dinistrio cynefinoedd a hela. Mae torri coed a throsi coedwigoedd yn dir amaethyddol wedi arwain at golled sylweddol o gynefin i orangwtaniaid. Maent hefyd yn cael eu hela am eu cig ac fel ffynhonnell o feddyginiaeth draddodiadol.

Cadwraeth

Rhestrir yr Orangutans fel rhai sydd mewn perygl difrifol gan yr Undeb Rhyngwladol dros Gadwraeth Natur. Mae ymdrechion cadwraeth yn cynnwys cadwraeth cynefinoedd, ymdrechion gwrth-botsio, a rhaglenni bridio caeth. Mae poblogaeth orangwtan wedi parhau i ostwng, ac amcangyfrifir mai dim ond 100,000 sydd ar ôl yn y gwyllt.

Mae sawl sefydliad, gan gynnwys Gwarchodaeth Orangutan a Sefydliad Rhyngwladol Orangutan, yn ymroddedig i amddiffyn orangwtaniaid a'u cynefin. Gweithiant i godi ymwybyddiaeth am gyflwr yr orangwtaniaid ac ariannu ymdrechion cadwraeth, megis patrolau ailgoedwigo a gwrth-botsio.

I gloi, mae orangutans yn anifeiliaid rhyfeddol sy'n rhannu llawer o nodweddion â bodau dynol. Mae eu deallusrwydd, sgiliau datrys problemau, a galluoedd gwneud offer ymhlith eu nodweddion mwyaf trawiadol. Fodd bynnag, mae eu poblogaeth yn gostwng yn gyflym oherwydd dinistrio cynefinoedd a hela. Mae'n hollbwysig cymryd camau i ddiogelu orangwtaniaid a'u cynefin er mwyn sicrhau eu bod yn goroesi yn y gwyllt.

170. Dyfrgi

Mae dyfrgwn yn famaliaid dyfrol sy'n rhan o'r teulu Mustelidae, sydd hefyd yn cynnwys gwencïod, ffuredau, a mincod. Mae dyfrgwn yn adnabyddus am eu hymddygiad chwareus a'u galluoedd nofio rhagorol. Ceir 13 o wahanol rywogaethau o ddyfrgwn mewn gwahanol ranbarthau ar draws y byd. Maent yn anifeiliaid poblogaidd a welir yn aml mewn sŵau ac acwaria.

Nodweddion

Maint a Phwysau: Daw dyfrgwn mewn amrywiaeth o feintiau, yn dibynnu ar y rhywogaeth. Y lleiaf yw dyfrgi'r afon, sydd tua 2 i 3 troedfedd (0.6 i 0.9 metr) o hyd ac yn pwyso rhwng 11 a 30 pwys (5 i 14 kg). Y mwyaf yw'r dyfrgi anferth, sy'n gallu bod hyd at 6 troedfedd (1.8 metr) o hyd ac yn pwyso hyd at 100 pwys (45 kg).

Ymddangosiad

Mae gan ddyfrgwn gorff llyfn sydd wedi'i addasu ar gyfer nofio. Mae ganddynt goesau byr a thraed gweog, sy'n eu helpu i symud drwy'r dŵr yn gyflym. Mae gan ddyfrgwn gôt drwchus o ffwr sy'n helpu i'w cadw'n gynnes mewn dŵr oer. Mae eu ffwr fel arfer yn frown neu'n llwyd, ac mae gan rai rhywogaethau ddarn gwyn neu liw hufen ar eu brest.

Deiet

Mae dyfrgwn yn gigysol ac yn bwyta amrywiaeth o ysglyfaeth, gan gynnwys pysgod, pysgod cregyn, cramenogion ac amffibiaid. Gwyddys hefyd fod rhai rhywogaethau o ddyfrgwn yn bwyta mamaliaid bach ac adar.

Ymddygiad

Mae dyfrgwn yn anifeiliaid chwareus a welir yn aml yn llithro i lawr glannau mwdlyd neu'n chwarae gyda gwrthrychau yn y dŵr. Maent hefyd yn anifeiliaid cymdeithasol sy'n byw mewn grwpiau teuluol. Mae dyfrgwn yn cyfathrebu â'i gilydd trwy amrywiaeth o leisio ac iaith y corff.

Cynefin a Dosbarthiad

Mae dyfrgwn i'w cael mewn amrywiaeth o gynefinoedd dyfrol, gan gynnwys afonydd, llynnoedd a chefnforoedd. Maent i'w cael ar bob cyfandir ac eithrio Awstralia ac Antarctica. Mae dyfrgwn wedi addasu i fyw mewn dŵr ac yn treulio'r rhan fwyaf o'u hamser yn nofio ac yn hela am fwyd.

Cadwraeth

Mae llawer o rywogaethau dyfrgwn wedi'u rhestru fel rhai sydd dan fygythiad neu dan fygythiad oherwydd colli cynefinoedd, llygredd a hela. Mae'r Undeb Rhyngwladol dros Gadwraeth Natur (IUCN) wedi rhestru rhai rhywogaethau fel rhai sydd mewn perygl difrifol, gan gynnwys y dyfrgi morol a'r dyfrgi trwyn blewog. Mae ymdrechion cadwraeth yn cynnwys cadwraeth cynefinoedd, ymdrechion gwrth-botsio, a rhaglenni bridio caeth.

Un o'r bygythiadau mwyaf i ddyfrgwn yw llygredd. Gall cemegau a gwastraff o weithgareddau dynol lygru'r dŵr a niweidio iechyd dyfrgwn. Mae rhai dyfrgwn hefyd yn cael eu hela am eu ffwr, sy'n werthfawr iawn. Mae deddfau wedi'u rhoi ar waith i amddiffyn dyfrgwn rhag hela a masnachu, ond mae hela anghyfreithlon yn dal i ddigwydd mewn rhai rhanbarthau.

I gloi, mae dyfrgwn yn anifeiliaid hynod ddiddorol a chwareus y mae llawer o bobl ledled y byd yn eu caru. Mae eu galluoedd nofio rhagorol a'u hymddygiad chwareus yn eu gwneud yn olygfa boblogaidd mewn acwaria a sŵau. Fodd bynnag, mae llawer o rywogaethau dyfrgwn dan fygythiad neu dan fygythiad oherwydd colli cynefinoedd, llygredd a hela. Mae ymdrechion cadwraeth yn hollbwysig i warchod dyfrgwn a'u cynefinoedd, ac mae'n bwysig codi ymwybyddiaeth o bwysigrwydd cadw'r anifeiliaid carismatig hyn.

Mae'r pangolin yn anifail unigryw a hynod ddiddorol sy'n adnabyddus am ei raddfeydd tebyg i arfwisg a'i allu i rolio i fyny i bêl i'w amddiffyn. Mae pangolinau i'w cael yn Affrica ac Asia a dyma'r unig famaliaid yn y byd sydd wedi'u gorchuddio â graddfeydd. Er gwaethaf eu hymddangosiad anarferol, mae pangolinau mewn perygl oherwydd colli cynefinoedd, potsio a masnachu mewn pobl.

Tarddiad

Credir bod pangolinau wedi tarddu o Asia, lle maen nhw wedi bod yn hysbys ers miloedd o flynyddoedd. Mae testunau Tsieineaidd hynafol yn disgrifio'r pangolin fel creadur sy'n gallu symud yn dawel trwy'r goedwig, a chredwyd bod gan ei glorian briodweddau meddyginiaethol. Roedd pangolinau hefyd yn cael eu masnachu ar hyd y Ffordd Sidan ac roeddent yn werthfawr iawn fel eitem o fwyd moethus.

Nodweddion

Maint a Phwysau: Daw pangolinau mewn meintiau gwahanol, yn dibynnu ar y rhywogaeth. Y lleiaf yw'r pangolin coeden, sydd tua maint cath ddomestig, a'r mwyaf yw'r pangolin enfawr, sy'n gallu tyfu hyd at 6 troedfedd (1.8 metr) o hyd a phwyso hyd at 73 pwys (33 kg).

Ymddangosiad

Mae pangolinau wedi'u gorchuddio â graddfeydd sydd wedi'u gwneud o keratin, sef yr un deunydd sy'n ffurfio gwallt dynol ac ewinedd. Mae'r graddfcydd wedi'u trefnu mewn rhesi sy'n gorgyffwrdd, sy'n rhoi i'r pangolin ei ymddangosiad unigryw tebyg i arfwisg. Mae gan bangolinau grafangau hir, pwerus y maent yn eu defnyddio i gloddio i nythod morgrug a termit, sef eu prif ffynhonnell bwyd.

Ymddygiad

Anifeiliaid unigol sy'n actif yn y nos yw pangolinau. Maent yn gloddwyr ardderchog ac yn treulio llawer o'u hamser yn cloddio i chwilio am fwyd. Pan fyddant dan fygythiad, bydd pangolinau'n rholio i fyny i bêl i amddiffyn eu hunain. Mae'r ymddygiad hwn yn eu gwneud yn dargedau hawdd i botswyr, sy'n gallu eu codi a'u cludo.

Deiet

Mae pangolinau yn bryfysyddion ac yn bwyta morgrug, termites, a phryfed bach eraill. Mae ganddynt dafod hir, gludiog y maent yn ei ddefnyddio i ddal eu hysglyfaeth, ac mae eu crafangau pwerus yn eu helpu i gloddio i nythod morgrug a termit.

Cynefin a Dosbarthiad

Mae pangolinau i'w cael yn Affrica ac Asia ac maent yn byw mewn amrywiaeth o gynefinoedd, gan gynnwys coedwigoedd, glaswelltiroedd a savannas. Maent wedi addasu i fyw ar y ddaear ac mewn coed ac yn ddringwyr rhagorol. Mae pangolinau i'w cael mewn 17 o wledydd yn Affrica a 13 o wledydd yn Asia.

Cadwraeth

Pangolinau yw'r mamaliaid sy'n cael eu masnachu fwyaf yn y byd, ac mae pob un o'r wyth rhywogaeth o pangolinau wedi'u rhestru fel rhai sydd dan fygythiad neu dan fygythiad gan yr Undeb Rhyngwladol dros Gadwraeth Natur (IUCN). Mae'r galw am gig pangolin a graddfeydd yn gyrru'r fasnach anghyfreithlon mewn pangolinau, sydd wedi cynyddu'n aruthrol yn ystod y blynyddoedd diwethaf. Defnyddir y graddfeydd mewn meddygaeth Tsieineaidd draddodiadol, er gwaethaf y ffaith nad oes tystiolaeth wyddonol i gefnogi eu defnydd.

Mae ymdrechion cadwraeth yn cynnwys diogelu cynefinoedd pangolin, cynyddu gorfodi'r gyfraith i atal potsio a masnachu mewn pobl, ac addysgu pobl am bwysigrwydd pangolinau a'r bygythiadau y maent yn eu hwynebu. Mae rhaglenni bridio mewn caethiwed hefyd yn cael eu sefydlu i helpu i warchod amrywiaeth genetig pangolinau.

I gloi, mae pangolinau yn anifeiliaid hynod ddiddorol sy'n wahanol i unrhyw famal arall yn y byd. Maent wedi'u gorchuddio â graddfeydd tebyg i arfwisg ac yn gallu rholio i fyny i bêl i'w hamddiffyn. Er gwaethaf eu hymddangosiad anarferol, mae pangolinau mewn perygl oherwydd colli cynefinoedd, potsio a masnachu mewn pobl. Mae ymdrechion cadwraeth yn hanfodol i warchod pangolinau a'u cynefinoedd, ac mae'n bwysig codi ymwybyddiaeth o bwysigrwydd cadw'r anifeiliaid unigryw a hynod ddiddorol hyn.

Mae'r paun yn un o'r adar mwyaf syfrdanol a mawreddog yn y byd. Yn adnabyddus am ei liwiau bywiog a'i arddangosiad trawiadol o blu, mae'r paun yn symbol o harddwch, gras a cheinder. Mae peunod yn frodorol i Dde Asia ac yn cael eu cydnabod yn eang am eu harddwch anhygoel a'u galwadau nodedig.

Tarddiad

Mae peunod yn frodorol i Dde Asia ac wedi bod yn hysbys i bobl ers miloedd o flynyddoedd. Fe'u darlunnir mewn celf a mytholeg Indiaidd hynafol ac fe'u gwerthfawrogwyd yn fawr gan frenhinoedd a llywodraethwyr yr India hynafol. Cyflwynwyd peunod hefyd i rannau eraill o'r byd, gan gynnwys Ewrop a Gogledd America, lle cawsant eu cadw mewn sŵau ac fel adar addurnol.

Nodweddion

Maint a Phwysau: Mae'r paun yn aderyn mawr, gyda'r gwrywod yn sylweddol fwy na'r benywod. Gall y paun Indiaidd, sef y rhywogaeth fwyaf adnabyddus, dyfu hyd at 5 troedfedd (1.5 metr) o hyd, gyda lled adenydd hyd at 6 troedfedd (1.8 metr). Gall gwrywod bwyso hyd at 11 pwys (5 kg), tra bod merched yn pwyso tua 6.6 pwys (3 kg).

Ymddangosiad

Mae peunod yn enwog am eu plu syfrdanol, sy'n cynnwys plu hir, symudliw. Mae gan y paun gwryw gynffon liw llachar sy'n cynnwys plu symudliw hir a all fod dros 5 troedfedd (1.5 metr) o hyd. Defnyddir y plu hyn mewn arddangosiadau carwriaeth i ddenu benywod. Mae gan y gwryw hefyd goron o blu ar ei ben a gwddf glaswyrdd nodedig. Mae'r fenyw, neu'r eirin gwlanog, yn llai ac mae ganddi blu mwy tawel.

Ymddygiad

Mae peunod yn adar cymdeithasol sydd i'w cael yn aml mewn grwpiau bach neu heidiau. Maent hefyd yn adnabyddus am eu galwadau nodedig, sy'n uchel ac y gellir eu clywed o bell. Yn ystod y tymor bridio, bydd gwrywod yn perfformio arddangosiadau carwriaeth gywrain, sy'n cynnwys lledaenu plu eu cynffonau a gwneud galwadau i ddenu benywod.

Deiet

Mae peunod yn hollysyddion ac yn bwyta amrywiaeth o fwydydd, gan gynnwys pryfed, ffrwythau, hadau, ac anifeiliaid bach fel llygod a madfallod. Maent hefyd yn bwyta nadroedd ac ymlusgiaid eraill, y maent yn eu lladd â'u pigau pwerus.

Cynefin a Dosbarthiad

Mae peunod yn frodorol i Dde Asia, lle maent i'w cael mewn amrywiaeth o gynefinoedd, gan gynnwys coedwigoedd, glaswelltiroedd ac ardaloedd amaethyddol. Maent hefyd i'w cael mewn rhannau eraill o'r byd, gan gynnwys Ewrop, Gogledd America, ac Awstralia, lle maent wedi cael eu cyflwyno. Paun Indiaidd yw'r rhywogaeth fwyaf adnabyddus o baun ac mae i'w ganfod ledled India, Pacistan, a Sri Lanka.

Cadwraeth

Nid yw peunod yn cael eu hystyried ar hyn o bryd i fod dan fygythiad neu dan fygythiad. Fodd bynnag, mae colli cynefinoedd, potsio, a hela i gyd yn fygythiadau i'w poblogaethau. Mae peunod hefyd yn cael eu hela am eu plu, sy'n cael eu defnyddio mewn ffasiwn ac addurniadau. Mae ymdrechion cadwraeth yn cynnwys gwarchod cynefinoedd paun, rheoleiddio hela a photsio, a chodi ymwybyddiaeth am bwysigrwydd gwarchod yr adar godidog hyn.

I gloi, mae'r paun yn aderyn syfrdanol ac eiconig sy'n cael ei gydnabod ledled y byd am ei harddwch a'i geinder. Gyda'i blu symudliw, ei faint trawiadol, a'i alwadau nodedig, mae'r paun yn wir symbol o ras a mawredd. Er nad ydynt dan fygythiad ar hyn o bryd, mae ymdrechion cadwraeth yn hollbwysig i warchod poblogaethau paun a'u cynefinoedd, ac mae'n bwysig codi ymwybyddiaeth o bwysigrwydd cadw'r adar godidog hyn.

Mae peccaries, a elwir hefyd yn waywffon, yn deulu o famaliaid carnau sydd i'w cael yn bennaf yn America. Maent yn adnabyddus am eu hymddangosiad nodedig, sy'n cynnwys strwythur stociog, trwyn tebyg i drwyn, a chôt o wallt brithog. Mae peccaries yn aml yn cael eu hela am eu cig ac mae ganddynt rôl arwyddocaol yn yr ecosystemau y maent yn byw ynddynt.

Tarddiad

Mae peccaries yn frodorol i'r Americas ac wedi bod yn bresennol yn y rhanbarth ers miliynau o flynyddoedd. Credir eu bod wedi esblygu o grŵp o famaliaid diflanedig a elwir yn oreodontau, a oedd hefyd yn aelodau o urdd Artiodactyla. Mae peccaries wedi bod yn bwysig i bobloedd brodorol America ers miloedd o flynyddoedd, ac maent wedi chwarae rhan arwyddocaol yn eu diwylliannau a'u traddodiadau.

Nodweddion

Maint a Phwysau: Mamaliaid bach i ganolig yw peccaries, gyda'r rhywogaethau mwyaf yn cyrraedd hyd at 4 troedfedd (1.2 metr) a phwysau o hyd at 100 pwys (45 kg). Mae'r rhywogaethau lleiaf tua 2 droedfedd (0.6 metr) o hyd ac yn pwyso tua 35 pwys (16 kg). Mae peccaries yn stociog ac yn gyhyrog, gyda choesau byr a phen llydan.

Ymddangosiad

Mae peccaries yn edrych yn nodedig, gyda thrwyn tebyg i drwyn sy'n hir ac sydd â blaen symudol. Mae ganddyn nhw wallt byr, blewog a all amrywio mewn lliw o lwyd i frown i ddu. Mae gan peccaries chwarren arogl ger eu cynffon y maent yn ei ddefnyddio i nodi eu tiriogaeth a chyfathrebu ag aelodau eraill o'u grŵp.

Ymddygiad

Anifeiliaid cymdeithasol yw peccaries sy'n byw mewn grwpiau o'r enw buchesi. Maent yn ddyddiol ac yn treulio eu dyddiau yn chwilota am fwyd ac yn cysgu yn y cysgod. Mae peccaries yn adnabyddus am eu hymddygiad tiriogaethol cryf a byddant yn amddiffyn eu tiriogaeth yn erbyn anifeiliaid eraill, gan gynnwys bodau dynol.

Deiet

Mae peccaries yn hollysyddion ac yn bwyta amrywiaeth o fwydydd, gan gynnwys ffrwythau, cnau, hadau, gwreiddiau a phryfed. Gwyddys hefyd eu bod yn bwyta anifeiliaid bach fel madfallod a llygod.

Cynefin a Dosbarthiad

Mae peccaries i'w cael yn bennaf yn yr Americas, o dde-orllewin yr Unol Daleithiau i ogledd yr Ariannin. Fe'u ceir mewn amrywiaeth o gynefinoedd, gan gynnwys coedwigoedd, glaswelltiroedd ac anialwch. Mae gwahanol rywogaethau o beccaries wedi addasu i wahanol gynefinoedd a gellir eu canfod mewn amrywiaeth o ddrychiadau, o lefel y môr i fynyddoedd uchel.

Cadwraeth

Nid yw peccaries yn cael eu hystyried ar hyn o bryd i fod dan fygythiad neu dan fygythiad, er bod rhai poblogaethau wedi profi prinhad oherwydd colli cynefinoedd a hela. Mewn rhai ardaloedd, mae peccaries yn cael eu hela am eu cig, sy'n cael ei ystyried yn ddanteithfwyd mewn rhai diwylliannau. Mae ymdrechion cadwraeth yn cynnwys gwarchod cynefinoedd peccary, rheoleiddio hela, a chodi ymwybyddiaeth am bwysigrwydd cadw'r mamaliaid pwysig hyn.

I gloi, mae peccaries yn grŵp unigryw a phwysig o famaliaid a geir yn bennaf yn yr Americas. Yn adnabyddus am eu hymddangosiad unigryw a'u hymddygiad tiriogaethol cryf, mae peccaries yn chwarae rhan arwyddocaol yn yr ecosystemau y maent yn byw ynddynt. Er nad ydynt dan fygythiad neu dan fygythiad ar hyn o bryd, mae ymdrechion cadwraeth yn bwysig i warchod poblogaethau peccary a'u cynefinoedd, ac mae'n bwysig codi ymwybyddiaeth o bwysigrwydd cadw'r mamaliaid pwysig hyn.

174. ffesant

Mae ffesantod yn grŵp o adar hela sy'n adnabyddus am eu plu lliwgar a'u pwysigrwydd fel adar hela ac adar addurniadol. Maent yn frodorol i Asia ac wedi cael eu cyflwyno i rannau eraill o'r byd, gan gynnwys Gogledd America, Ewrop ac Affrica. Mae yna lawer o wahanol rywogaethau o ffesantod, pob un â'i nodweddion unigryw ei hun.

Tarddiad

Mae ffesantod yn frodorol i Asia ac wedi bod yn bresennol yn y rhanbarth ers miloedd o flynyddoedd. Credir eu bod wedi esblygu o grŵp o adar o'r enw Phasianidae, sydd hefyd yn cynnwys soflieir, petris, a grugieir. Mae ffesantod wedi bod yn bwysig i bobl ers canrifoedd, fel ffynhonnell bwyd ac fel symbol o harddwch.

Nodweddion

Maint a Phwysau: Mae ffesantod yn adar canolig i fawr, gyda gwrywod yn nodweddiadol yn fwy na benywod. Gall y rhywogaeth fwyaf o ffesant, yr Himalaya monal, dyfu hyd at 3 troedfedd (1 metr) o hyd a phwyso hyd at 8 pwys (3.5 kg).

Ymddangosiad

Mae ffesantod yn adnabyddus am eu plu lliwgar, sy'n arbennig o fywiog mewn gwrywod. Mae gan ffesantod gwrywaidd blu llachar sy'n gallu amrywio o goch i wyrdd i las, yn dibynnu ar y rhywogaeth. Mae ganddyn nhw hefyd blu cynffon hir, addurnedig a ddefnyddir mewn arddangosiadau yn ystod carwriaeth. Mae ffesantod benywaidd yn llai lliwgar na gwrywod ac mae ganddynt olwg fwy tawel sy'n rhoi gwell cuddliw iddynt.

Ymddygiad

Mae ffesantod yn adar cymdeithasol sy'n byw mewn grwpiau a elwir yn uchod. Maent yn byw ar y ddaear yn bennaf ac yn treulio eu dyddiau yn chwilota am fwyd ac yn cuddio rhag ysglyfaethwyr. Mae ffesantod hefyd yn adnabyddus am eu harddangosfeydd carwriaeth gywrain, sy'n cynnwys y gwrywod yn arddangos eu plu lliwgar a'u plu cynffon hir.

Deiet

Mae ffesantod yn hollysyddion ac yn bwyta amrywiaeth o fwydydd, gan gynnwys pryfed, hadau, ffrwythau, ac anifeiliaid bach fel malwod a mwydod.

Cynefin a Dosbarthiad

Mae ffesantod i'w cael yn Asia yn bennaf, er eu bod wedi cael eu cyflwyno i rannau eraill o'r byd fel adar hela ac adar addurnol. Fe'u ceir mewn amrywiaeth o gynefinoedd, gan gynnwys coedwigoedd, glaswelltiroedd ac ardaloedd amaethyddol. Mae gwahanol rywogaethau o ffesantod wedi addasu i wahanol gynefinoedd a gellir eu canfod mewn amrywiaeth o ddrychiadau, o lefel y môr i fynyddoedd uchel.

Cadwraeth

Mae rhai rhywogaethau o ffesantod dan fygythiad neu dan fygythiad oherwydd colli cynefinoedd a hela. Mae ymdrechion cadwraeth yn cynnwys gwarchod cynefinoedd ffesantod, rheoleiddio hela, a chodi ymwybyddiaeth am bwysigrwydd gwarchod yr adar pwysig hyn.

I gloi, mae ffesantod yn grŵp unigryw a phwysig o adar sy'n adnabyddus am eu plu lliwgar a'u harddangosfeydd carwriaeth gywrain. Maent yn frodorol i Asia ac wedi cael eu cyflwyno i rannau eraill o'r byd fel adar hela ac adar addurniadol. Er nad yw pob rhywogaeth o ffesantod dan fygythiad neu dan fygythiad, mae ymdrechion cadwraeth yn bwysig i warchod poblogaethau ffesantod a'u cynefinoedd, ac mae'n bwysig codi ymwybyddiaeth am bwysigrwydd cadw'r adar pwysig hyn.

Mae'r golomen, sydd hefyd yn cael ei hadnabod fel y golomen graig, yn aderyn sydd wedi'i dofi ers miloedd o flynyddoedd ac sydd i'w ganfod mewn dinasoedd ac ardaloedd gwledig ledled y byd. Mae colomennod yn adnabyddus am eu galwad cooing nodedig a'u gallu i lywio pellteroedd hir, gan eu gwneud yn anifail pwysig yn hanes dyn.

Tarddiad

Credir bod y golomen wedi tarddu o'r Dwyrain Canol, er bod eu hunion darddiad yn aneglur. Cafodd colomennod eu dofi am y tro cyntaf gan bobl filoedd o flynyddoedd yn ôl ac fe'u defnyddiwyd ar gyfer bwyd, fel negeswyr, ac am eu gallu i lywio pellteroedd hir.

Nodweddion

Maint a Phwysau: Mae colomennod yn adar canolig eu maint, gyda hyd cyfartalog o 12-14 modfedd (30-36 cm) a lled adenydd 23-26 modfedd (58-66 cm). Maent fel arfer yn pwyso rhwng 9-13 owns (250-375 g).

YmddangosiadMae colomennod yn edrych yn nodedig, gyda chorff tew, pen bach, a gwddf byr. Mae ganddyn nhw big bach, sydd wedi'i addasu ar gyfer bwyta hadau a grawn. Daw colomennod mewn amrywiaeth o liwiau, gan gynnwys llwyd, gwyn a brown. Mae ganddynt alwad cooing nodedig a ddefnyddir ar gyfer cyfathrebu.

Ymddygiad

Mae colomennod yn adar cymdeithasol sy'n byw mewn heidiau. Maent i'w cael yn aml mewn ardaloedd trefol, lle maent yn bwydo ar hadau a grawn. Mae colomennod yn adnabyddus am eu gallu i gartrefu, sy'n caniatáu iddynt lywio pellteroedd hir a dychwelyd i'w safle clwydo. Maent hefyd yn cael eu defnyddio mewn rasio ac am eu gallu i gario negeseuon dros bellteroedd maith.

Deiet

Mae colomennod yn granivorous yn bennaf, sy'n golygu eu bod yn bwyta hadau a grawn. Gwyddys hefyd eu bod yn bwyta pryfed ac infertebratau bach, yn ogystal â symiau bach o ffrwythau a llystyfiant.

Cynefin a Dosbarthiad

Mae colomennod i'w cael mewn ardaloedd trefol a gwledig ledled y byd. Maent wedi'u haddasu i ystod eang o gynefinoedd, o ddinasoedd i ardaloedd gwledig, ac maent i'w cael ym mron pob cyfandir. Mae colomennod yn aml yn agos at drigfannau dynol, lle maen nhw'n bwydo ar sbarion bwyd ac yn cael eu denu at borthwyr adar.

Cadwraeth

Nid yw colomennod yn cael eu hystyried dan fygythiad nac mewn perygl. Fodd bynnag, gellir eu hystyried yn blâu mewn ardaloedd trefol, lle gallant achosi difrod i adeiladau a chreu amodau afiach. Mewn rhai ardaloedd, mae poblogaethau colomennod wedi'u rheoli trwy eu trapio a'u difa. Mewn ardaloedd gwledig, gellir hela colomennod am fwyd neu chwaraeon.

I gloi, mae colomennod yn aderyn pwysig yn hanes dyn, wedi bod yn dofi ers miloedd o flynyddoedd am fwyd ac am eu gallu i gario negeseuon. Maent wedi'u haddasu i ystod eang o gynefinoedd ac i'w canfod mewn dinasoedd ac ardaloedd gwledig ledled y byd. Er nad ydynt yn cael eu hystyried dan fygythiad neu dan fygythiad, gellir rheoli poblogaethau colomennod mewn ardaloedd trefol, lle gallant achosi difrod a chreu amodau afiach. At ei gilydd, mae colomennod yn anifail hynod ddiddorol a phwysig sydd wedi chwarae rhan bwysig yn hanes dyn.

176. Platypus

Mae'r platypus, yr enw gwyddonol Ornithorhynchus anatinus, yn famal unigryw a hynod ddiddorol a geir yn nwyrain Awstralia. Mae'r anifail hynod hwn wedi peri penbleth i wyddonwyr ers ei ddarganfod yn 1799, ac mae ei nodweddion anarferol wedi rhoi'r llysenw platypus wedi'i bilio gan hwyaid iddo.

Nodweddion

Mae'r platypus yn famal bach, lled-ddyfrol sydd wedi'i orchuddio â ffwr trwchus, diddos. Mae ganddo gynffon lydan, wastad sy'n ei helpu i nofio drwy'r dŵr, a thraed gweog sy'n caniatáu iddo badlo drwy'r nentydd a'r afonydd lle mae'n byw. Un o nodweddion mwyaf nodedig y platypus yw ei big, sy'n wastad ac yn llydan fel pig hwyaden. Mae'r bil wedi'i gwmpasu gan electroderbynyddion, sef celloedd arbenigol sy'n caniatáu i'r platypws ganfod y meysydd trydanol a gynhyrchir gan ei ysglyfaeth yn y dŵr. Mae gan y platypus hefyd bâr o sbardunau gwenwynig ar ei goesau ôl, a ddefnyddir i amddiffyn ei hun rhag ysglyfaethwyr.

Mae'r platypus yn anifail bach, yn mesur tua 50 cm o hyd ac yn pwyso tua 1.5 kg. Mae ganddo ffwr trwchus, gwrth-ddŵr sy'n amrywio mewn lliw o frown tywyll i ddu ar ei gefn a'i ochrau, gydag ochr ysgafnach, lliw hufennog. Mae gan y platypus gorff gwastad a chynffon llydan, siâp padl sydd wedi'i gorchuddio â ffwr. Mae ei goesau'n fyr ac yn gryf, gyda thraed gweog sydd wedi'u haddasu ar gyfer nofio.

Mae gan y platypus system atgenhedlu unigryw. Mae menywod yn dodwy wyau, sy'n cael eu deor y tu allan i'r corff. Ar ôl deor, mae'r rhai ifanc yn cael eu sugno gan eu mam, sy'n cynhyrchu llaeth o chwarennau arbenigol ar ei chroen. Dim ond mewn ychydig o rywogaethau eraill o famaliaid y ceir y cyfuniad hwn o ddodwy wyau a chynhyrchu llaeth, gan gynnwys yr echidna, sydd hefyd yn frodorol i Awstralia.

Tarddiad ac Esblygiad

Mae'r platypus yn grair byw o grŵp hynafol o famaliaid a elwir yn monotremes, sef yr unig grŵp o famaliaid sy'n dodwy wyau yn lle rhoi genedigaeth i rai ifanc byw. Mae gan monotremes hefyd nifer o nodweddion cyntefig eraill, megis cloaca, sy'n agoriad unigol ar gyfer wrin a feces, yn ogystal â swyddogaethau atgenhedlu a threulio.

Y platypus a'i berthynas byw agosaf, yr echidna, yw'r unig aelodau o'r teulu monotreme sydd wedi goroesi. Credir bod y platypus wedi dargyfeirio oddi wrth yr echidna tua 19-48 miliwn o flynyddoedd yn ôl, yn ystod cyfnod cynnar yr Eocene. Mae tystiolaeth ffosil yn awgrymu bod monotremau cynnar yn llawer mwy amrywiol nag ydyn nhw heddiw, gyda nifer o wahanol deuluoedd a rhywogaethau wedi'u gwasgaru ar draws Awstralia, De America, ac Antarctica. Fodd bynnag, dros amser, diflannodd y rhan fwyaf o'r monotremau cynnar hyn, gan adael dim ond y platypus a'r echidna i barhau â'r llinach.

Mae cyfuniad anarferol y platypus o nodweddion wedi peri penbleth i wyddonwyr ers tro, sydd wedi cael trafferth deall sut y gallai anifail mor rhyfedd fod wedi esblygu. Fodd bynnag, mae astudiaethau genetig diweddar wedi taflu goleuni newydd ar darddiad y platypus. Mae'r astudiaethau hyn wedi dangos bod y platypus yn perthyn yn agos i grŵp o anifeiliaid diflanedig a elwir yn obdurodonids, a oedd yn byw yn Awstralia tua 15-25 miliwn o flynyddoedd yn ôl. Roedd yr obdurodonidau hefyd yn lled-ddyfrol, ac roedd ganddynt lawer o nodweddion yn gyffredin â'r platypws, gan gynnwys pig tebyg i hwyaden a thraed gweog.

Statws Cadwraeth a Bygythiadau

Mae'r platypus wedi'i restru fel rhywogaeth sydd bron dan fygythiad gan yr Undeb Rhyngwladol dros Gadwraeth Natur (IUCN). Mae'r platypus yn wynebu nifer o fygythiadau i'w oroesiad, gan gynnwys colli cynefinoedd, llygredd, a newid yn yr hinsawdd. Mae'r platypus yn sensitif iawn i newidiadau yn ei amgylchedd, ac mae'n arbennig o agored i newidiadau yn ansawdd a swm dŵr. Gall llygredd o ddŵr ffo amaethyddol a ffynonellau eraill halogi cynefin y platypus, gan leihau argaeledd ei ysglyfaeth ac achosi problemau iechyd.

Mae colli cynefinoedd yn fygythiad mawr arall i'r platypus. Mae gweithgareddau dynol megis torri coed, trefoli, ac adeiladu argaeau wedi dinistrio neu ddarnio llawer o gynefin naturiol y platypus, gan ei gwneud hi'n anodd i'r anifeiliaid symud rhwng gwahanol ardaloedd a dod o hyd i leoedd addas i fyw a bridio. Disgwylir hefyd i newid yn yr hinsawdd gael effaith sylweddol ar gynefin y platypus, gan y gallai tymheredd uwch a newidiadau mewn patrymau glawiad newid argaeledd dŵr a dosbarthiad ei ysglyfaeth.

Ymdrechion cadwraeth

Mae ymdrechion cadwraeth ar y gweill i amddiffyn y platypus a'i gynefin. Yn Awstralia, mae'r platypus wedi'i warchod gan y gyfraith, ac mae nifer o sefydliadau cadwraeth yn gweithio i hyrwyddo ei gadwraeth a chodi ymwybyddiaeth y cyhoedd am nodweddion unigryw a phwysigrwydd ecolegol yr anifail. Mae Gwarchodaeth Platypus Awstralia yn un sefydliad o'r fath, sy'n gweithio i fonitro ac amddiffyn poblogaethau platypus, yn ogystal ag addysgu'r cyhoedd am fioleg ac ymddygiad yr anifail.

Mae ymchwil hefyd yn cael ei gynnal i ddeall bioleg ac ymddygiad y platypus yn well, ac i nodi ffyrdd o liniaru'r bygythiadau sy'n wynebu'r rhywogaeth. Mae gwyddonwyr yn astudio gofynion cynefin platypus, yn ogystal â'i ymatebion i lygredd a straenwyr amgylcheddol eraill. Mae technegau monitro newydd, megis samplu DNA amgylcheddol, hefyd yn cael eu datblygu i olrhain poblogaethau platypus ac asesu eu hiechyd.

I gloi, mae'r platypus yn anifail unigryw a hynod ddiddorol sydd wedi dal dychymyg gwyddonwyr a'r cyhoedd ers canrifoedd. Mae ei gyfuniad anarferol o nodweddion, gan gynnwys ei big tebyg i hwyaid, ysbardunau gwenwynig, a'i system atgenhedlu dodwy wyau, wedi peri penbleth i ymchwilwyr ers tro ac wedi ysbrydoli llawer o weithiau celf a llenyddiaeth. Heddiw, mae'r platypus yn wynebu nifer o fygythiadau i'w oroesiad, gan gynnwys colli cynefinoedd, llygredd, a newid yn yr hinsawdd. Fodd bynnag, mae ymdrechion cadwraeth ar y gweill i warchod yr anifail hynod hwn a'i gynefin, ac mae gwyddonwyr yn gweithio i ddeall ei fioleg a'i ymddygiad yn well. Gydag ymdrechion ymchwil a chadwraeth parhaus, gallwn obeithio sicrhau bod y platypus yn goroesi am genedlaethau i ddod.

Mae Pronghorn, a elwir hefyd yn antelop Americanaidd, yn famal unigryw sy'n frodorol i Ogledd America. Dyma'r unig aelod o'r teulu Antilocapridae sydd wedi goroesi ac nid yw'n antelop go iawn. Mae'r pronghorn yn adnabyddus am ei gyflymdra a'i ddygnwch rhyfeddol, yn ogystal â'i gyrn nodedig, sy'n ganghennog fel brigau.

Nodweddion Corfforol

Mae Pronghorn yn famal maint canolig, yn pwyso rhwng 90 a 150 pwys, ac yn sefyll rhwng 3 a 3.5 troedfedd o daldra wrth yr ysgwydd. Mae ganddo gorff lluniaidd, cyhyrog, wedi'i gynllunio ar gyfer cyflymder ac ystwythder. Lliw lliw haul neu frown yw cot y pronghorn, gydag is-bol gwyn a marciau du ar ei hwyneb a'i gwddf. Mae ei lygaid yn fawr ac wedi'u gosod yn eang ar wahân, gan ddarparu gweledigaeth ymylol ardderchog. Mae ei glustiau hefyd yn fawr ac yn bigfain, sy'n ei alluogi i glywed ysglyfaethwyr yn agosáu o bell.

Nodwedd amlycaf y corn blaen yw ei gyrn, sy'n ganghennog fel brigau ac wedi'u gwneud o graidd esgyrnog wedi'i orchuddio â gwain o geratin. Mae gan wrywod a benywod gyrn, er bod cyrn y gwrywod fel arfer yn fwy ac yn fwy canghennog. Gall cyrn corn gwryw dyfu hyd at 20 modfedd o hyd, tra bod cyrn benyw yn fyrrach ac yn llai canghennog.

Ymddygiad

Mae Pronghorn yn anifail dyddiol, sy'n golygu ei fod yn actif yn ystod y dydd ac yn gorffwys gyda'r nos. Mae'n anifail cymdeithasol, yn byw mewn buchesi sy'n amrywio o ychydig o unigolion i sawl dwsin. Mae'r buchesi fel arfer yn cynnwys merched a'u rhai ifanc, gyda gwrywod yn byw mewn grwpiau baglor neu fel unigolion unigol.

Llysysydd yw Pronghorn, sy'n bwydo'n bennaf ar weiriau, glaswellt a llwyni. Mae ganddo system dreulio unigryw sy'n ei alluogi i dynnu'r maeth mwyaf o'i fwyd, gan gynnwys torri i lawr cellwlos, deunydd planhigion caled na all y rhan fwyaf o famaliaid eraill ei dreulio.

Mae Pronghorn yn adnabyddus am ei gyflymder a'i ddygnwch rhyfeddol. Dyma'r anifail tir cyflymaf yng Ngogledd America, sy'n gallu rhedeg ar gyflymder o hyd at 60 milltir yr awr. Gall hefyd gynnal ei gyflymder uchel dros bellteroedd hir, diolch i'w system resbiradol effeithlon a chalon ac ysgyfaint mawr.

Cynefin

Mae Pronghorn yn frodorol i laswelltiroedd, llwyni ac anialwch Gogledd America, o dde Canada i ogledd Mecsico. Mae wedi addasu'n dda i'w gynefin cras, gyda set unigryw o nodweddion corfforol ac ymddygiadol sy'n ei alluogi i ffynnu mewn amodau garw. Mae'n gallu goddef tymereddau eithafol, yn ogystal â chyfnodau o sychder ac argaeledd bwyd isel.

Statws Cadwraeth

Ar hyn o bryd mae Pronghorn wedi'i restru fel rhywogaeth o "Pryder Lleiaf" gan yr Undeb Rhyngwladol dros Gadwraeth Natur (IUCN). Fodd bynnag, mae rhai poblogaethau o gorn blaen yn cael eu bygwth gan golli cynefinoedd, darnio a diraddio, yn ogystal â hela ac ysglyfaethu gan goyotes ac ysglyfaethwyr eraill.

Mae ymdrechion cadwraeth ar y gweill i amddiffyn corn rhuban a'i gynefin. Mae Gwasanaeth Pysgod a Bywyd Gwyllt yr Unol Daleithiau, yn ogystal ag asiantaethau gwladwriaethol a lleol, yn gweithio i gynnal ac adfer poblogaethau corn prong trwy adfer cynefinoedd, rheoli ysglyfaethwyr, a hela rheoledig. Mae tirfeddianwyr preifat hefyd yn chwarae rhan bwysig mewn cadwraeth pronghorn, trwy gymryd rhan mewn rhaglenni rheoli cynefinoedd a hawddfreintiau cadwraeth.

I gloi, mae pronghorn yn anifail unigryw a hynod ddiddorol sydd wedi swyno dychymyg pobl Gogledd America ers amser maith. Mae ei gyflymder a'i ddygnwch rhyfeddol, yn ogystal â'i gyrn nodedig, yn ei wneud yn eicon o dirwedd y gorllewin. Er eu bod yn wynebu bygythiadau o golli cynefinoedd ac ysglyfaethu, mae poblogaethau'r allt yn sefydlog ar y cyfan ac mae ymdrechion cadwraeth ar y gweill i sicrhau eu bod yn parhau i oroesi. Trwy warchod pronghorn a'i gynefin, gallwn helpu i sicrhau bod yr anifail hynod hwn yn parhau i fod yn symbol o Orllewin America am genedlaethau i ddod.

Mae soflieir yn grŵp o adar bach a chanolig sy'n byw ar y ddaear a geir ym mhob cyfandir ac eithrio Antarctica. Mae'r adar hyn yn adnabyddus am eu maint bach, eu cyrff tew, a'u patrymau plu nodedig. Maent hefyd yn adar hela poblogaidd ac yn aml yn cael eu hela ar gyfer chwaraeon neu fwyd.

Nodweddion Corfforol

Mae soflieir yn amrywio o ran maint yn dibynnu ar y rhywogaeth, ond mae'r mwyafrif yn adar bach i ganolig, yn amrywio o 5 i 12 modfedd o hyd. Mae ganddyn nhw gyrff tew, crwn ac adenydd byr, crwn, sydd wedi'u haddasu ar gyfer cyfnodau hedfan byr. Mae eu plu fel arfer yn frown neu'n llwyd gyda smotiau gwyn neu streipiau, sy'n darparu cuddliw yn eu cynefin naturiol.

Mae gan soflieir blu nodedig ar eu pen o'r enw "topknot" neu "grib," y gellir ei godi neu ei ostwng yn dibynnu ar eu hwyliau. Mae ganddyn nhw hefyd big crwm, byr a llygaid bach crwn ar ochr eu pen, sy'n rhoi golwg ymylol ardderchog iddynt.

Ymddygiad

Mae soflieir yn adar sy'n byw ar y ddaear ac yn treulio'r rhan fwyaf o'u hamser ar y ddaear yn chwilio am fwyd neu safleoedd nythu. Maen nhw'n adar cymdeithasol ac i'w cael yn aml mewn grwpiau bach o'r enw cilfachau. Mae Coveys yn cynnwys nifer o wrywod a benywod, gydag un gwryw dominyddol yn arwain y grŵp.

Mae soflieir yn hollysol, yn bwydo ar amrywiaeth o bryfed, hadau a llystyfiant. Gwyddys hefyd eu bod yn bwyta fertebratau bach fel madfallod a nadroedd. Mae gan soflieir system dreulio unigryw sy'n caniatáu iddynt dynnu'r maeth mwyaf o'u bwyd, gan gynnwys torri deunydd planhigion caled i lawr.

Cynefin

Ceir soflieir mewn amrywiaeth eang o gynefinoedd, o anialwch a glaswelltiroedd i goedwigoedd a gwlyptiroedd. Mae gwahanol rywogaethau o soflieir wedi addasu i wahanol amgylcheddau, gyda rhai yn ffafrio cynefinoedd anialwch cras ac eraill yn byw mewn coedwigoedd neu laswelltiroedd.

Statws Cadwraeth

Mae statws cadwraeth soflieir yn amrywio yn dibynnu ar y rhywogaeth a'r lleoliad. Mae rhai rhywogaethau o soflieir wedi'u rhestru fel "Pryder Lleiaf" gan yr Undeb Rhyngwladol dros Gadwraeth Natur (IUCN), tra bod eraill yn cael eu hystyried dan fygythiad neu dan fygythiad oherwydd colli cynefinoedd, hela neu ysglyfaethu.

Yn yr Unol Daleithiau, mae'r soflieir bobwhite ogleddol yn un o'r adar hela mwyaf poblogaidd ac yn cael ei hela am chwaraeon a bwyd. Fodd bynnag, mae poblogaethau soflieir bob-gwyn ogleddol wedi gostwng yn ystod y blynyddoedd diwethaf oherwydd colli a darnio cynefinoedd, yn ogystal â newidiadau mewn defnydd tir ac arferion amaethyddol. Mae ymdrechion cadwraeth ar y gweill i amddiffyn soflieir bobwhite ogleddol a'u cynefin, gan gynnwys adfer a rheoli cynefinoedd, rheoli ysglyfaethwyr, a rheoliadau hela.

I gloi, mae soflieir yn grŵp hynod ddiddorol o adar sydd i'w cael mewn ystod eang o gynefinoedd ledled y byd. Maent yn adnabyddus am eu patrymau plu nodedig, maint bach, ac ymddygiad preswylio ar y ddaear. Er bod rhai rhywogaethau o soflieir yn cael eu bygwth gan golli cynefinoedd, hela ac ysglyfaethu, mae ymdrechion cadwraeth ar y gweill i amddiffyn yr adar hyn a'u cynefin. Trwy warchod sofliar a'u cynefin, gallwn sicrhau bod yr adar hynod ddiddorol hyn yn parhau i ffynnu am genedlaethau i ddod.

179. Cwningen

Mae cwningod yn famaliaid bach blewog sy'n perthyn i'r teulu Leporidae. Maent i'w cael ledled y byd, gyda gwahanol rywogaethau wedi'u haddasu i wahanol amgylcheddau, o anialwch i goedwigoedd. Mae cwningod yn olygfa gyffredin mewn sawl rhan o'r byd, ac maent hefyd yn boblogaidd fel anifeiliaid anwes.

Nodweddion Corfforol

Mae cwningod yn famaliaid bach i ganolig, yn amrywio o ran maint o 8 modfedd i 20 modfedd o hyd. Mae ganddyn nhw ffwr hir, meddal sy'n dod mewn amrywiaeth o liwiau, gan gynnwys brown, gwyn, llwyd a du. Mae gan gwningod glustiau mawr a all fod hyd at 6 modfedd o hyd, y maent yn eu defnyddio i ganfod ysglyfaethwyr a chyfathrebu â chwningod eraill. Mae eu llygaid wedi'u lleoli ar ochrau eu pen, sy'n rhoi gweledigaeth ymylol ardderchog iddynt.

Mae gan gwningod goesau ôl pwerus sydd wedi'u haddasu ar gyfer neidio a rhedeg, yn ogystal â choesau blaen byr y maent yn eu defnyddio ar gyfer cydbwysedd a chloddio. Mae ganddyn nhw grafangau miniog sy'n eu helpu i gloddio tyllau a dianc rhag ysglyfaethwyr.

Ymddygiad

Mae cwningod yn anifeiliaid cymdeithasol sy'n byw mewn grwpiau o'r enw cytrefi. O fewn y nythfa, mae cwningod yn sefydlu hierarchaeth gymdeithasol, gydag un gwningen drechaf yn rheoli'r grŵp. Mae cwningod yn fwyaf gweithgar gyda'r wawr a'r cyfnos, gan dreulio gweddill y dydd yn gorffwys yn eu tyllau.

Llysysyddion yw cwningod, sy'n bwydo ar amrywiaeth o blanhigion, gan gynnwys gweiriau, meillion a llysiau. Mae ganddynt system dreulio unigryw sy'n caniatáu iddynt dynnu'r maeth mwyaf o'u bwyd, gan gynnwys torri i lawr deunydd planhigion caled.

Cynefin

Mae cwningod i'w cael mewn amrywiaeth eang o gynefinoedd, o anialwch i goedwigoedd. Mae gwahanol rywogaethau o gwningod wedi addasu i wahanol amgylcheddau, gyda rhai yn ffafrio cynefinoedd anialwch cras ac eraill yn byw mewn coedwigoedd neu laswelltiroedd.

Statws Cadwraeth

Mae statws cadwraeth cwningod yn amrywio yn dibynnu ar y rhywogaeth a'r lleoliad. Mae rhai rhywogaethau o gwningod wedi'u rhestru fel "Pryder Lleiaf" gan yr Undeb Rhyngwladol dros Gadwraeth Natur (IUCN), tra bod eraill yn cael eu hystyried dan fygythiad neu dan fygythiad oherwydd colli cynefinoedd, hela neu ysglyfaethu.

Yn Awstralia, cyflwynwyd y gwningen Ewropeaidd yn y 1850au a daeth yn bla yn gyflym oherwydd ei bod yn atgenhedlu'n gyflym ac yn dinistrio cnydau. Ar hyn o bryd mae'r boblogaeth cwningod yn Awstralia yn cael ei rheoli trwy ddefnyddio cyfryngau rheoli biolegol, megis y firws mycoma, a dulliau rheoli corfforol, megis ffensio.

Yng Ngogledd America, mae cynffon gwen y New England a'r cynffon wen Appalachian yn ddwy rywogaeth o gwningod sy'n cael eu hystyried dan fygythiad oherwydd colli cynefin a darnio. Mae ymdrechion cadwraeth ar y gweill i amddiffyn y rhywogaethau hyn a'u cynefinoedd, gan gynnwys adfer a rheoli cynefinoedd, rheoli ysglyfaethwyr, a chynllunio defnydd tir.

I gloi, mae cwningod yn grŵp hynod ddiddorol o famaliaid sydd i'w cael mewn ystod eang o gynefinoedd ledled y byd. Maent yn adnabyddus am eu ffwr meddal, clustiau hir, a choesau ôl pwerus. Er bod rhai rhywogaethau o gwningod yn cael eu bygwth gan golli cynefinoedd, hela, ac ysglyfaethu, mae ymdrechion cadwraeth ar y gweill i amddiffyn yr anifeiliaid hyn a'u cynefin. Drwy warchod cwningod a'u cynefin, gallwn sicrhau bod yr anifeiliaid hynod ddiddorol hyn yn parhau i ffynnu am genedlaethau i ddod.

180. Nadroedd

Neidr wenwynig sy'n perthyn i is-deulu'r Crotalinae yw'r neidr gribell. Maent yn adnabyddus am y gribell nodedig a leolir ar ddiwedd eu cynffonnau, y maent yn eu defnyddio fel rhybudd i ysglyfaethwyr posibl. Mae nadroedd crib i'w cael ledled America, o Ganada i'r Ariannin, ac maent wedi'u haddasu i amrywiaeth o gynefinoedd, gan gynnwys anialwch, coedwigoedd a glaswelltiroedd.

Nodweddion Corfforol

Yn gyffredinol, nadroedd mawr, trwm eu corff yw nadroedd y llipa, sy'n gallu tyfu hyd at 8 troedfedd o hyd, er bod y rhan fwyaf o rywogaethau'n llai na hyn. Mae ganddyn nhw ben siâp triongl, gyda dwy fang fawr ym mlaen eu cegau sy'n cael eu defnyddio i chwistrellu gwenwyn i'w hysglyfaeth. Mae lliw nadroedd yn amrywio yn dibynnu ar y rhywogaeth, ond mae gan y mwyafrif batrwm cuddliw sy'n eu helpu i ymdoddi i'w hamgylchoedd. Mae gan nadroedd y llipa glorian, sy'n arw i'w cyffwrdd ac yn helpu'r neidr i symud trwy dir garw.

Nodwedd fwyaf nodedig y neidr gribell yw'r gribell sydd wedi'i lleoli ar ddiwedd ei chynffon. Mae'r ratl yn cynnwys cyfres o segmentau sy'n cyd-gloi, sy'n dirgrynu yn erbyn ei gilydd pan fydd y neidr yn ysgwyd ei chynffon. Defnyddir sain ratl y neidr i rybuddio darpar ysglyfaethwyr i gadw draw, ac mae'n sain nodweddiadol o lawer o amgylcheddau anialwch.

Ymddygiad

Mae nadroedd crib yn nosol yn bennaf, ac maen nhw fwyaf gweithgar gyda'r wawr a'r cyfnos. Yn ystod y dydd, byddant yn aml yn ceisio lloches mewn holltau, tyllau, neu o dan greigiau i osgoi gwres yr haul. Anifeiliaid unigol yw nadroedd crib, ond yn ystod y tymor bridio, bydd gwrywod yn mynd ati i chwilio am fenywod er mwyn paru.

Mae nadroedd crib yn ysglyfaethwyr rhagod, yn aros i'w hysglyfaeth ddod o fewn pellter trawiadol. Pan ganfyddir eitem ysglyfaethus posibl, bydd y neidr gribell yn taro'n gyflym, gan chwistrellu gwenwyn i'r ysglyfaeth gyda'i fangiau mawr. Defnyddir y gwenwyn i atal symud a lladd yr ysglyfaeth, sydd wedyn yn cael ei lyncu'n gyfan.

Cynefin

Mae nadroedd crib i'w cael ledled yr America, o Ganada i'r Ariannin. Maent wedi addasu i ystod eang o gynefinoedd, gan gynnwys anialwch, coedwigoedd, glaswelltiroedd, a brigiadau creigiog. Mae gan wahanol rywogaethau o nadroedd gribell gynefin ddewisiadau gwahanol, gyda rhai rhywogaethau yn ffafrio amgylcheddau anialwch cras, tra bod eraill i'w cael mewn coedwigoedd neu laswelltiroedd.

Statws Cadwraeth

Mae statws cadwraeth nadroedd cribell yn amrywio yn dibynnu ar y rhywogaeth a'r lleoliad. Mae'r Undeb Rhyngwladol dros Gadwraeth Natur (IUCN) yn ystyried bod llawer o rywogaethau nadroedd cribell yn "Bryder Lleiaf" ond mae eraill yn cael eu hystyried dan fygythiad neu dan fygythiad oherwydd colli cynefinoedd, hela, neu gasglu anghyfreithlon ar gyfer y fasnach anifeiliaid anwes.

Yn yr Unol Daleithiau, mae'r neidr gribell bren a'r neidr gribell ddwyreiniol massasauga yn ddwy rywogaeth sy'n cael eu hystyried dan fygythiad oherwydd colli cynefinoedd ac erledigaeth gan bobl. Mae ymdrechion cadwraeth ar y gweill i warchod y rhywogaethau hyn a'u cynefinoedd, gan gynnwys adfer a rheoli cynefinoedd, addysg gyhoeddus, a chynllunio defnydd tir.

I gloi, mae'r neidr gribell yn anifail hynod ddiddorol sy'n aml yn cael ei gamddeall sy'n chwarae rhan bwysig mewn llawer o ecosystemau ledled America. Er bod rhai rhywogaethau o nadroedd crib yn cael eu bygwth gan golli cynefinoedd, hela, a chasglu anghyfreithlon ar gyfer y fasnach anifeiliaid anwes, mae ymdrechion cadwraeth ar y gweill i amddiffyn yr anifeiliaid hyn a'u cynefin. Trwy warchod nadroedd y llygod mawr a'u cynefin, gallwn sicrhau bod yr anifeiliaid hynod ddiddorol hyn yn parhau i ffynnu am genedlaethau i ddod.

181. rhinoseros

Mae'r rhinoseros yn famal llysysol mawr sydd i'w gael yn Affrica ac Asia. Mae pum rhywogaeth o rinoseros: y rhinoseros gwyn, y rhinoseros du, y rhinoseros Indiaidd, y rhinoseros Jafan, a'r rhinoseros Swmatran. Mae rhinoserosiaid yn adnabyddus am eu corn nodedig, sydd wedi'i wneud o keratin, yr un deunydd â'n hewinedd.

Nodweddion Corfforol

Mae rhinoserosiaid yn anifeiliaid mawr, gyda gwrywod llawndwf yn pwyso rhwng 1,000 a 2,500 kg, a benywod yn pwyso rhwng 900 a 1,800 kg. Mae ganddyn nhw groen trwchus, tebyg i arfwisg, sydd wedi'i orchuddio â phlygiadau a thwmpathau, gan roi golwg cynhanesyddol iddynt. Mae gan rhinoserosiaid gorn nodedig ar eu trwyn, sydd wedi'i wneud o keratin, yr un defnydd â'n hewinedd. Defnyddir y corn at amrywiaeth o ddibenion, gan gynnwys amddiffyn, cloddio, a denu ffrindiau.

Mae nodweddion ffisegol rhinoserosiaid yn amrywio yn dibynnu ar y rhywogaeth. Y rhinoseros gwyn yw'r mwyaf o'r pum rhywogaeth, gyda cheg hir, lydan wedi'i haddasu ar gyfer pori glaswelltiroedd. Mae'r rhinoseros du ychydig yn llai na'r rhinoseros gwyn, gyda cheg fwy pigfain wedi'i haddasu ar gyfer pori ar ddail a changhennau. Mae gan y rhinoseros Indiaidd un corn a phlyg trwchus o groen o amgylch ei wddf, tra bod gan rhinoserosiaid Jafan a Sumatran ddau gorn a maint llai.

Ymddygiad

Mae rhinoseros fel arfer yn anifeiliaid unig, er y gallant ymgynnull mewn grwpiau bach o amgylch tyllau dyfrio neu yn ystod y tymor paru. Maent yn fwyaf gweithgar yn gynnar yn y bore ac yn hwyr yn y prynhawn, a byddant yn aml yn gorffwys yn y cysgod yn ystod rhannau poethaf y dydd.

Llysysyddion yw rhinoserosiaid, sy'n bwydo'n bennaf ar weiriau, dail a changhennau. Mae ganddynt system dreulio unigryw sy'n caniatáu iddynt echdynnu maetholion o ddeunydd planhigion caled, ffibrog. Mae gan rhinoseros ymdeimlad datblygedig o arogl, a byddant yn defnyddio eu synnwyr arogli i ddod o hyd i fwyd a darpar ffrindiau.

Cynefin

Mae rhinoserosiaid i'w cael mewn amrywiaeth o gynefinoedd, gan gynnwys glaswelltiroedd, savannas, a choedwigoedd. Mae gan wahanol rywogaethau o rinoseros ddewisiadau cynefin gwahanol. Mae'r rhinoseroses gwyn a du i'w cael mewn glaswelltiroedd a savannas, tra bod rhinoserosiaid Indiaidd, Jafan a Sumatran i'w cael mewn ardaloedd coediog.

Statws Cadwraeth

Ystyrir bod pob un o'r pum rhywogaeth o rinoseros dan fygythiad difodiant oherwydd colli cynefinoedd a sathru. Mae'r rhinoseros gwyn a du mewn perygl arbennig oherwydd eu maint mawr a gwerth eu cyrn ar y farchnad ddu.

Mae ymdrechion cadwraeth ar y gweill i warchod rhinoserosiaid a'u cynefin. Mae hyn yn cynnwys patrolau gwrth-botsio, adfer cynefinoedd, a sefydlu ardaloedd gwarchodedig. Mae yna hefyd ymdrechion i leihau'r galw am gorn rhinoseros trwy ymgyrchoedd addysg gyhoeddus a gorfodi'r gyfraith.

I gloi, mae'r rhinoseros yn anifail unigryw a hynod ddiddorol sy'n rhan bwysig o lawer o ecosystemau ledled Affrica ac Asia. Tra bod pob un o'r pum rhywogaeth o rinoseros dan fygythiad difodiant oherwydd colli cynefinoedd a sathru, mae ymdrechion ar y gweill i warchod yr anifeiliaid hyn a'u cynefin. Drwy gefnogi ymdrechion cadwraeth, gallwn sicrhau bod yr anifeiliaid godidog hyn yn parhau i ffynnu am genedlaethau i ddod.

182. Sapsucker

Math o gnocell y coed a geir yng Ngogledd America yw'r Sapsucker . Mae pedair rhywogaeth o r hinllys: y Clochell Fach Melyn, y Gornen Bengoch, y Brithlys y Fron Goch, a'r Brithlys Williamson.

Nodweddion Corfforol

Cnocell y coed canolig eu maint yw'r ewyn y coed, gyda gwrywod llawndwf yn amrywio o ran maint o 20 i 22 cm o hyd ac yn pwyso rhwng 45 a 90 gram. Mae merched ychydig yn llai, yn mesur rhwng 18 a 21 cm o hyd ac yn pwyso rhwng 40 a 70 gram. Mae lled adenydd sapsuckers yn amrywio o 34 i 40 cm.

Mae gan Sapsuckers farciau nodedig ar eu pen, cefn ac adenydd. Mae gan y Sapsucker Bol Melyn ben streipiog du a gwyn a gwddf coch, tra bod gan y Sapsucker nadd coch ac wyneb streipiog du a gwyn. Mae gan y Sapsucker frongoch ben a bron goch, a chefn streipiog du a gwyn. Mae gan Williamson's Sapsucker wyneb streipiog du a gwyn, a bol melyn.

Ymddygiad

Mae sapsuckers yn cael eu henwi am eu hymddygiad bwydo, sy'n golygu drilio tyllau mewn coed i echdynnu sudd. Defnyddiant eu bil wedi'i addasu'n arbennig i ddrilio tyllau bach yng rhisgl coed. Unwaith y bydd y sudd yn dechrau llifo, bydd y suddwr yn defnyddio ei dafod i lyfu'r sudd ac unrhyw bryfed a allai fod wedi'u denu at y sudd. Bydd sapsuckers hefyd yn bwydo ar ffrwythau, aeron a phryfed.

Mae Sapsuckers yn ungamaidd a byddant yn paru am oes. Byddant yn sefydlu tiriogaeth fridio yn y gwanwyn a'r haf ac yn ei hamddiffyn yn erbyn glasfrwyn a chnocell y coed eraill. Bydd y fenyw yn dodwy rhwng 4 a 7 wy, sy'n cael eu deor am tua 12 diwrnod. Bydd y ddau riant yn helpu i fwydo a gofalu am y cywion, sy'n magu ar ôl tua 25 diwrnod.

Cynefin

Mae glas y coed i'w cael mewn amrywiaeth o gynefinoedd coediog, gan gynnwys coedwigoedd conwydd, coedwigoedd collddail, a choedwigoedd cymysg. Mae'n well ganddynt ardaloedd gyda choed aeddfed, lle gallant ddod o hyd i safleoedd nythu addas a ffynhonnell ddibynadwy o fwyd.

Statws Cadwraeth

Nid yw'r coed ifanc yn cael eu hystyried yn rhai dan fygythiad nac mewn perygl, er y gall colli cynefinoedd oherwydd torri coed a datblygiad effeithio ar rai poblogaethau. Mae ymdrechion cadwraeth yn canolbwyntio ar gadw cynefin addas ar gyfer glasfrwyn a rhywogaethau eraill sy'n byw yn y goedwig.

I gloi, mae'r sapsucker yn aderyn unigryw a hynod ddiddorol sy'n chwarae rhan bwysig yn ecosystemau coedwigoedd ledled Gogledd America. Mae eu hymddygiad bwydo nodedig a'u marciau yn eu gwneud yn hawdd i'w hadnabod yn y gwyllt. Er nad yw glas y coed yn cael eu hystyried yn fygythiad neu dan fygythiad, mae'n bwysig parhau i warchod eu cynefin er mwyn sicrhau bod yr adar hyn yn gallu parhau i ffynnu am genedlaethau i ddod.

Mae llewod môr yn famaliaid morol mawr sy'n perthyn i'r teulu Otariidae, sydd hefyd yn cynnwys morloi ffwr. Mae'r anifeiliaid hyn yn adnabyddus am eu hymddygiad chwareus a chymdeithasol, yn ogystal â'u hystwythder yn y dŵr.

Nodweddion Corfforol

Nodweddir llewod môr gan eu maint mawr, gyda gwrywod llawndwf yn pwyso rhwng 200 a 1,000 kg ac yn mesur hyd at 3 metr o hyd. Mae menywod yn llai, yn pwyso rhwng 50 a 300 kg ac yn mesur hyd at 2.5 metr o hyd. Mae gan lewod môr gorff lluniaidd a llyfn, gyda gwddf hir a hyblyg a fflipwyr pwerus. Mae eu fflipwyr wedi'u gorchuddio â gwallt byr, ac maent yn eu defnyddio i nofio, llywio, a hyd yn oed cerdded ar dir. Mae gan lewod môr wyneb nodedig gyda llygaid mawr a wisgers, a elwir yn vibrissae, a ddefnyddir i synhwyro eu hamgylchedd o dan y dŵr. Mae eu cot yn fyr ac yn lluniaidd, a gall amrywio mewn lliw o frown golau i lwyd tywyll neu ddu. Mae gwrywod mewn oed yn fwy ac yn fwy cadarn na merched, ac mae ganddynt hefyd frig pen mwy a mwy amlwg.

Ymddygiad

Mae morlewod yn anifeiliaid cymdeithasol sy'n byw mewn cytrefi mawr, a elwir yn rookeries, ar lannau neu ynysoedd creigiog. Maent yn weithgar yn ystod y dydd ac yn treulio'r rhan fwyaf o'u hamser yn y dŵr, lle maent yn hela am bysgod, sgwid, a chramenogion. Mae morlewod yn nofwyr ystwyth a chyflym, sy'n gallu cyrraedd cyflymder o hyd at 25 milltir yr awr.

Mae llewod môr yn adnabyddus am eu hymddygiad chwareus, a byddant yn aml yn rhyngweithio â'i gilydd trwy leisio, iaith y corff a chyswllt corfforol. Mae gwrywod yn diriogaethol yn ystod y tymor bridio a byddant yn amddiffyn eu harem o fenywod yn erbyn gwrywod eraill. Mae benywod yn rhoi genedigaeth i un ci bach, y bydd yn ei nyrsio am sawl mis cyn ei ddiddyfnu.

Cynefin

Mae morlewod i'w cael ledled cefnforoedd y byd, mewn rhanbarthau tymherus a phegynol. Mae'n well ganddyn nhw draethlinau neu ynysoedd creigiog, lle gallant dynnu allan o'r dŵr i orffwys, bridio a magu eu cywion. Mae morlewod hefyd i'w cael mewn aberoedd a harbyrau, lle gallant ddod o hyd i ffynhonnell ddibynadwy o fwyd.

Statws Cadwraeth

Mae morlewod wedi'u rhestru fel rhywogaeth sy'n peri'r pryder lleiaf gan yr Undeb Rhyngwladol dros Gadwraeth Natur (IUCN), er bod rhai poblogaethau'n cael eu hystyried i fod dan fygythiad neu dan fygythiad oherwydd colli cynefinoedd, gorbysgota, a llygredd. Mae'r rhywogaeth fwyaf adnabyddus o lew môr, y llew môr California, wedi gwella o bron â diflannu yn y 1970au oherwydd gweithredu mesurau cadwraeth.

I gloi, mae morlewod yn anifeiliaid hynod ddiddorol a charismatig sy'n annwyl gan bobl ledled y byd. Mae eu cyrff lluniaidd ac ystwyth yn eu gwneud yn berffaith addas i fywyd yn y dŵr, tra bod eu hymddygiad chwareus a chymdeithasol yn eu gwneud yn bleser i wylio ar dir. Er nad yw morlewod yn cael eu hystyried ar hyn o bryd i fod dan fygythiad neu dan fygythiad, mae'n bwysig parhau i warchod eu cynefin a gwarchod eu poblogaethau er mwyn sicrhau y gallant ffynnu am genedlaethau i ddod.

184. Sêl

Mae morloi yn grŵp o famaliaid morol sydd wedi addasu i fywyd yn y dŵr. Maent yn perthyn yn agos i lewod môr a walrws, ac maent i'w cael ym mhob un o gefnforoedd y byd, o'r Arctig i'r Antarctig.

Nodweddion Corfforol

Nodweddir morloi gan eu corff symlach, sydd wedi'i addasu'n berffaith i nofio yn y dŵr. Mae ganddyn nhw haenen drwchus o laswellt, sy'n darparu inswleiddio a hynofedd, ac maen nhw'n defnyddio eu fflipwyr pwerus i nofio, llywio, a hyd yn oed cerdded ar dir. Mae gan forloi wyneb nodedig, gyda llygaid mawr a ffroenau a all gau pan fyddant o dan y dŵr. Rhennir morloi yn ddau brif grŵp: morloi di-glust, neu wir forloi, a morloi clustiog, sy'n cynnwys morloi a morloi ffwr. Mae gan forloi di-glust dyllau clust bach, tra bod gan forloi clustiog fflapiau clust allanol. Mae morloi hefyd yn cael eu gwahaniaethu yn ôl eu maint, gyda rhai rhywogaethau, megis y sêl eliffant, yn cyrraedd pwysau o hyd at 5,000 kg, tra bod eraill, megis sêl yr harbwr, yn llawer llai, yn pwyso dim ond 100 kg.

Ymddygiad

Mae morloi yn anifeiliaid cymdeithasol sy'n byw mewn grwpiau mawr, a elwir yn nythfeydd neu ysbeilwyr. Maent yn weithgar yn ystod y dydd ac yn treulio'r rhan fwyaf o'u hamser yn y dŵr, lle maent yn hela am bysgod, sgwid, a chramenogion. Mae morloi yn nofwyr ystwyth, sy'n gallu cyrraedd cyflymder o hyd at 25 milltir yr awr.

Mae morloi yn adnabyddus am eu hymddygiad chwilfrydig a chwareus, a byddant yn aml yn rhyngweithio â'i gilydd a chyda bodau dynol. Mae gwrywod yn diriogaethol yn ystod y tymor bridio a byddant yn amddiffyn eu harem o fenywod yn erbyn gwrywod eraill. Mae benywod yn rhoi genedigaeth i un ci bach, y bydd yn ei nyrsio am sawl mis cyn ei ddiddyfnu.

Cynefin

Mae morloi i'w cael ledled cefnforoedd y byd, o'r Arctig i'r Antarctig. Mae'n well ganddynt fyw mewn dŵr oer ac yn aml gellir eu canfod ger ymylon silffoedd iâ a rhew pecyn. Mae morloi hefyd i'w cael mewn traethlinau creigiog, lle gallant dynnu allan o'r dŵr i orffwys, bridio a magu eu cywion.

Statws Cadwraeth

Mae morloi wedi'u rhestru fel rhywogaeth sy'n peri'r pryder lleiaf gan yr Undeb Rhyngwladol dros Gadwraeth Natur, er bod rhai poblogaethau'n cael eu hystyried i fod dan fygythiad neu dan fygythiad oherwydd colli cynefinoedd, gorbysgota, a llygredd. Mae'r rhywogaeth fwyaf adnabyddus o forloi, morloi'r harbwr, wedi dod at ei gilydd bron â darfod yn y 1970au yn sgil gweithredu mesurau cadwraeth.

I gloi, mae morloi yn famaliaid morol hynod ddiddorol a phwysig sydd wedi addasu'n berffaith i fywyd yn y dŵr. Mae eu corff llyfn a'u fflipwyr pwerus yn eu gwneud yn nofwyr ystwyth a chyflym, tra bod eu hymddygiad cymdeithasol a chwilfrydig yn eu gwneud yn bleser i'w gwylio. Er nad yw morloi yn cael eu hystyried ar hyn o bryd i fod dan fygythiad neu dan fygythiad, mae'n bwysig parhau i warchod eu cynefin a gwarchod eu poblogaethau er mwyn sicrhau y gallant ffynnu am genedlaethau i ddod.

185. Defaid

Mae defaid yn famaliaid dof sy'n cael eu magu'n gyffredin ar gyfer eu gwlân, cig a llaeth. Maent hefyd yn cael eu gwerthfawrogi am eu cyfraniad i'r ecosystem trwy bori a'u rôl mewn diwylliannau ac economïau traddodiadol.

Nodweddion Corfforol

Mae defaid yn famaliaid canolig eu maint sydd fel arfer rhwng 50 a 300 pwys mewn pwysau, yn dibynnu ar y brîd. Mae ganddyn nhw gorff cryno a chadarn, gyda choesau byr a chôt drwchus o wlân neu wallt. Daw defaid mewn amrywiaeth o liwiau a phatrymau, yn amrywio o wyn i ddu, ac mae gan rai bridiau gyrn nodedig neu glustiau hir, llipa.

Mae defaid yn cnoi cil, sy'n golygu bod ganddyn nhw stumog pedair siambr ac yn cnoi eu cil, proses sy'n caniatáu iddyn nhw gael y maeth mwyaf o'u bwyd. Maent hefyd yn llysysyddion, ac mae eu diet yn cynnwys glaswellt, gwair a phlanhigion eraill yn bennaf.

Ymddygiad

Mae defaid yn anifeiliaid cymdeithasol sy'n adnabyddus am eu hymddygiad heidio. Maent ar eu mwyaf cyffordus pan fyddant mewn grwpiau, a byddant yn aml yn cydblethu er mwyn cynhesrwydd ac amddiffyniad. Mae defaid hefyd yn adnabyddus am eu natur dof a thyner, a gellir eu dofi a'u hyfforddi'n hawdd.

Mae gan ddefaid reddf famol gref, ac mae mamogiaid yn amddiffyn ac yn magu mamau i'w hŵyn. Maent yn cyfathrebu â'i gilydd trwy ystod o leisio, gan gynnwys bleats, grunts, a snorts.

Cynefin

Mae defaid yn anifeiliaid dof ac yn cael eu magu mewn llawer o wahanol rannau o'r byd. Maent yn addasadwy i amrywiaeth o amgylcheddau, gan gynnwys glaswelltiroedd, mynyddoedd ac anialwch. Fodd bynnag, mae'n well gan ddefaid hinsoddau tymherus ac fe'u codir amlaf mewn ardaloedd â thymheredd ysgafn ac oer.

Hanes a Tharddiad

Mae defaid yn un o'r anifeiliaid dof hynaf, ac maen nhw wedi cael eu magu gan bobl ers miloedd o flynyddoedd. Nid yw union darddiad defaid dof yn glir, ond credir iddynt gael eu dofi gyntaf yn y Dwyrain Canol, tua 11,000 o flynyddoedd yn ôl.

Codwyd defaid i ddechrau ar gyfer eu gwlân, a ddefnyddiwyd i wneud dillad, blancedi, a thecstilau eraill. Dros amser, daeth defaid hefyd yn ffynhonnell bwysig o fwyd a llaeth, a bu iddynt chwarae rhan hanfodol mewn llawer o economïau hynafol.

Heddiw, mae defaid yn cael eu magu at amrywiaeth o ddibenion, gan gynnwys cynhyrchu gwlân, cynhyrchu cig, a ffermio llaeth. Maent hefyd yn cael eu defnyddio ar gyfer pori cadwraethol, lle cânt eu defnyddio i gynnal ac adfer cynefinoedd naturiol.

Statws Cadwraeth

Nid yw defaid yn cael eu hystyried yn rhai dan fygythiad neu dan fygythiad, ac mae eu poblogaethau yn sefydlog ar y cyfan. Fodd bynnag, mae rhai bridiau o ddefaid yn llai cyffredin nag eraill ac ystyrir eu bod mewn perygl o ddiflannu. Mae llawer o sefydliadau cadwraeth yn gweithio i warchod y bridiau hyn a hyrwyddo arferion ffermio cynaliadwy.

I gloi, mae defaid yn anifeiliaid dof pwysig sy'n cael eu gwerthfawrogi am eu gwlân, cig a llaeth. Maent yn anifeiliaid cymdeithasol a dof sy'n ffynnu mewn amrywiaeth o amgylcheddau. Er nad yw defaid yn cael eu hystyried ar hyn o bryd i fod dan fygythiad neu dan fygythiad, mae'n bwysig parhau i hybu arferion ffermio cynaliadwy a chadw bridiau prin er mwyn sicrhau y gallant barhau i ddarparu buddion pwysig i gymdeithas am genedlaethau i ddod.

Mae berdys yn fath o bysgod cregyn sy'n cael eu bwyta'n eang ac sy'n bwysig yn fasnachol ledled y byd. Mae'r cramenogion hyn i'w cael mewn dŵr croyw a dŵr hallt, ac maent yn chwarae rhan hanfodol mewn ecosystemau morol.

Nodweddion Corfforol

Mae berdys yn grŵp amrywiol o gramenogion sy'n dod mewn llawer o siapiau, meintiau a lliwiau. Maent fel arfer yn hirgul ac mae ganddynt sgerbwd caled, exoskeleton sy'n amddiffyn eu corff meddal. Mae gan y berdys ddeg coes, a'r pâr cyntaf yw crafangau mawr a ddefnyddir ar gyfer amddiffyn a bwydo.

Mae berdys yn amrywio o ran maint o rywogaethau bach sydd ond ychydig filimetrau o hyd i rywogaethau mwy sy'n gallu tyfu hyd at droedfedd o hyd. Maent yn dod mewn amrywiaeth o liwiau, o dryloyw i binc, brown, a choch, ac mae gan rai rhywogaethau farciau neu batrymau nodedig.

Ymddygiad

Mae berdys yn anifeiliaid cymdeithasol iawn a gwyddys eu bod yn ffurfio ysgolion mawr neu heidiau. Maent yn anifeiliaid actif sy'n symud yn gyson, gan ddefnyddio eu cynffonau pwerus i nofio a llywio drwy'r dŵr. Mae berdys hefyd yn adnabyddus am eu gallu i adfywio aelodau, sy'n caniatáu iddynt wella o anafiadau neu ddianc rhag ysglyfaethwyr.

Cynefin

Mae berdys i'w cael mewn amrywiaeth o amgylcheddau dyfrol, gan gynnwys cefnforoedd, afonydd, llynnoedd a nentydd. Mae gwahanol rywogaethau o berdys wedi addasu i wahanol gynefinoedd, a gellir eu canfod mewn amgylcheddau dŵr croyw a dŵr hallt. Anifeiliaid sy'n byw yn y gwaelod yw berdys, ac mae'n well ganddynt fyw mewn ardaloedd â swbstradau tywodlyd neu fwdlyd lle gallant gloddio neu guddio.

Mae berdys hefyd yn rhan bwysig o gadwyni bwyd morol, ac mae amrywiaeth o anifeiliaid yn ysglyfaethu arnynt, gan gynnwys pysgod, adar, a chramenogion mwy.

Hanes a Tharddiad

Mae bodau dynol wedi bwyta berdys ers miloedd o flynyddoedd, ac maent wedi chwarae rhan hanfodol mewn llawer o ddiwylliannau a bwydydd. Nid yw union darddiad berdysyn yn glir, ond credir eu bod wedi esblygu yn y cefnforoedd tua 500 miliwn o flynyddoedd yn ôl. Cafodd berdys eu cynaeafu o'r gwyllt i ddechrau, ond mae datblygiad technegau dyframaethu wedi caniatáu ar gyfer masgynhyrchu berdysyn mewn amgylcheddau rheoledig. Heddiw, mae berdys yn cael eu ffermio mewn llawer o wledydd ledled y byd, ac maent yn nwydd gwerthfawr yn y farchnad bwyd môr byd-eang.

Statws Cadwraeth

Mae statws cadwraeth berdysyn yn amrywio yn dibynnu ar y rhywogaeth a'r rhanbarth. Mae rhai rhywogaethau o berdysyn yn cael eu gorbysgota neu eu cynaeafu mewn ffyrdd nad ydynt yn gynaliadwy, ac mae eu poblogaethau'n prinhau. Gall defnyddio arferion pysgota anghynaliadwy, megis treillio neu garthu, hefyd niweidio cynefinoedd morol a niweidio rhywogaethau morol eraill.

Er mwyn mynd i'r afael â'r materion hyn, mae llawer o sefydliadau'n gweithio i hyrwyddo arferion pysgota cynaliadwy ac amddiffyn poblogaethau berdysyn sy'n agored i niwed. Mae hyn yn cynnwys datblygu technegau dyframaethu sy'n lleihau'r effaith ar yr amgylchedd a hyrwyddo rhaglenni ardystio bwyd môr cynaliadwy.

I gloi, mae berdysyn yn rhan bwysig o ecosystemau morol ac yn ffynhonnell werthfawr o fwyd i fodau dynol. Maent yn anifeiliaid hynod hyblyg sy'n gallu ffynnu mewn amrywiaeth o amgylcheddau dyfrol. Fodd bynnag, mae eu poblogaethau yn wynebu amrywiaeth o fygythiadau, gan gynnwys gorbysgota a dinistrio cynefinoedd. Er mwyn sicrhau cynaliadwyedd hirdymor poblogaethau berdys, mae'n bwysig hyrwyddo arferion pysgota cynaliadwy a diogelu rhywogaethau sy'n agored i niwed.

Malwod yw un o'r infertebratau mwyaf cyffredin ac adnabyddadwy. Maent yn fath o folysgiaid, sy'n golygu eu bod yn infertebratau gyda chyrff meddal sydd fel arfer yn cael eu hamddiffyn gan gragen galed. Mae malwod i'w cael mewn amrywiaeth o gynefinoedd, gan gynnwys coedwigoedd, caeau, gerddi, ac amgylcheddau dŵr croyw a dŵr hallt.

Nodweddion Corfforol

Daw malwod mewn amrywiaeth eang o siapiau, meintiau a lliwiau, gyda chregyn a all amrywio o fach a bron yn dryloyw i fawr a lliw llachar. Fel arfer rhennir malwod yn ddau brif grŵp, yn seiliedig ar nifer y tagellau sydd ganddynt: y malwod pwlmonaidd a'r malwod prosobranch.

Mae gan falwod pwlmonad un strwythur tebyg i ysgyfaint sy'n caniatáu iddynt anadlu aer, tra bod gan falwod prosobranch dagellau sy'n caniatáu iddynt anadlu o dan y dŵr. Mae gan y rhan fwyaf o falwod ben datblygedig, gyda dau bâr o tentaclau y gellir eu defnyddio i synhwyro eu hamgylchedd. Mae gan y pâr uchaf o tentaclau smotiau llygaid sy'n gallu canfod golau a symudiad.

Ymddygiad

Mae malwod yn anifeiliaid sy'n symud yn araf ac sydd fel arfer yn symud trwy ddefnyddio troed gyhyrog sy'n eu gyrru ar hyd llwybr llysnafedd. Cynhyrchir y llwybr llysnafedd hwn gan chwarren sydd wedi'i lleoli ar waelod troed y falwen, ac mae'n helpu i leihau ffrithiant ac atal dadhydradu. Mae malwod yn llysysyddion ac yn bwydo ar amrywiaeth o ddeunydd planhigion, gan gynnwys dail, ffrwythau a blodau.

Mae rhai rhywogaethau o falwod hefyd yn sborionwyr, yn bwydo ar ddeunydd planhigion ac anifeiliaid marw. Mae malwod hefyd yn gallu gaeafgysgu neu dawelu yn ystod cyfnodau o amodau amgylcheddol anffafriol, megis sychder neu dymereddau eithafol.

Cynefin

Mae malwod i'w cael mewn amrywiaeth eang o gynefinoedd, gan gynnwys coedwigoedd, caeau, gerddi, ac amgylcheddau dŵr croyw a dŵr hallt. Maent i'w cael yn aml mewn ardaloedd llaith lle gallant aros yn llaith, ac mae llawer o rywogaethau wedi addasu i fyw mewn dŵr. Mae malwod hefyd yn aelodau pwysig o lawer o ecosystemau daearol a dyfrol, gan chwarae rhan bwysig mewn cylchredeg maetholion a gweoedd bwyd.

Hanes a Tharddiad

Mae malwod ymhlith y grwpiau hynaf a mwyaf amrywiol o infertebratau, gyda chofnod ffosil sy'n dyddio'n ôl dros 500 miliwn o flynyddoedd. Credir eu bod wedi esblygu mewn amgylcheddau morol ac wedi addasu yn ddiweddarach i fywyd ar y tir. Mae malwod bellach i'w cael ym mron pob cynefin ar y Ddaear, o'r trofannau i'r rhanbarthau pegynol.

Mewn llawer o ddiwylliannau, mae malwod wedi cael eu defnyddio ar gyfer bwyd a meddygaeth ers miloedd o flynyddoedd. Yn Rhufain hynafol, roedd malwod yn cael eu hystyried yn ddanteithfwyd, ac yn aml byddent yn cael eu gweini mewn gwleddoedd. Heddiw, mae malwod yn dal i gael eu bwyta mewn sawl rhan o'r byd, ac fe'u defnyddir hefyd mewn meddygaeth draddodiadol ar gyfer amrywiaeth o anhwylderau.

Statws Cadwraeth

Mae statws cadwraeth malwod yn amrywio yn dibynnu ar y rhywogaeth a'r rhanbarth. Mae rhai rhywogaethau o falwod yn cael eu bygwth gan ddinistrio cynefinoedd a llygredd, tra bod eraill mewn perygl o or-gasglu ar gyfer bwyd neu ar gyfer y fasnach anifeiliaid anwes. Mewn rhai achosion, mae cyflwyno rhywogaethau anfrodorol hefyd wedi cael effaith negyddol ar boblogaethau malwod brodorol.

Er mwyn mynd i'r afael â'r materion hyn, mae llawer o sefydliadau'n gweithio i amddiffyn a gwarchod poblogaethau malwod. Mae hyn yn cynnwys sefydlu ardaloedd gwarchodedig, hyrwyddo arferion cynaeafu cynaliadwy, a datblygu rhaglenni bridio caeth.

I gloi, mae malwod yn anifeiliaid hynod ddiddorol a phwysig sy'n chwarae rhan bwysig mewn llawer o ecosystemau. Maent wedi addasu'n fawr i fyw mewn ystod eang o gynefinoedd, ac mae eu natur araf a llysysol yn eu gwneud yn aelodau pwysig o lawer o weoedd bwyd. Fodd bynnag, mae llawer o rywogaethau o falwod dan fygythiad oherwydd colli cynefinoedd, llygredd, a gor-gasglu, ac mae'n bwysig cymryd camau i warchod a gwarchod yr anifeiliaid hyn ar gyfer cenedlaethau'r dyfodol.

Mae pryfed cop yn grŵp amrywiol o arthropodau sy'n perthyn i'r dosbarth Arachnida. Fe'u ceir ym mron pob cynefin ar y Ddaear, o ddyfnderoedd y cefnfor i gopaon mynyddoedd. Gyda dros 45,000 o rywogaethau hysbys, pryfed cop yw un o'r grwpiau mwyaf llwyddiannus o ysglyfaethwyr yn y deyrnas anifeiliaid.

Nodweddion Corfforol

Nodweddir pryfed cop gan eu hwyth coes, dwy brif ran o'u corff (y cephalothorax a'r abdomen), a'r ffaglau a ddefnyddir i frathu ysglyfaeth. Mae gan gorynnod bâr o bedipalps hefyd, sef atodiadau wedi'u haddasu a ddefnyddir ar gyfer gafael a pharu.

Daw pryfed cop mewn amrywiaeth eang o siapiau, meintiau a lliwiau. Mae rhai pryfed cop yn fach iawn, tra gall eraill fod yn eithaf mawr. Mae rhai o liwiau llachar a phatrwm, tra bod eraill yn llwm ac yn ymdoddi i'w hamgylchoedd. Mae gan lawer o rywogaethau rannau corff arbenigol neu ymddygiadau sy'n caniatáu iddynt ddal a bwyta ysglyfaeth mewn ffyrdd unigryw.

Cynefin

Mae pryfed cop i'w cael ym mron pob cynefin ar y Ddaear, o ddyfnderoedd y cefnfor i gopaon mynyddoedd. Gellir dod o hyd iddynt mewn coedwigoedd, glaswelltiroedd, anialwch a gwlyptiroedd. Mae rhai rhywogaethau wedi addasu i fyw mewn dŵr, tra bod eraill i'w cael mewn ogofâu neu amgylcheddau arbenigol eraill yn unig.

Mae pryfed cop yn aml yn gysylltiedig â chynefinoedd penodol, ac mae llawer o rywogaethau wedi esblygu i ymdoddi i'w hamgylchoedd neu i ddynwared anifeiliaid eraill fel ffurf o guddliw.

Ymddygiad

Mae pryfed cop yn anifeiliaid rheibus sy'n bwydo ar amrywiaeth eang o ysglyfaeth, gan gynnwys pryfed, pryfed cop eraill, a hyd yn oed fertebratau bach fel llyffantod a madfallod. Mae llawer o rywogaethau o bryfed cop yn adeiladu gweoedd i ddal ysglyfaeth, tra bod eraill yn hela gan ddefnyddio cyflymder ac ystwythder.

Mae gan y rhan fwyaf o bryfed cop fangiau gwenwynig y maen nhw'n eu defnyddio i atal eu hysglyfaeth rhag symud. Er nad yw gwenwyn y rhan fwyaf o bryfed cop yn niweidiol i bobl, gall rhai rhywogaethau achosi anaf difrifol neu hyd yn oed farwolaeth os ydynt yn brathu bod dynol.

Mae pryfed cop hefyd yn adnabyddus am eu hymddygiad carwriaeth unigryw. Bydd pryfed cop gwrywaidd yn aml yn perfformio dawnsiau cywrain neu'n cyflwyno rhoddion o fwyd i fenywod er mwyn denu cymar.

Hanes a Tharddiad

Credir bod pryfed cop wedi esblygu tua 380 miliwn o flynyddoedd yn ôl yn ystod y cyfnod Defonaidd. Mae tystiolaeth ffosil yn awgrymu bod y pryfed cop cynharaf yn anifeiliaid bach, daearol a oedd yn byw mewn coedwigoedd ac yn bwydo ar bryfed bach.

Dros amser, datblygodd pryfed cop amrywiaeth eang o siapiau corff a strategaethau hela, gan ganiatáu iddynt fanteisio ar amrywiaeth eang o gynefinoedd ac ysglyfaeth. Heddiw, mae pryfed cop i'w cael ym mron pob ecosystem ar y Ddaear ac yn chwarae rhan bwysig mewn llawer o weoedd bwyd.

Statws Cadwraeth

Mae statws cadwraeth pryfed cop yn dibynnu ar y rhywogaeth a'r ardal. Mae rhai rhywogaethau dan fygythiad oherwydd colli cynefinoedd a diraddio, tra bod eraill mewn perygl o or-gasglu ar gyfer y fasnach anifeiliaid anwes neu i'w defnyddio mewn meddygaeth draddodiadol.

Er mwyn mynd i'r afael â'r materion hyn, mae llawer o sefydliadau'n gweithio i amddiffyn a gwarchod poblogaethau pryfed cop. Mae hyn yn cynnwys sefydlu ardaloedd gwarchodedig, hyrwyddo arferion cynaeafu cynaliadwy, a datblygu rhaglenni bridio caeth.

I gloi, mae pryfed cop yn grŵp amrywiol a hynod ddiddorol o anifeiliaid sy'n chwarae rhan bwysig mewn llawer o ecosystemau. Maent wedi addasu'n fawr i fyw mewn ystod eang o gynefinoedd, ac mae eu natur ysglyfaethus yn eu gwneud yn aelodau pwysig o lawer o weoedd bwyd. Fodd bynnag, mae llawer o rywogaethau o bryfed cop dan fygythiad oherwydd colli cynefinoedd, gor-gasglu, a gweithgareddau dynol eraill, ac mae'n bwysig cymryd camau i warchod a gwarchod yr anifeiliaid hyn ar gyfer cenedlaethau'r dyfodol.

Mae sgwids yn grŵp o anifeiliaid morol sy'n perthyn i'r dosbarth Cephalopoda. Maent yn adnabyddus am eu siâp corff estynedig, tentaclau, a sachau inc. Mae sgwidiau i'w cael ym mhob un o gefnforoedd y byd, o'r Arctig i'r Antarctig, ac yn chwarae rhan bwysig mewn ecosystemau morol.

Nodweddion Corfforol

Nodweddir sgwidiau gan siâp eu corff hirgul ac wyth braich a dwy tentacl hirach a ddefnyddir ar gyfer hela a gafael ar ysglyfaeth. Mae ganddyn nhw gorff meddal, silindrog, sydd wedi'i orchuddio â haen denau o groen. Mae'r croen yn cynnwys miliynau o gromatophores, neu gelloedd pigment, sy'n caniatáu i sgwidiau newid lliw a phatrwm yn gyflym i ymdoddi i'w hamgylchedd neu gyfathrebu â sgwidiau eraill.

Mae gan sgwidiau geg tebyg i big a ddefnyddir i dorri'n ddarnau a bwyta eu hysglyfaeth. Mae ganddynt hefyd seiffon, a ddefnyddir i yrru a diarddel dŵr, a sach inc, y gellir ei ddefnyddio i ddrysu a thynnu sylw ysglyfaethwyr.

Cynefin

Mae sgwidiau i'w cael ym mhob un o gefnforoedd y byd, o'r dyfroedd wyneb i'r môr dwfn. Fe'u canfyddir amlaf mewn dyfroedd tymherus a throfannol, ond mae rhai rhywogaethau i'w cael mewn dyfroedd oerach, gan gynnwys yr Arctig a'r Antarctig.

Mae sgwidiaid yn anifeiliaid cefnforol, sy'n golygu eu bod yn treulio'r rhan fwyaf o'u bywydau yn y cefnfor agored, i ffwrdd o'r lan. Mae'n hysbys hefyd bod rhai rhywogaethau'n mudo'n bell i chwilio am fwyd a mannau magu addas.

Ymddygiad

Mae sgwids yn anifeiliaid hynod ddeallus sy'n arddangos ystod eang o ymddygiadau. Maent yn ysglyfaethwyr gweithredol sy'n bwydo ar amrywiaeth o ysglyfaeth, gan gynnwys pysgod, cramenogion, a sgwidiau eraill. Defnyddiant eu breichiau a'u tentaclau i ddal a dal ar eu hysglyfaeth, a'u ceg tebyg i big i'w dorri'n ddarnau a'i fwyta.

Mae sgwidiau hefyd yn adnabyddus am eu gallu i newid lliw a phatrwm yn gyflym i gydweddu â'u hamgylchedd neu gyfathrebu â sgwidiau eraill. Defnyddiant amrywiaeth o ystum corff ac arddangosiadau gweledol i gyfathrebu â'i gilydd, gan gynnwys goleuadau sy'n fflachio, newid lliwiau, a thaenu eu breichiau a'u tentaclau.

Mae gan sgwidiaid oes gymharol fyr, gyda'r rhan fwyaf o rywogaethau'n byw am flwyddyn neu ddwy yn unig. Fodd bynnag, maent yn tyfu'n gyflym, gyda rhai rhywogaethau'n cyrraedd aeddfedrwydd llawn mewn ychydig fisoedd yn unig.

Hanes a Tharddiad

Credir bod sgwids wedi esblygu tua 500 miliwn o flynyddoedd yn ôl, yn ystod y cyfnod Cambriaidd. Mae tystiolaeth ffosil yn awgrymu bod y sgwidiau cynharaf yn fach a bod ganddynt gregyn allanol, yn debyg i forwynion heddiw.

Dros amser, datblygodd sgwidiau ystod eang o addasiadau a oedd yn caniatáu iddynt ddod yn ysglyfaethwyr mwy effeithiol ac yn fwy addas ar gyfer bywyd yn y cefnfor agored. Roedd hyn yn cynnwys datblygu siâp corff symlach, y gallu i newid lliw a phatrwm yn gyflym, a'r defnydd o fiooleuedd i ddenu ysglyfaeth a chyfathrebu â sgwidiau eraill.

Statws Cadwraeth

Mae statws cadwraeth sgwids yn amrywio yn dibynnu ar y rhywogaeth a'r rhanbarth. Mae rhai rhywogaethau dan fygythiad gan orbysgota a cholli cynefinoedd, tra bod eraill yn doreithiog ac nid ydynt mewn perygl o ddiflannu.

Er mwyn mynd i'r afael â'r materion hyn, mae llawer o wledydd wedi gweithredu cwotâu a rheoliadau pysgota i gyfyngu ar ddal poblogaethau sgwid. Yn ogystal, mae ymdrechion yn cael eu gwneud i leihau effaith gweithgareddau dynol, megis llygredd a newid yn yr hinsawdd, ar ecosystemau morol.

I gloi, mae sgwids yn grŵp hynod ddiddorol a phwysig o anifeiliaid morol sy'n chwarae rhan hanfodol mewn ecosystemau morol. Maent wedi addasu'n fawr i fywyd yn y cefnfor agored ac yn arddangos ystod eang o ymddygiadau ac addasiadau sy'n caniatáu iddynt fod yn ysglyfaethwyr effeithiol a chyfathrebu â sgwidiau eraill. Fodd bynnag, mae llawer o rywogaethau o sgwidiaid yn cael eu bygwth gan orbysgota

190. Mochyn

Mae moch yn anifeiliaid dof sy'n adnabyddus am eu deallusrwydd uchel a'u natur gyfeillgar. Maen nhw'n aelodau o'r teulu Suidae, sydd hefyd yn cynnwys baeddod gwyllt a warthogs. Mae moch domestig yn ddisgynyddion baeddod gwyllt, a gafodd eu dof yn y Dwyrain Canol tua 7,000 i 9,000 o flynyddoedd yn ôl. Heddiw, mae moch yn cael eu magu ledled y byd ar gyfer cig, yn ogystal ag ar gyfer eu crwyn, lard, a sgil-gynhyrchion eraill.

Nodweddion Corfforol

Daw moch mewn ystod eang o feintiau a lliwiau. Y brid mochyn mwyaf yw'r Gloucestershire Old Spot, sy'n gallu pwyso hyd at 600 pwys. Y brid mochyn lleiaf yw'r mochyn Pot-Bellied Fietnameg, sydd fel arfer yn pwyso rhwng 100 a 200 pwys. Mae gan y rhan fwyaf o foch domestig gorff crwn, tew, coesau byr, a thrwyn. Mae eu croen fel arfer yn binc, du, neu gyfuniad o'r ddau.

Mae gan foch synnwyr arogli brwd, sy'n bwysig ar gyfer dod o hyd i fwyd ac osgoi ysglyfaethwyr. Mae ganddynt hefyd ymdeimlad cryf o glyw, a gallant gyfathrebu â'i gilydd trwy amrywiaeth o leisio. Mae gan foch system dreulio unigryw sy'n caniatáu iddynt dynnu maetholion o ystod eang o fwydydd, gan gynnwys gwreiddiau, ffrwythau a grawn. Maent hefyd yn gallu treulio cellwlos, sydd i'w gael mewn ffibrau planhigion.

Ymddygiad

Mae moch yn anifeiliaid cymdeithasol sy'n mwynhau rhyngweithio â'i gilydd a chyda bodau dynol. Maent yn adnabyddus am eu natur chwareus a chwilfrydig, ac yn mwynhau archwilio eu hamgylchoedd. Mae moch hefyd yn anifeiliaid deallus y gellir eu hyfforddi i wneud amrywiaeth o dasgau, megis perfformio triciau neu gynorthwyo pobl ag anableddau. Mae rhai moch hyd yn oed yn cael eu defnyddio fel anifeiliaid therapi i helpu pobl â phroblemau iechyd meddwl.

Mae moch yn hollysyddion, sy'n golygu eu bod yn bwyta planhigion ac anifeiliaid. Yn y gwyllt, mae moch yn borthwyr manteisgar a fydd yn bwyta bron unrhyw beth y gallant ddod o hyd iddo, gan gynnwys pryfed, anifeiliaid bach a charion. Mae moch domestig fel arfer yn cael eu bwydo â diet o ŷd, ffa soia, a grawn eraill, yn ogystal â ffrwythau a llysiau.

Domestig:

Cafodd moch eu dofi gyntaf yn y Dwyrain Canol tua 7,000 i 9,000 o flynyddoedd yn ôl. Yna cawsant eu cyflwyno i Ewrop ac Asia, lle daethant yn ffynhonnell bwysig o fwyd. Daethpwyd â moch i America hefyd gan fforwyr Ewropeaidd, lle cawsant eu magu gan Americanwyr Brodorol ac yn ddiweddarach gan ymsefydlwyr Ewropeaidd.

Bridiau

Mae yna lawer o wahanol fridiau o foch, pob un â'i nodweddion unigryw ei hun. Mae rhai o'r bridiau mwyaf poblogaidd yn cynnwys:

1. Berkshire: Mochyn du gyda choesau gwyn, mae'r Berkshire yn adnabyddus am ei gig marmor a chig moch o ansawdd uchel.

2. Duroc: Mochyn coch-frown gyda chlustiau droopy, mae'r Duroc yn adnabyddus am ei gig blasus ac fe'i defnyddir yn aml mewn croesfridio.

3. Hampshire: Mochyn du gyda gwregys gwyn o amgylch ei gorff, mae'r Hampshire yn adnabyddus am ei gorffolaeth cyhyrau a'i gig heb lawer o fraster.

4. Swydd Efrog: Mochyn gwyn gyda chlustiau codi, mae'r Swydd Efrog yn adnabyddus am ei faint mawr ac fe'i defnyddir yn aml ar gyfer bridio.

Yn defnyddio:

Mae moch yn cael eu magu'n bennaf ar gyfer eu cig, sy'n stwffwl cyffredin mewn llawer o fwydydd ledled y byd. Mae porc yn ffynhonnell dda o brotein, haearn, a maetholion eraill, a gellir ei baratoi mewn amrywiaeth eang o ffyrdd. Mae moch hefyd yn cael eu magu ar gyfer eu crwyn, a ddefnyddir i wneud cynhyrchion lledr, ac ar gyfer eu lard, a ddefnyddir wrth goginio ac wrth gynhyrchu sebon a chanhwyllau.

Mewn rhai diwylliannau, defnyddir moch hefyd at ddibenion crefyddol a seremonïol. Er enghraifft, mewn Iddewiaeth ac Islam, mae moch yn cael eu hystyried yn aflan ac nid ydynt yn cael eu bwyta. Mewn Hindŵaeth, mae moch yn gysylltiedig â'r duw Vishnu ac weithiau'n cael eu cynnig fel aberthau i ddyhuddo'r duwdod.

Effaith Amgylcheddol

Gall magu moch ar gyfer cynhyrchu cig gael effaith sylweddol ar yr amgylchedd. Mae moch yn cynhyrchu llawer iawn o dail, a all lygru dyfrffyrdd a chyfrannu at allyriadau nwyon tŷ gwydr. Gall defnyddio gwrthfiotigau mewn ffermio moch hefyd gyfrannu at ddatblygiad bacteria sy'n gwrthsefyll gwrthfiotigau, a all fod yn fygythiad i iechyd pobl.

Mae ymdrechion yn cael eu gwneud i leihau effaith amgylcheddol ffermio moch trwy ddefnyddio arferion cynaliadwy, megis lleihau gwastraff a defnyddio ffynonellau ynni adnewyddadwy. Mae rhai ffermwyr hefyd yn defnyddio porthiant amgen, fel algâu a phryfed, i leihau'r ddibyniaeth ar borthiant traddodiadol sy'n seiliedig ar rawn.

I gloi, mae moch yn anifeiliaid deallus a chymdeithasol sydd wedi'u dofi ers miloedd o flynyddoedd. Maent yn ffynhonnell bwysig o fwyd a chynhyrchion eraill, ond gall eu codi gael effeithiau amgylcheddol sylweddol. Trwy ddefnyddio arferion cynaliadwy a phorthiant amgen, gallwn leihau effaith ffermio moch wrth barhau i fwynhau buddion yr anifeiliaid hynod ddiddorol hyn.

191. Llamhidydd

Mae llamidyddion yn forfilod bach danheddog sy'n perthyn i'r teulu Phocoenidae. Maent i'w cael mewn moroedd ac afonydd ledled y byd ac maent yn adnabyddus am eu hymddygiad chwareus a'u deallusrwydd. Mae llamhidyddion yn perthyn yn agos i ddolffiniaid ac yn rhannu llawer o'u nodweddion, ond maent yn llai ac mae ganddynt ben crwn.

Nodweddion Corfforol

Mae llamidyddion fel arfer rhwng 4 a 6 troedfedd o hyd ac yn pwyso rhwng 110 a 150 pwys. Mae ganddyn nhw siâp corff lluniaidd, gyda phen crwn ac asgell ddorsal drionglog fer. Mae gan lamidyddion gorff llwyd tywyll neu ddu gydag ochr isaf ysgafnach. Mae eu croen yn llyfn ac yn sgleiniog, ac nid oes ganddynt fflapiau clust allanol.

Mae gan lamidyddion set unigryw o ddanedd sydd wedi'u siapio fel rhawiau. Defnyddiant y dannedd hyn i ddal pysgod a sgwid, sef eu prif ffynonellau bwyd. Mae llamhidyddion hefyd yn gallu adleisio, sy'n golygu eu bod yn defnyddio tonnau sain i lywio a lleoli ysglyfaeth. Maent yn allyrru cyfres o gliciau a chwibanau sy'n bownsio oddi ar wrthrychau yn eu hamgylchedd, gan ganiatáu iddynt greu map meddwl o'u hamgylchoedd.

Ymddygiad

Mae llamhidyddion yn anifeiliaid cymdeithasol iawn sy'n byw mewn grwpiau bach o'r enw codennau. Maent yn adnabyddus am eu hymddygiad chwareus, a gellir eu gweld yn aml yn llamu allan o'r dŵr neu'n marchogaeth y tonnau a grëwyd gan gychod. Mae llamhidyddion hefyd yn anifeiliaid deallus sy'n gallu dysgu ymddygiad newydd a datrys problemau.

Mae llamhidyddion yn gallu dal eu gwynt am rai munudau wrth blymio, a gallant gyrraedd dyfnderoedd o hyd at 500 troedfedd. Maent hefyd yn gallu nofio ar gyflymder o hyd at 35 milltir yr awr, gan eu gwneud yn un o'r mamaliaid morol cyflymaf.

Cynefin

Mae llamhidyddion i'w cael mewn moroedd ac afonydd ledled y byd, ond maen nhw i'w cael amlaf mewn dyfroedd tymherus ac isarctig. Fe'u ceir yn nodweddiadol mewn ardaloedd arfordirol bas, ond gellir eu canfod hefyd mewn dyfroedd dyfnach ar y môr. Mae rhai rhywogaethau o lamidyddion, fel y vaquita, yn cael eu hystyried mewn perygl oherwydd colli cynefinoedd a bod rhwydi pysgota yn mynd yn sownd.

Bridiau

Mae chwe rhywogaeth o lamidyddion, pob un â'i nodweddion unigryw ei hun:

1. Llamhidydd yr Harbwr: Mae llamhidydd yr harbwr i'w gael mewn dyfroedd arfordirol yng Ngogledd yr Iwerydd a Gogledd y Môr Tawel. Dyma'r rhywogaeth o lamidyddion sydd wedi'i dosbarthu fwyaf ac mae'n adnabyddus am ei thwll chwythu siâp calon nodedig.

2. Llamhidydd Dall: Mae llamhidydd y Dall i'w gael yng Ngogledd y Môr Tawel ac mae'n adnabyddus am ei farciau du a gwyn a'i gyflymder nofio cyflym.

3. Llamhidydd di-asgell: Mae'r llamhidydd di-asgell i'w gael mewn dyfroedd arfordirol yn India a gorllewin y Môr Tawel. Mae wedi'i enwi oherwydd ei ddiffyg asgell ddorsal.

4. Llamhidydd Sbectol: Mae'r llamhidydd ysblennydd i'w ganfod yn Hemisffer y De ac mae'n adnabyddus am ei glytiau llygad nodedig.

5. Llamhidydd Burmeister: Mae llamhidydd y Burmeister i'w ganfod mewn dyfroedd arfordirol yn Ne America ac mae'n adnabyddus am ei siâp corff stociog a'i liw tywyll.

6. Vaquita: Dim ond mewn ardal fach yng Ngwlff California y ceir y vaquita ac fe'i hystyrir fel y mamal morol sydd fwyaf mewn perygl yn y byd.

Defnyddiau

Ni ddefnyddir llamhidyddion fel arfer ar gyfer bwyd neu gynhyrchion eraill, gan eu bod yn fach ac nid yw eu cig yn cael ei ystyried yn ddymunol i bobl ei fwyta. Fodd bynnag, weithiau cânt eu hela am eu olew a'u blubber, a ddefnyddir mewn meddyginiaethau traddodiadol mewn rhai diwylliannau.

Defnyddir llamidyddion hefyd at ddibenion ymchwil, gan eu bod yn hynod ddeallus ac yn gallu dysgu ymddygiadau newydd. Mae gwyddonwyr yn astudio llamhidyddion i ddeall eu hymddygiad, cyfathrebu ac ecoleg yn well.

Cadwraeth

Mae sawl rhywogaeth o lamidyddion yn cael eu hystyried dan fygythiad neu dan fygythiad oherwydd colli cynefin, llygredd, a maglu damweiniol mewn rhwydi pysgota. Mae ymdrechion yn cael eu gwneud i ddiogelu'r rhywogaethau hyn a'u cynefinoedd, gan gynnwys creu ardaloedd morol gwarchodedig a gweithredu rheoliadau pysgota i leihau sgil-ddaliad damweiniol.

Mewn rhai ardaloedd, mae llamhidyddion hefyd yn cael eu heffeithio gan lygredd sŵn, yn enwedig o draffig cychod a sonar. Gall hyn amharu ar eu hymddygiad cyfathrebu a bwydo, a gall gyfrannu at straen a phroblemau iechyd. Mae ymdrechion yn cael eu gwneud i leihau llygredd sŵn mewn ardaloedd lle mae llamhidyddion yn bresennol.

I gloi, mae llamidyddion yn anifeiliaid deallus a chwareus sy'n rhan bwysig o ecosystemau morol. Maent yn perthyn yn agos i ddolffiniaid ac yn rhannu llawer o'u nodweddion, ond maent yn llai ac mae ganddynt ben crwn. Mae llamhidyddion i'w cael mewn moroedd ac afonydd ledled y byd ac maent yn adnabyddus am eu dannedd siâp rhaw nodedig a'u galluoedd ecoleoli. Cânt eu bygwth gan golli cynefinoedd, llygredd, a sgil-ddaliad damweiniol, ond mae ymdrechion yn cael eu gwneud i'w hamddiffyn nhw a'u cynefinoedd.

Llysysydd bach, marsupial sy'n frodorol o ranbarth de-orllewin Gorllewin Awstralia yw'r quokka . Mae'n adnabyddus am ei natur gyfeillgar a chwilfrydig, ac mae wedi dod yn enwog am ei gwên ffotogenig. Er gwaethaf ei ymddangosiad ciwt, mae'r quokka yn anifail gwyllt ac ni ddylai fodau dynol fynd ato na'i drin.

Nodweddion Corfforol

Mae Quokkas yn fach, gyda phwysau cyfartalog o 5-10 pwys a hyd corff o 16-21 modfedd. Mae ganddyn nhw strwythur stociog, gyda choesau byr a chorff crwn, blewog. Mae eu ffwr yn drwchus a gwlanog, ac yn amrywio mewn lliw o lwyd-frown i frown-goch. Mae ganddyn nhw glustiau bach a thrwyn byr pigfain, gyda dannedd blaen miniog ar gyfer planhigion cnoi.

Mae Quokkas yn fwyaf adnabyddus am eu hymddangosiad cyfeillgar, gyda gwên lydan sy'n rhoi'r llysenw iddynt "anifail hapusaf y byd." Mae'r wên hon mewn gwirionedd yn ganlyniad i strwythur wyneb unigryw'r quokka, sy'n cynnwys gên sy'n ymwthio allan a bochau mawr.

Ymddygiad

Mae Quokkas yn anifeiliaid nosol, sy'n golygu eu bod yn fwyaf gweithgar yn y nos. Maent yn anifeiliaid cymdeithasol ac yn byw mewn grwpiau o hyd at 150 o unigolion. Arweinir y grwpiau hyn gan wrywod trech, sy'n cystadlu am fynediad i fenywod yn ystod y tymor bridio.

Llysysyddion yw Quokkas ac maent yn bwydo'n bennaf ar weiriau, dail a rhisgl. Gallant oroesi am gyfnodau hir heb ddŵr, gan gael y rhan fwyaf o'u lleithder o'r planhigion y maent yn eu bwyta.

Mae Quokkas yn adnabyddus am eu natur gyfeillgar a chwilfrydig, ac nid ydynt yn ofni bodau dynol. Mae hyn wedi arwain at ddod yn atyniad twristaidd poblogaidd ar Ynys Rottnest, lle gall ymwelwyr fynd â hunluniau gyda'r anifeiliaid cyfeillgar. Fodd bynnag, mae'n bwysig cofio bod cwokkas yn anifeiliaid gwyllt ac na ddylai pobl fynd atynt na'u bwydo.

Cynefin

Mae Quokkas yn frodorol i ranbarth de-orllewin Gorllewin Awstralia, lle maent i'w cael mewn prysgdir arfordirol a choedwigoedd. Fe'u canfyddir amlaf ar Ynys Rottnest, lle nad oes ganddynt ysglyfaethwyr naturiol a chânt eu hamddiffyn gan ymdrechion cadwraeth.

Bridio

Mae gan Quokkas dymor bridio sy'n para rhwng Ionawr a Mawrth. Yn ystod y cyfnod hwn, bydd gwrywod dominyddol yn cystadlu am fynediad i fenywod. Bydd merched yn rhoi genedigaeth i joey sengl, a fydd yn aros yng nghwdyn y fam am chwe mis cyn mentro allan ar ei ben ei hun. Mae gan Quokkas hyd oes o 8-10 mlynedd yn y gwyllt.

Cadwraeth

Ystyrir Quokkas yn rhywogaeth sy'n agored i niwed oherwydd colli cynefinoedd, ysglyfaethu gan anifeiliaid a gyflwynwyd, a chlefyd. Mae ymdrechion yn cael eu gwneud i amddiffyn poblogaethau cwokca, gan gynnwys creu ardaloedd cadwraeth a chael gwared ar ysglyfaethwyr a gyflwynwyd o'u cynefinoedd.

Mae'r quokka wedi dod yn atyniad poblogaidd i dwristiaid, yn enwedig ar Ynys Rottnest, lle mae ymwelwyr yn gallu rhyngweithio â'r anifeiliaid cyfeillgar. Fodd bynnag, mae'n bwysig cofio bod cwokkas yn anifeiliaid gwyllt a dylid eu parchu a'u hedmygu o bellter diogel.

I gloi, llysysydd bach, marsupial sy'n frodorol i ranbarth de-orllewin Gorllewin Awstralia yw'r quokka. Mae'n adnabyddus am ei natur gyfeillgar a chwilfrydig, ac mae wedi dod yn enwog am ei gwên ffotogenig. Mae Quokkas yn anifeiliaid nosol sy'n bwydo'n bennaf ar laswellt, dail a rhisgl. Maent yn anifeiliaid cymdeithasol sy'n byw mewn grwpiau ac yn cael eu harwain gan wrywod trech yn ystod y tymor bridio. Mae Quokkas yn cael eu hystyried yn rhywogaeth sy'n agored i niwed oherwydd colli cynefinoedd, ysglyfaethu gan anifeiliaid a gyflwynwyd, a chlefyd, ac mae ymdrechion yn cael eu gwneud i'w hamddiffyn nhw a'u cynefinoedd. Er y gallant fod yn gyfeillgar tuag at bobl, mae'n bwysig cofio bod cwokkas yn anifeiliaid gwyllt ac ni ddylid mynd atynt na'u trin.

193. Llygoden Fawr

Mae llygod mawr yn grŵp o gnofilod sydd i'w cael ledled y byd. Maent yn adnabyddus am eu deallusrwydd, eu hystwythder a'u gallu i addasu, ac maent wedi cael eu parchu a'u dirmygu gan fodau dynol trwy gydol hanes. Er bod rhai rhywogaethau o lygod mawr yn cael eu cadw fel anifeiliaid anwes, mae eraill yn cael eu hystyried yn blâu a gallant achosi difrod i gnydau a strwythurau.

Nodweddion Corfforol

Mae llygod mawr yn amrywio o ran maint ac ymddangosiad yn dibynnu ar y rhywogaeth, ond mae gan bob un ohonynt rai nodweddion ffisegol cyffredin. Mae ganddyn nhw gyrff hir, main gyda thrwynau pigfain, clustiau mawr, a chynffonau hir. Gall eu ffwr fod yn amrywiaeth o liwiau, gan gynnwys brown, du, llwyd a gwyn. Mae ganddynt ddannedd miniog ar gyfer cnoi a malu eu bwyd.

Ymddygiad

Mae llygod mawr yn anifeiliaid cymdeithasol a gwyddys eu bod yn ddeallus iawn ac yn gallu addasu. Gallant lywio amgylcheddau cymhleth a dysgu adnabod ac osgoi perygl. Mae llygod mawr yn nosol yn bennaf ac maent ar eu mwyaf gweithgar yn y nos, pan fyddant yn chwilio am fwyd ac yn cymdeithasu â llygod mawr eraill.

Mae llygod mawr yn hollysyddion a byddant yn bwyta amrywiaeth o fwydydd, gan gynnwys grawn, ffrwythau, llysiau a chig. Gallant oroesi mewn ystod eang o amgylcheddau a gallant addasu i fyw mewn ardaloedd trefol a gwledig.

Cynefin

Mae llygod mawr i'w cael ledled y byd, mewn ardaloedd trefol a gwledig. Mae rhai rhywogaethau o lygod mawr yn frodorol i ranbarthau penodol, tra bod eraill wedi'u cyflwyno gan bobl. Mae llygod mawr yn gallu addasu i amrywiaeth o amgylcheddau a gellir eu canfod yn byw mewn carthffosydd, adeiladau, caeau a choedwigoedd.

Bridio

Mae gan lygod mawr gyfnod beichiogrwydd byr o tua thair wythnos, a gall benywod roi genedigaeth i hyd at 12 o loi bach ar y tro. Mae llygod mawr yn cyrraedd aeddfedrwydd rhywiol tua thri i bedwar mis oed, a gallant fridio trwy gydol y flwyddyn. Mae gan lygod mawr hyd oes o tua dwy i dair blynedd yn y gwyllt.

Cadwraeth

Er bod rhai rhywogaethau o lygod mawr yn cael eu hystyried yn blâu ac yn cael eu rheoli'n weithredol gan bobl, mae eraill yn cael eu bygwth gan golli cynefinoedd, newid yn yr hinsawdd, a ffactorau eraill. Mae ymdrechion yn cael eu gwneud i warchod y rhywogaethau hyn a'u cynefinoedd, gan gynnwys creu ardaloedd gwarchodedig a datblygu arferion amaethyddol cynaliadwy.

Llygod Mawr a Bodau Dynol

Mae gan lygod mawr hanes hir o ryngweithio â bodau dynol, yn gadarnhaol ac yn negyddol. Mewn rhai diwylliannau, mae llygod mawr yn cael eu hystyried yn gysegredig neu'n cael eu cadw fel anifeiliaid anwes, tra mewn eraill fe'u hystyrir yn blâu ac yn gludwyr afiechyd. Mae llygod mawr wedi cael eu defnyddio mewn ymchwil wyddonol ers canrifoedd, ac wedi cyfrannu at lawer o ddarganfyddiadau pwysig mewn meddygaeth a bioleg.

Gall llygod mawr hefyd achosi difrod i gnydau a strwythurau, a gallant ledaenu clefydau i bobl ac anifeiliaid eraill. Mae ymdrechion yn cael eu gwneud i reoli poblogaethau llygod mawr mewn ardaloedd lle maent yn cael eu hystyried yn blâu, gan ddefnyddio dulliau fel trapiau, gwenwyn, a sterileiddio.

I gloi, mae llygod mawr yn grŵp o gnofilod sydd i'w cael ledled y byd. Maent yn adnabyddus am eu deallusrwydd, eu hystwythder a'u gallu i addasu, ac maent wedi cael eu parchu a'u dirmygu gan fodau dynol trwy gydol hanes. Er bod rhai rhywogaethau o lygod mawr yn cael eu cadw fel anifeiliaid anwes, mae eraill yn cael eu hystyried yn blâu a gallant achosi difrod i gnydau a strwythurau. Mae llygod mawr yn anifeiliaid cymdeithasol sy'n nosol yn bennaf ac yn gallu addasu i amrywiaeth o amgylcheddau. Mae ymdrechion yn cael eu gwneud i warchod rhywogaethau o lygod mawr sydd dan fygythiad a rheoli poblogaethau lle maen nhw'n cael eu hystyried yn blâu.

Mae ceirw, a elwir hefyd yn caribou, yn rhywogaeth o geirw a geir yn rhanbarthau Arctig ac is-Arctig y byd. Maent yn adnabyddus am eu cyrn mawr, sy'n cael eu colli a'u haildyfu bob blwyddyn, ac maent yn rhan bwysig o ddiwylliannau ac economïau brodorol yn y rhanbarthau hyn.

Nodweddion Corfforol

Mae ceirw yn anifeiliaid mawr, stociog gyda ffwr trwchus sydd wedi'i addasu ar gyfer bywyd mewn amgylcheddau oer. Mae ganddyn nhw garnau llydan, gwastad sy'n addas iawn ar gyfer cerdded ar eira a rhew, a gall eu ffwr fod yn amrywiaeth o liwiau, gan gynnwys brown, llwyd a gwyn. Mae gan wrywod a benywod gyrn, er bod rhai'r gwrywod fel arfer yn fwy ac yn fwy cywrain. Mae'r cyrn yn cael eu siedio a'u haildyfu bob blwyddyn, a gallant gyrraedd hyd at 1.2 metr.

Ymddygiad

Mae ceirw yn anifeiliaid cymdeithasol sy'n byw mewn buchesi. Yn ystod misoedd y gaeaf, gall buchesi gynnwys cannoedd o anifeiliaid, tra yn yr haf, gallant rannu'n grwpiau llai. Mae ceirw'n fudol, a byddant yn teithio'n bell i chwilio am fwyd a mannau magu. Gallant lywio trwy amgylcheddau cymhleth gan ddefnyddio eu synnwyr arogli, a gallant ganfod bwyd ac ysglyfaethwyr o bellter mawr.

Llysysyddion yw ceirw a byddant yn bwyta amrywiaeth o blanhigion, gan gynnwys cennau, gweiriau a llwyni. Maent yn gallu goroesi mewn amgylcheddau garw lle mae bwyd yn brin, a gwyddys eu bod yn cloddio trwy eira a rhew i gyrraedd llystyfiant.

Cynefin

Ceir ceirw yn rhanbarthau Arctig ac is-Arctig y byd, gan gynnwys Canada, Alaska, Sgandinafia, Rwsia, a'r Ynys Las. Gallant oroesi mewn ystod eang o amgylcheddau, o dwndra i goedwig boreal. Mae ceirw wedi addasu'n dda i fywyd mewn amgylcheddau oer, a gallant reoli tymheredd eu corff a chadw ynni yn ystod cyfnodau o oerfel eithafol.

Bridio

Mae ceirw yn paru yn yr hydref, ac mae benywod yn rhoi genedigaeth i un llo yn y gwanwyn. Gall lloi sefyll a cherdded o fewn awr o gael eu geni, a byddant yn dechrau nyrsio ar unwaith. Bydd merched yn nyrsio eu cywion am rai misoedd, ac yn ystod y cyfnod hwnnw bydd y lloi'n tyfu'n gyflym. Mae ceirw yn cyrraedd aeddfedrwydd rhywiol tua dwy flwydd oed, a gallant fyw yn y gwyllt am hyd at 20 mlynedd.

Cadwraeth

Mae poblogaethau ceirw yn sefydlog ar hyn o bryd, er eu bod yn wynebu bygythiadau o golli cynefinoedd, newid yn yr hinsawdd, a hela. Mae cymunedau brodorol sy'n dibynnu ar geirw am fwyd ac adnoddau eraill yn gweithio i amddiffyn eu buchesi a sicrhau eu bod yn goroesi yn y tymor hir. Mae ymdrechion hefyd yn cael eu gwneud i leihau effaith newid hinsawdd ar gynefin ceirw ac i fynd i'r afael â bygythiadau eraill i'w poblogaethau.

Ceirw a Bodau Dynol

Mae ceirw wedi chwarae rhan bwysig yn niwylliannau ac economïau pobl frodorol yn y rhanbarthau Arctig ac Is-Arctig ers miloedd o flynyddoedd. Fe'u defnyddir ar gyfer bwyd, dillad, cludiant, ac adnoddau eraill, ac maent yn rhan bwysig o seremonïau a defodau traddodiadol.

Mae ceirw hefyd yn bwysig yn yr economi fodern, gyda llawer o gymunedau yn dibynnu ar werthu cig carw, cyrn a chynhyrchion eraill. Yn ogystal, defnyddir ceirw mewn gweithgareddau hamdden megis reidiau sled a rasys.

I gloi, mae ceirw yn rhywogaeth o geirw a geir yn rhanbarthau Arctig ac is-Arctig y byd. Maent wedi addasu'n dda i fywyd mewn amgylcheddau oer, ac yn gallu goroesi mewn ystod eang o gynefinoedd. Mae ceirw yn anifeiliaid cymdeithasol sy'n byw mewn buchesi, ac yn gallu llywio trwy amgylcheddau cymhleth gan ddefnyddio eu synnwyr arogli. Maent yn rhan bwysig o ddiwylliannau ac economïau brodorol yn yr Arctig, a chânt eu defnyddio hefyd

195. Robin

Aderyn bach passerine sy'n perthyn i'r teulu Muscicapidae yw'r Robin Goch Ewropeaidd , neu'r Robin Goch . Mae'n rhywogaeth gyffredin o adar yn y DU ac Ewrop, ac mae'n adnabyddus am ei chân nodweddiadol fron goch a chirpi.

Nodweddion Corfforol

Aderyn bach yw'r Robin Goch, yn mesur tua 12.5 cm o hyd ac yn pwyso rhwng 14-21 g. Mae'r gwrywod a'r benywod yn edrych yn debyg iawn, a'r brif nodwedd wahaniaethol yw brest goch ddisgleiriach y gwryw. Mae rhannau uchaf y Robin Goch yn frown, tra bod y rhannau isaf yn oren-goch. Mae gan y Robin fol a gwddf gwyn, a'i adenydd yn frown gyda smotiau gwyn. Mae gan y Robin big tenau, pigfain sydd wedi'i addasu ar gyfer bwydo ar bryfed ac infertebratau bach eraill.

Ymddygiad

Mae'r Robin Goch yn aderyn tiriogaethol a gall fod yn ymosodol tuag at adar eraill sy'n dod i mewn i'w diriogaeth. Maent yn adnabyddus am eu cân nodedig, sy'n cynnwys cyfres o nodiadau byr, clir. Mae'r Robin Goch hefyd yn adnabyddus am ei arferiad o ddilyn garddwyr o gwmpas a chwilota am bryfed a mwydod sy'n cael eu haflonyddu gan waith y garddwr.

Mae'r robin goch yn bryfysyddion yn bennaf, ond byddan nhw hefyd yn bwyta hadau a ffrwythau pan fydd pryfed yn brin. Maent yn bwydo ar y ddaear, a byddant yn neidio ar hyd y ddaear i chwilio am fwyd. Yn ystod misoedd y gaeaf, bydd Robiniaid yn ymweld â bwydwyr adar yn aml ac yn barod i dderbyn bwyd gan bobl.

Cynefin

Mae Robins i'w cael ledled y DU ac Ewrop, ac maent yn gyffredin mewn gerddi, parciau, coetiroedd a gwrychoedd. Maent yn adar y gellir eu haddasu a gellir eu canfod mewn ystod eang o gynefinoedd, gan gynnwys ardaloedd trefol.

Bridio

Mae'r Robiniaid yn unweddog a byddant yn paru am oes. Mae bridio fel arfer yn digwydd rhwng Mawrth ac Awst, gyda'r fenyw yn dodwy rhwng

3-6 wy mewn nyth wedi'i wneud o frigau, glaswellt a mwsogl. Mae'r nyth fel arfer yn cael ei adeiladu mewn lleoliad cudd, fel mewn gwrych neu mewn llystyfiant trwchus. Bydd y ddau riant yn cymryd eu tro i ddeor yr wyau a bwydo'r ifanc. Bydd y cywion yn magu plu ar ôl tua phythefnos, ond yn parhau i fod yn ddibynnol ar eu rhieni am bythefnos arall cyn dod yn annibynnol.

Cadwraeth

Nid yw Robiniaid yn cael eu bygwth â difodiant ar hyn o bryd, ac maent yn cael eu hystyried yn peri'r pryder lleiaf gan yr Undeb Rhyngwladol dros Gadwraeth Natur (IUCN). Fodd bynnag, mae eu poblogaethau wedi dirywio mewn rhai rhannau o Ewrop, o bosibl oherwydd colli cynefinoedd a darnio. Gall defnyddio plaladdwyr a chemegau eraill mewn amaethyddiaeth hefyd gael effaith negyddol ar boblogaethau Robin Goch trwy leihau argaeledd pryfed, sy'n ffynhonnell fwyd bwysig.

Rhyngweithio Dynol

Mae gan robiniaid hanes hir o ryngweithio â bodau dynol, ac maent wedi bod yn gysylltiedig â'r Nadolig a gwyliau gaeaf eraill mewn llawer o ddiwylliannau. Maent yn olygfa gyffredin mewn gerddi ac yn aml yn cael eu hystyried yn adar cyfeillgar a hawdd mynd atynt.

Yn y DU, mae'n anghyfreithlon i ddal, lladd, neu anafu Robiniaid, neu ddifrodi neu ddinistrio eu nythod neu wyau. Mae Robiniaid hefyd yn cael eu hamddiffyn o dan Gyfarwyddeb Adar yr Undeb Ewropeaidd.

I gloi, mae'r Robin Goch Ewropeaidd yn aderyn bach, tiriogaethol sy'n gyffredin ledled y DU ac Ewrop. Maen nhw'n adnabyddus am eu bron goch nodweddiadol a'u cân chirpy, ac maent yn olygfa gyffredin mewn gerddi a pharciau. Mae'r robin goch yn adar y gellir eu haddasu sy'n gallu goroesi mewn ystod eang o gynefinoedd, ac nad ydynt dan fygythiad o ddiflannu ar hyn o bryd. Mae ganddynt hanes hir o ryngweithio â bodau dynol, ac fe'u hamddiffynnir gan gyfraith y DU a'r UE.

196. Salamander

Mae salamandriaid yn grŵp o amffibiaid sy'n adnabyddus am eu gallu i adfywio aelodau a rhannau eraill o'r corff. Maent yn perthyn i'r urdd Caudata, sy'n cynnwys dros 700 o rywogaethau o salamanders. Gellir dod o hyd i salamanders mewn sawl rhan o'r byd, gan gynnwys Gogledd America, Ewrop, Asia ac Affrica.

Nodweddion Corfforol

Mae salamanders yn cael eu nodweddu gan eu cyrff hir, main a'u cynffonnau hir. Gallant amrywio o ran maint o ddim ond ychydig gentimetrau i dros fetr o hyd. Mae gan salamandriaid bedair coes ac yn gyffredinol maent yn symud yn araf, er y gall rhai rhywogaethau symud yn gyflym pan fo angen. Mae gan y rhan fwyaf o salamanders groen llyfn, llaith sydd wedi'i orchuddio â mwcws i helpu i'w cadw'n llaith.

Gellir gwahaniaethu rhwng salamanders ac amffibiaid eraill oherwydd eu diffyg tympanum, neu drwm clust, sy'n weladwy mewn brogaod a llyffantod. Yn lle hynny, mae salamanders yn defnyddio eu hysgyfaint, croen, a meinweoedd yn eu pen i synhwyro dirgryniadau a synau.

Ymddygiad

Mae salamandriaid yn weithgar yn y nos yn bennaf ac yn treulio llawer o'u hamser yn cuddio o dan foncyffion, creigiau, neu mewn tyllau. Anifeiliaid unigol ydynt yn bennaf ac nid ydynt yn rhyngweithio ag eraill o'u rhywogaeth eu hunain oni bai ei bod yn amser paru. Yn gyffredinol mae salamandriaid yn swil a byddant yn osgoi bodau dynol ac ysglyfaethwyr eraill os yn bosibl. Mae rhai rhywogaethau, fodd bynnag, wedi datblygu mecanweithiau amddiffynnol megis y gallu i secretu tocsinau o'u croen i atal ysglyfaethwyr.

Cynefin

Gellir dod o hyd i salamanders mewn amrywiaeth o gynefinoedd, gan gynnwys coedwigoedd, anialwch, glaswelltiroedd, a nentydd a phyllau dŵr croyw. Mae'n well gan lawer o rywogaethau amgylcheddau llaith ac maent i'w cael ger cyrff dŵr neu mewn ardaloedd â lleithder uchel. Mae rhai salamanders wedi'u haddasu i fyw dan ddaear mewn tyllau neu mewn ogofâu.

Atgynhyrchu

Mae Salamanders yn atgenhedlu'n rhywiol ac mae gan y rhan fwyaf o rywogaethau ddefod carwriaeth sy'n cynnwys arddangosiadau a lleisio cywrain. Bydd gwrywod yn aml yn mynd at fenywod ac yn cymryd rhan mewn dawns sy'n cynnwys cyffwrdd, cylchu a chroesi'r fenyw. Ar ôl paru, bydd y fenyw yn dodwy wyau mewn dŵr neu mewn pridd llaith, a gall y gwryw warchod yr wyau nes eu bod yn deor.

Mae gan rai rhywogaethau o salamanders strategaeth atgenhedlu unigryw a elwir yn neoteny. Mewn rhywogaethau neotenig, gall ffurf ifanc yr anifail atgynhyrchu heb fynd trwy fetamorffosis i ffurf oedolyn. Mae hyn yn caniatáu i'r anifail fridio'n gynt ac yn amlach, ond mae hefyd yn golygu bod y ffurf ifanc yn cadw llawer o nodweddion cyfnod y larfa, gan gynnwys tagellau ac addasiadau dyfrol.

Cadwraeth

Mae llawer o rywogaethau o salamanders dan fygythiad neu mewn perygl oherwydd colli cynefinoedd, llygredd, a chyflwyno rhywogaethau anfrodorol. Mae salamandriaid hefyd yn agored i newid yn yr hinsawdd, gan y gall newidiadau mewn tymheredd a dyodiad effeithio ar eu hymddygiad bridio a bwydo. Yn ogystal, mae rhai rhywogaethau'n cael eu cynaeafu ar gyfer y fasnach anifeiliaid anwes, a all ddisbyddu poblogaethau yn y gwyllt ymhellach.

Rhyngweithio Dynol

Mae Salamanders wedi cael eu hedmygu ers amser maith am eu harddwch a'u nodweddion unigryw, ac maent wedi chwarae rhan arwyddocaol mewn llawer o ddiwylliannau a mytholegau. Mewn rhai diwylliannau, credid bod gan salamanders briodweddau hudol neu gyfriniol, ac roeddent yn gysylltiedig â thân a thrawsnewid.

Mae salamandrau hefyd yn bwysig i ymchwil wyddonol, gan fod ganddynt y gallu i adfywio aelodau a rhannau eraill o'r corff. Mae ymchwilwyr yn astudio salamanders yn y gobaith o ddod o hyd i ffyrdd newydd o helpu bodau dynol i adfywio meinweoedd sydd wedi'u difrodi neu afiach.

I gloi, mae salamanders yn grŵp amrywiol o amffibiaid sy'n adnabyddus am eu nodweddion unigryw, gan gynnwys y gallu i adfywio rhannau'r corff a diffyg tympanwm. Maent i'w cael mewn llawer o wahanol gynefinoedd ledled y byd ac yn chwarae rhan bwysig mewn ecosystemau. Fodd bynnag, mae llawer o rywogaethau o salamanders dan fygythiad neu mewn perygl oherwydd colli cynefinoedd, llygredd, a gweithgareddau dynol eraill. Mae'n bwysig gwarchod yr anifeiliaid hyn a'u cynefinoedd er mwyn sicrhau eu bod yn parhau i chwarae eu rolau pwysig yn yr ecosystem.

At ei gilydd, mae salamanders yn anifeiliaid hynod ddiddorol sydd wedi dal diddordeb a dychymyg bodau dynol ers canrifoedd. Mae eu gallu i adfywio aelodau a rhannau eraill o'r corff wedi eu gwneud yn destun llawer o ymchwil wyddonol, ac mae eu haddasiadau unigryw wedi ysbrydoli chwedlau a straeon ledled y byd. Wrth i ni barhau i ddysgu mwy am yr anifeiliaid hyn, mae'n bwysig cofio eu bod yn rhan hanfodol o'r byd naturiol ac i gymryd camau i'w hamddiffyn nhw a'u cynefinoedd.

Math o aderyn sy'n aml yn gysylltiedig â'r môr a'r traethau yw gwylanod. Maent yn rhan o'r teulu Laridae, sy'n cynnwys dros 50 o rywogaethau o wylanod a môr-wenoliaid. Mae gwylanod i'w cael ledled y byd, o'r Arctig i'r Antarctig, ac maent yn adnabyddus am eu hymddangosiad a'u hymddygiad nodedig.

Nodweddion Corfforol

Nodweddir gwylanod gan eu maint canolig i fawr, gyda lled adenydd cyfartalog o 1.2 i 1.5 metr (3.9 i 4.9 troedfedd). Mae ganddyn nhw adenydd hir, pigfain a phig ychydig yn grwm sydd wedi'i addasu ar gyfer dal a bwyta pysgod. Mae gan wylanod draed gweog sydd hefyd wedi'u haddasu ar gyfer nofio a deifio.

Mae gan wylanod amrywiaeth o batrymau plu a lliwiau, ond mae gan y rhan fwyaf blu gwyn gyda marciau llwyd neu ddu ar eu hadenydd a'u cefnau. Mae gan rai rhywogaethau gwfl neu gap du nodedig ar eu pennau. Mae gan wylanod hefyd lygaid mawr, llawn mynegiant sy'n cael eu hamddiffyn gan bilen nithol, amrant clir sy'n helpu i gadw eu llygaid yn llaith ac yn cael eu hamddiffyn wrth hedfan a phlymio.

Ymddygiad

Mae gwylanod yn hynod hyblyg a gellir eu canfod mewn amrywiaeth o amgylcheddau, gan gynnwys traethau, clogwyni arfordirol, ardaloedd trefol, a llynnoedd ac afonydd mewndirol. Maent yn gymdeithasol iawn ac yn byw mewn cytrefi mawr, yn enwedig yn ystod y tymor bridio. Mae gwylanod hefyd yn adnabyddus am eu lleisiau, a all fod yn eithaf uchel ac amrywiol.

Mae gwylanod yn borthwyr manteisgar a byddant yn bwyta bron unrhyw beth, gan gynnwys pysgod, pryfed, cnofilod, sothach, a hyd yn oed adar eraill. Maent yn adnabyddus am eu hymddygiad sborion a byddant yn aml yn dwyn bwyd oddi wrth anifeiliaid eraill neu fodau dynol. Mae gwylanod hefyd yn helwyr medrus a byddant yn plymio i'r dŵr i ddal pysgod neu dynnu ysglyfaeth bach o'r wyneb.

Cynefin

Mae gwylanod i'w cael ledled y byd, o'r Arctig i'r Antarctig. Maent yn cael eu cysylltu gan amlaf ag amgylcheddau arfordirol ac yn aml i'w gweld yn hedfan dros draethau a harbyrau. Mae gwylanod hefyd yn byw mewn ardaloedd trefol, fel meysydd parcio a thomenni sbwriel, lle gallant chwilio am fwyd. Mae rhai rhywogaethau o wylanod, fel yr wylan benddu, hefyd yn byw mewndirol ger llynnoedd ac afonydd.

Deiet

Mae gwylanod yn hollysyddion a byddant yn bwyta amrywiaeth eang o fwydydd. Gall eu diet gynnwys pysgod, pryfed, cnofilod, sothach, a hyd yn oed adar eraill. Mae gwylanod yn borthwyr manteisgar a byddant yn aml yn chwilota am fwyd, ond maent hefyd yn helwyr medrus a byddant yn plymio i'r dŵr i ddal pysgod neu dynnu ysglyfaeth bach o'r wyneb.

Cadwraeth

Nid yw gwylanod yn cael eu hystyried yn rhywogaeth dan fygythiad neu mewn perygl, ond mae rhai poblogaethau mewn perygl oherwydd colli cynefinoedd a llygredd. Gall gwylanod gael eu heffeithio'n negyddol gan ollyngiadau olew, a all orchuddio eu plu a'i gwneud yn anodd iddynt hedfan a hela. Maent hefyd yn agored i effeithiau newid hinsawdd, a all newid eu cynefinoedd a ffynonellau bwyd.

Rhyngweithio Dynol

Mae gwylanod yn hynod hyblyg a gallant fyw yn agos at fodau dynol, sydd wedi arwain at rai gwrthdaro rhwng adar a phobl. Gall gwylanod fynd yn ymosodol wrth amddiffyn eu nythod neu ffynonellau bwyd, a gwyddys eu bod yn ymosod ar bobl sy'n mynd yn rhy agos. Gallant hefyd achosi difrod i adeiladau a seilwaith, yn enwedig os ydynt yn nythu ar doeon neu strwythurau eraill.

Mae gwylanod wedi bod yn gysylltiedig ers amser maith â diwylliant morwrol ac yn aml yn cael eu darlunio mewn llenyddiaeth, celf a cherddoriaeth. Maent yn symbol o ryddid ac antur, ond hefyd o sborion a manteisgarwch. Mae gwylanod hefyd yn boblogaidd ymhlith gwylwyr adar, sy'n gwerthfawrogi eu hymddangosiad a'u hymddygiad nodedig.

Mae rhai rhywogaethau o wylanod, fel gwylan y penwaig, wedi addasu i fyw mewn amgylcheddau trefol ac wedi dod yn ddibynnol ar ffynonellau bwyd dynol. Mae hyn wedi arwain at bryderon am effaith gwylanod ar iechyd a diogelwch y cyhoedd, yn ogystal ag ar ecosystemau lleol. Mae rhai dinasoedd wedi gweithredu mesurau i atal gwylanod rhag nythu a bwydo mewn ardaloedd trefol, megis gosod rhwydi neu ddefnyddio synau uchel i atal yr adar.

Mewn rhai diwylliannau, mae gwylanod yn cael eu hystyried yn symbol o lwc dda neu amddiffyniad. Ym mytholeg Norseg, dywedir bod gan y duw Odin ddau gigfran o'r enw Huginn a Muninn sy'n hedfan dros y byd ac yn dod â gwybodaeth iddo. Yn yr Unol Daleithiau, mae gwylanod yn gysylltiedig â mudo arloeswr Mormonaidd i Utah, lle dywedwyd eu bod wedi cael eu harwain gan wylanod a oedd yn bwyta'r pryfed a oedd yn dinistrio eu cnydau.

I gloi, mae gwylanod yn rhywogaeth hynod ddiddorol ac eiconig o adar sydd i'w cael ledled y byd. Maent yn adnabyddus am eu hymddangosiad nodedig, eu hymddygiad, a'u gallu i addasu. Mae gwylanod yn gymdeithasol iawn a gellir eu canfod yn byw mewn cytrefi mawr, yn enwedig yn ystod y tymor bridio. Maent yn fwydwyr manteisgar a byddant yn bwyta bron unrhyw beth, gan gynnwys pysgod, pryfed, cnofilod, sothach, a hyd yn oed adar eraill.

Er nad yw gwylanod yn cael eu hystyried yn rhywogaeth dan fygythiad neu mewn perygl, mae rhai poblogaethau mewn perygl oherwydd colli cynefinoedd a llygredd. Maent hefyd yn ffynhonnell gwrthdaro â bodau dynol, yn enwedig mewn ardaloedd trefol lle maent wedi dod yn ddibynnol ar ffynonellau bwyd dynol. Wrth i ni barhau i ddysgu mwy am wylanod a'u rôl yn yr ecosystem, mae'n bwysig dod o hyd i ffyrdd o warchod yr adar hyn a'u cynefinoedd er mwyn i genedlaethau'r dyfodol eu mwynhau.

Mamal bach, pryfysol sy'n perthyn i'r teulu Soricidae yw'r llyg. Mae dros 400 o rywogaethau o chwistlod, sydd i'w cael ledled y byd ac eithrio Awstralia a Seland Newydd. Er gwaethaf eu maint bach, mae chwistlod yn chwarae rhan bwysig yn eu hecosystem fel ysglyfaethwyr ac fel ffynhonnell bwyd i anifeiliaid eraill.

Tarddiad

Credir bod chwilod wedi tarddu o Asia, ac yna wedi ymledu i Ewrop, Affrica, a Gogledd America. Fe'u ceir mewn amrywiaeth o gynefinoedd, gan gynnwys coedwigoedd, glaswelltiroedd, anialwch a gwlyptiroedd. Mae chwistlod wedi addasu i ystod eang o amgylcheddau, o dwndra oer i goedwigoedd glaw poeth a llaith.

Nodweddion Corfforol

Mae chwistlod yn fach, gyda'r rhan fwyaf o rywogaethau'n amrywio o 3 i 5 modfedd o hyd. Mae ganddyn nhw drwyn hir, pigfain, llygaid bach, a chlustiau bach. Mae eu ffwr yn fyr ac yn drwchus, a gall amrywio mewn lliw o lwyd i frown neu frown coch. Mae gan chwistlod gyfradd metabolig uchel ac mae angen llawer o fwyd arnynt i gynnal eu lefelau egni.

Ymddygiad

Mae chwistlod yn hynod weithgar ac mae ganddynt metaboledd cyflym, sy'n golygu bod yn rhaid iddynt fwyta'n aml i gynnal eu lefelau egni. Maent yn nosol yn bennaf ac yn treulio llawer o'u hamser yn chwilota am fwyd. Mae chwistlod yn anifeiliaid unig ac maent yn diriogaethol iawn. Maent yn marcio eu tiriogaeth gyda chwarennau arogl wedi'u lleoli ar eu corff.

Deiet

Mae chwistlod yn bryfysyddion ac yn bwyta pryfed, pryfed cop ac infertebratau bach eraill yn bennaf. Mae rhai rhywogaethau hefyd yn bwyta fertebratau bach, fel madfallod a llygod. Mae gan chwistlod gyfradd metabolig uchel a rhaid iddynt fwyta'n aml i gynnal eu lefelau egni. Mae'n hysbys eu bod yn bwyta hyd at deirgwaith pwysau eu corff mewn bwyd bob dydd.

Atgynhyrchu

Mae gan y chwistlod oes fer, gyda'r rhan fwyaf o rywogaethau'n byw am flwyddyn neu ddwy yn unig. Maent yn gallu bridio yn ifanc, gyda benywod yn dod yn rhywiol aeddfed mor gynnar â phedair wythnos oed. Mae gan chwistlod gyfradd atgenhedlu uchel a gallant gynhyrchu sawl torllwyth o gywion bob blwyddyn. Mae'r cyfnod beichiogrwydd yn fyr, fel arfer yn para rhwng 17 a 32 diwrnod, yn dibynnu ar y rhywogaeth. Mae gan y rhan fwyaf o chwistlod torllwyth o dri i chwech o gywion, er y gall fod gan rai rhywogaethau hyd at ddeg neu fwy.

Ysglyfaethwyr

Mae amrywiaeth o anifeiliaid yn ysglyfaethu ar y chwilod, gan gynnwys nadroedd, tylluanod, hebogiaid, llwynogod a chathod domestig. Mae chwilod wedi datblygu nifer o addasiadau i osgoi ysglyfaethwyr, megis eu maint bach, symudiadau cyflym, a dannedd miniog. Mae rhai rhywogaethau hefyd yn gallu secretu poer gwenwynig, a all eu gwneud yn annymunol i ysglyfaethwyr.

Cadwraeth

Nid yw chwistlod yn cael eu hystyried yn rhywogaeth dan fygythiad neu mewn perygl. Fodd bynnag, mae rhai rhywogaethau mewn perygl oherwydd colli a darnio cynefinoedd. Mae angen amrywiaeth o gynefinoedd ar lygod, gan gynnwys glaswelltiroedd, coedwigoedd a gwlyptiroedd, er mwyn ffynnu. Gall colli a darnio cynefinoedd gael effaith sylweddol ar boblogaethau chwilod, gan ei fod yn lleihau eu mynediad at fwyd a chysgod.

I gloi, mae chwistlod yn aelodau bach ond pwysig o'u hecosystem. Maent yn chwarae rhan allweddol wrth reoli poblogaethau o bryfed ac infertebratau ac maent yn ffynhonnell bwysig o fwyd i anifeiliaid eraill. Mae chwistlod wedi addasu'n fawr i'w hamgylchedd ac wedi datblygu nifer o nodweddion unigryw i'w helpu i oroesi, gan gynnwys eu cyfradd fetabolig uchel, dannedd miniog, a phoer gwenwynig. Er nad ydynt yn cael eu hystyried yn rhywogaeth dan fygythiad neu mewn perygl, mae'n bwysig gwarchod eu cynefinoedd er mwyn sicrhau eu bod yn parhau i oroesi.

Mamal bach, du-a-gwyn yw'r skunk sy'n adnabyddus am ei allu i chwistrellu hylif sy'n arogli'n fudr o'i chwarennau arogl pan fydd dan fygythiad. Mae Skunks yn perthyn i'r teulu Mephitidae ac i'w canfod ledled Gogledd a De America. Er gwaethaf eu henw da fel niwsans drewllyd, mae sgunks yn chwarae rhan bwysig yn eu hecosystem fel ysglyfaethwyr ac fel ffynhonnell bwyd i anifeiliaid eraill.

Tarddiad

Credir bod Skunks wedi tarddu o Ogledd America ac yna wedi lledaenu i Dde America. Fe'u ceir mewn amrywiaeth o gynefinoedd, gan gynnwys coedwigoedd, glaswelltiroedd ac ardaloedd maestrefol. Mae Skunks wedi addasu i ystod eang o amgylcheddau, o ranbarthau tymherus oer i drofannau poeth a llaith.

Nodweddion Corfforol

Mamaliaid canolig eu maint yw Skunks, gyda'r rhan fwyaf o rywogaethau'n amrywio o 15 i 30 modfedd o hyd. Mae ganddynt liw du-a-gwyn nodedig, sy'n rhybudd i ysglyfaethwyr posibl eu bod yn gallu chwistrellu eu hylif amddiffynnol. Mae llygaid bach, beady, trwyn pigfain, a choesau byr, stociog gan sgunks. Mae eu ffwr yn drwchus a gall amrywio mewn lliw o ddu i frown neu hyd yn oed lliw hufen.

Ymddygiad

Mae Skunks yn nosol yn bennaf ac yn treulio llawer o'u hamser yn chwilota am fwyd. Maent yn hollysyddion a byddant yn bwyta amrywiaeth o fwydydd, gan gynnwys pryfed, mamaliaid bach, ffrwythau a llysiau. Mae Skunks yn anifeiliaid unig ac maent yn diriogaethol iawn. Maent yn marcio eu tiriogaeth gyda chwarennau arogl wedi'u lleoli ar eu corff.

Mecanweithiau Amddiffyn:

Mae Skunks yn adnabyddus am eu gallu i chwistrellu hylif sy'n arogli'n fudr o'u chwarennau arogl pan fyddant dan fygythiad. Mae'r hylif yn cynnwys cyfansoddion sylffwr ac mae'n hynod bwerus, gydag ystod o hyd at 15 troedfedd. Gall Skunks hefyd ddefnyddio eu dannedd miniog a chrafangau i amddiffyn eu hunain os oes angen.

Atgynhyrchu

Mae gan Skunks oes fer, gyda'r rhan fwyaf o rywogaethau'n byw am ddwy i bedair blynedd yn unig. Maent yn gallu bridio yn ifanc, gyda benywod yn dod yn aeddfed yn rhywiol tua chwe mis oed. Mae Skunks yn paru yn gynnar yn y gwanwyn, ac mae'r cyfnod beichiogrwydd yn para tua 60 diwrnod. Mae gan y rhan fwyaf o sgunks dorllwythi o bedwar i chwech o gywion, er y gall fod gan rai rhywogaethau hyd at ddeg neu fwy.

Ysglyfaethwyr

Mae gan Skunks nifer o ysglyfaethwyr naturiol, gan gynnwys tylluanod, hebogiaid, coyotes, a llwynogod. Fodd bynnag, mae eu gallu i chwistrellu eu hylif amddiffynnol yn eu gwneud yn annymunol i lawer o ysglyfaethwyr. Gwyddys hefyd bod Skunks yn cyrlio i bêl o dan fygythiad, gan ddatgelu eu cuddfan galed, tebyg i arfwisg yn unig i ysglyfaethwyr posibl.

Cadwraeth

Nid yw Skunks yn cael eu hystyried yn rhywogaeth dan fygythiad neu mewn perygl. Fodd bynnag, weithiau cânt eu hela am eu ffwr neu eu lladd fel plâu. Gall ceir hefyd ladd sgunks yn anfwriadol pan fyddant yn crwydro ar y ffyrdd gyda'r nos. Mae'n bwysig gwarchod sgunks a'u cynefinoedd er mwyn sicrhau eu bod yn parhau i oroesi.

I gloi, mae sgunks yn aelodau bach ond pwysig o'u hecosystem. Maent yn chwarae rhan allweddol wrth reoli poblogaethau o bryfed a mamaliaid bach ac maent yn ffynhonnell bwysig o fwyd i anifeiliaid eraill. Er eu bod yn aml yn cael eu hystyried yn niwsans drewllyd, mae gan sgunks nifer o addasiadau unigryw sy'n eu helpu i oroesi, gan gynnwys eu gallu i chwistrellu hylif cryf o'u chwarennau arogl a'u cuddfan galed, tebyg i arfwisg. Mae'n bwysig gwarchod sgunks a'u cynefinoedd er mwyn sicrhau eu bod yn parhau i oroesi.

Mae nadroedd yn grŵp amrywiol o ymlusgiaid sydd i'w cael ar bob cyfandir ac eithrio Antarctica. Maent yn dod mewn amrywiaeth eang o siapiau, meintiau, a lliwiau, ac maent wedi addasu i fyw mewn ystod eang o gynefinoedd, o anialwch i goedwigoedd glaw. Mae rhai nadroedd yn wenwynig ac yn fygythiad i bobl, tra bod eraill yn ddiniwed ac yn chwarae rhan bwysig yn eu hecosystemau.

Tarddiad

Mae nadroedd wedi bod o gwmpas ers miliynau o flynyddoedd a chredir eu bod wedi esblygu o hynafiaid tebyg i fadfall. Mae cofnodion ffosil yn dangos bod nadroedd cynnar yn byw yn ystod y cyfnod Cretasaidd, tua 100 miliwn o flynyddoedd yn ôl. Ers hynny mae nadroedd wedi datblygu i fod yn grŵp amrywiol o dros 3,000 o rywogaethau sydd i'w cael mewn amrywiaeth o gynefinoedd ledled y byd.

Nodweddion Corfforol

Mae nadroedd yn ymlusgiaid hirfain, heb goesynnau sydd â chorff hir, silindrog a chroen cennog. Maent yn amrywio mewn maint o rywogaethau bach, tebyg i edau sy'n llai na 4 modfedd o hyd i pythonau enfawr a all gyrraedd dros 20 troedfedd o hyd. Mae gan y rhan fwyaf o nadroedd ben amlwg sydd ychydig yn lletach na'u corff, ac mae ganddynt ddannedd miniog, pigfain a ddefnyddir i ddal ysglyfaeth. Mae gan nadroedd hefyd dafod fforchog a ddefnyddir i synhwyro eu hamgylchedd.

Ymddygiad

Mae nadroedd yn gigysol yn bennaf ac yn bwydo ar amrywiaeth o ysglyfaeth, gan gynnwys cnofilod, adar a phryfed. Mae'n hysbys hefyd bod rhai rhywogaethau'n bwyta wyau a hyd yn oed nadroedd eraill. Fel arfer mae nadroedd yn ysglyfaethwyr cuddliw, gan ddefnyddio eu cuddliw i ymdoddi i'w hamgylchedd ac aros i ysglyfaeth ddod yn agos. Yna maent yn taro'n gyflym ac yn defnyddio eu dannedd miniog i ddal eu hysglyfaeth, cyn ei lyncu'n gyfan.

Mecanweithiau Amddiffyn

Mae llawer o nadroedd yn wenwynig ac yn defnyddio eu gwenwyn fel mecanwaith amddiffyn. Mae nadroedd gwenwynig yn chwistrellu eu hysglyfaeth â phoer gwenwynig sy'n ei barlysu neu'n ei ladd, gan ei gwneud yn haws i'w lyncu. Mae gan rai nadroedd gwenwynig, fel y neidr gribell, hefyd gribell nodedig ar eu cynffon y maent yn ei defnyddio i rybuddio darpar ysglyfaethwyr i gadw draw. Mae nadroedd nad ydynt yn wenwynig yn defnyddio strategaethau amddiffynnol eraill, megis hisian, pwffian eu cyrff, neu ryddhau mwsg sy'n arogli'n fudr.

Atgynhyrchu

Mae'r rhan fwyaf o nadroedd yn atgenhedlu'n rhywiol, gyda gwrywod yn defnyddio eu tafodau fforchog i ddod o hyd i fenywod sy'n barod i baru. Mae nadroedd benywaidd yn dodwy wyau, sy'n cael eu deor gan wres yr haul neu eu corff eu hunain. Fodd bynnag, mae rhai rhywogaethau o nadroedd, fel boa constrictors a python, yn rhoi genedigaeth i ifanc byw.

Ysglyfaethwyr

Mae gan nadroedd nifer o ysglyfaethwyr naturiol, gan gynnwys adar ysglyfaethus, cathod gwyllt, a hyd yn oed nadroedd eraill. Fodd bynnag, mae eu gallu i ymdoddi i'w hamgylchedd a'u brathiad gwenwynig yn aml yn eu gwneud yn wrthwynebwyr aruthrol. Gwyddom hefyd fod rhai nadroedd yn dynwared lliw rhywogaethau gwenwynig i atal ysglyfaethwyr.

Cadwraeth

Mae llawer o rywogaethau o nadroedd yn cael eu bygwth gan golli cynefinoedd, yn ogystal â'r fasnach anifeiliaid anwes anghyfreithlon a hela am eu crwyn. Yn ogystal, mae nadroedd yn aml yn cael eu herlid a'u lladd gan bobl oherwydd ofn neu gamddealltwriaeth. Mae'n bwysig gwarchod nadroedd a'u cynefinoedd er mwyn sicrhau eu bod yn parhau i oroesi, gan eu bod yn chwarae rhan bwysig yn eu hecosystemau fel ysglyfaethwyr ac ysglyfaeth.

I gloi, mae nadroedd yn grŵp amrywiol o ymlusgiaid sydd wedi addasu i fyw mewn ystod eang o gynefinoedd ledled y byd. Maent yn dod mewn amrywiaeth o siapiau, meintiau, a lliwiau, ac mae ganddynt nifer o addasiadau unigryw sy'n caniatáu iddynt ffynnu yn eu hamgylcheddau. Er bod rhai nadroedd yn wenwynig ac yn fygythiad i bobl, mae'r rhan fwyaf o rywogaethau'n ddiniwed ac yn chwarae rhan bwysig yn eu hecosystemau fel ysglyfaethwyr ac ysglyfaeth. Mae'n bwysig gwarchod nadroedd a'u cynefinoedd er mwyn sicrhau eu bod yn parhau i oroesi.

Aderyn bach diymhongar yw'r aderyn y to sydd i'w ganfod ledled y byd. Mae adar y to yn rhan o'r teulu Passeridae, sy'n cynnwys dros 100 o rywogaethau o adar bach, clwydo. Maent yn adnabyddus am eu galwadau swynol nodedig a'u gallu i ffynnu mewn ystod eang o gynefinoedd, o ddinasoedd i ardaloedd gwledig.

Tarddiad

Credir bod adar y to wedi tarddu o Affrica, ond ers hynny maent wedi lledaenu ledled y byd. Maent bellach i'w cael ar bob cyfandir, ac eithrio Antarctica. Mae adar y to wedi cael eu cyflwyno i sawl rhan o'r byd, gan gynnwys Gogledd America, De America, Awstralia, a Seland Newydd.

Nodweddion Corfforol

Adar bach yw adar y to, tua 4-8 modfedd o hyd fel arfer, gyda lled adenydd o 6-10 modfedd. Mae ganddyn nhw gorff tew, crwn, gwddf byr, a phig bach conigol. Mae gan y rhan fwyaf o rywogaethau adar y to blu brown neu lwyd gyda rhediadau neu ddarnau o ddu neu wyn. Mae gan rai rhywogaethau blu mwy bywiog, gyda marciau coch, oren neu felyn llachar. Mae gwrywod yn aml yn fwy llachar eu lliw na benywod.

Ymddygiad

Mae adar y to yn adar cymdeithasol ac i'w canfod yn aml mewn heidiau. Maent yn cyfathrebu â'i gilydd gan ddefnyddio amrywiaeth o chirps, tweets, a triliau. Mae adar y to yn bennaf yn chwilota am y ddaear ac yn bwydo ar hadau, pryfed ac infertebratau bach. Gwyddys hefyd eu bod yn bwydo ar ffrwythau a neithdar, yn dibynnu ar y tymor ac argaeledd bwyd.

Atgynhyrchu

Mae adar y to fel arfer yn bridio yn ystod misoedd y gwanwyn a'r haf, gyda'r gwrywod yn denu cymar drwy ganu ac arddangos eu plu lliwgar. Mae benywod yn adeiladu nythod allan o frigau a glaswellt, yn aml ym mondo adeiladau neu mewn coed. Maent fel arfer yn dodwy 3-6 wy, sy'n cael eu deor gan y ddau riant am tua 10-14 diwrnod. Unwaith y byddant wedi deor, mae'r ddau riant yn bwydo'r cywion nes eu bod yn gallu hedfan a chwilota ar eu pen eu hunain.

Ysglyfaethwyr

Mae gan adar y to nifer o ysglyfaethwyr naturiol, gan gynnwys adar ysglyfaethus, cathod, a nadroedd. Maent hefyd yn agored i ysglyfaethu gan fodau dynol, a all eu hela ar gyfer chwaraeon neu fel mesur rheoli pla.

Cadwraeth

Mae llawer o rywogaethau o adar y to dan fygythiad oherwydd colli cynefinoedd, yn ogystal â defnyddio plaladdwyr a chemegau eraill. Yn ogystal, mae adar y to yn aml yn cael eu hela neu eu dal am fwyd neu am eu plu. Mae rhai rhywogaethau, fel adar y to, wedi gweld gostyngiad sylweddol yn eu poblogaeth yn y blynyddoedd diwethaf. Mae'n bwysig gwarchod adar y to a'u cynefinoedd er mwyn sicrhau eu bod yn parhau i oroesi.

I gloi, adar bach, cymdeithasol yw adar y to, sydd i'w cael ledled y byd. Mae ganddyn nhw alwad swynol arbennig ac maen nhw'n adnabyddus am eu gallu i ffynnu mewn ystod eang o gynefinoedd. Er eu bod yn aml yn cael eu hystyried yn gyffredin ac yn ddiymhongar, mae adar y to yn chwarae rhan bwysig yn eu hecosystemau fel gwasgarwyr hadau a bwytawyr pryfed. Mae'n bwysig gwarchod adar y to a'u cynefinoedd er mwyn sicrhau eu bod yn parhau i oroesi, gan eu bod dan fygythiad oherwydd colli cynefinoedd, ysglyfaethu a gweithgareddau dynol eraill.

Mae'r wiwer yn famal bach, heini sydd i'w ganfod ledled y byd. Mae gwiwerod yn rhan o deulu Sciuridae, sy'n cynnwys dros 200 o rywogaethau o gnofilod bach a chanolig eu maint. Maent yn adnabyddus am eu galluoedd acrobatig, eu cynffonnau trwchus, a'u harfer o gasglu a storio bwyd.

Tarddiad

Credir bod gwiwerod wedi tarddu o Ogledd America, ond ers hynny maent wedi lledaenu ledled y byd. Maent bellach i'w cael ar bob cyfandir, ac eithrio Awstralia ac Antarctica. Mae gwiwerod wedi cael eu cyflwyno i sawl rhan o'r byd, gan gynnwys Ewrop, Asia ac Affrica.

Nodweddion Corfforol

Cnofilod bach a chanolig yw gwiwerod, tua 8-12 modfedd o hyd fel arfer, gyda chynffon lwynog sydd bron mor hir â'u corff. Mae ganddyn nhw grafangau miniog, crwm ar gyfer dringo coed a thrwyn miniog, pigfain. Mae gan y rhan fwyaf o rywogaethau o wiwerod ffwr sy'n llwyd, brown, neu goch, gyda marciau gwyn neu ddu. Mae gan rai rhywogaethau blu mwy bywiog, gyda marciau coch, oren neu felyn llachar. Mae gwrywod yn aml yn fwy na benywod.

Ymddygiad

Mae gwiwerod yn ddyddiol, sy'n golygu eu bod yn actif yn ystod y dydd. Maent yn goed goed, sy'n golygu eu bod yn treulio'r rhan fwyaf o'u hamser mewn coed. Maent yn ddringwyr ystwyth, gan ddefnyddio eu crafangau miniog a'u coesau ôl cryf i ddringo i fyny ac i lawr coed yn rhwydd. Mae gwiwerod hefyd yn adnabyddus am eu gallu i neidio pellteroedd hir, hyd at 10 gwaith hyd eu corff.

Mae gwiwerod yn hollysyddion, sy'n golygu eu bod yn bwyta planhigion ac anifeiliaid. Maent yn bwydo'n bennaf ar gnau, hadau a ffrwythau, ond maent hefyd yn bwyta pryfed, wyau a fertebratau bach. Mae gwiwerod yn arfer casglu a storio bwyd ar gyfer misoedd y gaeaf. Maen nhw'n claddu cnau a hadau yn y ddaear neu'n eu storio mewn ceudodau coed, i'w hadalw'n ddiweddarach pan fydd bwyd yn brin.

Atgynhyrchu

Mae gwiwerod fel arfer yn bridio yn ystod misoedd y gwanwyn a'r haf, gyda'r gwrywod yn denu cymar drwy arddangos eu cynffonnau trwchus a lleisio. Mae benywod yn adeiladu nythod allan o frigau a dail, yn aml yng nghanghennau coed. Maent fel arfer yn rhoi genedigaeth i 2-8 epil, sy'n cael eu geni heb wallt ac yn ddiymadferth. Gofelir am y rhai ifanc gan y fam hyd nes y gallant chwilota ar eu pen eu hunain.

Ysglyfaethwyr

Mae gan wiwerod nifer o ysglyfaethwyr naturiol, gan gynnwys adar ysglyfaethus, nadroedd, a mamaliaid cigysol fel llwynogod a gwencïod. Maent hefyd yn agored i ysglyfaethu gan fodau dynol, a all eu hela ar gyfer chwaraeon neu fel mesur rheoli pla.

Cadwraeth

Mae llawer o rywogaethau o wiwerod dan fygythiad oherwydd colli cynefinoedd, yn ogystal â defnyddio plaladdwyr a chemegau eraill. Yn ogystal, mae gwiwerod yn aml yn cael eu hela neu eu dal am fwyd neu am eu ffwr. Mae rhai rhywogaethau, fel y wiwer goch, wedi gweld gostyngiad sylweddol yn eu poblogaeth yn y blynyddoedd diwethaf. Mae'n bwysig gwarchod gwiwerod a'u cynefinoedd er mwyn sicrhau eu bod yn parhau i oroesi.

I gloi, mae gwiwerod yn famaliaid bach, ystwyth sydd i'w cael ledled y byd. Mae ganddyn nhw gynffon brysur, crafangau miniog, ac maen nhw'n adnabyddus am eu galluoedd acrobatig. Er eu bod yn aml yn cael eu hystyried yn gyffredin ac yn ddiymhongar, mae gwiwerod yn chwarae rhan bwysig yn eu hecosystemau fel gwasgarwyr hadau ac ysglyfaethwyr pryfed a fertebratau bach. Mae'n bwysig gwarchod gwiwerod a'u cynefinoedd er mwyn sicrhau eu bod yn parhau i oroesi, gan eu bod dan fygythiad oherwydd colli cynefinoedd, ysglyfaethu a gweithgareddau dynol eraill.

Mae'r carlwm, a elwir hefyd yn wenci cynffon-fer, yn famal cigysol bach sydd i'w ganfod ledled hemisffer y gogledd. Maent yn adnabyddus am eu cyrff main, eu coesau byr, a'u cynffonau hir, trwchus. Mae carlwm yn aelodau o'r teulu Mustelidae, sydd hefyd yn cynnwys dyfrgwn, ffuredau, a moch daear.

Tarddiad

Ceir carlymod ledled hemisffer y gogledd, gan gynnwys Ewrop, Asia a Gogledd America. Fe'u ceir fel arfer mewn cynefinoedd agored, megis glaswelltiroedd, coedwigoedd a thwndra.

Nodweddion Corfforol

Mae carlwm yn famaliaid bach, fel arfer tua 7-12 modfedd o hyd, gyda chorff hir, main a choesau byr. Mae ganddyn nhw gynffon hir, lwynog sydd bron mor hir â'u corff. Mae gan y carlwm gôt frown-goch yn ystod misoedd yr haf, sy'n troi'n wyn yn y gaeaf i'w helpu i ymdoddi i'r eira. Mae ganddyn nhw fol gwyn a chlustiau blaen du.

Ymddygiad

Mae carlwm yn ddyddiol, sy'n golygu eu bod yn actif yn ystod y dydd. Maent yn diriogaethol iawn ac yn aml yn hela ac yn byw ar eu pennau eu hunain. Maent yn adnabyddus am eu hymddygiad ymosodol a byddant yn ymosod ar anifeiliaid sy'n llawer mwy na nhw eu hunain. Mae carlwm hefyd yn ddringwyr a nofwyr ystwyth, gan ddefnyddio eu crafangau miniog a'u cynffonnau hir i lywio drwy eu hamgylcheddau.

Deiet

Mae carlwm yn gigysol, sy'n golygu eu bod yn bwyta cig. Maen nhw'n bwydo'n bennaf ar famaliaid bach, fel llygod, llygod mawr a chwningod, ond byddan nhw hefyd yn bwyta adar, ymlusgiaid a phryfed. Mae gan garlymod metaboledd uchel ac mae angen iddynt fwyta'n aml i gynnal eu lefelau egni. Maent yn adnabyddus am eu sgiliau hela a byddant yn aml yn lladd mwy nag y gallant ei fwyta, gan storio'r gormodedd o fwyd yn ddiweddarach.

Atgynhyrchu

Mae carlwm fel arfer yn bridio yn ystod misoedd y gwanwyn a'r haf, gyda'r gwrywod yn denu ffrindiau trwy berfformio arddangosfa debyg i ddawns. Mae benywod yn rhoi genedigaeth i dorllwythi o epil 5-12, sy'n cael eu geni'n ddi-flew ac yn ddiymadferth. Gofelir am y rhai ifanc gan y fam hyd nes y gallant chwilota ar eu pen eu hunain. Mae carlwm yn cyrraedd aeddfedrwydd rhywiol tua 3 mis oed a gallant fyw hyd at 5 mlynedd yn y gwyllt.

Ysglyfaethwyr

Mae gan garlymod nifer o ysglyfaethwyr naturiol, gan gynnwys adar ysglyfaethus, llwynogod, a chigysyddion mwy fel bleiddiaid ac eirth. Maent hefyd yn agored i ysglyfaethu gan fodau dynol, a all eu hela ar gyfer chwaraeon neu fel mesur rheoli pla.

Cadwraeth

Nid yw carlymod yn cael eu hystyried yn rhywogaeth dan fygythiad, er eu bod yn agored i golli cynefinoedd a diraddio. Maent hefyd yn agored i ysglyfaethu gan gathod a chwn domestig, a all gael eu cyflwyno i'w cynefinoedd gan fodau dynol. Mae'n bwysig gwarchod carlymod a'u cynefinoedd er mwyn sicrhau eu bod yn parhau i oroesi.

I gloi, mae carlymod yn famaliaid bach, ystwyth sydd i'w cael ledled hemisffer y gogledd. Maent yn adnabyddus am eu cyrff main, eu coesau byr, a'u cynffonau hir, trwchus. Er eu bod yn aml yn cael eu hystyried yn blâu gan fodau dynol, mae carlymod yn chwarae rhan bwysig yn eu hecosystemau fel ysglyfaethwyr mamaliaid bach a phryfed. Mae'n bwysig gwarchod carlymod a'u cynefinoedd er mwyn sicrhau eu bod yn parhau i oroesi, gan eu bod dan fygythiad oherwydd colli cynefinoedd, ysglyfaethu a gweithgareddau dynol eraill.

Mae pysgod cleddyf yn bysgod mawr, rheibus a geir yn nyfroedd agored cefnforoedd y byd. Maen nhw'n adnabyddus am eu pig hir, pigfain, neu gleddyf, y maen nhw'n ei ddefnyddio i syfrdanu neu atal eu hysglyfaeth. Mae pysgod cleddyf hefyd yn cael eu gwerthfawrogi gan bysgotwyr masnachol a hamdden am eu cig ac fel pysgod hela.

Tarddiad

Mae pysgod cleddyf i'w cael yn nyfroedd agored cefnforoedd y byd, gan gynnwys Cefnfor yr Iwerydd, India a'r Môr Tawel. Fe'u ceir fel arfer mewn dyfroedd cynnes, er y gellir eu canfod hefyd mewn dyfroedd oerach ar adegau penodol o'r flwyddyn. Pysgod mudol yw pysgod cleddyf a gallant deithio'n bell i fwydo a bridio.

Nodweddion Corfforol

Pysgod mawr, syml yw pysgod cleddyf sy'n gallu tyfu hyd at 14 troedfedd o hyd a phwyso hyd at 1,400 pwys. Mae ganddyn nhw big pigfain, neu gleddyf, sy'n cael ei ddefnyddio i syfrdanu neu atal eu hysglyfaeth. Gall y cleddyf fod hyd at un rhan o dair o hyd eu corff ac fe'i defnyddir fel gwaywffon i ymosod ar eu hysglyfaeth. Mae gan bysgod cleddyf liw glas tywyll neu frown-ddu ar ran uchaf eu corff, sy'n pylu i liw arian ar eu bol.

Ymddygiad

Pysgod unigol yw pysgod cleddyf sydd i'w cael fel arfer yn nofio ar ddyfnder o 200-600 troedfedd. Maent yn nofwyr cyflym, sy'n gallu cyrraedd cyflymder o hyd at 60 milltir yr awr. Mac pysgod cleddyf yn bysgod rheibus ac yn bwydo ar amrywiaeth o ysglyfaeth, gan gynnwys sgwid, octopws, a physgod llai fel macrell a phenwaig. Maen nhw'n defnyddio eu cleddyf i syfrdanu neu fragu eu hysglyfaeth cyn ei lyncu'n gyfan.

Deiet

Mae pysgod cleddyf yn brif ysglyfaethwyr yn eu hecosystem ac yn bwydo ar amrywiaeth o ysglyfaeth, gan gynnwys sgwid, octopws, a physgod llai fel macrell a phenwaig. Maen nhw'n defnyddio eu cleddyf i syfrdanu neu fragu eu hysglyfaeth cyn ei lyncu'n gyfan. Mae pysgod cleddyf yn adnabyddus am eu harchwaeth mawr a gallant fwyta hyd at 5% o bwysau eu corff bob dydd.

Atgynhyrchu

Mae cleddyf pysgod yn cyrraedd aeddfedrwydd rhywiol tua 4-5 oed a gallant fyw hyd at 15 mlynedd yn y gwyllt. Maent fel arfer yn bridio mewn dyfroedd cynhesach yn ystod misoedd y gwanwyn a'r haf. Gall benywod gynhyrchu hyd at 29 miliwn o wyau bob blwyddyn, sy'n cael eu ffrwythloni gan wrywod. Mae'r wyau'n deor yn larfa, sydd yn y pen draw yn datblygu'n bysgod cleddyf llawndwf.

Cadwraeth

Ystyrir pysgod cleddyf yn rhywogaeth fregus oherwydd gorbysgota, dinistrio cynefinoedd, a gweithgareddau dynol eraill. Maent yn aml yn cael eu dal gan bysgotwyr masnachol a hamdden, sy'n eu gwobrwyo am eu cig ac fel pysgod hela. Mae poblogaethau pysgod cleddyf wedi gostwng yn ystod y blynyddoedd diwethaf oherwydd gorbysgota, ac mae llawer o wledydd wedi gosod rheoliadau llym ar bysgota pysgod cleddyf i helpu i amddiffyn eu poblogaethau.

I gloi, mae pysgod cleddyf yn bysgod mawr, rheibus a geir yn nyfroedd agored cefnforoedd y byd. Maen nhw'n adnabyddus am eu pig hir, pigfain, neu gleddyf, y maen nhw'n ei ddefnyddio i syfrdanu neu atal eu hysglyfaeth. Mae pysgod cleddyf hefyd yn cael eu gwerthfawrogi gan bysgotwyr masnachol a hamdden am eu cig ac fel pysgod hela. Fodd bynnag, mae poblogaethau pysgod cleddyf wedi gostwng yn ystod y blynyddoedd diwethaf oherwydd gorbysgota a gweithgareddau dynol eraill, ac mae'n bwysig gwarchod y pysgod hyn a'u cynefinoedd er mwyn sicrhau eu bod yn parhau i oroesi.

205. Tarantwla

Mae tarantulas yn bryfed cop mawr, blewog sy'n perthyn i deulu'r Theraphosidae. Maent yn adnabyddus am eu golwg unigryw a'u hoes gymharol hir. Mae'r pryfed cop hyn i'w cael mewn gwahanol rannau o'r byd, gyda'r rhan fwyaf o rywogaethau i'w cael yn America. Maent yn boblogaidd ymhlith perchnogion anifeiliaid anwes ac ymchwilwyr oherwydd eu hymddygiad unigryw a'u defnydd meddygol posibl.

Tarddiad

Mae gan tarantwla hanes hir, gyda ffosilau yn dyddio'n ôl dros 380 miliwn o flynyddoedd. Credir eu bod wedi tarddu o ddiwedd y cyfnod Carbonifferaidd a'u bod wedi esblygu'n sylweddol ers hynny. Heddiw, mae tarantwla i'w cael mewn gwahanol ranbarthau o'r byd, gan gynnwys America, Asia, Affrica ac Awstralia. Daw'r enw "tarantula" o dref Taranto yn yr Eidal, lle credwyd bod brathiad pry cop gwenwynig yn achosi mania tebyg i ddawns o'r enw "tarantiaeth."

Nodweddion

Mae tarantwla yn adnabyddus am eu hymddangosiad nodedig, sy'n cynnwys corff mawr, blewog a choesau hir, pigog. Gallant amrywio o ran maint o lai na modfedd i dros 10 modfedd o hyd. Y rhywogaeth tarantwla mwyaf cyffredin a gedwir fel anifail anwes yw tarantwla Chile Rose Hair, sydd â rhychwant coesau o 4-5 modfedd.

Gall lliw a phatrwm corff tarantwla amrywio'n fawr yn dibynnu ar y rhywogaeth. Mae gan rai liwiau beiddgar, bywiog, tra bod eraill yn ddiflas ac yn guddliw. Mae ganddyn nhw bedwar pâr o goesau a phâr o bedipalps, sy'n cael eu defnyddio i ddal a thrin ysglyfaeth. Mae gan tarantulas hefyd ddwy brif ran o'r corff: y cephalothorax, sy'n cynnwys y pen a'r thoracs, a'r abdomen.

Ymddygiad

Yn gyffredinol mae tarantwla yn greaduriaid dof a dim ond pan fyddant yn cael eu bygwth neu eu cythruddo y byddant yn brathu. Maent yn greaduriaid nosol ac yn fwyaf gweithgar yn y nos. Yn ystod y dydd, byddant fel arfer yn cuddio yn eu tyllau neu ardaloedd cysgodol eraill.

Mae tarantulas yn greaduriaid unigol ac fel arfer dim ond yn ystod y tymor paru y byddant yn rhyngweithio ag eraill.

Mae tarantulas yn ysglyfaethwyr a byddant yn hela pryfed, cnofilod ac anifeiliaid bach eraill. Defnyddiant eu pedipalps i ddal ysglyfaeth a chwistrellu gwenwyn trwy eu fflingiau. Nid yw gwenwyn y rhan fwyaf o tarantwla yn niweidiol i bobl, er y gall rhai rhywogaethau achosi brathiadau poenus.

Cynefin

Mae tarantulas i'w cael mewn amrywiaeth eang o gynefinoedd, gan gynnwys anialwch, coedwigoedd a glaswelltiroedd. Mae rhai rhywogaethau'n goed ac yn byw mewn coed, tra bod eraill yn ddaearol ac yn byw ar y ddaear. Fel arfer byddant yn tyllu i'r pridd neu'n dod o hyd i ardaloedd cysgodol eraill i guddio yn ystod y dydd.

Mewn caethiwed, mae angen amgaead addas ar tarantwla sy'n dynwared eu cynefin naturiol. Gall hyn gynnwys swbstrad o bridd neu ffibr cnau coco, man cuddio, a dysgl ddŵr. Dylid hefyd rheoli tymheredd a lleithder y lloc yn ofalus i sicrhau iechyd a lles y tarantwla.

I gloi, mae tarantwla yn greaduriaid hynod ddiddorol sydd â hanes hir a nodweddion unigryw. Maent yn boblogaidd ymhlith perchnogion anifeiliaid anwes ac ymchwilwyr fel ei gilydd, a gall eu gwenwyn fod â defnyddiau meddygol posibl. Er y gallant fod yn frawychus, maent yn gyffredinol yn greaduriaid doeth nad ydynt yn peri fawr o fygythiad i fodau dynol. Gyda gofal a chynnal a chadw priodol, gall tarantwla fyw am flynyddoedd lawer a rhoi cipolwg unigryw ar fyd arachnidau.

Mae pelicans yn adar dŵr mawr sy'n enwog am eu pig enfawr a chwdyn gwddf mawr a ddefnyddir i ddal pysgod. Mae'r adar hyn i'w cael ar holl gyfandiroedd y byd ac eithrio'r Antarctica. Anifeiliaid cymdeithasol yw pelicaniaid, ac maent yn aml yn byw mewn cytrefi. Maent yn grŵp o adar morol, ac maent wedi'u dosbarthu'n eang ledled cefnforoedd a chyrff dŵr mewndirol y byd.

Nodweddion

Pelicans yw un o'r rhywogaethau mwyaf o adar dŵr. Maent fel arfer yn 4 i 6 troedfedd o hyd, ac mae lled eu hadenydd yn amrywio o 6 i 12 troedfedd, yn dibynnu ar y rhywogaeth. Mae ganddyn nhw ymddangosiad nodedig gyda phig mawr, hir ac eang, sydd â mandibl is hyblyg, ac mae eu mandibl uchaf yn fachog. Mae'r bil hefyd yn cael ei ddefnyddio fel sgŵp i ddal pysgod.

Mae gan y pelican draed gweog ac adenydd pwerus, sy'n eu gwneud yn nofwyr a thafwyr rhagorol. Mae ganddyn nhw haen drwchus o blu sy'n eu helpu i reoli tymheredd eu corff mewn dŵr oer. Mae eu plu hefyd yn dal dŵr, sy'n eu helpu i aros yn sych wrth nofio.

Mae pelicans yn adnabyddus am eu cwdyn gwddf mawr, a all ddal hyd at deirgwaith cynhwysedd eu stumog. Defnyddir y cwdyn i ddal pysgod, ac yna mae'r aderyn yn draenio'r dŵr allan o'r cwdyn ac yn llyncu'r pysgodyn yn gyfan. Gall pelicans fwyta hyd at bedwar pwys o bysgod mewn un diwrnod.

Daw pelicans mewn lliwiau gwahanol yn dibynnu ar y rhywogaeth. Er enghraifft, mae gan y Pelican Gwyn Americanaidd blu gwyn gyda blaenau du ar eu hadenydd. Mae gan y Pelican Brown, ar y llaw arall, blu brown gyda rhannau isaf gwyn.

Tarddiad

Mae Pelicans yn perthyn i'r teulu Pelecanidae, sy'n un o'r teuluoedd adar hynaf. Mae ffosilau pelican wedi'u darganfod mewn creigiau sy'n dyddio'n ôl dros 30 miliwn o flynyddoedd. Credir bod pelicaniaid wedi tarddu o'r Epoch Paleosen cynnar, a ddechreuodd tua 66 miliwn o flynyddoedd yn ôl.

Mae'n debyg bod y pelicanau cynharaf yn debyg i'r pelicanau heddiw. Roedden nhw'n adar mawr, hoffus o ddŵr a oedd yn byw yn y cefnforoedd a chyrff dŵr mewndirol. Dros amser, datblygodd pelicans i gael y pig a'r cwdyn gwddf nodedig a welwn heddiw. Fe wnaeth yr addasiadau hyn eu helpu i ddod yn fwy effeithlon wrth ddal pysgod, sef eu prif ffynhonnell fwyd.

Mae pelicans i'w cael ar holl gyfandiroedd y byd ac eithrio'r Antarctica. Fe'u ceir fel arfer mewn rhanbarthau cynnes a throfannol, er y gall rhai rhywogaethau oddef hinsawdd oerach. Mae pelicans yn adar mudol, ac maen nhw'n teithio'n bell i chwilio am fwyd a mannau magu.

Mathau o Pelicans

Mae wyth rhywogaeth o belicans, sy'n cael eu rhannu'n ddau grŵp: pelicans yr Hen Fyd a phelicans y Byd Newydd. Mae pelicans yr Hen Fyd i'w cael yn Ewrop, Affrica ac Asia, tra bod pelicanau'r Byd Newydd i'w cael yng Ngogledd a De America.

1. Pelican Gwyn Mawr: Mae'r Pelican Gwyn Mawr yn un o'r rhywogaethau pelican mwyaf. Mae i'w ganfod yn Affrica, Ewrop, ac Asia. Mae ganddo blu gwyn gyda blaenau du ar ei adenydd.

2. Pelican Dalmatian: Pelican Dalmatian yw'r mwyaf o'r holl rywogaethau pelican. Mae i'w gael yn Ewrop ac Asia. Mae ganddo blu gwyn gyda arlliw melynaidd ar ei ben a'i wddf.

3. Pelican â chefn pinc: Mae'r Pelican â chefn pinc i'w gael yn Affrica. Mae ganddo blu gwyn llwyd gyda lliw pinc ar ei gefn.

4. Pelican sbot-biliog: Mae'r Pelican smotiog i'w gael yn Asia. Mae ganddo blu gwyn llwyd a smotiau du ar ei big.

5. Pelican Gwyn Americanaidd: Mae'r Pelican Gwyn Americanaidd i'w gael yng Ngogledd America. Mae ganddo blu gwyn gyda blaenau du ar ei adenydd a phig gwastad, hir, nodedig.

6. Pelican Brown: Mae'r Pelican Brown i'w gael yng Ngogledd a De America. Mae ganddo blu brown gyda rhannau isaf gwyn a phig hir, bachog.

7. Pelican Periw: Mae Pelican Periw i'w gael ar hyd arfordir Periw a Chile. Mae ganddo blu gwyn llwyd gyda phen a gwddf llwyd-frown tywyll.

8. Pelican Awstralia: Mae Pelican Awstralia i'w gael yn Awstralia, Seland Newydd, a rhai o ynysoedd y Môr Tawel. Mae ganddo blu gwyn gyda blaenau du ar ei adenydd a phig hir, llydan.

Cynefin a Dosbarthiad:

Mae pelicans i'w cael mewn amrywiaeth o gynefinoedd, gan gynnwys ardaloedd arfordirol, aberoedd, llynnoedd ac afonydd. Fe'u canfyddir fel arfer ger cyrff dŵr lle gallant ddod o hyd i bysgod i'w bwyta. Mae pelicaniaid yn anifeiliaid cymdeithasol ac yn aml yn ffurfio cytrefi, yn enwedig yn ystod y tymor bridio.

Mae pelicans i'w cael ar holl gyfandiroedd y byd ac eithrio'r Antarctica. Maent yn eang ac i'w cael yng Ngogledd a De America, Ewrop, Affrica, Asia, Awstralia, a rhai ynysoedd y Môr Tawel. Mae pelicans yn adar mudol, ac maen nhw'n teithio'n bell i chwilio am fwyd a mannau magu.

Bridio ac Atgynhyrchu

Mae pelicaniaid fel arfer yn bridio yn ystod misoedd y gwanwyn a'r haf. Yn ystod y tymor bridio, bydd pelicaniaid gwrywaidd yn sefydlu tiriogaeth ac yn denu benyw gydag arddangosfa carwriaeth sy'n cynnwys symudiadau pen, clecian biliau, a fflapio adenydd.

Mae pelicaniaid benywaidd yn dodwy dau neu dri wy mewn nyth wedi'i wneud o ffyn a deunyddiau eraill. Mae'r ddau riant yn cymryd eu tro i ddeor yr wyau, sy'n deor ar ôl tua mis. Mae'r cywion yn cael eu geni'n noeth ac yn ddall, ac maen nhw'n dibynnu ar eu rhieni am fwyd ac amddiffyniad.

Ar ôl deor, mae'r cywion yn cael eu bwydo â physgod wedi'u hadfywio gan eu rhieni. Bydd y rhieni hefyd yn gorchuddio'r cywion gyda'u hadenydd i'w hamddiffyn rhag yr haul a'r glaw. Mae'r cywion yn tyfu'n gyflym ac yn barod i adael y nyth ar ôl tua dau fis.

Bygythiadau a Chadwraeth

Mae pelicaniaid yn wynebu nifer o fygythiadau yn y gwyllt, gan gynnwys colli cynefinoedd, llygredd, a hela. Mae pelicans hefyd yn agored i ollyngiadau olew, a all niweidio eu plu a'i gwneud yn anodd iddynt reoli tymheredd eu corff.

Mae llawer o rywogaethau pelican yn cael eu gwarchod o dan gyfreithiau rhyngwladol a chenedlaethol, ac mae ymdrechion cadwraeth ar y gweill i warchod eu cynefin a lleihau effeithiau dynol ar eu poblogaethau. Mae cytrefi pelican yn aml yn cael eu monitro i sicrhau nad ydynt yn cael eu haflonyddu yn ystod y tymor bridio, ac mae ymdrechion ar y gweill i leihau llygredd mewn cyrff dŵr lle mae pelicaniaid yn byw.

I gloi, mae pelicans yn adar hynod ddiddorol gyda nodweddion nodedig, fel eu pig enfawr a chwdyn gwddf. Maent yn anifeiliaid cymdeithasol sy'n byw mewn cytrefi ac i'w canfod mewn amrywiaeth o gynefinoedd ledled y byd. Mae pelicans yn nofwyr a thafwyr ardderchog, ac maent wedi addasu'n dda i ddal pysgod, sef eu prif ffynhonnell bwyd. Tra eu bod yn wynebu bygythiadau gan weithgareddau dynol, mae ymdrechion cadwraeth ar y gweill i warchod eu cynefinoedd a'u poblogaethau. At ei gilydd, mae pelicans yn rhan bwysig o fioamrywiaeth y byd ac yn haeddu ein hamddiffyniad a'n parch.

Mae ffwlbartiaid yn rhywogaeth o famaliaid cigysol sy'n perthyn i'r teulu Mustelidae, sy'n cynnwys gwencïod, ffuredau a dyfrgwn. Mae ffwlbartiaid yn frodorol i Ewrop ac Asia ac mae ganddynt olwg ac ymddygiad unigryw sy'n eu gosod ar wahân i aelodau eraill o deulu'r wenci.

Tarddiad

Mae ffwlbartiaid yn frodorol i Ewrop ac Asia ac fe'u ceir mewn amrywiaeth o gynefinoedd, gan gynnwys coetiroedd, coedwigoedd a glaswelltiroedd. Maent hefyd wedi cael eu cyflwyno i rannau eraill o'r byd, gan gynnwys Seland Newydd, lle cawsant eu cyflwyno at ddibenion rheoli plâu.

Nodweddion Corfforol

Mae gan ffwlbariaid ymddangosiad nodedig sy'n eu gosod ar wahân i aelodau eraill o deulu'r wenci. Maen nhw'n anifeiliaid bach, main gyda chorff hir, tenau, coesau byr, a chynffon brysur. Mae ganddyn nhw gôt frown tywyll gydag isbol wen, ac mae ganddyn nhw fwgwd gwyn o gwmpas eu llygaid.

Mae gan ffwlbartiaid ddannedd miniog a chrafangau y maent yn eu defnyddio i ddal a lladd eu hysglyfaeth. Maent hefyd yn ddringwyr a nofwyr rhagorol, ac maent wedi addasu'n dda i fyw mewn amrywiaeth o gynefinoedd.

Ymddygiad a Diet

Anifeiliaid nosol yw ffwlbartiaid yn bennaf ac maent yn fwyaf gweithgar yn y nos. Maent yn anifeiliaid unig ac nid ydynt yn gymdeithasol iawn, ac eithrio yn ystod y tymor bridio. Mae ffwlbartiaid yn gigysol ac yn bwydo ar amrywiaeth o ysglyfaeth, gan gynnwys cnofilod, cwningod, adar a phryfed. Gwyddys hefyd eu bod yn bwyta wyau a mamaliaid bach. Mae ffwlbartiaid yn helwyr ardderchog ac yn defnyddio eu synnwyr arogli a chlyw i ddod o hyd i ysglyfaeth. Byddant yn stelcian eu hysglyfaeth nes eu bod yn ddigon agos i neidio a'i ladd yn gyflym. Gwyddys hefyd fod ffwlbartiaid yn storio eu hysglyfaeth yn ddiweddarach, ac weithiau byddant yn ei gladdu yn y ddaear neu mewn coeden.

Atgynhyrchu

Mae ffwlbartiaid yn bridio yn ystod misoedd y gwanwyn a'r haf, a bydd y benywod yn rhoi genedigaeth i dorllwyth o 4-6 cit ar ôl cyfnod beichiogrwydd o tua 40 diwrnod. Mae'r citiau'n cael eu geni'n ddall ac yn ddiymadferth a byddant yn aros yn y ffau am rai wythnosau nes eu bod yn ddigon cryf i fentro allan ar eu pen eu hunain.

Bydd y fam yn darparu llaeth ar gyfer y citiau am sawl wythnos, ac ar ôl hynny byddant yn dechrau bwyta bwyd solet. Bydd y citiau'n aros gyda'r fam nes eu bod tua 3-4 mis oed, ac wedi hynny byddant yn mentro allan ar eu pen eu hunain.

Bygythiadau a Chadwraeth

Nid yw ffwlbartiaid yn cael eu hystyried yn rhywogaeth dan fygythiad, ond maent yn agored i golli cynefin a darnio. Maent hefyd weithiau'n cael eu hela am eu ffwr, a ddefnyddir i wneud dillad ac ategolion.

Mae ymdrechion cadwraeth ar y gweill i warchod y ffwlbart a'i gynefin, ac mae gan lawer o wledydd gyfreithiau ar waith i reoleiddio hela ac amddiffyn rhywogaethau sydd mewn perygl. Weithiau mae ffwlbartiaid hefyd yn cael eu bridio mewn caethiwed i'w rhyddhau i'r gwyllt, ac mae'r ymdrechion hyn wedi bod yn llwyddiannus mewn rhai ardaloedd.

I gloi, mae'r ffwlbart yn anifail hynod ddiddorol gydag ymddangosiad ac ymddygiad nodedig. Maent yn frodorol i Ewrop ac Asia ac i'w canfod mewn amrywiaeth o gynefinoedd, gan gynnwys coetiroedd, coedwigoedd a glaswelltiroedd. Mae ffwlbartiaid yn gigysol ac yn bwydo ar amrywiaeth o ysglyfaeth, ac maent yn helwyr a dringwyr rhagorol. Er nad ydynt yn cael eu hystyried yn rhywogaeth dan fygythiad, mae ymdrechion cadwraeth ar y gweill i warchod eu cynefinoedd a'u poblogaethau. At ei gilydd, mae'r ffwlbart yn rhan bwysig o fioamrywiaeth y byd ac yn haeddu ein hamddiffyniad a'n parch.

208. Pysgodyn Pâl

Math o bysgodyn sydd i'w gael yn nyfroedd cynnes y Môr Tawel, yr Iwerydd a Chefnforoedd India yw pysgod pwffr, a elwir hefyd yn chwythbysgod. Maent yn adnabyddus am eu gallu unigryw i chwyddo eu cyrff i sawl gwaith eu maint arferol, gan wneud iddynt ymddangos yn grwn ac yn bigog.

Tarddiad

Mae pysgod pwff i'w cael yn nyfroedd cynnes y Môr Tawel, yr Iwerydd a Chefnforoedd India. Fe'u canfyddir amlaf yn y dyfroedd bas o amgylch riffiau cwrel a brigiadau creigiog. Mae rhai rhywogaethau o bysgod pwff i'w cael hefyd mewn cynefinoedd dŵr hallt a dŵr croyw, fel afonydd ac aberoedd.

Nodweddion Corfforol

Pysgod bach a chanolig yw pufferfish, sy'n tyfu'n nodweddiadol i hyd o tua 12 modfedd (30 cm). Mae ganddyn nhw gorff crwn, tew sydd wedi'i orchuddio â pigau neu bigau. Defnyddir y pigau i amddiffyn rhag ysglyfaethwyr, a gellir eu codi a'u gostwng i wneud i'r pysgod ymddangos yn fwy neu'n llai.

Mae gan bysgod pâl geg tebyg i big a ddefnyddir i falu cregyn eu hysglyfaeth, sydd fel arfer yn cynnwys cramenogion, molysgiaid, a physgod bach. Mae gan rai rhywogaethau o bysgod puffer hefyd frathiad gwenwynig, y maent yn ei ddefnyddio i amddiffyn eu hunain rhag ysglyfaethwyr.

Ymddygiad a Diet

Anifeiliaid unigol yw pysgod pwff yn bennaf ac nid ydynt yn gymdeithasol iawn. Fe'u canfyddir yn nodweddiadol yn cuddio mewn agennau a mannau bach eraill o amgylch riffiau cwrel a brigiadau creigiog. Mae pysgod pwff yn gigysol ac yn bwydo ar amrywiaeth o ysglyfaeth, gan gynnwys cramenogion, molysgiaid a physgod bach.

Mae gan pufferfish addasiad unigryw sy'n caniatáu iddynt chwyddo eu cyrff i sawl gwaith eu maint arferol. Defnyddir yr addasiad hwn i amddiffyn rhag ysglyfaethwyr, ac mae'n gwneud i'r pysgod ymddangos yn llawer mwy ac yn anoddach i'w llyncu. Mae pysgod pwff hefyd yn gallu diarddel sylwedd gwenwynig o dan fygythiad, a all fod yn angheuol i ysglyfaethwyr.

Atgynhyrchu

Mae pysgod pwff yn magu yn ystod misoedd y gwanwyn a'r haf, a bydd y benywod yn dodwy eu hwyau mewn nyth sy'n cael ei greu gan y gwryw. Bydd y gwryw yn creu nyth ar wyneb gwastad, fel craig neu gwrel, ac yna bydd yn denu benyw i'r nyth.

Unwaith y bydd y fenyw wedi dodwy ei hwyau yn y nyth, bydd y gwryw yn eu ffrwythloni ac yna'n gwarchod yr wyau nes eu bod yn deor. Mae'r wyau fel arfer yn deor o fewn wythnos, a bydd y pysgod ifanc wedyn yn nofio i ffwrdd o'r nyth i ddechrau eu bywydau.

Bygythiadau a Chadwraeth

Mae pysgod pwff yn cael eu hystyried yn ddanteithfwyd mewn rhai diwylliannau, ac weithiau maen nhw hefyd yn cael eu cadw fel anifeiliaid anwes mewn acwariwm. Fodd bynnag, gall bwyta pysgod pwff fod yn beryglus, gan fod rhai rhywogaethau'n cynnwys tocsin cryf a all fod yn angheuol os na chaiff ei baratoi'n iawn.

Mae poblogaethau pysgod pwff hefyd dan fygythiad oherwydd colli a diraddio cynefinoedd, gorbysgota a llygredd. Mae llawer o rywogaethau o bysgod puffer wedi'u rhestru fel rhai sydd dan fygythiad neu dan fygythiad, ac mae ymdrechion cadwraeth ar y gweill i amddiffyn eu cynefinoedd a'u poblogaethau.

I gloi, mae'r pufferfish yn bysgodyn unigryw a hynod ddiddorol sy'n adnabyddus am ei allu i chwyddo ei gorff i sawl gwaith ei faint arferol. Maent i'w cael yn nyfroedd cynnes y Môr Tawel, yr Iwerydd, a Chefnforoedd India ac fe'u darganfyddir yn nodweddiadol o amgylch riffiau cwrel a brigiadau creigiog. Mae pysgod pwff yn gigysol ac yn bwydo ar amrywiaeth o ysglyfaeth, ac mae ganddynt addasiad unigryw sy'n caniatáu iddynt amddiffyn eu hunain rhag ysglyfaethwyr. Er eu bod weithiau'n cael eu bwyta gan bobl, mae poblogaethau pysgod pwff dan fygythiad oherwydd colli a diraddio cynefinoedd, gorbysgota a llygredd. Ar y cyfan, mae'r pysgod pwff yn rhan bwysig o fioamrywiaeth y byd ac yn haeddu ein hamddiffyniad a'n parch.

Teulu o nadroedd nad ydynt yn wenwynig yw Pythons sydd i'w cael mewn rhanbarthau trofannol ac isdrofannol o'r byd. Maent yn adnabyddus am eu maint mawr, eu cryfder, a'u coiliau pwerus, y maent yn eu defnyddio i gyfyngu a mygu eu hysglyfaeth.

Tarddiad

Mae python i'w cael mewn rhanbarthau trofannol ac isdrofannol o'r byd, gan gynnwys Affrica, Asia, Awstralia, a'r Americas. Fe'u ceir fel arfer mewn amrywiaeth o gynefinoedd, gan gynnwys coedwigoedd, glaswelltiroedd, anialwch a chorsydd.

Nodweddion Corfforol

Mae python yn nadroedd mawr, cyhyrog sy'n gallu tyfu i hydoedd trawiadol. Gall y rhywogaeth fwyaf, y python wedi'i ail-leisio, gyrraedd hyd at 30 troedfedd (9 metr) a gall bwyso hyd at 350 pwys (160 kg). Mae ganddynt gorff lluniaidd, llyfn ac wedi'u gorchuddio â graddfeydd llyfn sydd wedi'u trefnu mewn rhesi sy'n gorgyffwrdd.

Mae gan Pythons ben siâp trionglog nodedig sy'n lletach na'u gyddfau. Mae ganddyn nhw hefyd byllau bach sy'n synhwyro gwres ar eu hwynebau sy'n caniatáu iddyn nhw ganfod gwres corff eu hysglyfaeth. Mae python yn adnabyddus am eu coiliau pwerus, y maent yn eu defnyddio i gyfyngu a mygu eu hysglyfaeth.

Ymddygiad a Diet

Mae python yn nosol yn bennaf ac yn treulio llawer o'u hamser yn cuddio mewn ogofâu, tyllau, a lleoliadau cudd eraill. Maent hefyd yn nofwyr ardderchog a gellir eu canfod mewn neu gerllaw cyrff o ddŵr.

Mae python yn gigysol ac yn bwydo ar amrywiaeth o ysglyfaeth, gan gynnwys cnofilod, adar, ymlusgiaid a mamaliaid. Maent yn ysglyfaethwyr rhagod a byddant yn aros i'w hysglyfaeth ddod yn agos cyn taro.

Pan fydd python yn dal ei ysglyfaeth, bydd yn defnyddio ei goiliau pwerus i gyfyngu'r anifail, gan ei wasgu'n dynn nes ei fod yn mygu. Yna bydd y python yn llyncu'r ysglyfaeth yn gyfan, yn aml yn cymryd sawl awr i gwblhau'r broses.

Atgynhyrchu

Mae pythoniaid yn bridio yn ystod misoedd y gwanwyn a'r haf, a bydd y benywod yn dodwy eu hwyau mewn nyth y maen nhw wedi'i greu. Bydd y fenyw fel arfer yn dodwy rhwng 10 a 50 o wyau, yn dibynnu ar y rhywogaeth.

Unwaith y bydd yr wyau wedi'u dodwy, bydd y fenyw yn lapio ei hun o amgylch y nyth ac yn aros yno nes i'r wyau ddeor. Mae'r wyau fel arfer yn deor o fewn ychydig fisoedd, a bydd y nadroedd ifanc wedyn ar eu pen eu hunain i ofalu amdanynt eu hunain.

Bygythiadau a Chadwraeth

Weithiau mae python yn cael eu hela am eu croen, a ddefnyddir i wneud dillad ac eitemau eraill. Maent hefyd yn cael eu lladd weithiau gan fodau dynol sy'n eu hofni neu'n eu gweld fel bygythiad i dda byw.

Yn ogystal, mae pythonau dan fygythiad oherwydd colli a diraddio cynefinoedd, yn ogystal â chyflwyno rhywogaethau anfrodorol i'w hamgylcheddau. Mae llawer o rywogaethau python wedi'u rhestru fel rhai sydd dan fygythiad neu dan fygythiad, ac mae ymdrechion cadwraeth ar y gweill i amddiffyn eu cynefinoedd a'u poblogaethau.

I gloi, mae'r python yn neidr hynod ddiddorol a phwerus sydd i'w chael mewn rhanbarthau trofannol ac isdrofannol o'r byd. Maent yn adnabyddus am eu maint mawr, eu cryfder, a'u coiliau pwerus, y maent yn eu defnyddio i gyfyngu a mygu eu hysglyfaeth. Er eu bod weithiau'n cael eu hela am eu croen a'u lladd gan fodau dynol, mae pythonau'n cael eu bygwth gan golli a diraddio cynefinoedd, yn ogystal â thrwy gyflwyno rhywogaethau anfrodorol i'w hamgylcheddau. At ei gilydd, mae'r python yn rhan bwysig o fioamrywiaeth y byd ac yn haeddu ein hamddiffyniad a'n parch.

Mae'r Quetzal yn rhywogaeth syfrdanol o adar a geir yng nghoedwigoedd glaw Canolbarth America. Mae'n enwog am ei blu godidog hardd, yn enwedig plu cynffon werdd hir y gwryw, sy'n cael eu gwerthfawrogi'n fawr gan bobl frodorol y rhanbarth.

Tarddiad

Mae'r Quetzal yn frodorol i goedwigoedd glaw Canolbarth America, gan gynnwys de Mecsico, Guatemala, Belize, Honduras, El Salvador, Nicaragua, a Costa Rica. Mae'r rhywogaeth i'w chael yn nodweddiadol mewn coedwigoedd ucheldir llaith ar uchderau rhwng 1,500 a 3,000 metr uwchlaw lefel y môr.

Nodweddion Corfforol

Aderyn canolig ei faint yw'r Quetzal, gyda'r gwrywod yn tyfu hyd at 36 centimetr o hyd a'r benywod ychydig yn llai. Mae gan y gwryw gynffon werdd hir, nodedig a all gyrraedd hyd at 60 centimetr o hyd. Mae gan y plu cynffon ansawdd symudliw symudliw, sy'n eu gwneud yn werthfawr iawn am eu harddwch a'u prinder.

Mae gweddill corff y Quetzal wedi'i orchuddio â phlu gwyrdd, gyda bol coch llachar a brest wen. Mae gan y gwryw grib bach o blu ar ei ben y gall ei godi neu ei ostwng yn dibynnu ar ei hwyliau.

Mae gan y fenyw Quetzal liw tebyg i'r gwryw, ond gyda chynffon fyrrach a chrib llai amlwg. Nid oes ganddi ychwaith y plu cynffon werdd hir, symudliw sydd mor nodweddiadol o'r gwryw.

Ymddygiad a Diet

Mae'r Quetzal yn aderyn swil sy'n fwyaf egnïol yn ystod oriau mân y bore ac yn hwyr yn y prynhawn. Fe'u canfyddir yn nodweddiadol yn lefelau uchaf canopi'r goedwig law, lle maent yn bwydo ar ffrwythau, pryfed ac anifeiliaid bach.

Mae'r Quetzal yn wasgarwr hadau pwysig ar gyfer llawer o rywogaethau planhigion yn y goedwig law. Mae'r adar yn bwyta ffrwyth y planhigion hyn ac yna'n ysgarthu'r hadau yn eu baw, gan helpu i'w lledaenu drwy'r goedwig.

Atgynhyrchu

Mae'r Quetzal yn ungamog ac yn bridio yn ystod y tymor glawog, sydd fel arfer yn rhedeg o fis Mai i fis Mehefin. Mae'r fenyw Quetzal yn adeiladu nyth mewn ceudod coeden neu leoliad cudd arall, lle bydd yn dodwy un neu ddau o wyau.

Mae'r gwryw a'r fenyw yn cymryd eu tro i ddeor yr wyau, sy'n deor ar ôl tua thair wythnos. Yna mae'r rhieni'n cymryd eu tro i fwydo'r cywion nes eu bod yn ddigon hen i adael y nyth, sydd fel arfer yn cymryd tua thri mis.

Bygythiadau a Chadwraeth

Mae'r Quetzal dan fygythiad oherwydd colli cynefinoedd oherwydd datgoedwigo ac ehangiad amaethyddiaeth ac aneddiadau dynol yn ei ystod frodorol. Yn ogystal, mae'r rhywogaeth yn cael ei hela am ei blu, sy'n cael eu gwerthfawrogi'n fawr gan bobl frodorol i'w defnyddio mewn gwisgoedd ac addurniadau traddodiadol.

Mae nifer o sefydliadau cadwraeth yn gweithio i warchod y Quetzal a'i chynefin, gan gynnwys Sefydliad Cadwraeth Quetzal a'r Rainforest Alliance. Mae'r sefydliadau hyn yn gweithio gyda chymunedau lleol i hyrwyddo arferion amaethyddiaeth a choedwigaeth gynaliadwy, yn ogystal â chodi ymwybyddiaeth o bwysigrwydd y Quetzal a rhywogaethau eraill sydd mewn perygl yn yr ardal.

I gloi, mae'r Quetzal yn rhywogaeth adar syfrdanol ac eiconig a geir yng nghoedwigoedd glaw Canolbarth America. Mae'n adnabyddus am ei blu godidog hardd, yn enwedig plu cynffon werdd hir y gwryw, sy'n cael eu gwerthfawrogi'n fawr gan bobloedd brodorol yr ardal. Tra bod y Quetzal dan fygythiad oherwydd colli cynefinoedd a hela, mae ymdrechion cadwraeth ar y gweill i warchod y rhywogaeth a'i chynefin. At ei gilydd, mae'r Quetzal yn rhan bwysig o fioamrywiaeth gyfoethog y goedwig law, ac mae ei chadwraeth yn hanfodol ar gyfer iechyd a lles yr ecosystem.

Mae'r raccoon yn famal bach i ganolig ei faint sy'n frodorol i Ogledd America. Gyda'i farciau nodedig a'i wyneb wedi'i guddio, mae'r racŵn yn anifail adnabyddus ac annwyl, sy'n aml yn cael ei ddarlunio mewn diwylliant poblogaidd fel creadur direidus a chwilfrydig.

Tarddiad

Mae'r racŵn yn frodorol i Ogledd America, gyda'i amrediad yn ymestyn o dde Canada i Panama. Mae'r rhywogaeth i'w chael yn fwyaf cyffredin mewn ardaloedd coediog ger ffynonellau dŵr, fel afonydd a nentydd. Mae'r racŵn hefyd wedi'i gyflwyno i rannau eraill o'r byd, gan gynnwys Ewrop ac Asia, lle mae'n cael ei ystyried yn rhywogaeth ymledol.

Nodweddion Corfforol

Mae golwg nodedig i'r racŵn, gyda'i fwgwd du a'i gynffon gylchog. Mae ganddo gorff cryno a chyhyrog, gyda choesau byr a chynffon brysur. Mae ffwr y racwn yn llwydfrown, gyda marciau du a gwyn ar yr wyneb a'r gynffon.

Mae gan bawennau blaen y racwn bum bysedd traed ac maent yn ddeheuig, gan ganiatáu i'r anifail drin gwrthrychau yn fedrus iawn. Mae gan y traed ôl bum bysedd traed hefyd, ond maent yn llai deheuig ac yn cael eu defnyddio'n bennaf ar gyfer cerdded a dringo.

Ymddygiad a Diet

Mae'r racŵn yn nosol yn bennaf ac mae'n fwyaf egnïol yn y nos. Mae'n anifail unig, ac eithrio yn ystod y tymor paru a phan fydd mamau'n gofalu am eu cywion.

Mae racwnau yn hollysol a byddant yn bwyta amrywiaeth o fwydydd, gan gynnwys ffrwythau, cnau, pryfed, anifeiliaid bach, a bwyd dynol. Maent yn borthwyr manteisgar a byddant yn chwilio am fwyd mewn ardaloedd trefol, lle cânt eu gweld yn aml yn ysbeilio caniau sbwriel a biniau compost.

Mae'r racwn yn ddringwr ardderchog ac yn gallu dringo coed ac adeiladau yn rhwydd. Mae hefyd yn nofiwr da a gall nofio am bellteroedd hir.

Atgynhyrchu

Mae tymor bridio'r racwn fel arfer yn rhedeg o fis Ionawr i fis Mawrth. Bydd gwrywod yn teithio'n bell i ddod o hyd i ffrindiau ac yn ymladd yn erbyn gwrywod eraill am gyfle i baru.

Bydd y racŵn benywaidd yn rhoi genedigaeth i dorllwyth o ddau i bum cit, sy'n cael eu geni'n ddall ac yn ddiymadferth. Bydd y fam yn gofalu am y citiau am sawl mis, yn eu nyrsio ac yn eu dysgu sut i hela a chwilota am fwyd. Bydd y citiau'n aros gyda'r fam tan y gwanwyn canlynol, pan fyddant yn ddigon hen i oroesi ar eu pen eu hunain.

Bygythiadau a Chadwraeth

Nid yw'r racŵn yn cael ei ystyried yn rhywogaeth dan fygythiad neu mewn perygl, ond yn aml mae'n cael ei hela am ei ffwr neu ei ladd fel pla. Mae racwn hefyd yn agored i afiechyd, gan gynnwys y gynddaredd, y gellir ei drosglwyddo i bobl.

Yn ogystal, mae colli a darnio cynefinoedd yn fygythiad i oroesiad y racwn, wrth i drefoli a datblygiad amaethyddol barhau i dresmasu ar eu cynefin naturiol. Gall newid yn yr hinsawdd hefyd gael effaith ar boblogaethau racwn, oherwydd gall newidiadau mewn tymheredd a phatrymau dyodiad newid argaeledd bwyd a dŵr.

I gloi, mae'r racŵn yn anifail annwyl ac eiconig sy'n frodorol i Ogledd America. Gyda'i farciau unigryw a'i wyneb wedi'i guddio, mae'r racŵn wedi dod yn symbol diwylliannol o chwilfrydedd a direidi. Er nad yw'n cael ei ystyried yn rhywogaeth mewn perygl, mae'r raccoon yn wynebu bygythiadau o golli cynefinoedd, afiechyd a gweithgaredd dynol. Mae angen ymdrechion cadwraeth i warchod y racwn a'i gynefin, gan sicrhau y gall y rhywogaeth unigryw a gwerthfawr hon barhau i ffynnu am genedlaethau i ddod.

Mae'r gigfran yn aderyn mawr, du sy'n adnabyddus am ei deallusrwydd, ei lleisio cymhleth, a'i symbolaeth gyfriniol. Mewn llawer o ddiwylliannau, ystyrir y gigfran yn symbol o hud a phroffwydoliaeth, ac fe'i darlunnir yn aml fel negesydd rhwng y byd dynol ac ysbryd.

Tarddiad

Mae'r gigfran yn rhywogaeth o aderyn a geir ledled y byd, gyda phoblogaethau yng Ngogledd America, Ewrop, Asia ac Affrica. Mae yna sawl isrywogaeth o'r gigfran, pob un â'i nodweddion a'i ystod unigryw ei hun. Y gigfran gyffredin (Corvus corax) yw'r rhywogaeth fwyaf o gigfran, ac mae i'w chael ledled llawer o Hemisffer y Gogledd.

Nodweddion Corfforol

Mae'r gigfran yn aderyn mawr, yn mesur hyd at 27 modfedd o hyd ac yn pwyso hyd at 4.4 pwys. Mae ganddo blu du sy'n sgleiniog ac yn symudliw yng ngolau'r haul. Mae gan y gigfran big trwchus, crwm a chorff mawr, cyhyrog, gydag adenydd hir pigfain a chynffon siâp lletem.

Mae traed y gigfran wedi'u haddasu ar gyfer clwydo a gafael, gyda chrafanau cryfion sy'n caniatáu i'r aderyn afael a thrin gwrthrychau yn fedrus iawn. Mae gan gigfrain alluoedd lleisiol hynod ddatblygedig hefyd, gydag ystod o alwadau a lleisio a ddefnyddir ar gyfer cyfathrebu a rhyngweithio cymdeithasol.

Ymddygiad a Diet

Mae cigfrain yn adar hynod ddeallus a chymdeithasol, ac yn adnabyddus am eu hymddygiad cymdeithasol cymhleth a'u gallu i ddatrys problemau. Maent yn fwydwyr manteisgar, a byddant yn bwyta amrywiaeth eang o fwydydd, gan gynnwys pryfed, anifeiliaid bach, carion, ffrwythau a bwyd dynol.

Mae cigfrain yn unweddog, a byddant yn ffurfio bondiau pâr hirdymor gyda'u ffrindiau. Maent hefyd yn diriogaethol iawn, a byddant yn amddiffyn eu safleoedd nythu a'u mannau bwydo yn ymosodol yn erbyn cigfrain eraill a darpar ysglyfaethwyr.

Atgynhyrchu

Mae cigfrain yn paru am oes, a byddant yn adeiladu nythod mawr, cywrain mewn coed neu ar silffoedd clogwyni. Bydd y fenyw yn dodwy 3-7 wy, y bydd y ddau riant yn eu deor am hyd at 25 diwrnod. Bydd y cywion yn aros yn y nyth am hyd at ddeufis, a bydd y ddau riant yn gofalu amdanynt nes eu bod yn gallu hedfan a gofalu amdanynt eu hunain.

Bygythiadau a Chadwraeth

Nid yw'r gigfran yn cael ei hystyried yn rhywogaeth dan fygythiad neu mewn perygl, ac mewn gwirionedd mae'n un o'r rhywogaethau adar mwyaf eang a thoreithiog yn y byd. Fodd bynnag, mae colli a darnio cynefinoedd, hela, a llygredd yn fygythiad i boblogaethau cigfrain mewn rhai ardaloedd.

Mewn rhai diwylliannau, mae'r gigfran yn cael ei hela am ei chig, plu, a rhannau eraill o'r corff, a ddefnyddir mewn meddygaeth draddodiadol a defodau crefyddol. Yn ogystal, gall llygredd a dinistrio cynefinoedd gael effaith negyddol ar boblogaethau cigfrain, gan fod yr adar hyn yn ddibynnol iawn ar ecosystemau cyfan a chadwyni bwyd iach.

I gloi, mae'r gigfran yn aderyn hynod ddiddorol ac eiconig sy'n adnabyddus am ei deallusrwydd, ei lleisiau cymhleth, a'i symbolaeth gyfriniol. Er nad yw'n cael ei hystyried yn rhywogaeth dan fygythiad neu dan fygythiad, mae'r gigfran yn wynebu bygythiadau o golli cynefinoedd, hela a llygredd. Mae angen ymdrechion cadwraeth i warchod yr adar hyn a'u cynefinoedd, gan sicrhau y gallant barhau i ffynnu ac ysbrydoli parchedig ofn a rhyfeddod mewn pobl ledled y byd.

213. Chwilen Scarab

Mae'r chwilen scarab yn bryfyn hynod ddiddorol sydd wedi chwarae rhan bwysig ym mytholeg a symbolaeth llawer o ddiwylliannau hynafol. Mae'r chwilod hyn yn adnabyddus am eu hymddangosiad nodedig, gyda chorff crwn a thafluniadau nodweddiadol tebyg i gorn ar eu pennau.

Tarddiad

Mae'r chwilen scarab yn aelod o'r teulu Scarabaeidae, sy'n cynnwys dros 30,000 o rywogaethau o chwilod. Mae'r teulu i'w gael ledled y byd, gyda llawer o rywogaethau'n byw mewn rhanbarthau trofannol ac isdrofannol. Mae gan y chwilen scarab hanes hir o arwyddocâd mewn llawer o ddiwylliannau hynafol, yn enwedig yn yr Aifft a rhannau eraill o Ogledd Affrica.

Nodweddion Corfforol

Chwilen fach i ganolig ei maint yw'r chwilen scarab, sy'n mesur rhwng 1 a 3 centimetr o hyd fel arfer. Mae ganddo gorff crwn, hirgrwn sydd fel arfer yn frown neu'n ddu ei liw, gyda sglein sgleiniog, metelaidd. Nodwedd amlycaf y chwilen sgarab yw ei phen, sy'n aml wedi'i haddurno â thafluniadau nodedig, tebyg i gorn neu strwythurau cywrain eraill.

Ymddygiad a Diet

Mae chwilod sgarab yn llysysol yn bennaf, gan fwydo ar amrywiaeth o ddeunyddiau planhigion, gan gynnwys dail, ffrwythau a blodau. Mae rhai rhywogaethau hefyd yn bwydo ar ddeunydd organig sy'n pydru, fel tail a charion. Mae chwilod sgarab yn ddadelfenyddion pwysig, gan dorri i lawr deunydd organig a dychwelyd maetholion i'r pridd.

Mae chwilod sgarab hefyd yn adnabyddus am eu hymddygiad paru, sy'n aml yn cynnwys arddangosiadau a defodau carwriaeth gywrain. Bydd gwrywod yn aml yn defnyddio eu strwythurau pen nodedig i ddenu ffrindiau a sefydlu goruchafiaeth dros wrywod eraill.

Symbolaeth a Mytholeg

Mae'r chwilen scarab wedi chwarae rhan bwysig ym mytholeg a symbolaeth llawer o ddiwylliannau hynafol. Yn yr hen Aifft, roedd y chwilen scarab yn cael ei hystyried yn symbol o aileni ac adnewyddu, ac roedd yn gysylltiedig â'r duw Khepri, a oedd yn aml yn cael ei ddarlunio fel chwilen scarab neu gyda phen chwilen scarab. Roedd swynoglau Scarab yn cael eu gwisgo'n gyffredin gan yr Eifftiaid fel symbolau o amddiffyniad a lwc dda, ac roedden nhw'n aml yn cael eu harysgrifio â gweddïau a swynion hudol.

Mewn diwylliannau eraill, roedd y chwilen scarab hefyd yn cael ei gweld fel symbol o drawsnewid ac adnewyddu. Mewn llawer o ddiwylliannau Brodorol America, roedd chwilod scarab yn gysylltiedig â chylch bywyd a marwolaeth, ac yn cael eu hystyried yn symbolau o adfywio a thrawsnewid.

Cadwraeth

Nid yw llawer o rywogaethau o chwilen scarab yn cael eu hystyried dan fygythiad neu dan fygythiad ar hyn o bryd, ac maent i'w cael mewn poblogaethau iach ledled y byd. Fodd bynnag, mae dinistrio cynefinoedd a llygredd yn fygythiad i lawer o rywogaethau o chwilod, gan gynnwys chwilod scarab. Mae angen ymdrechion cadwraeth i warchod cynefinoedd y pryfed hyn a sicrhau eu bod yn parhau i ffynnu a chwarae rhan bwysig yn yr ecosystemau lle maent yn byw.

I gloi, mae'r chwilen scarab yn bryfyn hynod ddiddorol sydd wedi chwarae rhan bwysig ym mytholeg a symbolaeth llawer o ddiwylliannau hynafol. Mae'r chwilen scarab, sy'n adnabyddus am ei golwg unigryw a'i rolau ecolegol pwysig, yn dyst i amrywiaeth a chymhlethdod y byd naturiol. Mae angen ymdrechion cadwraeth i amddiffyn y pryfed hyn a sicrhau eu bod yn parhau i ffynnu ac yn ysbrydoli parchedig ofn a rhyfeddod mewn pobl ledled y byd.

214. Sgorpion

Mae'r sgorpion yn arachnid hynod ddiddorol a hynafol sydd wedi esblygu dros filiynau o flynyddoedd i oroesi yn rhai o amgylcheddau mwyaf gelyniaethus y Ddaear. Mae'r creaduriaid ysglyfaethus hyn yn adnabyddus am eu hymddangosiad nodedig, gyda'u pinceri mawr a'u cynffonau hir, crwm, sydd fel arfer yn cael eu blaenio â pigyn gwenwynig.

Tarddiad

Scorpions yw un o'r grwpiau hynaf hysbys o arachnidau, gyda ffosilau yn dyddio'n ôl dros 400 miliwn o flynyddoedd. Maent wedi esblygu i oroesi mewn ystod eang o amgylcheddau, o anialwch i goedwigoedd glaw, a gellir eu canfod ar bob cyfandir ac eithrio Antarctica. Mae dros 2,000 o rywogaethau hysbys o sgorpionau, sy'n amrywio o ran maint o lai nag un fodfedd i dros wyth modfedd o hyd.

Nodweddion Corfforol

Nodweddir sgorpionau gan eu pedipalps mawr, tebyg i bincer, y maent yn eu defnyddio i ddal a dal ysglyfaeth. Mae ganddyn nhw hefyd gynffon hir, grwm sydd fel arfer yn cael ei blaenio â pigyn gwenwynig, y maen nhw'n ei ddefnyddio i amddiffyn eu hunain rhag ysglyfaethwyr ac i ddarostwng eu hysglyfaeth. Mae sgorpionau'n amrywio o ran maint yn dibynnu ar y rhywogaeth, gyda rhai rhywogaethau'n mesur ychydig filimetrau o hyd yn unig, tra gall eraill dyfu i fod dros 20 centimetr o hyd.

Ymddygiad a Diet

Mae sgorpionau yn ysglyfaethwyr nosol, ac wedi addasu'n dda i hela mewn amodau ysgafn isel. Maent yn bwydo'n bennaf ar bryfed ac arthropodau eraill, er y gall rhywogaethau mwy hefyd ysglyfaethu ar famaliaid bach, ymlusgiaid ac amffibiaid. Mae sgorpionau'n defnyddio eu pedipalps i ddal a dal ysglyfaeth, tra bod eu pigyn yn cael ei ddefnyddio i chwistrellu gwenwyn sy'n atal symud neu'n lladd eu hysglyfaeth.

Mae sgorpionau yn greaduriaid unig, ac yn diriogaethol yn gyffredinol, gyda phob unigolyn yn meddiannu ardal neu dwll penodol. Maent hefyd yn adnabyddus am eu defodau paru unigryw, a all gynnwys arddangosiadau ac ymddygiadau cymhleth sy'n amrywio yn dibynnu ar y rhywogaeth.

Gwenwyn a Phwysigrwydd Meddygol

Mae gwenwyn Scorpion yn gymysgedd cymhleth o broteinau a pheptidau, y mae rhai ohonynt yn wenwynig iawn i bobl ac anifeiliaid eraill. Gall difrifoldeb pigiad sgorpion amrywio yn dibynnu ar y rhywogaeth o sgorpion a faint o wenwyn sy'n cael ei chwistrellu. Gall symptomau pigiad sgorpion gynnwys poen, chwyddo, diffyg teimlad, ac mewn achosion difrifol, confylsiynau a thrallod anadlol.

Er y gall pigiadau sgorpion fod yn boenus a hyd yn oed yn fygythiad i fywyd mewn rhai achosion, maent yn gymharol brin ac yn aml gellir eu trin yn hawdd gyda therapi antivenom. Mewn ardaloedd lle mae sgorpionau yn gyffredin, cynghorir pobl i gymryd rhagofalon i osgoi cael eu pigo, megis gwisgo dillad ac esgidiau amddiffynnol, ac osgoi cerdded yn droednoeth neu ymestyn i agennau lle gall sgorpionau fod yn cuddio.

Symbolaeth a Mytholeg

Mae Scorpions wedi chwarae rhan bwysig ym mytholeg a symbolaeth llawer o ddiwylliannau hynafol. Yn yr hen Aifft, roedd sgorpionau'n gysylltiedig â'r dduwies Serket, a oedd yn aml yn cael ei darlunio fel menyw â phen sgorpion. Roedd sgorpionau hefyd yn symbol cyffredin ym mytholeg Mesopotamiaidd, lle'r oeddent yn gysylltiedig â'r duw Nergal, duw'r isfyd.

Mewn rhai diwylliannau Brodorol America, roedd sgorpionau'n cael eu hystyried yn symbolau o gryfder ac amddiffyniad, ac yn aml yn cael eu darlunio mewn celf llwythol a gemwaith. Yn y cyfnod modern, mae sgorpionau wedi dod yn boblogaidd fel symbolau o wrthryfel a pherygl, ac fe'u defnyddir yn aml mewn tatŵs, dyluniadau dillad, a mathau eraill o ddiwylliant poblogaidd.

Cadwraeth

Yn gyffredinol, nid yw sgorpionau yn cael eu hystyried yn fygythiad neu mewn perygl, ac fe'u ceir mewn poblogaethau iach ledled y byd. Fodd bynnag, mae dinistrio cynefinoedd a llygredd yn fygythiad i lawer o rywogaethau o sgorpionau, yn enwedig y rhai sydd wedi addasu i gynefinoedd neu ecosystemau penodol. Mae angen ymdrechion cadwraeth i warchod cynefinoedd sgorpionau ac i atal gor-gasglu rhai rhywogaethau ar gyfer y fasnach anifeiliaid anwes neu i'w defnyddio mewn meddygaeth draddodiadol.

I gloi, mae sgorpionau yn greaduriaid hynod ddiddorol ac unigryw sydd wedi esblygu dros filiynau o flynyddoedd i oroesi mewn ystod eang o amgylcheddau. Mae eu hymddangosiad a'u hymddygiad nodedig wedi eu gwneud yn symbol pwysig mewn llawer o ddiwylliannau trwy gydol hanes, ac mae eu pigiad gwenwynig wedi ennill enw da iddynt fel ysglyfaethwyr peryglus a bygythiadau meddygol posibl. Er nad yw sgorpionau'n cael eu hystyried yn gyffredinol fel rhai mewn perygl, mae angen ymdrechion cadwraethol i amddiffyn eu cynefinoedd a sicrhau eu bod yn parhau i ffynnu yn y gwyllt.

215. Gwas

Mae'r serval yn gath wyllt ganolig ei maint sy'n frodorol i Affrica, a geir yn bennaf yn rhanbarthau safana Affrica Is-Sahara. Mae'r cathod hyn yn adnabyddus am eu nodweddion corfforol unigryw, gan gynnwys eu coesau hir a chlustiau mawr, a'u gallu i hela ysglyfaeth fach yn fanwl gywir ac yn gyflym.

Tarddiad

Mae'r serfal yn frodorol i Affrica, lle mae i'w gael mewn ystod eang o gynefinoedd, o laswelltiroedd a savannas i wlyptiroedd a rhanbarthau mynyddig. Mae'r cathod hyn i'w cael ledled Affrica Is-Sahara, o Senegal i Ethiopia ac i lawr i Dde Affrica. Maent hefyd wedi cael eu cyflwyno i rai ardaloedd y tu allan i'w hystod brodorol, megis de'r Unol Daleithiau ac ynys Madagascar.

Nodweddion Corfforol

Cath wyllt ganolig ei maint yw'r serfal, sy'n pwyso rhwng 18 a 40 pwys ac yn mesur rhwng 20 a 40 modfedd o hyd. Mae ganddynt goesau hir nodedig, sydd tua dwywaith cyhyd â'u corff, a chlustiau mawr a ddefnyddir i leoli ysglyfaeth. Mae ffwr y serfal yn lliw melyngoch, gyda smotiau du a streipiau, sy'n darparu cuddliw ardderchog yn eu cynefinoedd naturiol.

Ymddygiad

Mae'r serfal yn anifail unig a thiriogaethol, fel arfer dim ond yn dod ynghyd ag eraill yn ystod y tymor paru. Mae'r cathod hyn yn adnabyddus am eu cyflymder a'u hystwythder anhygoel, yn gallu neidio hyd at 10 troedfedd yn yr awyr a rhedeg ar gyflymder o hyd at 50 milltir yr awr. Maent hefyd yn helwyr rhagorol, yn ysglyfaethu ystod eang o anifeiliaid bychain, megis cnofilod, adar, a phryfed.

Cynefin

Mae'r serfal i'w gael yn bennaf mewn glaswelltiroedd a savannas, lle gallant hela ysglyfaeth bach yn y mannau agored. Fe'u ceir hefyd mewn gwlyptiroedd a rhanbarthau mynyddig, yn ogystal ag mewn ardaloedd o lystyfiant trwchus, megis coedwigoedd a thiroedd brwsh. Mae'r cathod hyn yn addasadwy ac yn gallu ffynnu mewn amrywiaeth o amgylcheddau, o anialwch i goedwigoedd glaw trofannol.

Deiet

Mae'r serfal yn anifail cigysol, yn hela ysglyfaeth fach fel cnofilod, adar, a phryfed. Gwyddys hefyd eu bod yn bwyta anifeiliaid mwy, fel cwningod, ysgyfarnogod, ac antelopau bach. Mae'r cathod hyn yn helwyr rhagorol, gan ddefnyddio eu coesau hir a'u synhwyrau brwd i stelcian a dal eu hysglyfaeth.

Statws Cadwraeth

Ystyrir y serfal yn rhywogaeth sy'n peri'r pryder lleiaf gan yr Undeb Rhyngwladol dros Gadwraeth Natur (IUCN), oherwydd ei ddosbarthiad eang a'i phoblogaeth gymharol sefydlog. Fodd bynnag, mae'r cathod hyn yn cael eu bygwth gan golli cynefin a darnio, yn ogystal â hela a dal eu ffwr. Mewn rhai ardaloedd, maent hefyd yn cael eu hela am gig llwyn neu i'w defnyddio mewn meddygaeth draddodiadol. Mae angen ymdrechion cadwraeth i amddiffyn y serfal a sicrhau ei fod yn goroesi yn y gwyllt.

I gloi, mae'r serfal yn anifail hynod ddiddorol ac unigryw, sy'n adnabyddus am ei nodweddion corfforol nodedig, ei gyflymder a'i ystwythder rhyfeddol, a'i sgiliau hela trawiadol. Mae'r cathod hyn i'w cael ledled Affrica Is-Sahara, mewn ystod eang o gynefinoedd, o laswelltiroedd i wlyptiroedd a rhanbarthau mynyddig. Er nad ydynt yn cael eu hystyried mewn perygl ar hyn o bryd, mae angen ymdrechion cadwraeth i warchod eu cynefinoedd ac atal gor-hela a thrapio.

216. Siarc

Mae siarcod yn grŵp o bysgod elasmobranch sydd wedi swyno ac ysbrydoli ofn mewn bodau dynol ers canrifoedd. Mae'r ysglyfaethwyr pwerus a syml hyn i'w cael mewn cefnforoedd ledled y byd, ac mae ganddyn nhw set unigryw o nodweddion ac addasiadau sy'n caniatáu iddyn nhw hela a goroesi yn rhai o amgylcheddau mwyaf heriol y Ddaear.

Tarddiad

Mae siarcod yn fath o bysgodyn a ymddangosodd gyntaf yn y cofnod ffosil tua 420 miliwn o flynyddoedd yn ôl. Fe wnaethant esblygu o grŵp o bysgod esgyrnog a elwir yn acantodians, ac mae ganddynt gysylltiad agos â phelydrau, morgathod, a chimaeras. Heddiw, mae dros 500 o rywogaethau o siarcod, a geir mewn cefnforoedd ledled y byd, o riffiau bas i ffosydd cefnfor dwfn.

Nodweddion Corfforol

Nodweddir siarcod gan eu cyrff llyfn, eu genau pwerus, a dannedd miniog. Mae ganddynt sgerbwd unigryw wedi'i wneud o gartilag, sy'n ysgafnach ac yn fwy hyblyg nag asgwrn, gan ganiatáu iddynt nofio'n gyflymach ac yn fwy effeithlon. Mae gan y rhan fwyaf o siarcod resi lluosog o ddannedd, sy'n cael eu disodli'n gyson trwy gydol eu hoes. Mae ganddynt hefyd ymdeimlad hynod ddatblygedig o arogl, gan ddefnyddio eu ffroenau i ganfod hyd yn oed yr arogleuon gwannaf yn y dŵr.

Ymddygiad

Mae siarcod yn ysglyfaethwyr pwerus ac ystwyth, yn gallu nofio ar gyflymder uchel a newid cyfeiriad yn gyflym. Maent yn adnabyddus am eu sgiliau hela trawiadol, gan ddefnyddio eu dannedd miniog a'u genau pwerus i ddal a bwyta amrywiaeth eang o ysglyfaeth, gan gynnwys pysgod, sgwid, octopws, a hyd yn oed siarcod eraill. Mae'n hysbys hefyd bod rhai rhywogaethau o siarc yn mudo'n bell, gan deithio miloedd o filltiroedd i chwilio am fwyd neu bartneriaid paru.

Cynefin

Mae siarcod i'w cael mewn cefnforoedd ledled y byd, o riffiau bas i ffosydd cefnforol dwfn. Maent wedi'u haddasu i ystod eang o amgylcheddau, a gellir eu canfod mewn dyfroedd cynnes ac oer, yn ogystal ag mewn afonydd a llynnoedd dŵr croyw. Mae rhai rhywogaethau o siarc wedi addasu'n well i rai cynefinoedd, fel y siarc gwyn mawr, a geir yn aml yn y cefnfor agored, tra bod yn well gan y siarc nyrsio ddyfroedd arfordirol bas.

Deiet

Mae siarcod yn anifeiliaid cigysol, yn bwydo ar ystod eang o ysglyfaeth, o bysgod bach a sgwid i famaliaid mawr fel morloi a morfilod. Mae ganddyn nhw amrywiaeth o strategaethau hela, gan gynnwys cudd-ymosod, mynd ar drywydd, a sborion. Mae rhai rhywogaethau o siarc, fel y siarc morfil, yn borthwyr ffilter, yn bwyta llawer iawn o blancton ac organebau bach yn y dŵr.

Statws Cadwraeth

Mae llawer o rywogaethau o siarc dan fygythiad neu mewn perygl oherwydd gorbysgota, dinistrio cynefinoedd, a gweithgareddau dynol eraill. Mae rhai rhywogaethau, fel y siarc gwyn mawr a'r siarc pen morthwyl, yn cael eu targedu ar gyfer eu hesgyll, sy'n cael eu defnyddio mewn meddyginiaethau traddodiadol ac yn y fasnach cawl esgyll siarc. Mae rhywogaethau eraill yn cael eu dal yn ddamweiniol mewn rhwydi pysgota neu eu lladd fel sgil-ddalfa. Mae angen ymdrechion cadwraeth i amddiffyn siarcod a sicrhau eu bod yn goroesi yn y gwyllt.

I gloi, mae siarcod yn grŵp hynod ddiddorol a phwysig o anifeiliaid, sy'n adnabyddus am eu nodweddion corfforol trawiadol a'u sgiliau hela pwerus. Mae'r ysglyfaethwyr brig hyn i'w cael mewn cefnforoedd ledled y byd, mewn ystod eang o gynefinoedd ac amgylcheddau. Tra bod rhai rhywogaethau o siarc dan fygythiad neu dan fygythiad, mae ymdrechion cadwraeth ar y gweill i amddiffyn yr anifeiliaid hyn a sicrhau eu bod yn goroesi yn y gwyllt. Gyda'u haddasiadau unigryw a'u rôl bwysig yn yr ecosystem, mae siarcod yn parhau i ddal y dychymyg ac ysbrydoli parchedig ofn bodau dynol ledled y byd.

217. Sloth

Mae sloths yn grŵp o famaliaid coed a geir yng Nghanolbarth a De America. Mae'r creaduriaid araf hyn wedi dod yn eiconau poblogaidd o ddiogi ac ymlacio, ond mewn gwirionedd maent wedi addasu'n dda i'w hamgylchedd ac yn chwarae rhan bwysig yn eu hecosystem.

Tarddiad

Esblygodd sloths o grŵp o famaliaid hynafol a elwir yn xenarthrans, a ymddangosodd gyntaf yn y cofnod ffosil tua 60 miliwn o flynyddoedd yn ôl. Heddiw, mae chwe rhywogaeth o sloths, wedi'u rhannu'n ddau deulu: sloths dau fysedd (teulu Megalonychidae) a sloths tri bysedd (teulu Bradypodidae).

Nodweddion Corfforol

Nodweddir sloths gan eu symudiad araf, crafangau hir, a ffwr trwchus. Mae ganddynt siâp nodedig, llethrog i'w cefnau oherwydd bod eu coesau'n hirach ar un ochr na'r llall. Mae slothau dau fysedd yn fwy na slothau tri bysedd ac mae ganddynt goesau hirach, mwy pwerus. Mae gan y ddau fath o sloth grafangau hir y maent yn eu defnyddio i lynu wrth ganghennau, ac mae ganddynt addasiad unigryw sy'n caniatáu iddynt hongian wyneb i waered o ganghennau heb wario unrhyw egni.

Ymddygiad

Mae sloths yn adnabyddus am eu symudiad araf a lefelau gweithgaredd isel, ond mae hyn mewn gwirionedd yn addasiad i'w hamgylchedd. Mae ganddynt gyfradd metabolig isel a dim ond tua unwaith yr wythnos y mae angen iddynt fwyta. Maent yn treulio'r rhan fwyaf o'u hamser yn cysgu neu'n gorffwys mewn coed, ac yn gallu aros yn llonydd am oriau ar y tro. Mae sloths hefyd yn nofwyr da ac yn gallu symud trwy ddŵr gyda chyflymder ac ystwythder syndod.

Cynefin

Anifeiliaid goed yw sloths, a geir yng nghoedwigoedd glaw Canolbarth a De America. Maent wedi addasu'n dda i'w hamgylchedd, gyda set unigryw o addasiadau corfforol ac ymddygiadol sy'n caniatáu iddynt fyw yn y coed. Gallant lynu wrth ganghennau gyda'u crafangau hir, ac mae gan eu ffwr wead arbennig sy'n caniatáu iddo gynnal algâu, sy'n helpu i'w cuddliwio rhag ysglyfaethwyr.

Deiet

Llysysyddion yw sloths, sy'n bwydo'n bennaf ar ddail, blagur a ffrwythau. Mae ganddynt system dreulio unigryw sy'n caniatáu iddynt dynnu maetholion o ddeunydd planhigion caled, ond mae'r broses hon yn araf ac mae angen llawer o egni. O ganlyniad, mae gan sloths metaboledd araf ac allbwn ynni isel, sy'n eu helpu i arbed ynni a goroesi ar ddeiet caloriau isel.

Statws Cadwraeth

Ystyrir mai'r rhan fwyaf o rywogaethau o sloth sy'n peri'r pryder lleiaf o ran statws cadwraeth, ond mae rhai poblogaethau dan fygythiad neu dan fygythiad oherwydd dinistrio cynefinoedd a gweithgareddau dynol eraill. Mae datgoedwigo, yn arbennig, yn fygythiad mawr i sloths, gan ei fod yn dinistrio eu cynefin ac yn lleihau eu cyflenwad bwyd. Mae angen ymdrechion cadwraeth i warchod sloths a'u cynefin, ac i godi ymwybyddiaeth o bwysigrwydd yr anifeiliaid hyn yn yr ecosystem.

I gloi, mae sloths yn grŵp unigryw a hynod ddiddorol o anifeiliaid, wedi'u haddasu i'w hamgylchedd coediog mewn ffyrdd corfforol ac ymddygiadol. Mae eu symudiad araf a lefelau gweithgaredd isel wedi rhoi enw da iddynt am ddiogi, ond mewn gwirionedd mae hyn yn addasiad i'w diet caloriau isel a ffordd o fyw ynni-effeithlon. Gyda'u ffwr trwchus, eu crafangau hir, a'u gallu i hongian wyneb i waered o ganghennau, mae sloths yn gweddu'n berffaith i fywyd yn y coed. Tra bod rhai poblogaethau o sloths dan fygythiad neu dan fygythiad, mae ymdrechion cadwraeth ar y gweill i amddiffyn yr anifeiliaid pwysig a hynod ddiddorol hyn.

Antelop canolig ei faint yw'r Springbok a geir yn rhannau deheuol Affrica. Mae'r anifeiliaid cain ac ystwyth hyn yn adnabyddus am eu gallu anhygoel i neidio a'u cyflymder, sy'n eu gwneud yn olygfa boblogaidd i dwristiaid a phobl leol.

Tarddiad

Mae'r Springbok yn rhan o'r teulu Bovidae, sy'n cynnwys antelopau, defaid a geifr. Mae'n un o'r ychydig rywogaethau yn yr is-deulu Antilopinae, sy'n cynnwys gazelles, impalas, ac antelopau eraill. Mae'r Springbok yn frodorol i dde Affrica, gan gynnwys Namibia, Botswana, a De Affrica.

Nodweddion Corfforol

Antelopau canolig eu maint yw sbringboks, yn sefyll tua 70 cm wrth yr ysgwydd ac yn pwyso rhwng 27 a 42 kg. Mae eu hadeiladwaith main gyda chôt lliw golau sy'n frown i frown-goch gyda rhannau isaf gwyn. Nodwedd fwyaf nodedig y Springbok yw'r ffwr gwyn sy'n rhedeg i lawr ei gefn ac yn ffurfio streipen fertigol ar ei ffolen. Mae'r ffwr gwyn hwn wedi'i amgylchynu gan streipen frown tywyll ar y naill ochr a'r llall, gan roi ei olwg "skunk" nodweddiadol i'r Springbok. Mae gan wrywod a benywod gyrn crwm, siâp telyn, hyd at 50 cm o hyd.

Ymddygiad

Mae'r Springbok yn adnabyddus am ei allu anhygoel i neidio, y mae'n ei ddefnyddio i ddianc rhag ysglyfaethwyr fel cheetahs a llewod. Maent hefyd yn rhedwyr hynod gyflym, gyda'r gallu i gyrraedd cyflymder o hyd at 90 km/h. Mae Springboks yn anifeiliaid cymdeithasol sy'n byw mewn buchesi o hyd at filoedd o unigolion. Maent yn cyfathrebu â'i gilydd trwy amrywiaeth o leisio, iaith y corff, a marcio arogl.

Cynefin

Mae Springboks i'w cael mewn amrywiaeth o gynefinoedd, gan gynnwys glaswelltiroedd, savannas, a lled-anialwch. Gallant oroesi mewn ardaloedd heb lawer o ddŵr, gan eu bod yn gallu cael y rhan fwyaf o'u lleithder o'r llystyfiant y maent yn ei fwyta. Mae Springboks wedi addasu'n dda i'w hamgylchedd, gydag arennau arbenigol sy'n gallu crynhoi wrin a lleihau colli dŵr.

Deiet

Llysysyddion yw sbringboks sy'n bwydo'n bennaf ar weiriau a llystyfiant arall. Gallant echdynnu maetholion o ddeunydd planhigion gwydn a ffibrog gan ddefnyddio stumog pedair siambr arbenigol. Mae Springboks yn cael y rhan fwyaf o'u dŵr o'r llystyfiant y maent yn ei fwyta, ond gallant hefyd yfed o dyllau dŵr a ffynonellau eraill o ddŵr llonydd pan fyddant ar gael.

Statws Cadwraeth

Ar hyn o bryd rhestrir Springboks fel y rhai sy'n peri'r pryder lleiaf o ran statws cadwraeth gan yr Undeb Rhyngwladol dros Gadwraeth Natur (IUCN). Mae hyn oherwydd maint eu poblogaeth a dosbarthiad eang ledled de Affrica. Fodd bynnag, mae rhai poblogaethau o Springboks dan fygythiad neu mewn perygl oherwydd colli cynefinoedd, gor-hela, a gweithgareddau dynol eraill. Mae angen ymdrechion cadwraeth i amddiffyn yr anifeiliaid pwysig a hynod ddiddorol hyn.

I gloi, mae'r Springbok yn anifail unigryw a hynod ddiddorol sydd wedi addasu'n dda i'w amgylchedd yn ne Affrica. Gyda'i allu anhygoel i neidio a'i gyflymder, mae'n olygfa i'w gweld yn y gwyllt. Mae Springboks yn anifeiliaid cymdeithasol sy'n byw mewn buchesi ac yn cyfathrebu â'i gilydd trwy amrywiaeth o ddulliau. Er mai'r rhan fwyaf o boblogaethau Springboks sy'n peri'r pryder lleiaf ar hyn o bryd o ran statws cadwraeth, mae angen ymdrechion cadwraeth i amddiffyn yr anifeiliaid pwysig a hynod ddiddorol hyn ar gyfer cenedlaethau'r dyfodol.

219. Stingray

Mae Stingrays yn grŵp o bysgod sy'n cael eu nodweddu gan eu cyrff gwastad a chynffonau hir, tebyg i chwipiaid a all fod â phigau gwenwynig. Maent i'w cael mewn dyfroedd cynnes, bas ledled y byd, o gefnforoedd trofannol i afonydd dŵr croyw.

Tarddiad

Mae Stingrays yn grŵp o bysgod sy'n perthyn i deulu'r Dasyatidae. Fe'u ceir mewn amgylcheddau morol a dŵr croyw ac fe'u dosberthir ledled y byd, gan gynnwys yn y Môr Tawel, yr Iwerydd a Chefnforoedd India. Mae dros 200 o rywogaethau o stingrays, pob un â'i nodweddion a'i ymddygiadau unigryw ei hun.

Nodweddion Corfforol

Mae stingrays yn hawdd eu hadnabod oherwydd eu cyrff gwastad a'u cynffonnau hir, tebyg i chwip. Gallant amrywio o ran maint o ddim ond ychydig gentimetrau i dros ddau fetr o hyd. Mae gan stingrays siâp disg nodweddiadol, gyda holltau eu ceg a tagell wedi'u lleoli ar ochr isaf eu corff. Mae eu llygaid wedi'u lleoli ar ben eu corff, gan roi golwg dda iddynt o'u hamgylchoedd. Nid oes gan stingrays esgyrn yn eu corff, yn hytrach, maent yn cynnwys cartilag, fel siarcod.

Mae gan stingrays amrywiaeth o liwiau a phatrymau, o frown plaen neu lwyd i batrymau cymhleth o smotiau, streipiau a chlytiau. Mae gan rai rhywogaethau hefyd batrymau nodedig ar eu cynffon y gellir eu defnyddio i'w hadnabod. Mae gan stingrays ddau i chwe asgwrn cefn gwenwynig ar eu cynffon a all achosi anafiadau difrifol i bobl ac ysglyfaethwyr.

Ymddygiad

Yn gyffredinol, mae stingrays yn anifeiliaid dof a heddychlon sy'n treulio llawer o'u hamser yn gorwedd ar wely'r cefnfor neu wely'r afon. Defnyddiant eu cyrff gwastad i ymdoddi i'w hamgylchoedd, gan eu gwneud yn anodd i ysglyfaethwyr eu gweld. Pan fyddant dan fygythiad, gall stingrays ddefnyddio pigau eu cynffon i amddiffyn eu hunain. Gall rhai rhywogaethau hefyd allyrru sioc iau trydan i atal ysglyfaethwyr.

Anifeiliaid unigol yw stingrays yn gyffredinol, er y gall rhai rhywogaethau ffurfio grwpiau neu agregau yn ystod y tymor paru. Maent yn cyfathrebu â'i gilydd trwy iaith y corff a signalau trydanol.

Cynefin

Mae stingrays i'w cael mewn amrywiaeth o gynefinoedd, o riffiau cwrel a fflatiau tywodlyd yn y cefnfor i afonydd ac aberoedd dŵr croyw. Fe'u canfyddir amlaf mewn dyfroedd cynnes, bas, ond mae rhai rhywogaethau i'w cael mewn dyfroedd dyfnach. Mae stingrays yn gallu goddef amrywiaeth o hallteddau a thymheredd, gan ganiatáu iddynt fyw mewn amgylcheddau morol a dŵr croyw.

Deiet

Mae stingrays yn gigysol ac yn bwydo'n bennaf ar amrywiaeth o ysglyfaeth, gan gynnwys cramenogion, molysgiaid a physgod bach. Defnyddiant eu cyrff gwastad i hela am ysglyfaeth ar wely'r cefnfor neu wely'r afon. Mae'n hysbys hefyd bod rhai rhywogaethau o stingrays yn bwydo ar blancton ac organebau bach eraill.

Statws Cadwraeth

Mae statws cadwraeth stingrays yn dibynnu ar y rhywogaeth a'r rhanbarth. Mae rhai rhywogaethau o stingrays dan fygythiad neu dan fygythiad oherwydd gorbysgota, dinistrio cynefinoedd, a gweithgareddau dynol eraill. Mae llawer o rywogaethau o stingrays hefyd yn cael eu dal fel sgil-ddalfa mewn gweithrediadau pysgota masnachol. Mewn rhai rhanbarthau, mae stingrays hefyd yn cael eu targedu ar gyfer eu cig, croen, a chynhyrchion eraill.

I gloi, mae stingrays yn bysgod hynod ddiddorol ac unigryw sydd i'w cael mewn amrywiaeth o gynefinoedd ledled y byd. Gyda'u cyrff gwastad a'u cynffonnau hir, tebyg i chwip, maent yn hawdd eu hadnabod ac yn aml maent yn olygfa boblogaidd i snorkelwyr a deifwyr. Er nad yw'r rhan fwyaf o rywogaethau o stingrays yn cael eu hystyried mewn perygl, mae angen ymdrechion cadwraeth i amddiffyn yr anifeiliaid pwysig a hynod ddiddorol hyn rhag gweithgareddau dynol fel gorbysgota a dinistrio cynefinoedd. Drwy godi ymwybyddiaeth a rhoi mesurau cadwraeth effeithiol ar waith, gallwn helpu i sicrhau goroesiad y creaduriaid rhyfeddol hyn ar gyfer cenedlaethau'r dyfodol.

Math o aderyn sy'n perthyn i'r teulu Hirundinidae yw'r wennol ddu, sy'n cynnwys dros 80 rhywogaeth o adar. Mae'r adar hyn yn adnabyddus am eu hymddangosiad unigryw, hedfan cyflym a gosgeiddig, a'u gallu i adeiladu nythod cywrain.

Tarddiad a Dosbarthiad

Mae gwenoliaid i'w cael ledled y byd, heblaw am yr Antarctica. Maent i'w cael yn fwyaf cyffredin yn Hemisffer y Gogledd a gwyddys eu bod yn mudo pellteroedd hir. Mae union darddiad y wennol ddu yn ansicr, ond credir iddynt ddatblygu yn Affrica, Asia, neu Ewrop. Heddiw, mae llawer o wahanol rywogaethau o wenoliaid i'w cael mewn cynefinoedd amrywiol, gan gynnwys coedwigoedd, glaswelltiroedd, anialwch a gwlyptiroedd.

Nodweddion Corfforol

Mae gwenoliaid yn adar bach i ganolig eu maint, yn mesur rhwng 10 a 24 cm o hyd, gyda lled adenydd hyd at 35 cm. Mae ganddynt gyrff llyfn, sy'n caniatáu iddynt hedfan yn gyflym a symud yn hawdd. Mae ganddyn nhw gynffon fforchog ac adenydd pigfain sy'n eu helpu i hedfan gydag ystwythder a chyflymder. Mae eu plu fel arfer yn gyfuniad o las, gwyrdd, brown a gwyn, gan roi golwg nodedig iddynt.

Ymddygiad

Mae gwenoliaid yn adar cymdeithasol y gwyddys eu bod yn ffurfio heidiau mawr yn ystod y tymor mudo a magu. Maent yn hedfanwyr medrus iawn ac yn adnabyddus am eu hystwythder a'u cyflymder yn yr awyr. Maent hefyd yn adnabyddus am eu gallu i ddal pryfed wrth hedfan, a gwnânt hynny trwy ddisgyn i ddal ysglyfaeth gyda'u pigau.

Mae gwenoliaid yn adar unweddog, ac maent yn paru am oes. Maent yn adeiladu eu nythod gyda'i gilydd, sydd yn aml wedi'u lleoli mewn strwythurau o waith dyn fel adeiladau a phontydd, yn ogystal ag mewn coed a chlogwyni. Mae gwenoliaid yn defnyddio mwd, glaswellt, a deunyddiau eraill i adeiladu eu nythod, sydd yn aml wedi'u leinio â phlu neu ddeunyddiau meddal eraill i gadw eu hwyau'n gynnes.

Deiet

Mae gwenoliaid yn bryfysyddion, sy'n golygu eu bod yn bwyta pryfed yn bennaf. Maent yn dal eu hysglyfaeth wrth hedfan, gan ddefnyddio eu pigau i ddal pryfed yn yr awyr. Maent yn bwyta amrywiaeth o bryfed, gan gynnwys pryfed, mosgitos, a chwilod.

Bridio

Mae gwenoliaid yn fridwyr tymhorol, gyda thymor bridio yn digwydd yn ystod misoedd y gwanwyn a'r haf. Bydd y wennol wrywaidd yn llysio'r fenyw trwy hedfan o'i chwmpas a chanu cân. Unwaith y bydd y fenyw wedi dewis ei chymar, bydd yn adeiladu nyth gyda'i gilydd. Bydd y wennol fenyw yn dodwy 3-7 wy, y bydd yn eu deor am 14-18 diwrnod. Bydd y ddau riant yn cymryd eu tro i eistedd ar yr wyau a gofalu am yr ifanc unwaith y byddant wedi deor.

Bygythiadau

Mae gwenoliaid yn wynebu amrywiaeth o fygythiadau yn y gwyllt, gan gynnwys colli cynefinoedd, newid yn yr hinsawdd, a llygredd. Maent hefyd yn agored i ysglyfaethu gan gathod, nadroedd, ac ysglyfaethwyr eraill. Mae llawer o rywogaethau o wennol ddu hefyd yn cael eu hela am eu cig a'u plu.

Cadwraeth

Mae sawl rhywogaeth o wennol ddu yn cael eu hystyried dan fygythiad neu dan fygythiad, ac mae ymdrechion cadwraeth yn cael eu gwneud i amddiffyn yr adar hyn. Mae'r ymdrechion hyn yn cynnwys adfer a diogelu cynefinoedd, yn ogystal â monitro poblogaethau i ddeall eu hymddygiad a'u hecoleg yn well.

I gloi, mae gwenoliaid yn adar hynod ddiddorol sy'n adnabyddus am eu hystwythder a'u cyflymder yn yr awyr, yn ogystal â'u nythod cywrain a'u golwg nodedig. Maent i'w cael ledled y byd ac yn chwarae rhan bwysig mewn llawer o ecosystemau fel pryfysyddion. Er eu bod yn wynebu amrywiaeth o fygythiadau yn y gwyllt, mae ymdrechion cadwraeth yn cael eu gwneud i warchod yr adar hyn a'u cynefinoedd.

221. Tapir

Mae tapirau yn famaliaid rhydlyd o faint canolig i fawr, sy'n perthyn i'r teulu Tapiridae. Mae pedair rhywogaeth o tapir ar gael: tapir Brasil, tapir Malaya, tapir y Baird, a tapir y mynydd. Mae'r pedair rhywogaeth o dapirs i'w cael yn rhanbarthau trofannol ac isdrofannol Canolbarth a De America a De-ddwyrain Asia. Mae tapirau yn rhai o'r mamaliaid hynaf, gyda ffosilau'n dyddio'n ôl i'r cyfnod cynnar tua 56 miliwn o flynyddoedd yn ôl.

Ymddangosiad

Mae tapirau'n nodweddiadol o ran ymddangosiad, gyda chorff trwchus, siâp casgen, coesau byr, a thrwyn byr, hyblyg. Mae ganddyn nhw dwmpath amlwg ar eu cefn a chlustiau bach, crwn. Mae hyd eu corff yn amrywio o 1.8 i 2.5 metr (5.9 i 8.2 troedfedd) ac maent yn pwyso rhwng 150 a 300 kg (330 i 660 pwys). Mae ganddyn nhw gôt ffwr fer, sionc sy'n amrywio mewn lliw o lwyd golau i frown tywyll neu ddu.

Deiet

Llysysyddion yw tapirau ac mae eu diet yn bennaf yn cynnwys dail, ffrwythau a phlanhigion dyfrol. Mae ganddynt wefus uchaf cynhensile y maent yn ei defnyddio i ddal dail a brigau. Gwyddys hefyd eu bod yn bwyta ffrwythau a chnau sydd wedi cwympo o lawr y goedwig. Maent yn wasgarwyr hadau pwysig ac yn chwarae rhan hanfodol wrth gynnal iechyd eu hecosystem.

Ymddygiad

Anifeiliaid unigol yw tapirau ac maent yn actif yn ystod y nos gan amlaf. Treuliant eu dyddiau yn gorffwys mewn man cysgodol neu'n ymdrybaeddu mewn dŵr i gadw'n oer. Maent yn nofwyr ardderchog a gallant aros dan y dŵr am rai munudau ar y tro. Yn gyffredinol mae tapirau yn anifeiliaid heddychlon a gwyddys eu bod yn ffoi pan fyddant dan fygythiad, ond os cânt eu cornelu neu eu cythruddo, gallant fynd yn ymosodol a defnyddio eu genau pwerus i amddiffyn eu hunain.

Atgynhyrchu

Mae tapirau yn cyrraedd aeddfedrwydd rhywiol rhwng 2 a 4 oed. Mae gwrywod yn cystadlu am yr hawl i baru gyda benywod yn ystod y tymor bridio, sy'n para am sawl wythnos. Mae merched yn rhoi genedigaeth i epil sengl ar ôl cyfnod beichiogrwydd o 13 i 14 mis. Mae'r tapir ifanc yn pwyso rhwng 6 a 10 kg (13 i 22 pwys) ac mae ganddo gôt brown-goch gyda smotiau gwyn a streipiau. Mae'r fam yn gofalu am y llo am hyd at ddwy flynedd cyn iddo ddod yn annibynnol.

Cynefin ac Ystod

Mae tapirau i'w cael yn rhanbarthau trofannol ac isdrofannol Canolbarth a De America a De-ddwyrain Asia. Maent yn byw mewn coedwigoedd trwchus, glaswelltiroedd a gwlyptiroedd. Yng Nghanolbarth a De America, maent i'w cael o dde Mecsico i ogledd yr Ariannin. Yn Ne-ddwyrain Asia, maent i'w cael ym Myanmar, Gwlad Thai, Malaysia, ac Indonesia.

Statws Cadwraeth

Mae'r pedair rhywogaeth o dapir yn cael eu dosbarthu fel rhai sydd mewn perygl neu'n agored i niwed gan yr Undeb Rhyngwladol dros Gadwraeth Natur (IUCN). Y prif fygythiadau i dapris yw colli cynefinoedd, hela a sathru. Mae tapirs yn cael eu hela am eu cig, eu croen a'u hesgyrn, a ddefnyddir mewn meddygaeth draddodiadol. Colli cynefinoedd yw'r bygythiad mwyaf i dapris, gan fod eu cynefinoedd coedwig yn cael eu dinistrio ar gyfer amaethyddiaeth, torri coed a datblygu. Yn ogystal, mae tapirau yn agored i glefydau a drosglwyddir gan anifeiliaid domestig, fel moch a gwartheg.

Pwysigrwydd

Mae tapirau yn wasgarwyr hadau pwysig ac yn helpu i gynnal iechyd eu hecosystem. Maent hefyd yn chwarae rhan hanfodol yn y gadwyn fwyd fel ysglyfaeth i ysglyfaethwyr fel jaguars, pumas, a chrocodeiliaid. Mae tapirau hefyd yn symbolau diwylliannol pwysig mewn llawer o gymunedau brodorol, ac mae eu cig a'u crwyn wedi cael eu defnyddio ers miloedd o flynyddoedd.

I gloi, mae tapirs yn anifeiliaid hynod ddiddorol sydd ag ymddangosiad unigryw a rôl ecolegol bwysig. Yn anffodus, maent yn wynebu nifer o fygythiadau, ac mae eu poblogaethau yn dirywio'n gyflym. Mae angen ymdrechion cadwraeth i warchod taprau a'u cynefinoedd. Mae hyn yn cynnwys adfer cynefinoedd, mesurau gwrth-botsio, a rhaglenni addysg i godi ymwybyddiaeth o bwysigrwydd tapirau a'u rôl wrth gynnal ecosystemau iach. Trwy warchod taprau, gallwn hefyd helpu i warchod bioamrywiaeth eu cynefinoedd a sicrhau goroesiad rhywogaethau eraill sy'n dibynnu arnynt.

Mae'r teigr yn un o'r anifeiliaid mwyaf eiconig ac adnabyddadwy yn y byd. Nhw yw'r cathod mwyaf yn y byd ac maent yn perthyn i'r genws Panthera. Mae chwe isrywogaeth o deigrod wedi goroesi, gan gynnwys teigr Bengal, teigr Indochinese, teigr Malayan, teigr Siberia, teigr De Tsieina, a theigr Swmatran. Mae pob isrywogaeth o deigrod mewn perygl, gyda dim ond tua 3,900 o deigrod ar ôl yn y gwyllt. Maent yn frodorol i Asia, lle maent wedi bod yn symbol diwylliannol ac ysbrydol pwysig ers miloedd o flynyddoedd.

Ymddangosiad

Mae teigrod yn hawdd eu hadnabod gan eu cot drawiadol o ffwr oren gyda streipiau du. Mae'r streipiau yn unigryw i bob teigr unigol, fel olion bysedd mewn bodau dynol. Mae gan eu cot ffwr gwyn ar eu bol hefyd, ac mae eu llygaid yn lliw melyn neu oren llachar nodedig. Mae maint a phwysau teigrod yn amrywio yn dibynnu ar eu hisrywogaeth, gyda theigrod Siberia y mwyaf a theigrod Malayaidd yw'r lleiaf. Gall teigrod llawndwf bwyso hyd at 300 kg (660 pwys) a gallant dyfu hyd at 3.3 metr (10.8 troedfedd) o hyd, gan gynnwys eu cynffon.

Deiet

Mae teigrod yn gigysyddion ac yn hela mamaliaid mawr fel ceirw, baedd gwyllt a byfflo yn bennaf. Gwyddys eu bod hefyd yn ysglyfaethu ar anifeiliaid llai fel adar, pysgod ac ymlusgiaid. Mae teigrod yn ysglyfaethwyr rhagod ac yn adnabyddus am eu llechwraidd a'u cryfder. Defnyddiant eu genau pwerus i frathu i wddf eu hysglyfaeth a rhoi brathiad marwol. Gall teigrod fwyta hyd at 90 pwys o gig mewn un eisteddiad.

Ymddygiad

Anifeiliaid unigol yw teigrod ac maent yn actif yn ystod y nos yn bennaf. Maent yn nofwyr ardderchog a gallant nofio ar draws afonydd a llynnoedd i hela am ysglyfaeth neu i ddianc rhag perygl. Mae'n hysbys hefyd bod teigrod yn dringo coed i osgoi ysglyfaethwyr neu i orffwys. Maen nhw'n anifeiliaid tiriogaethol ac yn defnyddio marcio arogl a lleisio i gyfathrebu â theigrod eraill yn eu cwmpas. Mae teigrod yn ysglyfaethwyr brig ac nid oes ganddynt ysglyfaethwyr naturiol yn eu cynefin.

Atgynhyrchu

Mae teigrod yn cyrraedd aeddfedrwydd rhywiol rhwng 3 a 5 oed. Mae gwrywod yn cystadlu am yr hawl i baru gyda benywod yn ystod y tymor bridio, sy'n para am sawl wythnos. Ar ôl paru, bydd y fenyw yn cario'r cenawon am tua 3 i 4 mis cyn rhoi genedigaeth i dorllwyth o 2 i 4 cenawon. Mae'r cenawon yn pwyso tua 1 kg (2.2 pwys) ar enedigaeth ac maent yn ddall ac yn ddiymadferth. Mae'r fam deigr yn gofalu am y cenawon am hyd at ddwy flynedd cyn iddynt ddod yn annibynnol.

Cynefin ac Ystod

Mae teigrod yn frodorol i Asia, lle maent i'w cael mewn amrywiaeth o gynefinoedd gan gynnwys coedwigoedd trofannol, glaswelltiroedd a chorsydd. Fe'u ceir mewn 13 o wledydd, gan gynnwys India, Nepal, Bhutan, Bangladesh, Myanmar, Gwlad Thai, Cambodia, Laos, Fietnam, Malaysia, Indonesia, Rwsia, a Tsieina. Yn hanesyddol, fe'u canfuwyd mewn niferoedd llawer mwy ac roedd ganddynt ystod lawer ehangach, ond mae colli cynefinoedd a sathru wedi lleihau eu niferoedd a'u cwmpas yn fawr.

Statws Cadwraeth

Mae pob isrywogaeth o deigrod yn cael eu dosbarthu fel rhai sydd mewn perygl neu dan fygythiad difrifol gan yr Undeb Rhyngwladol dros Gadwraeth Natur (IUCN). Y prif fygythiadau i deigrod yw colli cynefinoedd, potsio, a gwrthdaro rhwng teigrod dynol. Mae teigrod yn cael eu hela am eu croen, esgyrn, a rhannau eraill o'r corff, a ddefnyddir mewn meddyginiaethau traddodiadol ac fel symbolau statws. Colli cynefinoedd yw'r bygythiad mwyaf i deigrod, gan fod eu cynefinoedd coedwig yn cael eu dinistrio ar gyfer amaethyddiaeth, torri coed a datblygu. Yn ogystal, mae gwrthdaro dynol-teigr yn digwydd pan ddaw teigrod i gysylltiad â bodau dynol a'u da byw.

Pwysigrwydd

Mae teigrod yn chwarae rhan hanfodol wrth gynnal ecosystemau iach fel ysglyfaethwyr brig. Maent yn helpu i reoleiddio poblogaethau ysglyfaeth, sydd yn ei dro yn helpu i gynnal cydbwysedd yn yr ecosystem. Maent hefyd yn cyfrannu at amrywiaeth genetig ac yn symbol diwylliannol ac ysbrydol pwysig mewn llawer o ddiwylliannau yn Asia. Mae gan deigrod hefyd werth economaidd mewn ecodwristiaeth, gan ddarparu swyddi a refeniw i gymunedau lleol.

Ymdrechion Cadwraeth

Mae sawl ymdrech cadwraeth ar y gweill i warchod teigrod a'u cynefinoedd. Sefydlwyd y Fforwm Teigr Byd-eang ym 1993 i hyrwyddo cydweithrediad rhyngwladol ar gyfer cadwraeth teigrod. Mae Cronfa Bywyd Gwyllt y Byd (WWF) hefyd yn gweithio i warchod poblogaethau teigrod a'u cynefinoedd trwy ystod o raglenni, gan gynnwys mesurau gwrth-botsio, adfer cynefinoedd, ac ymgysylltu â'r gymuned. Yn ogystal, mae rhai gwledydd wedi sefydlu ardaloedd gwarchodedig yn benodol ar gyfer teigrod, megis parciau cenedlaethol a gwarchodfeydd bywyd gwyllt.

I gloi, mae teigrod yn un o'r anifeiliaid mwyaf eiconig ac adnabyddadwy yn y byd, ond maen nhw hefyd yn un o'r rhai sydd fwyaf mewn perygl. Colli cynefinoedd, potsio, a gwrthdaro dynol-teigr yw'r prif fygythiadau i'w goroesiad. Mae angen ymdrechion cadwraeth i warchod yr anifeiliaid mawreddog hyn a'u cynefinoedd, a fydd yn ei dro yn helpu i warchod bioamrywiaeth eu hecosystemau. Drwy warchod teigrod, gallwn helpu i sicrhau goroesiad rhywogaethau eraill sy'n dibynnu arnynt a chynnal cydbwysedd ein byd naturiol.

Math o amffibiad sy'n perthyn i'r teulu Bufonidae yw llyffantod . Maent i'w cael mewn gwahanol rannau o'r byd ac fe'u nodweddir gan eu croen sych, anwastad a'u hymddangosiad dafadennog. Mae llyffantod yn adnabyddus am eu galwadau paru nodedig, y gellir eu clywed yn aml yn ystod misoedd y gwanwyn a'r haf. Maent hefyd yn rhan bwysig o lawer o ecosystemau, gan wasanaethu fel ysglyfaethwyr ac ysglyfaeth.

Ymddangosiad

Nodweddir llyffantod fel arfer gan eu croen sych, anwastad, sydd wedi'i orchuddio â dafadennau neu bumps. Mae eu croen fel arfer yn lliw llwyd neu frown, er y gall rhai rhywogaethau fod yn wyrdd neu hyd yn oed yn ddu. Mae gan lyffantod goesau byr, sown ac yn aml mae ganddynt ben llydan, nodedig. Mae ganddyn nhw lygaid mawr, chwyddedig a dim dannedd. Gall maint a phwysau llyffantod amrywio'n fawr yn dibynnu ar y rhywogaeth, gyda rhai rhywogaethau'n cyrraedd dim ond ychydig gentimetrau o hyd, tra gall eraill dyfu hyd at 25 centimetr o hyd.

Deiet

Mae llyffantod yn gigysyddion ac yn bwydo'n bennaf ar bryfed, fel chwilod, morgrug a phryfed. Defnyddiant eu tafodau hir, gludiog i ddal eu hysglyfaeth, y maent wedyn yn ei lyncu'n gyfan. Mae'n hysbys bod rhai rhywogaethau mwy o lyffantod hefyd yn bwyta mamaliaid bach, adar ac ymlusgiaid.

Ymddygiad

Mae llyffantod yn nodweddiadol nosol ac yn fwyaf egnïol yn y nos. Yn ystod y dydd, gellir eu canfod yn aml yn cuddio mewn tyllau neu o dan greigiau er mwyn osgoi ysglyfaethwyr a thymheredd eithafol. Mae llyffantod hefyd yn adnabyddus am eu galwadau paru nodedig, y mae gwrywod yn eu defnyddio i ddenu benywod yn ystod y tymor bridio. Mae llyffantod yn dodwy eu hwyau mewn dŵr ac mae'r penbyliaid yn deor ac yn tyfu yn y dŵr cyn troi'n lyffantod llawndwf.

Atgynhyrchu

Mae llyffantod yn cyrraedd aeddfedrwydd rhywiol tua 2-3 oed. Yn ystod y tymor bridio, bydd gwrywod yn galw allan i ddenu benywod. Unwaith y bydd benyw wedi dewis cymar, bydd y gwryw yn curo ar gefn y fenyw ac yn ffrwythloni ei hwyau wrth iddi eu dodwy yn y dŵr. Gall llyffantod benyw ddodwy o ychydig gannoedd i filoedd o wyau, yn dibynnu ar y rhywogaeth. Bydd yr wyau yn deor yn benbyliaid, a fydd wedyn yn tyfu ac yn datblygu yn y dŵr cyn eu trawsnewid yn llyffantod llawndwf.

Cynefin ac Ystod

Mae llyffantod i'w cael mewn gwahanol rannau o'r byd, gan gynnwys Gogledd a De America, Ewrop, Affrica ac Asia. Fe'u ceir fel arfer mewn amgylcheddau llaith fel coedwigoedd, glaswelltiroedd a gwlyptiroedd. Mae rhai rhywogaethau o lyffantod hefyd wedi addasu i amgylcheddau cras a gellir eu canfod mewn anialwch a mannau sych eraill.

Statws Cadwraeth

Mae llawer o rywogaethau o lyffantod yn wynebu bygythiadau oherwydd colli cynefinoedd, llygredd a chlefydau. Mae newid yn yr hinsawdd hefyd yn effeithio ar gynefinoedd llawer o rywogaethau llyffantod, gan y gall newidiadau mewn tymheredd a phatrymau glawiad effeithio ar eu patrymau bridio a gaeafgysgu. Mae rhai rhywogaethau o lyffantod hefyd yn cael eu bygwth gan gyflwyno rhywogaethau anfrodorol, fel pysgod rheibus neu bryfed. Er gwaethaf y bygythiadau hyn, nid yw llawer o rywogaethau o lyffantod wedi'u rhestru fel rhai sydd mewn perygl ar hyn o bryd, er bod rhai rhywogaethau o bryder cadwraethol.

Pwysigrwydd

Mae llyffantod yn rhan bwysig o lawer o ecosystemau, gan wasanaethu fel ysglyfaethwyr ac ysglyfaeth. Maent yn helpu i reoli poblogaethau o bryfed ac yn ffynhonnell fwyd bwysig i lawer o anifeiliaid mwy, gan gynnwys nadroedd, adar a mamaliaid. Mae llyffantod hefyd yn chwarae rhan mewn cylchredeg maetholion, gan eu bod yn helpu i dorri i lawr mater organig yn eu hamgylchedd.

Ymdrechion Cadwraeth

Mae ymdrechion cadwraeth ar gyfer llyffantod fel arfer yn cynnwys adfer a diogelu cynefinoedd, yn ogystal ag ymdrechion i leihau llygredd a lledaeniad clefydau. Defnyddir rhaglenni bridio caeth hefyd i helpu i gynyddu poblogaethau rhai rhywogaethau o lyffantod sydd dan fygythiad neu dan fygythiad. Gall ymgyrchoedd addysg ac ymwybyddiaeth y cyhoedd hefyd helpu i godi ymwybyddiaeth o bwysigrwydd llyffantod a'r bygythiadau sydd ganddynt

224. Twcan

Mae twcans yn grŵp o adar sy'n perthyn i'r teulu Ramphastidae. Maent yn adnabyddus am eu biliau mawr, lliwgar, a ddefnyddir ar gyfer amrywiaeth o swyddogaethau gan gynnwys bwydo, cyfathrebu cymdeithasol, ac amddiffyn. Mae Toucans i'w cael yng Nghanolbarth a De America, ac maent yn adnabyddus am eu plu bywiog a'u lleisiau unigryw.

Ymddangosiad

Nodweddir twcans gan eu biliau mawr, lliwgar, a all fod hyd at draean o hyd eu corff. Er gwaethaf eu maint, mae eu piliau'n gymharol ysgafn, yn cynnwys rhwydwaith o dannau esgyrnog wedi'u gorchuddio â haen denau o keratin. Mae twcaniaid yn defnyddio eu biliau ar gyfer amrywiaeth o swyddogaethau, gan gynnwys cyrraedd ffrwythau sydd allan o gyrraedd adar eraill, amddiffyn eu hunain rhag ysglyfaethwyr, a chyfathrebu cymdeithasol. Mae gan Toucans hefyd blu llachar, lliwgar, a all amrywio o ddu a gwyn i wyrdd, coch a melyn. Mae ganddyn nhw adenydd byr, crwn a chynffon hir, lydan.

Deiet

Ffrugivores yw twcans yn bennaf, sy'n golygu eu bod yn bwydo ar ffrwythau. Defnyddiant eu piliau mawr i dynnu ffrwythau o goed, ac maent hefyd yn bwyta pryfed, madfallod, ac adar bach. Mae gan Toucans system dreulio unigryw sy'n caniatáu iddynt dynnu maetholion o'u bwyd yn gyflym. Mae ganddyn nhw lwybr treulio byr, syth a chnwd mawr y gellir ei ehangu, sy'n gallu storio bwyd am gyfnodau estynedig o amser.

Ymddygiad

Adar cymdeithasol yw twcanau ac fe'u ceir yn aml mewn parau neu grwpiau bach. Maent fel arfer yn ddyddiol, sy'n golygu eu bod yn actif yn ystod y dydd. Mae Toucans yn adnabyddus am eu lleisiau unigryw, sy'n cynnwys amrywiaeth o alwadau a chroaks. Maent hefyd yn defnyddio iaith y corff, fel siglo pen a siglo cynffon, i gyfathrebu ag adar eraill.

Atgynhyrchu

Mae twcaniaid fel arfer yn paru am oes, ac mae gwrywod a benywod yn chwarae rhan mewn adeiladu'r nyth a gofalu am yr ifanc. Mae twcan fel arfer yn dodwy 2-4 wy, sy'n deor ar ôl tua 16-20 diwrnod. Mae'r cywion yn cael eu geni'n noeth ac yn ddall, a gofelir amdanynt gan y ddau riant nes iddynt fagu a gallu hedfan.

Cynefin ac Ystod

Mae twcanau i'w cael yng Nghanolbarth a De America, yn bennaf yng nghoedwigoedd trofannol Basn yr Amason a Mynyddoedd yr Andes. Fe'u ceir hefyd mewn cynefinoedd eraill, gan gynnwys safana a chorsydd. Mae twcanau wedi addasu i fywyd yn y coed, ac mae ganddynt fysedd traed cryf, crwm sy'n caniatáu iddynt afael yn y canghennau a dringo.

Statws Cadwraeth

Mae llawer o rywogaethau o twcans yn wynebu bygythiadau o golli cynefin, darnio, a hela am eu plu a'u cig. Mae rhai rhywogaethau hefyd dan fygythiad gan y fasnach anifeiliaid anwes anghyfreithlon. Er gwaethaf y bygythiadau hyn, nid yw llawer o rywogaethau twcan wedi'u rhestru fel rhai sydd mewn perygl ar hyn o bryd, er bod rhai rhywogaethau o bryder cadwraethol.

Pwysigrwydd

Mae twcanau yn rhan bwysig o lawer o ecosystemau trofannol, gan wasanaethu fel gwasgarwyr hadau a pheillwyr. Maent yn helpu i gynnal cydbwysedd eu hecosystemau trwy reoleiddio poblogaethau o bryfed a ffrwythau. Mae Toucans hefyd yn symbol diwylliannol ac ysbrydol pwysig mewn llawer o ddiwylliannau brodorol yn Ne America.

Ymdrechion Cadwraeth

Mae ymdrechion cadwraeth ar gyfer twcan fel arfer yn cynnwys amddiffyn ac adfer cynefinoedd, yn ogystal ag ymdrechion i leihau hela a'r fasnach anifeiliaid anwes anghyfreithlon. Gall addysg gyhoeddus ac ymgyrchoedd ymwybyddiaeth hefyd helpu i godi ymwybyddiaeth o bwysigrwydd twcans a'r bygythiadau y maent yn eu hwynebu.

I gloi, mae twcaniaid yn grŵp unigryw ac eiconig o adar, sy'n adnabyddus am eu piliau mawr, lliwgar a'u plu bywiog. Maent yn chwarae rhan bwysig mewn llawer o ecosystemau trofannol, gan wasanaethu fel gwasgarwyr hadau a pheillwyr. Mae twcaniaid yn wynebu bygythiadau o golli cynefinoedd, darnio, a hela, ac mae angen ymdrechion cadwraeth

Rhywogaeth o ymlusgiaid sy'n frodorol i Seland Newydd yw'r tuatara . Cyfeirir ato'n aml fel "ffosil byw" oherwydd ei nodweddion ffisegol unigryw a'i hanes esblygiadol. Tuataras yw'r unig rywogaeth o'r urdd Sphenodontia sydd wedi goroesi, a oedd unwaith yn cynnwys ystod amrywiol o ymlusgiaid a oedd yn byw yn ystod y cyfnod Mesozoig, ochr yn ochr â deinosoriaid.

Ymddangosiad

Mae gan Tuataras ymddangosiad nodedig sy'n eu gosod ar wahân i ymlusgiaid eraill. Mae ganddyn nhw grib pigog yn rhedeg i lawr eu cefn a'u cynffon, ac mae eu croen wedi'i orchuddio â graddfeydd tebyg i rai pysgod. Mae gan Tuataras hefyd drydydd "llygad" wedi'i leoli ar ben eu pen, a ddefnyddir i ganfod golau a thywyllwch, ond nid yw'n ffurfio delweddau.

Maint

Mae Tuataras yn gymharol fach o gymharu ag ymlusgiaid eraill, gydag oedolion yn cyrraedd hyd at 60 cm (24 modfedd) a phwysau o hyd at 1 kg (2.2 pwys).

Deiet

Mae Tuataras yn gigysol yn bennaf, gan fwydo ar amrywiaeth o infertebratau, gan gynnwys pryfed, pryfed cop a malwod. Maent hefyd yn achlysurol yn bwyta madfallod ac adar bach.

Ymddygiad

Mae Tuataras yn greaduriaid unig ac yn weithgar yn ystod y nos. Maent yn symud yn araf ac yn treulio llawer o'u hamser yn cuddio mewn agennau a thyllau. Mae'n hysbys bod Tuataras yn byw am amser hir iawn, gyda rhai unigolion yn cyrraedd oed o dros 100 mlynedd.

Atgynhyrchu

Mae Tuataras yn cyrraedd aeddfedrwydd rhywiol tua 15 oed. Maent yn paru yn ystod misoedd yr haf ac mae benywod yn dodwy wyau ddiwedd y gaeaf neu ddechrau'r gwanwyn. Mae'r wyau'n cymryd rhwng 11 ac 16 mis i ddeor, gyda'r deoriaid yn dod allan o'r nyth yr haf canlynol.

Cynefin ac Ystod

Dim ond yn Seland Newydd y ceir Tuataras ac fe'i ceir yn bennaf ar ynysoedd alltraeth. Maent wedi addasu i fyw mewn amrywiaeth o gynefinoedd, gan gynnwys coedwigoedd, glaswelltiroedd, a thraethlinau creigiog.

Statws Cadwraeth

Ystyrir bod Tuataras yn rhywogaeth sy'n agored i niwed, gyda'u poblogaethau'n dirywio oherwydd colli cynefinoedd a chyflwyno rhywogaethau ymledol. Maent yn cael eu hamddiffyn o dan gyfraith Seland Newydd, ac mae ymdrechion cadwraeth ar y gweill i amddiffyn ac adfer eu poblogaethau.

Pwysigrwydd

Mae Tuataras yn bwysig yn ecolegol ac yn ddiwylliannol. Maent yn un o'r ychydig rywogaethau sydd wedi goroesi o grŵp a fu unwaith yn amrywiol o ymlusgiaid a oedd yn byw ochr yn ochr â deinosoriaid. Mae Tuataras hefyd yn symbol diwylliannol pwysig yn Seland Newydd, ac yn cael sylw amlwg ym mytholeg a diwylliant Māori.

Ymdrechion Cadwraeth

Mae ymdrechion cadwraeth ar gyfer tuataras yn canolbwyntio ar warchod eu cynefinoedd a lleihau effeithiau rhywogaethau ymledol. Mae hyn yn cynnwys adfer cynefinoedd a rhaglenni rheoli ysglyfaethwyr. Mae Tuataras hefyd yn cael eu bridio mewn caethiwed fel rhan o raglenni cadwraeth i helpu i hybu eu poblogaethau.

I gloi, mae tuataras yn rhywogaeth unigryw a phwysig o ymlusgiaid sy'n frodorol i Seland Newydd. Fe'u nodweddir gan eu crib pigog a thrydydd "llygad," a chyfeirir atynt yn aml fel "ffosil byw" oherwydd eu hanes esblygiadol. Mae Tuataras yn wynebu bygythiadau o golli cynefinoedd a rhywogaethau ymledol, ac mae angen ymdrechion cadwraeth i amddiffyn ac adfer eu poblogaethau.

Math o fwnci Byd Newydd sy'n frodorol i goedwig law'r Amazon yn Ne America yw'r uakari . Mae pedair rhywogaeth wahanol o uakari, pob un â'i nodweddion ffisegol unigryw a'i ystod.

Ymddangosiad

Mae Uakaris yn hawdd eu hadnabod gan eu hymddangosiad tarawiadol. Mae ganddyn nhw gyrff byr, stociog gyda breichiau a choesau hir, pwerus a chynffon cynhensil y maen nhw'n ei defnyddio i'w helpu i ddringo drwy'r coed. Mae eu hwynebau yn ddi-flew, ac mae eu croen yn lliwgar, yn amrywio o goch llachar i oren neu felyn.

Maint

Mwncïod cymharol fach yw Uakaris, gydag oedolion yn cyrraedd hyd at 60 cm (24 modfedd) a phwysau o hyd at 5 kg (11 pwys).

Deiet

Mae Uakaris yn frugivorous yn bennaf, sy'n golygu eu bod yn bwyta ffrwythau fel eu prif ffynhonnell bwyd. Maent hefyd yn bwyta amrywiaeth o ddeunyddiau planhigion eraill, megis dail a blodau, ac yn bwydo ar bryfed o bryd i'w gilydd.

Ymddygiad

Mae Uakaris yn greaduriaid cymdeithasol ac yn byw mewn grwpiau a all gynnwys hyd at 100 o unigolion. Maent yn weithgar yn ystod y dydd ac yn treulio llawer o'u hamser yn chwilota am fwyd yn y coed. Mae Uakaris hcfyd yn adnabyddus am eu lleisiau uchel, y maent yn eu defnyddio i gyfathrebu â'i gilydd.

Atgynhyrchu

Mae Uakaris yn cyrraedd aeddfedrwydd rhywiol tua 3 i 4 oed. Mae merched yn rhoi genedigaeth i epil sengl ar ôl cyfnod beichiogrwydd o tua 5 mis. Mae'r uakaris newydd-anedig yn gwbl ddibynnol ar eu mamau am ychydig fisoedd cyntaf eu bywydau.

Cynefin ac Ystod

Mae Uakaris i'w cael yng nghoedwig law'r Amazon yn Ne America. Maent yn byw mewn amrywiaeth o gynefinoedd, gan gynnwys coedwig law iseldir, coedwig gorlifdir, a choedwig gors. Mae gan bob un o'r pedair rhywogaeth wahanol o uakari eu hystod benodol eu hunain, gyda rhai rhywogaethau i'w cael mewn ardal fach o'r Amazon yn unig.

Statws Cadwraeth

Ystyrir bod Uakaris yn rhywogaeth fregus oherwydd colli a darnio cynefinoedd, yn ogystal â hela am eu cig a'u ffwr. Cânt eu hamddiffyn o dan gyfraith ryngwladol, ac mae ymdrechion cadwraeth ar y gweill i amddiffyn ac adfer eu poblogaethau.

Pwysigrwydd

Mae Uakaris yn bwysig yn ecolegol fel gwasgarwyr hadau, gan helpu i gynnal iechyd ac amrywiaeth ecosystem y goedwig law. Maent hefyd yn bwysig yn ddiwylliannol i gymunedau brodorol yn yr Amazon, sydd yn draddodiadol wedi hela uakaris am fwyd a meddyginiaeth.

Ymdrechion Cadwraeth

Mae ymdrechion cadwraeth ar gyfer uakaris yn canolbwyntio ar amddiffyn eu cynefinoedd a lleihau effeithiau hela a gweithgareddau dynol eraill. Mae hyn yn cynnwys creu ardaloedd gwarchodedig a gwarchodfeydd, yn ogystal ag ymgyrchoedd addysg ac ymwybyddiaeth i hyrwyddo arferion cadwraeth a datblygu cynaliadwy. Mae Uakaris hefyd yn cael eu hastudio yn y gwyllt ac mewn caethiwed i ddeall eu bioleg a'u hymddygiad yn well, ac i lywio ymdrechion cadwraeth.

I gloi, mae uakaris yn rhywogaeth unigryw a phwysig o fwnci Byd Newydd sy'n frodorol i goedwig law yr Amazon yn Ne America. Fe'u nodweddir gan eu croen lliw llachar a'u hymddygiad cymdeithasol, ac maent yn wasgarwyr hadau pwysig a symbolau diwylliannol yn y rhanbarth. Mae Uakaris yn wynebu bygythiadau o golli cynefinoedd a hela, ac mae angen ymdrechion cadwraeth i amddiffyn ac adfer eu poblogaethau.

Mae draenogod y môr yn greaduriaid pigog, morol sy'n perthyn i'r ffylwm Echinodermata, sydd hefyd yn cynnwys sêr môr a chiwcymbrau môr. Mae gan y draenogod siâp corff sfferig unigryw ac maent wedi'u gorchuddio â meingefnau sy'n eu hamddiffyn rhag ysglyfaethwyr. Fe'u ceir mewn cefnforoedd ledled y byd, o ddyfroedd trofannol bas i ranbarthau dwfn, oer.

Strwythur y Corff

Mae gan draenogod siâp corff sfferig gyda gwaelod gwastad sy'n caniatáu iddynt lynu wrth arwynebau fel creigiau a riffiau cwrel. Mae ganddynt bum rhes ddwbl o draed tiwb y maent yn eu defnyddio ar gyfer symud ac i ddal bwyd. Mae gan y draenogod hefyd gragen galed, wedi'i chalcheiddio, sef prawf sy'n gorchuddio eu corff ac yn amddiffyn eu horganau mewnol. Mae'r prawf hwn wedi'i orchuddio â pigau pigfain hir sy'n amrywio o ran maint a siâp yn dibynnu ar y rhywogaeth.

Deiet

Mae draenogod yn hollysyddion, sy'n golygu eu bod yn bwyta planhigion ac anifeiliaid. Maent yn bwydo ar amrywiaeth o ddeunyddiau, gan gynnwys algâu, plancton, infertebratau bach, ac organebau marw. Gwyddys bod rhai rhywogaethau o ddraenog y môr yn llysysyddion a gallant gael effaith sylweddol ar ecoleg eu cynefin trwy bori algâu a deunyddiau planhigion eraill.

Ymddygiad

Yn gyffredinol mae draenogod yn greaduriaid sy'n symud yn araf ac yn defnyddio eu traed tiwb i gropian ar hyd llawr y cefnfor. Gall rhai rhywogaethau o ddraenogod y môr nofio pellteroedd byr hefyd drwy symud eu pigau mewn mudiant rhwyfo. Mae draenogod hefyd yn gallu synhwyro golau a chyffwrdd trwy organau synhwyraidd sydd wedi'u lleoli ar eu asgwrn cefn a'u croen.

Atgynhyrchu

Mae gan ddraenogod y môr rywiau ar wahân, ac mae atgenhedlu fel arfer yn golygu rhyddhau wyau a sberm i'r dŵr. Mae ffrwythloniad yn digwydd y tu allan, ac mae'r larfa canlyniadol yn blanctonig, sy'n golygu eu bod yn drifftio gyda cherhyntau'r cefnfor. Yn y pen draw, mae'r larfa yn setlo ar wely'r cefnfor ac yn datblygu'n ddraenogod llawndwf.

Cynefin ac Ystod

Mae draenogod y môr i'w cael mewn moroedd ledled y byd, o ddyfroedd trofannol bas i ranbarthau dwfn, oer. Fe'u ceir fel arfer mewn ardaloedd â chynefinoedd creigiog neu gwrel, ond gellir dod o hyd i rai rhywogaethau hefyd mewn ardaloedd tywodlyd neu fwdlyd. Mae draenogod hefyd yn gyffredin mewn parthau rhynglanwol, lle maent yn agored i aer a dŵr yn ystod y cylch llanw.

Statws Cadwraeth

Nid yw draenogod y môr yn cael eu hystyried i fod dan fygythiad nac mewn perygl, er y gall gorbysgota a dinistrio cynefinoedd effeithio ar rai rhywogaethau. Mewn rhai ardaloedd, megis Môr y Canoldir, gall gorbysgota ysglyfaethwyr fel cimychiaid a physgod arwain at orboblogi draenogod y môr, a all gael effaith negyddol ar ecoleg yr ardal.

Pwysigrwydd

Mae draenogod y môr yn aelodau pwysig o ecosystemau morol ac yn chwarae rhan allweddol wrth reoli poblogaethau o algâu a deunyddiau planhigion eraill. Maent hefyd yn ffynhonnell fwyd bwysig i lawer o rywogaethau o bysgod ac organebau morol eraill, ac fe'u defnyddir mewn rhai diwylliannau fel ffynhonnell fwyd i bobl.

Ymdrechion Cadwraeth

Mae ymdrechion cadwraeth ar gyfer draenogod y môr yn canolbwyntio ar warchod eu cynefinoedd a lleihau effeithiau gweithgareddau dynol, megis gorbysgota a llygredd. Mae hyn yn cynnwys creu ardaloedd morol gwarchodedig a rheoliadau i gyfyngu ar bysgota a gweithgareddau eraill a all niweidio poblogaethau draenogod y môr. Mae draenogod y môr hefyd yn cael eu hastudio yn y gwyllt ac mewn caethiwed i ddeall eu bioleg a'u hymddygiad yn well, ac i lywio ymdrechion cadwraeth.

I gloi, mae draenogod y môr yn greaduriaid hynod ddiddorol sydd i'w cael mewn cefnforoedd ledled y byd. Fe'u nodweddir gan siâp eu corff sfferig, y tu allan pigog, a rôl bwysig mewn ecosystemau morol. Nid yw draenogod y môr yn cael eu hystyried i fod dan fygythiad nac mewn perygl, er y gallant gael eu heffeithio gan weithgareddau dynol megis gorbysgota a dinistrio cynefinoedd. Mae angen ymdrechion cadwraeth i amddiffyn ac adfer eu poblogaethau a'r ecosystemau y maent yn byw ynddynt.

Mae'r Vaquita, a adwaenir hefyd fel llamhidydd Gwlff California, yn rhywogaeth morfil bach sydd mewn perygl difrifol ac a geir yn rhan ogleddol Gwlff California ym Mecsico yn unig. Nhw yw'r aelod lleiaf o deulu'r llamhidydd ac fe'u nodweddir gan eu darnau tywyll o gwmpas y llygaid, gwefusau tywyll, a llinell ddu fach sy'n rhedeg o'r geg i'r esgyll pectoral.

Ymddangosiad

Llamhidydd bach yw'r Vaquita gyda phen crwn a darn tywyll o amgylch pob llygad sy'n rhoi golwg "panda" nodedig iddynt. Mae ganddyn nhw drwyn byr, llydan ac asgell ddorsal fach, gyda llinell dywyll sy'n rhedeg o'r geg i'r esgyll pectoral. Mae corff y Vaquita yn llwydlas ar y cefn a'r ochrau, gyda bol gwyn.

Maint

Mae Vaquitas Oedolion fel arfer yn mesur rhwng 4.5 a 5 troedfedd (1.4 i 1.5 metr) o hyd ac yn pwyso tua 120 pwys (54 cilogram), sy'n golygu mai nhw yw'r aelod lleiaf o deulu'r llamhidyddion.

Deiet

Mae Vaquitas yn gigysyddion ac yn bwydo'n bennaf ar amrywiaeth o bysgod bach a sgwid sydd i'w cael yng Ngwlff California.

Ymddygiad

Mae Vaquitas fel arfer yn anifeiliaid unigol ond gellir eu canfod mewn grwpiau bach. Maent yn adnabyddus am eu hymddygiad swil a gallant fod yn anodd eu gweld yn y gwyllt. Mae Vaquitas hefyd yn adnabyddus am eu galluoedd acrobatig, gan neidio allan o'r dŵr yn aml a pherfformio fflipiau a throelli.

Cynefin ac Ystod

Dim ond yn rhan ogleddol Gwlff California ym Mecsico y ceir vaquitas. Mae'n well ganddynt ddyfroedd bas llai na 50 metr o ddyfnder ac maent i'w cael yn aml mewn ardaloedd â gwaelodion mwdlyd neu dywodlyd.

Statws Cadwraeth

Y Vaquita yw'r mamal morol sydd fwyaf mewn perygl yn y byd, gyda phoblogaeth amcangyfrifedig o lai na 10 o unigolion yn aros yn y gwyllt.

Mae'r rhywogaeth wedi'i rhestru fel un sydd mewn perygl difrifol gan yr Undeb Rhyngwladol dros Gadwraeth Natur (IUCN) ac fe'i gwarchodir o dan gyfraith Mecsico a chyfraith ryngwladol.

Bygythiadau

Y prif fygythiad i boblogaethau Vaquita yw maglu damweiniol mewn rhwydi tagell a ddefnyddir gan weithrediadau pysgota anghyfreithlon yng Ngwlff California. Mae cynefin y Vaquita hefyd yn wynebu bygythiadau o lygredd a dinistrio cynefinoedd, yn ogystal â newid hinsawdd ac asideiddio cefnforoedd.

Ymdrechion Cadwraeth

Mae ymdrechion cadwraeth ar gyfer y Vaquita yn canolbwyntio ar leihau bygythiad pysgota rhwydi tagell yng Ngwlff California. Yn 2015, cyhoeddodd llywodraeth Mecsico waharddiad dwy flynedd ar ddefnyddio rhwydi tagell yng nghynefin y Vaquita, ac yn 2017, estynnwyd y gwaharddiad am gyfnod amhenodol. Mae'r llywodraeth hefyd wedi gweithredu rhaglen i ddigolledu pysgotwyr am golli incwm o ganlyniad i'r gwaharddiad ar rwydi tagell.

Mae ymdrechion cadwraeth eraill yn cynnwys datblygu dulliau pysgota amgen, megis defnyddio offer pysgota "vaquita-safe" nad yw'n maglu'r anifeiliaid. Mae ymdrechion hefyd ar y gweill i fonitro ac astudio'r poblogaethau Vaquita sy'n weddill ac i wella'r broses o orfodi cyfreithiau sy'n amddiffyn y rhywogaeth.

I gloi, mae'r Vaquita yn rhywogaeth mewn perygl difrifol sy'n wynebu bygythiadau sylweddol gan weithgareddau dynol, yn enwedig gweithrediadau pysgota anghyfreithlon yn ei chynefin. Mae ymdrechion cadwraeth ar y gweill i amddiffyn y poblogaethau Vaquita sy'n weddill a'u cynefin, ond mae angen gweithredu ar frys i atal y rhywogaeth rhag diflannu. Mae cyflwr y Vaquita yn ein hatgoffa o bwysigrwydd gwarchod ecosystemau morol y byd a'r rhywogaethau sy'n dibynnu arnynt.

229. Wallaby

Marsupial sy'n perthyn i'r teulu cangarŵ yw'r wallaby . Maent yn frodorol i Awstralia a'r ynysoedd cyfagos, a gellir eu canfod mewn amrywiaeth eang o gynefinoedd, o anialwch i goedwigoedd glaw. Mae yna nifer o wahanol rywogaethau o wallabies, pob un â'u nodweddion unigryw a'u haddasiadau.

Ymddangosiad

Marsupials yw Wallabies, sy'n golygu eu bod yn cario eu cywion mewn cwdyn. Maent yn edrych yn debyg i gangarŵs, gyda choesau ôl pwerus a ddefnyddir ar gyfer hercian a chynffon hir ar gyfer cydbwysedd. Fodd bynnag, mae wallabies yn llai na changarŵs, fel arfer yn mesur rhwng 30 a 90 cm o hyd ac yn pwyso rhwng 2 a 25 kg, yn dibynnu ar y rhywogaeth. Mae ffwr walabies yn amrywio yn dibynnu ar y rhywogaeth a'r cynefin, ond fel arfer mae'n feddal ac yn drwchus. Y lliwiau mwyaf cyffredin yw brown neu lwyd, gyda ffwr ysgafnach ar eu bol. Mae gan rai rhywogaethau farciau nodedig ar eu hwyneb neu eu corff, fel streipiau neu smotiau.

Deiet

Llysysyddion yw Wallabies, ac mae eu diet yn cynnwys gweiriau, dail a llwyni yn bennaf. Mae ganddynt system dreulio arbenigol sy'n caniatáu iddynt echdynnu maetholion o ddeunydd planhigion caled a ffibrog.

Ymddygiad

Anifeiliaid nosol yw Wallabies yn bennaf ac maent yn actif yn ystod y nos. Maent yn anifeiliaid cymdeithasol ac yn aml yn byw mewn grwpiau o'r enw mobs. Gall wallabies gwrywaidd fod yn ymosodol iawn tuag at ei gilydd yn ystod y tymor bridio, a byddant yn ymladd i sefydlu goruchafiaeth dros wrywod eraill.

Cynefin ac Ystod:

Mae Wallabies yn frodorol i Awstralia a'r ynysoedd cyfagos, gan gynnwys Papua Gini Newydd ac Indonesia. Gellir dod o hyd iddynt mewn amrywiaeth eang o gynefinoedd, o anialwch i goedwigoedd glaw. Mae rhai rhywogaethau wedi addasu i fyw ar dir creigiog, tra bod eraill i'w cael mewn ardaloedd corsiog neu arfordirol.

Statws Cadwraeth

Mae statws cadwraeth walabies yn amrywio yn dibynnu ar y rhywogaeth. Mae rhai rhywogaethau yn cael eu dosbarthu fel Pryder Lleiaf, tra bod eraill yn cael eu hystyried yn Agored i Niwed neu Mewn Perygl oherwydd colli cynefin, hela, a chyflwyno ysglyfaethwyr.

Bygythiadau

Mae Wallabies yn wynebu sawl bygythiad i'w goroesiad, gan gynnwys colli cynefinoedd oherwydd clirio a datblygu tir, hela am eu cig a'u ffwr, a chyflwyno ysglyfaethwyr fel llwynogod a chathod gwyllt.

Ymdrechion Cadwraeth

Mae ymdrechion cadwraeth ar gyfer wallabies yn cynnwys amddiffyn eu cynefin, rheoli ysglyfaethwyr a gyflwynwyd, a hyrwyddo arferion hela cynaliadwy. Mae rhai rhywogaethau o wallabies, megis y Parma wallaby a'r walaby creigiog cynffon Frws, wedi'u hailgyflwyno'n llwyddiannus i ardaloedd lle'r oeddent unwaith wedi darfod.

I gloi, mae'r wallaby yn marsupial hynod ddiddorol sy'n frodorol i Awstralia a'r ynysoedd cyfagos. Maent wedi'u haddasu'n dda i amrywiaeth eang o gynefinoedd ac yn chwarae rhan bwysig yn yr ecosystemau lle maent yn byw. Fodd bynnag, maent yn wynebu sawl bygythiad i'w goroesiad, ac mae angen ymdrechion cadwraethol i amddiffyn eu poblogaethau a'u cynefinoedd. Mae cadwraeth wallabies yn hanfodol i iechyd ecosystemau unigryw a bregus Awstralia, ac mae'n dyst i bwysigrwydd gwarchod bioamrywiaeth ledled y byd.

Mae baeddod gwyllt yn fath o fochyn sydd i'w gael mewn sawl rhan o'r byd. Maent yn adnabyddus am eu maint mawr, eu hadeiladwaith pwerus, a'u ysgithrau miniog. Mae'r anifeiliaid hyn yn aml yn cael eu hela am eu cig a'u gwerthfawrogi fel anifeiliaid hela, ond gallant hefyd fod yn beryglus i bobl ac anifeiliaid eraill.

Nodweddion Baeddod Gwyllt

Mae baeddod gwyllt yn adnabyddus am eu hymddangosiad nodedig. Maen nhw'n anifeiliaid mawr, cyhyrog sy'n gallu pwyso hyd at 200 pwys neu fwy. Mae ganddyn nhw wallt byr, blewog sydd fel arfer yn frown neu'n ddu ei liw, ac mae eu croen yn drwchus ac yn wydn.

Un o nodweddion mwyaf nodedig baeddod gwyllt yw eu ysgithrau miniog. Defnyddir y dannedd hir, crwm hyn i amddiffyn a gallant achosi anaf difrifol i ysglyfaethwyr neu anifeiliaid eraill sy'n eu bygwth. Mae gan faeddod gwyllt hefyd synnwyr arogli a chlyw pwerus, y maent yn ei ddefnyddio i ganfod perygl posibl a lleoli bwyd.

Mae baeddod gwyllt yn hollysyddion, sy'n golygu eu bod yn bwyta planhigion ac anifeiliaid. Mae eu diet fel arfer yn cynnwys glaswelltau, gwreiddiau, ffrwythau a phryfed, yn ogystal â mamaliaid bach fel cnofilod ac ymlusgiaid.

Tarddiad a Dosbarthiad Baeddod Gwylltion

Mae baeddod gwyllt yn frodorol i Ewrop, Asia, a Gogledd Affrica, ond maen nhw wedi cael eu cyflwyno i lawer o rannau eraill o'r byd. Cawsant eu dofi gyntaf yn y Dwyrain Agos tua 8000 BCE, ac oddi yno ymledasant ledled Ewrop ac Asia. Heddiw, mae baeddod gwyllt i'w cael mewn sawl rhan o'r byd, gan gynnwys America, Awstralia ac Affrica.

Mewn rhai ardaloedd, mae baeddod gwyllt wedi dod yn broblem fawr oherwydd eu bod yn ddinistriol i gnydau a gallant fod yn beryglus i bobl. Gwyddys hefyd eu bod yn cario afiechydon y gellir eu trosglwyddo i anifeiliaid domestig a phobl.

Ymddygiad Baeddod Gwylltion

Mae baeddod gwyllt yn gyffredinol yn anifeiliaid cymdeithasol ac yn byw mewn grwpiau o'r enw seinyddion. Gall y grwpiau hyn amrywio o ran maint o ychydig o unigolion i ddwsinau o anifeiliaid. Y baedd yw'r enw ar y gwryw trech yn y grŵp, a hychod yw'r enw ar y benywod.

Mae baeddod gwyllt yn actif yn y nos yn bennaf, ac yn ystod y dydd maent fel arfer yn gorffwys mewn cuddfannau neu walch. Maent yn nofwyr ardderchog ac yn aml maent i'w cael ger ffynonellau dŵr. Pan fyddant dan fygythiad, bydd baeddod gwyllt yn amddiffyn eu hunain â'u ysgithrau miniog a gallant fod yn ymosodol iawn.

Atgynhyrchu Baeddod Gwylltion

Mae baeddod gwyllt yn cyrraedd aeddfedrwydd rhywiol pan fyddant tua blwydd oed. Mae benywod yn rhoi genedigaeth i dorllwythi rhwng tair ac wyth o berchyll, y mae'r fam yn gofalu amdanynt nes iddynt gael eu diddyfnu pan fyddant tua chwe mis oed.

Mae gan faeddod gwyllt gyfnod beichiogrwydd cymharol fyr o tua phedwar mis, a gallant fridio trwy gydol y flwyddyn. Mae hyn yn golygu y gall poblogaethau dyfu'n gyflym os na chânt eu gwirio.

Hela a Chadwraeth

Mae baeddod gwyllt yn aml yn cael eu hela am eu cig, sy'n cael ei ystyried yn ddanteithfwyd mewn sawl rhan o'r byd. Maent hefyd yn cael eu hela fel anifeiliaid hela, ac mae llawer o helwyr yn eu hystyried yn chwarel heriol a chyffrous.

Fodd bynnag, gall baeddod gwyllt hefyd fod yn ddinistriol i gnydau a gallant gario afiechydon y gellir eu trosglwyddo i bobl ac anifeiliaid domestig. O ganlyniad, weithiau maent yn cael eu hystyried yn bla ac yn destun rhaglenni difa i reoli eu poblogaethau.

Mewn rhai rhannau o'r byd, mae baeddod gwyllt hefyd yn cael eu bygwth gan golli cynefinoedd a phwysau hela. Mae ymdrechion cadwraeth ar y gweill i warchod yr anifeiliaid hyn a'u cynefinoedd, ac mae rhai poblogaethau bellach yn cael eu diogelu gan y gyfraith.

I gloi, mae baeddod gwyllt yn anifeiliaid hynod ddiddorol sydd â hanes hir o ryngweithio â bodau dynol. Maent yn adnabyddus am eu hadeiladwaith pwerus, eu ysgithrau miniog, a'u hymddangosiad nodedig. Er eu bod yn aml yn cael eu hela am eu cig a'u gwerthfawrogi fel anifeiliaid hela, gallant hefyd fod yn beryglus i bobl ac anifeiliaid eraill. O ganlyniad, mae'n bwysig rheoli eu poblogaethau yn ofalus a gwarchod eu cynefinoedd i sicrhau eu bod yn goroesi yn y gwyllt.

Mae'r blaidd yn anifail hynod gymdeithasol a deallus sydd i'w gael mewn sawl rhan o'r byd. Maent yn adnabyddus am eu meddylfryd pecyn, eu sgiliau hela brwd, a'u perthynas agos â bodau dynol.

Nodweddion y Blaidd

Anifeiliaid cigysol sy'n perthyn i'r teulu Canidae yw bleiddiaid . Maent yn cael eu nodweddu gan eu dannedd miniog, synhwyrau brwd, a chyrff pwerus. Mae eu cotiau yn amrywio mewn lliw o lwyd, du, brown, a gwyn yn dibynnu ar yr isrywogaeth, ond mae gan bob blaidd gôt insiwleiddio trwchus sy'n eu hamddiffyn rhag tymheredd oer.

Mae gan fleiddiaid strwythur cymdeithasol unigryw sy'n troi o amgylch y pecyn. Fel arfer caiff pecynnau eu harwain gan wryw a benyw alffa, ac mae'r bleiddiaid eraill yn y pecyn yn isradd iddynt. Mae bleiddiaid yn cyfathrebu â'i gilydd trwy amrywiaeth o leisio, gan gynnwys udo, crychau, rhisgl, a swnian.

Mae bleiddiaid hefyd yn adnabyddus am eu synnwyr arogli craff, y maent yn ei ddefnyddio i ddod o hyd i ysglyfaeth, cyfathrebu â bleiddiaid eraill, a nodi eu tiriogaeth. Mae ganddynt glyw a golwg ardderchog, sy'n caniatáu iddynt olrhain ysglyfaeth a chanfod perygl.

Tarddiad a Dosbarthiad y Blaidd

Mae bleiddiaid yn frodorol i Ogledd America, Ewrop ac Asia, ond mae eu dosbarthiad wedi'i leihau'n fawr oherwydd hela a cholli cynefinoedd. Yn hanesyddol, canfuwyd bleiddiaid mewn ystod eang o gynefinoedd, gan gynnwys coedwigoedd, glaswelltiroedd a thwndra.

Mae bleiddiaid wedi chwarae rhan bwysig mewn diwylliant dynol ers miloedd o flynyddoedd. Maent wedi cael eu hofni a'u parchu gan wahanol ddiwylliannau, ac mae eu udo wedi bod yn destun chwedlau a llên gwerin. Heddiw, mae bleiddiaid yn cael eu hamddiffyn mewn llawer o wledydd, ac mae ymdrechion cadwraeth ar y gweill i helpu eu poblogaethau i wella.

Ymddygiad y Blaidd

Mae bleiddiaid yn anifeiliaid cymdeithasol iawn sy'n byw mewn pecynnau. Fel arfer caiff y pecyn ei arwain gan wryw a benyw alffa, ac mae'r bleiddiaid eraill yn y pecyn yn isradd iddynt. O fewn y pecyn, mae hierarchaeth lem, ac mae gan bob blaidd rôl ddiffiniedig.

Mae bleiddiaid yn anifeiliaid tiriogaethol iawn, ac maen nhw'n defnyddio marcio arogl a lleisiau i gyfathrebu â bleiddiaid eraill a nodi eu tiriogaeth. Maent hefyd yn helwyr medrus, ac maent yn gweithio gyda'i gilydd mewn pecynnau i gymryd i lawr ysglyfaeth mawr fel elc, elc, a buail. Mae bleiddiaid yn adnabyddus am eu dyfalbarhad a byddant yn mynd ar ôl ysglyfaeth am filltiroedd nes eu bod yn gallu ei ddal.

Atgynhyrchiad o'r Blaidd

Mae bleiddiaid fel arfer yn paru rhwng Ionawr a Mawrth, ac mae'r cyfnod beichiogrwydd yn para tua 63 diwrnod. Mae merched yn rhoi genedigaeth i dorllwythi o rhwng pedwar a chwech o loi bach, sy'n cael eu geni'n ddall ac yn ddiymadferth. Mae'r fam ac aelodau eraill y pecyn yn gofalu am y morloi bach nes eu bod yn ddigon hen i ymuno â'r pac a hela drostynt eu hunain.

Hela a Chadwraeth

Mae bleiddiaid yn cael eu parchu a'u dirmygu gan fodau dynol. Maen nhw wedi cael eu hela am eu pelenni, ac mae eu poblogaethau wedi cael eu dinistrio gan golli cynefinoedd a hela. Heddiw, mae bleiddiaid yn cael eu hamddiffyn mewn llawer o wledydd, ac mae ymdrechion cadwraeth ar y gweill i helpu eu poblogaethau i wella.

Mae bleiddiaid hefyd yn cael eu hela fel anifeiliaid hela mewn rhai ardaloedd, ac mae rheoliadau hela yn amrywio yn ôl gwlad a thalaith. Mewn rhai ardaloedd, mae bleiddiaid yn cael eu hystyried yn niwsans neu'n fygythiad i dda byw, ac efallai y cânt eu lladd i amddiffyn yr anifeiliaid hyn.

Mae ymdrechion cadwraeth ar gyfer bleiddiaid yn cynnwys adfer cynefinoedd, rhaglenni addysg, a rhaglenni ailgyflwyno. Mae bleiddiaid wedi cael eu hailgyflwyno i rai ardaloedd lle cawsant eu halltudio o'r blaen, ac mae eu poblogaethau wedi adlamu mewn sawl ardal.

I gloi, mae'r blaidd yn anifail hynod ddeallus a chymdeithasol sydd wedi chwarae rhan bwysig yn niwylliant dynol ac wrth gynnal cydbwysedd eu hecosystemau. Er bod eu poblogaethau wedi gostwng yn sylweddol mewn llawer o ardaloedd, mae ymdrechion cadwraeth ar y gweill i helpu eu poblogaethau i adfer. Mae'n bwysig parhau i warchod a gwarchod yr anifeiliaid hynod ddiddorol hyn er mwyn i genedlaethau'r dyfodol eu gwerthfawrogi a'u mwynhau.

232. Wolverine

Mae'r wolverine yn anifail hynod ddiddorol sy'n aml yn cael ei gamddeall sydd i'w gael yn rhanbarthau gogleddol Gogledd America, Ewrop ac Asia. Yr anifail hwn a elwir hefyd yn glutton, carcajou, neu sgunk bear, yw'r aelod mwyaf o deulu'r wenci.

Nodweddion y Wolverine

Mae'r wolverine yn anifail stociog a chyhyrog sydd â chôt frown drwchus, tywyll gyda ffwr lliw ysgafnach ar ei frest, ei wddf a'i bola. Mae eu ffwr yn gwrthsefyll dŵr, sy'n helpu i'w cadw'n gynnes ac yn sych yn eu cynefinoedd eira. Mae ganddynt bawennau mawr, pwerus gyda chrafangau miniog sydd wedi'u haddasu ar gyfer cloddio a dringo.

Mae Wolverines yn adnabyddus am eu genau a'u dannedd cryf, a ddefnyddir i fwyta amrywiaeth eang o fwyd, gan gynnwys celanedd, mamaliaid bach, adar a physgod. Mae ganddynt ymdeimlad craff o arogl, y maent yn ei ddefnyddio i leoli bwyd a marcio eu tiriogaeth. Mae Wolverines hefyd yn gallu rhedeg ar gyflymder o hyd at 30 milltir yr awr, gan eu gwneud yn helwyr ystwyth ac effeithlon.

Tarddiad a Dosbarthiad y Wolverine

Mae'r wolverine i'w gael yn rhanbarthau gogleddol Gogledd America, Ewrop ac Asia. Yn hanesyddol, fe'u canfuwyd mewn ystod eang o gynefinoedd, gan gynnwys coedwigoedd, twndra, a mynyddoedd. Heddiw, mae eu poblogaethau'n lleihau'n fawr oherwydd colli cynefinoedd a hela.

Mae Wolverines wedi chwarae rhan bwysig mewn diwylliant dynol ers miloedd o flynyddoedd. Mewn llawer o ddiwylliannau Cynhenid, fe'u hystyrir yn anifeiliaid pwerus ac ysbrydol, ac mae eu pelenni wedi'u defnyddio mewn dillad traddodiadol a regalia. Heddiw, mae wolverines yn cael eu hamddiffyn mewn llawer o wledydd, ac mae ymdrechion cadwraeth ar y gweill i helpu eu poblogaethau i wella.

Ymddygiad y Wolverine

Mae Wolverines yn anifeiliaid unigol sydd fwyaf gweithgar yn y nos. Maent yn diriogaethol iawn a byddant yn amddiffyn eu tiriogaeth yn ymosodol yn erbyn anifeiliaid eraill. Mae Wolverines yn cyfathrebu â'i gilydd trwy leisio, marcio arogl, a chiwiau gweledol.

Mae Wolverines yn adnabyddus am eu cryfder a'u dygnwch anhygoel. Maent yn gallu llusgo ysglyfaeth sy'n llawer mwy na'u hunain am bellteroedd maith, a gallant oroesi mewn amgylcheddau llym ac anfaddeuol. Mae Wolverines hefyd yn ddringwyr medrus ac yn gallu dringo clogwyni serth a thir creigiog.

Atgynhyrchiad o'r Wolverine

Mae Wolverines yn paru rhwng Mai ac Awst, ac mae'r cyfnod beichiogrwydd yn para tua 30-50 diwrnod. Mae merched yn rhoi genedigaeth i dorllwythi o rhwng un a phum cit, sy'n cael eu geni'n ddall ac yn ddiymadferth. Mae'r fam yn gofalu am y citiau nes eu bod yn ddigon hen i hela a gofalu amdanynt eu hunain.

Hela a Chadwraeth

Mae Wolverines wedi cael eu hela am eu pelts ac ar gyfer chwaraeon ers blynyddoedd lawer. Mae eu poblogaethau hefyd wedi gostwng yn sylweddol oherwydd colli cynefinoedd a darnio. Heddiw, mae wolverines yn cael eu hamddiffyn mewn llawer o wledydd, ac mae ymdrechion cadwraeth ar y gweill i helpu eu poblogaethau i wella.

Mae ymdrechion cadwraeth ar gyfer wolverines yn cynnwys adfer cynefinoedd, rhaglenni addysg, a rhaglenni ailgyflwyno. Mae Wolverines wedi'u hailgyflwyno i rai ardaloedd lle cawsant eu halltudio o'r blaen, ac mae eu poblogaethau wedi adlamu mewn rhai ardaloedd.

I gloi, mae'r wolverine yn anifail hynod ddiddorol ac unigryw sy'n aml yn cael ei gamddeall. Maent yn adnabyddus am eu cryfder a'u dygnwch anhygoel, yn ogystal â'u crafangau miniog a'u dannedd. Mae Wolverines wedi chwarae rhan bwysig yn niwylliant dynol ers miloedd o flynyddoedd, ac mae eu poblogaethau wedi'u lleihau'n fawr oherwydd hela a cholli cynefinoedd.

Mae ymdrechion cadwraeth ar y gweill i helpu poblogaethau wolverine i wella, ac mae'n bwysig cydnabod y rhan bwysig y mae'r anifeiliaid hyn yn ei chwarae yn eu hecosystemau. Fel ysglyfaethwyr brig, mae wolverines yn helpu i gynnal cydbwysedd eu hecosystemau trwy reoli poblogaethau eu hysglyfaeth. Trwy amddiffyn a chadw wolverines

233. Xerus

Genws o wiwerod daear bach, dyddiol, sydd i'w cael mewn gwahanol rannau o Affrica yw Xerus. Maent yn adnabyddus am eu nodweddion corfforol unigryw a'u hymddygiad hynod ddiddorol.

Nodweddion Xerus

Cnofilod bach, daearol yw Xerus sy'n amrywio o ran maint o 12 i 30 cm o hyd, gan gynnwys eu cynffonau. Mae ganddyn nhw ffwr byr, trwchus sydd fel arfer yn frown neu'n llwyd ei liw, gyda rhannau isaf gwyn. Mae eu cynffonau'n brysiog a gellir eu defnyddio ar gyfer cydbwysedd a chyfathrebu.

Un o nodweddion amlycaf Xerus yw eu llygaid mawr, bylchog sy'n cael eu haddasu ar gyfer golwg yn ystod y dydd. Mae ganddyn nhw hefyd grafangau miniog a choesau ôl hir, pwerus sy'n caniatáu iddyn nhw redeg a neidio'n ystwyth. Mae gan Xerus strwythur penglog hynod addasedig sy'n eu galluogi i gnoi trwy ddeunydd planhigion caled a chloddio tyllau.

Tarddiad a Dosbarthiad Xerus

Mae Xerus i'w gael mewn gwahanol rannau o Affrica, gan gynnwys rhanbarthau deheuol, dwyreiniol a gorllewinol. Maent yn byw mewn amrywiaeth o gynefinoedd, gan gynnwys safana, glaswelltiroedd a thir prysg. Mae Xerus i'w gael yn fwyaf cyffredin mewn rhanbarthau â hinsoddau sych, lle maent wedi addasu i oroesi ar adnoddau dŵr cyfyngedig.

Mae sawl rhywogaeth o Xerus, gan gynnwys Gwiwer y Tir Rhwyiog (Xerus erythropus), Gwiwer y Tir Unstriped (Xerus rutilus), a Llygoden Fawr Noeth (Xerus inauris). Mae gan bob rhywogaeth nodweddion corfforol ac ymddygiadol unigryw sy'n eu gwneud wedi addasu'n dda i'w hamgylcheddau penodol.

Ymddygiad Xerus

Mae Xerus yn anifeiliaid cymdeithasol iawn sy'n byw mewn cytrefi a all amrywio o ran maint o ychydig o unigolion i dros 100. Maent yn weithgar yn ystod y dydd, yn treulio llawer o'u hamser yn chwilota am fwyd ac yn cymdeithasu ag aelodau eraill o'u nythfa. Mae Xerus yn cyfathrebu â'i gilydd trwy leisio a marcio arogl.

Mae Xerus yn hollysyddion, sy'n golygu eu bod yn bwyta amrywiaeth eang o fwyd, gan gynnwys hadau, ffrwythau, pryfed ac anifeiliaid bach. Mae ganddynt system dreulio arbenigol sy'n caniatáu iddynt echdynnu maetholion o ddeunydd planhigion caled, fel gwreiddiau a chloron.

Atgynhyrchiad o Xerus

Mae Xerus yn atgenhedlu'n rhywiol, gyda merched yn rhoi genedigaeth i dorllwythi o 2 i 10 o gywion. Mae'r ifanc yn cael eu geni gyda'u llygaid ar gau ac yn gwbl ddibynnol ar eu mam am wythnosau cyntaf eu bywydau. Wrth iddynt dyfu, mae'r ifanc yn cael eu diddyfnu'n raddol a'u haddysgu sut i chwilota am fwyd a llywio eu hamgylchedd.

Hela a Chadwraeth

Nid yw Xerus fel arfer yn cael ei hela gan fodau dynol, gan eu bod yn cael eu hystyried yn blâu mewn rhai ardaloedd. Fodd bynnag, weithiau maent yn cael eu hela gan ysglyfaethwyr fel nadroedd, adar ysglyfaethus, a mamaliaid mawr.

Mae ymdrechion cadwraeth ar gyfer Xerus yn canolbwyntio ar warchod eu cynefinoedd a lleihau effaith gweithgareddau dynol ar eu poblogaethau. Mae Xerus wedi addasu'n dda i fyw mewn rhanbarthau cras, ond gall eu poblogaethau gael eu bygwth gan newidiadau mewn defnydd tir, megis ehangu amaethyddol a threfoli.

I gloi, mae xerus yn grŵp hynod ddiddorol ac unigryw o wiwerod daear sydd i'w cael mewn gwahanol rannau o Affrica. Maent yn adnabyddus am eu nodweddion corfforol nodedig a'u hymddygiad cymdeithasol. Mae Xerus yn chwarae rhan bwysig yn eu hecosystemau trwy wasgaru hadau a darparu bwyd i ysglyfaethwyr.

Mae angen ymdrechion cadwraeth i amddiffyn Xerus a'u cynefinoedd, wrth iddynt wynebu bygythiadau gan weithgareddau dynol a newid hinsawdd. Drwy ddeall nodweddion ac ymddygiad Xerus, gallwn werthfawrogi'n well bwysigrwydd yr anifeiliaid hyn yn eu hecosystemau a gweithio i sicrhau eu bod yn goroesi ar gyfer cenedlaethau'r dyfodol.

234. Zander

Mae'r zander, a adwaenir hefyd fel y penhwyad, yn bysgodyn helwriaeth poblogaidd a geir mewn cyrff dŵr croyw ledled Ewrop a rhannau o Asia. Yn adnabyddus am eu maint trawiadol a'u hymddygiad rheibus, mae zander wedi dod yn dalfa y mae pysgotwyr yn galw amdani ac yn bysgodyn bwyd poblogaidd.

Nodweddion Zander

Mae Zander yn bysgod mawr, rheibus sy'n gallu tyfu hyd at 1.2 metr o hyd a phwyso dros 20 cilogram. Mae ganddyn nhw gorff main, hirgul sydd fel arfer yn wyrdd-llwyd neu'n frown ei liw, gyda streipiau fertigol tywyllach ar hyd eu hochrau. Mae gan Zander ên bwerus gyda dannedd miniog, y maen nhw'n ei ddefnyddio i ddal a bwyta eu hysglyfaeth.

Un o nodweddion mwyaf nodedig y zander yw eu hesgyll ddorsal fawr, sy'n ymestyn ar hyd eu cefn cyfan ac yn darparu sefydlogrwydd wrth nofio. Mae ganddyn nhw hefyd lygaid mawr sydd wedi'u haddasu ar gyfer amodau ysgafn isel, sy'n eu galluogi i hela'n effeithiol mewn dyfroedd tywyll.

Tarddiad a Dosbarthiad Zander

Mae Zander yn frodorol i gyrff dŵr croyw ledled Ewrop a rhannau o Asia, gan gynnwys y Môr Baltig, y Môr Du, a basnau Môr Caspia. Maent wedi cael eu cyflwyno i ranbarthau eraill ledled y byd, gan gynnwys Gogledd America ac Awstralia, lle maent wedi dod yn boblogaethau sefydledig mewn rhai ardaloedd.

Mae Zander i'w ganfod amlaf mewn afonydd a llynnoedd mawr sy'n symud yn araf gyda dyfroedd dyfnion, muriog. Mae'n well ganddynt ardaloedd gyda digon o orchudd, fel boncyffion tanddwr neu welyau chwyn, lle gallant guddio a chuddio eu hysglyfaeth.

Ymddygiad Zander

Mae Zander yn bysgod rheibus sy'n bwydo ar amrywiaeth o ysglyfaeth, gan gynnwys pysgod bach, cramenogion a phryfed. Maent yn adnabyddus am eu hymddygiad hela llechwraidd, gan ddefnyddio eu hesgyll cefn mawr i aros yn sefydlog ac yn llonydd yn y dŵr nes bod ysglyfaeth yn dod o fewn pellter trawiadol.

Pysgod unigol yw Zander fel arfer, er y gallant ffurfio grwpiau bach yn ystod y tymor silio. Maent yn weithgar yn bennaf gyda'r wawr a'r cyfnos, pan fyddant yn fwyaf llwyddiannus wrth hela. Yn ystod y dydd, efallai y bydd Zander yn ceisio lloches mewn boncyffion tanddwr neu welyau chwyn er mwyn osgoi ysglyfaethwyr a chadw ynni.

Atgynhyrchiad o Zander

Mae Zander yn atgenhedlu'n rhywiol, gyda gwrywod a benywod yn dod at ei gilydd i silio yn ystod misoedd y gwanwyn. Gall benywod gynhyrchu hyd at 200,000 o wyau, sy'n cael eu rhyddhau i'r dŵr a'u ffrwythloni gan y gwryw. Mae'r wyau'n deor o fewn wythnos, ac mae'r zander ifanc yn dechrau bwydo ar blancton a phryfed bach.

Hela a Chadwraeth

Mae Zander yn bysgod hela poblogaidd ac mae pysgotwyr yn chwilio amdanynt oherwydd eu maint a'u gallu i ymladd. Maent hefyd yn cael eu hystyried yn bysgodyn bwyd gwerthfawr, gyda blas ysgafn a chnawd gwyn cadarn.

Mae ymdrechion cadwraeth ar gyfer zander yn canolbwyntio ar warchod eu cynefinoedd a rheoli pwysau pysgota i sicrhau poblogaethau cynaliadwy. Gorbysgota, dinistrio cynefinoedd, a llygredd yw'r prif fygythiadau i boblogaethau zander, ac mae angen ymdrechion i liniaru'r bygythiadau hyn i sicrhau eu bod yn goroesi ar gyfer cenedlaethau'r dyfodol.

I gloi, mae'r zander yn bysgodyn hynod ddiddorol a thrawiadol sy'n cael ei werthfawrogi fel pysgodyn gêm a physgodyn bwyd. Mae eu hymddygiad rheibus a'u maint trawiadol yn eu gwneud yn dalfa heriol i bysgotwyr, tra bod eu blas ysgafn a'u cnawd cadarn yn eu gwneud yn ddewis poblogaidd i gogyddion a chogyddion cartref.

Mae angen ymdrechion cadwraeth i amddiffyn zander a'u cynefinoedd, wrth iddynt wynebu bygythiadau o orbysgota, dinistrio cynefinoedd, a llygredd. Trwy ddeall nodweddion ac ymddygiad zander, gallwn weithio i sicrhau eu goroesiad ar gyfer cenedlaethau'r dyfodol a chynnal eu rôl bwysig mewn ecosystemau dŵr croyw.

Mae geifr gwyllt yn grŵp o famaliaid ungulate sy'n perthyn i'r genws Capra, sydd hefyd yn cynnwys geifr domestig. Mae'r anifeiliaid hyn wedi'u darganfod mewn gwahanol rannau o'r byd, ac maent wedi addasu i ystod eang o gynefinoedd, gan gynnwys mynyddoedd, anialwch, a glaswelltiroedd. Mae geifr gwyllt yn adnabyddus am eu sgiliau dringo rhagorol, ac maent yn addas iawn ar gyfer bywyd mewn tir mynyddig a garw.

Nodweddion Geifr Gwyllt

Mae geifr gwyllt yn famaliaid canolig eu maint sy'n amrywio o ran maint o 40 i 140 kg, yn dibynnu ar y rhywogaeth. Mae ganddyn nhw gorff cryno, coesau byr, a chynffon fer. Mae eu cot fel arfer yn frown, du, neu lwyd, ac mae'n drwchus ac yn shaggy, sy'n eu helpu i gadw'n gynnes mewn tywydd oer. Mae gan eifr gwyllt bâr o gyrn crwm a pigfain, y maent yn eu defnyddio i amddiffyn rhag ysglyfaethwyr a chystadleuaeth am gymheiriaid. Mae gan geifr gwyllt gwryw fel arfer gyrn mwy na benywod.

Mae gan eifr gwyllt system dreulio unigryw sy'n eu galluogi i oroesi mewn amgylcheddau garw. Maent yn cnoi cil, sy'n golygu bod ganddynt stumog pedair siambr sy'n caniatáu iddynt dreulio deunydd planhigion caled, ffibrog. Llysysyddion yw geifr gwyllt, ac maen nhw'n bwydo ar amrywiaeth o blanhigion, gan gynnwys gweiriau, dail a llwyni. Mae ganddyn nhw arferion bwydo dethol, ac mae'n well ganddyn nhw blanhigion sy'n uchel mewn maetholion ac sydd â chynnwys ffibr isel.

Mae geifr gwyllt yn adnabyddus am eu hystwythder a'u sgiliau dringo. Maent wedi addasu'n dda i fywyd ar dir garw a mynyddig a gallant ddringo clogwyni serth a brigiadau creigiog yn rhwydd. Mae ganddynt asgwrn cefn a charnau hyblyg sydd wedi'u haddasu i afael ar arwynebau anwastad, sy'n caniatáu iddynt lywio tir serth. Gall geifr gwyllt hefyd neidio hyd at 6 troedfedd yn yr awyr, sy'n eu helpu i osgoi ysglyfaethwyr a chroesi bylchau yn y dirwedd.

Tarddiad a Dosbarthiad

Credir bod geifr gwyllt wedi tarddu o ranbarthau mynyddig Canolbarth Asia a'r Dwyrain Canol. Maent wedi bod yn ddomestig ers miloedd o flynyddoedd ac wedi'u cadw ar gyfer eu llaeth, eu cig, a'u gwlân. Mae geifr gwyllt hefyd yn ffynhonnell bwysig o ddeunydd genetig ar gyfer geifr domestig, ac mae gan lawer o fridiau modern o eifr domestig achau geifr gwyllt.

Mae sawl rhywogaeth o eifr gwyllt i'w cael ledled y byd. Mae rhai o'r rhywogaethau mwyaf adnabyddus yn cynnwys:

1. Alpaidd ibex (Capra ibex): Mae'r ibex Alpaidd i'w gael ym mynyddoedd Ewrop, gan gynnwys yr Alpau, y Carpathiaid, a'r Pyrenees. Mae ganddyn nhw gôt drwchus, shaggy sy'n lliw brown, ac maen nhw'n adnabyddus am eu cyrn trawiadol, sy'n gallu tyfu hyd at 1 metr o hyd.

2. Nubian ibex (Capra nubiana): Mae'r Nubian ibex i'w gael yn rhanbarthau mynyddig Gogledd Affrica a'r Dwyrain Canol, gan gynnwys Penrhyn Sinai, Gwlad yr Iorddonen, a Saudi Arabia. Mae ganddyn nhw gôt fer, coch-frown a chyrn crwm sy'n llai na rhai'r ibex Alpaidd.

3. Siberia ibex (Capra sibirica): Mae'r ibex Siberia i'w gael ym mynyddoedd canolbarth Asia, gan gynnwys Mynyddoedd Altai ac ystod Tien Shan. Mae ganddyn nhw gôt lliw golau sy'n llwyd neu'n frown, ac mae ganddyn nhw gyrn mawr, crwm sy'n gallu tyfu hyd at 1.5 metr o hyd.

4. Ibex Sbaeneg (Capra pyrenaica): Mae'r ibex Sbaeneg i'w gael ym mynyddoedd Sbaen a Phortiwgal, gan gynnwys y Pyrenees, Sierra Nevada, a Sierra de Gredos. Mae ganddyn nhw gôt fer, coch-frown a chyrn hir, crwm sy'n gallu tyfu hyd at 1.2 metr o hyd.

5. Bezoar ibex (Capra aegagrus): Mae'r Bezoar ibex i'w gael ym mynyddoedd Twrci, Iran, a Phacistan. Mae ganddyn nhw gôt fer, lliw golau a chyrn mawr, crwm sy'n gallu tyfu hyd at 1.2 metr o hyd.

6. Markhor (Capra falconeri): Mae'r Markhor i'w gael ym mynyddoedd Canolbarth Asia, gan gynnwys Afghanistan, Pacistan, a Tajikistan. Mae ganddyn nhw gôt hir, shaggy sy'n frown neu'n llwyd, ac mae ganddyn nhw gyrn troellog trawiadol sy'n gallu tyfu hyd at 1.6 metr o hyd.

7. Gafr Rocky Mountain (Oreamnos americanus): Mae gafr y Mynydd Creigiog i'w chael yn rhanbarthau mynyddig gorllewin Gogledd America, gan gynnwys Alaska, British Columbia, a gorllewin yr Unol

Daleithiau. Mae ganddyn nhw gôt wen drwchus sy'n eu helpu i ymdoddi i'r eira, ac mae ganddyn nhw gyrn byr, crwm.

Mae geifr gwyllt yn addas iawn ar gyfer bywyd mewn rhanbarthau mynyddig, ac maent i'w cael mewn amrywiaeth o gynefinoedd, gan gynnwys dolydd alpaidd, clogwyni creigiog, a mynyddoedd anialwch. Maent wedi'u haddasu i amodau amgylcheddol llym, gan gynnwys tymereddau eithafol, uchderau uchel, ac adnoddau bwyd a dŵr cyfyngedig.

Statws Cadwraeth

Mae sawl rhywogaeth o eifr gwyllt ar hyn o bryd yn wynebu bygythiadau i'w poblogaethau oherwydd colli cynefinoedd, hela, a chystadleuaeth gyda da byw. Mae Rhestr Goch yr IUCN (Undeb Rhyngwladol Cadwraeth Natur) yn dosbarthu rhai rhywogaethau o eifr gwyllt fel rhai sydd mewn perygl neu'n agored i niwed, gan gynnwys yr Nubian ibex, Bezoar ibex, a Markhor.

Mae ymdrechion cadwraeth ar y gweill i warchod poblogaethau geifr gwyllt a'u cynefinoedd. Mae rhai o'r ymdrechion hyn yn cynnwys sefydlu ardaloedd gwarchodedig, cyfyngu ar hela a sathru, a gweithredu arferion pori cynaliadwy i leihau cystadleuaeth â da byw.

I gloi, mae geifr gwyllt yn famaliaid hynod ddiddorol a hyblyg sydd wedi esblygu i oroesi mewn amgylcheddau mynyddig garw. Mae ganddynt nodweddion corfforol unigryw, gan gynnwys eu cyrn trawiadol, cotiau shaggy, a sgiliau dringo rhagorol. Mae sawl rhywogaeth o eifr gwyllt i'w cael ledled y byd, pob un wedi addasu i'w cynefin penodol a'i amodau amgylcheddol.

Er gwaethaf eu gallu i addasu, mae llawer o rywogaethau o eifr gwyllt ar hyn o bryd yn wynebu bygythiadau i'w poblogaethau, ac mae ymdrechion cadwraeth yn hanfodol i'w goroesiad. Wrth i fodau dynol barhau i effeithio ar gynefinoedd geifr gwyllt trwy weithgareddau fel hela, pori a datblygu, mae'n bwysig cydnabod gwerth yr anifeiliaid hyn a gweithio i amddiffyn eu poblogaethau ar gyfer cenedlaethau'r dyfodol.

Mae Wombats yn marsupialiaid cadarn, turio sy'n frodorol i Awstralia. Maent yn adnabyddus am eu galluoedd cloddio cryf a'u nodweddion corfforol unigryw, gan gynnwys eu cyrff siâp casgen a'u codenni sy'n wynebu'n ôl. Mae Wombats yn anifeiliaid cymdeithasol sy'n chwarae rhan bwysig yn eu hecosystemau, ac maen nhw wedi dal calonnau llawer gyda'u hymddangosiad annwyl a'u personoliaethau swynol.

Tarddiad a Dosbarthiad

Mae Wombats yn endemig i Awstralia, sy'n golygu nad ydyn nhw i'w cael yn unman arall yn y byd. Fe'u ceir yn bennaf yn rhanbarthau de-ddwyreiniol y cyfandir, gan gynnwys Tasmania, Victoria, New South Wales, a Queensland. Gellir dod o hyd i Wombats mewn amrywiaeth o gynefinoedd, gan gynnwys glaswelltiroedd, coedwigoedd, a rhanbarthau alpaidd.

Nodweddion Corfforol

Mae Wombats yn anifeiliaid cryf, cyhyrog sy'n cael eu hadeiladu ar gyfer cloddio. Mae ganddynt goesau byr ac ysgwyddau llydan, pwerus sy'n eu helpu i wthio trwy bridd a chreigiau. Mae wombats wedi'u gorchuddio â ffwr bras, trwchus sy'n amrywio mewn lliw o frown tywodlyd i frown tywyll neu ddu.

Un o nodweddion ffisegol mwyaf nodedig y wombat yw eu cwdyn sy'n wynebu'n ôl. Mae'r cwdyn hwn yn helpu i atal baw a malurion rhag mynd i mewn i'r cwdyn tra bod y wombat yn cloddio. Mae gan Wombats hefyd enau a dannedd cryf sydd wedi'u haddasu ar gyfer cnoi llystyfiant caled. Mae tair rhywogaeth o wombats, pob un â'i nodweddion ffisegol unigryw:

1. Wombat cyffredin (Vombatus ursinus): Y wombat cyffredin yw'r mwyaf o'r tair rhywogaeth, gyda hyd corff o hyd at 1.2 metr a phwysau o hyd at 40 cilogram. Mae ganddyn nhw gynffonau byr, sown a choesau pwerus sy'n caniatáu iddyn nhw gloddio systemau tyllau helaeth.

2. Crolch y trwyn blewog ogleddol (Lasiorhinus krefftii): Mae'r wombat gogleddol â thrwynau blewog yn un o'r mamaliaid prinnaf yn y byd, gyda

dim ond tua 200 o unigolion ar ôl yn y gwyllt. Mae ganddyn nhw wyneb llydan, gwastad a ffwr hir, sigledig sy'n gorchuddio eu cyrff.

3. Crolch y trwyn blewog deheuol (Lasiorhinus latifrons): Mae gan y wombat trwynllyd ddeheuol ffwr hirach, meddalach na'r wombat cyffredin ac mae ychydig yn llai o ran maint. Mae ganddyn nhw wyneb llydan, gwastad a thrwyn llydan, gwastad sydd wedi'i addasu ar gyfer cloddio.

Ymddygiad

Anifeiliaid nosol yw Wombats yn bennaf, sy'n golygu eu bod yn fwyaf gweithgar yn y nos. Yn ystod y dydd, maent yn cilio i'w tyllau i orffwys ac osgoi gwres yr haul. Mae Wombats yn anifeiliaid cymdeithasol sy'n byw mewn grwpiau a elwir yn mobs. Mae'r grwpiau hyn yn cynnwys nifer o unigolion ac fel arfer yn cael eu harwain gan ddyn cryf.

Mae Wombats yn llysysol, sy'n golygu eu bod yn bennaf yn bwydo ar lystyfiant fel glaswellt, gwreiddiau a rhisgl. Mae ganddynt system dreulio unigryw sy'n caniatáu iddynt dorri i lawr deunydd planhigion caled gyda chymorth bacteria perfedd arbenigol.

Mae Wombats yn gloddwyr ardderchog ac yn treulio cryn dipyn o amser yn cloddio a chynnal eu systemau tyllau. Gall y tyllau hyn fod yn helaeth, gyda rhai rhwydweithiau'n gorchuddio hyd at 100 metr o hyd. Mae Wombats yn defnyddio eu tyllau fel lloches, amddiffyniad rhag ysglyfaethwyr, ac fel lle i orffwys yn ystod y dydd.

Statws Cadwraeth

Mae Wombats yn cael eu hystyried yn rhywogaeth sy'n peri'r pryder lleiaf gan yr IUCN (Undeb Rhyngwladol Cadwraeth Natur), sy'n golygu nad ydynt yn wynebu unrhyw fygythiadau sylweddol i'w poblogaethau ar hyn o bryd. Fodd bynnag, rhestrir y wombat gogleddol â thrwyn blewog fel un sydd mewn perygl difrifol oherwydd colli cynefin a chystadleuaeth â da byw.

Mae ymdrechion cadwraeth ar y gweill i ddiogelu'r poblogaethau sy'n weddill o wombats y gogledd, gan gynnwys adfer cynefinoedd a mesurau rheoli ysglyfaethwyr. Mae'n hanfodol parhau i fonitro a diogelu pob rhywogaeth o wombats i sicrhau bod eu poblogaethau'n aros yn sefydlog yn y dyfodol.

I gloi, mae wombats yn marsupialiaid hynod ddiddorol sy'n unigryw i Awstralia. Gyda'u cyrff cadarn, eu galluoedd cloddio pwerus, a'u personoliaethau swynol, maent wedi dal calonnau llawer o bobl ledled y byd. Mae Wombats yn aelodau pwysig o'u hecosystemau, ac yn chwarae rhan hanfodol mewn creu pridd a chylchredeg maetholion.

Gyda'r wombat trwyniol ogleddol wedi'i rhestru fel un sydd mewn perygl difrifol, mae'n hanfodol parhau i fonitro a diogelu pob rhywogaeth o wombat. Gall ymdrechion cadwraeth fel adfer cynefinoedd a mesurau rheoli ysglyfaethwyr helpu i sicrhau bod yr anifeiliaid annwyl hyn yn parhau i ffynnu yn y gwyllt.

Fel un o anifeiliaid mwyaf eiconig Awstralia, mae wombats wedi dod yn rhan bwysig o dreftadaeth ddiwylliannol y wlad. Boed yn dod ar eu traws yn y gwyllt neu mewn sŵau a pharciau bywyd gwyllt, nid yw'r anifeiliaid hyn byth yn methu â dal dychymyg ymwelwyr. Gyda'u nodweddion corfforol unigryw a'u personoliaethau annwyl, mae wombats yn drysor cenedlaethol go iawn a fydd yn parhau i swyno ac ysbrydoli pobl am genedlaethau i ddod.

Mae mwydod yn greaduriaid hynod ddiddorol sy'n chwarae rhan hanfodol mewn ecosystemau ledled y byd. Mae'r creaduriaid di-asgwrn-cefn hyn i'w cael mewn amrywiaeth o gynefinoedd, o bridd i amgylcheddau morol, ac mae ganddynt allu rhyfeddol i addasu i wahanol amodau. Mae mwydod yn ddadelfenyddion hanfodol sy'n helpu i dorri i lawr mater organig ac ailgylchu maetholion, gan eu gwneud yn elfen hanfodol o ecosystemau iach.

Tarddiad a Dosbarthiad

Mae mwydod i'w cael ledled y byd, o'r trofannau i'r rhanbarthau pegynol. Mae dros 7,000 o rywogaethau o fwydod, a gellir eu canfod mewn amrywiaeth o amgylcheddau, gan gynnwys pridd, dŵr croyw, ac ecosystemau morol.

Nodweddion Corfforol

Daw mwydod mewn amrywiaeth o siapiau, meintiau a lliwiau, ond maent i gyd yn rhannu rhai nodweddion corfforol cyffredin. Mae'r rhan fwyaf o fwydod yn hirfain ac mae ganddynt gorff meddal, hyblyg sydd wedi'i segmentu. Mae ganddyn nhw ddiffyg aelodau, ond mae ganddyn nhw gyhyrau a blew arbenigol sy'n caniatáu iddyn nhw symud a thywallt trwy bridd neu waddod.

Mae mwydod yn amrywio o ran maint o lai na milimetr i dros fetr o hyd, gyda rhai rhywogaethau yn llawer mwy nag eraill. Maent yn dod mewn amrywiaeth o liwiau, o binc golau neu felyn i frown tywyll neu ddu.

Ymddygiad

Mae mwydod yn bennaf yn tyllu anifeiliaid, ac maen nhw'n treulio llawer o'u hamser o dan y ddaear neu o dan y dŵr. Mae ganddynt amrywiaeth o ymddygiadau sy'n eu helpu i oroesi yn eu cynefinoedd priodol, o dyllu i nofio.

Un o ymddygiadau pwysicaf mwydod yw eu gallu i bydru deunydd organig. Mae mwydod yn ddadelfenyddion hanfodol sy'n dadelfennu deunydd planhigion ac anifeiliaid marw, gan ryddhau maetholion yn ôl i'r pridd neu ddŵr. Maent hefyd yn helpu i awyru pridd, gan wella ei strwythur a'i allu i ddal dŵr.

Mae rhai mwydod hefyd yn ysglyfaethwyr pwysig, yn ysglyfaethu ar infertebratau eraill neu bysgod bach. Er enghraifft, mae rhai mwydod morol yn helwyr gweithredol sy'n defnyddio eu genau pwerus i ddal ysglyfaeth.

Mathau o Worms

Mae yna lawer o wahanol fathau o fwydod, pob un â'i nodweddion a'i ymddygiad unigryw. Dyma rai o'r mathau mwyaf cyffredin o fwydod:

1. Mwydod: Efallai mai mwydod yw'r math mwyaf adnabyddus o lyngyr. Fe'u ceir mewn pridd ac maent yn ddadelfenyddion pwysig sy'n helpu i dorri i lawr mater organig. Mae mwydod yn dod mewn amrywiaeth o feintiau a lliwiau ac mae ganddyn nhw gorff silindrog sydd wedi'i segmentu.

2. Mwydod morol: Mae mwydod morol i'w cael yn y cefnfor ac maent yn dod mewn amrywiaeth o siapiau a meintiau. Mae rhai yn helwyr gweithredol, tra bod eraill yn borthwyr hidlo sy'n bwydo ar blancton neu organebau bach eraill.

3. Mwydod parasitig: Mae mwydod parasitig i'w cael mewn amrywiaeth o westeion, gan gynnwys bodau dynol, da byw ac anifeiliaid anwes. Gallant achosi amrywiaeth o broblemau iechyd, o fân lid i salwch difrifol.

4. Llyngyr lledog: Mae llyngyr lledog yn fath o fwydyn sydd â chorff gwastad. Fe'u ceir mewn amgylcheddau dŵr croyw a morol ac maent yn dod mewn amrywiaeth o feintiau a lliwiau.

5. Mwydod polychaete: Mae mwydod polychaete yn fath o lyngyr morol sy'n adnabyddus am eu blew llachar. Fe'u ceir mewn amrywiaeth o amgylcheddau morol, o riffiau cwrel i'r môr dwfn.

Pwysigrwydd Mwydod

Mae mwydod yn hanfodol i ecosystemau iach, gan chwarae rhan hanfodol mewn cylchredeg maethynnau a dadelfeniad. Maen nhw'n helpu i dorri i lawr deunydd planhigion ac anifeiliaid marw, gan ryddhau maetholion yn ôl i'r pridd neu ddŵr. Mae'r broses hon yn hanfodol ar gyfer twf planhigion a goroesiad organebau eraill.

Mae mwydod hefyd yn helpu i wella strwythur y pridd a'r gallu i ddal dŵr trwy awyru'r pridd a chreu sianeli i ddŵr lifo. Mae hyn yn gwneud pridd yn fwy ffrwythlon ac yn gallu cynnal mwy o amrywiaeth o blanhigion ac anifeiliaid.

Mae gan fwydod hefyd werth economaidd, yn enwedig mewn amaethyddiaeth. Defnyddir mwydod i wella iechyd y pridd a chynyddu cynnyrch cnydau. Mae fermigompostio, sef y broses o ddefnyddio mwydod i ddadelfennu gwastraff organig i gompost llawn maetholion, hefyd yn dod yn fwyfwy poblogaidd fel dewis cynaliadwy yn lle dulliau compostio traddodiadol.

Yn ogystal â'u pwysigrwydd ecolegol ac economaidd, mae mwydod hefyd yn greaduriaid hynod ddiddorol sydd wedi dal dychymyg pobl ledled y byd. Maent wedi ysbrydoli celf, llenyddiaeth, a hyd yn oed ymchwil wyddonol. Er enghraifft, mae astudio ymddygiad llyngyr wedi cyfrannu at ein dealltwriaeth o niwrowyddoniaeth ac ymddygiad anifeiliaid.

Bygythiadau i Worms

Er gwaethaf eu pwysigrwydd ecolegol, mae mwydod yn wynebu amrywiaeth o fygythiadau sy'n rhoi eu poblogaethau mewn perygl. Mae dinistrio cynefinoedd, llygredd, a newid yn yr hinsawdd i gyd yn fygythiadau mawr i boblogaethau llyngyr ledled y byd.

Un o'r bygythiadau mwyaf i lyngyr yw diraddio pridd, sy'n cael ei achosi gan ddatgoedwigo, gorbori, ac amaethyddiaeth ddwys. Mae hyn yn dinistrio strwythur y pridd ac yn lleihau ffrwythlondeb y pridd, gan ei gwneud hi'n anodd i fwydod oroesi.

Mae llygredd yn fygythiad mawr arall i lyngyr, yn enwedig mewn amgylcheddau morol. Gall cemegau a llygryddion o ffynonellau diwydiannol ac amaethyddol gronni yn y gwaddod, gan niweidio llyngyr ac infertebratau eraill.

Mae newid yn yr hinsawdd hefyd yn cael effaith sylweddol ar boblogaethau llyngyr, yn enwedig mewn rhanbarthau pegynol. Wrth i'r tymheredd godi, mae rhew parhaol yn toddi, ac mae hyn yn achosi newidiadau yn strwythur y pridd sy'n ei gwneud hi'n anodd i lyngyr oroesi.

Cadwraeth Mwydod

Mae ymdrechion cadwraeth ar gyfer llyngyr yn eu cyfnod cynnar o hyd, ond mae sawl strategaeth y gellir eu defnyddio i amddiffyn y creaduriaid pwysig hyn. Un o'r rhai pwysicaf yw adfer cynefinoedd, sy'n cynnwys adfer ecosystemau diraddiedig i wella iechyd pridd a chynyddu bioamrywiaeth.

Mae lleihau llygredd hefyd yn bwysig, yn enwedig mewn amgylcheddau morol. Gellir cyflawni hyn trwy well arferion rheoli gwastraff a lleihau'r defnydd o gemegau a llygryddion mewn prosesau diwydiannol ac amaethyddol.

Yn olaf, mae codi ymwybyddiaeth y cyhoedd am bwysigrwydd mwydod a'u rôl mewn ecosystemau yn hollbwysig. Gellir cyflawni hyn trwy raglenni addysg ac allgymorth sy'n amlygu pwysigrwydd ecolegol ac economaidd mwydod a'r bygythiadau y maent yn eu hwynebu.

I gloi, mae mwydod yn greaduriaid hynod ddiddorol sy'n chwarae rhan hanfodol mewn ecosystemau ledled y byd. O'u rôl bwysig mewn cylchredeg maetholion a dadelfeniad i'w gwerth economaidd mewn amaethyddiaeth, mae mwydod yn hollbwysig i iechyd a lles ein planed. Er gwaethaf y bygythiadau y maent yn eu hwynebu, mae llawer o gyfleoedd i amddiffyn a gwarchod y creaduriaid pwysig hyn trwy adfer cynefinoedd, lleihau llygredd, ac ymgyrchoedd ymwybyddiaeth y cyhoedd. Drwy gydweithio, gallwn sicrhau bod llyngyr yn parhau i ffynnu a chyfrannu at ecosystemau iach am genedlaethau i ddod.

Mae'r iacod yn famal mawr, gwallt hir sy'n frodorol i ranbarthau uchder uchel yr Himalayas yng Nghanolbarth Asia. Fe'u ceir yn bennaf yn Tibet, Nepal, Bhutan, a rhannau o Mongolia, ac maent yn rhan bwysig o ddiwylliant ac economi traddodiadol y rhanbarthau hyn. Mae gan iacod nifer o nodweddion unigryw sy'n eu gwneud yn addas iawn ar gyfer bywyd yn yr amgylcheddau eithafol hyn, gan gynnwys eu cot drwchus, shaggy, adeiladu cyhyrau cryf, a'r gallu i oroesi ar ddeiet o lystyfiant prin.

Nodweddion Corfforol

Mae iacod yn anifeiliaid mawr, wedi'u hadeiladu'n drwm, sy'n gallu pwyso hyd at 1,000 kg (2,200 pwys) a sefyll hyd at 2 fetr (6.5 troedfedd) o daldra wrth yr ysgwydd. Mae ganddyn nhw gôt shaggy nodedig a all amrywio mewn lliw o frown tywyll i ddu neu hyd yn oed gwyn. Mae'r gôt yn cynnwys dwy haen: haen fewnol drwchus o wallt mân sy'n darparu inswleiddio a haen allanol hirach, mwy bras sy'n amddiffyn yr anifail rhag yr elfennau. Mae gan Yaks hefyd dwmpath mawr dros eu hysgwyddau sy'n cynnwys cyhyrau a braster, sy'n darparu cronfeydd egni yn ystod cyfnodau o brinder bwyd.

Ymddygiad a Chynefin

Mae iacod yn anifeiliaid cymdeithasol sy'n byw mewn buchesi o hyd at 20 o unigolion. Maent wedi addasu'n dda i fywyd yn ardaloedd uchder uchel yr Himalayas, lle gellir eu canfod yn pori ar y llystyfiant tenau sy'n tyfu ar uchder o hyd at 5,500 metr (18,000 troedfedd). Mae iacod yn gallu goroesi yn yr amgylcheddau eithafol hyn oherwydd eu gallu i echdynnu maetholion o lystyfiant caled, ffibrog, yn ogystal â'u metaboledd effeithlon a'u gallu i storio ynni yn eu twmpath. Maent hefyd yn gallu gwrthsefyll tymheredd oer yn fawr, gyda'u cot drwchus a'u haenau o fraster yn darparu inswleiddiad rhagorol.

Domestig a Phwysigrwydd Economaidd:

Mae Yaks wedi cael eu dofi ers miloedd o flynyddoedd ac maent yn rhan bwysig o ddiwylliant ac economi traddodiadol rhanbarth yr Himalaya. Defnyddir iacod domestig at amrywiaeth o ddibenion, gan gynnwys cludo, cynhyrchu llaeth, a chig. Mae iacod yn gallu cario llwythi trwm dros bellteroedd hir ac fe'u defnyddir yn gyffredin fel anifeiliaid pecyn yn y mynyddoedd. Mae llaeth iacod yn gyfoethog mewn protein ac fe'i defnyddir i wneud amrywiaeth o gynhyrchion llaeth, gan gynnwys caws a menyn. Mae cig iacod hefyd yn ffynhonnell werthfawr o brotein ac mae'n brif fwyd mewn llawer o gymunedau Himalaya.

Statws Cadwraeth

Mae iacod gwyllt yn cael eu dosbarthu fel rhai agored i niwed gan yr Undeb Rhyngwladol dros Gadwraeth Natur (IUCN) oherwydd colli cynefinoedd, hela, a chystadleuaeth ag iacod domestig am adnoddau. Mae poblogaeth yr iacod gwyllt wedi gostwng mwy na 30% dros y tri degawd diwethaf, gydag amcangyfrifon yn awgrymu bod llai na 10,000 o unigolion ar ôl yn y gwyllt erbyn hyn. Mae ymdrechion ar y gweill i amddiffyn poblogaethau iacod gwyllt, gan gynnwys sefydlu ardaloedd gwarchodedig a rhaglenni cadwraeth gyda'r nod o leihau sathru a dinistrio cynefinoedd.

I gloi, mae iacod yn anifeiliaid hynod ddiddorol sydd wedi addasu'n dda i fywyd yn amgylcheddau eithafol rhanbarth yr Himalaya. Mae ganddynt nifer o nodweddion unigryw sy'n eu gwneud yn werthfawr i boblogaethau domestig a gwyllt, gan gynnwys eu gallu i oroesi ar ddeiet prin, ymwrthedd i dymheredd oer, a chryfder a dygnwch fel anifeiliaid pecyn. Fodd bynnag, maent yn wynebu nifer o fygythiadau, gan gynnwys colli cynefinoedd, hela, a chystadleuaeth â iacod domestig, sy'n peryglu eu poblogaethau. Mae angen ymdrechion cadwraeth i amddiffyn poblogaethau iacod gwyllt a sicrhau bod yr anifeiliaid pwysig hyn yn parhau i ffynnu yn y dyfodol.

239. Sebra

Mae sebras yn famaliaid llysysol, carnau sy'n frodorol i Affrica. Maent yn adnabyddus am eu cot streipiog du a gwyn nodedig, sy'n gweithredu fel math o guddliw ac yn helpu i'w cadw'n oer yn haul poeth Affrica.

Tarddiad

Mae sebras yn perthyn i'r teulu Equidae, sy'n cynnwys ceffylau ac asynnod. Maent yn frodorol i Affrica ac i'w cael mewn ystod eang o gynefinoedd, gan gynnwys glaswelltiroedd, savannas, a hyd yn oed ardaloedd mynyddig. Mae yna dri rhywogaeth o sebra: sebra'r gwastadedd, sebra'r mynydd, a sebra'r Grevy. Nid yw union darddiad sebras yn hysbys, ond credir iddynt esblygu o fod yn hynafiad cyffredin gyda cheffylau ac asynnod tua 4 miliwn o flynyddoedd yn ôl.

Nodweddion Corfforol

Anifeiliaid canolig eu maint yw sebras, gydag oedolion yn amrywio mewn pwysau o 200 i 450 kg (440 i 990 pwys). Maent yn sefyll hyd at 1.5 metr (5 troedfedd) o daldra wrth yr ysgwydd. Mae sebras yn fwyaf adnabyddus am eu cot streipiog du a gwyn, sy'n cynnwys blew unigol sy'n ddu yn y gwaelod ac yn wyn yn y blaen. Mae'r patrymau o streipiau ar gôt sebra yn unigryw i bob unigolyn a gellir eu defnyddio i'w hadnabod, yn debyg iawn i olion byscdd. Mae gan sebras hefyd fwng byr, sionc sy'n rhedeg i lawr eu gwddf a thwmpath o wallt ar ddiwedd eu cynffon.

Ymddygiad a Chynefin

Mae sebras yn anifeiliaid cymdeithasol sy'n byw mewn buchesi o hyd at gannoedd o unigolion. O fewn y buchesi hyn, mae gwryw dominyddol o'r enw march, a fydd yn paru gyda'r benywod yn y grŵp. Bydd sebras benywaidd yn rhoi genedigaeth i ebol sengl ar ôl cyfnod beichiogrwydd o tua 12 mis. Mae sebras yn llysysol ac yn bwydo ar amrywiaeth o weiriau, dail a choesynnau. Gallant hefyd fynd heb ddŵr am sawl diwrnod, gan eu bod yn gallu tynnu lleithder o'r llystyfiant y maent yn ei fwyta.

Ceir sebras mewn amrywiaeth eang o gynefinoedd, o laswelltiroedd i safana a hyd yn oed ardaloedd mynyddig. Maent wedi addasu'n dda i fywyd ar wastatiroedd Affrica, lle mae eu cot streipiog yn helpu i'w hamddiffyn rhag ysglyfaethwyr trwy ei gwneud hi'n anodd iddynt gael eu neilltuo mewn grŵp. Mae sebras hefyd yn gallu rheoli tymheredd eu corff trwy ddefnyddio lliwiau cyferbyniol eu cot, gyda'r streipiau du yn amsugno gwres a'r streipiau gwyn yn ei adlewyrchu.

Statws Cadwraeth

Mae statws cadwraeth sebras yn amrywio yn dibynnu ar y rhywogaeth. Mae sebra'r gwastadeddau wedi'i restru fel un sydd bron dan fygythiad gan yr Undeb Rhyngwladol dros Gadwraeth Natur (IUCN) oherwydd colli cynefinoedd a hela. Mae'r sebra mynydd wedi'i restru fel un sy'n agored i niwed oherwydd colli cynefin a chystadleuaeth gyda da byw domestig am adnoddau. Rhestrir sebra'r Grevy's fel un sydd mewn perygl oherwydd colli cynefinoedd a hela.

Mae ymdrechion ar y gweill i amddiffyn a gwarchod poblogaethau sebra gwyllt, gan gynnwys sefydlu ardaloedd gwarchodedig, patrolau gwrth-botsio, ac ymgyrchoedd addysg ac ymwybyddiaeth gyda'r nod o leihau'r galw am gynhyrchion sebra.

Domestig

Mae sebras wedi cael eu dofi yn y gorffennol, ond nid ydynt yn cael eu cadw'n gyffredin fel da byw oherwydd eu natur anrhagweladwy a'u hanhawster wrth eu trin. Fodd bynnag, mae sebras wedi'u bridio â cheffylau i greu anifeiliaid hybrid a elwir yn zorses neu sebroidau. Mae gan yr anifeiliaid hyn gymysgedd o nodweddion corfforol o sebras a cheffylau, gan gynnwys cot streipiog ac anian mwy dof.

I gloi, mae sebras yn anifeiliaid hynod ddiddorol sy'n adnabyddus am eu cot streipiog du a gwyn nodedig a'u hymddygiad cymdeithasol. Maent wedi addasu'n dda i fywyd ar wastatiroedd Affrica ac yn chwarae rhan bwysig yn yr ecosystem fel llysysyddion. Fodd bynnag, maent yn wynebu bygythiadau oherwydd colli cynefinoedd a hela, ac mae ymdrechion ar y gweill i amddiffyn a gwarchod poblogaethau gwyllt.

Mae sebras hefyd yn ddiddorol o safbwynt esblygiadol, gan y credir eu bod wedi esblygu o hynafiad cyffredin gyda cheffylau ac asynnod tua 4 miliwn o flynyddoedd yn ôl. Mae ganddyn nhw addasiadau unigryw, fel eu cot streipiog, sy'n helpu i'w hamddiffyn rhag ysglyfaethwyr a rheoli tymheredd eu corff.

At ei gilydd, mae sebras yn anifeiliaid pwysig a hynod ddiddorol sy'n chwarae rhan hanfodol yn ecosystem Affrica. Rhaid i ymdrechion cadwraeth barhau i sicrhau eu bod yn cael eu hamddiffyn ac yn gallu ffynnu yn y gwyllt am genedlaethau i ddod.

240. Zorilla

Mamal bach sy'n perthyn i deulu'r wenci, Mustelidae, yw'r zorilla, a elwir hefyd yn ffwlbart streipiog. Mae i'w ganfod yn Affrica Is-Sahara ac mae'n adnabyddus am ei chôt streipiog ddu a gwyn nodedig, yn debyg i gôt skunk.

Tarddiad

Mae'r zorilla yn frodorol i Affrica Is-Sahara, lle mae i'w gael mewn ystod eang o gynefinoedd, gan gynnwys glaswelltiroedd, savannas, a choedwigoedd. Credir ei fod wedi esblygu o fod yn hynafiad cyffredin gyda rhywogaethau eraill o wenci tua 8 miliwn o flynyddoedd yn ôl.

Nodweddion Corfforol

Mae'r zorilla yn famal bach, gydag oedolion yn amrywio mewn pwysau o 0.5 i 1.5 kg (1.1 i 3.3 pwys). Mae ganddo gorff hir, main, coesau byr, a chynffon brysur. Nodwedd amlycaf y zorilla yw ei chôt streipiog du a gwyn, sy'n ymdebygu i skunk. Mae'r streipiau ar gôt zorilla fel arfer yn lletach ac yn fwy afreolaidd na rhai sgync. Mae gan y zorilla hefyd wyneb gwyn, gyda marciau du o amgylch ei lygaid, a chrafangau hir, miniog.

Ymddygiad a Chynefin

Mae Zorillas yn anifeiliaid nosol, sy'n golygu eu bod yn actif yn y nos. Maent yn anifeiliaid unig ac yn treulio'r rhan fwyaf o'u hamser ar y ddaear, er eu bod hefyd yn gallu dringo coed. Mae Zorillas yn gigysol ac yn bwydo ar amrywiaeth o anifeiliaid bach, gan gynnwys pryfed, cnofilod ac adar. Gwyddys hefyd eu bod yn bwyta wyau a charion.

Mae Zorillas i'w cael mewn ystod eang o gynefinoedd, gan gynnwys glaswelltiroedd, savannas, a choedwigoedd. Maent wedi addasu'n dda i fywyd yn yr amgylcheddau hyn, gyda'u cot streipiog yn ffurf ar guddliw a'u crafangau miniog yn eu galluogi i ddal eu hysglyfaeth.

Statws Cadwraeth

Nid yw statws cadwraeth zorillas yn hysbys iawn, gan nad ydynt yn rhywogaeth a astudir yn gyffredin. Fodd bynnag, ni ystyrir eu bod dan fygythiad ar hyn o bryd. Nid yw Zorillas fel arfer yn cael eu hela am eu ffwr, gan nad yw eu pelt yn werthfawr. Fodd bynnag, efallai y byddant yn cael eu lladd gan ffermwyr sy'n eu gweld fel bygythiad i'w da byw.

Domestig

Nid yw Zorillas wedi'u dof, gan eu bod yn anifeiliaid gwyllt ac nid ydynt yn addas fel anifeiliaid anwes. Maent hefyd yn cael eu hamddiffyn o dan gyfreithiau cenedlaethol a rhyngwladol, sy'n gwahardd dal, masnachu a meddiant anifeiliaid gwyllt.

I gloi, mae zorillas yn famaliaid bach sy'n frodorol i Affrica Is-Sahara. Maent yn adnabyddus am eu cot streipiog ddu a gwyn nodedig, yn debyg i skunk. Mae Zorillas yn gigysol ac yn bwydo ar amrywiaeth o anifeiliaid bach, gan gynnwys pryfed, cnofilod ac adar. Gallant hefyd ddringo coed ac maent wedi addasu'n dda i fywyd mewn ystod eang o gynefinoedd.

Er nad ystyrir bod zorillas dan fygythiad ar hyn o bryd, nid yw eu statws cadwraeth yn hysbys iawn. Mae angen ymdrechion i astudio a diogelu poblogaethau gwyllt o zorillas, yn ogystal â chodi ymwybyddiaeth o bwysigrwydd gwarchod pob rhywogaeth o fywyd gwyllt.

Mae'r gath wyllt yn famal cigysol o faint canolig sydd i'w ganfod mewn gwahanol rannau o'r byd. Ei enw gwyddonol yw Felis silvestris , ac mae'n perthyn i'r teulu Felidae , sy'n cynnwys cathod mawr eraill fel llewod , teigrod , a llewpardiaid . Mae'r gath wyllt hefyd yn cael ei hadnabod fel y gath wyllt Ewropeaidd, cath y goedwig, neu gath wyllt yr Alban, yn dibynnu ar y lleoliad y mae i'w chael.

Nodweddion

Mae gan y gath wyllt nifer o nodweddion gwahaniaethol sy'n ei gwneud hi'n hawdd ei hadnabod. Mae ganddo gorff stociog, cyhyrog gyda choesau byr, pen llydan, a chynffon fer, drwchus. Mae lliw ffwr y gath wyllt yn amrywio, yn amrywio o frown llwyd i frown cochlyd, gyda streipiau ar ei hwyneb a'i choesau. Mae'r gôt yn drwchus ac yn darparu inswleiddio, sy'n helpu'r anifail i oroesi mewn hinsawdd oer.

Mae gan gathod gwyllt grafangau miniog y gellir eu tynnu'n ôl, gan ganiatáu iddynt ddringo coed a dal ysglyfaeth. Mae eu llygaid yn fawr, gyda lliw melyn-wyrdd, ac mae ganddynt weledigaeth nos ardderchog. Mae clyw'r gath wyllt hefyd yn ddifrifol iawn, sy'n ei helpu i ganfod ysglyfaethwyr ac ysglyfaethwyr o bell. Mae ganddo ymdeimlad pwerus o arogl, a ddefnyddir i leoli ysglyfaeth a nodi ei diriogaeth.

Mae'r gath wyllt yn anifail unig, ac eithrio yn ystod y tymor bridio, ac mae'n diriogaethol iawn. Mae'n nodi ei diriogaeth trwy chwistrellu wrin ar goed a gwrthrychau eraill neu trwy adael marciau crafu gyda'i grafangau. Mae gan wrywod a benywod diriogaethau sy'n gorgyffwrdd, ond maen nhw'n osgoi ei gilydd, ac eithrio yn ystod y tymor paru.

Mae'r gath wyllt yn gigysydd ac yn bwydo'n bennaf ar famaliaid bach, adar ac ymlusgiaid. Mae'n heliwr manteisgar a bydd yn bwyta beth bynnag y gall ei ddal, gan gynnwys pryfed a chelanedd. Mae'r gath wyllt yn heliwr medrus, ac mae ei choesau byr, pwerus yn caniatáu iddi neidio ar ysglyfaeth gyda grym mawr. Mae'n defnyddio ei grafangau miniog i ddal a lladd ei ysglyfaeth yn gyflym.

Gwreiddiau

Mae gan y gath wyllt hanes esblygiadol hir a chymhleth sy'n dyddio'n ôl i'r cyfnod Miocene, dros 20 miliwn o flynyddoedd yn ôl. Mae ffosilau cathod gwyllt hynafol wedi'u darganfod yn Ewrop, Asia ac Affrica, sy'n awgrymu bod gan yr anifail ddosbarthiad eang yn ystod y cyfnod hwn.

Credir bod y gath wyllt fodern wedi esblygu yn Ewrop ac Asia tua 1.5 miliwn o flynyddoedd yn ôl. Mae'n perthyn yn agos i'r gath ddomestig, sy'n disgyn o'r gath wyllt Affricanaidd. Credir bod dofi cathod wedi digwydd tua 10,000 o flynyddoedd yn ôl yn y Dwyrain Canol, lle cawsant eu defnyddio i reoli poblogaethau cnofilod mewn ardaloedd amaethyddol.

Mae gan y gath wyllt ddosbarthiad eang ac fe'i ceir mewn gwahanol rannau o'r byd, gan gynnwys Ewrop, Asia, Affrica, a'r Dwyrain Canol. Mae'n anifail hynod hyblyg a gall oroesi mewn amrywiaeth o gynefinoedd, gan gynnwys coedwigoedd, glaswelltiroedd a mynyddoedd. Mae'r gath wyllt yn arbennig o gyffredin yn Ewrop, lle mae i'w ganfod mewn gwledydd fel Ffrainc, Sbaen, yr Eidal, a'r Almaen.

Cadwraeth

Mae'r gath wyllt yn cael ei dosbarthu fel rhywogaeth sydd bron dan fygythiad gan yr Undeb Rhyngwladol dros Gadwraeth Natur (IUCN). Y prif fygythiadau i boblogaethau cathod gwyllt yw colli cynefinoedd, hela, a chroesi gyda chathod domestig. Mae'r gath wyllt yn arbennig o agored i golli cynefinoedd oherwydd datgoedwigo, sy'n lleihau ei sylfaen ysglyfaeth ac yn cyfyngu ar ei thiriogaeth.

Mae hela yn fygythiad mawr arall i boblogaethau cathod gwyllt, yn enwedig mewn gwledydd lle mae'r anifail yn dal i gael ei hela am ei ffwr neu fel pla. Mae hybrideiddio â chathod domestig hefyd yn fygythiad sylweddol, oherwydd gall wanhau cronfa genynnau'r gath wyllt a lleihau ei hamrywiaeth genetig.

Er mwyn diogelu poblogaethau cathod gwyllt, mae ymdrechion cadwraeth yn canolbwyntio ar adfer cynefinoedd, rhaglenni ailgyflwyno, a lleihau effaith gweithgareddau dynol ar yr amgylchedd. Mae adfer cynefinoedd yn golygu creu cynefinoedd addas ar gyfer cathod gwyllt trwy blannu llystyfiant brodorol a diogelu coedwigoedd a glaswelltiroedd presennol. Mae rhaglenni ailgyflwyno yn cynnwys rhyddhau cathod gwyllt a fagwyd mewn caethiwed i'r gwyllt, sy'n helpu i hybu poblogaethau gwyllt a chynyddu amrywiaeth genetig.

Mae lleihau effaith gweithgareddau dynol ar yr amgylchedd hefyd yn hanfodol ar gyfer cadwraeth cathod gwyllt. Gellir cyflawni hyn trwy weithredu arferion defnydd tir cynaliadwy, lleihau pwysau hela, a rheoli lledaeniad cathod domestig mewn cynefinoedd cathod gwyllt. Gall rhaglenni addysg ac ymwybyddiaeth hefyd fod yn effeithiol wrth hyrwyddo cadwraeth cathod gwyllt ac annog pobl i warchod yr amgylchedd.

I gloi, mae'r gath wyllt yn anifail hynod ddiddorol gyda hanes esblygiadol hir a chymhleth. Mae'n heliwr hynod gymwysadwy a medrus a geir mewn gwahanol rannau o'r byd. Fodd bynnag, mae poblogaethau cathod gwyllt yn wynebu bygythiadau niferus, gan gynnwys colli cynefinoedd, hela, a chroesi gyda chathod domestig. Mae ymdrechion cadwraeth yn canolbwyntio ar adfer cynefinoedd, rhaglenni ailgyflwyno, a lleihau effaith gweithgareddau dynol ar yr amgylchedd. Drwy warchod poblogaethau cathod gwyllt, gallwn helpu i sicrhau bod y rhywogaeth eiconig a phwysig hon yn goroesi.

Cnofil tyrchu canolig ei faint sy'n perthyn i deulu'r wiwer yw'r gornwydd, a adwaenir hefyd fel y mochyn daear. Ei enw gwyddonol yw Marmota monax, ac mae'n frodorol i Ogledd America. Mae'r Chuckuck yn adnabyddus am ei allu i ragweld dyfodiad y gwanwyn trwy ddod allan o'i dwll ar Chwefror 2il, traddodiad sydd wedi'i ddathlu yng Ngogledd America ers dros ganrif.

Nodweddion

Mae'r goch goch yn anifail cadarn, stociog sy'n pwyso rhwng 5 a 14 pwys ac sydd â hyd corff o hyd at 24 modfedd. Mae ganddo goesau byr, pwerus sydd wedi'u haddasu ar gyfer cloddio a chynffon hir, brysur. Mae ei ffwr yn drwchus ac yn amrywio o ran lliw o frown coch i frown tywyll, gydag is-bol ysgafnach.

Mae pen y pigynen yn llydan ac yn wastad, gyda chlustiau bach a llygaid. Mae ei ddannedd blaen yn fawr ac yn tyfu'n gyson, sy'n ei helpu i gnoi ar lystyfiant caled a chloddio tyllau. Mae gan ychuck wood grafangau miniog sydd wedi'u haddasu'n dda ar gyfer cloddio, a gall dyrchu hyd at chwe throedfedd o dan y ddaear.

Anifail unig yw'r hwyaden bren ac mae'n actif yn ystod y dydd. Mae'n ddringwr a nofiwr ardderchog, a gall hefyd redeg ar gyflymder o hyd at 10 milltir yr awr. Mae'r hwyaden bren hefyd yn adnabyddus am ei allu i sefyll ar ei goesau ôl i arolygu ei amgylchoedd ac i gadw llygad am ysglyfacthwyr.

Llysysydd yw hwyaden y coed ac mae'n bwydo ar amrywiaeth o blanhigion, gan gynnwys gweiriau, meillion a blodau gwyllt. Mae'n hysbys hefyd ei fod weithiau'n bwyta pryfed, malwod, ac anifeiliaid bach fel llygod ac adar sy'n nythu ar y ddaear. Mae diet y Chuckuck's yn newid yn dibynnu ar y tymor, ac mae'n storio bwyd yn ei dwll i'w helpu i oroesi'r gaeaf.

Gwreiddiau

Mae'r goch goch yn frodorol i Ogledd America ac mae ganddo ddosbarthiad eang ar draws y cyfandir. Fe'i ceir mewn amrywiaeth o gynefinoedd, gan gynnwys glaswelltiroedd, coedwigoedd a thir fferm.

Credir i'r goch goed esblygu yng Ngogledd America tua 30 miliwn o flynyddoedd yn ôl, yn ystod yr epoc Oligosen.

Perthnasau agosaf y Chuckchuck yw gwiwerod eraill sy'n byw ar y ddaear, fel y marmot a'r ci paith. Y Chuckchuck yw'r unig rywogaeth o marmot a geir yn rhan ddwyreiniol Gogledd America.

Credir bod enw'r woodchuck wedi tarddu o'r gair Algonquian "wuchak," sy'n golygu "cloddwr." Gelwir y woodchuck hefyd yn groundhog, enw sy'n debygol o ddod o'i arfer o fyw mewn tyllau o dan y ddaear.

Cadwraeth

Ar hyn o bryd nid yw'r chwch-coed yn cael ei ystyried yn rhywogaeth dan fygythiad, ac mae ei phoblogaethau yn sefydlog ar y cyfan. Fodd bynnag, gall dinistrio cynefinoedd oherwydd trefoli ac amaethyddiaeth gael effaith ar boblogaethau lleol. Yn ogystal, mae'r cywion coed yn aml yn cael ei ystyried yn anifail niwsans gan ffermwyr a garddwyr, gan y gall niweidio cnydau a gerddi.

Er mwyn gwarchod poblogaethau'r hwyaden goed, mae ymdrechion cadwraeth yn canolbwyntio ar warchod cynefinoedd a lleihau gwrthdaro rhwng bywyd gwyllt a dynol. Gellir cyflawni hyn trwy raglenni addysg ac ymwybyddiaeth, yn ogystal â gweithredu dulliau trugarog i reoli poblogaethau'r hwyaden bren. Gallai'r dulliau hyn gynnwys defnyddio rhwystrau ac ymlidyddion i gadw'r chuchau coed allan o erddi a chnydau, neu adleoli cyrch y coed i ardaloedd llai poblog.

I gloi, mae'r Chuckuck yn rhywogaeth hynod ddiddorol a phwysig sy'n chwarae rhan arwyddocaol yn ecosystemau a diwylliant Gogledd America. Mae ei allu i addasu, ei sgiliau cloddio, a'i alluoedd gaeafgysgu yn ei wneud yn anifail unigryw a hynod ddiddorol. Drwy weithio i ddiogelu cynefinoedd hwyaid y coed a lleihau gwrthdaro rhwng bywyd gwyllt a dyn, gallwn sicrhau bod y rhywogaeth bwysig hon yn goroesi am genedlaethau i ddod.

243. Cnocell y coed

Mae cnocell y coed yn deulu o adar sy'n adnabyddus am eu gallu i bigo ar goed ac arwynebau caled eraill gyda'u pigau. Mae gan yr adar hyn set unigryw a hynod ddiddorol o nodweddion sy'n eu gwneud yn addasu'n dda i'w hamgylchedd.

Nodweddion

Mae cnocell y coed yn adar canolig i fawr sy'n amrywio o ran maint o 6 i 20 modfedd o hyd. Mae ganddynt bigau pigfain cryf a ddefnyddir i bigo pren ac arwynebau caled eraill. Mae eu pigau hefyd yn cael eu defnyddio i gloddio pryfed ac anifeiliaid bach eraill sy'n cuddio o dan risgl coed.

Mae gan gnocell y coed draed zygodactyl, sy'n golygu bod ganddyn nhw ddau fysedd traed yn wynebu ymlaen a dau fysedd traed yn wynebu yn ôl. Mae'r trefniant hwn o fysedd traed yn caniatáu i gnocell y coed afael ar goed ac arwynebau eraill yn dra manwl gywir a sefydlog.

Mae gan gnocell y coed system amsugno sioc unigryw yn eu pennau sy'n caniatáu iddynt bigo dro ar ôl tro ar goed ac arwynebau eraill heb anafu eu hunain. Mae ganddyn nhw esgyrn trwchus, sbyngaidd yn eu penglog ac asgwrn hyoid arbenigol sy'n lapio o amgylch eu hymennydd, gan weithredu fel sioc-amsugnwr.

Mae gan gnocell y coed goesau byr a chrafangau crwm cryf sydd wedi'u haddasu ar gyfer dringo a gafael ar goed. Mae ganddyn nhw hefyd gynffon anystwyth y maen nhw'n ei defnyddio i frwsio eu hunain yn erbyn coed wrth bigo.

Mae gan gnocell y coed alwad ddrymio nodedig y maent yn ei defnyddio i gyfathrebu â chnocell y coed eraill ac i sefydlu eu tiriogaeth. Mae ganddyn nhw hefyd amrywiaeth o alwadau a lleisiau eraill y maen nhw'n eu defnyddio i gyfathrebu â'i gilydd.

Gwreiddiau

Mae cnocell y coed yn deulu amrywiol o adar sydd i'w cael ledled y byd, ac eithrio yn Awstralia, Seland Newydd ac Antarctica. Mae'r ffosilau cnocell y coed hynaf y gwyddys amdanynt yn dyddio'n ôl i'r cyfnod Oligosen cynnar, a oedd tua 30 miliwn o flynyddoedd yn ôl. Mae union darddiad cnocell y coed yn dal i fod yn destun dadl ymhlith gwyddonwyr, ond credir eu bod wedi esblygu yn hemisffer y de ac wedi ymledu yn ddiweddarach i hemisffer y gogledd.

Mae cnocell y coed wedi datblygu amrywiaeth o addasiadau unigryw sydd wedi caniatáu iddynt ffynnu mewn amrywiaeth o amgylcheddau. Mae rhai cnocell y coed, fel y gnocell fesen, i'w cael mewn coedwigoedd a choetiroedd, lle maen nhw'n pigo ar goed i storio mes a chnau eraill. Mae cnocell y coed eraill, fel cnocell y coed yr anialwch, i'w cael mewn ardaloedd cras ac yn pigo ar gacti i ddod o hyd i bryfed a dŵr.

Cadwraeth

Mae llawer o rywogaethau o gnocell y coed dan fygythiad oherwydd colli a darnio cynefinoedd, yn ogystal â newid yn yr hinsawdd. Mae datgoedwigo, trefoli, ac amaethyddiaeth oll wedi cyfrannu at golli cynefin cnocell y coed, ac o ganlyniad, mae llawer o boblogaethau cnocell y coed yn dirywio.

Er mwyn diogelu poblogaethau cnocell y coed, mae ymdrechion cadwraeth yn canolbwyntio ar gadw ac adfer cynefinoedd cnocell y coed. Gellir cyflawni hyn trwy greu ardaloedd gwarchodedig, megis parciau cenedlaethol a llochesi bywyd gwyllt, yn ogystal â gweithredu arferion coedwigaeth cynaliadwy.

I gloi, mae cnocell y coed yn adar hynod ddiddorol sydd wedi datblygu amrywiaeth o addasiadau unigryw sy'n caniatáu iddynt ffynnu mewn amrywiaeth o amgylcheddau. Mae eu pigau pigfain cryf, eu system amsugno sioc, a thraed zygodactyl yn eu gwneud yn addas iawn ar gyfer pigo coed ac arwynebau caled eraill, ac mae eu galwadau a'u lleisiau nodedig yn eu gwneud yn bleser i arsylwi a gwrando arnynt.

Er gwaethaf eu haddasiadau niferus, mae cnocell y coed yn wynebu bygythiadau o golli a darnio cynefinoedd, ac o ganlyniad, mae llawer o boblogaethau cnocell y coed yn prinhau. Trwy weithio i warchod ac adfer cynefinoedd cnocell y coed, gallwn sicrhau goroesiad y rhain pwysig

Mae Xenarthra yn arch-drefn o famaliaid sy'n cynnwys rhai o'r anifeiliaid mwyaf unigryw a hynod ddiddorol yn y byd. Mae'r grŵp hwn o anifeiliaid i'w cael yn America yn unig, ac fe'u nodweddir gan nifer o nodweddion unigryw sy'n eu gwneud yn wahanol i famaliaid eraill.

Nodweddion

Mae Xenarthra yn grŵp amrywiol o anifeiliaid sy'n cynnwys armadillos, anteaters, a sloths. Mae gan yr anifeiliaid hyn nifer o nodweddion unigryw sy'n eu gosod ar wahân i famaliaid eraill.

Un o nodweddion mwyaf nodedig Xenarthra yw eu strwythur ysgerbydol anarferol. Mae gan yr anifeiliaid hyn gymalau ychwanegol yn eu asgwrn cefn, sy'n caniatáu iddynt symud eu coesau i amrywiaeth eang o gyfeiriadau. Mae ganddyn nhw hefyd grafangau a thraed arbenigol sydd wedi'u haddasu ar gyfer cloddio a dringo.

Nodwedd arall o Xenarhra yw eu metaboledd araf. Mae gan yr anifeiliaid hyn dymheredd corff isel a system dreulio araf, sy'n caniatáu iddynt arbed ynni a goroesi mewn amgylcheddau garw gydag adnoddau bwyd cyfyngedig.

Mae gan Xenarthra strwythur deintyddol unigryw hefyd. Nid oes gan Armadillos a anteaters ddannedd o gwbl, tra bod gan sloths ddannedd hir, crwm sydd wedi'u haddasu ar gyfer bwyta dail. Mae'r strwythur deintyddol arbenigol hwn yn galluogi'r anifeiliaid hyn i addasu i amrywiaeth o ddictau ac amgylcheddau gwahanol.

Gwreiddiau

Mae gwreiddiau Xenarhra yn dal i fod yn destun dadl ymhlith gwyddonwyr. Credir i'r anifeiliaid hyn ymddangos gyntaf yn Ne America tua 60 miliwn o flynyddoedd yn ôl, yn ystod y cyfnod Paleosenaidd. Mae'r ffosilau Xenarthra cynharaf y gwyddys amdanynt yn dod o grŵp o anifeiliaid o'r enw'r Palaeanodonta, a oedd yn anifeiliaid bach, tebyg i chwilod a oedd yn byw mewn coed. Dros amser, esblygodd y Xenarthra cynnar hyn i'r grŵp amrywiol o anifeiliaid a welwn heddiw. Datblygodd Armadillos, anteaters, a sloths i gyd addasiadau gwahanol a oedd yn caniatáu iddynt oroesi mewn amrywiaeth o amgylcheddau gwahanol.

Cadwraeth

Mae llawer o rywogaethau o xenarthra dan fygythiad oherwydd colli a darnio cynefinoedd, yn ogystal â hela a sathru. Mae datgoedwigo, trefoli ac amaethyddiaeth i gyd wedi cyfrannu at golli cynefin Xenarthra, ac o ganlyniad, mae llawer o boblogaethau Xenarthra yn dirywio.

Er mwyn amddiffyn poblogaethau Xenarthra, mae ymdrechion cadwraeth yn canolbwyntio ar gadw ac adfer eu cynefinoedd. Gellir cyflawni hyn trwy greu ardaloedd gwarchodedig, megis parciau cenedlaethol a llochesi bywyd gwyllt, yn ogystal â gweithredu arferion defnydd tir cynaliadwy.

I gloi, mae xenarhra yn grŵp unigryw a hynod ddiddorol o anifeiliaid sydd i'w cael yn America yn unig. Mae eu strwythur ysgerbydol anarferol, metaboledd araf, a strwythur deintyddol arbenigol yn eu gwneud yn addas iawn ar gyfer goroesi mewn amrywiaeth o wahanol amgylcheddau. Er gwaethaf eu haddasiadau niferus, mae llawer o rywogaethau Xenarthra dan fygythiad oherwydd colli cynefinoedd a gweithgareddau dynol eraill.

245. Xenopws

Genws o lyffantod dyfrol yw Xenopus sydd i'w ganfod ledled Affrica Is-Sahara. Mae'r brogaod hyn yn adnabyddus am eu nodweddion unigryw ac maent wedi dod yn anifeiliaid ymchwil pwysig oherwydd eu rôl mewn bioleg datblygiadol a geneteg.

Nodweddion

Genws o lyffantod yw Xenopus sy'n adnabyddus am eu nodweddion unigryw. Mae ganddyn nhw gorff gwastad, sydd wedi'i addasu ar gyfer nofio, a bysedd traed gweog, sy'n caniatáu iddyn nhw symud yn hawdd trwy ddŵr. Mae ganddyn nhw hefyd groen llyfn, llysnafeddog, sydd wedi'i addasu ar gyfer amsugno ocsigen trwy eu croen.

Un o nodweddion mwyaf nodedig Xenopus yw eu gallu i adfywio rhannau'r corff. Maent yn gallu aildyfu breichiau a choesau, llinyn y cefn, a meinweoedd eraill, sy'n eu gwneud yn fodel organeb bwysig ar gyfer ymchwil meddygaeth atgynhyrchiol.

Mae Xenopus hefyd yn adnabyddus am eu lleisiau nodedig. Mae ganddynt alwad uchel, guttural y gellir ei chlywed o bell, ac a ddefnyddir ar gyfer cyfathrebu rhwng gwrywod a benywod yn ystod y tymor paru.

Gwreiddiau

Gellir olrhain gwreiddiau Xenopus yn ôl i'r cyfnod Cretasaidd, dros 100 miliwn o flynyddoedd yn ôl. Mae tystiolaeth ffosil yn awgrymu bod y brogaod hyn yn bresennol yn yr hyn sydd bellach yn Affrica yn ystod y cyfnod Cretasaidd hwyr, a'u bod wedi bod yn bresennol ar y cyfandir ers hynny.

Mae union esblygiad Xenopus yn dal i fod yn destun dadl ymhlith gwyddonwyr, ond credir bod y genws wedi arallgyfeirio dros amser, gan arwain at y llu o rywogaethau gwahanol o Xenopus sy'n bresennol heddiw.

Cadwraeth

Mae llawer o rywogaethau o Xenopus dan fygythiad oherwydd colli cynefinoedd a gweithgareddau dynol eraill. Mae datgoedwigo, amaethyddiaeth a threfoli i gyd wedi cyfrannu at golli cynefin Xenopus, ac o ganlyniad, mae llawer o boblogaethau'n dirywio.

Er mwyn amddiffyn poblogaethau Xenopus, mae ymdrechion cadwraeth yn canolbwyntio ar gadw ac adfer eu cynefinoedd. Gellir cyflawni hyn trwy greu ardaloedd gwarchodedig, megis parciau cenedlaethol a llochesi bywyd gwyllt, yn ogystal â gweithredu arferion defnydd tir cynaliadwy.

Mae Xenopus hefyd yn anifeiliaid ymchwil pwysig, ac yn ddarostyngedig i reoliadau llym i sicrhau eu lles. Cânt eu defnyddio'n helaeth mewn ymchwil bioleg ddatblygiadol a geneteg, ac mae eu nodweddion unigryw wedi eu gwneud yn fodel organeb bwysig ar gyfer deall ystod eang o brosesau biolegol.

I gloi, mae xenopus yn genws unigryw a hynod ddiddorol o lyffantod sydd i'w gael ledled Affrica Is-Sahara. Mae eu corff gwastad, bysedd traed gweog, a chroen llyfn yn eu gwneud yn addas ar gyfer nofio ac amsugno ocsigen trwy eu croen. Mae eu gallu i adfywio rhannau'r corff a'u lleisiau unigryw yn eu gwneud yn anifeiliaid ymchwil pwysig ac yn greaduriaid hynod ddiddorol i'w hastudio. Er gwaethaf eu haddasiadau niferus, mae llawer o rywogaethau o Xenopus yn cael eu bygwth gan golli cynefinoedd a gweithgareddau dynol eraill, ac mae ymdrechion cadwraeth yn canolbwyntio ar gadw ac adfer eu cynefinoedd i sicrhau eu bod yn goroesi am genedlaethau i ddod.

Mae pysgod sebra, a elwir hefyd yn Danio rerio, yn bysgod dŵr croyw bach sy'n frodorol i Dde Asia. Maent yn fodel organeb bwysig mewn ymchwil fiolegol oherwydd eu nodweddion unigryw niferus a pha mor hawdd y gellir eu trin yn enetig.

Nodweddion

Mae pysgod sebra yn fach, fel arfer yn cyrraedd hyd o tua 2.5 modfedd (6.4 cm) pan fyddant wedi tyfu'n llawn. Maent o liw llachar, gyda streipiau glas a melyn bob yn ail ar hyd eu corff, ac ochr isaf arian neu wyn.

Un o nodweddion mwyaf unigryw pysgod sebra yw eu gallu i adfywio eu hesgyll a meinweoedd eraill. Mae hyn yn eu gwneud yn fodel organeb bwysig ar gyfer astudio adfywio ac atgyweirio meinwe, yn ogystal ag ar gyfer darganfod cyffuriau a phrofi gwenwyndra.

Mae pysgod sebra hefyd yn nodedig am eu embryonau tryloyw, sy'n caniatáu i ymchwilwyr arsylwi datblygiad organau a meinweoedd mewn amser real. Mae hyn wedi eu gwneud yn fodel-organebau poblogaidd ar gyfer astudio datblygiad embryonig ac anhwylderau genetig.

Tarddiad

Mae pysgod sebra yn frodorol i nentydd, pyllau, a phadies reis De Asia, gan gynnwys India, Pacistan, Bangladesh, a Nepal. Credir eu bod wedi tarddu o fasn Afon Ganges, ac wedi cael eu cyflwyno i rannau eraill o'r byd fel pysgodyn acwariwm poblogaidd.

Mae'r defnydd o bysgod sebra mewn ymchwil biolegol yn dyddio'n ôl i'r 1960au, pan gawsant eu defnyddio gyntaf fel organeb enghreifftiol i astudio datblygiad fertebratau. Ers hynny, maent wedi dod yn fwyfwy poblogaidd mewn ystod eang o feysydd, gan gynnwys geneteg, niwrowyddoniaeth, ac ymchwil canser.

Bridio a Geneteg: Mae pysgod sebra yn fridwyr toreithiog, gyda benywod yn gallu dodwy cannoedd o wyau ar y tro. Mae hyn yn eu gwneud yn fodel o organeb ar gyfer astudio geneteg ac ar gyfer sgrinio cyffuriau ar raddfa fawr.

Yn ystod y blynyddoedd diwethaf, mae ymchwilwyr wedi datblygu nifer o dechnegau ar gyfer trin pysgod sebra yn enetig, gan gynnwys cnocio genynnau, taro i mewn, a llinellau trawsgenig. Mae hyn wedi galluogi ymchwilwyr i astudio swyddogaeth genynnau penodol a chreu modelau pysgod sebra o glefydau genetig dynol.

Ymddygiad

Er gwaethaf eu maint bach, mae pysgod sebra yn anifeiliaid cymdeithasol sy'n ffurfio hierarchaethau cymdeithasol cymhleth. Maent hefyd yn gallu dysgu a chof, ac maent wedi cael eu defnyddio fel organeb enghreifftiol ar gyfer astudio sail niwral ymddygiad.

Mae pysgod sebra hefyd yn adnabyddus am eu hymateb i olau ac ysgogiadau gweledol eraill. Mae ganddynt gelloedd arbenigol yn eu llygaid sy'n caniatáu iddynt ganfod newidiadau mewn dwyster golau, ac fe'u defnyddir yn gyffredin mewn astudiaethau o rythmau circadian a gwaledigaeth.

Cymwysiadau mewn Ymchwil Feddygol: Mae Zebrafish wedi dod yn organeb enghreifftiol bwysig mewn ymchwil feddygol oherwydd eu nodweddion unigryw niferus. Fe'u defnyddir i astudio ystod eang o afiechydon a chyflyrau, gan gynnwys canser, clefyd y galon, ac anhwylderau genetig.

Un o'r cymwysiadau mwyaf addawol o bysgod sebra mewn ymchwil feddygol yw datblygu cyffuriau newydd. Mae eu embryonau tryloyw a'u gallu i adfywio meinweoedd yn eu gwneud yn organebau enghreifftiol delfrydol ar gyfer astudio effeithiau cyffuriau ar yr embryo sy'n datblygu ac ar gyfer sgrinio nifer fawr o ymgeiswyr cyffuriau posibl.

Cadwraeth

Er nad yw pysgod sebra dan fygythiad ar hyn o bryd, mae eu cynefin brodorol dan fygythiad oherwydd colli cynefinoedd a llygredd. Yn ogystal, mae'r galw cynyddol am bysgod sebra mewn ymchwil wyddonol wedi arwain at bryderon ynghylch gor-ecsbloetio.

Er mwyn mynd i'r afael â'r pryderon hyn, mae ymdrechion ar y gweill i ddatblygu arferion bridio cynaliadwy ar gyfer pysgod sebra ac i leihau'r defnydd o sbesimenau a ddaliwyd yn wyllt mewn ymchwil. Yn ogystal, mae ymdrechion cadwraeth yn canolbwyntio ar warchod y cynefinoedd lle mae pysgod sebra a rhywogaethau dyfrol eraill i'w cael, er mwyn sicrhau eu bod yn goroesi am genedlaethau i ddod.

I gloi, pysgod dŵr croyw bach sy'n frodorol i Dde Asia yw pysgod sebra. Mae eu nodweddion unigryw, gan gynnwys eu gallu i adfywio meinweoedd a'u embryonau tryloyw, yn eu gwneud yn organeb enghreifftiol bwysig mewn ymchwil fiolegol. Fe'u defnyddir yn eang i astudio geneteg, datblygiad embryonig, ymddygiad, a chlefyd, ac maent yn cael eu defnyddio'n gynyddol wrth ddarganfod cyffuriau a phrofion gwenwyndra.

Er nad yw pysgod sebra dan fygythiad ar hyn o bryd, mae ymdrechion cadwraeth yn canolbwyntio ar warchod eu cynefinoedd brodorol a datblygu arferion bridio cynaliadwy ar gyfer ymchwil. Fel organeb enghreifftiol, mae pysgod sebra wedi cyfrannu'n sylweddol at ein dealltwriaeth o brosesau biolegol sylfaenol ac mae ganddyn nhw'r potensial i arwain at driniaethau a gwellhad newydd ar gyfer ystod eang o afiechydon a chyflyrau.

At ei gilydd, mae pysgod sebra yn rhywogaeth hynod ddiddorol a gwerthfawr sydd â llawer i'w gynnig o ran ymchwil wyddonol ac ymdrechion cadwraeth. Mae eu nodweddion unigryw a'u cymwysiadau eang yn eu gwneud yn bwnc astudio pwysig i fiolegwyr ac ymchwilwyr meddygol fel ei gilydd.

Mae Zebu, a elwir hefyd yn Bos indicus, yn rhywogaeth dof o wartheg a geir yn gyffredin mewn rhanbarthau trofannol ac isdrofannol o'r byd. Maent yn adnabyddus am eu twmpath nodedig ar eu cefn, eu clustiau mawr yn crychu, a'u cyrn hir.

Nodweddion

Mae Zebu fel arfer yn llai na bridiau eraill o wartheg, gyda theirw yn pwyso rhwng 900 a 1200 pwys (408 i 545 kg) a buchod yn pwyso rhwng 500 a 700 pwys (227 i 318 kg). Fe'u nodweddir gan dwmpath nodedig ar eu cefn, sy'n cynnwys cyhyrau a braster a ddefnyddir i storio egni yn ystod cyfnodau o brinder bwyd. Mae gan Zebu glustiau mawr sy'n codi, y credir eu bod yn helpu i reoleiddio tymheredd y corff mewn hinsoddau poeth.

Nodwedd arall o zebu yw eu cyrn hir, sy'n gallu cyrraedd hyd at 3 i 4 troedfedd (0.9 i 1.2 m) o hyd. Defnyddir y cyrn hyn i amddiffyn rhag ysglyfaethwyr ac i sefydlu goruchafiaeth o fewn y fuches.

Mae Zebu wedi addasu'n dda i hinsoddau poeth a llaith, gyda chôt drwchus o wallt sy'n helpu i'w hamddiffyn rhag yr haul a phryfed. Maent hefyd yn adnabyddus am eu gallu i wrthsefyll amodau sychder ac am eu hymwrthedd i rai afiechydon, megis afiechydon a gludir gan drogod.

Tarddiad

Credir bod Zebu wedi tarddu o Ddyffryn Indus India, ac iddo gael ei ddomestigeiddio gan bobl dros 8000 o flynyddoedd yn ôl. Cawsant eu defnyddio ar gyfer cludo, aredig caeau, ac ar gyfer eu llaeth a'u cig. O India, lledaenwyd zebu trwy Asia ac Affrica, ac yn y diwedd i'r America a rhanau eraill o'r byd trwy fasnach a gwladychu.

Bridio a Geneteg: Mae Zebu yn cael eu gwerthfawrogi'n fawr am eu gwydnwch a'u gallu i addasu, ac o ganlyniad, mae llawer o fridiau wedi'u datblygu at ddibenion penodol. Mae rhai bridiau, fel y bridiau Gir a Nellore o Brasil, yn adnabyddus am ansawdd eu cig ac yn cael eu defnyddio ar gyfer cynhyrchu cig eidion. Mae bridiau eraill, fel bridiau Sahiwal a Red Sindhi India, yn adnabyddus am eu cynhyrchiant llaeth ac yn cael eu defnyddio ar gyfer ffermio llaeth.

Yn ystod y blynyddoedd diwethaf, bu diddordeb cynyddol yn amrywiaeth genetig zebu, yn enwedig gan ei fod yn ymwneud â'u gallu i addasu i amodau amgylcheddol newidiol. Mae ymdrechion ar y gweill i warchod a chadw amrywiaeth genetig zebu trwy fridio detholus a thrwy sefydlu banciau genetig a rhaglenni cadwraeth.

Ymddygiad

Mae Zebu yn anifeiliaid cymdeithasol sy'n ffurfio buchesi clos. Mae ganddynt strwythur cymdeithasol hierarchaidd, gyda theirw amlycaf yn sefydlu goruchafiaeth dros aelodau eraill y fuches. Mae Zebu hefyd yn adnabyddus am eu greddfau mamol cryf, gyda buchod yn amddiffyn eu lloi yn ffyrnig rhag ysglyfaethwyr.

Cymwysiadau mewn Amaethyddiaeth: Mae Zebu yn rhywogaeth bwysig mewn amaethyddiaeth, yn enwedig mewn rhanbarthau trofannol ac isdrofannol lle maent yn addas iawn ar gyfer yr hinsawdd leol ac amodau amgylcheddol. Fe'u defnyddir ar gyfer cig, llaeth, ac fel anifeiliaid drafft ar gyfer aredig caeau a chludo nwyddau.

Yn ogystal â'u defnyddiau amaethyddol, defnyddir zebu hefyd at ddibenion diwylliannol a chrefyddol mewn sawl rhan o'r byd. Fe'u hystyrir yn gysegredig gan rai diwylliannau, ac fe'u defnyddir mewn seremonïau a gwyliau crefyddol.

Cadwraeth

Er nad yw zebu mewn perygl ar hyn o bryd, mae pryderon ynghylch colli amrywiaeth genetig o fewn rhai bridiau. Gallai colli amrywiaeth genetig wneud y bridiau hyn yn fwy agored i glefydau a straenwyr amgylcheddol, ac yn y pen draw gallai arwain at eu difodiant.

Mae ymdrechion ar y gweill i warchod a chadw amrywiaeth genetig zebu trwy fridio detholus a thrwy sefydlu banciau genetig a rhaglenni cadwraeth. Yn ogystal, mae ymdrechion yn canolbwyntio ar hyrwyddo arferion ffermio cynaliadwy ac ar wella bywoliaeth ffermwyr ar raddfa fach sy'n dibynnu ar zebu am eu bywoliaeth.

Ymchwil

Mae Zebu hefyd yn bwnc ymchwil pwysig mewn meysydd fel geneteg anifeiliaid, ymddygiad anifeiliaid, ac amaethyddiaeth anifeiliaid. Mae ymchwilwyr wedi bod yn astudio amrywiaeth genetig zebu i ddeall yn well sut mae wedi esblygu dros amser a sut y gellir ei ddefnyddio i wella iechyd a chynhyrchiant poblogaethau zebu.

Yn ogystal, defnyddiwyd zebu fel organeb enghreifftiol ar gyfer astudio clefydau heintus sy'n effeithio ar bobl ac anifeiliaid. Er enghraifft, mae ymchwilwyr wedi defnyddio zebu i astudio twbercwlosis, sy'n broblem iechyd cyhoeddus fawr mewn sawl rhan o'r byd.

Heriau

Er gwaethaf eu buddion niferus, mae zebu hefyd yn peri nifer o heriau i ffermwyr ac ymchwilwyr. Er enghraifft, gall fod yn anodd rheoli zebu ac mae angen gwybodaeth a sgiliau arbenigol. Yn ogystal, maent yn agored i nifer o glefydau a pharasitiaid, a all fod yn anodd eu rheoli mewn rhai amgylcheddau.

Gall Zebu hefyd fod yn ffynhonnell gwrthdaro mewn rhai rhanbarthau, yn enwedig lle mae tir pori yn brin. Yn yr ardaloedd hyn, gall buchesi zebu gystadlu â da byw neu fywyd gwyllt arall am adnoddau, gan arwain at wrthdaro rhwng ffermwyr a chadwraethwyr.

I gloi, mae zebu yn rhywogaeth hynod ddiddorol a phwysig o wartheg sydd wedi chwarae rhan arwyddocaol yn hanes a diwylliant dynolryw. Mae eu nodweddion unigryw, fel eu twmpath, clustiau pigfain, a chyrn hir, yn eu gwneud yn frid nodedig ac adnabyddadwy o wartheg.

Mae Zebu wedi addasu'n dda i hinsoddau poeth a llaith ac yn cael eu gwerthfawrogi'n fawr am eu gwydnwch a'u gallu i addasu. Maent yn rhywogaeth bwysig mewn amaethyddiaeth, yn enwedig mewn rhanbarthau trofannol ac isdrofannol lle maent yn addas iawn ar gyfer yr hinsawdd leol ac amodau amgylcheddol.

Mae ymdrechion ar y gweill i warchod a chadw amrywiaeth genetig zebu trwy fridio detholus a thrwy sefydlu banciau genetig a rhaglenni cadwraeth. Yn ogystal, mae ymdrechion yn canolbwyntio ar hyrwyddo arferion ffermio cynaliadwy ac ar wella bywoliaeth ffermwyr ar raddfa fach sy'n dibynnu ar zebu am eu bywoliaeth.

At ei gilydd, mae zebu yn rhywogaeth werthfawr a phwysig sydd â llawer i'w gynnig o ran amaethyddiaeth, ymchwil ac arwyddocâd diwylliannol. Mae eu nodweddion unigryw a'u gallu i addasu yn eu gwneud yn bwnc astudio pwysig i fiolegwyr a ffermwyr fel ei gilydd.

Epilog

Wrth i ni ddod at ddiwedd y daith hon trwy fywydau adar ac anifeiliaid poblogaidd, cawn ein gadael â synnwyr o syndod a rhyfeddod at amrywiaeth a chymhlethdod byd natur. O'r eryr moel esgynnol i'r panda mawr tyner, mae'r creaduriaid hyn wedi cydio yn ein calonnau a'n dychymyg, ac wedi dysgu gwersi pwysig inni am fywyd, goroesiad, a chydgysylltiad popeth byw.

Trwy gydol y llyfr hwn, rydym wedi archwilio bywydau'r creaduriaid hyn yn fanwl, gan archwilio eu cynefin, eu hymddygiad, a'u rhyngweithio â bodau dynol. Rydym wedi dysgu am yr heriau a'r bygythiadau y maent yn eu hwynebu, o golli cynefinoedd a newid yn yr hinsawdd i or-hela a photsio. Ond rydym hefyd wedi darganfod gwytnwch ac addasrwydd anhygoel y creaduriaid hyn, yn ogystal â'r rôl bwysig y gall bodau dynol ei chwarae wrth eu hamddiffyn.

Un o'r themâu allweddol sydd wedi dod i'r amlwg drwy'r llyfr hwn yw pwysigrwydd ymdrechion cadwraeth wrth warchod y creaduriaid hyn a'u cynefinoedd. Rydym wedi gweld sut mae gweithredoedd bodau dynol, o orbysgota a datgoedwigo i lygredd a newid hinsawdd, wedi cael effaith ddinistriol ar y byd naturiol. Ond rydym hefyd wedi gweld sut y gall ymdrechion cadwraeth, boed hynny drwy adfer cynefinoedd, rhaglenni bridio mewn caethiwed, neu ymgyrchoedd addysg gyhoeddus, wneud gwahaniaeth gwirioneddol i warchod y creaduriaid hyn a sicrhau eu bod yn goroesi.

Efallai mai un o'r straeon mwyaf ysbrydoledig yn y llyfr hwn yw hanes yr eryr moel. Unwaith ar fin diflannu o ganlyniad i ddinistrio cynefinoedd a hela, mae'r aderyn mawreddog hwn wedi gwella'n rhyfeddol diolch i ymdrechion cadwraethwyr a hynt y Ddeddf Rhywogaethau Mewn Perygl. Heddiw, nid yw'r eryr moel bellach yn cael ei hystyried mewn perygl, ac mae ei phoblogaeth wedi adlamu i amcangyfrif o 143,000 o unigolion yng Ngogledd America. Mae'r stori lwyddiant hon yn dyst i rym ymdrechion cadwraeth a gwydnwch natur.

Ond nid oes gan bob un o'r straeon yn y llyfr hwn ddiweddglo mor hapus. Mae llawer o'r anifeiliaid a'r adar yr ydym wedi dod ar eu traws yn dal i wynebu heriau a bygythiadau sylweddol, o'r llew Affricanaidd i'r teigr Siberia i'r panda enfawr. Mae'r heriau y maent yn eu hwynebu yn gymhleth ac yn amlochrog, ac mae angen ymdrech ar y cyd gan lywodraethau, cyrff anllywodraethol, ac unigolion ledled y byd.

Un o'r heriau mwyaf enbyd sy'n wynebu'r creaduriaid hyn yw colli a diraddio cynefinoedd. Wrth i boblogaethau dynol barhau i dyfu, ac wrth i drefoli a diwydiannu barhau i ehangu, mae cynefinoedd naturiol yn cael eu dinistrio ar raddfa frawychus. Mae hyn nid yn unig yn effeithio ar yr anifeiliaid a'r adar sy'n galw'r cynefinoedd hyn yn gartref, ond mae ganddo hefyd oblygiadau ehangach i iechyd a chynaliadwyedd y blaned gyfan.

Her fawr arall sy'n wynebu'r creaduriaid hyn yw gor-hela a photsio. Mae llawer o'r anifeiliaid a'r adar yr ydym wedi dod ar eu traws yn y llyfr hwn, o'r eliffant Affricanaidd i'r rhinoseros i'r pangolin, yn cael eu hela am eu cig, eu crwyn, neu rannau eraill o'r corff, a ddefnyddir mewn meddygaeth draddodiadol neu eu gwerthu ar y farchnad ddu. Mae'r fasnach hon nid yn unig yn ddinistriol i'r anifeiliaid eu hunain, ond mae hefyd yn cyfrannu at broblemau ehangach megis troseddau trefniadol a llygredd.

Yn olaf, ni allwn anwybyddu effaith newid hinsawdd ar y creaduriaid hyn a'u cynefinoedd. Wrth i'r tymheredd godi ac wrth i batrymau tywydd ddod yn fwy afreolaidd, mae llawer o anifeiliaid ac adar yn cael trafferth addasu i'r amodau newidiol. Gall hyn arwain at amhariadau mewn patrymau mudo, newidiadau mewn cylchoedd bridio, a risg uwch o afiechyd a newyn.

O ystyried cymhlethdod a maint yr heriau hyn, gall fod yn demtasiwn i deimlo'n llethu ac yn ddi-rym yn eu hwynebu. Ond fel y gwelsom drwy gydol y llyfr hwn, mae llawer o bethau y gall unigolion a chymunedau eu gwneud i wneud gwahaniaeth gwirioneddol.

Un o'r camau pwysicaf y gallwn ei gymryd yw addysgu ein hunain ac eraill am yr heriau sy'n wynebu'r creaduriaid hyn a phwysigrwydd ymdrechion cadwraeth. Drwy godi ymwybyddiaeth a meithrin cefnogaeth y cyhoedd, gallwn roi pwysau ar lywodraethau a rhanddeiliaid eraill i gymryd camau i amddiffyn y creaduriaid hyn a'u cynefinoedd.

Cam pwysig arall yw cefnogi sefydliadau sy'n gweithio i warchod y creaduriaid hyn a'u cynefinoedd. Boed trwy wirfoddoli, cyfrannu, neu ddim ond lledaenu'r gair, mae yna lawer o ffyrdd y gall unigolion gefnogi'r gwaith pwysig sy'n cael ei wneud gan gyrff anllywodraethol, grwpiau cadwraeth, a sefydliadau eraill.

Ond efallai mai'r cam pwysicaf y gallwn ei gymryd yw gwneud newidiadau yn ein bywydau ein hunain i leihau ein heffaith ar y byd naturiol. Gall hyn gynnwys pethau fel lleihau ein defnydd o blastigau untro, cefnogi arferion amaethyddiaeth a choedwigaeth gynaliadwy, a lleihau ein hôl troed carbon drwy bethau fel arbed ynni a defnyddio ffynonellau ynni adnewyddadwy.

Yn y pen draw, yn ein dwylo ni mae tynged y creaduriaid hyn a'u cynefinoedd. Mae gennym y pŵer i wneud gwahaniaeth gwirioneddol wrth amddiffyn y creaduriaid hyn a sicrhau eu bod yn goroesi, ond bydd angen ymdrech ar y cyd ac ymrwymiad i gydweithio fel cymuned fyd-eang.

Wrth inni gloi'r llyfr hwn, cawn ein gadael â synnwyr o barchedig ofn a chyfrifoldeb. Mae'r creaduriaid a'r adar y daethom ar eu traws wedi dangos i ni harddwch a chymhlethdod y byd naturiol, a phwysigrwydd cydweithio i'w warchod. Ein gobaith yw bod y llyfr hwn wedi ysbrydoli darllenwyr i weithredu a chael effaith gadarnhaol ar y byd o'u cwmpas.

——-

——

Printed by BoD™in Norderstedt, Germany

9 798224 197576